Judit Barth-Richtarz

# Gemeinsame Elternschaft nach der Scheidung

## Auswirkungen der gemeinsamen und alleinigen Obsorge für die Entwicklungsbedingungen der Kinder



Springer VS

Judit Barth-Richtarz
Wien, Österreich

Zgl. Dissertation an der Universität Wien, 2011

ISBN 978-3-531-19335-9 ISBN 978-3-531-19336-6 (eBook)
DOI 10.1007/978-3-531-19336-6

Die Deutsche Nationalbibliothek verzeichnet diese Publikation in der Deutschen Nationalbibliografie; detaillierte bibliografische Daten sind im Internet über http://dnb.d-nb.de abrufbar.

Springer VS


*Einbandentwurf:* KünkelLopka GmbH, Heidelberg

Gedruckt auf säurefreiem und chlorfrei gebleichtem Papier

Springer VS ist eine Marke von Springer DE. Springer DE ist Teil der Fachverlagsgruppe Springer Science+Business Media
www.springer-vs.de

# Gemeinsame Elternschaft nach der Scheidung

# Inhaltsverzeichnis

Fragebogen der quantitativen Elternuntersuchung ist als OnlinePlus-Angebot bei Springer VS zu finden: http://www.springer-vs.de/Buch/978-3-531-19335-9/Gemeinsame-Elternschaft-nach.der-Scheidung.html.

# Abkürzungsverzeichnis

| | | |
|---|---|---|
| ObE | = Obsorge beider Eltern | |
| aO | = Alleinobsorge eines Elternteils, nämlich: | |
| | aO (KM) | = Alleinobsorge der Mutter |
| | aO (KV) | = Alleinobsorge des Vaters |
| M | = Mischgruppe[1] | |

Für alle Obsorgegruppen gilt die Unterscheidung in:

| | |
|---|---|
| Hauptbetr | = Hauptbetreuende (Elternteile); i.e. Elternteilen, bei denen sich die Kinder hauptsächlich aufhalten |
| Getrennt L | = Getrennt Lebende (Elternteile); i.e. Elternteilen, bei denen sich die Kinder nicht hauptsächlich aufhalten |

Bei den Familien mit Alleinobsorge eines Elternteils entspricht dies auch folgenden Bezeichnungen:

| | |
|---|---|
| Alleinobs | = Alleinobsorgeberechtigte (Elternteile) bei aO eines Elternteils |
| Nichtobs | = Nichtobsorgeberechtigte (Elternteile) bei aO eines Elternteils |

| | |
|---|---|
| KM | = Kindesmutter |
| KV | = Kindesvater |
| n | = Fallzahl |
| Ges | = Gesamt |
| geS | = Gemeinsame Sorge (Deutschland) |
| aeS | = Alleinsorge (Deutschland) |
| Anm | = Anmerkung[2] |
| [illegible] | = Signifikanter Unterschied (99-%-Signifikanzniveau) |
| s | = signifikant |
| ns | = nicht signifikant |

---

1 Eine sehr kleine Gruppe an Eltern kann nicht eindeutig einer dieser Obsorgeformen zugeordnet werden, da entweder die Eltern für ihre Kinder unterschiedliche Obsorgeformen haben oder zwar für ein oder mehrere Kinder ein Elternteil mit der Obsorge betraut ist, für weitere Kinder jedoch eine andere Person als Mutter oder Vater die Obsorge hat. Schließlich ist in zwei Fällen die Obsorge noch nicht für alle Kinder der Familie geregelt. All diese speziellen Formen wurden zu einer Mischgruppe (M) zusammengefasst.

2 In Tabellen mit kumulierter Darstellung [wie zB Tab 8] kann die Anzahl der Antworten pro Gruppe (n) durch die unterschiedliche Auswertbarkeit der Fragebögen leicht schwanken. Dies wird durch eine Anmerkung (Anm) gekennzeichnet.

# Einleitung

> „Wenn du wirklich wissen willst, wie ich das alles mit der Scheidung erlebt habe, dann erzähle ich dir eine Geschichte: Der verbrannte Wald!
>
> An einem wunderschönen Tag sprang das Känguru ganz weit weg und wollte umziehen, weil es in Afrika für ihn zu heiß war. Dann sind sie in den Wald gezogen. Da ist ein guter Platz. 20 Tage haben sie dort gelebt. Aber eines Nachts hat der Känguru-Sohn bemerkt, dass es nach Rauch stinkt. Er hat seine Mama aufgeweckt und gesagt, dass sie wegziehen müssen. Dann hat der Wald zu brennen begonnen und sie mussten weiter und weiter ziehen. Wenn sie nicht gestorben sind, ziehen sie noch weiter." (Sandra, 8 Jahre)

Eine Trennung bzw Scheidung stellt in den allermeisten Fällen eine schwere Krise nicht nur für die betroffenen Frauen und Männer, sondern auch für ihre Kinder dar; eine Krise, die aber überwunden und für die Eltern neue Lebensperspektiven und für die Kinder förderliche Entwicklungsbedingungen (wieder) eröffnen kann. Was ist aber notwendig, um den Kindern angesichts der Scheidung der Eltern bestmögliche Entwicklungsbedingungen bereit zu stellen?

Fragt man die Kinder selbst, was im Rahmen der vorliegenden Studie geschehen ist, so geben diese ganz oft zur Antwort: Mama und Papa sollen nicht mehr so viel streiten, beide Eltern sollen sich weiterhin um das Kind kümmern und es soll ausreichend Kontakt zum getrennt lebenden Elternteil geben, weil – so die Kinder – „ein Kind beide Eltern lieb hat", „weil beide Eltern immer verantwortlich waren und das bleiben sollen", „weil die Kinder das so gewöhnt sind, dass beide Elternteile da sind, das gehört sich einfach so", „weil, wenn man jemanden abweist, dann fehlt er im Leben", „weil sonst ein Kind den anderen vergessen kann oder muss und das möchte es nicht", oder wie es ein Jugendlicher ausdrückte: „Ich finde, dass ein Kind beide Eltern verdient hat."

Wie kann und soll nun die familiäre Situation nach der Trennung bzw Scheidung der Eltern gestaltet sein, dass sie den Wünschen und Bedüfnissen der Kinder möglichst gerecht wird? Und welche Rolle spielt dabei die Obsorgeregelung? Gibt es eine Obsorgeform, die bessere Voraussetzungen für die Kinder in der Nachscheidungsfamilie schafft, oder ist die gesetzliche Regelung der Obsorge ein reiner Formalakt, der mit der Situation der Kinder nach der Scheidung gar nichts zu tun hat? Können gesetzliche Rahmenbedingungen die Gestaltung von Lebensbedingungen überhaupt beeinflussen?

Und wenn es so wäre, dass rechtliche Rahmenbedingungen zumindest einen gewissen Einfluss auf die Lebensbedingungen von Müttern, Vätern und Kindern nach einer Scheidung haben: Was wünschen wir uns denn für Familien in dieser Situation, insbesondere für die Kinder? Welche Bedingungen können denn als förderlich oder weniger förderlich im Sinne der Entwicklungschancen der Kinder bewertet werden?

In den 70er-Jahren ging man noch von der Devise der „klaren Verhältnisse" aus, dh von einer Favorisierung der Alleinsorge eines Elternteils für den Fall der Scheidung oder dauernden Trennung der Eltern, die sich in den europäischen Rechtsordnungen, so auch der österreichischen, in der Fokussierung auf die „Ein-Eltern-Familie" und der Betonung ihrer Schutzwürdigkeit gegenüber möglicherweise irritierenden Einflüssen von außen, dh gegenüber dem nicht obsorgeberechtigten Elternteil, manifestierte.

Frühe psychoanalytische Ansätze, in denen die Vorstellung zum Ausdruck kam, dass der Vater erst ab der ödipalen Phase direkt auf die Entwicklung des Kindes Einfluss nehme, sowie die Erkenntnisse der Bindungstheorie wurden zur Untermauerung der hervorragenden Bedeutung der Mutter-Kind-Bindung bzw der Bindung des Kleinkindes an eine „primäre Bezugsperson" herangezogen. So betonten etwa *Goldstein/Freud/Solnit*[3] dauerhafte Gefühlsbindungen und stabile äußere Verhältnisse als Basis für eine normale und gesunde Entwicklung des Kindes. Daher sollte im Fall der Trennung der Eltern die Beziehung des Kindes zum vertrautesten Elternteil – meist die Mutter – erhalten und geschützt werden – auch vor möglichen Irritationen durch die Kontakte des Kindes zum anderen Elternteil. Entsprechend sollten Besuchsrechte für den anderen Elternteil nicht vom Gericht festgelegt, sondern vom obsorgeberechtigten Elternteil geregelt werden. Die Rezeption dieser theoretischen Ansätze, in der eine eindeutige Hierarchie der für das Kind wichtigen Bezugspersonen postuliert wurde, führte in Pflegschaftsverfahren zu dem – zT noch heute – üblichen Suchprozess nach dem „besseren Elternteil".

Die Weiterentwicklung der psychoanalytischen und systemischen Forschung sowie bahnbrechende neue Erkenntnisse der Scheidungsforschung im engeren Sinn, insb jene von *Wallerstein*[4], erschütterten jedoch die Vorstellungen vom Leben der Kinder in Nachscheidungsfamilien. Die Veränderungen in der Sichtweise bezogen sich einerseits auf die Beziehungs- bzw Bindungsfähigkeit von Kindern und andererseits auf ihre Bedürfnisse nach der Scheidung oder Trennung der Eltern:

---

3 *Goldstein/Freud/Solnit*, Jenseits des Kindeswohls (1974).

4 *Wallerstein/Blakeslee*, Gewinner und Verlierer. Frauen, Männer, Kinder nach der Scheidung (1989); *Wallerstein/Kelly*, Surviving the breakup. How parents and children cope with divorce (1980); *Wallerstein/Lewis/Blakeslee*, Scheidungsfolgen – die Kinder tragen die Last. Eine Langzeitstudie über 25 Jahre (2002).

- So wurde zunehmend angenommen, dass bereits kleine Kinder in komplexen Beziehungsnetzen leben und meist nicht nur auf eine „primäre Bezugsperson“ ausgerichtet sind[5]. Bei Sorgerechts- und Besuchsrechtsregelungen rückte folglich das Bedürfnis des Kindes nach größtmöglicher Erhaltung seines Beziehungsnetzes zu beiden Eltern, Geschwistern und weiterer Verwandtschaft in den Blick.[6]

5 In psychoanalytischen Entwicklungstheorien wurden zunehmend „triadische“ Beziehungsstrukturen bereits vor der ödipalen Phase postuliert: *Abelin*, The role of the father in the separation-individuation process, in *McDevitt/Settlage* (Hrsg), Separation-Individuation: Essays in Honour of Margaret S. Mahler (1971); *Abelin*, Triangulation, the role of the father and the origins of core gender identity during the rapprochement subphase, in *Lax/Bach/Burland* (Hrsg), Rapprochement (1980); *Buchholz*, Die Rotation in der Triade (1990); *ders*, Die Regression in der Triade. Zur Bedeutung des Vaters bei der Magersucht (1991); *ders*, Die unbewußte Familie (1995); *Bürgin*, Triangulierung. Der Übergang zur Elternschaft (1998); *Dammasch*, Die innere Erlebniswelt von Kindern alleinerziehender Mütter (2000); *Rotmann*, Über die Bedeutung des Vaters in der „Wiederannäherungsphase“, Psyche 32 (1978) 110–114; *Schon*, Sehnsucht nach dem Vater. Die Dynamik der Vater-Sohn-Beziehung (2000); eine umfassende Literaturumschau zur präödipalen Triangulierung liefert *Ereky*, Präödipale Triangulierung. Zur psychoanalytischen Diskussion um die Frage des Entstehens der frühen familiären Dreiecksbeziehungen, in *Datler/Eggert-Schmid/Noerr/Winterhager-Schmid* (Hrsg), Das selbständige Kind, Jahrbuch für Psychoanalytische Pädagogik 12 (2002).

6 *Amato/Keith*, Parental Divorce and Adult Well-Being, Journal of Marriage and the Family 55 (1) (1991a) 23–38; *dies*, Parental Divorce and the Well-Being of Children. A Meta-Analysis, Psychological Bulletin 110 (1) (1991b) 26–46; *Amato/Gilbreth*, Nonresident Fathers and Children's Well-Being. A Meta-Analysis, Journal of Marriage and the Family 61 (3) (1999) 557–573; *Braver/Griffin/Cookston*, Prevention Programs for Divorced Nonresidential Fathers, Family Court Review 43 (1) (2005) 81–96; *Braver/O'Connell*, Divorced Dads. (1998); *Emery*, Renegotiating Family Relationship. Divorce, Child Custody, and Mediation (1994); *ders*, Interparental conflict and the children of discord and divorce, Psychological Bulletin 92 (2) (1982) 310–330; *Figdor*, Kinder aus geschiedenen Ehen: Zwischen Trauma und Hoffnung (1991); *Fthenakis/Niesel/Kunze*, Ehescheidung – Konsequenzen für Eltern und Kinder (1982); *Haller*, Kinder und getrennte Eltern. Voraussetzungen und Strategien zur Bewältigung der Ehescheidung im Lichte neuer sozialwissenschaftlicher Studien (1996); *Hess/Camara*, Post-Divorce Family Relationships as Mediating Factors in the Consequences of Divorce for Children, Journal of Social Issues 35 (1979) 79–96; *Hetherington/Cox/Cox*, 'Divorced Fathers', Family Coordinator 25 (1976) 240–428; *dies*, Aftermath (1978); *Jacobson*, The Impact of Martial Separation/Divorce on Children: I. Parent-Child Separation and Child Adjustment, Journal of Divorce 1 (1978) 341–360; *Jopt*, Im Namen des Kindes. Plädoyer für die Abschaffung des alleinigen Sorgerechts (1992); *Lowenstein/Koopman*, A Comparison of Self-Esteem Between Boys Living with Single-Parent Mothers and Single-Parent Fathers, Journal of Divorce (2) (1978) 195–208; *Kodjoe*, Scheidung aus der Sicht der Kinder. Vortrag von Ursula Kodjoe am 18. 12. 1997 in der Hofstatt in Gipf-Oberfrick (1997); *Napp-Peters*, Familien nach der Scheidung (1995); *Schmidt-Denter/Beelmann*, Familiäre Beziehungen nach Trennung und Scheidung. Veränderungsprozesse bei Müttern, Vätern und Kindern. Forschungsbericht: Psychologisches Institut Universität Köln (1995); *Schneewind/Vierzigmann/Backmund*, Scheidung, in *Montada/Oerter*, Entwicklungspsychologie (1998); *Wallerstein/Kelly*, Surviving the breakup (1980); *Wallerstein/Blakeslee*, Gewinner und Verlierer (1989).

- Ebenso geriet die Vorstellung vom gleichsam naturgegebenen Primat der Mutter in der Betreuung der Kinder ins Wanken und die Überzeugung von der Wichtigkeit des väterlichen Anteils an der Wahrnehmung von Aufgaben der Pflege und Erziehung gemeinsamer Kinder wuchs.[7] Zahlreiche Untersuchungen unterstützten diese Vorstellung, indem sie zeigten, dass sich regelmäßige Kontakte mit dem nicht betreuenden Elternteil günstig auf die Bewältigung der Scheidung durch die Kinder sowie ihre weitere kognitive, soziale und emotionale Entwicklung auswirken.[8] Nicht dass Väter und Mütter nicht unterschiedliche Qualitäten in die Beziehung zum Kind einbringen würden, die Kritik wendete sich lediglich gegen die unterschiedliche Bewertung ihrer Bedeutung für die kindliche Entwicklung.
- Schließlich wurde zunehmend nach Möglichkeiten gesucht, den elterlichen Konflikten in der Nachscheidungsfamilie anders als durch Kontaktvermeidung und klare Zuweisung der Erziehungsberechtigung an einen Elternteil zu begegnen. Eine Konsequenz war die Verankerung der Mediation als Konfliktregelungsinstrument in familienrechtlichen Angelegenheiten.[9]

Die wachsende Überzeugung von der Wichtigkeit der Aufrechterhaltung stabiler und emotional bedeutsamer Beziehungen zu *beiden* Eltern für die Bewältigung des Trennungs- bzw Scheidungserlebnisses bzw die Anpassungsfähigkeit der Kinder an die Nachscheidungssituation[10] führte dazu, dass in fast allen europäi-

---

7 Siehe dazu *Amato*, ‚More than Money?' Men's Contributions to Their Children's Lives', in *Booth/Couter* (Hrsg), Men in Families. When Do They Get Involved? What Difference Does it Make? (1998); *Biller*, Fathers and Families: Parent Factors in Child Development (1993); *Kindler*, Väter und Kinder. Langzeitstudien über väterliche Fürsorge und die sozioemotionale Entwicklung von Kindern (2002); *Petri*, Das Drama der Vaterentbehrung (1999); *Schneewind*, Familienpsychologie (1999); *Walter*, Das „Verschwinden" und „Wiederauftauchen" des Vaters. Gesellschaftliche Bedingungen und soziale Konstruktionen, in *Walter* (Hrsg), Männer als Väter. Sozialwissenschaftliche Theorie und Empirie (2002); *Werneck*, Übergang zur Vaterschaft. Auf der Suche nach den „Neuen Vätern" (1998); einen systematischen Überblick liefert *Fthenakis*, Väter (1985a); *Fthenakis*, Väter – Band 2. Zur Vater-Kind-Beziehung in verschiedenen Familien-Strukturen (1985b); *Fthenakis/Minsel*, Die Rolle des Vaters in der Familie (2002).

8 Vgl zB *Haller*, Kinder (1996); *Hetherington* et al, Aftermath (1978); *Hetherington/Cox/Cox*, Effects of divorce on parents and children, in *Lamb*, Nontraditional families (1982) 233–288; *Kodjoe*, Scheidung (1997); *Lamb*, Role of the father (1997); *Napp-Peters*, Familien (1995); *Wallerstein/Blakeslee*, Gewinner und Verlierer (1989); *Wallerstein/Lewis/Blakeslee*, Scheidungsfolgen (2002).

9 Vgl Regierungsvorlage (RV) zum KindRÄG 2001, 296 BlgNR 21. GP.

10 *Amato*, The Consequences of Divorce for Adults and Children, Journal of Marriage and the Family 62 (4) (2000) 1269–1287; *Amato/Gilbreth*, Nonresident Fathers (1999); *Figdor*, Kinder (1991); *Figdor*, Scheidungskinder (1997); *Fthenakis* et al, Ehescheidung (1982); *Fthenakis*, Väter (1985b), *ders*, Kindliche Reaktionen auf Trennung und Scheidung, Familiendynamik 20 (1995) 127-154; *Hess/Camara*, Family Relationships (1979); *Hetherington* et al, Aftermath (1978); *Johnston/Campbell/Mayes*, Latency children in postseparation and divorce disputes,

schen Ländern sukzessiv Sorgerechtsregelungen geschaffen wurden, die das Fortbestehen der Verantwortung beider Eltern für ihre Kinder auch nach der Trennung bzw Scheidung betonen und rechtlich ermöglichen. Die meisten europäischen Rechtsordnungen sehen heute – in Übereinstimmung mit einer Empfehlung des Europarates vom 28. 2. 1984 – das Weiterbestehen der gemeinsamen Verantwortung nach Auflösung der Ehe oder Trennung sogar als Regelfall vor.[11]

In Österreich wurde die Möglichkeit der Obsorge beider Eltern (ObE) nach der Scheidung mit dem Kindschaftsrechts-Änderungsgesetz 2001 (KindRÄG) gesetzlich verankert. Auch hier war der Gedanke leitend, dass die „Aufrechterhaltung ausreichender persönlicher Kontakte zwischen dem Kind und dem Elternteil, bei dem es nicht lebt, für die weitere Entwicklung des Kindes von besonderer Bedeutung ist“[12] und eine „richtig verstandene, gemeinsame Verantwortung der Eltern gegenüber ihren Kindern auch im Falle der Trennung der Eltern eine ideale Lösung wäre.“[13]

Der Gesetzgeber folgte somit der Argumentation der BefürworterInnen der gemeinsamen Obsorge, nämlich der Betonung der kontinuierlichen Elternschaft trotz Scheidung als herausragende Bedingung für die Wahrung des Kindeswohls. Gestützt wurde diese Argumentation durch wissenschaftliche Untersuchungen, die ergaben, dass Sorgerechtsmodelle bzw Betreuungsarrangements, die den Kindern fortgesetzte Beziehungen zu beiden Eltern ermöglichen, günstigere Ausgangsbedingungen dafür böten, scheidungsbedingte nachteilige Folgen für die Entwicklung der Kinder zu reduzieren.[14]

---

Journal of the American Academy of Child Psychiatry 24 (5) (1985) 563–574; *Kelly*, Long-term adjustment in children of divorce: Converging findings and implications for practice, Journal of Family Psychology 2 (1988) 119–140; *Napp-Peters*, Familien (1995); *Wallerstein/Blakeslee*, Gewinner und Verlierer (1989); *Wallerstein/Kelly*, Surviving the breakup (1980); *Wallerstein/Lewis/Blakeslee*, Scheidungsfolgen (2002).

11 Eine Ausnahme stellt hier die Schweiz dar: In der Schweiz ist nach der seit 1. 1. 2000 geltenden Rechtslage für das Weiterbestehen der Obsorge beider Eltern ein Antrag erforderlich (vgl *Gründler*, Die Neuregelung einer Teilnahme an der Obsorge nach Trennung und Scheidung der Eltern durch den Entwurf des KindRÄG 1999, ÖJZ 2000, 332–343).

12 RV 296 BlgNR 21. GP 91.

13 RV 296 BlgNR 21. GP 35.

14 Siehe dazu die Untersuchungen von: *Clark/Whitney/Beck*, Discrepancies between custodial awards and custodial practices: De jure and de facto custody, Journal of Divorce 11 (1988) 219–229; *Kurdek/Siesky*, Children's perceptions of their parent's divorce, Journal of Divorce 3 (4) (1980) 339–378; *Kurdek/Blisk/Siesky*, Correlates of children's long-term adjustment to their parent's divorce, Developmental Psychology 17 (5) (1981) 565–579; *Kurdek/Berg*, Correlates of children's longterm adjustment to their parents divorce, in *Kurdek*, New directions for child development 9 (1983) 47–60; *Kurdek*, A 1-year follow-up study of children's divorce adjustment, custodial mothers' divorce adjustment, and postdivorce parenting, Journal of Applied Developmental Psychology 9 (1988); *Luepnitz*, Child custody: A study of families after divorce (1982); *dies*, A comparison of maternal, paternal, and joint custody: Understanding the varieties of post-divorce family life, Journal of Divorce 9 (3) (1986) 1–12; *Richards/Goldenberg*, Fathers with

Allerdings herrschte diesbezüglich zum Zeitpunkt der Implementierung des KindRÄG 2001 in der öffentlichen Diskussion kein Konsens. Ja selbt heute, zehn Jahre nach Einführung des Gesetzes werden Nutzen und Schaden der Beibehaltung der gemeinsamen Obsorge trotz Scheidung sowohl in ExpertInnenkreisen als auch in der medialen Öffentlichkeit zT heftig diskutiert. Insb im letzten Jahr wurden die kritischen Stimmen wieder lauter als eine neuerliche Reform der gemeinsamen Obsorge vom Bundesminsiterium für Justiz angekündigt wurde, die in die Richtung eines Ausbaus der gemeinsamen Obsorge als Regelfall nach der Scheidung weist.

Große mit der gemeinsamen Obsorge verbundene Hoffnungen stehen großen Vorbehalten gegenüber: Die einen sehen in der gemeinsamen Obsorge ein wichtiges rechtspolitisches Statement, die zumeist getrennt lebenden Väter im Falle der elterlichen Trennung dennoch verstärkt an der Erziehung der Kinder zu beteiligen und sie geradezu „in die Pflicht zu nehmen" und somit nicht nur für die Kinder zusätzliche Ressourcen zu eröffnen, sondern auch für die meist hauptbetreuenden Mütter. Die anderen befürchten geradezu das Gegenteil, nämlich eine (va in Fällen eines hohen Konfliktniveaus der Eltern) ungerechtfertigte Mitsprache der Väter, die nicht nur den Müttern schade und gleichsam eine Wiedereinführung schon überwundener patriarchaler Machtverhältnisse darstelle, sondern auch den Kindern schade, indem die Konflikte zwischen Vater und Mutter nicht nur prolongiert werden würden, sondern sogar noch weiter zunehmen würden – und das in einem Bereich, in dem die Kinder besonders miteinbezogen seien. Jene Eltern, die trotz Scheidung die Betreuung und Erziehung ihrer Kinder gemeinsam gestalten möchten, könnten dies auch ohne den gesetzlichen Titel „Obsorge beider Eltern" tun. Umgekehrt würden Eltern, die dazu nicht willens oder in der Lage sind, dies auch durch die Beibehaltung der ObE nicht werden.

Zwar könne man diesen Argumenten ua entgegenhalten, dass es ja nicht nur entweder gut kooperierende geschiedene Eltern oder solche „im offenen Kriegszustand" gebe, sondern auch eine nicht geringe „Mittelgruppe", die erst durch eine gesetzliche Verpflichtung zur elterlichen Kooperation nach der Scheidung gleichsam „angestoßen" würde.[15] Weiters könnte man mit dem Blick auf die österreichische Rechtslage einwenden, dass schon während aufrechter Ehe nicht alle Entscheidungen, die das Kind betreffen, von beiden Eltern gemeinsam getroffen werden müssen. Im Gegensatz zur deutschen Rechtslage gilt in Österreich für das Rechtsverhältnis zwischen Eltern und ehelichen Kindern nach außen hin nämlich das Prinzip der Einzelvertretung: Das heißt, dass grundsätzlich

joint physical custody of young children: A preliminary look, The American Journal of Family Therapy 14 (1986) 154–162, zitiert nach *Fthenakis* et al, Gemeinsame elterliche Sorge (1990) 26.

15 Nach *Fthenakis* könnte gerade diese „Mittelgruppe" von der gemeinsamen Sorge profitieren, wenn frühe Interventionen und Unterstützung gewährleistet sind (*Fthenakis*, Begleiteter Umgang von Kindern [2008] 62.

jeder Elternteil für sich allein berechtigt und verpflichtet ist, Entscheidungen zu treffen, die nach außen hin, also im Verhältnis zu Dritten, wirksam werden. Die Obsorge der Eltern ist im österreichischen Recht also weniger eine gemeinsame als eine beiderseitige (daher auch der Begriff „Obsorge beider Eltern"), und dies gilt genauso für die Obsorge beider Eltern nach der Scheidung.

Dennoch muss eingeräumt werden, dass jeder vorgebrachte Gedanke pro oder contra Obsorge beider Eltern im Einzelfall mitunter etwas für sich hat. Die Frage nach der Effizienz des Modells der Obsorge beider Eltern nach der Scheidung kann also weder am Einzelfall (bzw an den eigenen bisherigen beruflichen und/oder privaten Erfahrungen) entschieden werden noch anhand rein theoretischer Überlegungen. Dies erkennend, forderte der Gesetzgeber bereits mit der Implementierung des KindRÄG 2001 eine wissenschaftliche Evaluierung desselben. Im Herbst 2004, also dreieinhalb Jahre nach Einführung des KindRÄG, wurde die Evaluierung durch das Bundesministerium für Justiz in Teilprojekten in Auftrag gegeben: Die „Eltern-Kind-Untersuchung", bestehend aus einer bundesweiten Fragebogenerhebung und einer qualitativen Untersuchung an 30 Familien an die Arbeitsgemeinschaft Psychoanalytische Pädagogik (APP); die „Berufsgruppenuntersuchung" an die Bietergemeinschaft des Instituts für Rechts- und Kriminalsoziologie (IRKS) und des Europäischen Zentrums für Wohlfahrtspolitik und Sozialforschung (EZ).[16]

Im Rahmen der Eltern-Kind-Untersuchung sollte insb untersucht werden, wie und in welchem Ausmaß die gesetzlich vorgesehene Möglichkeit der Obsorge beider Eltern von den Eltern angenommen wurde und wie sie sich auf die betroffenen familiären Systeme, insb auf das Kindeswohl, auswirkt?[17] Die wissenschaftliche Leitung der Eltern-Kind-Untersuchung oblag Univ.-Doz. Dr. Helmuth Figdor. Ich selbst war mit der Aufgabe der wissenschaftlichen Assistenz und operativen Leitung des Projekts betraut.[18]

Die Evaluationsstudie brachte eine solche Fülle an höchst interessantem Datenmaterial hervor, dass eine differenzierte Auswertung bisher noch nicht vollständig erfolgte und ich mich im Rahmen der vorliegenden Dissertationsstudie einer Reihe bisher noch nicht getätigter Auswertungen widmete.[19] Aus Sicht der

16 Dr. Christa Pelikan, Dr. Renate Kränzl-Nagl, Herbert Gluske (Statistik).

17 Ausschreibungsunterlage, GZ: BMJ-B4.440.6/0001-I 1/2004.

18 Weitere ProjektmitarbeiterInnen der APP waren: Mag. *Natascha Almeder*, Mag. *Thomas Feurle*, Mag. *Alexandra Horak*, Mag. *Barbara Lehner*, Mag. *Barbara Neudecker* und Mag. *Thomas Wenter* sowie – über Kooperation mit dem Institut für Bildungswissenschaft/FB Psychoanalytische Pädagogik – StudentInnen der Pädagogik an der Universität Wien.

19 Die vorliegende Studie stellt eine Vertiefung und Erweiterung der bisher publizierten Ergebnisse der Evaluationsstudie dar: Projektbericht: *Figdor/Barth-Richtarz*, Evaluationsstudie über die Auswirkungen des KindRÄG 2001, insbesondere der Obsorge beider Eltern (2006); *Barth-Richtarz/Figdor*, Was bringt die gemeinsame Obsorge? Studie zu den Auswirkungen des

wissenschaftlichen Pädagogik soll der Frage nachgegangen werden, welche Bedeutung die gemeinsame Obsorge für die betroffenen Familien, insbesondere für die Kinder, tatsächlich hat und welche Schlüsse daraus für all jene Berufsgruppen zu ziehen sind, die mit der Thematik befasst sind (FamilienrichterInnen, FamilienberaterInnen, SozialarbeiterInnen, PädagogInnen, PsychologInnen...). Dabei sollten auf der Basis der Erkenntnisse der psychoanalytischen Scheidungsforschung Ergebnisse erzielt werden, die der Komplexität des Themas Rechnung tragen, insb was die emotionalen, teilweise unbewussten Erlebnis- und Verarbeitungsweisen der betroffenen Kinder und Eltern betrifft, aber dennoch in der Lage sind Aussagen über rechtliche Rahmenbedingungen zu machen, bei denen es ja weniger darauf ankommt, wie sie den Einzelfall unterschiedlich beeinflussen können, sondern wie sie sich auf die Betroffenen in gesamtgesellschaftlichem Maßstab, also auf die Mehrzahl, auswirken. Daher mündete die systematische Analyse des gegenwärtigen Forschungstandes in die Konzeption eines Untersuchungsdesigns, das folgende Anforderungen erfüllen sollte:

- die reichen klinischen Erfahrungen über theoretisch vertretbare Operationalisierungen berücksichtigen und damit den gegenwärtigen Wissensstand über Erlebnisweisen und die Psychodynamik von Eltern und Kindern im Zuge von Trennung und Scheidung widerzuspiegeln,
- sowohl verallgemeinerbare Antworten darauf zu geben, wie das Modell der Obsorge beider Eltern von betroffenen Familien in Österreich gelebt und erlebt wird als auch von welchen familiendynamischen Prozessen die Wahl und Ausgestaltung der Obsorge beider Eltern begleitet ist,
- dabei einen Vergleich mit Familien anzustellen, in denen nach der Scheidung ein Elternteil allein obsorgeberechtigt ist,
- Erfahrungen und Erlebnisweisen von Müttern, Vätern *und* – soweit als möglich – auch der Kinder und Jugendlichen zu erfassen,
- Richtlinien sowohl rechts- bzw gesellschaftspolitischer Natur als auch im Sinne von praxisleitenden Konzepten für die pädagogische Arbeit mit Scheidungsfamilien zu erarbeiten.

Diese Vorgaben machten ein breites methodisches Vorgehen notwendig, bei dem verschiedene Untersuchungsinstrumente in enger Abstimmung zueinander zum Einsatz kamen (Daten- bzw Methodentriangulation[20]).

---

KindRÄG 2001 (2008). Eine Zusammenfassung der wichtigsten Ergebnisse findet sich in *Barth-Richtarz*, 5 Jahre Obsorge beider Eltern – eine Bilanz: Wichtige Ergebnisse der Evaluationsstudie zum KindRÄG 2001, FamZ (2006) 43–47.

20 Datentriangulation meint nach *Denzin* den Vergleich von Daten aus verschiedenen Quellen, Zeitpunkten, Orten und Untersuchungspersonen, Methodentriangulation die Anwendung unter-

Die Arbeit ist wie folgt gegliedert: Im ersten theoretischen Teil erfolgt nach der Darstellung der zentralen Forschungsfragen meiner Dissertation eine relativ ausführliche Übersicht über bisherige Studien zu den Auswirkungen des gemeinsamen Sorgerechts und ihrer kritischen Reflexion. Dabei werde ich mich mit jenen Untersuchungen beschäftigen, die in der Diskussion um das gemeinsame Sorgerecht in den letzten dreißig Jahren besonders zur Untermauerung von Pro- oder Kontra-Standpunkten herangezogen wurden, allerdings oftmals in einer sehr verkürzten und mitunter stark verzerrten Form. Die Ausführlichkeit der Darstellung jeder einzelnen Studie soll einerseits die Differenziertheit der Originalschriften und damit ihr gesamtes Potenzial wiedergeben und andererseits eine Beurteilung der Ergebnisse vor dem Hintergrund der in den Studien angewandten Forschungsmethodik ermöglichen. Soweit es die Systematik erlaubt, erfolgt die Darstellung der einzelnen Studien in chronologischer Reihenfolge nach dem Zeitpunkt ihres Erscheinens.

In einem zweiten Schritt werde ich den Begriff der förderlichen Entwicklungsbedingungen, wie er dieser Arbeit zugrunde liegt, entfalten und dafür die Formulierung der „hinreichend gut bewältigten Scheidung" bemühen. Im dritten Schritt erfolgt die Umsetzung dieser theoretischen Überlegungen in ein Forschungsdesign, dh das Festlegen geeigneter Operationalisierungen, die Klärung der Frage, welche Art der methodischen Herangehensweise geeignet ist, welche Aspekte in den Blick zu nehmen sind und welche Konsequenzen sich daraus für die Gestaltung des Untersuchungsdesigns ergeben.

Im Anschluss an den theoretischen Teil folgen die beiden Ergebnisteile der empirischen Untersuchung, wobei im ersten der Frage nachgegangen werden soll, inwiefern sich Unterschiede hinsichtlich der mittel- und langfristigen Entwicklungsbedingungen von Kindern, die nach der Scheidung ihrer Eltern unter der Bedingung der ObE oder der aO aufwachsen, zeigen. Im zweiten Ergebnisteil beschäftige ich mich damit, inwiefern die empirischen Befunde Hinweise darauf geben, dass eventuelle Unterschiede zumindest *auch* auf die Obsorgeform zurückzuführen sind.

Im letzten Teil soll erläutert werden, welche Konsequenzen sich sowohl aus der Analyse bisheriger Studien als auch aus den empirischen Ergebnissen der vorliegenden Untersuchung für die pädagogische Beratung von Scheidungseltern ergeben.

---

schiedlicher methodischer Ansätze innerhalb einer Untersuchung (*Denzin*, The research act: A theoretical introduction to sociological methods [1970], zitiert nach *Mayring/Jenull-Schiefer*, Triangulation und „Mixed Methodologies" in entwicklungspsychologischer Forschung, in *Mey* [Hrsg], Handbuch Qualitative Entwicklungspsychologie [2005] 516).

# Teil 1
# Forschungsdesign, Fragestellung und Methodik

# 1 Die zentralen Forschungsfragen

Die zentralen Forschungsfragen dieser Arbeit lauten:

1. Zeigen sich **Unterschiede hinsichtlich der mittel- und langfristigen Entwicklungsbedingungen** von Kindern, die nach der Scheidung ihrer Eltern unter der Bedingung der Obsorge beider Eltern (ObE) oder der Alleinobsorge eines Elternteils (aO) aufwachsen, und, wenn ja, welche sind diese?
2. Wenn sich Unterschiede ausmachen lassen, sind diese zumindest ***auch*** **auf die Obsorgeform zurückzuführen** (Obsorgeform als unabhängige Variable)? Wenn ja, inwiefern ist die ObE nach der Scheidung eher als die aO geeignet, den Kindern mittel- und langfristig **günstige Entwicklungsbedingungen** im Sinne der **bestmöglichen Wahrung des Kindeswohls** zu ermöglichen?
3. Welche Konsequenzen ergeben sich daraus für die **pädagogische Beratung** von Scheidungseltern?

Die empirische Untersuchung dieser Fragen setzt die Klärung eines theoretischen Problems voraus, nämlich des Problems, was denn unter förderlichen Entwicklungsbedingungen für Kinder geschiedener Eltern zu verstehen ist. Oder anders gefragt: Unter welchen Bedingungen ist das Kindeswohl angesichts von Trennung und Scheidung bestmöglich gewahrt? Aus diesem Grund werde ich mich im ersten theoretischen Teil relativ ausführlich mit bisherigen Untersuchungen zum Thema auseinandersetzen und insb den Blick darauf richten, wie die einzelnen AutorInnen den Begriff des Kindeswohls definieren bzw welche Dimensionen sie zur Beurteilung der emotionalen Situation der Kinder nach der Scheidung bzw ihrer weiteren Entwicklungsbedingungen heranziehen.

# 2 Theoretische Vorüberlegungen zu den Auswirkungen der ObE auf das Kindeswohl

## 2.1 Bisherige Untersuchungen

### *2.1.1 Untersuchungen aus dem US-amerikanischen Raum*

In den 70ern und 80ern des vorigen Jahrhunderts entstanden im US-amerikanischen Raum zahlreiche Untersuchungen zur Anpassungsfähigkeit („adjustment") der Kinder in der Nachscheidungsfamilie. Zentrale Bedeutung erlangten dabei die Forschungen um *Judith Wallerstein*[21] am „Center for Families in Transition" in Kalifornien.

Ein zentrales Ergebnis von *Wallerstein* und ihren MitarbeiterInnen besteht in dem unerwartet großen Einfluss des Scheidungsgeschehens auf Eltern und noch mehr auf ihre Kinder, der sich selbst zehn und fünfzehn Jahre nach der Trennung noch deutlich in Einstellungen und Biografien widerspiegelt. Die Untersuchung der Kinder fünf Jahre nach der Scheidung zeigte, dass nur etwa ein Drittel der Kinder psychologisch gesund, mit ihrem Leben zufrieden und der Meinung war, dass die elterliche Scheidung zu ihrer Lebensqualität beigetragen habe. 37 Prozent der Kinder waren hingegen fünf Jahre nach der Scheidung psychisch schwer belastet. Die häufigste Diagnose war Depression des Kindesalters. Psychische Störungen waren deutlich mit einer Verschlechterung der Elternfunktionen verknüpft, die sich in mindestens einem der folgenden Faktoren konkretisierte:

- anhaltendes Desinteresse und Vernachlässigung des Kindes vonseiten des umgangsberechtigten Vaters (der Schmerz der Kinder darüber veränderte sich im Laufe der Jahre nicht wesentlich);
- anhaltende verminderte Erziehungsfähigkeit einer emotional hoch belasteten sorgeberechtigten Mutter;
- eine persistierende Streitbeziehung der Eltern untereinander.

---

21 *Wallerstein/Blakeslee*, Gewinner und Verlierer (1989); *Wallerstein/Lewis/Blakeslee*, Scheidungsfolgen (2002).

Obwohl zunächst keine Familien in die Untersuchung einbezogen wurden, die eine auch rechtlich geregelte gemeinsame Sorge praktizierten,[22] bahnten *Wallerstein* et al den Weg für die weitere Erforschung des gemeinsamen Sorgerechts. Die Ergebnisse verwiesen nämlich auf die potenzielle Gefährdung von Kindern, die nach der Scheidung auf zuverlässige Kontakte zum „weggeschiedenen" Elternteil verzichten müssen, und auf die positiven Effekte regelmäßiger Kontakte mit dem nicht betreuenden Elternteil für die Anpassungsfähigkeit der Kinder. Das gemeinsame Sorgerecht wurde erstmals als Versuch angedacht, dieser Gefährdung entgegenzuwirken und Väter an ihre wichtige Elternrolle zu binden.[23] Hauptziel dabei war – so *Wallerstein*[24] –, dass beide Eltern als primäre Bezugspersonen weiterhin Anteil am Leben ihrer Kinder nehmen.

Angeregt durch diese Ergebnisse und inspiriert von der Hoffnung, im gemeinsamen Sorgerecht eine alternative Sorgerechtsform zu finden, die den Kindern bessere Chancen in der Anpassung an die Nachscheidungssituation und längerfristigen Bewältigung der elterlichen Scheidung eröffnet, wird seit 1985 am „Center for Families in Transition" auch das Familienleben in der „joint custody" erforscht. *Wallerstein* widmet in ihren Büchern „Gewinner und Verlierer"[25] und „Scheidungsfolgen – Die Kinder tragen die Last"[26] jeweils ein Kapitel den Ergebnissen ihrer Untersuchungen einer seit 1985 durchgeführten Pilotstudie sowie einer größer angelegten repräsentativen Studie. Weitere Ergebnisse dieser Studien wurden von *Johnston*[27] et al publiziert.

Bevor ich jedoch auf die Untersuchungen von *Wallerstein* und ihren Mitarbeiterinnen eingehe, möchte ich erstens in einem Exkurs die gesetzlichen Rahmenbedingungen der gemeinsamen Sorge und die Usancen ihrer praktischen Ausgestaltung in Kalifornien, wo die Studien von *Wallerstein* durchgeführt wurden, vorstellen. Dies ist für die Interpretation der Untersuchungsergebnisse und

22 Als *Wallerstein* 1971 mit ihren Studien begann, war das Institut des gemeinsamen Sorgerechts noch kaum bekannt. Es gab zwar Eltern, die sich zeitlich die Betreuung ihres Kindes teilten, aber im Gesetz war nur das alleinige Sorgerecht vorgesehen. Die allein sorgeberechtigte Person – damals nahezu immer die Mutter – hatte auch die juristische Sorge für das Kind inne, das ständig mit ihr zusammenlebte. Der andere Elternteil, zumeist der Vater, hatte ein Besuchsrecht. Die Mehrheit der von der Studie erfassten Kinder lebte unter diesen Arrangements (*Wallerstein/Lewis/Blakeslee*, Scheidungsfolgen [2002] 225 f). *Wallerstein* begann jedoch 1985 mit der Erforschung des gemeinsamen Sorgerechts, als in zahlreichen Staaten der USA diese Rechtsform bereits als Option zugelassen war bzw teilweise sogar präferiert wurde (*Wallerstein/Blakeslee*, Gewinner und Verlierer [1989] 303–323).

23 *Wallerstein/Blakeslee*, Gewinner und Verlierer (1989) 304.

24 *Wallerstein/Lewis/Blakeslee*, Scheidungsfolgen (2002) 227.

25 *Wallerstein/Blakeslee*, Gewinner und Verlierer (1989).

26 *Wallerstein/Lewis/Blakeslee*, Scheidungsfolgen (2002).

27 *Johnston/Kline/Tschann*, Ongoing postdivorce conflict: Effects on Children of Joint Custody an Frequent Access, Amer. J. Orthopsychiat. 59 (4) (1989) 576–592.

die Frage ihrer Relevanz für die österreichische Diskussion essenziell. Zweitens möchte ich kurz auf zwei qualitative Untersuchungen eingehen, die bereits in den späten 70ern bzw frühen 80ern des vorigen Jahrhunderts ebenfalls in Kalifornien von *Abarbanel* bzw *Steinman* durchgeführt wurden, sowie auf eine Vergleichsstudie von *Shiller*.

*EXKURS 1: Zum Begriff der „joint custody" in den USA*

Mit Beginn der 80er-Jahre trat im Staat Kalifornien ein radikaler Wandel in der Sorgerechtsregelung ein. 1980 wurde ein Gesetz verabschiedet, mit dem die Reihe bereits bestehender nachehelicher Sorgerechtsregelungen um das Prinzip der gemeinsamen Sorge erweitert wurde. Viele Staaten folgten dem kalifornischen Beispiel rasch, indem sie die gemeinsame elterliche Sorge entweder zuließen oder sogar als Regelfall vorsahen.[28]

Der juristische Begriff der „joint custody" erfuhr in den USA weitere Untergliederungen und Differenzierungen, die in den einzelnen Bundesstaaten unterschiedlich gehandhabt werden. Ist von „joint custody" die Rede, muss unterschieden werden, ob damit das „gemeinsame rechtliche/juristische Sorgerecht" (**„joint legal custody"**) oder die „gemeinsame materielle Versorgung" (**„joint physical custody"**), also ein faktisch oder tatsächlich gemeinsames Sorgerecht („coparenting") gemeint ist[29]. *Merkt*[30] spricht von „Sorgerecht" versus „tatsächliche Personensorge"[31], die in Übersetzungen mitunter auch als „persönliches Sorgerecht" bezeichnet wird. Für joint legal custody werden auch Begriffe wie „Vermögenssorge" oder „Entscheidungsrecht" verwendet. Ein Gleichlauf zwischen rechtlichem und tatsächlichem Sorgerecht wird nicht verlangt. Das Sorgerecht kann einem Elternteil allein, die tatsächliche Sorge beiden Eltern gemeinsam übertragen werden und umgekehrt. Die Sorge kann zwischen den Eltern auch vertraglich geregelt werden. Solche Sorgevereinbarungen („custody agreements") sind für die Gerichte zwar nicht bindend, doch gilt grundsätzlich, dass die Gerichte diese Vereinbarungen respektieren, es sei denn, das Kindeswohl erfordert eine abweichende Regelung.

Die **gemeinsame rechtliche Sorge** bedeutet, dass beide Eltern gemeinsam die Verantwortung für Entscheidungen übernehmen, die für das Leben ihrer

28 *Wallerstein/Lewis/Blakeslee*, Scheidungsfolgen (2002) 226ff.
29 ZB *Wallerstein/Blakeslee*, Gewinner und Verlierer (1989).
30 *Merkt*, Das Kindschaftsrecht in den Vereinigten Staaten von Amerika, in *Dopffel* (Hrsg), Kindschaftsrecht im Wandel. Zwölf Länderberichte mit einer vergleichenden Summe (1994) 465–510.
31 *Merkt*, Kindschaftsrecht in den USA, in *Dopffel*, Kindschaftsrecht (1994) 468.

Kinder von Bedeutung sind – wie etwa die religiöse Erziehung der Kinder, die medizinische Versorgung oder die Frage, welche Schule das Kind besuchen soll. Die alltäglichen Entscheidungen sind dem Elternteil vorbehalten, der das persönliche Sorgerecht hat. In welchen Bereichen eine gemeinsame Beratung und Übereinstimmung der Eltern erforderlich ist, muss in einigen Bundesstaaten genau festgelegt werden. Die Voraussetzungen für das gemeinsame Sorgerecht sind in den einzelnen Bundesstaaten unterschiedlich. In einer Reihe von Staaten kann es nur im Einvernehmen mit beiden Eltern angeordnet werden. Allerdings gehen – so *Merkt* – immer mehr Staaten dazu über, die gemeinsame Sorge auch bei Antrag nur eines Elternteils zuzulassen.[32] Außer in Fällen, in denen ungewöhnliche Umstände vorliegen, entscheidet sich – so *Wallerstein* et al – in vielen Staaten inzwischen die Mehrheit der geschiedenen Eltern für die gemeinsame rechtliche Sorge. Viele Gerichte verfügen diese Sorgerechtsregelung routinemäßig in allen Fällen einer Scheidung, es sei denn, die Eltern erheben Widerspruch dagegen.

Wenn von „joint custody" die Rede ist, dann gewöhnlich im Sinne der **tatsächlichen gemeinsamen Sorge**, dh, dass beide Eltern einen erheblichen und wichtigen Teil ihrer Zeit den Kindern widmen. Im Gegensatz dazu lebt das Kind in der Alleinsorge bei einem Elternteil, der andere hat ein Besuchsrecht. Es gibt keine vorgegeben Regeln, wie das tatsächliche gemeinsame Sorgerecht praktiziert wird. Es ist Aufgabe der Eltern, sich auf ein geeignetes Arrangement zu einigen. Die häufigste Ausgestaltung dieser Rechtsform sehe – so *Wallerstein* et al – so aus, dass beide Eltern einen eigenen Haushalt führen und die Kinder ihre Zeit, entsprechend einem zuvor festgelegten Plan, zwischen den beiden Elternhäusern aufteilen. Aus der Perspektive des Kindes betrachtet bedeutet das, dass es zwei „Zuhause" hat und dass es regelmäßig zwischen diesen beiden Orten hin- und herpendelt und eine nennenswerte Zeitspanne hier wie da verbringt. Manche Kinder leben drei Tage beim einen, drei Tage beim anderen Elternteil, andere wechseln täglich oder wöchentlich, wieder andere jährlich. In Übersetzungen werden für dieses Modell verschiedene Begriffe verwendet, meist wird von „**Wechselmodell**" oder „**Doppelresidenz**" gesprochen. Es besteht aber auch die Möglichkeit, dass die Eltern abwechselnd in das Haus ziehen, in dem das Kind lebt, dh, die Eltern ziehen ein und aus, während das Kind an Ort und Stelle bleibt. In diesem Fall spricht man von „birdnesting" („**Nestmodell**").[33]

Einschränkend muss jedoch gesagt werden, dass „joint physical custody" nicht zwingend Wechselmodell bedeutet und die Übergänge zwischen „Besuchen" beim anderen Elternteil und bei diesem ein Zuhause zu haben fließend sind. Das zeigen Untersuchungen, wie etwa jene von *Kline* et al, die herausge-

32 *Merkt*, Kindschaftsrecht in den USA, in *Dopffel*, Kindschaftsrecht (1994) 472 f.

33 *Wallerstein/Blakeslee*, Gewinner und Verlierer (1989) 303 f; *Wallerstein/Lewis/Blakeslee*, Scheidungsfolgen (2002) 226 ff.

funden haben, dass auch bei tatsächlichem gemeinsamen Sorgerecht die Kinder zwei Jahre nach dem Einreichen der Scheidung durchschnittlich nur noch etwa zehn Tage pro Monat beim „getrennt lebenden" Elternteil verbrachten, also etwa ein Drittel ihrer Zeit.[34]

Neben einer potenziellen Belastung der Kinder durch die (häufigen) Aufenthaltswechsel wird von GegnerInnen des Wechselmodells oftmals die Problematik der Regelung des **Kindesunterhalts** ins Treffen geführt, wenn das Kind nahezu zu gleichen Teilen bei Mutter und Vater lebt. In Österreich ist der Kindesunterhalt derzeit an den hauptsächlichen Aufenthaltsort des Kindes gebunden. Sollte es diesen nicht mehr geben, weil sich das Kind nicht mehr überwiegend bei einem Elternteil aufhält, müssen auch die Bestimmungen für den Kindesunterhalt neu geregelt werden. Dass das gemeinsame Sorgerecht in den USA – aufgrund einer anders gelagerten Unterhaltsregelung – im Gegensatz dazu gerade auch deshalb eingeführt wurde, um eine angemessene finanzielle Beteiligung des nicht sorgeberechtigten Elternteils zu erreichen, schildert *Kaltenborn*.[35] In den meisten US-amerikanischen Bundesstaaten (mit Ausnahme Kaliforniens) ist die Höhe der Unterhaltszahlung nämlich nicht daran gebunden, wie viel Zeit das Kind in welchem der elterlichen Haushalte verbringt, sondern richtet sich nach dem Einkommen der Eltern sowie den Lebenserhaltungskosten des Kindes.[36]

Zur **Übertragbarkeit der Studienergebnisse auf österreichische Verhältnisse** muss vorweg gesagt werden, dass sich Untersuchungen aus dem US-amerikanischen Raum, häufig mit einer bestimmten Form des gemeinsamen Sorgerechts befassen, nämlich dem Wechselmodell. Das bedeutet, wie erläutert wurde, dass das Kind nach der elterlichen Trennung abwechselnd bei der Mutter und beim Vater lebt, und zwar im Ausmaß eines umfangreichen Besuchsrechts bis hin zu einer 50:50-Aufteilung der Betreuungszeit des Kindes. Das derzeitigen österreichischen Kindschaftsrecht sieht hingegen die Definition eines hauptsächlichen Aufenthaltes des Kindes bei Mutter *oder* Vater vor, und eine (nahezu) hälftige Betreuung des Kindes durch den getrennt lebenden Elternteil entspricht wie die Ergebnisse der vorliegenden Evaluationsstudie des KindRÄG zeigen werden –auch nicht der durchschnittlichen Lebensrealität von Familien mit ObE in Österreich.

Insofern sind manche Ergebnisse der im Folgenden dargestellten Untersuchungen, etwa das Erfordernis der Kooperation der Eltern oder die Belastung der Kinder durch häufige Wechsel ihres Aufenthaltes betreffend, für österreichische

34 *Kline/Tschann/Johnston/Wallerstein*, Children's Adjustment in Joint and Sole Physical Custody Families, Developmental Psychology (1989) 430–438.

35 *Kaltenborn*, Das gemeinsame elterliche Sorgerecht nach der Scheidung im Spiegel ausländischer Erfahrungen, FamRZ (1983) 964–971.

36 *Wallerstein/Blakeslee*, Gewinner und Verlierer (1989) 305; *Wallerstein/Lewis/Blakeslee*, Scheidungsfolgen (2002) 227 f.

Familien weniger bedeutsam. Sie sind für die österreichische Diskussion – meiner Ansicht nach – aber nicht bedeutungslos, da das Wechseln der Kinder zwischen den beiden Elternteilen auch ein Faktum der österreichischen Regelung der ObE (ja sogar der aO mit entsprechenden Besuchsregelungen zum nicht obsorgeberechtigten Elternteil) ist – wenn auch nicht in der gleichen Intensität. Dennoch müssen mögliche Auswirkungen unterschiedlicher rechtlicher Rahmenbedingungen (auch was die Übertragbarkeit von Studien aus europäischen Ländern betrifft) immer wieder reflektiert werden.

*Die Fallstudie von Abarbanel*

Bereits 1979 erschien im American Journal of Orthopsychiatry ein Bericht über eine von *Abarbanel* durchgeführte Fallstudie[37] über vier Familien, die die Autorin aufgrund des Betreuungssettings (nicht aufgrund des rechtlichen Status) als „joint custody families“ definierte.

Die untersuchten Familien zeichneten sich dadurch aus, dass die Kinder nach der elterlichen Trennung bei Mutter *und* Vater lebten, also zwei „Zuhause“ hatten (Wechselmodell), und beide Eltern trotz ihrer Trennung ihre mütterliche bzw väterliche Verantwortung für die Kinder weiter aktiv lebten. Die zeitliche Aufteilung der Betreuung und Versorgung der Kinder zwischen Mutter und Vater reichte von 50 zu 50 bis 67 zu 33 Prozent. Zwei Familien wechselten wöchentlich, eine Familie hatte eine 4-Tage-/3-Tage-Regelung und eine Familie eine 9-Tage-/5-Tage-Regelung. Zwei Elternpaare waren etwa ein Jahr getrennt (der Autorin zufolge ist das der Zeitpunkt der größten Belastung von Kindern in der Nachscheidungsphase), die anderen bereits zwei Jahre (jener Zeitpunkt, von dem theoretisch angenommen werden kann, dass der Anpassungsprozess der Kinder einen ersten Abschluss findet, so die Autorin). Den Ausführungen *Abarbanels* zufolge handelte es sich dabei um die erste systematische Beforschung dieser Familienform überhaupt.

Ziel ihrer Studie war es, die Erfahrungen mit und Auswirkungen der gemeinsamen Versorgung der Kinder, insb für die Kinder, zu erforschen und Hypothesen für Studien mit größeren Samples zu generieren. *Abarbanel* nahm dabei Bezug auf (Vor-)Annahmen gegenüber der gemeinsamen Sorge nach Trennung und Scheidung, die damals und noch viele Jahre später vor allem aufgrund des von *Goldstein/Freud/Solnit* publizierten Werkes „Beyond the Best Interests of the Child“[38] die Fachdiskussion dominierten, wie etwa, dass die biologischen Eltern nur durch

37 *Abarbanel*, Shared Parenting after Separation and Divorce: A Study of Joint Custody, Amer. J. Orthopsychiat. 49 (2) (1979) 320–329.

38 Deutsche Übersetzung: *Goldstein/Freud/Solnit*, Jenseits des Kindeswohls (1974).

das alltägliche Zusammensein („day-to-day interaction, companionship, and shared experiences“[39]) mit dem Kind zu psychologischen Eltern für das Kind werden.

*Abarbanel* führte Tiefeninterviews mit den Eltern, den betroffenen Kindern und den LehrerInnen der Kinder durch, besuchte die Familien in jedem Zuhause der Kinder, machte Beobachtungen und verwendete darüber hinaus Eltern-Fragebögen und das Bem Sex-Role Inventory.[40]

Zum Zeitpunkt der Untersuchung erschienen alle **Kinder der Untersuchungsgruppe** grundsätzlich gut angepasst und zeigten keine ernsthaften Verhaltensprobleme.[41] Auch ihre LehrerInnen beurteilten die schulische Leistung der Kinder, nach einer anfänglichen belasteten Phase, als normal bis exzellent. Die Kinder selbst berichteten, dass sie sich sowohl bei der Mutter als auch beim Vater „zu Hause“ fühlten, und keines der Kinder schien die Erfahrung zu machen, mit der Trennung der Eltern einen Elternteil (zumeist den Vater) verloren zu haben. Der Wechsel von einem zum anderen Elternteil war in den untersuchten Familien Routine. Die Aufenthaltsregelungen waren fix, regelmäßig und vorhersagbar und wurden den sich im Laufe der Zeit verändernden Bedürfnissen aller Familienmitglieder angepasst. Die Kinder akzeptierten die Regelungen als ihre Art zu leben. Nur ein Adoleszenter war mit dem Wechsel zwischen den beiden Elternhäusern sehr unzufrieden, weil es seinen eigenen Bedürfnissen nach Kontakt mit Freunden und möglichst großer Autonomie in der Lebensgestaltung widersprach.

*Abarbanel* folgert daraus, dass präadoleszente Kinder zurechtkommen, wenn die Unterschiede zwischen dem Zuhause beim Vater und demjenigen bei der Mutter minimal sind, wenn die Eltern sich bei den Wechsel der Kinder kooperativ verhalten und die Wechsel für die Kinder vorhersagbar sind. Wenn es – bedingt durch die Persönlichkeit oder den Lebensstil der Eltern – größere Unterschiede zwischen der mütterlichen und väterlichen „Welt“ gibt, sollten die Eltern diese Unterschiede offen anerkennen und mittels verstärkter Kommunikation überbrücken.[42]

Außer Zweifel stellt die Autorin, dass das gemeinsame Sorgerecht mit sich brachte, dass die Kinder enge Beziehungen zu beiden Eltern aufrechterhalten konnten und beide Eltern auch weiterhin „psychologische Eltern“ blieben. Die Kinder erlebten beide Eltern im Erziehungsalltag genauso wie in der Freizeitgestaltung. Dies ermöglichte ihnen, gemeinsam mit der Ermutigung des jeweils anderen Elternteils dazu, die für die gesunde Entwicklung so wichtige Ambivalenz gegenüber jedem Elternteil. Keine und keiner der untersuchten Eltern beför-

39 *Abarbanel*, Amer. J. Orthopsychiat. 49 (2) (1979) 321.

40 *Abarbanel*, Amer. J. Orthopsychiat. 49 (2) (1979) 322 f.

41 Die Autorin führt nicht aus, welche Kriterien (außer sichtbare Verhaltensprobleme) zur Einschätzung der kindlichen Anpassung herangezogen wurden bzw wie „Anpassung“ definiert wurde.

42 *Abarbanel*, Amer. J. Orthopsychiat. 49 (2) (1979) 324 f.

derte Spaltungsprozesse der Kinder („making one parent all ‚good' and one parent all ‚bad'"[43]), sondern sie ermutigten im Gegenteil die Kinder dazu, eine realistische Beziehung zu beiden Eltern zu haben und sowohl positive als auch negative Gefühle ihnen gegenüber auszudrücken.

*Abarbanel* formuliert schließlich **vier Bedingungen, die zu einer erfolgreichen Gestaltung der gemeinsamen tatsächlichen Sorge**[44] **beitragen**: *Erstens* das Bekenntnis beider Eltern zu dieser Sorgerechtsform. Trotz der damit verbundenen Nachteile hielten alle Eltern der Untersuchungsgruppe die tatsächliche gemeinsame Sorge noch für die beste Lösung – entweder als Kompromiss oder im besten Fall als ideale Möglichkeit, ihre Elternschaft mit anderen Lebensbereichen „unter einen Hut zu bringen".

Eine *zweite* hilfreiche Voraussetzung sieht *Abarbanel* darin, wenn die Eltern ihre Kinder dabei unterstützen, eine aktive und eigenständige Beziehung zum jeweils anderen Elternteil zu pflegen. Diese Unterstützung der Kinder durch die Eltern zeigte sich bei allen befragten Elternteilen. Sie befürworteten und unterstützten den Zugang des jeweils anderen zu den Kindern, und keine und keiner der Eltern hatte die Sorge, dass der andere Elternteil dem Kind schaden könnte. Sie wünschten eine normal-ambivalente Beziehung und ein realistisches Bild des Kindes vom jeweils anderen, um das Entstehen idealisierter oder abwertender Phantasien von einem Elternteil zu verhindern. Sie waren sich auch sicher, dass der andere Elternteil ihre Beziehung zum Kind unterstützen und nicht versuchen würde, das Kind auf seine Seite zu ziehen.

*Drittens* erleichtere eine gewisse berufliche Flexibilität der Eltern die Durchführung der tatsächlichen gemeinsamen Sorge, wenn es darum geht, nicht nur eine Vielzahl an alltäglichen Aktivitäten mit den Kindern zu koordinieren, sondern insb auch mit spontanen Änderungen, außergewöhnlichen Ereignissen und Notfällen zurechtzukommen.

Als *vierte* Voraussetzung beschreibt *Abarbanel* einen – wie mir scheint – für die Beziehung der geschiedenen Eltern zueinander sehr zentralen Aspekt. Sie bezeichnet diesen Aspekt als Einverständnis über implizite Regeln und meint damit mehr als ein erfolgreiches Aushandeln der alltäglichen Betreuungsaufgaben und mehr als die Fähigkeit der Eltern, ihre Elternschaft von anderen Aspekten ihrer Beziehung als ehemalige PartnerInnen zu trennen. Es handelt sich vielmehr um implizite, unausgesprochene Vereinbarungen zwischen den Eltern, die ihre Beziehung zueinander in der Nachscheidungsfamilie regeln, also wie viel Kontakt sie miteinander als Eltern und als Menschen haben, wie sehr sich die beiden Elternhäuser überschneiden, welche, wie viel und wie sie Informationen austauschen, ob und wie sie einander als Eltern kritische oder positive Rückmel-

43 *Abarbanel*, Amer. J. Orthopsychiat. 49 (2) (1979) 325.

44 Zum Begriff der „tatsächlichen gemeinsamen Sorge" siehe den Exkurs auf S 27-30.

dungen geben. Bei all diesen impliziten Regeln spielen Macht, Kontrolle und Autonomie genauso eine Rolle wie der Prozess der psychologischen Trennung der Eltern. Unterschiedliche Erwartungen und Bedürfnisse diesbezüglich können das Vorhaben der tatsächlichen gemeinsamen Sorge ernsthaft in Gefahr bringen. Es könne wohl weder erwartet noch verlangt werden, dass sich gerade geschiedene Eltern diesbezüglich immer und in allen Punkten einig sind; *Abarbanel* spricht aber von der Notwendigkeit, dass die beiden Elternteile einander Vertrauen können müssen, dass der jeweils andere zu einem Kompromiss bzw zumindest dazu bereit ist, sich die Position des anderen anzuhören.[45]

Darüber hinaus gebe es – so *Abarbanel* – erleichternde oder erschwerende strukturelle Bedingungen für die tatsächliche gemeinsame Sorge, nämlich die geografische Nähe der beiden Elternhäuser und das Alter und die Persönlichkeit des Kindes. Bei mehreren Kindern könnte sich das Problem ergeben, dass sich die älteren an die Regelungen anpassen müssen, die auf die Bedürfnisse der jüngeren Kinder zugeschnitten sind. Schließlich sei noch völlig unerforscht, welche Bedeutung ein neuer Partner, eine neue Partnerin bzw die Gründung einer Stieffamilie für die Ausgestaltung der tatsächlichen gemeinsamen Sorge habe.[46]

*Abarbanel* betont, dass eine Fallstudie dieser Art weder generalisierbare noch verlässliche Ergebnisse liefern könne und auch längerfristige Prognosen nicht zulasse. Dennoch könne festgestellt werden, dass die tatsächliche gemeinsame Sorge zumindest so gut wie andere Sorgerechtsarrangements nach Trennung und Scheidung sei: Unter bestimmten Umständen könne sie funktionieren und zum Wohl aller Familienmitglieder beitragen.[47]

### *Die qualitative Studie von Steinman*

Ein paar Jahre später beschäftigte sich *Steinman* im Rahmen einer qualitativen Untersuchung[48] mit den Auswirkungen des Wechselmodells auf die Kinder und kam zu sehr ähnlichen Ergebnissen wie *Abarbanel*. *Steinman* führte eine Untersuchung mit 24 Familien durch, in denen sich die Eltern die Verantwortung und Entscheidungskompetenz für ihre Kinder nach der Auflösung der Ehe teilten und in denen die Kinder in beiden Elternhäusern lebten (Wechselmodell). Erforscht werden sollte die Erfahrung, die die Kinder und ihre Eltern mit dieser Sorge-

45 *Abarbanel*, Amer. J. Orthopsychiat. 49 (2) (1979) 326 f.
46 *Abarbanel*, Amer. J. Orthopsychiat. 49 (2) (1979) 327.
47 *Abarbanel*, Amer. J. Orthopsychiat. 49 (2) (1979) 327 f.
48 *Steinman*, The Experience of Children in a Joint-Custody Arrangement: A Report of a Study, Amer. J. Orthopsychiat. (1981) 403–414.

rechtsform[49] machen, der Weg zu dieser Sorgerechtsform, die Beziehung der kooperierenden Eltern zueinander und durch welche Eigenschaften sich „gute KanditatInnen" für die tatsächliche gemeinsame elterliche Sorge[50] nach Trennung bzw Scheidung auszeichnen. Der wesentliche Fokus liegt jedoch auf den Erfahrungen der Kinder damit, zwei „Zuhause" zu haben, den damit verbundenen Vorteilen, Stressfaktoren und wie sie grundsätzlich damit zurechtkommen.[51]

Das **methodische Vorgehen** zeichnet sich durch einen vielfältigen Zugang aus: Mit allen Familienmitgliedern wurden jeweils zwei (halbstrukturierte) Interviews durchgeführt, die bei den Kindern als eine Kombination aus Gespräch und diagnostischem Puppenspiel gestaltet wurden. Die Interviews mit den Eltern beleuchteten die persönliche Geschichte der Eltern, die elterliche Beziehung vor der Scheidung, die Eltern-Kind-Beziehungen, die Gründe für die Scheidung und Ereignisse und Umstände rund um die Scheidung, das Scheidungserleben der Kinder (Wurden die Kinder in die Konflikte der Eltern hineingezogen? Wurde mit ihnen über die Trennung/Scheidung gesprochen? Wie haben die Kinder reagiert?), die Entscheidung zur gemeinsamen Sorge, die aktuelle Regelung, Vor- und Nachteile der gemeinsamen Sorge aus Sicht der Eltern, die Einschätzung der Vor- und Nachteile der gemeinsamen Sorge für die Kinder und die Einschätzung der Anpassung der Kinder durch die Eltern.

Die Kinder wurden weiters einigen Tests unterzogen (Family Drawing, Coopersmith Self-Esteem Inventory). Ziel war es, Hinweise auf Gefühle, Haltungen und Bewältigungsstrategien der Kinder in Zusammenhang mit der Scheidung der Eltern und dem Leben in zwei Zuhause zu erhalten. Außerdem wurden Interviews mit den LehrerInnen der Kinder geführt, um Einschätzungen der Anpassung der Kinder aus ihrer Sicht und Informationen darüber zu erhalten, inwiefern sich das Wechselmodell auf den schulischen Alltag auswirkt.

Schließlich wurde den Eltern ein Fragebogen zur Erfassung des Betreuungsarrangements, der Beziehung der Eltern zueinander und der Eltern-Kind-Beziehung vorgelegt. Die Befragung der Familien in deren Wohnungen erlaubte zusätzlich einen Eindruck von den zwei „Zuhause" des Kindes sowie die sponta-

---

49 Auswahlkriterium für die UntersuchungsteilnehmerInnen war nicht ein entsprechender gerichtlicher Sorgerechtsbeschluss, sondern dass die Eltern gemeinsam Verantwortung für die das Kind betreffenden Entscheidungen tragen, dass sie sich als gleich bedeutsam für die Kinder erleben und sich beide gemeinsam für die körperliche, geistige, emotionale und moralische Entwicklung des Kindes verantwortlich fühlen und dass das Kind zu etwa gleichen Teilen bei Mutter und Vater lebt (zwischen 50:50 und 67:33 Prozent der Zeit). Die Familien mussten für zumindest sechs Monate in diesem Arrangement leben (*Steinman*, Amer. J. Orthopsychiat. [1981] 405).

50 Zum Begriff der „tatsächlichen gemeinsamen Sorge" siehe den Exkurs auf S 27-31.

51 *Steinman*, Amer. J. Orthopsychiat. (1981) 404.

ne Beobachtung der Eltern-Kind-Beziehung und wie sich das Kind in seinem jeweiligen Zuhause fühlt.[52]

Zwei Drittel der **Elternpaare** waren seit mindestens vier Jahren getrennt und lebten seither das Wechselmodell. Etwas weniger als die Hälfte von ihnen war zum Untersuchungszeitpunkt bereits wieder verheiratet. Die Familien stellten insofern kein repräsentatives Sample dar, als sie sich alle freiwillig für das Wechselmodell entschieden, dieses selbst installierten – obwohl es zu dieser Zeit gesetzlich noch gar nicht erlaubt war – und bereits über einen relativ langen Zeitraum Erfahrungen damit sammelten.

Ihre Beziehung zueinander, ihre Werthaltungen, ihr ganzer Arbeits- und Lebensstil führten zu der Entscheidung für das Wechselmodell und ermöglichten es ihnen, dieses über einen längeren Zeitraum hinweg durchzuhalten: Sie waren sehr überzeugt von der gemeinsamen Sorge für die Kinder und zeigten – so *Steinman* – eine große Hingabe für ihre Kinder, die für sie oberste Priorität hatten und für die sie auch zu persönlichen Opfern bereit waren. Von ihren ExpartnerInnen waren sie zwar als EhepartnerInnen enttäuscht, schätzten und respektierten sie aber als Menschen und Elternteil, und es war ihnen sehr wichtig, dass ihre Kinder beide Eltern haben. Sie glaubten daran, dass der jeweils andere für das Glück und eine gute Entwicklung des Kindes essenziell sei. Die meisten Paare hatten die gemeinsame Elternschaft bereits während aufrechter Ehe bzw Partnerschaft gelebt, und die gemeinsamen Kinder waren mehr eine Quelle der Freude und Dankbarkeit für sie als ein Grund für Konflikte. Erziehungsunterschiede konnten sie tolerieren, und es gelang ihnen, den gemeinsamen Raum der Kindererziehung von Spannungen und Ärger auf den anderen Elternteil weitgehend freizuhalten. Die Feindseligkeit zwischen Mutter und Vater hielt sich auch während der Ehe und Trennung eher in Grenzen.

Interessanterweise hatten viele dieser Paare eine lange Trennungszeit vor der endgültigen Scheidung hinter sich, während deren sie die tatsächliche gemeinsame Sorge für die Kinder in zwei getrennten Haushalten ohne Gericht regelten. Für manche ermöglichte diese Phase eine gleichsam „sanfte“ emotionale Loslösung vom Expartner bzw von der Expartnerin. Die Weiterführung der gemeinsamen Elternschaft milderte – so *Steinman* – Gefühle des Verlustes und erlaubte eine allmähliche Neuorientierung in ihrem Leben.

Die Eltern der Untersuchungsgruppe hatten ein ähnliches Ausbildungsniveau, und fast alle Mütter waren berufstätig. Der Wunsch, weiterhin berufstätig und nicht alleine für die Betreuung und Versorgung der Kinder zuständig zu sein, war ein wichtiges Motiv der Mütter für die Wahl dieser Sorgerechtsform. Ihre Berufstätigkeit war für die Mütter eine Quelle von Selbstbewusstsein und

52 *Steinman*, Amer. J. Orthopsychiat. (1981) 405 f.

ein Teil ihrer Identität, und das ermöglichte es ihnen, die „Vollzeit-Elternrolle" loszulassen. Umgekehrt hatten die Väter Jobs, die ihnen eine gewisse Flexibilität und damit die Übernahme von Betreuungspflichten im Alltag der Kinder erlaubten. Die meisten Väter waren schon während aufrechter Ehe „aktive Väter" und gaben dieser Aufgabe eine hohe Priorität in ihrem Leben.[53]

Die Hälfte der Familien lebte ein **Modell**, in dem die Kinder die halbe Woche bei einem, die andere Hälfte der Woche beim anderen Elternteil verbrachten. Etwa 25 % der Familien wechselten jeweils nach einer ganzen Woche, und die restlichen Familien hatten andere Regelungen, in denen die Kinder jeden Tag, alle vierzehn Tage, alle drei Monate oder in einem Fall jährlich wechselten. Die meisten Eltern lebten sehr nahe beieinander, wodurch die Kinder immer dieselbe Schule besuchten und auch ihren Freizeitaktivitäten nachkommen konnten, egal bei welchem Elternteil sie gerade waren. Jene Familien, in denen die Eltern weiter voneinander entfernt lebten, mussten längere Anfahrtswege in Kauf nehmen oder entschieden sich für einen jährlichen Wechsel.[54]

Die meisten Eltern zahlten einander keinen **Kindesunterhalt**, sondern teilten sich außergewöhnliche Ausgaben. Ansonsten kam jeder Elternteil für die täglichen Kosten während des Aufenthaltes des Kindes selbst auf. In mehreren Fällen, in denen ein Elternteil mehr verdiente, übernahm dieser einen größeren Teil der Ausgaben. Insgesamt schienen diese Arrangements – so *Steinman* – gut zu funktionieren, und sowohl die Mütter als auch die Väter schätzten den Vorteil der Vereinbarkeit von beruflichem und familiärem Engagement.[55]

Während die Eltern mit dieser Sorgerechtsregelung – abgesehen von einigen Schwierigkeiten – zufrieden waren, gestalteten sich die **Erfahrung der Kinder** differenzierter. Die 32 Kinder der Untersuchungsgruppe waren im Alter von viereinhalb bis fünfzehn Jahren und lebten zwischen zwei bis neun Jahre in einer Form des Wechselmodells. Sie konnten in einer sehr differenzierten Weise über ihre Situation nachdenken und über die Vorteile und Herausforderungen des Lebens in zwei Elternhäusern Auskunft geben.

Als Erstes fiel – so *Steinman* – auf, dass diese Kinder offensichtlich zwei „psychologische" Eltern hatten: Sie hatten eine enge Verbindung und Loyalität mit beiden Elternteilen. Sie erwarteten und erhielten von Mutter und Vater gleichsam „die ganze Bandbreite" an elterlichen Funktionen, sei es die Verpflegung, die Erziehung oder Begleitung. Die elterlichen Funktionen waren nicht entsprechend traditionellen Rollenbildern auf Mutter und Vater aufgeteilt.

Zweitens verwirrte es die untersuchten Kinder offenbar nicht, zwei „Zuhause" zu haben. Die meisten von ihnen hatten keine Probleme damit, die Unter-

53 *Steinman*, Amer. J. Orthopsychiat. (1981) 407.
54 *Steinman*, Amer. J. Orthopsychiat. (1981) 407.
55 *Steinman*, Amer. J. Orthopsychiat. (1981) 408.

schiede in den Persönlichkeiten, Verhaltensweisen und Werten der beiden Eltern zu erkennen und zu akzeptieren und sich an die jeweiligen Gegebenheiten mit einem Minimum an Konflikten und Irritationen anzupassen. Unterschiede – die Erziehung der Kinder betreffend – hatten in den meisten Familien keine große Bedeutung. Traten jedoch einmal Konflikte zwischen den Eltern auf, waren die Kinder darüber sehr beunruhigt. Manche Kinder, die diesbezüglich Unterschiede wahrnahmen, sorgten sich auch um denjenigen Elternteil, der emotional instabiler oder finanziell weniger abgesichert war als der andere.[56]

Als ein besonders wichtiges Ergebnis hebt *Steinman* hervor, dass die von ihr untersuchten Kinder nicht unter besonders heftigen **Loyalitätskonflikten** litten, wie dies oft bei Kindern von einander bekämpfenden oder um das Kind streitenden Eltern zu beobachten sei. Die Kinder erlebten, dass ihre Eltern eine positive Beziehung zum jeweils anderen unterstützen, und fühlten sich grundsätzlich frei, beide Eltern zu lieben. Das bedeute aber nicht – so *Steinman* –, dass Loyalitätskonflikte in Arrangements der gemeinsamen Sorge gänzlich verschwinden würden. Etwa ein Drittel der untersuchten Kinder zeigte eine „Hyperloyalität" ihren Eltern gegenüber. Sie waren besonders achtsam gegenüber den Gefühlen und Stimmungen ihrer Eltern und ständig darauf bedacht, zu beiden Eltern gleich fair zu sein und weder Mutter noch Vater zu benachteiligen – etwa in Bezug auf die mit ihnen verbrachte Zeit oder die Bekundung von Zuneigung. Viele der Kinder zeichneten sich durch ein besonders empathisches Wesen und die Sorge für das Wohlergehen und Glück ihrer Eltern aus. Diese besondere Achtsamkeit und das Gefühl der Verantwortlichkeit gründeten einerseits in der Sorge, Partei für einen Elternteil zu ergreifen und damit den anderen zu verletzen, und andererseits in Schuldgefühlen wegen der Mühen, die die Eltern ihretwegen in den Augen der Kinder auf sich nahmen. Für manche Kinder war dies – so *Steinman* – eindeutig belastend.[57]

Eine weitere Frage im Zusammenhang mit dem Wechselmodell war, ob die Wechsel zwischen den beiden Elternhäusern für die Kinder verwirrend seien und die Kinder in chronischer **Verunsicherung** leben würden, wo sie als nächstes sein werden und wo sie hingehören. Die meisten Kinder der Untersuchung konnten selbst mit komplexen Aufenthaltsregelungen und häufigen Ortswechseln zwischen den beiden Elternhäusern, Schulen, Tageseinrichtungen etc umgehen. Eine Gruppe von etwa 25 Prozent der Kinder zeigte jedoch Anzeichen von Verwirrung und Angst angesichts ihrer Zeitpläne und Aufenthaltswechsel. Die Hälfte dieser Kinder war vier- bis fünfjährige Mädchen. Sie kannten sich mit der Aufenthaltsregelung nicht aus und wollten auch nicht darüber reden, was jedoch – so *Steinman* – nicht bloß mit dem Alter der Kinder, sondern auch mit der Schwierigkeit zu tun hatte, die Trennung der Eltern zu verkraften. Die anderen

56 *Steinman*, Amer. J. Orthopsychiat. (1981) 409.
57 *Steinman*, Amer. J. Orthopsychiat. (1981) 410.

vier der acht Kinder, die offensichtlich damit kämpften, den Überblick zu behalten und die gestresst waren, waren sieben bis neunjährige Buben, die generell überfordert und verloren wirkten. Ihre Probleme mit der Sorgerechtsregelung kamen zu ihren sonstigen Problemen noch hinzu.[58]

Auch die **geografische Distanz** zwischen den elterlichen Wohnungen wurde von den Kindern unterschiedlich erlebt. Dabei gehe es – so *Steinman* – nicht so sehr um die tatsächliche Entfernung, sondern vielmehr um die psychologische Bedeutung, die diese für die Kinder bekommt. Was für einen Erwachsenen nah ist, müsse für ein Kind nicht nah sein. Die Kinder, die sich geografisch gut auskannten, hatten die Sicherheit, die Distanz zwischen den beiden Elternhäusern bewältigen zu können und dass ihre Eltern für sie erreichbar sind. Der Weg zwischen den Eltern war für sie Routine. Sie hatten auch das Gefühl, den Elternteil, bei dem sie gerade nicht waren, erreichen zu können, wenn sie ihn brauchten. Im Gegensatz dazu war die Reise zwischen den elterlichen Wohnungen für einige Kinder, die sich weder geografisch noch über die zeitliche Regelung gut auskannten, eine beängstigende Aufgabe. Sie fürchteten um ihre Sicherheit und hatten Angst, sich zu verirren oder zum falschen Haus zu gehen. Die Distanz zwischen den Häusern der Eltern gewann eine große psychologische Bedeutung für diese Kinder, auch wenn sie faktisch nicht sehr groß war, und hinterließ das Gefühl der Unerreichbarkeit des jeweils anderen Elternteils und des Verlustes an Kontrolle über das eigene Leben. Für eine dritte Gruppe von Kindern bedeutete die geografische Distanz zwischen den Eltern zwar Stress und Unannehmlichkeiten, aber diese Situation war für sie nicht verunsichernd und der Stress bewältigbar. Dennoch wünschten sie sich, die Eltern würden näher beieinander wohnen, um den jeweils andern Elternteil auch spontan und kurzfristig besuchen zu können und um ihr sonstiges soziales Leben nicht immer wieder unterbrechen zu müssen.

**Kontinuität** im Hinblick auf Schule und Freundschaften war allen Kindern der Studie sehr wichtig, insb je älter sie waren. Die Schule war für viele gleichsam ein „Ankerplatz". Die zwei jugendlichen Mädchen der Studie, die bereits mehrere Jahre zwischen den Haushalten der Eltern hin- und herwechselten, äußerten den Wunsch, nur noch an einem Ort zu leben, um den Kontakt zu ihren Freunden besser leben zu können. Möglicherweise widerspreche – so *Steinman* – das Wechselmodell den Bedürfnissen Adoleszenter nach zunehmender Selbstbestimmung über das eigene Leben und nach einer Lockerung der Bindungen an die Eltern zugunsten einer zunehmenden emotionalen Besetzung von Freundschaftsbeziehungen[59].

Ein wichtiger Aspekt in der Untersuchung mit den Kindern war deren **Erleben der Scheidung der Eltern**. Es zeigte sich, dass die meisten Kinder das

58 *Steinman*, Amer. J. Orthopsychiat. (1981) 410.
59 *Steinman*, Amer. J. Orthopsychiat. (1981) 412.

Gefühl hatten, für ihre Eltern wichtig und von diesen gewollt zu sein, was sehr bedeutsam für ihr Selbstbewusstsein war. Sie litten nicht unter den Gefühlen, zurückgewiesen oder verlassen worden zu sein, wie dies häufig bei Kindern der Fall sei – so *Steinman* –, die keinen regelmäßigen Kontakt mit dem getrennt lebenden Elternteil haben. Dennoch war diesen Kindern das Auseinanderbrechen ihrer früheren Familie bewusst, und einige erfüllte dies immer wieder mit Trauer – selbst wenn die Scheidung bereits Jahre zurücklag. Die gemeinsame Sorge war kein gleichwertiger Ersatz für die intakte Familie. Die meisten Kinder wollten die Scheidung nicht, aber sie hatten ein altersentsprechendes Verständnis von den Gründen der Trennung der Eltern und ließen nicht erkennen, dass sie sich selbst dafür verantwortlich fühlten. Die meisten Kinder wünschten sich eine Wiederversöhnung ihrer Eltern, auch wenn sie es intellektuell nicht für möglich hielten. Möglicherweise – so *Steinman* – schürte das Erleben der elterlichen Kooperation diese unterschwellig bestehende Sehnsucht.[60]

**Zusammenfassend** stellt *Steinman* fest, dass die meisten von ihr untersuchten Kinder das Modell der tatsächlichen gemeinsamen Sorge schätzten, weil es ihnen kontinuierlichen Kontakt zu beiden Eltern ermöglichte. Die praktischen Herausforderungen, die es mit sich brachte, zwei „Zuhause“ zu haben, konnten sie gut meistern. Sie hatten das Gefühl, von beiden Eltern geliebt und gewollt zu sein, und das steigerte ihr Selbstbewusstsein.

Ein Drittel der Kinder fühlte sich jedoch von den Anforderungen des Lebens im Wechselmodell überfordert. Es könne zwar nicht bestimmt werden – so *Steinman* –, ob das Wechselmodell die hauptsächliche Ursache für die Verwirrung und das Unglücklichsein dieser Kinder war, aber es war jedenfalls keine Unterstützung und mag eine zusätzliche Bürde für sie gewesen sein.

Die entscheidende förderliche Komponente des gemeinsamen Sorgerechts für die Kinder liegt – so die Autorin – in den Haltungen, Werten und Verhaltensweisen der Eltern. Eine kooperative und respektvolle Beziehung zwischen ihnen und die Unterstützung der Beziehung des Kindes zum anderen Elternteil schienen für die Anpassung der Kinder an die geschiedenen Verhältnisse von größerer Bedeutung als (zeitlich) exakt gleich viel Kontakt zu beiden Elternteilen. Die tatsächliche gemeinsame Sorge nach der Scheidung sei keine einfache Lösung und kein Modell, das für alle Eltern und Kinder förderlich ist. Es fordert vom Kind, den eigenen Alltag auf zwei Elternhäuser aufzuteilen. Ob das jeweilige Kind die Fähigkeiten besitzt, gut damit zurechtzukommen, müsse im Einzelfall geprüft werden.[61]

60 *Steinman*, Amer. J. Orthopsychiat. (1981) 412 f.
61 *Steinman*, Amer. J. Orthopsychiat. (1981) 414.

*Die Studie von Shiller*

Ein paar Jahre später erschien die Studie von *Shiller*[62], die das Thema der schwereren Betroffenheit von Buben angesichts der Scheidung ihrer Eltern aufgriff, wie es im Anschluss an Untersuchungen von *Hess/Camara*[63], *Hetherington* et al[64], *Rutter*[65] und *Wallerstein/Kelly*[66] diskutiert wurde. Anders als *Steinman* legte sie ihre Untersuchung als Vergleichsstudie zwischen Buben aus der mütterlichen Alleinsorge und Buben aus tatsächlicher gemeinsamer Sorge[67] beider Eltern (joint physical custody) an, wobei nicht der rechtliche Status, sondern das Ausmaß an tatsächlich mit beiden Eltern verbrachter Zeit ausschlaggebend für die Zuordnung zu den beiden Untersuchungsgruppen war.

Alle Kinder aus der tatsächlichen gemeinsamen Sorge verbrachten durchschnittlich zumindest zwei ganze Tage pro Woche beim „getrennt lebenden" Elternteil. In 75 Prozent der Fälle lebten die Kinder zu gleichen Teilen bei Mutter und Vater. In den Familien mit mütterlicher Alleinsorge besuchten die Kinder den Vater durchschnittlich zumindest einmal pro Monat. Über die Hälfte von ihnen sahen ihren Vater zumindest einmal pro Woche.

Die Trennung der Eltern der Untersuchungsgruppe lag ein bis sechs Jahre zurück. Die Eltern mit tatsächlicher gemeinsamer Sorge (insb die Mütter) waren durchschnittlich höher ausgebildet als die Eltern mit mütterlicher Alleinsorge und hatten – auch im Unterschied zu den Familien mit Alleinsorge – überwiegend nur ein Kind.

Wenn die größere Vulnerabilität von Buben angesichts der elterlichen Scheidung primär auf eine geschlechterweise unterschiedliche Sensibilität für Stress zurückzuführen sei, könnte daraus die Schlussfolgerung gezogen werden, so *Shiller*, dass das Fehlen eines hauptsächlichen Aufenthalts im Fall der tatsächlichen gemeinsamen Sorge Buben zusätzlich Stress bereitet. Wenn jedoch umgekehrt das alleinige Aufwachsen bei der Mutter den Entwicklungsbedürfnissen von Buben weniger gut entspreche als denen von Mädchen – wie dies in manchen Studien nahegelegt werde –, sei es vorstellbar, dass die tatsächliche gemeinsame Sorge die Schwierigkeiten von Buben zu mildern vermag.

---

62 *Shiller*, Joint versus Maternal Custody for Families with Latency Age Boys: Parent Characteristics and Child Adjustment, Amer. J. Orthopsychiat. 56 (3) (1986) 486–489.

63 *Hess/Camara*, Post-divorce family relationships as mediating factors in the consequences of divorce for children, J. Soc. Iss. 35 (1979) 79–96.

64 *Hetherington/Cox/Cox*, Effects of divorce on parents and children, in *Lamb*, Nontraditional Families (1982) 233–288.

65 *Rutter*, Sex differences in children´s responses to family stress, in *Anthony/Koupernik*, The Child in His Family (1979), zitiert nach *Shiller*, Amer. J. Orthopsychiat. 56 (3) (1986) 486–489.

66 *Wallerstein/Kelly*, Surviving the Breakup (1980).

67 Zum Begriff der „tatsächlichen gemeinsamen Sorge" siehe den Exkurs auf S 27-30.

*Shiller* versuchte in ihrer Untersuchung von 20 Familien mit tatsächlicher gemeinsamer Sorge und 20 Familien mit mütterlicher Alleinsorge, in denen Buben im Alter von sechs bis elf Jahren lebten,[68] Antworten auf folgende Fragen zu finden: Lassen sich Unterschiede im Verhalten (behavioral adjustment) von Buben im Latenzalter in Abhängigkeit von der Sorgerechtsform, in der sie leben, ausmachen? Unterscheiden sich Eltern, die sich für die gemeinsame Sorge oder für die mütterliche Alleinsorge entscheiden, in bestimmten Wesensmerkmalen, die die Anpassung der Kinder an die neue Situation beeinflussen könnten, und zwar unabhängig von der Form der elterlichen Sorge? Zur Beantwortung dieser Fragen führte *Shiller* halbstrukturierte Interviews mit den Eltern, in denen diese Auskunft über ihr Konfliktniveau während ihrer Trennungszeit und über ihre aktuelle Beziehung[69] gaben. Weiters füllten die Eltern ein standardisiertes Inventar zur Einschätzung ihres Selbstwertgefühls (Tennessee Self Concept Scale) und eines zur Erfassung ihrer aktuellen Gefühle dem oder der ExpartnerIn sowie der Scheidung gegenüber (*Ahrons* „My Feelings" Test) aus. Außerdem sollten die Eltern mittels *Achenbachs* Child Behavior Checklist die Anzahl und Ernsthaftigkeit der emotionalen Probleme der Kinder als Kriterium für die Anpassung der Kinder einschätzen. Zusätzlich wurden die LehrerInnen der Kinder mittels eines standardisierten Inventars (Classroom Adjustment Rating Scale) befragt.

Aufgrund der Tatsache, dass sich viele Väter nicht an der Studie beteiligten,[70] wurden jedoch **nur die Angaben der Mütter** bezüglich der Anpassung der Kinder, des Konfliktniveaus und der Kooperation zwischen den Eltern für die statistische Auswertung verwendet.

Die Ergebnisse:

1. Mütter aus der Gruppe tatsächliche gemeinsame Sorge gaben signifikant weniger emotionale und verhaltensmäßige Probleme ihrer Söhne an als die allein sorgeberechtigten Mütter (gemessen mittels *Achenbachs* Child Behavior Checklist). Insgesamt wurden von beiden Müttergruppen durchschnittlich mehr Probleme angegeben, als es der Durchschnittsnorm entspricht.
2. Bei jenen Buben, für die auch Angaben der LehrerInnen vorlagen, zeigte sich eine tendenziell bessere Einschätzung der Anpassung der Buben aus

68 Die Familien wurden durch Werbung und Empfehlung für die Teilnahme an der Untersuchung gewonnen. Abgesehen von einer Familie basierte die jeweilige Sorgeregelung auf dem Einvernehmen beider Elternteile.

69 Dazu wurde ein Interviewleitfaden von *Ahrons* modifiziert (*Ahrons*, Postdivorce Family Systems Research Project. University of Wisconsin, Madison [Unpublished Scales]).

70 Es wurden 17 Mütter und 15 Väter (zwölf Paare) mit tatsächlicher gemeinsamer Sorge, alle 20 Mütter mit Alleinsorge, aber nur zehn ihrer Exmänner interviewt (zum Begriff der „tatsächlichen gemeinsamen Sorge" siehe den Exkurs auf S 27-30).

tatsächlicher gemeinsamer Sorge im Vergleich zu den Buben aus mütterlicher Alleinsorge.

3. Bezüglich des Erlebens der Scheidung und des Konfliktniveaus in der Trennungszeit wurden keine signifikanten Unterschiede zwischen den Müttern der beiden Untersuchungsgruppen ersichtlich.
4. Die Eltern der beiden Untersuchungsgruppen unterschieden sich jedoch hinsichtlich bestimmter Aspekte ihrer aktuellen Konflikte und ihrer Beziehung zueinander. Der wichtigste Unterschied bestand darin, dass die Mütter mit tatsächlicher gemeinsamer Sorge ihre Exmänner als wesentlich verständnisvoller und unterstützender erlebten als die allein sorgeberechtigten Mütter. Die Mütter mit tatsächlicher gemeinsamer Sorge äußerten auch signifikant häufiger Respekt vor den elterlichen Kompetenzen ihrer Exmänner als die alleinsorgenden Mütter.
5. Ein interessantes Ergebnis zeigte sich auch in Bezug auf das Vorkommen von Schuldgefühlen wegen der Scheidung. Während die neun Väter, deren Exfrauen allein sorgeberechtigt waren, sich signifikant häufiger schuldig fühlten als die Väter mit gemeinsamer Sorge, war dies bei den Müttern genau umgekehrt: Diejenigen Mütter, die sich die Sorge mit ihren Exmännern teilten, hatten tendenziell mehr Schuldgefühle als die Mütter mit Alleinsorge. Schließlich waren die Selbstsicherheitswerte der Väter mit gemeinsamer Sorge ungewöhnlich hoch, während diejenigen der anderen drei Gruppen (Mütter mit Alleinsorge, nicht sorgende Väter und Mütter mit gemeinsamer Sorge) der Normpopulation entsprachen.

**Zusammenfassend** stellt *Shiller* fest, dass Buben aus tatsächlicher gemeinsamer Sorge bessere Anpassungsleistungen zeigen als Buben aus mütterlicher Alleinsorge. Aufgrund dieses Ergebnisses könne jedoch nicht entschieden werden, ob es sich dabei um eine positive Folge der Form der elterlichen Sorge, nämlich der tatsächlichen gemeinsamen Sorge, handelt oder ob die Unterschiede – genauso wie die Unterschiede bezüglich des Erlebens der Eltern – bereits auf Entwicklungen *vor* der Scheidung zurückzuführen sind. Es sei tatsächlich vorstellbar, dass die bessere Anpassung der Buben unter der gemeinsamen Sorge ein Hinweis dafür sei, dass diese ein für Buben im Latenzalter gesünderes Entwicklungsumfeld biete als die mütterliche Alleinsorge. Das Ergebnis könne aber auch bestimmte Kompetenzen der Eltern widerspiegeln, die diese Kinder aufgezogen haben. Verschiedene Einflussfaktoren auf die kindliche Anpassung, nämlich frühe Lebenserfahrungen, die Persönlichkeit der Eltern und ihr Beziehungsmodus zueinander, sowie die aktuellen Erfahrungen, die Kinder mit den unterschiedlichen Formen der elterlichen Sorge machen, müssten in weiteren Untersuchungen differenziert werden.

*Studien von Wallerstein und ihren Mitarbeiterinnen am Center for Families in Transition*

Die **Pilotstudie** von *Wallerstein* et al[71] umfasste 25 Elternpaare, die sich für das gemeinsame Sorgerecht entschieden hatten, weil sie hofften, dass sie ihren (damals noch sehr jungen) Kindern dadurch langfristig helfen könnten, mit der Scheidung besser fertigzuwerden. Die Familien praktizierten die tatsächliche gemeinsame Sorge[72] im Wechselmodell. Die meisten Eltern hatten sich darauf geeinigt, dass die Kinder drei Tage beim einen und vier Tage beim anderen Elternteil lebten; manche wechselten auch wochentags ab und teilten die Wochenenden.

Die Eltern trafen ein halbes Jahr lang einmal im Monat im Zentrum (Center for Families in Transition) zusammen, um ihre Erfahrungen (die dann wissenschaftlich verwertet wurden) auszutauschen. Zusätzlich zu den Gesprächen mit den Eltern wurden die Kinder über vier Jahre hinweg alle paar Monate einzeln zu einer Spielstunde eingeladen. Außerdem wurden Einschätzungen von Tagesmüttern und Kindergärtnerinnen eingeholt.[73] Wie die Kinder untersucht wurden bzw welche Dimensionen zur Einschätzung der Situation der Kinder herangezogen wurden, wird leider (an dieser Stelle) nicht berichtet. Als Gründe der Eltern für die Entscheidung zur tatsächlichen gemeinsamen Sorge für ihre Kinder führen *Wallerstein* et al an,

- dass der andere Elternteil sonst ein Gerichtsverfahren eingeleitet hätte;
- dass die Tatsache nicht geleugnet werden könne, dass das Kind auch einen Vater hat und dieser irgendwann ins Leben des Kindes integriert werden muss;
- die Hoffnung, dass es dem Kind helfe, wenn der Vater aktiv an seinem Leben beteiligt ist;
- dass es die Kinder sehr getroffen hätte, den anderen Elternteil zu verlieren;
- dass sich so besser die Berufstätigkeit beider Eltern mit der Kinderbetreuung vereinbaren ließe;
- dass kein Elternteil bereit war, die alleinige Verantwortung für die Kinder zu übernehmen;
- dass manche jungen Frauen damit ihren Exmännern gegenüber ihren einseitigen Scheidungswunsch abschwächen wollten;
- dass es für manche Eltern eine Möglichkeit darstellte, trotz Scheidung Kontakt mit dem oder der ExpartnerIn zu halten und in der gemeinsamen Verantwortung einen Halt zu finden.

---

71 *Wallerstein/Blakeslee*, Gewinner und Verlierer (1989) 303–323.
72 Zum Begriff der „tatsächlichen gemeinsamen Sorge“ siehe den Exkurs auf S 27-30.
73 *Wallerstein/Blakeslee*, Gewinner und Verlierer (1989) 306, 315.

Als wichtigste **Erfahrungen der Eltern der Pilotstudie** berichten *Wallerstein* et al:

1. Der Wechsel von einem Elternteil zum anderen fiel sowohl den Kindern als auch den Eltern schwer: Manche Eltern berichteten, dass ihre Kinder nach der „Übergabe" „aufgedreht", aggressiv, gleichsam „auf der Hut" waren bzw einige Zeit brauchten, um im Haus herumzulaufen, um „anzukommen". Manche überprüften ihre Spielsachen, zT ängstlich darauf achtend, ob sich in der Zeit ihrer Abwesenheit etwas verändert hatte. Andere gewöhnten sich kleine Rituale an, um sich wieder zurechtzufinden. Die Eltern hatten gelernt, darauf Rücksicht zu nehmen, die Kinder nicht zu überfallen oder zu bedrängen. Ein Vater erklärte dieses Verhalten so: „An jedem Übergabetag macht mein Sohn in gewisser Weise wieder eine große Trennung durch."[74] Eine andere Mutter berichtete, dass es ihrer Tochter helfe, wenn sie ihre Tochter auf das, was auf sie zukommen werde vorbereitet, also zB was der Vater mit ihr unternehmen werde.[75]

   Die abwechselnde Sorge für das Kind forderte aber auch von den Eltern einen emotionalen Tribut: Sie vermissten das Kind, wenn es sich beim anderen Elternteil aufhielt, und wenn sie sich gerade wieder daran gewöhnt hatten, als Erwachsene/r in der Welt der Erwachsenen zu leben, kam das Kind wieder zurück. Vor allem für Eltern von Kleinkindern war es schwierig, die geistige Haltung der permanenten Aufmerksamkeit, die mit der Sorge für ein kleines Kind einhergeht, für ein paar Tage zu unterbrechen. Dennoch – so die betroffenen Eltern – sei es die Mühe wert.
2. Besonders bei kleinen Kindern erforderte die tatsächliche gemeinsame Sorge ein außergewöhnliches Maß an Kommunikation und Kooperation zwischen den Eltern: „Jede Kleinigkeit – verlorenes Spielzeug, versäumter Mittagsschlaf, Arzttermine und so weiter – muß regelmäßig abgesprochen werden, wenn die gemeinschaftliche Sorge funktionieren soll. Es sind wirklich die Kleinigkeiten, auf die es ankommt"[76]. Als Themen mit besonderem Konfliktpotential erwiesen sich insb Schlafenszeiten und der Fernsehkonsum der Kinder.
3. Durch das gemeinsame Sorgerecht wuchs die Zusammenarbeit der geschiedenen Eltern, die Aggression zwischen ihnen schwand jedoch nicht unbedingt. Zum Teil bemühten sich die Eltern, ihre Aggressionen hintanzustellen, um die Kooperation nicht zu gefährden. Das gelang aber nicht immer.

74 *Wallerstein/Blakeslee*, Gewinner und Verlierer (1989) 310.
75 *Wallerstein/Blakeslee*, Gewinner und Verlierer (1989) 309.
76 *Wallerstein/Blakeslee*, Gewinner und Verlierer (1989) 311.

4. Wenn die gemeinsame Sorge funktioniert, entwickeln – so berichten *Wallerstein* et al – Männer und Frauen Achtung vor ihren ExpartnerInnen und respektieren sie in ihrer Rolle als Vater bzw Mutter.
5. Verwundert hat *Wallerstein* et al die Inflexibilität der Eltern bzw Starrheit der einmal getroffenen Betreuungsarrangements. Die Autorinnen machen die Arbeitszeiten der Eltern, zT auch ihre Unnachgiebigkeit, dafür verantwortlich, dass Regelungen zumeist auch dann nicht geändert wurden, wenn sie für die Kinder nicht gut waren.
6. Andererseits meinten viele Eltern, dass es – im Rahmen der streng geregelten gemeinsamen Sorge – für sie leichter wäre, ein eigenes Sozialleben zu führen und neue Beziehungen zu knüpfen.
7. Vielen Eltern bereitete es Sorge, dass ihre Kinder gleichsam in zwei getrennten Welten heranwuchsen, die sich kaum überschnitten. Ein Vater erzählte ein Beispiel: „Ein gemeinsamer Freund sah meinen Sohn und sagte ‚Hallo', aber mein Sohn grüßte nicht zurück. Er lebte gerade in seinem anderen Leben."[77]
8. Viele Eltern machten sich auch Gedanken darüber, dass sie ihren Kindern eigentlich eine andere Kindheit gewünscht hätten und dass es in der Situation der Scheidung eigentlich keine gute Lösung für die Kinder gäbe, sondern nur das kleinste Übel. Die Anforderung des Wechsels zwischen den beiden Elternhäusern könnte die Kinder jedoch auch – so die Überzeugung, zu der viele schließlich gelangten – auf ein Leben in einer Welt vorbereiten, in der sich alles immer rascher verändere.

Über die **Kinder der Pilotstudie** berichten *Wallerstein* et al, dass sich etwa die Hälfte von ihnen normal entwickelte und zu Hause und in der Schule freundlich und aufgeschlossen war. Die anderen Kinder waren ängstlich, hatten Schwierigkeiten im Umgang mit Gleichaltrigen, zeigten Symptome wie Schlaflosigkeit oder Phobien und sonderten sich ab. Somit erinnerten sie eher an Kinder aus der Alleinsorge eines Elternteils als an Kinder aus intakten Familien, meinen *Wallerstein* et al.

Die Beschreibung der Ängste, Sorgen und Schwierigkeiten der Kinder, die an dieser Stelle des Berichts von *Wallerstein* et al folgt, lässt leider einige Fragen offen, etwa methodische Fragen, was den Vergleich der untersuchten Kinder mit Kindern aus intakten Familien bzw Familien betrifft, in denen ein Elternteil allein sorgeberechtigt ist, wie auch grundsätzlich die Frage, wie die Forscherinnen mit diesem Untersuchungssetting zu bestimmten Schlussfolgerungen kommen. Manche Aussagen sind auch so allgemein formuliert, dass nicht hervorgeht, was genau damit gemeint ist, wie Daten dazu erhoben wurden und ob dieser Befund nun für

77 *Wallerstein/Blakeslee*, Gewinner und Verlierer (1989) 313.

manche, einige, die meisten oder alle Kinder der Studie gilt. Ich möchte die Aussagen der Autorinnen über die **Befindlichkeit der Kinder** dennoch wiedergeben, weil ich denke, dass sie – bei all den (methodischen) Unsicherheiten – doch ganz im Sinne des explorativen Charakters der Studie wertvolle Hinweise geben, worauf bei der wissenschaftlichen oder praktischen Auseinandersetzung mit Kindern in dieser Situation geachtet werden muss. Über die Befindlichkeit der Kinder wurde herausgefunden:

- „Mit dem gemeinschaftlichen Sorgerecht läßt sich der Kummer des Kindes nicht aus der Welt schaffen.
- Die zentrale Sorge kleiner Kinder bleibt nach der Scheidung bei beiden Formen des Sorgerechts dieselbe: Sie fürchten, im Stich gelassen zu werden.
- Zwei Elternhäuser bedeuten aus der Sicht des Kindes immer noch weniger Stabilität als ein Zuhause, in dem Mutter und Vater zusammen mit den Kindern unter einem Dach leben.
- Das Pendeln zwischen den beiden Elternhäusern kann die Angst der Kinder noch verstärken, daß Beziehungen zu Menschen und Bindungen an Orte keinen Bestand haben.
- Die an unserer Studie beteiligten Kinder wandten sich lieber an Erwachsene als an Gleichaltrige, wenn sie Probleme hatten. In einigen Fällen klammerten sie sich an die Erwachsenen in der Schule und waren weniger unabhängig als andere Kinder in ihrem Alter. Zugleich vertrauen sie offenbar darauf, daß die Erwachsenen ihnen tatsächlich helfen werden.“[78]

Bezüglich der Frage, wie Kinder unterschiedlichen Alters mit dem Wechselmodell zurechtkommen, findet man in diesem Bericht kaum Hinweise auf mögliche Auswirkungen auf **Kleinstkinder**. Allerdings geht *Wallerstein*[79] in ihrem 25-Jahre-Bericht der Langzeitstudie in einem Kapitel auf diese Frage ein und meint dazu: „Gemeinsame elterliche Sorge, wenn es sich um ein Kleinstkind handelt – das setzt voraus, dass das Kind imstande ist, sich an zwei primäre Pflegepersonen zu binden, und dass es lernen kann, das immer wieder zu tun, unter Umständen alle paar Tage. Vielleicht können manche oder auch viele Kinder das damit verbundene häufige Hin und Her und die ständige Unterbrechung des Kontaktes in der Tat verkraften – über die psychischen Folgen eines solchen Arrangements wissen wir aber sehr wenig.“ *Wallerstein* betont die Bedeutung einer verlässlichen und einfühlsamen Versorgung und Zuwendung in den ersten Lebensjahren, um ein Grundgefühl von Sicherheit aufbauen zu können. Sie folgert weiter: „Unser Wissen bezüglich der Frage, wie viel ‚Abwesenheit der Pflegeperson‘ das

78 *Wallerstein/Blakeslee*, Gewinner und Verlierer (1989) 315 f.
79 *Wallerstein/Lewis/Blakeslee*, Scheidungsfolgen (2002) 230 f.

kleine Kind ertragen kann, ohne schwer zu leiden, ist noch immer zu unvollständig, als dass wir es wagen könnten, das regelmäßige Verschwinden der Mutter/des Vaters in das Kalendarium eines solchen Kindes einzubauen."[80]

Sie zitiert weiters Ergebnisse einer ebenfalls am Center for Families in Transition von *Soloman*[81] durchgeführten Untersuchung, die zu dem Ergebnis kam, dass sehr junge Kinder ein ausgeprägtes Gespür für das Verhältnis zwischen ihren geschiedenen Eltern besitzen: „Wenn die Eltern wütend sind, oder wenn sie nicht fähig sind, gut miteinander zu kooperieren und zu kommunizieren, lassen die Kinder eine unstete Bindung an beide erkennen, was anzeigt, dass sie weder der Mutter noch dem Vater als schützende Figuren vertrauen. Sie fühlen sich überall unsicher. Wenn die Eltern dagegen kooperieren können, wenn sie miteinander über die Pflege und Versorgung des Kindes sprechen und einander das Kind jeweils friedlich übergeben können, dann kann es gedeihen."[82]

Kinder im **Kindergartenalter** (drei bis fünf Jahre) – berichten *Wallerstein* et al nun wieder in der Darstellung der Pilotstudie[83] – zeigten mehr Verhaltensstörungen als die Ein- bis Zweijährigen. Die Autorinnen führen dies auf die komplexen Entwicklungsaufgaben der Drei- bis Fünfjährigen zurück, die sich auch schon im Leben außerhalb der primären Bezugspersonen bewähren müssen. Den Wechsel zwischen den Eltern erlebten sie oft als eine Art Strafe, als ob sie weggeschickt würden, weil sie ungezogen waren.

Kinder im **Grundschulalter** seien – so *Wallerstein* et al – ein wenig besser für die Regelungen der gemeinsamen Sorge in Form des Wechselmodells gerüstet: Sie können für sich selbst sprechen, gewöhnen sich eher an verschiedene Beziehungen zu verschiedenen Menschen und werden mit Veränderungen im Alltag leichter fertig. Mitunter seien sie stolz, dass sie mit dem Wechsel zwischen den Elternhäusern gut zurechtkommen, haben das Gefühl, dass der andere Elternteil sie vermisst, und freuen sich vielleicht sogar, dass sie von beiden Eltern umworben werden. Außerdem hätten sie bereits eine Vorstellung von Zeit, Entfernung und wechselnden Plänen.

Die Kinder selbst erzählten, dass es zwar oft schwierig sei, dass es ihnen aber gefalle, von beiden Eltern aufgezogen zu werden, und dass sie glauben, sie hätten mehr Glück gehabt als ihre Altersgenossen, die bei einem Elternteil aufwachsen. Dennoch berichten *Wallerstein* et al, dass ein Drittel der Kinder im Grundschulalter deprimiert und unglücklich war. Im 25-Jahres-Bericht führen

---

80 *Wallerstein/Lewis/Blakeslee*, Scheidungsfolgen (2002) 230.

81 *Soloman/George*, The Development of Attachment in Separated and Divorced Families: Effects of Overnight Visitation, Parent and Couple Variables, Attachment and Human Development 1 (1) (1999) 2–33.

82 *Wallerstein/Lewis/Blakeslee*, Scheidungsfolgen (2002) 230.

83 *Wallerstein/Blakeslee*, Gewinner und Verlierer (1989) 316 f.

*Wallerstein* et al ergänzend dazu an, dass sich manche Kinder an Veränderungen und Übergänge leichter anpassen als andere, die davon sehr belastet sind und bei denen die Umstellung auf neue Situationen langsamer vonstattengeht. Kinder, die der zweiten Gruppe angehören, brauchten mehr Schutz, damit diese Belastung ihnen nicht bei ihrer wichtigsten Aufgabe im Grundschulalter – zu lernen und Freundschaften zu schließen – in die Quere komme: „Manche Kinder können das Wochenende mit dem draußen lebenden Vater verbringen und sich am Montagmorgen an der Schule absetzen lassen, ohne auch nur mit der Wimper zu zucken. Andere Kinder, die sensibler veranlagt sind, können das nicht; sie brauchen einen Tag oder zumindest einen Abend, um sich wieder umzustellen.“[84]

*Wallerstein* et al verweisen auch auf die besondere Bedeutung von außerschulischen Aktivitäten in diesem Alter wie Sport, Musik oder Einladungen zu Geburtstagsfeiern. Die damit verbundenen Termine kollidieren zwangsläufig immer wieder mit der Umgangsregelung, insb dann, wenn die Eltern weiter voneinander entfernt leben. Manche Kinder – so *Wallerstein*[85] – „machen sich halb verrückt bei dem Gedanken, sie könnten zu spät kommen, irgendetwas nicht mitkriegen, die Ballettlehrerin oder den Trainer enttäuschen oder vielleicht die Einzige in der ganzen Gruppe zu sein, die nicht an der Schlafanzugsparty teilnimmt.“

Die **Jugendlichen**, die *Wallerstein* et al in ihre Untersuchungen miteinbeziehen konnten, präferierten eher, in *einem* Haushalt zu leben und dafür zB die Ferien beim anderen Elternteil zu verbringen: „Sie fanden es in gewisser Weise beleidigend, daß sie in einem Alter zwischen den Eltern hin und her pendeln sollen, in dem Eltern nicht mehr im Zentrum ihres Lebens stehen.“[86] Einige Jugendliche zogen hingegen die gemeinsame elterliche Sorge vor, wenn ein oder beide Elternteile wieder geheiratet hatten. Verallgemeinerungen – die gemeinsame Sorge betreffend – seien in dieser Altersstufe überhaupt nicht möglich.[87]

Schließlich folgte am Center for Families in Transition eine **repräsentative Langzeitstudie**[88], an der sich 184 Familien beteiligten (wobei nur jeweils das älteste der Kinder, insgesamt 101, im Alter von drei bis vierzehn Jahren in die Untersuchung einbezogen wurde). Zwei Jahre nach der Trennung lebte etwa ein Drittel der Kinder in einem Arrangement mit tatsächlicher gemeinsamer elterlicher Sorge, der Rest bei einem allein sorgeberechtigten Elternteil. Dies eröffnete die Möglichkeit eines direkten Vergleichs, wie Kinder in den ersten Jahren nach der Scheidung mit verschiedenen Formen der elterlichen Sorge zurechtkommen.

---

84 *Wallerstein/Lewis/Blakeslee*, Scheidungsfolgen (2002) 231 f.

85 *Wallerstein/Lewis/Blakeslee*, Scheidungsfolgen (2002) 232.

86 *Wallerstein/Blakeslee*, Gewinner und Verlierer (1989) 317.

87 *Wallerstein/Lewis/Blakeslee*, Scheidungsfolgen (2002) 232.

88 *Kline/Tschann/Johnston/Wallerstein*, Children´s Adjustment in Joint and Sole Physical Custody Families, Developmental Psychology (1989) 430–438; Eine zusammenfassende Übersetzung findet sich in *Wallerstein/Blakeslee*, Gewinner und Verlierer (1989) 319–321.

Konkret wurde nach dem Zusammenhang gefragt zwischen der Sorgerechtsform, der Kontakthäufigkeit zu beiden Eltern, der Häufigkeit von Wechsel von einem Elternteil zum anderen einerseits und der kindlichen Anpassung zwei Jahre nach Einreichung der Scheidung andererseits. Weiters wurde untersucht, ob sich Effekte der Sorgerechtsform auch dann noch nachweisen lassen, wenn andere Faktoren, nämlich Eigenschaften des Kindes, Elternkompetenzen und die elterliche Beziehung nach der Scheidung, mitberücksichtigt werden. Es wurde angenommen, dass bestimmte Eigenschaften des familiären Milieus nach der Scheidung eher Vorhersagen für die Anpassung des Kindes zulassen als die Sorgerechtsform.[89]

Alle Familienmitglieder wurden zu Beginn mittels einer **psychologischen Testbatterie** untersucht, die auch projektive Verfahren (Divorce Apperception Test, sentence completions), Eltern-Kind-Beobachtungen sowie Spielbeobachtungen des Kindes mit Familienfiguren beinhaltete. Demografische Merkmale der Eltern und Kinder wurden mittels eines Fragebogens ermittelt. Von den Müttern wurden Informationen über Schwierigkeiten im Babyalter des Kindes eingeholt. Zur Messung der psychischen Verfassung der Eltern wurden zwei Tests verwendet (Beck Depression Inventory, Taylor Manifest Anxiety Scale). Zur Einschätzung der Beziehung zwischen den Eltern wurde ein Verfahren angewandt, dass die Wahrnehmungen der Eltern in Bezug darauf erfasst, wie sehr sie einander unterstützen (*Ahrons'* Quality of Coparental Communication Scale). Weiters wurde ein Fragebogen zur Erfassung von Konflikten und Feinseligkeiten zwischen den ExpartnerInnen (*Jacobson's* Hostility/Conflict Checklist [HCC]) eingesetzt. Schließlich wurden zu jedem Untersuchungszeitpunkt Informationen von den Betroffenen über die Sorgerechts- und Besuchsrechtsregelung eingeholt. Zum ersten Untersuchungszeitpunkt war dies die Regelung, die von den Eltern de facto vor der Scheidungsvereinbarung gelebt wurde. Zu den Follow-up-Untersuchungszeitpunkten stellte dies gewöhnlich die Sorgerechtsregelung dar, die in der Scheidungsvereinbarung getroffen wurde.

Als **Indikatoren für die Anpassung der Kinder** (also die unabhängige Variable) wurden herangezogen:

- die emotionale und verhaltensmäßige Anpassung, wie sie vom hauptbetreuenden Elternteil (meist die Mutter) wahrgenommen wurde (gemessen mittels Child Behavior Checklist [CBCL]; für die statistische Berechnung wurde dann der „Total Behavior Problem Score" herangezogen);
- die emotionale Anpassung in der Einschätzung der KlinikerInnen, die die Kinder untersuchten (Selbstbewusstsein, Bewältigung des täglichen Lebens, emotionale Beeinträchtigungen, altersentsprechende Selbstverantwortung

89 *Kline/Tschann/Johnston/Wallerstein*, Children's Adjustment, Developmental Psychology (1989) 431.

und Zeichen von Ärger und Depression wurden jeweils auf einer Skala von 1 bis 5 eingestuft);

- die Akzeptanz in der Gruppe der Gleichaltrigen, wieder eingeschätzt durch die Eltern (Wird das Kind „gehänselt“, manipuliert? Ist es Teil der Gruppe, wird es ausgeschlossen oder ausgelacht? Ist es schüchtern? Hat es Schwierigkeiten, Freundschaften zu schließen?);
- schließlich das soziale Eingebundensein des Kindes, das von den KlinikerInnen jeweils eingestuft wurde (Enge der Freundschaft mit dem/der besten FreundIn, Eingebundensein in Vereinsaktivitäten und in nicht formalisiertes Spiel mit Gleichaltrigen und die Freude des Kindes am Zusammensein mit Gleichaltrigen).

Nach ein und zwei Jahren wurde die Untersuchung jeweils wiederholt. Als Entgegenkommen wurden den Familien Beratungsstunden angeboten, in denen weitere Informationen über jedes Familienmitglied gesammelt und zusammenfassend protokolliert wurden.

Bei der Follow-up-Untersuchung nach zwei Jahren wurde das gesamte Testmaterial der Kinder von bisher nicht mit dem Fall vertrauten KlinikerInnen nochmals hinsichtlich der kindlichen Anpassung ausgewertet. Die Variablen aus den Angaben der Eltern und die klinischen Einschätzungen wurden dann einer Faktorenanalyse unterzogen.

Es zeigte sich, dass die Kinder aus gemeinsamer elterlicher Sorge zu jedem Untersuchungszeitpunkt **signifikant mehr Kontakt zum anderen Elternteil** hatten als die Kinder aus Alleinsorge eines Elternteils (der Mutter). Durchschnittlich verbrachten diese Kinder zum ersten Untersuchungszeitpunkt (nach Einreichung der Scheidung) etwa 17 Tage, zwei Jahre später etwa zehn Tage pro Monat beim getrennt lebenden Elternteil. Bei den Kindern aus Alleinsorge waren es zunächst durchschnittlich sieben, dann vier Tage pro Monat. Zum dritten Untersuchungszeitpunkt (nach zwei Jahren) hatten fünf nicht sorgeberechtigte Väter keinen Kontakt mehr zu den Kindern. In den Familien mit gemeinsamer elterlicher Sorge gab es keinen Kontaktabbruchsfall.

Zur Untersuchung der Frage, **wie sich Unterschiede in der Anpassung der Kinder erklären lassen**, wurden zwei statistische Modelle entwickelt. Im *ersten Modell* (Multiple Regression) wurden nacheinander mögliche Einflussfaktoren auf die kindliche Anpassung geprüft, und zwar zunächst das Alter und das Geschlecht des Kindes und dann die Sorgerechts- und Besuchsrechtsregelung (Sorgerechtstyp, Kontakthäufigkeit, Häufigkeit der Wechsel pro Woche und Kontaktabbrüche). Es zeigte sich dabei kein signifikanter Einfluss der Sorgerechts- und Besuchsrechtsregelung auf die (von den Eltern eingeschätzten) Verhaltensprobleme und die Akzeptanz der Kinder in der Gruppe der Gleichaltrigen. Es war aber ein signifikanter Einfluss der Sorgerechts- und Besuchsrechtsregelung auf die emotionale Anpassung (eingeschätzt durch die KlinikerInnen) des Kindes ausmachbar (Leider wird dieses wichtige Ergebnis nicht weiter erläutert!).

Die größte Vorhersagekraft für das Auftreten von Verhaltensproblemen hatten das Alter und das Geschlecht des Kindes: Buben zeigten mehr Verhaltensprobleme als Mädchen und Kinder im Latenzalter mehr als Vorschulkinder und Jugendliche. Bei Kontrolle der Faktoren Alter und Geschlecht erklärten die Sorge- und Besuchsrechtsvariablen einen kleinen Teil der Varianz: Kinder, die keinen Kontakt mehr zum Vater hatten, hatten mehr Probleme. Das Eingebundensein in soziale Aktivitäten war wesentlich von Alter und Geschlecht, nicht jedoch von den Sorge- und Besuchsrechtsvariablen bestimmt: Ältere Kinder waren sozial besser angepasst.

Im *zweiten statistischen Modell* wurde neben den Sorge- und Besuchsrechtsvariablen als unabhängige Variablen in hierarchischer Reihenfolge (Multiple Regression) die Vorhersagekraft der Anzahl der Kinder in der Familie, des Alter und Geschlechts des Kindes, dem Temperament im Babyalter, der psychischen Verfassung der Eltern (Ängste bzw Depressionen), der elterlichen Kooperation nach der Trennung (Ausmaß an wahrgenommener Unterstützung) und des elterlichen Konfliktniveaus (verbale und physische Aggression) für die Anpassung des Kindes geprüft.

Einfluss auf das Auftreten von Verhaltensproblemen hatte die Anzahl der Kinder in der Familie (je weniger Kinder, umso wahrscheinlicher wurden von der Mutter Verhaltensprobleme wahrgenommen), vor allem aber die psychische Verfassung der Mutter (Angst-, Depressionswert) zum Zeitpunkt des Einreichens der Scheidung: Mütter mit stärkeren Angst- bzw Depressionszeichen nahmen auch an ihren Kindern mehr Verhaltensprobleme wahr.

Die emotionale Anpassung des Kindes in der Einschätzung der KlinikerInnen (dh Selbstbewusstsein, Bewältigung des täglichen Lebens, emotionale Beeinträchtigungen, altersentsprechende Selbstverantwortung und Zeichen von Ärger und Depression) war eng verbunden mit demografischen Merkmalen des Kindes (Buben und Latenzkinder zeigten mehr Probleme in der emotionalen Anpassung) und wieder mit dem Angst-, Depressionswert der Mutter. Eine hohe Akzeptanz in der Gruppe der Gleichaltrigen ging einher mit einem geringem mütterlichen Angst-, Depressionswert und geringer Aggression zwischen den Eltern. Das Eingebundensein des Kindes in soziale Aktivitäten war wesentlich abhängig vom Alter des Kindes: Teenager waren sozial aktiver als die jüngeren Kinder, abgesehen davon waren Kinder mit depressiven und ängstlichen Vätern stärker in eigene soziale Aktivitäten eingebunden.

**Zusammenfassend** zeigen die Ergebnisse – so die Autorinnen – dass Kinder aus gemeinsamer Sorge signifikant mehr Kontakt mit beiden Eltern hatten als Kinder aus Alleinsorge. Das höhere Kontaktausmaß hatte jedoch nur einen geringen Einfluss auf die emotionale Anpassung der Kinder.[90] Insgesamt hatten die Sorgerechts- und Besuchsrechtsvariablen eine nur geringe und nicht signifikante Vorhersagekraft für die kindliche Anpassung. (Diese Folgerung ist allerdings aufgrund der Ergebnisse nicht ganz schlüssig, denn es zeigte sich zwar kein signifikanter Einfluss der Sorgerechts- und Besuchsrechtsregelung auf die von den Eltern eingeschätzten Verhaltensprobleme der Kinder, sehr wohl aber auf ihre emotionale Anpassung, eingeschätzt durch die KlinikerInnen.) Vielmehr seien das **Zusammenspiel verschiedener Faktoren**, insb Alter und Geschlecht des Kindes, die psychische Verfassung der Eltern und das elterliche Konfliktniveau bestimmend für die psychische Anpassung des Kindes nach der Scheidung. Die Sorgerechtsregelung spielt im komplexen Prozess der Nachscheidungsfamilie eine offensichtlich nur untergeordnete Rolle, wenn dies – wie die Autorinnen betonen – auch im Einzelfall anders sein mag.

**Einschränkend** führen die Autorinnen an, dass die Untersuchungsstichprobe zu klein gewesen sei, um wirklich verallgemeinerbare Ergebnisse zu erzielen, und dass manche Angaben der Eltern über ihre Kinder retrospektiv und daher möglicherweise verzerrt gemacht wurden. Viel Datenmaterial über mögliche Schwierigkeiten der Kinder stamme weiters nur aus den Angaben der Mütter (obwohl andere Untersuchungen gezeigt hätten, dass Eltern die Anpassung ihres Kindes grundsätzlich ähnlich einschätzen). Schließlich sei – so die Autorinnen – nicht auszuschließen, dass die Stichprobe möglicherweise doch nicht repräsentativ gewesen sei, da die Eltern ja von Anbeginn der Untersuchung professionelle Beratung im Gegenzug zur Teilnahme an der Studie erhielten. Insbesondere die relativ niedrige Kontaktabbruchsrate könnte auf diesen Umstand zurückgeführt werden.[91]

Die Ergebnisse hätten jedoch klar die Notwendigkeit gezeigt, bei der Untersuchung der kindlichen Anpassung auch die psychische Verfassung der Eltern und die elterliche Beziehung nach der Trennung bzw Scheidung als entscheidende Faktoren in Betracht zu ziehen. Was den geringen Effekt der Sorge- und Besuchsrechtsregelung auf die verhaltensmäßige, emotionale und soziale Anpassung der Kinder zwei Jahre nach Beginn des Scheidungsverfahrens betrifft, so werten die Autorinnen dies nicht als eine Absage an die Erwartungen, die man der gemeinsamen Sorge entgegenbrachte. Die gemeinsame elterliche Sorge könne *langfristig* durchaus Auswirkungen haben, so die Autorinnen: Eine fortgesetzte intensive Beziehung zu beiden Elternteilen und die damit verbundene Ressource (oder auch Stress), zwei „Zuhause" zu haben, könne die Entwicklung der Kinder auf eine Art und Weise beeinflussen, die sich erst in späteren Phasen

90 *Kline/Tschann/Johnston/Wallerstein*, Children's Adjustment, Developmental Psychology (1989) 435.

91 *Kline/Tschann/Johnston/Wallerstein*, Children's Adjustment, Developmental Psychology (1989) 436 f.

zeige.[92] *Wallerstein* resümiert: „Da wir aber wissen, dass die ersten zwei bis drei Jahre nach der Scheidung besonders problematisch sind und dass sich fünf oder zehn Jahre nach der Scheidung zwischen Gruppen, wie zwischen einzelnen Personen, wichtige Unterschiede zeigen können, hoffen wir, mit diesen Familien eine langfristige Nachuntersuchung durchführen zu können."[93]

Unter der Leitung von *Johnston*[94] wurde die Untersuchung hinsichtlich der Frage nach den Auswirkungen einer bis zu einem gewissen Grad **unfreiwilligen gemeinsamen elterlichen Sorge** bei Eltern, die sich auf kein Sorgerechtsmodell einigen konnten, vertieft. Untersucht wurden prozessführende Familien, die aus eigener Kraft nicht in der Lage waren, ihre Konflikte beizulegen und die deshalb zu Beratung bzw Mediation weiterverwiesen wurden. Bis zu einem gewissen Grad sind sie die Sorgerechts- und Besuchsrechtsvereinbarungen unfreiwillig eingegangen, es handelt sich also um „Hochkonfliktfamilien".

*Johnston* et al interessierte, wie häufig in dieser Gruppe das gemeinsame bzw alleinige Sorgerecht beschlossen wurde (joint and sole physical custody awards), wie stabil die Sorgerechts- und Besuchsrechtsregelungen waren, wie stark die Kinder in den Konflikt der Eltern hineingezogen wurden, weiters die psychische Anpassung der Kinder und die Kommunikation und das Konfliktniveau zwischen den Eltern.

Die erste Untersuchung erfolgte zur Zeit der gerichtlichen Auseinandersetzung, die zweite durchschnittlich etwa 30 Monate später, zu diesem Zeitpunkt waren die Eltern durchschnittlich vier Jahre und fünf Monate getrennt. In die Studie wurde jeweils das älteste Kind der Familie (im Alter von ein bis zwölf Jahren) einbezogen. Insgesamt waren es 50 Mädchen und 50 Buben.

Verschiedene Dimensionen der Sorgerechts-, Besuchsrechtsregelung wurden über Elternfragebögen und Interviews erfasst (Sorgerechtsform, Kontakthäufigkeit, Häufigkeit der Aufenthaltswechsel, Aufenthaltsverteilung, Kontaktabbrüche). Das Kommunikations- und Konfliktverhalten der Eltern wurde von den Eltern selbst mittels der *Straus* Conflict Tactics Scale eingeschätzt (verbaler Austausch, verbale Aggression, körperliche Aggression). Das Ausmaß, in dem die Kinder im elterlichen Konflikt involviert sind, wurde von KlinikerInnen

92 *Kline/Tschann/Johnston/Wallerstein*, Children's Adjustment, Developmental Psychology (1989) 437.

93 *Wallerstein/Blakeslee*, Gewinner und Verlierer (1989) 320.

94 *Johnston/Kline/Tschann*, Ongoing postdivorce conflict, Amer. J. Orthopsychiat. (1989) 576–592. Eine zusammenfassende Übersetzung findet sich in *Wallerstein/Blakeslee*, Gewinner und Verlierer (1989) 321–323.Nach *Wallerstein* et al ordnen die Gerichte in vielen Fällen die gemeinsame elterliche Sorge gerade für Familien an, in denen die Eltern einander bekriegen, und sei es nur deshalb, weil die RichterInnen angesichts der fortbestehenden Unversöhnlichkeit eines oder beider ExpartnerInnen nicht mehr weiterwissen (*Wallerstein/Lewis/Blakeslee*, Scheidungsfolgen [2002] 229).

eingeschätzt (Wird das Kind instrumentalisiert? Gibt es aktive Versuche eines Elternteils, das Kind gegen den anderen aufzubringen? Ist das Kind im elterlichen Konflikt gefangen? Leidet es unter Loyalitätskonflikten?). Das Ausmaß der Anpassung des Kindes wurde von jedem Elternteil mittels der Child Behavior Checklist eingeschätzt (die CBCL umfasst die Dimensionen Depression, Zurückgezogenheit, Somatische Beschwerden, Aggression).

Zum zweiten Untersuchungszeitpunkt hatten 98 % die gemeinsame juristische Sorge (joint legal custody), 35 % davon hatten auch das tatsächliche gemeinsame Sorgerecht (joint physical custody), 53 % das tatsächliche alleinige Sorgerecht der Mutter und 12 % jenes des Vaters (sole physical custody). In fast 80 % der Fälle blieb das tatsächliche gemeinsame Sorgerecht stabil.

Kinder, deren Eltern die tatsächliche gemeinsame Sorge hatten, verbrachten signifikant mehr Zeit, nämlich durchschnittlich 12,11 Tage pro Monat, mit dem „anderen" Elternteil als Kinder, für die ein Elternteil das tatsächliche alleinige Sorgerecht (im weiteren „Alleinsorge") hatte. Die Kinder aus Familien mit Alleinsorge sahen den anderen Elternteil durchschnittlich 4,05 Tage pro Monat. Bei den Familien mit gemeinsamer Sorge gab es nur in einem Fall einen totalen Kontaktabbruch zu einem Elternteil, in der Gruppe der Alleinsorgenden sahen die Kinder in zwölf Fällen den nicht sorgeberechtigten Elternteil gar nicht mehr.

Die tatsächliche gemeinsame Sorge der Kinder sah im Alltag unterschiedlich aus: Manche Familien teilten die Woche, manche Kinder wechselten jeweils nach einer Woche zum anderen Elternteil, manche wechselten nur die Wochenenden ab, andere Kinder wiederum hatten unregelmäßige Aufenthaltswechsel. Jedenfalls erlebten die Kinder aus tatsächlicher gemeinsam er Sorge signifikant mehr Aufenthaltswechsel als die Kinder aus Familien mit Alleinsorge (durchschnittlich 1,97 im Vergleich zu 1,17 Wechseln pro Woche).

Sowohl in Familien mit tatsächlicher gemeinsamer Sorge als auch mit Alleinsorge eines Elternteils nahm das Ausmaß an verbalem Austausch (diese Dimension erfasste, in welchem Ausmaß die Eltern eine Angelegenheit ruhig miteinander besprechen, Informationen einholen, um den eigenen Standpunkt zu untermauern, oder einen Dritten einbeziehen, um Angelegenheiten zu regeln) sowie verbaler und physischer Gewalt zwischen den Eltern zwischen dem ersten und zweiten Untersuchungszeitpunkt ab. Was das Ausmaß an verbaler oder physischer Gewalt betrifft, zeigte sich zu keinem Untersuchungszeitpunkt ein signifikanter Unterschied zwischen den Sorgerechtsgruppen; was das Ausmaß an Kommunikation betrifft, hingegen schon: Zum zweiten Untersuchungszeitpunkt, also durchschnittlich viereinhalb Jahre nach der Trennung, gaben die Eltern mit tatsächlicher gemeinsamer Sorge signifikant häufiger an, sich auszutauschen.

Zur Beantwortung der Frage, ob sich Kinder aus tatsächlicher gemeinsamer Sorge von Kindern aus Alleinsorge hinsichtlich ihrer **Anpassung** unterscheiden, die ja von den Eltern mittels der Child Behavior Checklist eingeschätzt wurde, wurden die Kinder einer „unauffälligen“ und einer „klinisch auffälligen“ Gruppe zugeordnet.[95] Etwa 15 % der Kinder aus tatsächlicher gemeinsamer Sorge und etwa 17 % der Kinder aus Alleinsorge eines Elternteils gehörten der Gruppe der Kinder mit klinischen Auffälligkeiten an. Es zeigte sich keine Bestätigung der Hypothese, dass die klinisch auffälligen Kinder eher aus Familien stammen, die die tatsächliche gemeinsame Sorge leben. Auch die Hypothese, dass sie eher aus Familien stammen, in denen der Kontakt zum getrennt lebenden Elternteil komplett abgebrochen ist, bestätigte sich nicht. (Allerdings schränken *Johnston* et al ein, dass der Effekt des Kontaktabbruchs auf die Kinder aufgrund der geringen Fallzahl eigentlich nicht untersuchbar war[96].)

Kinder, die klinisch als „emotional oder verhaltensgestört“ eingestuft wurden, hatten durchschnittlich häufiger Kontakt zum getrennt lebenden Elternteil, wechselten häufiger von einem zum anderen Elternteil und hatten Eltern mit einem signifikant höheren Konfliktniveau (verbale und physische Aggressionen) als die „unauffälligen“ Kinder.[97] Die Häufigkeit des Kontakts und das Ausmaß, in dem die Kinder in den elterlichen Konflikt hineingezogen wurden, konnten als wichtige Prädiktoren für das Ausmaß an (emotionalen bzw Verhaltens-) Störungen der Kinder identifiziert werden. Das Konfliktniveau der Eltern beeinflusste indirekt die Wahrscheinlichkeit, dass die Kinder emotional oder verhaltensauffällig wurden.[98]

*Johnston* et al folgern daraus, dass sich zwar keine Hinweise dafür finden lassen, dass Kinder aus Hochkonfliktfamilien in der einen oder anderen Sorgerechtsform eine bessere Anpassung zeigen. Die tatsächliche gemeinsame Sorge gehe aber mit einer höheren Kontakthäufigkeit einher, und diese erhöhe wiederum – durchschnittlich betrachtet – die Wahrscheinlichkeit von emotionalen und Verhaltensauffälligkeiten: Kinder, die mehr Zeit mit beiden Elternteilen verbrachten, wurden von ihren Eltern signifikant häufiger als depressiv, zurückgezogen, tendenziell aggressiver, als weniger mitteilsam und häufiger von somatischen Beschwerden belastet beschrieben. *Johnston* et al vertreten die These, dass die höhere Kontakthäufigkeit der Kinder zum getrennt lebenden Elternteil die elterlichen Konflikte am Leben erhält und diese wiederum – wenn die Kinder in den Konflikten gefangen sind und von den Eltern instrumentalisiert werden – die Kinder schädigen. Ein höheres Ausmaß an Kontakt zum anderen Elternteil erhöhe zwar auch die Kommunikation der Eltern, dies verbessere jedoch nicht die Anpassung der Kinder.[99]

---

95 Zu den Zuweisungskriterien siehe *Johnston/Kline/Tschann*, Amer. J. Orthopsychiat. (1989) 583.
96 *Johnston/Kline/Tschann*, Amer. J. Orthopsychiat. (1989) 588.
97 *Johnston/Kline/Tschann*, Amer. J. Orthopsychiat. (1989) 583.
98 *Johnston/Kline/Tschann*, Amer. J. Orthopsychiat. (1989) 587.
99 *Johnston/Kline/Tschann*, Amer. J. Orthopsychiat. (1989) 588.

Das Verhalten bzw die emotionale Anpassung wurde bei den Mädchen stärker durch häufigen Kontakt zum getrennt lebenden Elternteil negativ beeinflusst als bei den Buben. *Johnston* et al geben als mögliche Begründung für dieses statistische Ergebnis an, dass Mädchen in Hochkonfliktfamilien mit viel Kontakt zu beiden Elternteilen eher dazu neigen, enge Beziehungen mit ihren Vätern einzugehen und sich feindlich und ambivalent ihren Müttern gegenüber zu verhalten. Die Mädchen scheinen in Loyalitätskonflikten gefangen zu sein und in einer ständigen Rivalität mit der Mutter zu leben, was sich in emotionalen Schwierigkeiten und Verhaltensproblemen manifestiert. Auf der anderen Seite tendieren Mädchen in Alleinsorge in diesem Alter zu sehr engen, symbiotischen Beziehungen mit ihren Müttern, in denen keine Konflikte ausgetragen werden.[100]

Insgesamt sei nach *Johnston* et al bei der Interpretation der empirischen Befunde **Vorsicht** angebracht, da *erstens* die statistischen Analysen zwar ergaben, dass die Kontakthäufigkeit und das elterliche Konfliktniveau bis zu einem gewissen Grad Probleme aufseiten der Kinder erklären könnten, aber eben nur bis zu einem gewissen Grad: Die durch diese Faktoren erklärte Varianz im Faktor „kindliche Störungen" beträgt weniger als 20 %. Das bedeutet, dass es viele andere Faktoren gibt, die (ebenfalls) die emotionale und verhaltensmäßige Anpassung der Kinder bestimmen, die in der Studie aber nicht erfasst wurden, etwa die psychische Gesundheit der Eltern oder die Qualität der Eltern-Kind-Beziehung. *Zweitens* könne nicht ausgeschlossen werden, dass die in der Untersuchung gefundenen Probleme der Kinder bereits früher bestanden. *Drittens* müssten immer auch das individuelle Temperament und die Coping-Strategien des jeweiligen Kindes betrachtet werden. Es gebe nämlich sehr große Unterschiede, wie sehr ein Kind durch ein negatives Familienklima beeinträchtigt werde. So hätte sich ja auch gezeigt, dass trotz der andauernden elterlichen Konflikte bei den Kindern dieser Eltern insgesamt emotionale und Verhaltensproblemen nicht in einem höheren Ausmaß auftreten als bei der Normpopulation, dh bei Kindern allgemein.[101]

Die Ergebnisse der Studie sollen jedenfalls – so die Autorinnen – darauf aufmerksam machen, dass es wichtig ist, die Fragen nach den Auswirkungen von Sorgerechts- und Besuchsrechtsregelungen an *repräsentativen* Gruppen zu erforschen. Viele Untersuchungen zum gemeinsamen Sorgerecht und zur Bedeutung von intensiven, kontinuierlichen Kontakten zu beiden Eltern seien mit Familien

100 *Johnston/Kline/Tschann*, Amer. J. Orthopsychiat. (1989) 589.

101 *Johnston/Kline/Tschann*, Amer. J. Orthopsychiat. (1989) 590. Weiters könnte man den kritischen Anmerkungen von *Johnston* hinzufügen: Der häufigere Kontakt beider Elternteile mit dem Kind könnte dazu führen, dass diese erst in die Lage kommen, differenziert einzuschätzen, wie es dem Kind geht, und somit Probleme ihrer Kinder wahrzunehmen und in der Befragung zu nennen. Möglicherweise ist das Auftreten von emotionalen und Verhaltensproblemen der Kinder sogar als „gesünder" zu interpretieren als das Fehlen (bzw Nicht-Wahrnehmen der Eltern) derselben angesichts der anhaltend konflikthaften Beziehung zwischen den Eltern.

gemacht worden, in denen die Eltern diese Vereinbarungen freiwillig eingegangen sind. Mit ihrer Studien wollten *Johnston* et al die Familien gleichsam am anderen Pol des Spektrums untersuchen und damit die Erfahrungen einer anderen „Extremgruppe“ erheben, nämlich jener, die über Jahre hinweg – trotz professioneller Hilfe – nicht in der Lage sind, ihren Streit zu beenden. Für diese Familien sei – so das Resümee von *Johnston* et al – die Empfehlung für oder gar eine gerichtliche Verordnung der gemeinsamen Versorgung der Kinder bzw häufige Kontakte zu beiden Eltern nach der Scheidung kontraindiziert. Diese Aussagen betreffen jedoch nicht jene viel größere Gruppe von Eltern, die ihren Sorgerechts- bzw. Besuchsrechtsstreit mithilfe von Mediation schließlich beilegen können. Diese Gruppe wurde nämlich nicht in die Studie einbezogen.[102]

**Schlussfolgernd** stellen *Wallerstein* et al fest: Es ist wichtig, dass sich die Väter mehr an der Erziehung der Kinder beteiligen, dennoch ist eine gemeinsame elterliche Sorge keine Garantie für glücklichere Kinder. Kleine Kinder werden durch die gemeinschaftliche Sorge[103] der Eltern nicht unbedingt vor den schädlichen Folgen einer Scheidung bewahrt.

Es spricht nichts dafür, dass eine gut funktionierende gemeinsame elterliche Sorge besser für die Kinder ist als die gut funktionierende Sorge eines einzelnen Elternteils, vor allem dann, wenn der andere Elternteil weiterhin am Leben des Kindes teilnimmt.

Wie die Kinder mit der Nachscheidungssituation fertig werden, „hat weniger mit einer bestimmten Form der gemeinsamen Sorge zu tun als damit, wie man sich in den beiden Elternhäusern um das Kind kümmert, wie die Eltern kooperieren, welche Konflikte zwischen ihnen bestehen und mit welchen Situationen sich das Kind jeweils noch außerhalb der ‚Elternhäuser‘ auseinandersetzen muss.“[104]

Im günstigsten Fall ermöglicht die gemeinsame elterliche Sorge den Kindern weiterhin eine enge Beziehung zu beiden Eltern, und sie erfahren durch das Leben in zwei funktionierenden Elternhäusern eine Bereicherung. Im schlimmsten Fall kann das Kind durch eine destruktive Beziehung zu einem gewalttätigen oder ansonsten ungeeigneten Elternteil Schaden nehmen oder in den andauernden Konflikten der Eltern zwischen die Fronten geraten. Die Autorinnen vermuten, dass eine gemeinschaftliche Sorge, die nicht beide Eltern freiwillig auf sich nehmen, wahrscheinlich keine gute Lösung ist. Insofern sei das Modell der gemeinsamen Sorge als Rechtsvermutung für alle Scheidungskinder der falsche Weg.[105]

---

102 *Johnston/Kline/Tschann*, Amer. J. Orthopsychiat. (1989) 590.

103 Zur Erinnerung: Gemeint ist bei *Wallerstein* et al immer die tatsächliche gemeinsame Sorge in der Form des Wechselmodells (auch „Doppelresidenz“ genannt).

104 *Wallerstein/Blakeslee*, Gewinner und Verlierer (1989) 316.

105 *Wallerstein/Blakeslee*, Gewinner und Verlierer (1989) 321 f; *Wallerstein/Lewis/Blakeslee*, Scheidungsfolgen (2002) 233.

Ob die gemeinsame elterliche Sorge funktioniert bzw die Kinder mit dieser Regelung gut zurechtkommen hängt mit einigen Parametern aufseiten der Eltern und Kinder zusammen: aufseiten der Eltern mit der Fähigkeit, miteinander zu kommunizieren und zu kooperieren, mit ihrem Einfühlungsvermögen, ihrer Flexibilität und ihrer Bereitschaft, dem/der ExpartnerIn ein eigenständiges Leben zuzugestehen. Kinder, die gut mit der Regelung der gemeinsamen Sorge zurechtkommen, zeichnen sich nach *Wallerstein* et al auch durch die Eigenschaft der Flexibilität aus, die es ihnen ermöglicht, besser mit Veränderungen im Leben fertigzuwerden.

Mit der gemeinsamen elterlichen Sorge sei – so *Wallerstein* et al – eine potenzielle Gefahr für die Kinder verbunden, dass nämlich das Scheitern derselben und der Verzicht eines Elternteils auf das Sorgerecht von den Kindern als Zurückweisung der eigenen Person erlebt wird, da sie den Verlust des Elternteils dann nicht auf das Scheitern der Ehe zurückführen können.[106]

Einschränkend müsse jedoch gesagt werden, dass es größerer Studien bedürfe, um die verschiedenen Arrangements des Sorgerechts wissenschaftlich bewerten zu können. Dennoch resümiert *Wallerstein*: „Es gibt viele verschiedene Ehen und Scheidungen, und deshalb sollte es nach einer Scheidung auch viele verschiedene Formen der Familie geben.“[107] Jedes sorge- und umgangsrechtliche Arrangement sollte auf die individuellen Gegebenheiten zugeschnitten sein, und die Kinder müssen die Möglichkeit erhalten, ihre Bedürfnisse und Wünsche (in den Verfahren) einzubringen. Es sollte weiters dafür gesorgt werden, dass die Regelungen kontinuierlich überprüft werden.[108]

Im 25-Jahres-Bericht[109] münden die Ergebnisse der langjährigen wissenschaftlichen Auseinandersetzung von *Wallerstein* et al mit diesem Thema in **Empfehlungen** für eine gelingende tatsächliche gemeinsame Sorge:

- Es gibt keine bestimmte Gestaltungsform der gemeinsamen Versorgung, die für alle Kinder oder Familien passt. Daher ist es wichtig, dass das Arrangement auf die Bedürfnisse und Wünsche des Kindes zugeschnitten ist.
- Ein Arrangement, bei dem das Kind in kurzen Zeitabständen zwischen den Eltern pendelt, kann für ein Kind segensreich sein, wenn die Eltern miteinander auskommen. Bei hochgradig konfliktbelasteten Familie ist ein solches Arrangement jedoch besonders schädlich.
- Es ist wichtig, dass die Eltern fähig und willens sind, zugunsten ihres Kindes die gleiche Routine (etwa Schlafenszeiten, Fernsehkonsum betreffend) in beiden Elternhäusern zu etablieren.

106 *Wallerstein/Blakeslee*, Gewinner und Verlierer (1989) 316–319.
107 *Wallerstein/Blakeslee*, Gewinner und Verlierer (1989) 322.
108 *Wallerstein/Lewis/Blakeslee*, Scheidungsfolgen (2002) 233.
109 *Wallerstein/Lewis/Blakeslee*, Scheidungsfolgen (2002) 228–233.

- Wenn das Kind schon älter ist, muss gewährleistet sein, dass es ein Mitspracherecht hat und seine Wünsche ernst genommen werden. Besonders Teenager brauchen ein Mitspracherecht, was ihren Tagesablauf und die Frage angeht, wie sie ihre Zeit organisieren.
- Bei Kleinstkindern sollte ein nacheheliches Umfeld geschaffen werden, das dem Leben in einer funktionierenden Familie möglichst nahe kommt. Das bedeutet, dass das kleine Kind die Chance haben sollte, seine frühesten Bindungen in einer stabilen Umgebung zu knüpfen. Es sollte eine verlässliche Routine erspüren und auf seine Pflege und Versorgung „zählen" können. Sind die Eltern in der Lage, ein solches Klima zustande zu bringen, sind auch Übernachtungen in beiden Elternhäusern denkbar.
- Wenn das Kind älter wird, können auch die Zeitspannen, die das Kind jeweils bei einem Elternteil verbringt, ausgedehnt werden.
- Die Eltern müssen die Reaktionen des Kindes auf ein einmal getroffenes Arrangement genau beobachten und die Regelung gegebenenfalls den Bedürfnissen des Kindes entsprechend adaptieren. Sie sollten sorgfältig darauf achten, welchem Ausmaß an Belastung ihr Kind gegenwärtig ausgesetzt ist, und diese Frage immer wieder untereinander, gemeinsam mit dem Kind und im Gespräch mit außerfamiliären Bezugspersonen (zB LehrerInnen) klären. Bei jeder Regelung muss den Interessen und dem Wohl des Kindes bewusst Vorrang (vor den Interessen der Eltern) eingeräumt werden. Das bedeutet uU, dass Mütter und Väter auch einmal Abstriche von ihrem eigenen Programm vornehmen müssen.
- Jede Sorgerechtsregelung muss auch das Temperament und die Persönlichkeit des Kindes in Rechnung stellen.
- Sorgerechtsvereinbarungen sollten von Anfang an variabel gehalten werden, da mit veränderten Gegebenheiten aufseiten des Kindes gerechnet werden muss.

Die grundsätzliche Haltung von *Wallerstein* zum Wechselmodell könnte vielleicht so **zusammengefasst** werden:

Die gemeinsame elterliche Sorge im Wechselmodell kann für ein Kind sehr gut und förderlich sein, muss es aber nicht. Das hängt von Faktoren sowohl aufseiten der Eltern als auch aufseiten des Kindes ab und kann sich auch im Verlauf der Entwicklung des Kindes ändern. Es gibt daher keine Form der Nachscheidungsfamilie, die der anderen grundsätzlich und allgemein, dh für alle Familien, überlegen ist. Es zeigt sich wohl ein höheres pädagogisches Engagement der Väter, die sich mit ihrer Expartnerin das Sorgerecht teilen, für sich genommen bringt dies aber noch keine Verbesserung der psychischen Situation der Kinder in den ersten Jahren nach der Scheidung. Wichtige Unterschiede zwischen den Sorgerechtsgruppen könnten sich aber eventuell fünf bis zehn Jahre nach der

Scheidung zeigen. Insgesamt muss jedoch gesehen werden, dass das psychische Wohlbefinden in den Jahren nach der Scheidung von vielen verschiedenen Faktoren bestimmt ist. Die Form des Sorgerechts und die Besuchsregelung sind nur einzelne Fäden in diesem Zusammenspiel.

*Die Langzeitstudie von Maccoby und Mnookin*

*Maccoby* und *Mnookin* veröffentlichten 1992 eine weitere Langzeitstudie.[110] Die Untersuchung wurde ebenfalls in Kalifornien unter Einbeziehung von 1.100 Familien durchgeführt und stützte sich auf Aktenanalysen, jeweils drei Interviews, möglichst mit beiden Eltern, die unmittelbar nach Einreichung des Scheidungsantrags, ein und drei Jahre danach durchgeführt wurden, und auf ausführliche Gespräche mit den betroffenen Kindern in einer Follow-Up-Studie rund zwölf Jahre danach.

Die Reformen im Familienrecht in Kalifornien der späten 1970er- und 80er-Jahre zielten darauf ab, geschlechtsspezifischen Klischees entgegenzuwirken, geschiedene Väter zur vermehrten Teilnahme am Leben ihrer Kinder zu ermutigen, einen häufigen und kontinuierlichen Kontakt der Kinder mit beiden Eltern trotz Getrenntlebens möglichst zu erhalten, den rechtlichen Konflikten etwas von ihrer Schärfe zu nehmen und generell Kooperation statt Konflikt bei den geschiedenen Eltern zu fördern. Dementsprechend wurde die tatsächliche gemeinsame Sorge (joint physical custody) ebenso wie das gemeinsame Sorgerecht (joint legal custody) rechtsverbindlich etabliert.

*Maccoby* und *Mnookin* unternahmen den Versuch, das Erreichen dieser Zielsetzungen in der Praxis zu untersuchen bzw die Frage zu stellen, welche Auswirkungen des Familienrechts auf die Ausgestaltung der Rollen als Vater und Mutter und auf das Ausmaß ihrer Kooperation realistischerweise zu erwarten sind. So richteten sie im Rahmen ihrer Untersuchung ihr Augenmerk auf die geschlechtsspezifische Differenzierung der elterlichen Rollen, die rechtlichen Konflikte, den weiteren Kontakt der Kinder mit beiden Eltern und die Art und Weise der ko-elterlichen Interaktion der untersuchten Eltern.

Zur Untersuchung der Frage, inwiefern die Reformen im Familienrecht dazu beitragen, die **geschlechtsspezifische Rollenverteilung zwischen Müttern und Vätern** (Mütter als Hauptverantwortliche für die Betreuung der Kinder, Väter als Hauptverantwortliche für das Familieneinkommen) zu verändern, führten *Maccoby* und *Mnookin* drei Kategorien ein: „traditionell“ (Die Mutter ver-

110 *Maccoby/Mnookin*, Die Schwierigkeiten der Sorgerechtsregelung, FamRZ (1995) 1–16. (Dabei handelt es sich um eine Übersetzung des Schlusskapitels ihres 1992 publizierten Werkes „Dividing the Child – Social & Legal Dilemmas of Custody“.)

sorgt während aufrechter Ehe die Kinder und den Haushalt, der Vater ist alleiniger Verdiener. Nach der Scheidung leben die Kinder bei der Mutter und werden von ihr versorgt, der Vater hat ein Besuchsrecht und leistet für die Kinder Geldunterhalt.), „undifferenziert" (Mutter und Vater haben etwa gleiche Einkommen, widmen sich auch etwa zu gleichen Teilen der Erziehung der Kinder, was nach der Scheidung bedeutet, dass die Kinder abwechselnd im mütterlichen und väterlichen Haushalt leben.), „umgekehrt" (Der Vater besorgt während aufrechter Ehe den Haushalt und versorgt die Kinder, die Mutter bringt das Geld nach Hause. Nach der Scheidung leben die Kinder beim Vater, die Mutter hat ein Besuchsrecht und bestreitet den Geldunterhalt.).

Die untersuchten Familien neigten vor der Trennung der Eltern dem traditionellen Ende des Spektrums zu: Zwar waren nur 30 % der Mütter während aufrechter Ehe ganztags mit der Versorgung des Haushalts und der Kinder beschäftigt, aber diejenigen, die berufstätig waren, waren dies zumeist nur in Teilzeit. Auch wenn sie in Vollzeit berufstätig waren, verdienten sie nur durchschnittlich 60 % des Einkommens ihrer Männer. In der Mehrheit der untersuchten Familien war – der Einschätzung der Autoren zufolge – die Mutter für alles zuständig, was die Erziehung der Kinder betraf. Zwar hatten auch die Väter vielfach Anteil am Leben der Kinder, sie verbrachten aber im Durchschnitt sehr viel weniger Zeit alleine mit den Kindern und waren in der Regel nicht im gleichen Ausmaß wie die Mütter in der tagtäglichen Verantwortung für die Kinder engagiert.

Nahezu 80 % der untersuchten Familien hatten nach der Scheidung das gemeinsame Sorgerecht (joint legal custody), das gesetzlich so definiert ist, dass „beide Eltern sich das Recht und die Pflicht teilen sollen, Entscheidungen im Zusammenhang mit der Gesundheit, der Erziehung und dem Wohlergehen des Kindes zu treffen"[111]. Aber hatte die gemeinsame **rechtliche Sorge** auch Auswirkungen auf die **tatsächliche Verteilung** der Betreuungsaufgaben auf Mutter und Vater?

In etwa 70 % der untersuchten Familien lebten die Kinder nach der Scheidung bei der Mutter und besuchten den Vater ein- bis zweimal innerhalb von zwei Wochen, zumeist mit Übernachtungen. Rund 16 % lebten ein ausgeglicheneres Wechselmodell, dh, dass die Kinder in einer Zwei-Wochen-Periode zwischen einem Drittel und der Hälfte der Zeit (definiert als Übernachtungen) im Haushalt jedes Elternteils verbrachten.[112] In etwa 10 % der untersuchten Familien kehrten sich die traditionellen Rollen um. Die Kinder lebten beim Vater, wäh-

111 California Civil Code, Section 4600.5 (West 1983), zitiert nach *Maccoby/Mnookin*, FamRZ (1995) 13.

112 Nach *Maccoby* und *Mnookin* entschieden sich Eltern nicht so gern für das Wechselmodell, wenn sie mehr als ein Kind hatten oder wenn eines der Kinder noch sehr klein war (*Maccoby/Mnookin*, FamRZ [1995] 7).

rend die Mutter sie in den meisten Fällen zwar besuchte, in der Regel aber keinen Unterhalt zahlte. Aber auch in den sogenannten „Wechselmodell-Familien" waren die erzieherischen Aufgaben zumeist nicht völlig gleich auf Mutter und Vater verteilt. Es war häufiger die Mutter, die für Arztbesuche und den Kauf von Alltagskleidung verantwortlich war. In zwei Drittel der Wechselmodell-Familien übernachteten die Kinder etwas häufiger bei der Mutter als beim Vater.

Insgesamt stellen *Maccoby* und *Mnookin* fest, dass auch nach der Scheidung das Schwergewicht auf dem traditionellen Modell der Kinderversorgung liege. Sie gehen davon aus, dass sich dies in der absehbaren Zukunft auch nicht ändern werde. Die überwiegende Mehrzahl der Mütter ließ erkennen, dass sie wünschten und erwarteten, die primäre Versorgungsperson für ihre Kinder zu sein, und die meisten Mütter handelten entsprechend diesem Wunsch. Ein hoher Prozentsatz der Väter zeigte zwar eine gewisse Präferenz für die (tatsächliche) gemeinsame elterliche Sorge gegenüber der mütterlichen Alleinsorge, nur wenige Väter bemühten sich aber auch wirklich auf dem Rechtsweg darum. Hingegen ergriffen die meisten Mütter die Initiative, um die von ihnen gewünschte Sorgerechtsform durchzusetzen. Intensive Streitigkeiten über die Sorgerechtsverteilung oder finanzielle Regelungen waren insgesamt aber die große Ausnahme. Wenn es jedoch dazu kam, dann in der Regel deshalb, weil der Vater tatsächlich tätig wurde und auf mehr Beteiligung an der Sorge drängte. Wenn die Frage des Sorgerechts strittig war (die Eltern also unterschiedliche Regelungen anstrebten), gelang es den Müttern zweimal so oft wie den Vätern, die von ihnen gewünschte Regelung durchzusetzen.[113]

Was ein weiteres wichtiges Anliegen der kalifonischen Gesetzgebung betrifft, den häufigen und kontinuierlichen **Kontakt der Kinder zu beiden Eltern**, zeigen die Ergebnisse von *Maccoby* und *Mnookin*, dass die meisten von der Untersuchung erfassten Kinder dreieinhalb Jahre nach dem Einreichen der Scheidung zu beiden Eltern (ziemlich regelmäßig)[114] Kontakt hatten. 14 % der Kinder, die mit ihren Müttern zusammenlebten, hatten ihren Vater im vergangenen Jahr jedoch gar nicht gesehen. Insgesamt gingen die Besuche beim Vater im Laufe der Zeit jedoch zurück, vor allem die Tagesbesuche: Viele Fälle, in denen nur Tagesbesuche, nicht jedoch Übernachtungen beim Vater ausgemacht waren, entwickelten sich in der Weise, dass die regelmäßigen Besuche ganz aufhörten. In diesen Familien stieg der Anteil jener Fälle, in denen die Kinder den Vater nicht besuchten, von 23 % zum ersten Untersuchungszeitpunkt auf 39 % zum dritten Untersuchungszeitpunkt. Bei Familien mit Wechselmodell waren beide Eltern sehr stark am Leben ihrer Kinder beteiligt, und in der kleinen Minderheit

---

113 *Maccoby/Mnookin*, Die Schwierigkeiten der Sorgerechtsregelung, FamRZ (1995) 3–5.

114 Leider werden an dieser Stelle von den Autoren keine genaueren Angaben über das tatsächliche Ausmaß an Kontakt zum getrennt lebenden Elternteil gemacht.

von Familien, in denen die Kinder beim Vater lebten, verstanden es die Mütter sehr gut, den Kontakt zu den Kindern aufrechtzuerhalten.

Als entscheidende Faktoren dafür, ob die Kinder, die bei der Mutter lebten, den Kontakt zum Vater aufrechterhalten konnten, nennen *Maccoby* und *Mnookin* die Überzeugung der Mutter, dass die Fortführung der Beziehung zum Vater für die Kinder gut sei sowie die räumliche Entfernung der Haushalte der Eltern zueinander. Ein weiterer Faktor, der den anhaltenden Kontakt zwischen geschiedenen Vätern und ihren Kindern begünstige, sei – so die AutorInnen – die finanzielle Unterstützung der Kinder durch den Vater. Schließlich könne sich auch die Wiederverheiratung der Mutter im Sinne einer Reduktion der Kontakte zum leiblichen Vater auswirken. In den meisten von ihnen untersuchten Scheidungsfamilien spielten beide Eltern weiterhin eine Rolle im Leben der Kinder und trugen ihren Teil zum Unterhalt des Kindes bei[115]. Es zeigten sich große Vielfalt und Veränderungsbereitschaft, was Wohnformen, Besuchsregelungen und die Erfüllung der Unterhaltspflicht betraf.[116]

In 68 % der Fälle der tatsächlichen gemeinsamen Sorge (joint physical custody) war der Vater verpflichtet, **Kindesunterhalt** an die Mutter zu zahlen, während die Mütter nur in 1 % dieser Fälle verpflichtet waren, an den Vater Kindesunterhalt zu zahlen. Angesichts der erheblichen Einkommensunterschiede zwischen Müttern und Vätern und der Tatsache, dass in Kalifornien bei der Berechnung des Kindesunterhalts die Einkommen beider Eltern berücksichtigt werden, vermag dies kaum zu überraschen. Als besonders überraschend bezeichnen *Maccoby* und *Mnookin* hingegen das Ergebnis, dass sie keinen statistisch überzeugenden Hinweis dafür fanden, dass Mütter, die mehr rechtliche Konflikte mit ihrem Exmann auszustehen hatten, auf Unterhalt verzichten mussten, um die von ihnen gewünschte Sorgeform durchzusetzen. Es zeigte sich also keine Bestätigung für die Befürchtung, dass Väter das Sorgerecht als Köder verwenden würden, um ihre Frauen dazu zu bewegen, sich mit einer geringeren finanziellen Unterstützung zufrieden zu geben.[117]

Was die **elterliche (Konflikt-)Beziehung zum Scheidungszeitpunkt** betrifft, weisen *Maccoby* und *Mnookin* zunächst darauf hin, dass in den meisten von ihnen untersuchten Familien (sie schätzen, in 75 Prozent der Fälle) das Sorge- und Besuchsrecht wenig oder überhaupt nicht strittig war. In den anderen Fällen wurden fast alle diese Dispute auf dem Verhandlungsweg gelöst, zT sti-

---

115 Dieses Resümee ist insofern etwas erstaunlich, als *Maccoby* und *Mnookin* an anderer Stelle angeben, dass zum Zeitpunkt 3 der Untersuchung nur die Hälfte der unterhaltspflichtigen Väter den vollen Beitrag zahlte. Es entsteht auch der Eindruck, dass sie einen eher niedrigen Maßstab für die für die Fortführung der Beziehung zum getrennt lebenden Elternteil erforderliche Quantität an Kontakten ansetzen.

116 *Maccoby/Mnookin*, FamRZ (1995) 6.

117 *Maccoby/Mnookin*, FamRZ (1995) 4 f.

muliert durch die dem Gericht angegliederte Vermittlung oder eine vom Gericht angeordnete Begutachtung. Eine formale richterliche Entscheidung war in weniger als 2 Prozent der Familien notwendig. Dies werten die Autoren als Erfolg der verfahrensmäßigen Neuerungen.

Dennoch gab es natürlich Paare, die im Zuge ihrer Scheidung rechtliche Konflikte austrugen. Als besonders irritierend bezeichnen *Maccoby* und *Mnookin* das Ergebnis, dass bei etwa einem Drittel der 166 Familien, in denen die tatsächliche gemeinsame Sorge (joint physical custody) verfügt wurde, schwerwiegende rechtliche Konflikte zu verzeichnen waren. In etwa der Hälfte dieser „Hochkonfliktfamilien" lebten die Kinder faktisch bei der Mutter – das juristische Etikett der „joint physical custody" spiegelte also die Wirklichkeit nicht korrekt wider. In rund 25 dieser Familien lebten die Kinder aber tatsächlich zu etwa gleichen Teilen bei Mutter und Vater. Offenbar versuchten diese sehr konflikthaften Eltern, ihre rechtlichen Konflikte mit Hilfe der tatsächlichen gemeinsamen Sorge zu lösen.[118]

Die **ko-elterliche Interaktion nach der Scheidung** müsse sich – so das Ergebnis von *Maccoby* und *Mnookin* – erst allmählich entwickeln und lasse sich nicht einfach aus den Gegebenheiten, wie sie vor der Trennung bestanden, auf die Zeit nach der Trennung übertragen. Zum Zeitpunkt 3 der Untersuchung waren nur etwa 30 Prozent der Elternpaare, deren Kinder sich abwechselnd in beiden Elternhäusern aufhielten, imstande, kooperative ko-elterliche Beziehungen aufzubauen. Das am weitesten verbreitete Muster bezeichnen die Autoren als „losgelöst". Sie meinen damit einen parallelen (Eltern-) Rollenvollzug bei geringer Kommunikation. Dieses Beziehungsmuster war jedoch in denjenigen Familien weniger anzutreffen, in denen die Kinder noch klein waren. Eltern von kleinen Kindern, die von beiden Eltern versorgt und betreut wurden, hatten mehr zu besprechen als Eltern von größeren Kindern und wahrscheinlich deshalb insgesamt sowohl mehr Streit als auch mehr Kommunikation. Als eine dritte Kategorie definierten *Maccoby* und *Mnookin* konfliktträchtige ko-elterliche Beziehungen. Der Anteil der Familien, die dieser Kategorie zuzuordnen war, nahm zwar im Laufe der Zeit ab. Am Ende der dreieinhalb Jahre zeichnete sich aber doch noch ein Viertel der untersuchten Familien durch konfliktträchtige Beziehungen aus.[119]

Es zeigte sich weiters, dass sich viele Eltern, die zum Untersuchungszeitpunkt 1 noch Konflikte miteinander hatten, zum Zeitpunkt 3 der Untersuchung bereits voneinander gelöst hatten, während manche zunächst „losgelösten" Expaare es mit der Zeit schafften, kooperative ko-elterliche Beziehungen aufzubauen.

Vom Standpunkt der Kinder aus betrachtet beurteilen die Autoren die kooperative ko-elterliche Beziehung als die förderlichste, die konfliktträchtige ko-

118 *Maccoby/Mnookin*, FamRZ (1995) 4 f.

119 An dieser Stelle geht leider nicht klar hervor, ob die Autoren von allen untersuchten Familien oder nur von den Familien mit Wechselmodell sprechen.

elterliche Beziehung als die schädlichste und das losgelöste Verhältnis der Eltern zueinander als in seiner Wirkung auf die Kinder dazwischenliegend.

Interessant ist, dass die drei verschiedenen Ausprägungen der ko-elterlichen Interaktion etwa gleichmäßig auf die unterschiedlichen Aufenthaltsmodelle verteilt waren, dh, dass konfliktträchtige ko-elterliche Beziehungen in den Familien mit Wechselmodell ebenso häufig anzutreffen waren wie in jenen Familien, in denen die Kinder bei der Mutter *oder* beim Vater lebten. Es zeigte sich also nicht, dass sich Eltern, die ein kooperatives Verhältnis zueinander unterhielten, häufiger für das Wechselmodell entschieden, und es traf auch nicht zu – so *Maccoby* und *Mnookin* –, dass Eltern, die sich für dieses Modell entschieden hatten, ihre Konflikte nun beilegten und sich kooperativ verhielten.

Insgesamt fiel es den geschiedenen Eltern schwer, in den die Kinder betreffenden Belangen zusammenzuarbeiten, und sie versuchten, Konflikte zu umgehen. Viele Eltern würden – wie die Autoren betonen – lieber nichts mehr mit dem oder der ExpartnerIn zu tun haben wollen und empfinden es als einfacher, die Kinder nun entsprechend den eigenen Vorstellungen erziehen zu können.

Die Studienergebnisse **zusammenfassend** stellen *Maccoby* und *Mnookin* fest, dass

1. die meisten geschiedenen **Eltern** dreieinhalb Jahre nach der Trennung ihr Leben in einer Weise meistern, die nicht auf eine pathologische Entwicklung oder auf ein tiefes Unbehagen hinweist. Die meisten von ihnen waren auch mit dem Arrangement, das sie für die Kinder getroffen hatten, zufrieden.
2. Der Frage nach dem **psychischen Wohlergehen der Kinder** sind *Maccoby* und *Mnookin* in ihrer Studie nicht direkt nachgegangen. Aus der Kontrolluntersuchung der heranwachsenden Kinder scheine jedoch – so die Autoren – hervorzugehen, dass die Mehrheit gut und im Rahmen des Normalen zurechtkomme.[120] Insofern unterscheide sich das Bild der Scheidungsfamilie von dem düsteren Szenario, das andere Autoren und Autorinnen gezeichnet hätten.

   Dennoch werfe die elterliche Scheidung für die Kinder Probleme auf. Erstens: Die „schlichte Tatsache, dass die Kinder nicht Tag für Tag soundsoviel Zeit mit beiden Eltern verbringen können, bedroht die Vertrautheit der Beziehung zu mindestens einem Elternteil. Natürlich gilt auch für intakte Familien, daß Eltern und Kinder während eines großen Teils der Zeit, die sie unter dem gleichen Dach verbringen, nicht ständig einer mit dem anderen interagieren. Aber in der intakten Familie gibt es doch immer wieder bedeutungsträchtige, sozusagen spürbare ‚elterliche' Augenblicke – Gele-

120 An dieser Stelle geben die Autoren leider keine genaueren Informationen, wie sie das Wohlergehen definierten und bei den untersuchten Kindern einschätzten.

genheiten, dem Kind eine ethische Norm zu vermitteln, ihm Führung zu geben, ihm in liebevoller Weise zu Hilfe zu kommen. Nach der Scheidung ist einer der Eltern nicht mehr anwesend, wenn sich solche Augenblicke ergeben, und das heißt, daß sich das Maß an Einfluß und emotionaler Bindung insgesamt verringert."[121] Auch kollidiere die entwicklungspsychologische Forderung eines regelmäßigen Kontakts der Kinder mit beiden Eltern oftmals mit den Bedürfnissen der Eltern, ihr Leben neu einzurichten – etwa durch eine neuerliche Heirat oder einen Umzug. Wo unterschiedliche Präferenzen aufeinanderprallen, seien Kompromisse notwendig, und dann ließen sich – so *Maccoby* und *Mnookin* – nicht alle Ziele voll und ganz erreichen.

Eine zweite Scheidungsfolge besteht in dem Verlust an Verantwortlichkeit für das Kind, wenn und solange sich dieses in der Obhut des anderen Elternteils befindet. Während Eltern, die zusammenleben, einander bei Differenzen darüber, wie mit den Kindern umzugehen sei, verständlich machen und notfalls zwischen dem Kind und dem Partner vermitteln können, gebe es nach der Trennung keine Möglichkeit, sich in das einzuschalten, was dem Kind im Elternhaus des anderen begegnet. *Maccoby* und *Mnookin* werten dies als eine bedauerliche Lockerung der Verantwortung der Eltern für ihre Kinder.

3. Das Auffälligste an den untersuchten Familien war – so *Maccoby* und *Mnookin* – ihre Verschiedenheit: „Innerhalb dieser einigermaßen repräsentativen Gruppe von Scheidungsfamilien hatten sich so gut wie alle Arten schlagzeilenwürdiger Schrecknisse ereignet ... Sie springen so lebhaft ins Auge, daß man leicht vergessen kann, daß die meisten geschiedenen Eltern ein ganz normales Leben führen ... [und] daß viele geschiedene Menschen, obwohl sie starke Ressentiments gegenüber dem ehemaligen Ehepartner haben und den Kontakt mit ihm nach Möglichkeit vermeiden, es trotzdem fertig bringen, sich zivilisiert, ja sogar rücksichtsvoll zu verhalten, wenn sie einmal nicht umhin können, miteinander zu verhandeln."[122]
4. Für manche Familien eigneten sich die neuen Formen der elterlichen Sorge mehr, für andere weniger. Den AutorInnen zufolge gibt es kein ideales Arrangement, das sich auf alle oder auch nur die meisten Familien anwenden ließe. Im Gegenteil: Die neu entstehenden sozialen Normen können und sollten sich durch Diversität auszeichnen.

*Maccoby* und *Mnookin* evaluieren vor dem Hintergrund ihrer Ergebnisse sehr ausführlich die Reformen des Familienrechts in Kalifornien und formulieren dabei

121 *Maccoby/Mnookin*, FamRZ (1995) 15.
122 *Maccoby/Mnookin*, FamRZ (1995) 15.

eine Reihe rechtspolitischer Schlussfolgerungen, von denen ich nur jene darstellen möchte, die sich (direkt oder indirekt) auf die Sorgerechtsform beziehen:[123]

- Grundsätzlich sind *Maccoby* und *Mnookin* davon überzeugt, dass die rechtlichen Rahmenbedingungen einen wichtigen lenkenden Einfluss auf die Gestaltung der Nachscheidungsfamilie haben. Angesichts der großen Anzahl an sorgeberechtigten Müttern und Vätern, die Bedenken gegenüber den Kontakten des Kindes mit dem anderen Elternteil äußerten, vermuten sie, dass solche Eltern sich, wenn sie nur könnten, dafür entscheiden würden, den Besuchen des anderen Elternteils ein Ende zu bereiten, bzw dass noch weniger gezahlt werden würde, wenn es die gesetzliche Verpflichtung zur Zahlung des Kindesunterhalts nicht gäbe. *Maccoby* und *Mnookin* nehmen weiters an, dass die ausdrückliche Autorisierung der gemeinsamen Sorge und Befürwortung eines häufigen und kontinuierlichen Kontakts der Kinder mit beiden Eltern im reformierten kalifornischen Recht dazu führte, dass in der Untersuchungsgruppe in sehr vielen Fällen den Eltern die rechtliche elterliche Sorge gemeinsam zugewiesen und ein anhaltendes Besuchsrecht festgelegt wurde. Es sei – so *Maccoby* und *Mnookin* – natürlich umgekehrt denkbar, dass die Reformen im kalifornischen Recht entsprechende soziale Veränderungen eher widerspiegelten als tätig hervorriefen. Um diese Frage zu beantworten, müssten andere Vergleichsdaten erhoben werden. Dennoch vertreten *Maccoby* und *Mnookin* die Meinung, dass in Bezug auf diese Aspekte (Kontakt zu beiden Eltern, Kindesunterhalt) durch die gesetzlichen Reformen tatsächlich positive Veränderungen erreicht wurden.[124]
- Anders fällt ihr Urteil aus, was die Erreichung der übergeordneten Ziele eines Wandels in den **Geschlechterrollen** und der **Förderung kooperativer ko-elterlicher Beziehungen nach Trennung bzw Scheidung** betrifft: Die Rollen von Müttern und Vätern in der Versorgung der Kinder folgt nach der Scheidung im Wesentlichen dem Muster, wie es auch vorher schon bestand, und dies kann mehrheitlich als „traditionelle" Rollenaufteilung beschrieben werden. Die meisten geschiedenen Eltern sind weiters trotz veränderter gesetzgeberischer Absichten nicht imstande, ein kooperatives ko-elterliches Verhältnis zueinander zu begründen. Fundamentale Veränderungen in den Geschlechterrollen könnten durch Bestimmungen im Familienrecht nicht herbeigeführt werden. Diesbezüglich seien stärkere Kräfte – kultureller, ökonomischer und eventuell auch biologischer Natur – am Werk.

123 Andere Schlussfolgerungen betreffen zB das Besuchsrecht, den Kindesunterhalt oder die Frauge, welche Kriterien in Sorgerechtsentscheidungen herangezogen werden sollten (*Maccoby/Mnookin*, FamRZ [1995] 7–17).

124 *Maccoby/Mnookin*, FamRZ (1995) 7 f.

Dennoch betonen die AutorInnen, dass ihrer Ansicht nach das Familienrecht gewisse Tendenzen widerspiegeln und verstärken könne – immerhin ließen die Studienergebnisse auch gewisse bescheidene Veränderungen der Geschlechterrollen erkennen. Schließlich könnten rechtliche Bestimmungen sehr wohl dazu beitragen, die elterlichen Beziehungen zu verschlechtern: Da die gegnerschaftliche Natur herkömmlicher Scheidungsverfahren die Kooperation der geschiedenen Eltern erschweren könne, stünden *Maccoby* und *Mnookin* – ihren Angaben nach – auf der Seite derjenigen Reformer, die immer wieder versuchen, die gegnerschaftliche Atmosphäre der Scheidungsverfahren zu mildern.[125]

- Zu den Neuerungen im kalifornischen Recht gehörte auch die gesetzliche Unterscheidung zwischen dem Sorge*recht* (legal custody) und der tatsächlichen Sorge (physical custody). Zum **gemeinsamen Sorgerecht** (joint legal custody), das beinahe 80 % der untersuchten Familien innehatten, stellen *Maccoby* und *Mnookin* fest, dass es keine signifikanten Auswirkungen auf den Kontakt des Vaters zu den Kindern oder auf seine Unterhaltsleistung hatte. Das gemeinsame Sorgerecht mehrte auch nicht das Engagement der getrennt lebenden Väter, soweit Entscheidungen zu treffen waren, und hatte kaum einen Einfluss auf das Verhältnis der Eltern zueinander. Die gesammelten Daten würden weder für positive noch für negative Wirkungen des gemeinsamen Sorgerechts sprechen. Die Autoren betonen aber, dass sich langfristig in manchen Familien solche Wirkungen zeigen könnten. Insgesamt sprechen sich die Autoren jedoch für eine (vorsichtige) Befürwortung des gemeinsamen Sorgerechts aus, und zwar weitgehend aus symbolischen Gründen: „Uns gefällt der Hinweis darauf, daß beide, sowohl die Mütter als auch die Väter, nach der Scheidung Rechte und Pflichten haben, was ihre Kinder betrifft. Das gemeinsame Sorgerecht wird aus geschiedenen Eltern zwar nicht gleichberechtigte Partner im Leben ihrer Kinder machen, es unterstreicht aber doch den Gedanken, daß in den Augen des Gesetzes die Väter trotz der Scheidung eine anhaltende Rolle im Leben ihrer Kinder spielen sollten."[126]
- *Maccoby* und *Mnookin* sprechen sich hingegen gegen eine Rechtsvermutung zugunsten der **tatsächlichen gemeinsamen Sorge** (joint physical custody) aus, dh, dass die tatsächliche gemeinsame Sorge vorrangig zu prüfen wäre. Erstens hätten Mütter und Väter auch vor der Scheidung in der Regel unterschiedliche Rollen inne, und die Autoren stehen der Hoffnung, dass die Vermutung zugunsten der gemeinsamen Sorge einen Anreiz zur gleichmäßigeren Rollenverteilung bieten könnte, skeptisch gegenüber. Zweitens äußern *Mac-*

125 *Maccoby/Mnookin*, FamRZ (1995) 8 f.
126 *Maccoby/Mnookin*, FamRZ (1995) 13.

*coby* und *Mnookin* schwere Bedenken gegenüber der Anwendung der tatsächlichen gemeinsamen Sorge in Fällen, in denen ein erhebliches Maß an Konflikten zwischen den Eltern besteht, da dies für die Kinder ein großes Risiko darstellen könnte. Die tatsächliche gemeinsame Sorge sei keine gute Lösung, wenn sie das Werk von VermittlerInnen, GutachterInnen oder RichterInnen sei, und die Eltern selbst dies im Grunde eigentlich nicht wollen. Wenn die Eltern hingegen zur Zusammenarbeit imstande wären, könne die tatsächliche gemeinsame Sorge sehr gut funktionieren. Sie sollte den Eltern zugestanden werden, die es von sich aus mit dieser Lösung versuchen wollen.[127]

*Die qualitative Studie von Greif*

Schließlich möchte ich noch kurz eine immer wieder zitierte qualitative Studie[128] vorstellen, die sich zwar nicht direkt, aber indirekt mit den Auswirkungen verschiedener Sorgerechtsformen auf das Kindeswohl beschäftigt, nämlich mit der **Bedeutung der gemeinsamen Sorge für die getrennt lebenden Väter und den Folgen für die Aufrechterhaltung der Vater-Kind-Beziehung.** *Greif* beschreibt, dass eine typische Folge von Scheidung nicht nur ein (partieller) Verlust des Vaters für das Kind sei, sondern – was oft viel weniger bedacht werde – auch umgekehrt ein (partieller) Verlust des Kindes für den Vater.

*Greif* untersucht in ihrer Studie die Vater-Kind-Beziehung nach der elterlichen Scheidung aus der Perspektive der Väter, nämlich das Ausmaß ihrer Trennung vom Kind, wahrgenommene Veränderungen der Vaterrolle und wie eventuelle Veränderungen durch die Scheidung von den Vätern erlebt werden. Untersucht wurden 40 Väter, die zum Untersuchungszeitpunkt zumindest sechs Monate von ihren Exfrauen getrennt lebten. Obwohl die Mehrheit der Väter ursprünglich ein Sorgerecht für ihre Kinder wollte, waren nur 20 % von ihnen gemeinsam mit der Mutter sorgeberechtigt, während in 80 % der Fälle die Mutter allein sorgeberechtigt war.[129] Die Väter gaben in einem Fragebogen an, wie hoch sie ihren elterlichen Einfluss auf die Entwicklung ihres Kindes einschätzen,[130] wie sehr sich dies durch die Trennung bzw Scheidung der Eltern verändert hat und welche Gefühle mit diesen Veränderungen verbunden sind. Zusätzlich wurden mögliche Einflussgrößen auf die väterliche Wahrnehmung seiner Beziehung

127 *Maccoby/Mnookin*, FamRZ (1995) 11.

128 *Greif*, Fathers, Children, and Joint Custody, Amer. J. Orthopsychiat. (1979) 49 (2) 311–319.

129 Mit „Sorgerecht" dürfte hier „legal custody" gemeint sein.

130 Dazu wurden verschiedene Erziehungs- und Entwicklungsbereiche definiert, wie die alltägliche Versorgung und Sicherheit, die körperliche, intellektuelle, emotionale und moralische Entwicklung, Freizeitaktivitäten, Verhaltenserziehung und religiöse Erziehung oder die Regelung der finanziellen Angelegenheiten des Kindes (*Greif*, Amer. J. Orthopsychiat. [1979] 49 [2] 312 f.)

zum Kind erhoben, wie spezielle Charakteristika des Kindes, des Vaters, der Ehe der Eltern und die äußeren Rahmenbedingungen der Nachscheidungssituation.[131]

Als wichtigstes **Ergebnis** bezeichnet *Greif*, dass das Ausmaß an Trennung zwischen Vater und Kind mit signifikant unterschiedlichen Wahrnehmungen der Väter bezüglich ihrer väterlichen Rollen und Funktionen nach der Scheidung einhergeht: Jene Väter, die kein Sorgerecht und weniger Kontakt mit ihren Kindern hatten, empfanden eine signifikante Abnahme ihres väterlichen Einflusses auf die emotionale und die moralische Entwicklung des Kindes, die Verhaltenserziehung und die Regelung der finanziellen Angelegenheiten des Kindes. Im Gegensatz dazu nahmen die Väter mit gemeinsamer Sorge bzw häufigerem Kontakt mit den Kindern keine Abnahme ihres väterlichen Einflusses wahr, sondern gaben sogar eine signifikante Zunahme im Bereich „Freizeitaktivitäten" an. *Greif* resümiert: Je stärker die Väter in die Erziehung und Entwicklung der Kinder involviert sind, umso stärker ist das Gefühl, auch nach der Scheidung eine elterliche Rolle im Leben des Kindes zu spielen. Nach *Greif* kommt es dabei zu einem sich wechselseitig verstärkenden Effekt: Je größer die Möglichkeiten für Väter sind, trotz der elterlichen Trennung aktive Väter zu bleiben, umso mehr erleben sie sich als Väter und sind bemüht, ihr Engagement für die Kinder aufrechtzuerhalten. Umgekehrt erleben sich Väter, die weniger die Möglichkeit zu aktiver Vaterschaft haben, auch weniger stark in ihrer Vateridentität und seien in der Folge weniger stark am Zusammensein mit ihren Kindern interessiert.

Väter mit gemeinsamem Sorgerecht bzw mehr Kontakt zu den Kindern waren auch signifikant zufriedener als die nicht sorgeberechtigten Väter bzw jene Väter mit wenig Kontakt zu den Kindern. Väter mit wenig Kontakt zu den Kindern, die in einem hohen Ausmaß das Gefühl des Getrenntseins von ihren Kindern erlebten, berichteten wiederholt, dass sie sich über das Wohlergehen ihrer Kinder sorgten, gleichzeitig – aus der Distanz – aber nichts für diese tun könnten. Auch wenn die Kinder dann bei ihnen waren, war es in der kurzen Zeit des Zusammenseins schwierig, dass sich die Kinder wirklich öffneten und ihre Sorgen oder ihren Ärger mit den Vätern teilten. Auch fehlte den Vätern die Möglichkeit, mit jedem Kind allein Zeit zu verbringen, was für eine intensive Beziehung jedoch als unerlässlich angesehen wurde. Die Väter litten unter der künstlichen Struktur der „Besuche" der Kinder. Es fehlten ihnen die intimen Momente des Alltags. Sie berichteten weiters von dem Druck, die Kinder beständig glücklich zu machen, sodass diese auch wiederkommen wollen, und der allgegenwärtigen Bedrohung, dass sie die Kinder einmal gänzlich verlieren könnten. Manche konnten mit den schmerzlichen Gefühlen von Verlust und Entwertung nicht anders umgehen, als sich ihrerseits von den Kindern zu distan-

131 *Greif*, Amer. J. Orthopsychiat. (1979) 49 (2) 311–313.

zieren. Die Väter mit kontinuierlichem Kontakt zu den Kindern erlebten sich hingegen nicht in dem Maße aus dem Leben ihrer Kinder ausgeschlossen und hatten das Gefühl, dass ihre kontinuierliche Verfügbarkeit für die Kinder es diesen ermöglichte, spontane Gefühle mit ihnen zu teilen.[132]

Zur **Bedeutung des gemeinsamen Sorgerechts** führt *Greif* aus, dass die von ihr untersuchten Väter während aufrechter Ehe meist nicht primär und alleine für die Kinderbetreuung zuständig waren, mit der Zeit diese Rolle aber zu übernehmen lernten, wenn die Kinder bei ihnen waren. Sie hatten das Gefühl, dass es gut funktioniert, und waren mit ihrer Beziehung zu den Kindern sehr zufrieden. Die Möglichkeit, Sorge zu tragen, dh Eltern zu sein – so eine zentrale Aussage der Studie –, führe zu einer anderen Qualität des „Sich-Einlassens" der Väter. Väter mit gemeinsamer Sorge involvieren sich mit größerer Wahrscheinlichkeit in alle Aspekte des Heranwachsens und der Entwicklung ihrer Kinder.

Die Befürchtung, die Kinder könnten im Rahmen der gemeinsamen Sorge im Konflikt der Eltern instrumentalisiert werden, hätte sich nicht bestätigt. Ganz im Gegenteil – so *Greif* – würden Kinder oftmals in Arrangements der Alleinsorge eines Elternteils aufgrund der ungleichen Machtverteilung zwischen den Eltern in diesem Sinne missbraucht. Bei gemeinsamer Sorge sei die elterliche Macht zwischen Mutter und Vater gleichmäßig verteilt, die Väter seien mit ihrem Anteil an der Kindererziehung zufriedener, sodass weniger Grund dafür bestehe, die Kinder im Kampf gegen den anderen Elternteil zu benützen.

Die Ergebnisse bestätigen auch nicht die Vorstellung vieler mit Scheidungsfamilien befasster Fachkräfte, dass Eltern, die nicht mehr miteinander verheiratet sein können, auch als Geschiedene nicht kooperieren könnten. Eine Reihe der befragten Väter mit gemeinsamem Sorgerecht berichtete von einem kühlen bis feindlichen Verhältnis zu ihren Exfrauen und von wenig persönlichem Kontakt zu diesen, trotz gemeinsamer Versorgung der Kinder. Sie waren jedoch in der Lage, ihre elterlichen Verpflichtungen von ihren partnerschaftlichen Konflikten zu trennen.[133]

Als Resultat ihrer Studie beschreibt *Greif*, dass äußere Rahmenbedingungen wie die Sorgerechtsform und die Besuchsregelung eine enorme Bedeutung für die Nachscheidungssituation von Vätern und ihren Kindern haben. Es sei eben ein entscheidender Unterschied, ob ein Vater für sein Kind sorgt oder dieses lediglich besucht. Außer Frage steht für *Greif*, dass alles getan werden müsse, um den Kontakt des Kindes zu beiden Eltern trotz Getrenntlebens zu maximieren. Ein wichtiger Weg dahin sei die gemeinsame Sorge beider Eltern für ihre Kinder.[134]

---

132 *Greif*, Amer. J. Orthopsychiat. (1979) 49 (2) 313–316.
133 *Greif*, Amer. J. Orthopsychiat. (1979) 49 (2) 317 f.
134 *Greif*, Amer. J. Orthopsychiat. (1979) 49 (2) 319.

### *2.1.2 Europäische Untersuchungen*

#### 2.1.2.1 Untersuchungen aus Nordeuropa

Von besonderem Interesse sind Untersuchungen aus dem nordeuropäischen Raum, da in diesen Ländern die gemeinsame elterliche Sorge nach einer Trennung oder Scheidung tendenziell weiter verbreitet ist als in anderen europäischen Ländern und seit Längerem Erfahrungen mit verschiedenen Sorgerechtsformen bestehen. Es kann wohl angenommen werden, dass das aufstrebende gemeinsame Sorgerecht, insb im skandinavischen Raum, wissenschaftlich evaluiert wurde. Allerdings sind entsprechende Studien nicht leicht zu finden. Eine tiefergehende Auseinandersetzung mit den Verhältnissen in Nordeuropa würde wohl einer eigenen wissenschaftlichen Anstrengung bedürfen. Ich konnte im Rahmen meiner Recherche drei (englischsprachige) Untersuchungen ausfindig machen, die sich mit der gemeinsamen Sorge nach Trennung bzw Scheidung beschäftigen, wobei sich diejenige von *Ottosen* vor allem mit dem Zustandekommen der gemeinsamen elterlichen Sorge nach Trennung bzw Scheidung auseinandersetzt und weniger mit den Folgen für die betroffenen Kinder bzw Familien. Aus diesem Grund soll sie hier nur kurz erwähnt werden.

*Die Studie von Ottosen*

*Ottosen*[135] ging der Frage nach, ob der Status der elterlichen Verbindung (verheiratet oder unverheiratet zusammenlebend) *vor* der Trennung bzw Scheidung entscheidend dafür ist, wie die Elternschaft nach der Trennung gestaltet wird. Die Untersuchung basierte auf den Daten einer nationalen repräsentativen Langzeitstudie über die Lebensbedingungen dänischer Kinder. Die Untersuchung von *Ottosen* beschäftigte sich mit jenen Kindern, die bis zum zweiten Untersuchungszeitpunkt (dh bis zum Alter von drei Jahren und sechs Monaten) die Trennung oder Scheidung ihrer Eltern erlebten. Die Kontrollgruppe bildeten die Kinder desselben Alters, die ihre ganze Kindheit in einer Kernfamilie oder Ein-Eltern-Familie (bei der Mutter) verbrachten.

Die statistische Analyse der Daten ergab keine Bestätigung, dass der Status der elterlichen Verbindung als einzelner Faktor Unterschiede in der Gestaltung der Vaterschaft nach der Trennung erklären könne. Grundsätzlich trat die **rechtliche gemeinsame Sorge nach der Trennung bzw Scheidung** im gleichen Ausmaß unter den früher „bloß“ zusammenlebenden Eltern wie unter den früher

135 *Ottosen*, Legal and Social Ties between Children and Cohabiting Fathers, Childhood (2001) 8 (1) 75–94.

verheirateten Eltern auf, und es zeigten sich keine wesentlichen Unterschiede, was den Aufenthalt der Kinder, die Besuchskontakte und die elterliche Kooperation betrifft. Der wesentliche Unterschied bestand jedoch darin, dass die Entscheidung zur gemeinsamen Elternschaft zu verschiedenen Zeitpunkten stattfand: bei den unverheirateten Eltern zu Beginn der Familienbildung und bei den verheirateten Eltern am Ende ihrer Gemeinschaft.[136] Es zeigte sich, dass unverheiratet zusammenlebende Eltern fast ohne Ausnahme auch nach der Trennung bei dem ursprünglich vereinbarten Sorgerecht blieben. 53 % der Kinder von unverheiratet zusammenlebenden Eltern lebten nach der elterlichen Trennung mit dem gemeinsamen Sorgerecht ihrer Eltern. Bei den Kindern aus Ehen waren es 61 %, der Rest wechselte zur Alleinsorge.

Zur Bedeutung der rechtlich abgesicherten gemeinsamen Sorge für die **tatsächliche Gestaltung der Elternschaft nach der Trennung bzw Scheidung** schreibt *Ottosen*, dass das gemeinsame Sorgerecht einherging mit regelmäßigen Kontakten der Kinder zum getrenntlebenden Elternteil[137] sowie mit einem höheren Ausmaß an elterlicher Kooperation.

### *Die qualitative Studie von Adenaes und Haavind*

Die qualitative Untersuchung der norwegischen Autorinnen *Adenaes* und *Haavind*[138] beschäftigte sich mit der Lebenssituation von 17 Kindern im Alter von fünf Jahren, deren Eltern sich die Verantwortung und Sorge für das Kind in dem Sinne teilten, dass jeder Elternteil an zumindest zwei aufeinanderfolgenden Tagen und Nächten pro Woche für die alltägliche Betreuung des Kindes zuständig war.

Die besonderen Bedingungen für Kinder mit getrennt lebenden Eltern bestünden darin – so die Autorinnen –, dass sie sich in verschiedenen Lebensbereichen bewegen, dem Mütterlichen, dem Väterlichen und zusätzlich in dem außerfamiliären Bereich der Fremdbetreuung (Kindertagesbetreuungseinrichtung). Die Herausforderung für die Kinder bestünde darin, einerseits zwischen diesen Bereichen zu

136 Das dänische Recht verpflichtet die Eltern, sich bei der Scheidung für die Fortführung des gemeinsamen Sorgerechts oder die Alleinsorge eines Elternteils zu entscheiden. Bei unverheirateten Paaren bleibt das ursprüngliche Sorgerechtsarrangement trotz Trennung grundsätzlich aufrecht (*Ottosen*, Childhood [2001] 8 [1] 83).

137 Insgesamt besuchte durchschnittlich jedes vierte Kind den getrennt lebenden Elternteil zumindest einmal pro Woche, jene Kinder schon hinzugerechnet, die abwechselnd bei der Mutter und beim Vater lebten. 8 % der Kinder der Untersuchungsgruppe hatten keinen Kontakt mehr zum getrennt lebenden Elternteil (*Ottosen*, Childhood [2001] 8 (1) 85).

138 *Adenaes/Haavind*, When Parents are Living Apart. Challenges and Solutions for Children with Two Homes, in *Leira*, Family Sociology (1993). Die Untersuchung von *Andenaes/Haavind* war Teil einer größeren Studie zur modernen Kindheit in den nordischen Staaten.

unterscheiden und andererseits notwendige Verbindungen herzustellen. *Adenaes* und *Haavind* untersuchten, wie die Kinder diese Herausforderung meisterten.

Manche der bisher dargestellten Untersuchungen gingen ebenfalls der Frage nach der Verbindung oder dem Getrenntsein der Lebensbereiche des Kindes bei Mutter und Vater nach deren Trennung nach. *Adenaes* und *Haavind* berücksichtigen darüber hinaus auch noch, dass sich – auch kleine Kinder – üblicherweise bereits in einem hohen Ausmaß in einer gleichsam „dritten Welt" bewegen, nämlich jener der außerhäuslichen Betreuung, in der sie ebenfalls vielschichtige Erfahrungen mit diversen InteraktionspartnerInnen machen. Welche Herausforderungen ergeben sich in den verschiedenen sozialen Interaktionen für die Kinder? Inwiefern tragen sie ihre Erfahrungen aus einem Betreuungsbereich in einen anderen hinein? Welche Kompetenzen sind erforderlich, um die unverbundenen Erfahrungen zueinander in Beziehung zu setzen? Antworten auf diese Fragen zu gewinnen, war Ziel der Studie.

Interessant ist an dieser Untersuchung nicht nur der geweitete Blick, sondern auch die **Methodik**, mit der die Autorinnen ihre Fragen zu beantworten suchten. Die Studie basiert auf Interviews mit den Vätern, den Müttern und den Personen, die die Kinder in Kindertagesbetreuungseinrichtungen betreuten, sowie mit den Kindern selbst. Außerdem wurden die Kinder in der jeweiligen Kindertagesbetreuungseinrichtung von den WissenschafterInnen beobachtet. Die Erwachsenen sollten detailliert berichten, wie die Betreuung des Kindes organisiert ist. Dabei beschrieben sie den Tag, Episode für Episode. Der Fokus lag auf den sozialen Interaktionen zwischen den jeweiligen betreuenden Erwachsenen und dem Kind. Die Interviews mit den erzählten Episoden, die das alltägliche Leben des Kindes beschrieben, stellten das Material für die Analyse dar.

Zu den **Ergebnissen**: Die Kinder lebten bis auf eine Ausnahme hauptsächlich bei ihren Müttern. Nur ein Mädchen lebte überwiegend beim Vater. Bis auf eine Ausnahme gingen alle Elternteile einer bezahlten Beschäftigung nach. Manche Mütter, aber keiner der Väter, reduzierten ihre Arbeitszeit, um mehr Zeit für die Betreuung der Kinder zu haben. Die Kinder verbrachten zumindest 35 Stunden pro Woche, viele von ihnen sogar 40 bis 50 Stunden, in einer Tagesbetreuungseinrichtung. Die Mehrheit der Kinder waren Einzelkinder.[139]

Die Art und das Ausmaß der **elterlichen Kooperation** variierte: Einige Eltern führten ausgedehnte Diskussionen über das Kind betreffende Dinge, andere sprachen kaum miteinander. Diejenigen, die sich intensiver austauschten, schätzen dies. Für die Mehrheit der Väter führte die Erfahrung der Teilhabe an der Elternschaft auch nach der Trennung (und unabhängig von der Mutter) zu einer Zunahme ihres Engagements für die Kinder.

139 *Adenaes/Haavind*, When Parents are Living Apart, in *Leira*, Family Sociology (1993) 184.

Was die Kinder selbst betrifft, so schienen sie sich sicher zu sein, dass egal, ob sie sich hier oder dort befinden, immer jemand da sein werde, der auf sie aufpasst. Sie hatten nicht das Gefühl, für sich selbst sorgen zu müssen. Alle Kinder konnten von schönen Episoden in beiden Elternhäusern berichten. Sie erzählten sowohl über Unterschiede als auch über Ähnlichkeiten bezüglich bestimmter Gewohnheiten in den beiden Lebensbereichen. Oppositionelles Verhalten kam öfters bei der Mutter vor, auch wenn diese tendenziell weniger Forderungen an das Kind stellte. Alle Kinder waren gut informiert über die Besuchsroutine. Es stellte sich in allen Fällen für die betroffenen Kinder als relativ leicht heraus, mit der Tatsache der drei voneinander getrennten Betreuungssettings umzugehen.[140]

Was das Ausmaß an Verbindung zwischen den verschiedenen Lebensbereichen der Kinder und der Möglichkeit betrifft, Erfahrungen aus einem Bereich in andere zu übertragen, zeigten sich Unterschiede innerhalb der Untersuchungsgruppe. In manchen Familien war das für die Kinder leichter möglich als in anderen. Unter den 17 Kindern ließen sich diesbezüglich drei verschiedene Gruppen ausmachen:

a. Drei Kinder der Untersuchungsgruppe waren – so *Adenaes* und *Haavind* – schutzlos Ereignissen ausgesetzt, die sie nicht miteinander in Verbindung bringen konnten und die sie verwirrten. Es waren diejenigen Kinder, die den elterlichen Konflikten in einer verwirrenden Art und Weise ausgesetzt waren, obwohl auch diese Eltern den Wunsch hegten, ihre Kinder davor zu schützen. Die Erfahrungen der Kinder in den zwei Elternhäusern waren nicht nur unterschiedlich, sondern gegensätzlich und nicht zu vereinbaren, und den Kindern wurden dafür keine Erklärungen gegeben.[141]

b. Für sechs der 17 Kinder wurde die Trennung der elterlichen Lebensbereiche so routiniert organisiert und reguliert, dass dem Kind vermittelt wurde, die Lebenssituation seiner Familie sei ganz gewöhnlich. Die Abweichung von der gesellschaftlichen Vorstellung der intakten Familie wurde – so die Autorinnen – geleugnet. Diese Kinder zeigten keine Anzeichen von Verwirrung. Sie zweifelten auch nicht daran, dass immer ein Elternteil da sei, der verantwortlich für sie und bereit sei, sie zu unterstützen. Aber das Bemühen der Eltern so zu tun, als ob nichts geschehen wäre („nothing is violated and everything is just ordinary"[142]), hielt die Kinder in einer Position des passiven Akzeptierens fest.

   Die Eltern waren in der Lage, ihre Konflikte von ihrem Arrangement der gemeinsamen Elternschaft fernzuhalten. Aber damit das gelang, wurde

140 *Adenaes /Haavind*, When Parents are Living Apart, in *Leira*, Family Sociology (1993) 189 f.
141 *Adenaes /Haavind*, When Parents are Living Apart, in *Leira*, Family Sociology (1993) 191.
142 *Adenaes /Haavind*, When Parents are Living Apart, in *Leira*, Family Sociology (1993) 191.

das Arrangement, das sie getroffen hatten, in einer hochroutinierten Art und Weise gelebt. Die Kinder folgten diesem regulierten Transfer zwischen den zwei klar voneinander getrennten Lebensbereichen und hatten selbst eine klare Konzeption davon. Sie lebten in einer gut geschützten Welt, die für sie gemacht wurde, und sie schienen die Trennung der Eltern mit Akzeptanz und Vertrauen hinzunehmen. Diese Kinder stellten keine Fragen. Wenn sie von anderen direkt nach ihren Absichten oder jenen ihrer Eltern, oder inwiefern ihr Familienleben anders sei, gefragt wurden, antworten sie mit „Ich weiß nicht". Ihre Art, mit ihrer Familiensituation umzugehen, schien darin zu bestehen, zu akzeptieren, dass „man da eben nichts machen könne". Wenn sie Antworten gaben, waren es diejenigen, die ihnen von ihren Eltern gegeben wurden. Sie verglichen die Erfahrungen nicht, die sie in beiden Elternhäusern machten. Wenn sie sich in einem Lebensbereich bewegten, war es fast so, als würde der andere gar nicht existieren. Wurden sie nach ihren Präferenzen gefragt, vermieden sie eine Antwort.[143] Der Umstand, dass diese Kinder in einer starren Regulierung ihres Lebensalltags festgehalten wurden, und die Unterstützung, die sie bekamen, nur passiv empfangen konnten, werden vor allem im Kontrast zur dritten Gruppe von Kindern deutlich:

c. Die restlichen acht Kinder hatten die Möglichkeit, zu erleben, dass ihre Erfahrungen, die sie in den verschiedenen Lebensbereichen machten, in ihrer Beziehung zu beiden Eltern relevant waren und einen Platz hatten. Diese Kinder waren aktiv daran beteiligt, ein Verständnis für die Bedeutung der sich in der Familie ereignenden Geschehnisse aufzubauen.

Vergleicht man diese Kinder mit den anderen Kindern der Untersuchungsgruppe, zeichneten sie sich durch ein ausgedehntes Verständnis sozialer Beziehungen und eine aktive Beteiligung an den täglichen sozialen Interaktionen mit ihren Bezugs- und Betreuungspersonen aus. Diese Kinder erkundigten sich nach den jeweiligen Verbindungen im Beziehungsnetz und testeten ihre eigenen Vermutungen darüber aus. Was diese Kinder von den anderen unterschied, war ihre Fähigkeit, zu hinterfragen. Sie fanden Lösungen für den Widerspruch in ihrem Leben, dass ihre Mütter und Väter nicht zusammenlebten, indem sie versuchten, der Sache auf den Grund zu gehen, anstatt alles hinzunehmen. Diese Kinder schienen die verschiedenen Lebensbereiche als miteinander verbunden zu erleben, und zwar deshalb, weil sie ihr Erleben um ihre eigenen Aktivitäten herum organisierten und nicht um die Bedingungen, die andere für sie bereitstellten. So bildeten sie sich – trotz der Wechsel – eine Welt, in der Kontinuität herrschte.[144]

143 *Adenaes /Haavind*, When Parents are Living Apart, in *Leira*, Family Sociology (1993) 195 f.
144 *Adenaes /Haavind*, When Parents are Living Apart, in *Leira*, Family Sociology (1993) 189.

*Die Studie von Jensen*

Ebenfalls aus Norwegen stammt die Studie von *Jensen*[145], die Teil einer bereits 1988 begonnenen, größer angelegten Untersuchung der Veränderung familiärer Strukturen war. In die Studie wurden insgesamt 3.066 Kinder einbezogen, von denen 283 Kinder in Familien geboren wurden, in denen sich die Eltern später trennten. Die Teiluntersuchung von *Jensen* beschäftigt sich mit diesen 283 Kindern. Die Kinder entstammen den Geburtsjahrgängen 1972, 1978 und 1984. Zur Vereinfachung wurden die verheirateten und die unverheiratet zusammenlebenden Eltern in eine gemeinsame Gruppe zusammengezogen. Die „Auflösung" der Familie erfolgte somit in Form einer Scheidung oder einer Trennung.

*Jensen* konzentrierte sich auf die Ausgestaltung der Beziehungen zwischen Kindern und ihren Eltern nach einer elterlichen Trennung oder Scheidung, wobei sie sich auch auf die Bedeutung des gemeinsamen Sorgerechts bezog. Die zentrale Forschungsfrage war, ob Familien nach einer Trennung bzw Scheidung in einem binuklearen Setting weiterbestehen oder vielmehr von der Auflösung der Familie nach einer Trennung oder Scheidung gesprochen werden müsste. Als Kriterium dafür wurde das Weiterbestehen oder Nichtweiterbestehen von Kontakten der Kinder zu beiden Eltern herangezogen. Untersucht wurde nicht die Qualität des Kontakts, sondern lediglich das Ausmaß: Jeweils ein Erwachsener der Familie wurde zum telefonischen, persönlichen und brieflichen Kontakt der Kinder zum getrennt lebenden Elternteil sowie nach der Besuchsfrequenz im letzten Monat befragt.[146]

Jedes fünfte Kind hatte Eltern, die sich das **gemeinsame Sorgerecht** teilten. Die Häufigkeit des alleinigen Sorgerechts der Mutter sank mit zunehmendem Alter der Kinder. Unter den ältesten Kindern war das alleinige Sorgerecht von Vätern weiter verbreitet (etwa 14 %), während es bei den jüngeren absolut die Ausnahme darstellte. Selbst, wenn sich die Eltern das Sorgerecht teilten, lebten nur 3 % der Kinder beim Vater. Die weitaus meisten Kinder lebten bei der Mutter. Nur in 1 % der Fälle lebte das Kind zu gleichen Teilen bei Mutter und Vater.[147]

Was das **Ausmaß an Kontakten** betrifft, zeigte sich insgesamt, dass etwa ein Drittel der Kinder den Kontakt zu ihrem getrennt lebenden Vater in einem verhältnismäßig hohen Ausmaß aufrechterhalten konnte. Etwa zwei von drei Kindern hatten jedoch nur einen beschränkten Kontakt. Das Ausmaß an Besuchskontakten war in jenen Fällen höher, in denen sich die Eltern das Sorgerecht auch rechtlich teilten: Fast 50 % der Kinder aus einer gemeinsamen Sorge hatten viel

---

145 *Jensen*, Binuclear Families or Absent Fathers? New Family Patterns and Parental Contact after Divorce, in *Leira*, Family Sociology (1993).

146 *Jensen*, Binuclear Families, in *Leira*, Family Sociology (1993) 215.

147 *Jensen*, Binuclear Families, in *Leira*, Family Sociology (1993) 208–213.

Kontakt (dh mehr als fünf Tage oder Nächte im letzten Monat) zum getrennt lebenden Vater, und weniger als 10 % von ihnen hatten nur wenig Kontakt (dh, sie besuchten ihn im letzten Monat zwar nicht, aber es bestand ein telefonischer oder brieflicher Kontakt bzw grundsätzlich auch persönliche Kontakte).[148]

*Jensen* geht von der Annahme aus, dass die Gestaltung der Besuchskontakte auch von den **Konflikten zwischen den Elternteilen** abhänge. Einen Indikator für das elterliche Konfliktpotenzial sieht sie darin, ob die Eltern selbst in der Lage waren, die Frage des Sorgerechts nach der Trennung bzw Scheidung zu klären oder ob sie dazu Unterstützung von außen, etwa durch ein Gericht, benötigten. Es wurde ersichtlich, dass Unterstützung durch eine außerfamiliäre Institution in Zusammenhang stand mit wenig Kontakt der Kinder zum getrennt lebenden Elternteil.[149]

#### 2.1.2.2 Untersuchungen aus Deutschland

In Deutschland entstanden in den letzten 20 Jahren im Vorfeld und im Zuge der Reform des Kindschafts- und Familienrechts (das neue KindRG trat 1998 in Kraft) einige empirische Untersuchungen, von denen insb jene von *Limbach, Balloff* und *Walter*, *Gründel* und schließlich die große Evaluationsstudie von *Proksch* Bedeutung erlangten. Die folgende Darstellung der wichtigsten Ergebnisse beschränkt sich im Wesentlichen auf diese Studien.[150]

*Limbach*[151] wurde 1985 vom deutschen Bundesministerium der Justiz beauftragt, empirische Grundlagen für eine Prüfung der Frage bereitzustellen, ob die vom Bundesverfassungsgericht 1982 in Deutschland eröffnete Möglichkeit der gemeinsamen Sorge geschiedener Eltern durch gesetzgeberische Maßnahmen ausgebaut werden kann. Ziel der Untersuchung war es zu erkunden, ob ein Ori-

148 *Jensen*, Binuclear Families, in *Leira*, Family Sociology (1993) 217.

149 *Jensen*, Binuclear Families, in *Leira*, Family Sociology (1993) 217.

150 Andere Studien beschäftigten sich etwa mit der Einstellung von FamilienrichterInnen zum gemeinsamen Sorgerecht, die ja in der Regelung des Sorgerechts nach einer Scheidung eine zentrale Rolle spielen. *Magnus/Dietrich* (Gemeinsame elterliche Sorge nach Scheidung – eine Erhebung beim Familiengericht Hamburg-Mitte, Zeitschrift für das gesamte Familienrecht [1986] 416–420), *Finger* (Gemeinsame elterliche Sorge nach der Ehescheidung – eine Umfrage bei hessischen Familiengerichten, Deutsche Richterzeitung [1985] 91–97; *ders*, Gemeinsame elterliche Sorge nach der Ehescheidung – eine Nachfrage bei den hessischen Familiengerichten, Deutsche Richterzeitung [1988] 12–17) sowie *Limbach* (Die gemeinsame Sorge geschiedener Eltern in der Rechtspraxis: Eine Rechtstatsachenstudie [1989]) führten etwa solche Befragungen durch. Bei *Gründel* findet man ebenfalls ein Kapitel zur Rolle der FamilienrichterInnen bei der Erlangung des gemeinsamen Sorgerechts (*Gründel*, Gemeinsames Sorgerecht: Erfahrungen geschiedener Eltern [1995] 56–59).

151 *Limbach*, Die gemeinsame Sorge geschiedener Eltern (1989).

entierungsdefizit und damit ein Regelungsbedarf bestehen und ob, in welcher Weise und mit welchem Erfolg bisher von der Möglichkeit des gemeinsamen Sorgerechts Gebrauch gemacht worden war. Konkret wurde untersucht, welche Entscheidungskriterien von den RichterInnen berücksichtigt wurden, wenn die Eltern trotz Scheidung das gemeinsame Sorgerecht fortführen wollten, und ob und wie sie sich von dessen Funktionieren zu überzeugen pflegten. Von den Eltern, die übereinstimmend oder einseitig das gemeinsame Sorgerecht begehrten, wurden demografische und soziale Daten und – soweit möglich – auch Informationen über deren Lebensbedingungen erhoben. Damit sollte die Frage beantworten werden, ob es sich tatsächliche „um eine Sorgerechtsalternative vorzugsweise für ‚geistige und gesellschaftliche Eliten'"[152] handle. Weiters wurde untersucht, welche Modelle der gemeinsamen Sorge nach der Scheidung gewählt und von den Gerichten als praktikabel akzeptiert worden waren.

Der Schwerpunkt der Untersuchung lag auf der Analyse einer repräsentativen Auswahl von Scheidungs- bzw Sorgerechtsakten aus den Jahren 1983 bis 1985. Daneben wurde eine Umfrage unter RichterInnen durchgeführt, die damals in Familiensachen tätig waren, um deren Einstellungen zum und Erfahrungen mit dem gemeinsamen Sorgerecht zu erfahren. Schließlich wurde der Meinungsstand der Rechtsratgeber und Handbücher für die familiengerichtliche Praxis ermittelt.[153]

Da die Intention der Studie darin lag, die damalige Rechtspraxis zu erheben, um eine eventuelle Rechtsreform einzuleiten, zielen nur wenige **Ergebnisse** auf die Frage nach den Auswirkungen dieser Sorgerechtsform auf die betroffenen familiären Systeme, insb auf die Kinder, ab. Daher werde ich im Folgenden nur sehr kurz die Ergebnisse darstellen, die sich mit der Lebenssituation der Kinder beschäftigen:

Das erste wichtige Ergebnis von *Limbach* war, dass das gemeinsame Sorgerecht nach der Scheidung in der Rechtswirklichkeit nur eine sehr geringe Rolle spielte. Es wurde in den Jahren 1983 bis 1985 nur in 1 % bis 2 % aller Sorgerechtsentscheidungen den Eltern gemeinsam belassen. Die Kinder lebten überwiegend bei einem Elternteil, zumeist bei der Mutter; das Wechselmodell, bei dem die Kinder in regelmäßigen Abständen zwischen den beiden Elternhäusern hin- und herpendeln, spielte nur eine sehr geringe Rolle. Die Befürchtung vom „zweigeteilten Kind" traf somit nicht zu, ebenso wenig die in der öffentlichen Auseinandersetzung wiederholt geäußerte Befürchtung, dass das gemeinsame Sorgerecht wenig Bestandkraft hätte und in kurzer Zeit in einem Abänderungsverfahren aufgehoben werde. Es sei allerdings in Rechnung zu stellen – so *Limbach* –, dass die Gerichte vorzugsweise jenen Eltern das Sorgerecht gemeinsam belassen haben dürften, die ihnen im besonderen Maße verständigungs- und kooperationsbereit erschienen. Nach dem Akteninhalt, insb nach den richterli-

152 *Limbach*, Die gemeinsame Sorge geschiedener Eltern (1989) 12.
153 *Limbach*, Die gemeinsame Sorge geschiedener Eltern (1989) 12–14.

chen Entscheidungsgründen und Jugendamtsberichten, erscheine das gemeinsame Sorgerecht nach der Scheidung als eine relativ unproblematische Alternative, so das Resümee von *Limbach.*[154]

*Die Studie von Balloff und Walter*

Die erste größere empirische Vergleichsstudie[155] zwischen der Allein- und der gemeinsamen Sorge nach der Scheidung in Deutschland wurde von *Balloff* und *Walter* im Rahmen ihrer Dissertation durchgeführt. Zum Zeitpunkt der Untersuchung war die gemeinsame rechtliche Sorge nach der elterlichen Scheidung zwar durch ein Urteil des BVerfG unter gewissen Voraussetzungen[156] erlaubt, aber nicht gesetzlich verankert und befand sich somit bis zur Kindschaftsrechtsreform 1998 gleichsam in einem rechtlichen Schwebezustand. Dennoch gab es damals bereits Eltern, die die Fortführung ihrer gemeinsamen rechtlichen Sorge trotz Auflösung ihrer Ehe wünschten und durchsetzten. Und so war es Ziel der Untersuchung von *Balloff* und *Walter*, die Lebenssituation von Eltern und Kindern und die Ausgestaltung des Sorgerechts alleinerziehender Eltern und Eltern, die die gemeinsame Sorge ausüben, zu vergleichen.

Dazu interviewten sie insgesamt 87 Elternteile[157], die von zwei Sozialarbeitern zweier Berliner Jugendämter „blind" ausgesucht wurden,[158] anhand eines strukturierten Fragebogens. In jenen Fällen, in denen beide Elternteile befragt werden konnten, wurden (nach vorheriger Korrelationsprüfung) nur die Aussagen der Mütter in die Auswertung einbezogen. Insgesamt lagen Daten von 52

154 *Limbach*, Die gemeinsame Sorge geschiedener Eltern (1989) 14 f.

155 *Balloff*, Alleinerziehung und gemeinsame elterliche Sorge durch Trennung und Scheidung – Eine theoretische und empirische Vergleichsstudie (Teil A) (1989); *Walter*, Alleinerziehung und gemeinsame elterliche Sorge durch Trennung und Scheidung – Eine theoretische und empirische Vergleichsstudie (Teil B) (1989).

156 Nämlich dem Willen beider Eltern (gemeinsamer Elternvorschlag), der vollen Erziehungsfähigkeit beider Eltern und dem Fehlen von Gründen, die im Interesse des Kindeswohls eine Übertragung des Sorgerechts auf einen Elternteil angezeigt erscheinen lassen (*Gründel*, Gemeinsames Sorgerecht [1995] 31 f.)

157 Davon 18 Elternpaare; in jenen Fällen, in denen sich beide Elternteile zur Teilnahme an der Untersuchung bereiterklärten, ergab der Vergleich des Antwortverhaltens beider eine hohe Konsistenz. Da dies auch für die Angaben über die Kinder zutreffe, sei zumindest – so die Autoren – von einer hohen Intersubjektivität der elterlichen Einschätzung in diesem Bereich auszugehen (*Balloff*, Alleinerziehung und gemeinsame elterliche Sorge [1989] 341).

158 Nach Angaben der Autoren wurde das Ziel der Repräsentativität der Stichprobe nicht erreicht: Die Eltern der Untersuchungsgruppe lagen in Bezug auf das Familiennettoeinkommen, die Wohnungsgröße und ihr Bildungsniveau über dem Bevölkerungsdurchschnitt. Insb die Eltern, die die gemeinsame Sorge ausübten, waren eher den privilegierten gesellschaftlichen Schichten zuzuordnen (*Balloff*, Alleinerziehung und gemeinsame elterliche Sorge [1989] 342, 369).

Frauen und 17 Männern vor. In der Gruppe der 50 Elternteile mit alleinigem Sorgerecht eines Elternteils waren 35 Frauen und 15 Männer, in der Gruppe der Eltern mit gemeinsamer elterlicher Sorge waren 17 Frauen und zwei Männer[159]. Auf eine Untersuchung der Kinder musste aufgrund großer Vorbehalte aufseiten der Eltern verzichtet werden. Die Daten zu den Kindern geben infolgedessen das Wissen und die Einschätzung der befragten Eltern wieder.

Es wurden Informationen zu folgenden Bereichen erhoben: soziale und psychische Situation der Eltern (Belastungen der Eltern durch die Scheidung, Trennungsverarbeitung der Eltern etc), Verlauf der Ehe in der Herkunftsfamilie und in der Untersuchungsehe, Kontakte, Streitthemen und Beziehungen zwischen den geschiedenen Eltern, Stieffamilienkonstellationen, persönliche, soziale und psychische Situation des Kindes (Befindlichkeitsstörungen, Wiederversöhnungswünsche, Verarbeitung der Trennung durch die Kinder etc) sowie Ausübung der alleinigen bzw gemeinsamen elterlichen Sorge (Kontakt zwischen Kind und getrennt lebendem Elternteil, Beteiligung beider Elternteile an der Betreuung des Kindes etc). Die Daten wurden kodiert und inferenzstatistisch ausgewertet.[160]

Zum Untersuchungszeitpunkt waren die befragten Eltern durchschnittlich bereits 4,2 Jahre getrennt und etwa drei Jahre geschieden. Bei den Eltern wurden neben soziodemografischen Variablen Daten zu deren Informationsstand über das gemeinsame Sorgerecht, ihrem Konsensniveau, eigenen Belastungen nach der Trennung bzw Scheidung und dem Abfinden mit den Folgen der Scheidung, Streitthemen zwischen den Eltern, Kontakten der Eltern miteinander und zum Einfluss einer etwaigen Trennung/Scheidung der Eltern aus der Herkunftsfamilie sowie des Erziehungsstils in der Herkunftsfamilie auf die eigene Sorgerechtsentscheidung gesammelt. Im Folgenden werde ich wieder schwerpunktmäßig jene Ergebnisse darstellen, die für die Lebenssituation der Kinder relevant sind.

Als Indikatoren für das **Ausmaß an Streit zwischen den Eltern zum Zeitpunkt der Trennung bzw Scheidung** wurden die Eltern gefragt, worüber sie zu diesen beiden Zeitpunkten stritten (Streitthemen: Hausrat, Unterhalt, Kinder, Besuchskontakte, Wohnung, Geld, Sonstiges). Die Antworten der Eltern wurden dann quantitativ gewertet. *Balloff* interpretiert die Ergebnisse daraus so: „So ist auch Streit bei den Eltern, die die aeS ausüben weitaus häufiger anzutreffen, wobei vor allem um die Kinder bei den Eltern der aeS doppelt so häufig gestritten wird wie bei den Eltern der geS."[161] Anzumerken ist, dass hier das „Streitniveau" vor bzw während des Scheidungsverfahrens, nicht aber zum Untersuchungszeitpunkt, also etwa drei Jahre nach der Scheidung, erhoben wurde.

---

159 *Balloff/Walter*, Gemeinsame elterliche Sorge als Regelfall? Einige theoretische und empirische Grundannahmen, FamRZ (1990) 448.

160 Siehe dazu *Balloff*, Alleinerziehung und gemeinsame elterliche Sorge (1989) 342–344.

161 *Balloff*, Alleinerziehung und gemeinsame elterliche Sorge (1989) 362–366, 370.

Das **Konsensniveau der Eltern** (vom Zeitpunkt der Scheidung bis zum Untersuchungszeitpunkt) wurde an richterlichen Beschlüssen zur Regelung und Abänderung des Umgangsrechts sowie gerichtlichen Abänderungen des Sorgerechts festgemacht. Das Umgangsrecht wurde im Fall der gemeinsamen elterlichen Sorge seltener gerichtlich festgelegt als im Fall der Alleinsorge und in keinem Fall nachträglich abgeändert. Im Vergleich dazu berichten 28% der Eltern aus der Gruppe Alleinsorge von einer nachträglichen Abänderung des Umgangsrechts. Daraus und aufgrund der Abänderungsanträge des ursprünglichen Sorgerechtsarrangements folgert *Balloff* (nicht immer ganz schlüssig) ein weitaus größeres Konsensniveau bei den Eltern, die die gemeinsame elterliche Sorge ausübten.[162]

Bezüglich der **Kontakte der geschiedenen Eltern zueinander** schreibt *Balloff*, dass alle Eltern mit gemeinsamem Sorgerecht miteinander in Kontakt standen, während 38 % der Eltern mit Alleinsorge eines Elternteils mit dem jeweils anderen keinerlei Kontakte mehr hatten. Am häufigsten kamen im Fall der gemeinsamen Sorge wöchentliche Kontakte vor. Nicht nur die Quantität, auch die Qualität der Kontakte unterschied sich beträchtlich: In der Wohnung eines Elternteils trafen sich etwa 63 % der Eltern mit gemeinsamer Sorge und nur 36 % der Eltern mit Alleinsorge eines Elternteils. Trotz des quantitativ höheren und qualitativ besseren Kontaktes der Eltern mit gemeinsamer Sorge konnten jedoch – so *Balloff* – Überlegungen im Hinblick auf die Sorgerechtsform, dass Eltern mit gemeinsamer Sorge sich schwerer voneinander lösen, nicht erhärtet werden.[163]

Die Untersuchung der **Lebenssituation der Kinder** (erfragt über die Eltern) umfasste neben Anzahl, Alter, Geschlecht und Wohnort das Kontaktausmaß zum getrennt lebenden Elternteil sowie zu dessen Verwandtschaft, die Anzahl etwaiger Befindlichkeitsstörungen zum Untersuchungszeitpunkt sowie Gefühlreaktionen auf die elterliche Trennung, Wiederversöhnungswünsche und die Einschätzung der Verarbeitung der elterlichen Trennung durch die Kinder.

Die Untersuchungsergebnisse wiesen darauf hin, dass die gemeinsame elterliche Sorge weniger von kinderreichen Familien praktiziert wurde, sondern vorrangig von Familien, die nicht mehr als zwei Kinder hatten. Das Durchschnittsalter der Kinder aus der gemeinsamen Sorge (13,0 Jahre) war im Vergleich zu den Kindern aus der Alleinsorge (10,2 Jahre) wesentlich höher. Die gemeinsame Sorge mit Kindern unter drei Jahren wurde nur selten praktiziert. Die überwiegende Zahl der Kinder hatte einen hauptsächlichen Wohnsitz und damit einen Lebensmittelpunkt bei einem Elternteil, meist bei der Mutter. Nur jedes vierte Kind aus der gemeinsamen elterlichen Sorge pendelte zwischen den Elternhäu-

162 *Balloff*, Alleinerziehung und gemeinsame elterliche Sorge (1989) 356, 370.

163 *Balloff*, Alleinerziehung und gemeinsame elterliche Sorge (1989) 366–368; *Balloff/Walter*, FamRZ (1990) 450.

sern. Ein Aufenthaltsmodell, nach dem beide Elternteile abwechselnd in die Wohnung des Kindes ziehen, wurde nicht praktiziert.[164]

In Bezug auf die **Kontakte der Kinder zu den getrennt lebenden Elternteilen** bestätigen die Ergebnisse von *Balloff* und *Walter* bisherige Befunde: Während alle Kinder aus der gemeinsamen Sorge noch zwei bis drei Jahre nach der Scheidung der Eltern Kontakt zum getrennt lebenden Elternteil hatten, war dieser bei 41,5 % der Kinder aus der Alleinsorge abgebrochen. Damit zeigen sich zwischen den beiden Sorgerechtsformen in diesem Punkt deutliche Unterschiede. Auch das Ausmaß der Kontakte zum anderen Elternteil lag bei den Kindern aus der gemeinsamen Sorge deutlich über demjenigen der Kinder aus der Alleinsorge: 62 % der Kinder aus der gemeinsamen Sorge hatten ein Besuchsarrangement im Ausmaß von zwei Wochenenden im Monat (bis 96 Stunden), die restlichen 38 % hatten ein höheres Kontaktausmaß. Im Vergleich dazu hatten 50 % der Kinder aus Alleinsorge ein übliches Besuchsrecht (zwei Wochenenden pro Monat), nur 8,5 % hatten mehr Kontakt zum getrennt lebenden Elternteil; der Rest hatte – wie bereits erwähnt – keinerlei Kontakt mehr. Die Beziehungen der Kinder zur Verwandtschaft des getrennt lebenden Elternteils wurden exemplarisch anhand der Kontakte zur (väterlichen) Großmutter erfasst. Es zeigte sich, dass dieser Kontakt nach der Scheidung etwa bei der Hälfte aller Kinder und etwas häufiger bei den Kindern aus der gemeinsamen Sorge weiterbestand.[165]

Anders stellte sich die Situation in Bezug auf etwaige **Befindlichkeitsstörungen der Kinder** zum Untersuchungszeitpunkt dar: Der Anteil der Kinder ohne Befindlichkeitsstörungen war bei beiden Gruppen gleich groß und lag insgesamt etwa bei der Hälfte der Gesamtzahl. Der Autor resümiert: „Dementsprechend kann festgehalten werden, dass die geS im Vergleich zur aeS offensichtlich das Auftreten von Störungen nicht vermindern kann.“[166] Keine Aussagen werden über die Art und Stärke der Befindlichkeitsstörungen gemacht.[167]

Weiters wurden die Aussagen der Eltern über die Befindlichkeit ihrer Kinder zu verschiedenen Zeitpunkten, nämlich zur Zeit der Ehekrise, unmittelbar nach der räumlichen Trennung und zum Untersuchungszeitpunkt, vier Kategorien zugeordnet. Ungehorsam, Unehrlichkeit, Stehlen, Nägelkauen, Sprachstörungen und Wut wurden der Kategorie „Wutreaktionen“ zugeordnet, Schlaflosigkeit, Unruhe, Anklammern, Verstörtheit und Angst der Kategorie „Angstreaktionen“ und Verzweiflung, Rückzug, Weinen, Einnässen, Müdigkeit, Konzentrationsstörungen, Leistungsabfall, Autoaggression, Essstörungen und Traurigkeit der Kategorie „Trauer-

164 *Walter*, Alleinerziehung und gemeinsame elterliche Sorge (1989) 320.
165 *Walter*, Alleinerziehung und gemeinsame elterliche Sorge (1989) 278–284.
166 *Walter*, Alleinerziehung und gemeinsame elterliche Sorge (1989) 452.
167 Interessant wäre auch, wie die Variable der Befindlichkeitsstörungen definiert und wie in den Elterninterviews danach gefragt wurde.

reaktionen“. Die vierte Kategorie („Stabilitätsreaktionen“) sollte das Stabilitätsniveau kennzeichnen. Dazu gehörten innerliche Ausgeglichenheit, Durchschlafen, Selbständigkeit, Kontaktfreude und ein Anstieg in der Leistungsfähigkeit.

Die differenzierte Betrachtung der untersuchten **Angst-, Wut- und Trauerreaktionen** ergab, dass bei der Altersgruppe der zum Untersuchungszeitpunkt *6- bis 13-Jährigen* eher die Kinder aus der gemeinsamen Sorge – besonders zum Zeitpunkt unmittelbar nach der räumlichen Trennung der Eltern – auffällig reagierten. Die Ergebnisse deuten – so *Walter* – darauf hin, dass Eltern mit gemeinsamer Sorge bei ihren Kindern dieser Altersstufe mehr Wutreaktionen wahrnehmen als Eltern der Alleinsorge. Dieses Phänomen sei bei den Buben (im Gegensatz zu den Mädchen) nochmals verstärkt zu beobachten.[168]

Von den *Über-13-Jährigen* tendierten dagegen eher die Kinder aus der Gruppe Alleinsorge eines Elternteils zu stärkeren Angst-, Wut- und Trauerreaktionen. Bei den zum Untersuchungszeitpunkt 13-jährigen Buben nahmen die Eltern der Alleinsorge zum Zeitpunkt vor und unmittelbar nach der Trennung wesentlich stärkere Wutreaktionen wahr als bei den zum Untersuchungszeitpunkt 6- bis 13-Jährigen. Bei den Eltern der gemeinsamen Sorge war es gerade umgekehrt. Im Vergleich der beiden Altersgruppen kehrte sich somit das Bild zwischen den Buben aus der Alleinsorge und der gemeinsamen Sorge um. *Walter* erklärt dieses Ergebnis mit dem elterlichen Streitpotenzial: „Wie wir bei der Auswertung des Konsensniveaus der Eltern zum Zeitpunkt der Trennung herausfanden, war das Streitpotential zwischen den Eltern der Alleinsorge wesentlich höher als das zwischen den Elternteilen der gemeinsamen Sorge. Dies mag ein Indiz für diese Unterschiedlichkeit der kindlichen Reaktionen liefern. Offenbar reagieren Jungen dieser Altersgruppe insgesamt stärker auf elterlichen Streit als die Mädchen gleichen Alters und die jüngeren Kinder. Da dieser vor allem innerhalb der Elterngruppe der Alleinsorge auftrat, liegen hier die Mittelwerte erheblich über denen der anderen Kindergruppen.“[169] Alle Mittelwerte fielen zum Untersuchungszeitpunkt hin ab, was – so *Walter* – auf eine zunehmende Verarbeitung der Trennung hinweise.

Die **Stabilitätsreaktionen** der *6- bis 13-Jährigen*, wie sie von den Eltern wahrgenommen wurden, wichen bei allen Gruppen nur wenig voneinander ab. Die Mittelwerte stiegen zum Untersuchungszeitpunkt hin an, was – so der Autor – genauso wie das festgestellte Abnehmen von Wut-, Angst- und Trauerreaktionen auf eine zunehmende Verarbeitung der Trennung und Scheidung hindeute.[170] Die *älteren Buben* aus Familien mit Alleinsorge reagierten, aufgrund der starken Belastungen während der Ehekrise der Eltern, *nach* der Trennung mit einem

168 *Walter*, Alleinerziehung und gemeinsame elterliche Sorge (1989) 321, 288.
169 *Walter*, Alleinerziehung und gemeinsame elterliche Sorge (1989) 300.
170 *Walter*, Alleinerziehung und gemeinsame elterliche Sorge (1989) 297.

starken Anstieg an Stabilitätsmerkmalen, der jedoch danach (zum Untersuchungszeitpunkt hin) wieder deutlich abfiel. Demgegenüber nahmen die Eltern aus der gemeinsamen Sorge bei den älteren Buben zu keinem Zeitpunkt Stabilitätsreaktionen wahr. Die *älteren Mädchen* aus der gemeinsamen Sorge schienen sich bereits unmittelbar nach der Trennung zu stabilisieren. Die Mädchen aus der Alleinsorge erreichten den gleichen Wert erst zum Untersuchungszeitpunkt.[171] Insgesamt müsse jedoch beachtet werden – so der Autor –, dass diese Ergebnisse lediglich Tendenzen widerspiegeln, da aufgrund der zu geringen Fallzahl keine Signifikanzprüfung erfolgte.[172]

Um die Annahme zu überprüfen, dass **Wiederversöhnungswünsche**, dh der Wunsch, die Eltern mögen wieder zusammenkommen, bei Kindern aus der gemeinsamen Sorge besonders intensiv vorhanden seien, wurden die Eltern gefragt, ob ihre Kinder noch heute, also zum Untersuchungszeitpunkt, Wiederversöhnungswünsche äußerten. Die Frage nach Wiederversöhnungswünschen stand im Kontext von Fragen zu etwaigen Befindlichkeitsstörungen, was den Eltern eine negative Wertung der Wiederversöhnungswünsche (im Sinne anhaltender belastender Konflikte) nahelegte. Nach Angaben der Eltern äußerten zum Untersuchungszeitpunkt signifikant mehr Kinder aus gemeinsamer Sorge, nämlich 60 %, gegenüber nur 25 % der Kinder aus Alleinsorge Wiederversöhnungswünsche. Die Häufigkeit der Äußerung von Wiederversöhnungswünschen stand – so *Walter* – auch in einem Zusammenhang mit der Kontakthäufigkeit, und zwar in dem Sinne, dass die Äußerung von Wiederversöhnungswünschen mit der Zunahme der Kontakte zum getrennt lebenden Elternteil stieg.

Dieses Ergebnis könne – so *Walter* – unterschiedlich interpretiert werden: Zum einen könnten Kinder mit zeitintensiverem Kontakt zum anderen Elternteil – und dies gilt für die gemeinsame Sorge ebenso wie für die Alleinsorge – eher in die Lage versetzt werden, ihre Bedürfnisse und Wünsche zu äußern, da sie das Gefühl haben, dass der Kontakt zum getrennt lebenden Elternteil von dem Elternteil, bei dem sie leben, eher toleriert werde. Dies würde – so *Walter* – für die gemeinsame Sorge sprechen, da davon ausgegangen werden müsse, dass Wiederversöhnungswünsche bei den Kinder aus Alleinsorge in gleichem Maße vorhanden sind, jedoch nicht geäußert werden dürfen oder gar verdrängt werden müssen. Die andere Interpretation besteht darin, dass der häufige Kontakt die Wiederversöhnungswünsche erst entstehen lasse bzw sie permanent am Leben erhalte. Kinder aus Familien mit Alleinsorge mit weniger Kontakt zum getrennt lebenden Elternteil hätten sich dieser Vorstellung gemäß bereits eher mit der Trennung abgefunden, während die Bedürfnisse, Wünsche und Sehnsüchte der Kinder aus

171 *Walter*, Alleinerziehung und gemeinsame elterliche Sorge (1989) 309.
172 *Walter*, Alleinerziehung und gemeinsame elterliche Sorge (1989) 287.

der gemeinsamen Sorge unverändert anhielten.[173] Abgesehen von diesen völlig konträren Interpretationsmöglichkeiten ist bei diesem Ergebnis die methodische Vorgehensweise zu hinterfragen, nämlich zum einen die (für die Überprüfung eines signifikanten Zusammenhangs) sehr geringe Fallzahl, zum anderen stimmt die Zunahme der geäußerten Wiederversöhnungswünsche mit der Kontakthäufigkeit in der Gruppe der Kinder aus gemeinsamer Sorge nicht überein, soweit man hier aufgrund der geringen Fallzahl überhaupt einen Vergleich anstellen kann. Plausibler erscheint eher die unterschiedliche Fähigkeit der Eltern, Wiederversöhnungswünsche ihrer Kinder empathisch wahrzunehmen, was auch mit einer unterschiedlichen Bewertung derselben zusammenhängen dürfte.

Wie gut die Kinder zum Untersuchungszeitpunkt **die Trennung ihrer Eltern verarbeitet** hatten, wurde schließlich anhand der Frage erhoben, ob sich die Kinder endgültig mit der Trennung der Eltern abgefunden hatten. Die Ergebnisse zeigten, dass die Eltern der gemeinsamen Sorge in weit höherem Maße glaubten, dass sich ihre Kinder zum Untersuchungszeitpunkt *nicht* mit der Trennung der Eltern abgefunden hatten: 40 % dieser Eltern gaben gegenüber 14,6 % der Eltern mit Alleinsorge an, dass sich ihre Kinder bis zum Untersuchungszeitpunkt nicht endgültig mit der Trennung abgefunden haben. Auch der Anteil der unsicheren Äußerungen („weiß nicht") lag bei den Eltern mit gemeinsamer Sorge höher. Im Gegenzug bejahten 77,1 % der befragten Eltern aus der Gruppe Alleinsorge sowie 46,7 % der Eltern mit gemeinsamer Sorge diese Frage.[174] Eine Interpretation dieses Ergebnisses erfolgt leider nicht.

Als **Conclusio** formuliert *Walter*, dass die Untersuchungsergebnisse im Wesentlichen die Ergebnisse anderer Forschungen zum gemeinsamen Sorgerecht stützen und ein weiteres Indiz dafür liefern, „dass auch die geS keine Sorgerechtsform ist, die das Leid und den Kummer der Kinder vermindert".[175] Der Vorteil der gemeinsamen elterlichen Sorge liege jedoch darin, dass offensichtlich beiden Elternteilen bessere Möglichkeiten zur Verfügung stehen, Kontakte zum Kind aufrechtzuerhalten. Ebenso könne das Kind sicher sein, beide Elternteile – Vater wie Mutter – nach Trennung und Scheidung als wichtige Bezugspersonen zu behalten, allerdings um den Preis anhaltender Wiederversöhnungswünsche. Das Gelingen des gemeinsamen Sorgerechts hänge – so die Autoren – entscheidend von einer Konfliktbearbeitung und der wiedergewonnenen Kooperationsbereitschaft der Eltern ab. Von einer unfreiwilligen oder gar gerichtlich verordneten gemeinsamen Sorge raten sie nachdrücklich ab.[176]

173 *Walter*, Alleinerziehung und gemeinsame elterliche Sorge (1989) 312–319.
174 *Walter*, Alleinerziehung und gemeinsame elterliche Sorge (1989) 319.
175 *Walter*, Alleinerziehung und gemeinsame elterliche Sorge (1989) 321 f.
176 *Balloff/Walter*, FamRZ 1990, 453f.

*Die qualitative Studie von Gründel*

1995, ebenfalls noch in der Zeit, als sich das gemeinsame Sorgerecht nach der elterlichen Scheidung in Deutschland in einem rechtlichen Schwebezustand befand, erschien eine weitere Studie über die Erfahrungen geschiedener Eltern, die gemeinsam die Sorge für ihre Kinder ausübten. Durchgeführt wurde diese Untersuchung von *Gründel*[177] im Rahmen seiner Dissertation. Durch eine Fragebogenerhebung sowie teilstrukturierte Interviews mit 20 Nachscheidungsfamilien (davon 16 Elternpaare) mit insgesamt 36 Kindern sammelte er Daten zu folgenden Fragen: Wie kamen die befragten Eltern dazu, diese Sorgerechtsregelung zu wählen? Wie gestalten sie die gemeinsame Sorge in der Praxis? Wie schätzen die Eltern dabei das Wohl ihres Kindes ein? Von welchen Erfahrungen können sie mit neuen Partnerschaften berichten? Welche Bedeutung hatte die Ehe bzw die Herkunftsfamilie der Eltern für die Gestaltung der Nachscheidungssituation? Welches Resümee ziehen die befragten Eltern zum gemeinsamen Sorgerecht?

Zum Geltungsanspruch der erhobenen Ergebnisse schreibt *Gründel*: „Bei der vorliegenden Studie drückt sich das Balancieren der Adressaten-Interessen methodisch sozusagen in einer ‚mittleren Tiefe' bei Erhebung und Auswertung aus. Die halboffenen Interviews sollen der Besonderheit des Einzelfalls gerecht werden. Die Auswertung hingegen, die sowohl psychologische Zusammenhänge als auch quantifizierende Kategorien beinhaltet, soll Strukturen sichtbar machen, die für die derzeitige Praxis des GS [gemeinsamen Sorgerechts] bedingt verallgemeinerungsfähig sind."[178] Begrenzt sei die Aussagekraft der Ergebnisse dadurch, dass die Kinder nicht direkt befragt werden konnten, da die meisten Eltern einer Befragung der Kinder nicht zustimmten.

Die Nachscheidungsfamilien wurden mithilfe der Jugendämter, der Presse und über informelle Elternkontakte zur Mitarbeit gewonnen. Die Gespräche wurden vom Autor protokolliert; zusätzlich fertigte er Notizen zu Kontextbedingungen, eigenen Einschätzungen und eigenen korrespondierenden Gefühlen an, um auch den Einfluss der Kommunikation zwischen Interviewer und Interviewten auf die Forschungsergebnisse berücksichtigen zu können.[179] Um den Einfluss aktueller Ereignisse zu relativieren, die Einstellungen der Eltern kurzfristig einen entsprechenden Stempel aufdrücken können, wurden zwei Interviews pro Person durchgeführt. Trotzdem stoße auch das Bemühen um eine möglichst vertraute Gesprächsatmosphäre an Schuld- und Schamgrenzen der Befragten, die – so *Gründel* – möglicherweise wichtige Einstellungen und Daten unerwähnt lassen.

177 *Gründel*, Gemeinsames Sorgerecht (1995).
178 *Gründel*, Gemeinsames Sorgerecht (1995) 35.
179 Zur weiteren Verarbeitung der Informationen aus den Protokollen siehe *Gründel*, Gemeinsames Sorgerecht (1995) 39 f.

So äußerten einige Eltern erst dann Unsicherheiten und vermeintliche Schwächen, als das Interview bereits als beendet erklärt wurde und der Interviewer für den Fall, dass die Befragten im Nachhinein Probleme mit der Verarbeitung der angesprochenen Themen haben sollten, seine Unterstützung zugesagt hatte. Es müsse als sicher angesehen werden – so *Gründel* –, dass einiges ganz im Dunkeln blieb, was für die Fragestellungen wichtig gewesen wäre.[180]

Was den **Weg zum gemeinsamen Sorgerecht** nach der Scheidung betrifft, sei nur kurz erwähnt, dass Eltern von der Existenz des gemeinsamen Sorgerechts in der Regel nicht durch juristische ScheidungsbegleiterInnen (RechtsanwältInnen) erfuhren, sondern auf eigens beschaffene Informationen bzw auf beratende Interventionen angewiesen waren. Die mit den Fällen betrauten RichterInnen äußerten sich zum elterlichen Wunsch nach Fortführung der gemeinsamen Sorge mehrheitlich neutral (65 %) bis negativ (35 %). Dass es sich bei den Eltern mit gemeinsamem Sorgerecht um überdurchschnittlich Qualifizierte handelte, verwundere insofern nicht – so *Gründel* – als der Zugang zum gemeinsamen Sorgerecht (Anm: vor der Kindschaftsrechtsreform) Informiertheit, Durchsetzungsvermögen und Geschick im Umgang mit staatlichen Institutionen und JuristInnen erfordere.[181]

Nur ein Drittel der befragten Eltern berichtete von einem langwierigen Prozess des Überdenkens und Aushandelns, der zwischen Vorschlag und Entscheidung zum gemeinsamen Sorgerecht lag. Zwei Drittel hingegen erinnerten sich, dass die grundsätzliche Entscheidung dafür relativ eindeutig und ohne viel Zögern getroffen wurde. Zwei Mütter betonten jedoch, dass sie wesentlich unsicherer gewesen wären, wenn ihre Kinder jünger gewesen wären.

Über die konkrete Ausgestaltung des Sorgerechts gab es zumeist keine ausführlichen Gespräche, keine klaren Absprachen oder schriftlich fixierte Regelungen: „Ohne viel miteinander zu reden, hatten meist beide die Vorstellung, daß die bisher in der Trennungszeit erprobte Praxis auch nach dem Verfahren so weitergeführt werden würde."[182] Die Mütter hegten – so *Gründel* – mehr Bedenken, der Vater könnte in ihre Hauptzuständigkeit für die Kinder „hineinpfuschen", hatten aber gleichzeitig die Hoffnung auf Entlastung durch das erwartete Engagement der Väter. Rückblickend sagten einige Mütter, dass sie sich Enttäuschungen ersparen hätten können, wenn sie bereits vor der Entscheidung zum gemeinsamen Sorgerecht ihre Erwartungen ausgesprochen und mit dem Expartner abgeglichen hätten. Aber das wäre in der angespannten Situation sehr schwierig gewesen, und Hilfe von außerhalb sei auch nicht gekommen, „wie man das eigentlich macht mit dem Sorgerecht und wie man sich das vorzustellen hat".[183]

180 *Gründel*, Gemeinsames Sorgerecht (1995) 36–40.
181 *Gründel*, Gemeinsames Sorgerecht (1995) 41, 43.
182 *Gründel*, Gemeinsames Sorgerecht (1995) 45.
183 *Gründel*, Gemeinsames Sorgerecht (1995) 46.

Als wichtigsten Grund für **die Wahl des gemeinsamen Sorgerechts** nannten die Eltern in beeindruckend übereinstimmender Weise so oder ähnlich lautend: „Kinder brauchen beide Eltern“[184]. Diese grundsätzliche Position wurde durchaus aus verschiedenen Quellen gespeist. *Gründel* führt dazu an:

- die Anerkennung der zumindest partiell guten Elternschaft des Expartners/der Expartnerin und das Wahrnehmen des Wunsches des Kindes nach einem gesicherten Kontakt zu ihm bzw ihr;
- die Idee der gemeinsamen Elternschaft mit geteilten Rechten und Pflichten, die auch abgesehen von dem/der konkreten PartnerIn einen festen Platz im Wertesystem der Eltern hatte;
- die Erfahrungen aus der eigenen Herkunftsfamilie mit abwesenden oder nicht sorgenden Vätern und der Wunsch, den eigenen Kindern solle es in dieser Hinsicht besser gehen;
- das Gefühl der Verpflichtung den Kindern gegenüber, die den Kontakt zu beiden Eltern direkt forderten.

Neben diesen Gründen, die von Müttern und Vätern gleichermaßen angegeben wurden, gab es auch geschlechtsspezifisch unterschiedliche Motive für das gemeinsame Sorgerecht. Für **Väter** waren dies insb:

- die Befürchtung reduzierter Vaterschaft im Falle der Alleinsorge der Mutter;
- Schuldgefühle gegenüber den Kindern, denen sie die Familie zu zerstören glaubten;
- die große emotionale Bedeutung der Kinder für die Väter bzw die Angst, auch noch von den Kindern isoliert zu werden;
- das Bedürfnis, sich ein Mitspracherecht bei wichtigen Entscheidungen (besonders schulische Angelegenheiten) zu sichern;
- mögliche Notsituationen, in denen sie ohne bürokratische Hindernisse in die Betreuung der Kinder einspringen könnten;
- eine höhere Motivation, den Kindesunterhalt zu leisten, der im Fall des gemeinsamen Sorgerechts weniger als Ungerechtigkeit oder Strafe erlebt wird;
- die Hoffnung auf eine reale finanzielle Entlastung durch die steuerliche Absetzbarkeit von Fahrtkosten.

In vier Familien wollten die Frauen die Schwangerschaft abbrechen lassen, die Väter setzten sich aber mit ihrem Kinderwunsch durch und fühlten sich Jahre danach, als die Ehe geschieden werden sollte, in besonderer Weise dem Wohlergehen dieser Kinder verpflichtet. Der Mutter die Alleinsorge zu überlassen, hieße

184 *Gründel*, Gemeinsames Sorgerecht (1995) 46.

für diese Väter, diejenigen existenziell im Stich zu lassen, für deren „Auf-der-Welt-Sein" sie sich verantwortlich glaubten.[185]

Das Weiterbestehen der Verantwortung für die Kinder nach der Scheidung wurde von den Müttern – im Gegensatz zu den Vätern – nicht explizit erwähnt – das war selbstverständlich. Lediglich in zwei Familien, in denen die Töchter beim Vater wohnten, hatten die Mütter Befürchtung, ohne das gemeinsame Sorgerecht den Kontakt zu den Kindern zu verlieren. Neben der grundsätzlichen Einstellung, dass Kinder zu beiden Eltern Kontakt haben sollen, waren für **Mütter** wesentliche Motive für das gemeinsame Sorgerecht:

- die Hoffnung auf kontinuierliche und berechenbare Entlastung von Versorgungsaufgaben durch den Vater;
- der Versuch, den Kindern den Vater zu sichern;
- die Annahme, der (verlassene) Vater brauche die Kinder zur eigenen Stabilisierung;
- die Befreiung von Schuldgefühlen, indem sie den Vätern nicht auch noch den Verlust der Kinder zumuten wollten,
- massiver Druck vom Vater, dem gemeinsamen Sorgerecht zuzustimmen.[186]

Stünde das gemeinsame Sorgerecht nicht zur Verfügung, hätte für die meisten Familien die klare Alternative im alleinigen Sorgerecht der Mutter bestanden. Viele dieser Eltern vermuteten, dass ihre Sorgerechtspraxis in diesem Fall genauso verlaufen wäre. Dennoch war es besonders den Vätern wichtig, auch formal weiter Verantwortung für die Kinder zu tragen. Der Entzug des Sorgerechts wäre für sie eine Kränkung gewesen, die ihnen die elterliche Zusammenarbeit mit der Mutter erschwert hätte. Wenige Väter zogen in Erwägung, selbst das Alleinsorgerecht zu beantragen, verstanden das allerdings eher als machtlose Geste oder drohten implizit oder ausdrücklich, im Fall der Alleinsorge der Mutter nur das Minimum an Kindesunterhalt zu zahlen. In 25 % der Fälle hatten bzw hätten beide Eltern um das alleinige Sorgerecht gekämpft. Dass es bei diesen Familien nicht zu einem strittigen Sorgerechtsverfahren, sondern zum gemeinsamen Sorgerecht gekommen war, war auf beratende Interventionen zurückzuführen.

In der Mehrzahl der Familien wurde die Hauptzuständigkeit der Mutter (trotz gemeinsamen Sorgerechts) schon im Vorfeld des Sorgerechtsverfahrens mehr oder weniger deutlich akzeptiert. Das gemeinsame Sorgerecht war jedoch Ausdruck des gemeinsam geteilten Vorsatzes, trotz „Mutter-Priorität" die Beziehung der Kinder zum Vater anzuerkennen und zu sichern. Bei einer Minderheit

185 *Gründel*, Gemeinsames Sorgerecht (1995) 47 f.

186 In drei Fällen drohten die Väter mit der Beantragung des alleinigen Sorgerechts, in einem Fall damit, die Zahlungsverpflichtungen auf das Minimum herunterzuschrauben (*Gründel*, Gemeinsames Sorgerecht [1995] 49).

sei – so *Gründel* – die Einigung auf das gemeinsame Sorgerecht hingegen eher als ein Patt im elterlichen Machtkampf zu betrachten.

Generell waren das **Ausmaß und die Art der Austragung der Konflikte zwischen den Elternteilen in der Trennungszeit** bei den untersuchten Familien sehr unterschiedlich, sodass die Vermutung, dass das gemeinsamen Sorgerecht lediglich ein Modell für Familien ist, in denen sich die Eltern vergleichsweise harmonisch getrennt haben – *Gründel* zufolge –, als widerlegt gelten darf. Bei den Eltern, die sich später für das gemeinsame Sorgerecht entschieden haben, handelte es sich – was den Trennungsprozess betrifft – keineswegs um eine homogene Gruppe. Eine Gemeinsamkeit, die dennoch sichtbar wurde, bestand darin, dass selbst Eltern mit einem hohen Konfliktniveau, die ihren Streit vor den Kindern austrugen bzw sich auf Kosten der Kinder stabilisierten, weniger den Versuch machten, dem anderen Elternteil die Kinder zu entziehen, als es zu vermuten gewesen wäre. Die explizite und implizite Erlaubnis für die Kinder, zu beiden Eltern enge Beziehungen haben zu dürfen, blieb selbst bei hoher Involvierung der Kinder in den Konflikt erhalten.[187]

Was die **praktische Ausgestaltung des gemeinsamen Sorgerechts** betrifft, zeigte sich – so *Gründel* – die häufig als schwierig und kompliziert geltende Sorgerechtsform für die meisten Familien als „unspektakulär praktikabel". „Die Praxis des GS weist erheblich mehr Gemeinsamkeiten auf mit einer funktionierenden Alleinsorge mit großzügigem Umgangsrecht, als daß sie sich davon unterscheidet."[188] In 18 von 20 Fällen haben die Kinder einen **eindeutigen Lebensmittelpunkt**, und zwar zumeist bei der Mutter. In lediglich zwei Familien wird das **Wechselmodell** praktiziert, wobei dieses Modell – so *Gründel* – eher das Ergebnis einer konflikthaften Auseinandersetzung als die kindeswohlorientierte Verwirklichung des „Zwei-Zuhause-Prinzips" war. Konflikte um den Wohnsitz der Kinder gab es nur im Rahmen des seltenen Wechselmodells. Das einmal gewählte Modell erwies sich, was den hauptsächlichen Wohnsitz der Kinder und die alltägliche Betreuung betraf, in den meisten Fällen als dauerhaft. In keinem Fall wurden rechtliche Instanzen nach der Erlangung des gemeinsamen Sorgerechts bemüht, um über Streitfragen oder Änderungsanträge zu entscheiden. Unberührt von dieser „überraschenden Eindeutigkeit des Status quo"[189], war es jedoch für die Hälfte der Eltern prinzipiell denkbar, dass die Kinder in einer späteren Entwicklungsphase ihren Hauptwohnsitz zum anderen Elternteil (zumeist der Vater) verlagern.

Für die **Kontakte der Kinder zum getrennt lebenden Elternteil** gab es in der Regel klare Absprachen, nach denen zumindest jedes zweite Wochenende und mindestens ein fester Termin (bis hin zu zwei weiteren Übernachtungen beim

187 *Gründel*, Gemeinsames Sorgerecht (1995) 100 f, 104.
188 *Gründel*, Gemeinsames Sorgerecht (1995) 159.
189 *Gründel*, Gemeinsames Sorgerecht (1995) 63.

Vater) innerhalb der Woche als Besuchszeiten vereinbart wurden. In einem Fall brachte der Vater die Kinder an einem Abend der Woche in der mütterlichen Wohnung ins Bett, während die Mutter beim Yoga-Kurs war. Neben dieser fest vereinbarten zeitlichen Struktur fanden in vielen Familien darüber hinaus zahlreiche unregelmäßige, spontan vereinbarte Kontakte zwischen den Kindern und dem Vater statt. Mehr als die Hälfte der Eltern wohnte in der gleichen Stadt, viele sogar nur einige Straßenzüge entfernt, wodurch spontane Treffen leichter möglich waren und von den Kindern mit wachsender Selbständigkeit zunehmend selbst initiiert wurden.

*Gründel* resümiert, dass die Häufigkeit der Kontakte zwischen Kindern und getrennt lebendem Elternteil im Fall des gemeinsamen Sorgerechts deutlich höher war als im Fall der Alleinsorge, selbst wenn lediglich die fest vereinbarten Strukturen berücksichtigt wurden.[190] Noch bedeutsamer sei aber, so *Gründel*, dass Kontaktabbrüche nicht vorkamen. Es könne zwar im Rahmen dieser Untersuchung nicht präzise entschieden werden, ob das rechtlich fixierte Sorgerechtsarrangement als solches Eltern zur Kontinuität des Kontaktes bewege oder ob sich diese Eltern unter den Bedingungen der Alleinsorge genauso verhalten hätten. Viele getrennt lebende Väter und einige Mütter betonten aber – so *Gründel* –, wie wichtig ihnen der offizielle Charakter der nachehelichen gemeinsamen Elternverantwortung war. „Als symbolischer Garant für die Kontinuität der Eltern-Kind-Beziehungen scheint das GS eine bedeutsame Funktion zur Vermeidung von Kontaktabbrüchen zu haben."[191] An anderer Stelle schreibt *Gründel*: „Möglicherweise bedeutet die einmal gegebene Zustimmung zum GS eine prinzipielle Anerkennung des freien Zugangs der Kinder zum anderen Elternteil, die man auch in konflikthaften Situationen nicht leicht wieder rückgängig machen kann. Damit entzieht sich das für das Kind wichtige Thema `Kontakt zum getrennt lebenden Elternteil´ ein Stück weit des Konfliktes, der dadurch tendenziell eher auf der Paar-Ebene ausgetragen werden kann."[192]

Regelmäßige **Absprachen oder Kompetenzaufteilungen zwischen den Elternteilen**, die man möglicherweise als charakteristisch für die gemeinsame Sorge erwarten könnte, fanden – so *Gründel* – nicht statt. Der hauptbetreuende Elternteil war – mit Ausnahme weniger Fälle – für alles zuständig, was es an Betreuung zu leisten und an Entscheidungen zu treffen gab. Die typische Position des Vaters war die eines aufmerksamen Beobachters mit einigem Vertrauen in die mütterlichen Betreuungskompetenzen, der besondere Aufgaben nur übernahm, wenn er gerufen wurde oder wenn ihm eine Entwicklung problematisch

---

190 An dieser Stelle wird nicht ausgewiesen welche Daten zur Alleinsorge *Gründel* hier zum Vergleich heranzieht.

191 *Gründel*, Gemeinsames Sorgerecht (1995) 67.

192 *Gründel*, Gemeinsames Sorgerecht (1995) 69.

zu werden drohte, was selten vorkam. Diese Rollenaufteilung wurde von den Müttern durchaus ambivalent wahrgenommen: zum einen mit Erleichterung über die relative Konfliktfreiheit, zum anderen oft auch als große Enttäuschung, weil die erhoffte Entlastung im Alltag hinter den Erwartungen zurückblieb. Die Enttäuschung der getrennt lebenden Väter bestand hingegen darin, dass es sich als Illusion erwies, mithilfe des gemeinsamen Sorgerechts würde sich an der bisher gelebten Vaterschaft nichts Grundlegendes ändern.

Wenn auch alltägliche Schwierigkeiten und Belastungen nicht geteilt wurden, und dies vor allem von den Müttern als enttäuschend erlebt wurde, so informierten und beteiligten sich die ExpartnerInnen angesichts von wichtigen Entscheidungen, unvorhergesehenen Ausnahmefällen und offensichtlich problematische Entwicklungen. Die gemeinsamen elterlichen Überlegungen fanden dann meist telefonisch statt oder anlässlich des Abholens oder Zurückbringens der Kinder. Wie hoch die Schwelle war, ab der die hauptbetreuende Mutter den Vater hinzuzog, hing – so *Gründel* – von drei Faktoren ab: der Dringlichkeit des Problems, der Beziehung zwischen den ehemaligen PartnerInnen und der vermuteten Kompetenz des anderen Elternteils bei der Lösung des Problems. Die Väter bemühten sich um Mithilfe, wenn sie von den Müttern angesprochen wurden, und die Mütter, auch wenn sie von der spärlichen Kooperation im Alltag enttäuscht waren, machten deutlich, wie wichtig und entlastend es für sie war, die Verantwortung und Sorge in schwierigen Situationen teilen zu können. Zu der häufig von SkeptikerInnen des gemeinsamen Sorgerechts prognostizierten Rivalität um erzieherische Alltäglichkeiten kam es nur äußerst selten. In den meisten Fällen betonten die Väter, dass ihnen klar sei, dass die Hauptlast der Betreuung und damit die größere Entscheidungsbefugnis bei der Mutter liegen. Diese habe gleichsam den „Stichentscheid". Außerdem gab es, wie oft beide Eltern betonten, in der Erziehungspraxis auch selten etwas, das als „Entscheidungsfall" erlebt wurde. Das meiste war Routine.

Auch die Erziehungsstile wurden von den meisten befragten Eltern als ähnlich beschrieben, sodass sie die Kinder mit einigem Vertrauen beim jeweils anderen lassen konnten. Bei größeren Unterschieden, was die Erziehung der Kinder betrifft, die potenziell konfliktträchtig waren, hielten sich die Eltern größtenteils mit Kritik zurück, um das Sorgerechtsarrangement nicht zu gefährden. Aber auch die meisten Eltern mit partiell unterschiedlichen Erziehungsvorstellungen und -praktiken akzeptierten nicht nur, sondern forderten die pädagogische Aktivität des anderen Elternteils. Nur bei einer kleinen Minderheit, in der das gemeinsame Sorgerecht eine Befriedungsstrategie für Konflikte war, die sonst womöglich noch destruktiver geworden wären, vermischten sich erzieherische Differenzen der Eltern so mit dem Paarkonflikt, dass es im Alltag der Kinder weit über die Nachscheidungsphase hinaus belastend blieb.[193]

193 *Gründel*, Gemeinsames Sorgerecht (1995) 71–77, 159 f.

Um generell das **Konsensniveau der Eltern zum Untersuchungszeitpunkt** einzuschätzen, wurden die UntersuchungsteilnehmerInnen nach Konflikten der Sorgerechtspraxis gefragt. Außerdem wurden Eindrücke und Beobachtungen gesammelt, etwa die Art und Weise, in der Eltern übereinander und den Kontakt zwischen den Kindern und dem anderen Elternteil reden. Die Befragten wurden dann der Gruppe „hohes", „mäßiges" oder „niedriges" Konsensniveau zugeordnet. Die Hälfte der Familien war der *Gruppe mit hohem Konsensniveau* zuzuordnen, dh, das Sorgerechtsarrangement funktionierte relativ reibungslos. Absprachen wurden eingehalten, bzw wenn es keine gab, wurden die impliziten Regeln beiderseits akzeptiert, die sich im Laufe der Zeit herausgebildet hatten. Weder die Mütter noch die Väter berichteten über größere Konflikte oder über einen offenen Streit mit dem ehemaligen Partner bzw der ehemaligen Partnerin. In manchen Familien war dieser Zustand das Ergebnis einer durchaus konfliktreichen Entwicklung, in deren Verlauf die Eltern verschiedene Regelungen ausprobiert hatten. Konflikte untereinander und die wahrgenommene (Un-)Zufriedenheit der Kinder waren Impulse, die zu Neuanpassungen bzw Kompromissen geführt hatten, die sich bewährten. In anderen Familien dieser Gruppe schienen zum Teil massive Konflikte in beidseitigem implizitem Einverständnis, im Interesse der Kinder (und aufgrund der eigenen Angst vor Konflikten) nicht ausgetragen zu werden. Die Eltern „hielten still" und ließen einander in Ruhe, um den Streit nicht eskalieren bzw das Modell nicht kippen zu lassen. Diese Eltern berichteten von der Mühe, die es koste, die eigenen aggressiven Impulse in Schach zu halten, um ein „gutes" Nachscheidungselternpaar zu sein.[194]

In der *Gruppe mit mäßigem Konsensniveau*, die etwa ein Drittel der Untersuchungsgruppe umfasste, berichteten die Eltern von Streitpunkten mit dem bzw der ExpartnerIn, die immer wieder virulent wurden und die Sorgerechtspraxis belasteten. Die (ausnahmslos hauptbetreuenden) Mütter zweifelten in akuten Krisen oft an ihrer Entscheidung für das gemeinsame Sorgerecht. Sie interpretierten ihre kurzfristige Sehnsucht nach dem Alleinsorgerecht allerdings als Reaktion auf die aktuelle Krise, als Ausdruck von Wut auf und Enttäuschung vom anderen Elternteil. Die grundsätzliche Einstellung, dass die gemeinsame Sorge im Sinne der Kinder und der Mühe wert sei, teilten alle Eltern dieser Gruppe. Es gab aber erhebliche Schwankungen in der Zufriedenheit mit dem gemeinsamen Sorgerecht und die Ausgestaltung derselben wirkte noch nicht konsolidiert, sondern schien „mitten in einem konfliktreichen Prozess des ‚Werdens'"[195] zu sein, wie *Gründel* schreibt. Dies sei auf die relativ kurze Dauer von durchschnittlich 1,3 Jahren zurückzuführen, also der Hälfte des Durchschnitts der Gesamtgruppe, in der in diesen Familien das gemeinsame Sorgerecht praktiziert wurde. Dieses

194 *Gründel*, Gemeinsames Sorgerecht (1995) 78 f.
195 *Gründel*, Gemeinsames Sorgerecht (1995) 79.

Ergebnis lege – so *Gründel* – den Schluss nahe, dass es sich um typische Erscheinungen einer Frühphase der Sorgerechtspraxis handelte, die etwa von der Trennung bis zwei Jahre nach der Scheidung reiche, insb weil auch die Eltern der ersten Gruppe von solchen Konflikten in der Vergangenheit erzählten.

Ein typischer Konfliktauslöser für Väter bestand darin, dass sie meinten, die Mütter würden ihnen wichtige Informationen über die Kinder vorenthalten. Trotz des Eingeständnisses, von sich aus zu wenig nachzufragen, warfen einige Väter den Müttern diese „Unterversorgung" vor, und sie reagierten mit einem gekränkten Rückzug, demonstrativer Enttäuschung oder aggressiven Auseinandersetzungen. *Gründel* interpretiert diese „Anklage gegen die Mutter" auch als Abwehr gegen die Anerkenntnis der bitteren Realität der Trennung von den Kindern, da die Väter das gemeinsame Sorgerecht oft mit der falschen Erwartung verbanden, trotz partiellen Getrenntlebens die Intimität des Zusammenlebens mit den Kindern, wie sie vor der Trennung bestand, aufrechterhalten zu können.

Komplementär beklagten fast alle Mütter dieser Gruppe ebenfalls eine „Unterversorgung", was das elterliche Engagement des Vaters betraf. Sie waren enttäuscht und ärgerlich, dass die Gemeinsamkeit, die der Titel des Sorgerechts verhieß, keine gleiche Verteilung der Lasten und keine gleich große Verantwortung bedeutete. Als Erklärung führt *Gründel* zum einen wieder die falsche Erwartung an, am Erziehungsalltag würde sich nicht viel ändern, wohingegen die Mütter faktisch nach dem Auszug des Vaters den entsprechenden Überforderungen mit den Kindern ausgesetzt waren. Die entstandene Hilflosigkeit wandelte sich in Wut auf den anderen Elternteil und in Enttäuschung über die Praxis des gemeinsamen Sorgerechts, wenn auch nicht bis zu einer grundsätzlichen Infragestellung. Zum anderen handelte es sich zumeist um hochqualifizierte berufstätige Mütter, die das väterliche Engagement in der Kinderbetreuung nicht nur duldeten, sondern einforderten, um genügend Zeit für Beruf und Weiterbildung zu haben. Der Ärger dieser Mütter über die mangelnde Aktivität der Väter wurde jedoch oftmals nicht offen ausgedrückt, sondern äußerte sich eher in einer gereizten Atmosphäre. Mütter, die für sich und/oder die Kinder Unterhaltszahlungen bezogen, meinten – so *Gründel* – schon von daher, ihre Hauptzuständigkeit für die Kinder akzeptieren zu müssen. Wichtiger aber war für die Zurückhaltung beim Einfordern ein typischer Ambivalenzkonflikt vieler Mütter: „Auf der einen Seite soll der Vater durch möglichst engmaschige ‚Elternkontakte' noch ein Stück weiter als Partner erlebbar sein, er soll zumindest nicht aus dem Familienverband entlassen werden. Auf der anderen Seite fühlen sich viele Frauen durch die meist lange Ehe- und Trennungskrise so verletzt vom ehemaligen Partner, daß sie ihn am liebsten ‚nie mehr' mehr sehen wollen. Die Gleichzeitigkeit dieser Wünsche nach Festhalten und Wegstoßen … lähmt oft die Fähigkeit, sich aktiv mit den Schwierigkeiten auseinanderzusetzen und fördert als Kompromiß ein vorsichtiges, konfliktvermeidendes und dennoch sehr kräftezehrendes Kontaktverhalten zum anderen Elternteil."[196]

Ein weiterer Konfliktbereich, der die Situation dieser Eltern, die noch um ein tragfähiges Arrangement rangen, zusätzlich verkomplizierte, waren neue Partnerschaften der Elternteile. Obgleich deren Einfluss auf die Sorgerechtspraxis letztlich konstruktiv sei, gelte dies – so *Gründel* – nur eingeschränkt für die ersten zwei Jahre nach der Scheidung: „Konflikte um die Wahrung der eigenen Elternschaft und Besorgnis um das Verhältnis der Kinder zum neuen Partner des anderen entstehen als typische Belastungen der frühen Nachscheidungsphase."[197] Nach *Gründel* sei zu erwarten, dass die Eltern dieser Gruppe nach einigen Jahren, in denen sich sowohl die Sorgerechtspraxis eingespielt als auch der Paarkonflikt konsolidiert hat, in die erste Gruppe mit hohem Konsensniveau übergehen. Je nachdem, welche Konfliktkultur sich für die jeweilige Familie herausbilden würde, werde sie zu jenen gehören, deren relative Konfliktfreiheit durch Reibung und Konfliktaustragung erreicht wird, oder zu jenen, die sich im Vermeiden von Streit langfristig einrichten.

*Eine* Grundlage für das gemeinsame Sorgerecht sei aber – so *Gründel* – allen diesen Familien eigen, nämlich die Anerkennung der im Prinzip, wenn auch nicht immer im Detail, „guten Elternschaft" des anderen und seiner Bedeutung für das Kind. „Die Konflikte dieser Gruppe sind aufreibend und für einige Eltern schwer erträglich. Sie scheinen aber nicht destruktiv zu sein, und die Kinder werden nicht als Streitvorwände oder Faustpfänder mißbraucht."[198] Der Konflikt kreise häufig um das Hergeben, um das Bitten oder Verweigern von Informationen über die Kinder, nicht um das Hergeben oder Verweigern der Kinder selbst.

Eine Ausnahme dieser zeitabhängigen phasentypischen Entwicklung des Konsensniveaus bildete eine kleine Gruppe von *Eltern, die chronisch stritten* und bei denen das gemeinsame Sorgerecht meist vom Jugendamt oder von Beratungsstellen als Befriedungsstrategie initiiert wurde, um Konflikte zu verhindern, die das Kindeswohl (womöglich) noch mehr gefährdet hätten. Die Frage, ob für solche Familien das gemeinsame Sorgerecht tatsächlich eine angemessene Sorgerechtsform sei, müsse – so *Gründel* – offen bleiben: „Die Vorteile der Kontakthaltung und die Nachteile des fortgesetzten Streits bilden Gegengewichte der Beurteilung. Kindern geht es bei solch prekärer Balance nur mehr oder weniger schlecht. Wenn sich diese Familien allerdings nicht nur das GS, sondern sogar das Wechselmodell zutrauen, ist das, wie leider festzustellen ist, mehr ein Patt im elterlichen Machtkampf als im Interesse der Kinder."[199]

196 *Gründel*, Gemeinsames Sorgerecht (1995) 82 f.
197 *Gründel*, Gemeinsames Sorgerecht (1995) 83.
198 *Gründel*, Gemeinsames Sorgerecht (1995) 83.
199 *Gründel*, Gemeinsames Sorgerecht (1995) 85.

Das **Wohl der Kinder**, die mit dem gemeinsamen Sorgerecht ihrer geschiedenen Eltern aufwachsen, versuchte *Gründel* zum einen über Aussagen der Eltern über die Situation der Kinder einzuschätzen, zum anderen formulierte er im Resümee der Studie einige positive Merkmale dieser Sorgerechtsform als „relativ günstige Voraussetzungen, die die meisten Eltern mit GS ihren Kindern bieten“[200]. Allerdings stoße – so *Gründel* – die Einschätzung des Wohls der Kinder auf eine Reihe inhaltlicher und methodischer Begrenzungen: Ein direkter Vergleich der Auswirkungen der verschiedenen Sorgerechtsformen auf die Kinder sei nicht möglich, da keine Vergleichsgruppe von alleinsorgenden bzw nicht sorgeberechtigten Eltern befragt wurde. Außerdem lägen nur die Aussagen der Eltern über ihre Kinder vor: eine – wie *Gründel* meint – möglicherweise erheblich verzerrte Perspektive. Schließlich problematisiert er seine eigenen Operationalisierungen des Kindeswohls, indem er in Anschluss an *Figdor, Wallerstein/Blakeslee* und *Cherlin* et al einräumt, dass das Einsetzen oder Ausbleiben einer Symptomatik des Kindes keinen direkten Schluss auf das Ausmaß einer eventuellen psychosozialen Entwicklungsstörung zulasse und dass eventuelle Entwicklungsstörungen uU schon weit vor der Sorgerechtsentscheidung, ja sogar vor der elterlichen Trennung ihren Anfang nahmen und das Sorgerechtsarrangement demzufolge nicht mehr als ein Puzzlestück im komplexen Bedingungsgefüge des Kindeswohls sei, das erst relativ spät Einfluss erlangt, wenn wichtige Faktoren schon konstelliert sind.

Dennoch wollte *Gründel* – bei aller Vorsicht – Aussagen über das Wohl der Kinder der Untersuchungsgruppe machen und fragte zu diesem Zweck zunächst nach der Vermutung der Eltern, wie es den Kindern mit dieser Regelung im Vergleich zu anderen Alternativen gehe. Es zeigte sich dabei, dass zwischen den ehemaligen PartnerInnen eine relativ große Übereinstimmung in der Bewertung bestand und dass das gemeinsame Sorgerecht generell als ein günstiger Rahmen für die Kinder eingeschätzt wurde. Die befragten Väter neigten zu einem eindeutig positiven Urteil, die Mütter waren verhalten optimistisch. Für die kritischere Sichtweise der Mütter spiele – so *Gründel* – zum einen eine Rolle, dass diese den größeren Teil des Alltags mit den Kindern verleben und so eher in der Lage seien, Schwierigkeiten der Kinder zu registrieren. Ein zweiter Grund für die größere Zurückhaltung der Mütter bei der positiven Einschätzung des gemeinsamen Sorgerechts liege darin, dass die Alternative in ihrer rechtlichen Alleinsorge bestanden hätte: „Einen zu großen Unterschied zwischen den Sorgerechtsmodellen anzunehmen, hieße demnach, sich selbst die Fähigkeit zur Alleinsorge abzusprechen. Daß ihnen daran nicht gelegen sein kann, schon gar nicht vor dem Hintergrund ihrer faktischen Hauptbetreuung, liegt auf der Hand.

200 *Gründel*, Gemeinsames Sorgerecht (1995) 157 f.

Die Väter haben umgekehrt ein Interesse daran, das GS als wesentlich günstiger für die Kinder gegenüber der Alleinsorge zu kontrastieren, weil für sie die Alternative im Entzug ihres Sorgerechts bestanden hätte. Ein Mißerfolg des Sorgerechts, abgelesen an den Belastungen der Kinder, wäre für sie gleichbedeutend mit einer Disqualifizierung ihrer väterlichen Rolle im Leben der Kinder.“[201]

Als zweiten Indikator für das Wohlergehen der Kinder zieht *Gründel* aktuelle Belastungsreaktionen der Kinder zum Untersuchungszeitpunkt (also durchschnittlich vier Jahre nach der elterlichen Trennung) heran, interpretiert diese jedoch nur in Relation zum Auftreten von Belastungsreaktionen während der Trennungszeit und betont überdies, dass diese nur mit Vorsicht im Hinblick auf die Scheidung bzw den Sorgerechtsalltag interpretiert werden dürfen. Während über 90 % der Kinder den Angaben ihrer Eltern während der Trennungszeit der Eltern mäßige oder heftige Belastungsreaktionen[202] zeigten, reduzierte sich dieser Anteil auf etwas mehr als die Hälfte der Kinder zum Untersuchungszeitpunkt. *Gründel* sieht darin einen Hinweis auf die Stabilisierung der Kinder und ihre Anpassungsfähigkeit an die neue Familiensituation.[203]

Die **Lebenssituation der Kinder** der Untersuchungsgruppe unter der Bedingung des gemeinsamen Sorgerechts beschreibt *Gründel* zusammenfassend so:

- Als ersten Punkt streicht er dabei heraus, dass in allen Familien der Untersuchungsgruppe der Eltern-Kind-Kontakt erhalten blieb, was *Gründel* als ein kaum zu überschätzendes positives Vorzeichen für die Kinder sieht, die Trennung der Eltern bzw das Getrenntleben eines Elternteils unbeschadeter zu bewältigen: „Wenn sich auch die Kontakthäufigkeit zum getrenntlebenden Elternteil deutlich veränderte, blieb die Qualität der Beziehung in fast allen Fällen von nicht weniger Liebe, Sorge und Verläßlichkeit geprägt als während des gemeinsamen Wohnens.“[204] Die Erhaltung der Verantwortung beider Elternteile wirke auch einem Rollenwechsel des Vaters zum „älteren Geschwister“ des Kindes – wie es bei nicht sorgeberechtigten Vätern manchmal vorkomme – sowie der Aufteilung der elterlichen Funktionen zwischen Mutter und Vater in einen versagenden und einen verwöhnenden Teil entgegen.
- Als weiteres Ergebnis beschreibt *Gründel*, dass offensichtlich kein Kind aus Familien mit einem hohen bzw mittlerem Konsensniveau sich scheute, der

201 *Gründel*, Gemeinsames Sorgerecht (1995) 96.

202 Als kindliche Reaktionen wurden von den Eltern beobachtet: Verschlossenheit, Gehemmtheit, Rückzugsverhalten, ängstliches, anklammerndes Verhalten, besonders Furcht vor dem Alleinsein, allgemeine Empfindlichkeit, sekundäre Enuresis, aggressives Sozialverhalten, Wutausbrüche, Nervosität, Schwierigkeiten, den Leistungsanforderungen der Schule nachzukommen, Schlafstörungen, sonstige Symptome (*Gründel*, Gemeinsames Sorgerecht [1995] 98.)

203 *Gründel*, Gemeinsames Sorgerecht (1995) 98, 104.

204 *Gründel*, Gemeinsames Sorgerecht (1995) 105.

Mutter von den Aufenthalten beim Vater zu erzählen und umgekehrt. *Gründel* vermutet, dass Kinder sich das erst dann erlauben, wenn sie die Erfahrung machen konnten, dass die Eltern dieses Thema aushalten können und es nicht als Vorwand für Streit benutzen. Einige Eltern schafften es sogar, den Kindern zu signalisieren, sie dürften sich ruhig auch einmal über den jeweils anderen beschweren, ohne dass dies dem anderen negativ angelastet werden würde. In diesem Fällen blieb – so *Gründel* – einer der wichtigsten Vorteile der Triangulierung weitgehend erhalten, nämlich die zeitweilig belastete Beziehung zu einer Bezugsperson durch die zur anderen kompensieren zu können. Kindern der Untersuchungsgruppe, deren Eltern noch heftig miteinander stritten oder den Kontakt zueinander möglichst vermieden, stand diese Möglichkeit meist nicht offen. Sie hielten die Lebensbereiche bei Mutter und Vater auseinander, erzählten zB nichts von ihren Erlebnissen und Eindrücken mit dem anderen Elternteil und verhinderten manchmal aktiv ein Zusammentreffen der Eltern, um – wie *Gründel* schreibt – sich selbst und die Eltern vor Aggression und Depression zu schützen.[205]

- Ein spezieller Aspekt der Aufrechterhaltung des triangulären Systems sei – so *Gründel* – das Bewusstsein aller Beteiligten, dass das Kind, wenn es das möchte oder es seinen Entwicklungsbedürfnissen in bestimmten Entwicklungsphasen besser entspricht, seinen Hauptwohnsitz zum anderen Elternteil verlagern kann. Dieses Bewusstsein sei ein Charakteristikum der Praxis des gemeinsamen Sorgerechts. Während alle Eltern einen Wechsel des Wohn- und Betreuungsmodells grundsätzlich in Betracht zogen, fand dies bis zum Untersuchungszeitpunkt in keiner Familie real statt. Die befragten Eltern vermuteten, dass dies auch daran läge, dass die Möglichkeit alleine schon so entlastend für die Kinder sei, dass die Umsetzung in die Tat weniger wahrscheinlich würde.[206]
- Mütter wie Väter der Untersuchungsgruppe zeigten eine sich bis in die verwendeten Begriffe spiegelnde Sensibilität, die Elternschaft des geschiedenen Partners, der geschiedenen Partnerin zu akzeptieren. Diese Grundhaltung zeigte sich insb angesichts neuer Partnerschaften der Eltern, indem die Beziehung zu den leiblichen Elternteilen nicht in Frage gestellt wurde, sondern gleichsam einen Anker für die Kinder darstellte. Das gemeinsame Sorgerecht sei dabei – so *Gründel* – zum weit größeren Teil Ausdruck dieser Haltung, als dass es sie erzeugen könnte, es könne jedoch „als äußeres Signal für Kinder, Eltern und neue Partner unterstützend und (rollen-)konfliktvermeidend wirken, indem es die Rollen von Vater und Mutter als Grundkonstanten festschreibt und auf dieser Basis mehr Flexibilität und Gelassenheit für die Betei-

205 *Gründel*, Gemeinsames Sorgerecht (1995) 107 f
206 *Gründel*, Gemeinsames Sorgerecht (1995) 109 f.

ligten einer ‚komplexen Familie' ermöglicht."[207] *Gründel* schreibt dazu weiters: „Die Väter, für die meist die Alternative zum GS im Umgangsrecht bestanden hätte, fühlen sich durch den Erhalt des Sorgerechts weniger bedroht durch den neuen Partner der Mutter. Der Rechtstitel ist eine Art symbolischer Garant für die Exklusivität der Vater-Kind-Beziehung auch bei getrenntem Wohnen. Die größere alltägliche Nähe des neuen Partners zum Kind wird dadurch gleichsam kompensiert und für den Vater erträglicher gemacht. Für das Kind ist und bleibt die Elternschaft klar, aber der Vater weiß anfangs nicht, daß das Kind das weiß. So ermöglicht das GS den Vätern, den neuen Partnern der Mütter einen sozialen und emotionalen Ort im Leben der Kinder zuzugestehen, ohne zu fürchten, sich gegen identitätsbedrohende Konkurrenz wehren zu müssen."[208] Das gemeinsame Sorgerecht sei – so *Gründel* – ein Ausdruck für den Vorsatz, dass die Bedeutung von Mutter und Vater nie zur Disposition stehen werde. Die Verbindlichkeit dieser Absicht in Form eines sorgerechtlichen Rahmens zu dokumentieren, schien in erster Linie für die Erwachsenen hilfreich zu sein.[209] Das gemeinsame Sorgerecht erleichterte es den Kindern, ein entspanntes und dem realen Kontakt angemessenes Verhältnis zu den neuen PartnerInnen der Eltern aufzubauen. Deren Stilisierung zu neuen Elternteilen, gegen die sich Kinder in herkömmlichen Stieffamilien oft wehren, war wegen der Klarheit der Elternschaft unnötig. Das eröffnete den Kindern die nötige Freiheit, zu den neuen PartnerInnen eine Beziehung aufzubauen, die sich an ihren Bedürfnissen orientierte.[210]

Die **Erfahrungen mit der gemeinsamen elterlichen Sorge** wurden vonseiten der Eltern im Durchschnitt als „gut" bewertet (Mütter bewerteten zwischen „mäßig" und „gut", Väter zwischen „gut" und „sehr gut"). Die überwiegende Mehrheit der Eltern würde sich wieder so entscheiden. Sie empfanden das gemeinsame Sorgerecht als symbolischen Ausdruck jener Grundhaltung, die schon oben angesprochen wurde, die sich durch Akzeptanz einer von der Paarbeziehung getrennten, primären Bindung zwischen Elternteilen und Kindern und durch das Ernstnehmen des Wunsches der Kinder nach Kontakterhaltung zu beiden Eltern auszeichnet. Sie schätzten das gemeinsame Sorgerecht besonders in Situationen, in denen unvorhergesehene Notlagen der Kinder (wie etwa Krankheit, Unfall oder Schwierigkeiten mit Institutionen) einen Elternteil allein überforderten.

Darüber hinaus sahen Mütter und Väter jeweils eigene Vorteile, aber auch Nachteile. Als Nachteil wurde in erster Linie die erschwerte Trennung von

207 *Gründel*, Gemeinsames Sorgerecht (1995) 123.
208 *Gründel*, Gemeinsames Sorgerecht (1995) 131.
209 *Gründel*, Gemeinsames Sorgerecht (1995) 134.
210 *Gründel*, Gemeinsames Sorgerecht (1995) 158.

dem/der ehemaligen PartnerIn genannt, aber auch Enttäuschungen, vor allem diejenige der Mütter, sich im Alltag mehr als erwartet den Anforderungen der Alleinerziehung gegenüberzusehen. Die Väter waren erleichtert, sich trotz räumlicher Trennung von den Kindern nicht aus der Erziehung „hinausgedrängt" zu fühlen. Der Entzug des Sorgerechts und die rechtliche Alleinsorge der Mutter hätten für viele eine Degradierung zum „Zahlvater" bedeutet und die Angst hervorgerufen, was den Kontakt zu den Kindern betrifft, von der „gnädigen Billigung" der als übermächtig erlebten Mutter abhängig zu sein, vor der sie sich als Bittsteller gefühlt hätten.[211] Diese Kränkung hätte, so vermuten einige befragte Väter, wahrscheinlich zu Rückzug und letztlich zum Abbruch der Kontakte zu den Kindern geführt. Das gemeinsame Sorgerecht, nicht nur als interne Vereinbarung, sondern als offizieller Rahmen des Sorgerechts, hatte nach Einschätzung der Väter eine solche Entwicklung verhindert.

Die Mütter äußerten sich kritischer zum gemeinsamen Sorgerecht, obwohl auch sie mehrheitlich die Entscheidung zum gemeinsamen Sorgerecht nach wie vor für richtig hielten. Sie hielten das gemeinsame Sorgerecht in Bezug auf sich selbst manchmal für die unangenehmere Alternative, nahmen aber die Nachteile in Kauf, weil sie vom Nutzen für die Kinder überzeugt waren.[212]

Die gemeinsame Sorge setzte eine tendenziell deeskalierende Dynamik der Paar- und Elternbeziehung in Gang („Stillhalteabkommen", um das gemeinsame Sorgerecht insgesamt nicht zu gefährden). Die Konflikte der Eltern, die es insb in der ersten Zeit gab, waren meist auf das „Wie" des Kontakts zu den Kindern, nicht auf das „Ob" zentriert. Alle befragten Mütter und Väter waren der Meinung, dass der prinzipiell freie Zugang zum anderen Elternteil, auf den sich die Eltern mit dem gemeinsamen Sorgerecht festgelegt fühlten, positiv auf die Kinder ausgewirkt hatte. Die meisten vermuteten, dass sonst das Risiko scheidungsbedingter Entwicklungsstörungen für die Kinder größer gewesen wäre. Negativ oder zumindest wesentlich kritischer äußerten sich nur die Eltern von Kleinkindern über die Belastungen der Kinder durch das Modell der gemeinsamen Sorge, die einen sehr häufigen und/oder nicht klar abgesprochenen Wechselrhythmus praktizierten. Sie vermuteten, dass ein fester Lebensmittelpunkt bei einem Elternteil den Kindern eine weniger kräftezehrende Anpassung an die neue Lebenswelt erlaubt hätte.[213]

Aus der Sicht der befragten Eltern war für das **Gelingen der gemeinsamen elterlichen Sorge** wichtig, dass die Eltern lernten, den Wunsch der Kinder nach Kontakt zum anderen Elternteil nicht als Zurückweisung oder Kränkung zu empfinden, und dass sie vor den Kindern nicht abwertend vom jeweils anderen rede-

211 *Gründel*, Gemeinsames Sorgerecht (1995) 153.
212 *Gründel*, Gemeinsames Sorgerecht (1995) 105, 150–154.
213 *Gründel*, Gemeinsames Sorgerecht (1995) 105.

ten. Für die erste Zeit der Sorgerechtspraxis wurden fest vereinbarte Regelungen empfohlen, da sonst in konflikthaften Phasen Interpretationsspielräume zu Streit führen könnten. Ein klar definiertes Zuhause sei – so die befragten Eltern – für Kinder als Basis wichtig. Eltern, die schlechte Erfahrungen mit zu häufigen Wechseln gemacht hatten, warnten vor einer „Halbierungshysterie“[214]. Eltern, die diese Sorgeform leben möchten, sollten noch eine gewisse Achtung voreinander haben und müssten sich klar sein, dass sie sich immer wieder um Toleranz und Fairness bemühen müssen und dies mitunter kräftezehrend sein kann. Kinder und Eltern brauchen Zeit, damit sich die Beziehungen entspannen und Regelungen einspielen können. Zu treffende Entscheidungen sollten daher nicht nur von der aktuellen Situation bestimmt sein, sondern Entwicklungen ermöglichen. Die befragten Eltern forderten ein Angebot an Sorgerechtsberatung, um Informations-, Entscheidungs- und Bewältigungshilfe zu bekommen. Die mit dem gemeinsamen Sorgerecht verbundenen Erwartungen und Befürchtungen im Vorfeld zu besprechen, könnte Enttäuschungen ersparen und realistischer ein geeignetes Betreuungsmodell entwickeln helfen. Schließlich müssten Arbeitsbedingungen flexibler werden, damit für beide Elternteile Einschränkungen der Berufstätigkeit zugunsten der Kinderbetreuung möglich werden.[215]

**Zusammenfassend** kommt *Gründel* zu dem Ergebnis, dass das gemeinsame Sorgerecht kein schneller Ausweg aus den Schwierigkeiten der Nachscheidungssituation für Kinder und Eltern ist, sich aber nach einer Eingewöhnungsphase, in Relation zu den Befürchtungen, als unkompliziert handhabbare Sorgerechtsform zeigt, die daher für einen größeren Kreis von Eltern prinzipiell in Frage kommt, als vielfach angenommen wurde.[216] Die Einschätzung, die gemeinsame Sorge sei nur für konfliktarme Elternpaare mit hohem Konsensniveau eine Option, stimme so nicht. Wenn auch aufgrund der ausschließlichen Befragung der Eltern das Wohl der Kinder nur vorsichtig eingeschätzt werden könne, so seien doch einige für die Kinder positive Merkmale der Sorgerechtspraxis zu konstatieren. Folgende Merkmale streicht *Gründel* als positiv für die Kinder heraus:

- In keinem Fall musste ein Kind einen Beziehungsabbruch zu einem Elternteil verkraften.
- Die Eltern gestanden den Kindern eine positive und bedeutungsvolle Beziehung zum/zur ExpartnerIn zu, ohne sie zur Aufteilung ihrer Loyalität zu nötigen.
- Die Befürchtung, Kinder würden durch das gemeinsame Sorgerecht gleichsam zwischen den Lebensbereichen der Eltern „zerrissen“, erwies sich als un-

214 *Gründel*, Gemeinsames Sorgerecht (1995) 156.
215 *Gründel*, Gemeinsames Sorgerecht (1995) 155 f.
216 *Gründel*, Gemeinsames Sorgerecht (1995) 170.

begründet, da fast alle Kinder einen eindeutigen Lebensmittelpunkt hatten. (Gleichwohl wäre ein eventuell gewünschter Wohnortswechsel des Kindes in einer Mehrzahl von Fällen möglich gewesen.)

- Die Qualität der Beziehung zwischen Kind und getrennt lebendem Elternteil blieb in den meisten Familien fürsorglich-tragfähig, weil dessen Erziehungsfähigkeit und Verantwortungsbereitschaft grundsätzlich eher erhalten blieben. Es kam eher nicht zur Tendenz der Verwöhnung der Kinder bzw zum „Ausschleichen“ des Vaters aus der elterlichen Verantwortung bis hin zur Kontaktvermeidung.
- Das gemeinsame Sorgerecht erleichterte den Kindern, ein entspanntes und dem realen Kontakt angemessenes Verhältnis zu den neuen PartnerInnen der Eltern aufzubauen.
- Abgesehen von jener kleinen Minderheit an Eltern, die chronisch stritten, galt für die überwiegende Mehrheit der Kinder, dass sie zwar unter der Trennung der Eltern und den Folgen litten, aber deutlich vom Bemühen der Eltern profitierten, einander erziehungsfähige und liebende Elternteile sein zu lassen.[217]

*Die Untersuchung zur Reform des Kindschaftsrechts von Proksch*

Mit 1. Juli 1998 trat in Deutschland das reformierte Kindschaftsrecht in Kraft. In diesem wurde geregelt, dass die gemeinsame elterliche Sorge nach der Scheidung automatisch beibehalten wird und erst auf Antrag eines Elternteils (und Prüfung durch das Gericht) aufgehoben werden kann. Zur Erlangung des alleinigen Sorgerechts muss nachgewiesen werden, dass dies dem Kindeswohl besser entspricht.

*Proksch*[218] wurde damit beauftragt, diese und weitere Neuregelungen im Kindschafts- und Familienrecht zu evaluieren. Dazu wurden alle Eltern mit gemeinschaftlichen minderjährigen Kindern, deren Ehe im ersten Quartal 1999 geschieden wurde, zweimal schriftlich befragt, und zwar acht bis zehn Monate nach ihrer Scheidung und dann nochmals ca 24 Monate nach der Scheidung. Der Zugang zu den Eltern erfolgte über die zuständigen Familiengerichte. Mit 59 Müttern und 70 Vätern der unterschiedlichen Sorgegruppen sowie 65 Mädchen und 71 Buben wurden zusätzlich persönliche Interviews durchgeführt, die allerdings nicht nach den Methoden qualitativer empirischer Sozialforschung ausgewertet wurden. Ziel der zusätzlichen mündlichen Befragung war lediglich – so *Proksch* –, die Situation von Scheidungseltern und ihren Kindern bildhaft kon-

217 *Gründel*, Gemeinsames Sorgerecht (1995) 157–159.

218 *Proksch*, Rechtstatsächliche Untersuchung zur Reform des Kindschaftsrechts. Begleitforschung zur Umsetzung des Kindschaftsrechtsreformgesetzes (2002).

kret werden zu lassen.[219] Aufbauend auf den Ergebnissen der Elternbefragung wurden Fragebögen an alle FamilienrichterInnen an allen Amtsgerichten und Oberlandesgerichten, an alle Jugendämter und an ausgewählte (mit Familienrecht befasste) RechtsanwältInnen versandt. Ergänzt wurde dieses Datenmaterial wieder durch persönliche Interviews mit VertreterInnen dieser Berufsgruppen.

Es wurden Antworten von 7.008 Eltern aus der ersten Befragung bzw 4.373 Eltern, die auch an der zweiten Befragung teilnahmen, die Angaben von 809 RichterInnen, 904 RechtsanwältInnen und 301 Jugendämtern ausgewertet. Damit wurde das bis dahin umfangreichste Datenmaterial in Deutschland zur Nachscheidungssituation von Eltern und zu den entsprechenden Neuregelungen des KindRG gewonnen, das aussagekräftige, vergleichende Betrachtungen von Eltern mit dem gemeinsamen Sorgerecht und Eltern mit alleinigem Sorgerecht eines Elternteils und ihren Kindern ermöglicht.[220]

Gegenstand der Untersuchung waren folgende Bereiche:

- Lebenssituation und Lebensbedingungen der betroffenen Kinder und ihrer Eltern, insb ihre psychologische und ökonomische Situation nach der Trennung und Scheidung;
- Gründe für die Beibehaltung der gemeinsamen elterlichen Sorge bzw der Übertragung der elterlichen Sorge auf Vater oder Mutter sowie die praktischen (und längerfristigen) Auswirkungen der unterschiedlichen Regelungen auf die Beziehungen der Eltern zueinander und zu ihren Kindern sowie umgekehrt ihrer Kinder zu ihnen (insb die Gestaltung der elterlichen Sorge, des Umgangs, Unterhalts und ihrer wechselseitigen Verständigung und Information in Angelegenheiten ihrer gemeinsamen Kinder);
- Kontakte der Kinder zum nicht hauptbetreuenden Elternteil sowie zu anderen umgangsberechtigten Personen;
- Regelungen der elterlichen Sorge, des Umgangs, des Unterhalts;
- Bedeutung von Beratung;
- Erfahrungen mit dem neuen Verfahrensrecht;
- Einbeziehung von Kindern während des Scheidungsprozesses.[221]

Die Auswertung der Elternbefragung, auf die ich mich im Folgenden konzentrieren werde, umfasste neben statistischen Daten zum tatsächlichen Vorkommen des gemeinsamen Sorgerechts demografische Angaben zu den Eltern und Kin-

219 Aus diesem Grund fließen die Ergebnisse auch kaum in die folgende Zusammenfassung ein. Zu den Ergebnissen der mündlichen Befragung siehe *Proksch*, Reform des Kindschaftsrechts (2002) 307–397.

220 *Proksch*, Reform des Kindschaftsrechts (2002) 401.

221 *Proksch*, Reform des Kindschaftsrechts (2002) 23.

dern, Fakten zur Scheidung, zum gerichtlichen Scheidungsverfahren, zur Regelung der elterlichen Sorge und des Umgangs sowie zu den finanziellen Regelungen zwischen den Eltern und einige Informationen über die Situation der Eltern und Kinder vor und nach der elterlichen Trennung bzw Scheidung. Ein Kapitel ist auch der Frage nach eventuell in Anspruch genommener Beratung und Unterstützung gewidmet.

Zu den wichtigsten **Ergebnissen**, die sich auf die Lebenssituation und die Entwicklungsbedingungen der Kinder beziehen:[222]

Die gemeinsame elterliche Sorge wurde im Jahr 2000 in 69,35 % der Fälle nach der Scheidung unverändert beibehalten. Zusätzlich wurde in 6,19 % der Fälle die elterliche Sorge im Rahmen eines Gerichtsverfahrens auf Mutter und Vater gemeinsam übertragen. Damit ergab sich insgesamt eine **Verteilung** der gemeinsamen elterlichen Sorge von 75,54 % bundesweit.[223] Die elterliche Sorge wurde im Jahr 2000 bundesweit in 23,15 % aller Fälle einem Elternteil alleine übertragen, in 93,4 % waren dies die Mütter, nur in 6,6 % die Väter.

Diese Zahlen belegen, so *Proksch*, dass die gemeinsame elterliche Sorge seit dem Inkrafttreten des KindRG das bei Scheidung „übliche Sorgemodell“ in der Bevölkerung geworden und **kein „Sonderphänomen“ „ausgesuchter“ Eltern** sei. Dies werde durch die soziodemografische Struktur der Eltern (schulische, berufliche Bildung) gestützt. „Angesichts dieser bundesweiten Festigung der geS ist es nicht (mehr) gerechtfertigt, die positiven Wirkungen der geS (vornehmlich) damit zu begründen, dass nur jene Eltern diese Sorgeform wählen, die ‚ohnehin gut miteinander auskommen können trotz ihrer Scheidung‘.“[224] Einen Hinweis darauf kann man auch darin sehen, dass nur etwas mehr als die Hälfte der Eltern mit gemeinsamem Sorgerecht angaben, dass sie die gemeinsame elterliche Sorge ohne einen Antrag auf ein Gerichtsverfahren behielten, aber etwa ein Drittel, obwohl ursprünglich ein Antrag auf Alleinsorge eines Elternteils gestellt worden war. 14 % der Eltern mit gemeinsamem Sorgerecht erhielten dieses gegen den Willen zumindest eines Elternteils durch einen Gerichtsentscheid.

Als **Gründe für die Beibehaltung der gemeinsamen elterlichen Sorge** wurden von Müttern und Vätern, die diese Sorgeform leben, relativ einheitlich an erster Stelle genannt, dass Mutter und Vater für ihre Kinder gemeinsam verantwortlich bleiben sollen, dass der Kontakt zu beiden Eltern den Interessen und

222 Weitere (Detail-)Ergebnisse werde ich darüber hinaus im Teil der empirischen Untersuchung den Ergebnissen der vorliegenden Studie gegenüberstellen.

223 Diese Zahlen entstammen nicht der Befragung, sondern den Erhebungen des Statistischen Bundesamtes bzw der Statistischen Landesämter (*Proksch*, Reform des Kindschaftsrechts [2002] 51 f).

224 *Proksch*, Reform des Kindschaftsrechts (2002) 404.

dem Wohl des Kindes diene sowie die Vermutung, dass die Kinder die Trennung/Scheidung so leichter bewältigen werden.[225]

Auch wenn sich schon alleine aufgrund des enormen Verbreitungsgrades der gemeinsamen elterlichen Sorge die These nicht aufrechterhalten lässt, dass sich *nur* jene Eltern für dieses Sorgerechtsmodell entscheiden, die sich relativ konfliktarm voneinander trennen, zeigten sich – was das **Konfliktniveau vor bzw während der Scheidung** betrifft – dennoch Unterschiede zwischen den Elterngruppen. So untersuchte *Proksch* zunächst, welcher Elternteil (mit oder ohne Zustimmung des anderen) die Scheidung beantragt hatte und aufgrund welcher Gesetzesbestimmung daraufhin die Ehe geschieden wurde. Es zeigte sich dabei, dass bei den beiden eher krisenhaften Alternativen einer Scheidung, nämlich vor Ablauf eines Trennungsjahres bzw nach drei Trennungsjahren, die Gruppe der Eltern mit Alleinsorge eines Elternteils jeweils häufiger vertreten war als die Gruppe der Eltern mit gemeinsamer elterlicher Sorge. *Proksch* folgert daraus, dass sich die Ehescheidungssituation bei Eltern der Gruppe Alleinsorge streitiger gestaltete als bei Eltern mit dem gemeinsamen Sorgerecht.[226]

In dieselbe Richtung weist das Ergebnis, dass Eltern mit gemeinsamem Sorgerecht sich häufiger, nämlich in 76 % der Fälle, noch vor dem Gerichtsverfahren über ihre Scheidung einig wurden als Eltern der Gruppe Alleinsorge mit 60,4 %. Soweit sich die Eltern einig wurden, erfolgte diese Einigung bei Eltern mit gemeinsamem Sorgerecht überwiegend selbständig. Eltern der Gruppe Alleinsorge erreichten eine Einigung überwiegend mithilfe eines Rechtsanwaltes bzw einer Rechtsanwältin.[227]

Auch bezüglich der Ursachen der Trennung bzw Scheidung zeigten sich Unterschiede zwischen den Sorgerechtsgruppen: Mütter und Väter mit gemeinsamem Sorgerecht nannten fast gleichauf ihr Auseinanderleben als vorrangigste Ursache ihrer Trennung. Danach folgten „Streit/Konflikte“ und „neue/r Partner/in“. Bei den Eltern mit Alleinsorge eines Elternteils gaben nur die Väter „Auseinanderleben“ als erste Ursache an, während die Mütter am häufigsten „Streit/Konflikte“ nannten. Auch wurde das Fehlverhalten des Partners von den Müttern mit Alleinsorge deutlich häufiger als Trennungsursache angegeben als von den Müttern mit gemeinsamem Sorgerecht.[228]

Schließlich wurden die Eltern konkret danach gefragt, wie oft sie vor ihrer Trennung über die Themen Schule, Erziehung, Gesundheit und Finanzen Streit hatten. *Proksch* kommt zu dem Ergebnis, dass die Eltern mit Alleinsorge in allen Konfliktbereichen ein höheres Ausgangsniveau hatten als die Eltern der Gruppe

225 *Proksch*, Reform des Kindschaftsrechts (2002) 113.
226 *Proksch*, Reform des Kindschaftsrechts (2002) 77 f.
227 *Proksch*, Reform des Kindschaftsrechts (2002) 78 f.
228 *Proksch*, Reform des Kindschaftsrechts (2002) 81 f.

gemeinsame Sorge (zT sind die numerischen Unterschiede aber minimal, und es sind keine Signifikanztests ausgewiesen).[229]

Zur Einschätzung der **elterlichen Konflikte nach der Trennung bzw zum Untersuchungszeitpunkt** liegen ebenfalls mehrere Anhaltspunkte vor, und zwar *erstens* die Häufigkeit von Streit in den Punkten Schule, Erziehung, Gesundheit und Finanzen nach der Trennung/Scheidung, *zweitens* die Häufigkeit von Streit über Angelegenheiten von erheblicher Bedeutung[230], in denen die Eltern mit gemeinsamer Sorge zusammenwirken müssen (im Gegensatz zu Angelegenheiten des täglichen Lebens), und *drittens* das Ausmaß der Belastung der befragten Eltern durch Probleme mit dem anderen Elternteil.

Zum einen fragte *Proksch* also nach der Häufigkeit von *Streit in den Punkten Schule, Erziehung, Gesundheit und Finanzen* nach der Trennung/Scheidung. Leider ist nicht eindeutig definiert, ob bei dieser Frage der Zeitpunkt *nach* der Trennung aber *vor* der Scheidung oder *nach* der Trennung und Scheidung, also nach der Sorgerechtsentscheidung, gemeint ist, was in Bezug auf die Interpretation der Ergebnisse als von der Sorgerechtsentscheidung beeinflusst einen Unterschied machen könnte. *Proksch* kommt jedenfalls zu dem Ergebnis, dass die Streitsituation bei den Eltern mit Alleinsorge in den Fragen Schule, Erziehung, Gesundheit und Finanzen belastender geblieben war als bei den Eltern mit gemeinsamem Sorgerecht. Dieses Resümee erscheint aufgrund der dargestellten Zahlen nicht in allen Punkten nachvollziehbar, anders als der zweite Schluss, den *Proksch* zieht, dass nämlich mit der Entscheidung für die Alleinsorge eines Elternteils offensichtlich noch keine Beruhigung der Streitsituation einhergehen muss.[231]

Streit über *Angelegenheiten von erheblicher Bedeutung* hatten bis zum zweiten Befragungszeitpunkt 24 % der Eltern mit gemeinsamem Sorgerecht, aber auch 15,2 % der Eltern mit der Alleinsorge eines Elternteils (den Angaben der Väter der Gruppe Alleinsorge zufolge sogar ebenfalls fast 24 %). Vorrangige Streitpunkte waren dabei grundsätzliche Erziehungsfragen, die Auswahl des Kindergartens bzw der Schule sowie die Grundentscheidung des Aufenthalts des Kindes und grundsätzliche gesundheitliche Entscheidungen. Rechtlich gesehen müssten sich Eltern der Gruppe Alleinsorge darüber auch nicht verständigen, aber es bleibe – so *Proksch* – bei fehlender Verständigung Konfliktpotenzial bestehen.[232] Dass sie keinen Streit über Angelegenheiten von erheblicher Bedeutung hatten, gaben 74 % der Eltern mit gemeinsamem Sorgerecht an und nur

229 *Proksch*, Reform des Kindschaftsrechts (2002) 98–100.

230 Entscheidungen von erheblicher Bedeutung sind: grundsätzliche Entscheidungen zu Erziehung, Schule, Beruf, medizinische Versorgung, Aufenthalt, Umgang, Vermögenssorge und Vertretung (*Proksch*, Reform des Kindschaftsrechts [2002] 123).

231 *Proksch*, Reform des Kindschaftsrechts (2002) 98–100.

232 *Proksch*, Reform des Kindschaftsrechts (2002) 124.

70 % der Eltern mit Alleinsorge eines Elternteils. Fast 15 % der Eltern der Gruppe Alleinsorge (im Vergleich zu 2 % der Eltern mit gemeinsamem Sorgerecht) machten zu dieser Frage keine Angabe. *Proksch* ortet darin ebenfalls Eltern mit einem Ärger- und daher Konfliktpotenzial, das sich in anderen Regelungsbereichen, wie zB dem Umgang oder Unterhalt, zum Nachteil der Kinder „Luft mache": „Das waren vor allem diejenigen Eltern, die erwähnten ‚es hat ja überhaupt keinen Zweck, weil der andere ja sowieso alles macht, wie er/sie will'."[233] Diese bloße Verlagerung des Konfliktpotenzials könne durch die Alleinentscheidungsbefugnis eines Elternteils im konkreten Streitpunkt nicht verhindert werden. Die formale Berechtigung des einen Elternteils dazu wirke sogar streitverschärfend, wenn zwischen den Eltern ohnehin eine spannungsgeladene Beziehung herrscht und der andere Elternteil (begründet oder nicht) anderer Auffassung sei, sich aber „wehrlos" fühle und dann – so *Proksch* – emotional reagiere.

Diese Zahlen bestätigen nach *Proksch* die bisherigen Ergebnisse, dass nämlich „das Streitpotential zwischen Eltern der Gruppe aeS in vielfacher Hinsicht deutlich höher [geblieben] ist als bei Eltern mit geS".[234] Es scheint daher fraglich, so *Proksch* weiter, „ob die bei einer Entscheidung für die aeS häufig angeführte Begründung greift, dass aus Gründen des Kindeswohls bei einer Streitsituation zwischen den Eltern die Entscheidung für die aeS das gebotene Mittel sei, Belastungen für das Kind zu vermeiden".[235]

*Wenn* es zu Streitigkeiten zwischen den ExpartnerInnen kam, regelten 66,8 % der Eltern mit gemeinsamem Sorgerecht und nur 34,9 % der Eltern der Gruppe Alleinsorge diese in einem gemeinsamen Gespräch. Hingegen gaben 37,1 % der Eltern der Gruppe Alleinsorge im Vergleich zu 18,7 % der Eltern mit gemeinsamem Sorgerecht an, dass sie Streitigkeiten gar nicht regeln. Bei Streit über Angelegenheiten von erheblicher Bedeutung sehen die Zahlen ähnlich aus.[236] Dem entsprach auch das Ergebnis, wonach Eltern mit gemeinsamem Sorgerecht häufiger als Eltern mit Alleinsorge eines Elternteils sagten, dass es mit dem bzw der ExpartnerIn zwar Streit gäbe, sie sich aber dennoch miteinander verständigen könnten. Umgekehrt gaben Eltern mit Alleinsorge eines Elternteils häufiger an, dass sie miteinander Streit hatten und dabei nicht (konstruktiv) weiterkamen.[237]

Einen weiteren Hinweis auf die Konflikthaftigkeit der elterlichen Beziehung nach der Scheidung liefert die Frage nach derzeitigen Belastungen der befragten Eltern. Durch Probleme mit dem anderen Elternteil waren am stärksten die nicht sorgeberechtigten Väter und Mütter belastet, und zwar auch stärker als die Väter

233 *Proksch*, Reform des Kindschaftsrechts (2002) 128.
234 *Proksch*, Reform des Kindschaftsrechts (2002) 128.
235 *Proksch*, Reform des Kindschaftsrechts (2002) 88.
236 *Proksch*, Reform des Kindschaftsrechts (2002) 104, 129.
237 *Proksch*, Reform des Kindschaftsrechts (2002) 101.

und Mütter mit gemeinsamem Sorgerecht, bei denen die Kinder nicht hauptsächlich lebten. Dieses Ergebnis scheint nach *Proksch* darauf hinzuweisen, dass sich die Probleme zwischen den Eltern, trotz oder wegen des alleinigen Sorgerechts eines Elternteils, umfangreicher darstellen als bei Eltern mit gemeinsamem Sorgerecht.

Eltern mit gemeinsamem Sorgerecht bewerteten **ihre Beziehung zum anderen Elternteil** zum Zeitpunkt der zweiten Befragung deutlich besser als Eltern der Gruppe Alleinsorge, und zwar unabhängig davon, ob die Kinder hauptsächlich bei ihnen leben und unabhängig vom Geschlecht. Auch die **Zusammenarbeit** mit dem anderen Elternteil beurteilten fast 40 % und insgesamt doppelt so viele Eltern mit gemeinsamer elterlicher Sorge wie mit Alleinsorge als gut, und zwar wiederum weitgehend unabhängig davon, ob es sich um die Mütter oder Väter, die hauptbetreuenden oder getrennt lebenden Elternteile handelt.[238] Wenn es um die Kinder geht, konnten sich etwa 40 % der Eltern mit gemeinsamem Sorgerecht gut miteinander verständigen, hingegen nur etwa 20 % der Eltern der Gruppe Alleinsorge. Insgesamt lasse sich – so *Proksch* – feststellen, dass Kooperation und Kommunikation von Eltern mit gemeinsamem Sorgerecht im Vergleich zu den Eltern mit Alleinsorge eines Elternteils besser sind und sich auch im Zeitablauf besser entwickeln.[239]

Eine **Unterstützung und Entlastung** für sich durch den anderen Elternteil erlebten in der ersten Befragung die Mütter und Väter beider Sorgegruppen ganz überwiegend nicht, wenn auch Mütter und Väter mit gemeinsamem Sorgerecht noch mehr Unterstützung erfuhren als die Eltern der Gruppe Alleinsorge. Allerdings hatten deutlich mehr Eltern mit gemeinsamem Sorgerecht das Gefühl, dass sich der Expartner bzw die Expartnerin für die gemeinsamen Kinder verantwortlich fühlt.

Die unterschiedliche Einstellung der Eltern beider Sorgegruppen zur gemeinsamen Verantwortlichkeit wurde nochmals bei den Fragen deutlich, was Eltern davon halten, dass beide Eltern trotz Scheidung für ihre noch nicht erwachsenen Kinder Sorge und Verantwortung tragen, bzw ob sie sich persönlich zutrauen, bis zum Erwachsensein ihrer Kinder mit ihrem Expartner bzw ihrer Expartnerin zusammenzuarbeiten. Etwa 50 % der hauptbetreuenden Väter und 44 % der hauptbetreuenden Mütter bzw rund 90 % der getrennt lebenden Elternteile mit gemeinsamem Sorgerecht hielten sehr viel davon, dass beide Eltern weiterhin Sorge und Verantwortung für ihre Kinder tragen, wohingegen diesbezüglich zwar 76 % der nicht sorgeberechtigten Väter, aber nur 27 % der alleinsorgeberechtigten Mütter zustimmen.

238 *Proksch*, Reform des Kindschaftsrechts (2002) 101 f.
239 *Proksch*, Reform des Kindschaftsrechts (2002) 100–104.

Diese Beobachtung der (teilweise) sehr unterschiedlichen Bewertung zwischen nicht sorgeberechtigten Vätern und allein sorgeberechtigten Müttern falle – so *Proksch* – immer wieder auf und mache die konflikthafte Beziehungssituation der Eltern dieser Sorgegruppe deutlich. Während rund 65 % bis 85 % (je nach Geschlecht und Betreuungsstatus) der Eltern mit gemeinsamem Sorgerecht sich zutrauen, bis zum Erwachsenenalter der Kinder mit dem anderen Elternteil zusammenzuarbeiten, ist dies wieder für etwa 70 % der nicht sorgeberechtigten Väter, aber nur für rund 36 % der allein sorgeberechtigten Mütter vorstellbar. Die Mütter der Gruppe Alleinsorge sind es auch, die am wenigsten glauben, dass der andere Elternteil diese Zusammenarbeit möchte. *Proksch* schließt aus diesen Ergebnissen eine erheblich höhere wechselseitige Wertschätzung bei den Eltern mit gemeinsamem Sorgerecht als bei den Eltern der Gruppe Alleinsorge.[240]

Was die **konkrete Abstimmung der Eltern** mit gemeinsamem Sorgerecht betrifft, so enthält das Gesetz die Vorgabe, dass sich die rechtlich gleich berechtigten und gleich verpflichteten Elternteile in Angelegenheiten verständigen und einigen müssen, die für das Kind von erheblicher Bedeutung sind.[241] Da diese Vorgabe von den betroffenen Eltern unterschiedlich ausgelegt werden kann, wurde von *Proksch* gefragt, welche Angelegenheiten die Eltern als abstimmungsbedürftig einschätzen und in welchen Bereichen bereits eine Abstimmung erfolgte. Zu Zweiterem wird deutlich, dass sich der überwiegende Teil der Eltern mit gemeinsamem Sorgerecht in Bezug auf die Wahl des Kindergartens, der Schule und der Grundentscheidung zum Aufenthalt miteinander verständigt hatte. Eltern der Gruppe Alleinsorge taten dies mehrheitlich nicht, sie mussten es auch rechtlich gesehen nicht. Der alltägliche Aufenthalt, die Entschuldigung bei Krankheit, eine eventuelle Nachhilfenotwendigkeit, die Auswahl von Wahlfächern in der Schule, die Behandlung leichter Erkrankungen sowie die Entscheidung über Urlaube bzw Ferienaufenthalte wurden vom Großteil der Eltern mit gemeinsamem Sorgerecht als Angelegenheiten des täglichen Lebens aufgefasst, die der Alleinentscheidungsbefugnis desjenigen Elternteil unterliegen, bei dem sich das Kind aufhält.

Dass sie vom anderen Elternteil nie an Entscheidungen von erheblicher Bedeutung beteiligt wurden, antworteten rund 20 % der getrennt lebenden Väter mit gemeinsamem Sorgerecht und rund 60 % der nicht sorgeberechtigten Väter, wobei fast 100 % der Väter mit gemeinsamem Sorgerecht sich eine Beteiligung wünschten und immerhin auch 76 % der Väter der Gruppe Alleinsorge.

Eine Verständigung über Angelegenheiten von erheblicher Bedeutung erfolgte bei Eltern mit gemeinsamem Sorgerecht mehrheitlich (ca 60 %) immer dann, wenn es Probleme gab bzw wenn das Kind abgeholt oder gebracht wurde

240 *Proksch*, Reform des Kindschaftsrechts (2002) 105–107.

241 Welche Angelegenheiten das sind, dazu siehe Fußnote 230.

(ca 23 %), und zwar mehrheitlich in der Form eines kurzen Gesprächs, auch telefonisch, in einem ausführlichen Gespräch oder in einem gemeinsamen Gespräch mit dem Kind. Weiters wurde von fast 80 % der getrennt lebenden Väter mit gemeinsamem Sorgerecht im Vergleich zu nicht ganz der Hälfte der nicht sorgeberechtigten Väter angegeben, von der Mutter (manchmal bis immer) über die persönlichen Verhältnisse des Kindes wie zB Krankheiten oder Schulangelegenheiten informiert zu werden, obwohl dieses Recht dem vom Kind getrennt lebenden Elternteil unabhängig vom Sorgerechtsstatus zusteht. Bei der zweiten Befragung, rund 24 Monate nach der Scheidung, bestätigte sich das Bild, dass sich Eltern mit gemeinsamem Sorgerecht deutlich öfters gegenseitig über die persönlichen Verhältnisse des Kindes informieren.[242]

Die Sorgeregelung sahen die von *Proksch* und seinen MitarbeiterInnen mündlich **befragten Kinder und Jugendliche** eher pragmatisch. Das Sorgerecht war für sie nicht die entscheidende Frage. Sie interessierte vielmehr, was alles bleibt, wie es war, was sich verändern und wie der Kontakt zu jenem Elternteil sein werde, mit dem sie nicht mehr ständig zusammenleben werden.[243] „Schwierig ist und bleibt für die Kinder die Vorstellung, wie es weitergehen könnte, wenn die Eltern sich getrennt haben. Sie haben die Sorge, ihre gewohnte Umgebung, ihre Freunde zu verlieren, die Schule wechseln zu müssen, dass nicht mehr genügend Geld für das Leben da sein könnte, dass sie hineingezogen werden könnten in den Scheidungsstreit ihrer Eltern.“[244]

Der **Lebensmittelpunkt der Kinder** war ganz überwiegend bei den Müttern. Auch im Fall des gemeinsamen Sorgerechts lebten etwa 81 % der Kinder[245] hauptsächlich bei der Mutter. Allerdings war der Lebensmittelpunkt von Kindern, deren Eltern gemeinsam sorgeberechtigt sind, mit 13 % signifikant häufiger beim Vater als im Fall der Alleinsorge eines Elternteils. Zu gleichen Teilen bei der Mutter wie beim Vater (Wechselmodell) lebten nur 3,8 % der Kinder. Bei der Entscheidung für den hauptsächlichen Aufenthalt des Kindes im Fall des gemeinsamen Sorgerechts spielte in den meisten Fällen die Betreuungssituation während aufrechter Ehe die entscheidende Rolle. Die Eltern behielten ihre Arbeitsteilung in der Regel bei, dass nämlich die Mütter überwiegend für die Betreuung der Kinder zuständig waren und die Väter für die Erwerbsarbeit. Diese Situation war – folgt man *Proksch* – weniger eine Folge des Scheidungsrechts als vielmehr der gesellschaftlichen und ökonomischen Rahmenbedingungen oder auch der vereinbarten Lebensform der Eltern. In vielen Familien war die Ent-

242 *Proksch*, Reform des Kindschaftsrechts (2002) 122–127, 163–165.

243 *Proksch*, Reform des Kindschaftsrechts (2002) 320.

244 *Proksch*, Reform des Kindschaftsrechts (2002) 395.

245 *Proksch* weist die Zahlen jeweils getrennt für das erste und zweite Kind aus. Ich werde mich zur Vereinfachung im Folgenden immer nur auf die Zahlen für das erste (= älteste) Kind beziehen.

scheidung über den hauptsächlichen Aufenthalt der Kinder daher (und auch wegen der Schulsituation der Kinder) kein Streitthema. Vor allem Väter, die bisher hauptsächlich für den Erwerb des Familieneinkommens zuständig waren, sahen häufig schon aus finanziellen Gründen gar keine Chance, dass die Kinder bei ihnen leben könnten. Außerdem glaubten sich Väter in dieser Frage vor Gericht im Vergleich zu den Müttern im Nachteil. Für Mütter war – so *Proksch* – die Rolle des hauptbetreuenden Elternteils immer noch die bevorzugte Option bei der Scheidung, wobei dabei auch oft wirtschaftliche und persönliche Gründe eine Rolle spielten.[246]

Den **Umgang zum getrennt lebenden Elternteil** regelten rund 68 % der Eltern mit gemeinsamem Sorgerecht durch eigene außergerichtliche Vereinbarungen und (nur) etwa 15 % durch einen Gerichtsentscheid. Demgegenüber regelten – so *Proksch* – zwar auch etwa 43 % der Eltern der Gruppe Alleinsorge die Umgangskontakte selbständig und außergerichtlich, jedoch benötigten etwa 35 % von ihnen, also mehr als doppelt so viele wie im Fall des gemeinsamen Sorgerechts, eine Gerichtsentscheidung.

Die Antworten aus der *ersten Befragung* (ca acht bis zehn Monate nach der Scheidung) zeigten, dass die getrennt lebenden Eltern mit gemeinsamem Sorgerecht erheblich häufigere Kontakte zu ihren Kindern hatten als die Eltern ohne Sorgerecht. Fast ein Drittel der getrennt lebenden Eltern mit gemeinsamem Sorgerecht gab an, dass sie ihr Kind mindestens einmal pro Woche (bis hin zu täglich) sahen, während diese Kontaktfrequenz nur bei etwa 13 % der nicht sorgeberechtigten Väter und gar nur bei 5 % der nicht sorgeberechtigten Mütter vorkam. Seltenen bzw gar keinen Kontakt hatten etwa 6 % der getrennt lebenden Väter und etwa 10 % der getrennt lebenden Mütter mit gemeinsamem Sorgerecht, während dieser Anteil bei den nicht sorgeberechtigten Elternteilen zwischen rund 28 % (Mütter) und 31 % (Väter) lag. Das bedeute – so *Proksch* –, dass bereits ca ein Jahr nach der Scheidung fast ein Drittel der Eltern ohne Sorgerecht keinen Kontakt mehr zu ihren Kindern hatte.

Die *zweite Befragung* (etwa 24 Monate nach der Scheidung) zeigte, dass sich die Situation, insb bei den nicht sorgeberechtigten Elternteilen, im Verlauf der Zeit noch weiter verschärft: Die Zahl der seltenen Kontakte bzw Kontaktabbrüche stieg bei den nicht sorgeberechtigten Elternteilen auf ca 43 % (Väter) bis 45 % (Mütter), bei den getrennt lebenden Eltern mit gemeinsamem Sorgerecht auf ca 9 % (Väter) bis 10 % (Mütter). Auffallend sei dabei, so *Proksch,* dass die Eltern mit „verordneter" gemeinsamer elterlicher Sorge, dh, dass ihr gerichtlicher Antrag auf Alleinsorge abgewiesen wurde, deutlich bessere Ergebnisse zeigten als die Eltern der Gruppe Alleinsorge. Ihre Ergebnisse näherten sich den Ergebnissen aller Eltern mit gemeinsamem Sorgerecht an. Diese Zahlen zeigen –

246 *Proksch*, Reform des Kindschaftsrechts (2002) 323 f, 326 f.

so *Proksch* weiter –, dass möglicherweise auch die „verordnete“ gemeinsame elterliche Sorge eine strukturell positive Wirkung zur Förderung des Kindeswohls hat. Auch die Verlässlichkeit bei den Umgangsregelungen war bei den Eltern mit gemeinsamer elterlicher Sorge signifikant höher als bei den Eltern mit Alleinsorge eines Elternteils.[247]

Schließlich fanden auch regelmäßige Übernachtungen der Kinder beim getrennt lebenden Elternteil doppelt so häufig in Familien mit gemeinsamer elterlicher Sorge statt wie in Familien mit der Alleinsorge eines Elternteils.[248]

Insgesamt sei festzustellen, so *Proksch*, dass sich bei den Kindern von Eltern mit gemeinsamem Sorgerecht eine zufriedenstellende Umgangssituation zu stabilisieren scheint, während sich die Situation für viele Kinder von Eltern mit Alleinsorge eher negativ entwickelt. Es scheint, als ob die Übertragung der Alleinsorge auf einen Elternteil den Streit der Eltern oder ihre „Sprachlosigkeit“ fördert und in der Folge in hohem Maß zur Ausgrenzung des getrennt lebenden Elternteils führt. Diese Art der „Beruhigung“ sei aber weder vom Gesetz gewollt, noch diene sie dem Kindeswohl.[249]

In eine ähnliche Richtung weisen die Ergebnisse, dass die Zufriedenheit der getrennt lebenden und hauptbetreuenden Eltern mit gemeinsamem Sorgerecht mit der Umgangsregelung annähernd gleich hoch und auf einem hohen Niveau stabil war, während die Zufriedenheit der nicht sorgeberechtigten Elternteile deutlich niedriger war als diejenige der Allein sorgeberechtigten. Mütter und Väter mit gemeinsamem Sorgerecht gaben auch signifikant öfter an, froh über den Kontakt der Kinder zum anderen Elternteil zu sein, während mehr allein sorgeberechtigte Mütter und Väter dazu tendierten, dass es ihnen lieber wäre, wenn die Kinder nicht zum anderen Elternteil gingen. Entsprechend der eigenen (Un-)Zufriedenheit wurde auch die Zufriedenheit der Kinder mit der Umgangsregelung durch die jeweiligen Elternteile eingeschätzt.[250]

**Probleme mit dem Umgangsrecht** gaben bei der ersten Befragung 36,2 % der Eltern mit gemeinsamem Sorgerecht und 43,0 % der Eltern der Gruppe Alleinsorge an. Vergleicht man die Angaben der Eltern dazu im zeitlichen Verlauf, zeigt sich, dass die Umgangsprobleme tendenziell aus der Sicht aller Elterngruppen (außer den nicht-sorgeberechtigten Müttern) abnahmen, wobei die meisten Probleme von den nicht sorgeberechtigten Vätern und Müttern angegeben wurden. Die Mütter mit gemeinsamem Sorgerecht und die allein sorgeberechtigten Mütter sa-

247 *Proksch*, Reform des Kindschaftsrechts (2002) 138.

248 Bei einem Vergleich dieser Angaben mit der Wohnsituation der Eltern ergab sich kein signifikanter Zusammenhang zwischen einer (beengten) Wohnsituation und dem Kontakt auch über Nacht. Ebenso wenig bestand ein signifikanter Zusammenhang zwischen den Übernachtungen und der Wohnentfernung (*Proksch*, Reform des Kindschaftsrechts [2002] 100, 145.)

249 *Proksch*, Reform des Kindschaftsrechts (2002) 140–146, 405.

250 *Proksch*, Reform des Kindschaftsrechts (2002) 97, 148–151.

hen etwa gleich häufig, nämlich in etwa 40 % der Fälle, Probleme mit dem Umgang. Dabei sei nach *Proksch* jedoch zu beachten, dass bei den Eltern mit Alleinsorge gegenüber den Eltern mit gemeinsamem Sorgerecht der Umgang der Kinder mit dem anderen Elternteil quantitativ und qualitativ erheblich geringer war, wodurch nicht auszuschließen sei, dass die Eltern der Gruppe Alleinsorge auch deshalb ein Abnehmen der Probleme wahrgenommen hatten, weil in einem erheblichen Ausmaß (ca 40 %) gar keine oder nur noch seltene Kontakte stattfanden.

Diejenigen Eltern mit gemeinsamem Sorgerecht, die sagten, dass es Probleme im Zusammenhang mit dem Umgangsrecht gebe, meinten in erster Linie Probleme beim Ankommen und Abschiednehmen, vor unterschiedlichen Erziehungspraktiken, die die Väter als problematisch erlebten, dem Problem, als Freizeitvater/-mutter angesehen zu werden, und der Befürchtung der Mütter, die Kontakte könnten dem Kind schaden. Bei den Eltern mit Alleinsorge eines Elternteils stand an erster Stelle das Problem des Zustandekommens der Kontakte, also dass es gar keine Kontakte gab. Weiters wurden ebenfalls Probleme beim Ankommen und Abschiednehmen, unterschiedliche Erziehungspraktiken und wieder die Befürchtung der Mütter genannt, dass die Kontakte dem Kind schaden könnten.

Zum zweiten Erhebungszeitpunkt gaben die mitsorgeberechtigten Väter an, dass vor allem die unterschiedlichen Erziehungspraktiken Schwierigkeiten bereiteten, das Kontaktausmaß zu gering sei und der andere Elternteil die Kontakte ablehne. Die Mütter mit gemeinsamem Sorgerecht waren sich darin mit den Vätern einig, dass die unterschiedlichen Erziehungspraktiken Schwierigkeiten bereiteten und das Kontaktausmaß zum getrennt lebenden Elternteil zu gering sei. Sie sahen aber weiters das Problem, dass das Kind den Umgang ablehne. Die Väter der Gruppe Alleinsorge, die ja meist nicht sorgeberechtigt waren, beklagten mit großem Abstand an erster Stelle, dass die Mutter den Kontakt ablehne. An zweiter Stelle stand ein Zuwenig an Umgang mit dem Kind und an dritter das Problem, dass das Kind den Umgang ablehne. Auch die Mütter der Gruppe Alleinsorge, die ja zumeist allein sorgeberechtigt waren, betrachteten die Ablehnung des Kontakts durch den anderen Elternteil (hier dürfte eine gegenseitige Schuldzuweisung stattgefunden haben) sowie die Ablehnung des Kontakts durch das Kind als größte Probleme. Sie nannten an dritter Stelle jedoch Schwierigkeiten aufgrund unterschiedlicher Erziehungspraktiken.

51,5 % der nicht sorgeberechtigten Väter wollten eine Änderung der Umgangsregelung (im Vergleich zu 31,7 % der mitsorgeberechtigten Väter), und zwar wünschten sie meist ein häufigeres und zeitlich längeres Zusammensein mit dem Kind. Eltern der Gruppe Alleinsorge hatten auch deutlich häufiger gerichtliche Streitigkeiten zum Sorge- und Umgangsrecht als Eltern mit gemeinsamem Sorgerecht.[251]

251 *Proksch*, Reform des Kindschaftsrechts (2002) 151–159.

Sowohl in der ersten als auch in der zweiten Befragung stellte *Proksch* die Frage nach den für die Eltern wahrnehmbaren **Reaktionen der Kinder auf die Trennung bzw Scheidung**. (Er scheint die Antworten der Eltern implizit als Indiz für die Belastung der Kinder zu werten.) Die erhobenen Daten zeigten, dass Eltern beider Sorgegruppen die Reaktionen ihrer Kinder grundsätzlich gleich einschätzten. Als häufigste Reaktionen wurden von den befragten Müttern und Vätern die Sorge der Kinder, die Eltern zu verlieren, psychische Veränderungen der Kinder, schlechtere Schulleistungen und Aggressionen der Kinder beobachtet. Einige Details geben interessante Hinweise (möglicherweise weniger auf die tatsächliche Belastung der Kinder als auf die Einstellungen der befragten Eltern). So waren die Mütter mit Alleinsorge am seltensten der Meinung, dass sich das Kind im Zuge der Trennung/Scheidung sorgte, die Eltern zu verlieren, und gaben (insb zum zweiten Untersuchungszeitpunkt) am häufigsten an, dass sie keine Reaktion am Kind feststellten. Ihre Wahrnehmung stand in deutlicher Diskrepanz zu jener der Väter der Gruppe Alleinsorge. Mehr als ein Drittel aller Mütter mit Alleinsorge und damit deutlich mehr als in den anderen Elterngruppen sagte weiters, dass die Trennung/Scheidung ihren Kindern keine Probleme bereitet hatte.[252]

Um die Beziehung der Eltern zu ihren Kindern nach der Trennung bzw Scheidung zu beleuchten, wurden die Eltern danach gefragt,

- ob die Zeit ausreichend ist, die die Eltern jeweils mit ihrem Kind verbringen,
- wie sie seine Gefühle sehen und darauf reagieren,
- wie ihre derzeitige Beziehung zu ihrem Kind ist,
- was Mutter und Vater denken, wenn ihr Kind jeweils beim andern Elternteil ist, und
- ob sie Angst haben, den Kontakt zu ihrem Kind zu verlieren.

Ich möchte an dieser Stelle nur auf einzelne Ergebnisse verweisen: Erwartungsgemäß fand in den Antworten der Eltern, bei denen die Kinder nicht (hauptsächlich) lebten, ihre Sehnsucht nach mehr gemeinsam verbrachter Zeit mit den Kindern ihren Niederschlag, und zwar weitgehend unabhängig von der Sorgerechtsform. Es zeigte sich nur eine leichte Tendenz, dass etwas mehr Väter mit gemeinsamer elterlicher Sorge als nicht sorgeberechtigte Väter die Zeit mit den Kindern als ausreichend empfanden. Dass die Zeit mit dem anderen Elternteil für das Kind nicht ausreichend sei, meinten etwas mehr (29,2 %) Mütter mit alleinigem Sorgerecht als Mütter mit gemeinsamer elterlicher Sorge (24,1 %), bei denen die Kinder lebten. Eltern mit gemeinsamem Sorgerecht (insb die Mütter) waren häufiger als Eltern der Gruppe Alleinsorge der Ansicht, dass sie ihren Kindern bei der Bewältigung der Trennung/Scheidung helfen könnten, indem sie über diese reden und

252 *Proksch*, Reform des Kindschaftsrechts (2002) 88–90.

indem sie Kontakte zum anderen Elternteil ermöglichen. Auch die Vorstellung, dass es wichtig sei, die Gefühle (Trauer, Wut, Hass, Angst) der Kinder zu akzeptieren, wurde von den Müttern mit gemeinsamem Sorgerecht am meisten vertreten. Dass die Kinder keinen Trennungsschmerz zeigten, wurde wiederum von den allein sorgeberechtigten Müttern am häufigsten genannt.[253]

Der Großteil der hauptbetreuenden und getrennt lebenden Eltern mit gemeinsamem Sorgerecht und der allein sorgeberechtigten Eltern bezeichnete die Beziehung zu ihren Kindern als „sehr gut". Hingegen bewertete weniger als die Hälfte der nicht sorgeberechtigten Elternteile ihre Beziehung zu ihren Kindern zum ersten Untersuchungszeitpunkt als sehr gut. Zum zweiten Untersuchungszeitpunkt waren es noch weniger. Etwa ein Drittel von ihnen erlebte die Beziehung zu den Kindern als schlechter als vor der Trennung bzw Scheidung. Eine Verschlechterung der Beziehung zu den Kindern empfanden im Vergleich dazu „nur" etwa 15 % der getrennt lebenden Müttern und Vätern mit gemeinsamem Sorgerecht.[254]

Insgesamt waren 48,6 % der hauptbetreuenden Mütter und 61,7 % der getrennt lebenden Väter mit der gemeinsamen elterlichen Sorge sehr zufrieden bzw zufrieden. 26,5 % der hauptbetreuenden Mütter und 15,2 % der getrennt lebenden Väter waren unzufrieden bzw sehr unzufrieden. Bei den Eltern der Gruppe Alleinsorge zeigte sich ein enormer Unterschied in der Zufriedenheit der allein sorgeberechtigten und der nicht sorgeberechtigten Elternteile: Während 87,6 % der allein sorgeberechtigten Mütter mit der Sorgeregelung sehr zufrieden bzw zufrieden waren, wurde dies von nur 27,9 % der entsprechenden nicht sorgeberechtigten Väter angegeben. Fast 50 % der nicht sorgeberechtigten Väter waren hingegen mit der Alleinsorge der Mutter unzufrieden bzw sehr unzufrieden. Darin zeige sich – so *Proksch* – ein enormes Spannungsverhältnis zwischen den Eltern der Gruppe Alleinsorge, und dies gelte gleichermaßen für die (Un-)Zufriedenheit mit der Regelung des Umgangs und des Unterhalts. Es scheint, so *Proksch* weiter, dass die alleinige elterliche Sorge mit dem „Sorgeinhaber" auf der einen und dem „Nicht-Sorgeinhaber" auf der anderen Seite, zwischen den Eltern in erheblichem Umfang eine Konkurrenzsituation fördert, die ihren Beziehungskonflikt aus der Ehe bzw Scheidung perpetuiert und verschärft.[255]

Bei Eltern mit gemeinsamem Sorgerecht sei dieses Spannungsverhältnis nicht vorhanden. Ihre Zufriedenheit sei deutlich ausgeglichener, sie gestalteten den Umgang der Kinder mit dem getrennt lebenden Elternteil „großzügig" und die Unterhaltsregelungen grundsätzlich zufriedenstellender und zuverlässiger als Eltern der Gruppe Alleinsorge. Dies alles trage – so *Proksch* – zu einer Konfliktentschärfung und zu einer Entlastung der Eltern (und in der Folge der Kinder) in

253 *Proksch*, Reform des Kindschaftsrechts (2002) 94.
254 *Proksch*, Reform des Kindschaftsrechts (2002) 95 f.
255 *Proksch*, Reform des Kindschaftsrechts (2002) 407 f.

der Nachscheidungszeit bei. Das gemeinsame Sorgerecht helfe somit, „Erstarrungen“ durch Positionen des „Rechthabens“ ebenso zu vermeiden wie neue Verletzungen. Eltern mit gemeinsamer elterlicher Sorge hätten es auch schwerer, den anderen Elternteil auszugrenzen, sie würden auf die Rechte der Kinder auf Umgang mit dem anderen Elternteil fokussiert, sie müssten sich miteinander austauschen und dabei Konsensarbeit üben und leisten, was nach der Trennung bzw Scheidung nicht leicht sei. Indem der gesetzliche Rahmen dies jedoch vorgibt und die jeweils berechtigten Elternteile dies entsprechend einfordern, könnten sie sich nicht voneinander zurückziehen. Sie bleiben gezwungen – so *Proksch* –, im Verlauf der Nachscheidungszeit eine Umgangsweise des „Miteinanders“ statt des „Gegeneinanders“ oder des „Ausgrenzens“ zu praktizieren. Dies gelte auch für Eltern, die die gemeinsame elterliche Sorge praktizieren (müssen), weil ein Antrag auf Alleinsorge abgewiesen wurde.

*Proksch* zufolge sei bei Eltern mit gemeinsamem Sorgerecht ein „kommunikatives Bewusstsein“ entweder bereits vorhanden, oder es entwickle sich im Laufe der Zeit. Eltern mit Alleinsorge eines Elternteils könnten auch eine gute Beziehung zueinander und zu ihren Kindern haben. Aber das Modell der Alleinsorge würde auch als Modell zur Ausgrenzung gewählt, und dies sei dann entweder die Folge oder der Start einer schwierigen Beziehung:[256] „Die ‚Sprachlosigkeit‘ dieser Eltern setzt sich fort. Sie haben ‚es nicht nötig‘, miteinander zu kommunizieren und zu kooperieren.“[257] Und schließlich betont *Proksch* auch: „Zwar ist richtig, dass die geS die Fähigkeit und den Willen der Eltern zur Kommunikation und Kooperation braucht. Vernachlässigt wird bei dieser Fokussierung auf die geS jedoch, dass auch Eltern mit aeS/ohne elterliche Sorge diese Fähigkeit haben müssen, insbesondere, wenn es um die Regelungen von Umgangskontakten, der wechselseitigen Information über die persönlichen Verhältnisse des Kindes oder Unterhaltsleistungen geht … Bedenken und Vorbehalte, wie sie noch immer gegen die geS geäußert werden, greifen aus der Sicht des Kindes mindestens dann zu kurz, wenn sie nicht gleichzeitig die erheblichen Defizite in den Beziehungen von Eltern mit aeS und dieser Eltern zu ihren Kindern thematisieren.“[258]

**Insgesamt** gesehen, sei, so die Schlussfolgerung von *Proksch*, die gemeinsame elterliche Sorge geeigneter als die Alleinsorge eines Elternteils,

- „die Kommunikation, die Kooperation und den wechselseitigen Informationsaustausch der Eltern miteinander über ihre Kinder positiv zu beeinflussen,
- den Kontakt der Kinder zu beiden Eltern und zu weiteren umgangsberechtigten Personen, vor allem zu den Großeltern der Kinder, aufrechtzuerhalten und zu unterstützen und insoweit auch das Kindeswohl zu fördern,

256 *Proksch*, Reform des Kindschaftsrechts (2002) 397, 407, 413.
257 *Proksch*, Reform des Kindschaftsrechts (2002) 397.
258 *Proksch*, Reform des Kindschaftsrechts (2002) 404.

- das Konfliktniveau zwischen den Eltern zu reduzieren und gerichtliche Auseinandersetzungen zu vermeiden/vermindern,
- Beeinträchtigungen bei den Kindern durch die Trennung und Scheidung zu mindern,
- die Motivation der Eltern zur eigenständigen Regelung zu verbessern,
- finanziell zufriedenstellende Unterhaltsregelungen zu treffen und einzuhalten.“[259]

#### 2.1.2.3 Untersuchungen aus Österreich

Österreichische Untersuchungen zum Thema, insb empirische, sind – meines Wissens – rar. Dies liegt vermutlich auch an der im europäischen Vergleich relativ späten Einführung der Möglichkeit der Obsorge beider Eltern (ObE), wie die exakte österreichische Terminologie lautet, nach der Scheidung. Die erste größere empirische Untersuchung infolge der neuen gesetzlichen Grundlagen in Österreich erschien 2002 unter dem Titel „Erwartungen zur Implementierung der gemeinsame Obsorge in Österreich“. Die Autorinnen, *Karazman-Morawetz* und *Pelikan*,[260] führten Gespräche mit RichterInnen, SozialarbeiterInnen, PsychologInnen, RechtsfürsorgerInnen, VertreterInnen der Kinder- und Jugendanwaltschaft, des Frauennotrufs und der Männerberatungsstelle, um die Meinungen und bisherigen Erfahrungen dieser Fachgruppen mit der neu geschaffenen Möglichkeit der gemeinsame Obsorge in Erfahrung zu bringen. Es handelt sich also um keine Untersuchung der Auswirkungen der ObE auf die betroffenen familiären Systeme aus Sicht der Betroffenen selbst, sondern um eine ExpertInnenbefragung. Aus diesem Grund werde ich die Ergebnisse der Untersuchung an dieser Stelle – trotz ihres Wertes – nicht näher ausführen.

Es sei nur so viel gesagt, dass die Autorinnen damals zu dem Schluss kamen, dass vieles darauf hindeute, dass sich trotz veränderter gesetzlicher Möglichkeiten in der Praxis wenig ändere: Es seien weiterhin die Mütter, die die alleinige Obsorge behalten. Die Zahl der Vereinbarungen über eine ObE wurde zum damaligen Zeitpunkt auf nur 10 % bis 15 % geschätzt. Es gebe jedoch vereinzelt Hinweise darauf, so *Karazman-Morawetz* und *Pelikan*, dass die neue rechtliche Option im Sinne eines Kommunikationsmediums genutzt werde und von Frauen tatsächlich mehr Verantwortungsübernahme von Männern eingefordert werde.[261]

---

259 *Proksch*, Reform des Kindschaftsrechts (2002) 412.

260 *Karazman-Morawetz/Pelikan*, Erwartungen zur Implementierung der gemeinsamen Obsorge in Österreich. Forschungsbericht (2001).

261 *Karazman-Morawetz/Pelikan*, Erwartungen zur Implementierung der gemeinsamen Obsorge (2001) 156.

Obwohl dies gesetzlich eigentlich nicht vorgesehen war, gab es aber auch schon vor dem KindRÄG 2001 vereinzelt Elternpaare, die die Beibehaltung ihrer gemeinsamen Obsorge nach einer rechtskräftigen Scheidung vereinbarten. Da sie diese Regelung selbst initiieren und vermutlich in vielen Fällen auch erst durchsetzen mussten, kann wohl nicht davon ausgegangen werden, dass es sich dabei um „durchschnittliche" Scheidungseltern handelte und daher um eine repräsentative Stichprobe. Dennoch boten sie die Möglichkeit, bereits vor der gesetzlichen Einführung der ObE die Bedeutung dieser Obsorgeform für die betroffenen Familien zu untersuchen. Dies hat *Sluka*[262] im Rahmen ihrer Dissertation versucht.

*Die qualitative Studie von Sluka*

*Sluka* untersuchte, ob das gemeinsame Sorgerecht[263] grundsätzlich dazu geeignet ist, Kindern die Anpassung an die Scheidung ihrer Eltern zu erleichtern. Sie befragte 17 Frauen mit gemeinsamem Sorgerecht und 17 Frauen mit alleinigem Sorgerecht anhand eines voll standardisierten Fragebogens. Da nur wenige Väter zur Teilnahme an der Studie bereit waren und viele Mütter eine Befragung der Kinder untersagten, liegen der Untersuchung nur die Aussagen der Mütter zugrunde. In der Gruppe der gemeinsam sorgeberechtigten Mütter wurden nicht nur Frauen einbezogen, die nach einer rechtskräftigen Scheidung das gerichtlich festgelegte gemeinsame Sorgerecht hatten, sondern auch Frauen, die von ihren Ehemännern dauernd getrennt lebten, deren Scheidungsverfahren jedoch noch nicht abgeschlossen waren, die aber planten, mit ihrem Exmann nach der erfolgten Scheidung das gemeinsame Sorgerecht zu praktizieren, und dies bereits in der Trennungsphase taten.[264] Im Durchschnitt lag die Trennung bei den gemeinsam sorgeberechtigten Müttern 4,2 Jahre und bei den allein sorgeberechtigten Müttern 4,9 Jahre zurück. Die kürzeste Trennungsdauer betrug ein Jahr, die längste 13 Jahre.[265]

Da es möglicherweise besonders engagierte Mütter waren, die das gemeinsame Sorgerecht wählten, und sich daher unter Umständen die Erziehungsqualitäten der Mütter zwischen den Gruppen unterschieden, wurde zur Feststellung des Erziehungsverhaltens die Hamburger Erziehungsverhaltensliste für Mütter angewandt. Auf diese Weise sollte geklärt werden, ob eventuell vorhandene Unterschiede in der Anpassung der Kinder nach der Scheidung der Eltern wirklich auf die praktizierte Sorgerechtsform zurückzuführen sind oder ob das Erziehungsverhalten der Mütter bei diesem Unterschied in der Anpassung eine Rolle spielt.[266]

262 *Sluka*, Das gemeinsame Sorgerecht – ein Modell für die Zukunft? (1996).
263 Exakt „Obsorge"; die Studie wurde vor dem KindRÄG 2001 durchgeführt.
264 *Sluka*, Das gemeinsame Sorgerecht (1996) 45.
265 *Sluka*, Das gemeinsame Sorgerecht (1996) 49.
266 *Sluka*, Das gemeinsame Sorgerecht (1996) 47 f.

Aus der übergeordneten Fragestellung zur Bedeutung des gemeinsamen Sorgerechts für die Anpassung der Kinder formulierte *Sluka* folgende Subfragen:

- Worin unterscheiden sich die Lebensbedingungen von Kindern, deren Eltern sich nach einer Scheidung das Sorgerecht teilen, von den Lebensbedingungen der Kinder, die bei einem allein sorgeberechtigten Elternteil leben?
- Zeigen Kinder von geschiedenen Eltern mit gemeinsamem Sorgerecht weniger oder andere Symptome als Kinder, die bei einem allein sorgeberechtigten Elternteil leben?
- Unterscheidet sich das Erziehungsverhalten von Müttern, die nach einer Scheidung das gemeinsame Sorgerecht praktizieren, vom Erziehungsverhalten der Mütter, die nach einer Scheidung allein sorgeberechtigt sind?
- Als zusammenfassende Bewertung der gesammelten empirischen Daten: Ist das gemeinsame Sorgerecht besser für die Kinder als das alleinige Sorgerecht eines Elternteils?[267]

Zur Erfassung etwaiger **Unterschiede in den Lebensbedingungen** der Kinder der Versuchs- und Kontrollgruppe wurden die Mütter befragt nach:

- den Veränderungen ihrer finanziellen Situation nach der Trennung,
- dem hauptsächlichen Wohnort der Kinder,
- der Art und der Gestaltung der Vater-Kind-Kontakte,
- dem Vorhandensein eines eigenen Wohnbereichs der Kinder beim Vater,
- den Veränderungen im Vater-Kind-Kontakt seit der Trennung/Scheidung,
- den Kontaktwünschen der Kinder und der Väter,
- der Einstellung der Mütter zu den Vater-Kind-Kontakten,
- der Teilnahme des Vaters an der Erziehung und am Alltagsmanagement,
- der Häufigkeit, den Themen und den Austragungsweisen von Konflikten zwischen den geschiedenen Eltern,
- der Einbeziehung der Kinder in diese Konflikte,
- den Veränderungen in der Mutter-Kind-Beziehung nach der Trennung,
- der Einstellungen der Mutter zur vereinbarten Sorgerechtsform sowie
- dem Erziehungsstil der Mutter (anhand der Hamburger Erziehungsverhaltensliste).

Auf Fragen, wie die Trennung der Eltern von den Kindern verarbeitet wurde, sowie nach Wünschen, Hoffnungen und Schmerzen der Kinder verzichtete die Autorin, da ihr die Mütter hierfür nicht als die geeignete Informationsquelle erschienen. (Aussagekräftige Daten zu diesen Fragen könnten nur die Kinder

267 *Sluka*, Das gemeinsame Sorgerecht (1996) 44.

selbst geben.) Dennoch wurden die Mütter nach dem Auftreten von in der Literatur als typische Scheidungsfolgen beschriebenen Symptomen im ersten Jahr nach der Trennung und nach ihrem Anhalten bis zum Zeitpunkt der Untersuchung befragt. Diese Angaben wurden dann als Hinweise für die psychische Belastung der Kinder gewertet.

Im Folgenden werden die **wichtigsten Ergebnisse** zu jenen Fragen wiedergegeben, die sich (direkt oder indirekt) auf die Situation der Kinder beziehen:

Die Kinder aller allein sorgeberechtigten Mütter lebten (selbstverständlich) bei diesen. Auch von den gemeinsam sorgeberechtigten Müttern gaben weitaus die meisten an, dass ihre Kinder hauptsächlich bei ihnen wohnten (**Residenzmodell**). Nur zwei gemeinsam sorgeberechtigte Elternpaare wählten das **Wechselmodell**, dh, dass ihre Kinder abwechselnd beim Vater und bei der Mutter wohnten. Diesem Ergebnis zufolge unterschieden sich – so *Sluka* – die Gruppen hinsichtlich der Betreuung der Kinder nicht voneinander: Sowohl die Kinder mit allein sorgeberechtigten Müttern als auch jene der gemeinsam sorgeberechtigten Eltern lebten (überwiegend) bei ihren Müttern und wurden daher auch vorwiegend von diesen betreut und versorgt.[268]

Es waren ebenfalls keine Unterschiede zwischen den beiden Gruppen feststellbar, was den **eigenen Wohnbereich** und eigene Spielsachen der Kinder **in der väterlichen Wohnung** anbelangte: In beiden Gruppen räumte etwa die Hälfte der geschiedenen Väter ihren Kindern einen eigenen Wohnbereich mit eigenen Spielsachen ein.[269]

Die Kinder mit gemeinsam sorgeberechtigten Eltern hatten mehr **Kontakt mit ihren Vätern** als die Kinder mit allein sorgeberechtigten Müttern: Von den 29 Kindern mit gemeinsam sorgeberechtigten Eltern sahen 14 Kinder mehrmals in der Woche bis täglich den getrennt lebenden Vater. Bei den Kindern mit allein sorgeberechtigten Müttern hatten nur drei Kinder so oft Kontakt zum Vater. Kontaktabbrüche waren jedoch in beiden Gruppen festzustellen, und zwar in drei Fällen der Alleinsorge und in zwei Fällen der gemeinsamen elterlichen Sorge.[270] Die Familien mit Alleinsorge hatten in der Tendenz eher feste Besuchsregelungen getroffen, während Familien mit gemeinsamer Sorge tendenziell eher flexible Regelungen hatten, dh, dass sie die Besuchstermine fallweise und je nach Bedarf vereinbarten. Die Väter mit gemeinsamem Sorgerecht hielten die Besuchstermine konsequenter ein als die nur besuchsberechtigten Väter. Da jedoch – nach Aussage der Mütter – nur ein besuchsberechtigter Vater die Besuchstermine ausdrücklich aus Mangel an Interesse nicht einhielt, die übrigen jedoch berufliche oder andere Terminkollisionen als Begründung angaben, kann – so

268 *Sluka*, Das gemeinsame Sorgerecht (1996) 50.
269 *Sluka*, Das gemeinsame Sorgerecht (1996) 54.
270 *Sluka*, Das gemeinsame Sorgerecht (1996) 53.

*Sluka* – nicht zwingend auf ein mangelndes Interesse dieser Väter an den Besuchskontakten mit ihren Kinder geschlossen werden. Möglicherweise liege die häufigere Rate an Absagen der nur besuchsberechtigten Väter an der unflexiblen Besuchsregelung, die in dieser Gruppe häufiger anzutreffen sei.[271]

In Hinblick auf die **Art der Vater-Kind-Kontakte** unterschieden sich die Sorgerechtsgruppen insofern nicht voneinander, als in beiden Gruppen telefonische Kontakte gepflegt wurden, das Kind den Vater besuchte und Vater und Kind sich außer Haus trafen. Es besuchten jedoch signifikant mehr gemeinsam sorgeberechtigte Väter als nicht sorgeberechtigte Väter ihre Kinder bei diesen zu Hause. Die Kinder hätten so den Vater bei sich in ihrer vertrauten Wohn- und Lebenssphäre und könnten im vertrauten Rahmen mit ihm zusammen sein, was – so *Sluka* – unter Umständen mehr Nähe ermögliche. Daraus könne man auch auf eine erhöhte Gesprächsbereitschaft der gemeinsam sorgeberechtigten Eltern im Vergleich zu den geschiedenen Paaren, in denen ein Elternteil allein sorgeberechtigt ist, schließen, da die Kinder zu Hause zu besuchen ja auch bedeute, die Kinder bei der ehemaligen Partnerin zu Hause zu besuchen. Ähnlich sei die Tatsache zu bewerten, dass über die Hälfte der gemeinsam sorgeberechtigten Väter (gegenüber weniger als ein Viertel der besuchsberechtigten Väter) Feste wie Weihnachten oder den Geburtstag des Kindes im Rahmen der alten Familie feierte. Dies bedeute für das Kind, so *Sluka*, dass der Vater in seine Lebenswelt komme und daran teilnehme. Fraglich sei jedoch nach *Sluka*, ob der dadurch gewonnene Vorteil von mehr Nähe zum Vater nicht teilweise durch eine erschwerte Anpassung an die Realität der Scheidung erkauft werde.[272]

Bezüglich der **Gestaltung der Vater-Kind-Kontakte** erwiesen sich die gemeinsam sorgeberechtigten Väter als aktiver als die nur besuchsberechtigten Väter: Sie unternahmen mehr gemeinsam mit ihren Kindern, sie spielten mehr mit ihnen, betätigten sich mit ihren Kinder sportlich, lernten mehr mit ihnen und führten mehr ausführliche Gespräche mit ihnen. Die gemeinsam sorgeberechtigten Väter erscheinen – so *Sluka* – interessierter daran zu sein, am Leben ihrer Kinder teilzunehmen, sich intensiver mit den Gedanken, Wünschen, Bedürfnissen und Problemen der Kinder auseinanderzusetzen. Allerdings scheinen auch die gemeinsam sorgeberechtigten Väter mehr an Freizeitaktivitäten mit den Kindern interessiert zu sein als an anderen Betreuungsaufgaben. Dies folgert *Sluka* aus den Angaben der Mütter, dass weniger als die Hälfte der gemeinsam sorgeberechtigten Väter während der Besuchskontakte mit den Kindern lernte. Das gemeinsame Sorge hatte – so *Sluka* – keinen Einfluss auf die *Veränderung* der Vater-Kind-Beziehung nach der Scheidung: Art und Umfang der Kontakte zwischen Vater und Kind hatten sich in beiden Vätergruppen in der Zeit seit der

271 *Sluka*, Das gemeinsame Sorgerecht (1996) 50–53.
272 *Sluka*, Das gemeinsame Sorgerecht (1996) 54.

Trennung gleich häufig intensiviert, verringert bzw waren gleich geblieben. (In beiden Gruppen gab ca ein Drittel der Mütter an, dass sich der Kontakt intensiviert hatte, ein Drittel gab an, dass er sich reduziert hatte, und ein Drittel der Mütter stellte keine Veränderung fest.) *Sluka* schließt daraus, dass für die Art und Weise, wie sich die Intensität und die Häufigkeit der Vater-Kind-Kontakte nach der Trennung der Eltern entwickelten, andere Faktoren als die Sorgerechtsform von Bedeutung waren.[273]

Tendenziell wünschten sich mehr Kinder, deren Eltern die gemeinsame Sorge praktizieren, häufigeren Kontakt mit ihren Vätern als Kinder mit allein sorgeberechtigten Müttern. Mögliche Erklärungen für dieses überraschende Ergebnis wären nach *Sluka*, dass Kinder mit gemeinsam sorgeberechtigten Eltern weniger Loyalitätskonflikte haben und sich daher eher trauen, ihren Müttern gegenüber den Wunsch nach mehr Kontakt zum Vater zu äußern, bzw dass Kinder mit gemeinsam sorgeberechtigten Eltern die Besuchskontakte mit den Vätern befriedigender und intensiver erleben und sich daher häufigere Besuche wünschen als Kinder mit allein sorgeberechtigten Müttern.

Hochsignifikant war der Unterschied in den Reaktionen der Väter auf diese vermehrten Kontaktwünsche: Die meisten gemeinsam sorgeberechtigten Väter gingen auf diese Wünsche ein, während die meisten besuchsberechtigten Väter derjenigen Kinder, die sich mehr Kontakt wünschten, diesen Wünsche nicht entsprachen. (Es wird leider nicht ausgeführt, was genau damit gemeint ist.) Dieser Unterschied könne, so *Sluka*, sowohl als ein unterschiedlich ausgeprägtes Interesse an häufigeren Kontakten mit den Kindern als auch als eine Folge der Unterschiede in der Flexibilität der Besuchsvereinbarung interpretiert werden. Da die Väter nicht selbst befragt wurden, könne jedoch diesbezüglich nur spekuliert werden.[274]

Den Einschätzungen der Mütter zufolge äußerten in der Tendenz die gemeinsam sorgeberechtigten Väter häufiger von sich aus Kontaktwünsche als die nur besuchsberechtigten Väter. *Sluka* sieht darin ein tendenziell geringeres Interesse der nur besuchsberechtigten Väter am Kontakt mit ihren Kindern und schließt weiter daraus, dass die nur besuchsberechtigten Väter tendenziell aus mangelndem Interesse an den Besuchskontakten nicht auf die Wünsche ihrer Kinder nach mehr Kontakt eingingen. Im Gegensatz zu den vorsichtigen Interpretationen der unterschiedlichen Reaktionen der Vätergruppen auf die Kontaktwünsche der Kinder an früherer Stelle zieht *Sluka* hier recht schnell Schlüsse aus den Angaben der Mütter über ihre ehemaligen Partner. Sie zieht nicht in Betracht, dass die Kontaktmöglichkeiten von bloß besuchsberechtigten Vätern in vielen Fällen durch eine klare Besuchsregelung festgeschrieben sind und sich diese Väter, selbst wenn sie sich mehr

273 *Sluka*, Das gemeinsame Sorgerecht (1996) 55 f.
274 *Sluka*, Das gemeinsame Sorgerecht (1996) 57 f.

Kontakt wünschten, damit abfinden müssen oder gar keine Chance sehen, ihre Kontaktwünsche zu realisieren. Für diese Überlegung spricht, dass über die Hälfte der allein sorgeberechtigten Mütter dieser Studie zufrieden mit einem seltenen Kontakt zwischen Vater und Kind war.[275]

Die Mehrheit der Kinder wünschte die Kontakte zum getrennt lebenden Elternteil. Kinder, die den Kontakt zum Vater gelegentlich ablehnten, stammten signifikant häufiger aus der Gruppe Alleinsorge. *Sluka* sieht eine mögliche Erklärung dafür darin, dass die Kinder mit gemeinsam sorgeberechtigten Vätern – das heißt auch mit relativ häufigem Kontakt zum Vater – es sich aus der Sicherheit über den Fortbestand dieser Beziehung heraus möglicherweise eher erlauben konnten, hin und wieder einen Besuchstermin abzusagen, wenn sie zu diesem Zeitpunkt eine andere Aktivität planten.

Die gemeinsam sorgeberechtigten Mütter waren zufrieden mit dem häufigen Vater-Kind-Kontakt, während die meisten allein sorgeberechtigten Mütter zwar auch zufrieden mit der Häufigkeit der Vater-Kind-Kontakte waren, über die Hälfte davon jedoch zufrieden mit einem seltenen Kontakt war.[276]

Die gemeinsam sorgeberechtigten Väter fühlten sich häufiger in jeder Beziehung für ihre Kinder verantwortlich, beteiligten sich tendenziell stärker an der Erziehung der Kinder, übernahmen mehr Aufgaben im Alltagsmanagement mit den Kindern und waren stärker in die Entscheidungsfindung in Angelegenheiten der Kinder eingebunden als nur besuchsberechtigte Väter: Über die Hälfte der gemeinsam sorgeberechtigten Mütter gab an, dass ihr ehemaliger Partner genauso viel **Verantwortung für die Kinder** übernehmen würde wie sie selbst, während keine der allein sorgeberechtigten Mütter diesen Eindruck wiedergab. Weitaus die meisten allein sorgeberechtigten Mütter gaben an, dass ihre ehemaligen Partner in keiner Hinsicht so viel Verantwortung für das Kind übernehmen würden wie sie selbst. Über die Hälfte der gemeinsam sorgeberechtigten Mütter antwortete weiters, dass ihr ehemaliger Partner an der Erziehung des Kindes teilnimmt, ca ein Drittel, dass er es nicht tut. Bei den allein sorgeberechtigten Müttern war das Verhältnis genau umgekehrt. Die gemeinsam sorgeberechtigten Väter brachten ihre Kinder häufiger zur Schule oder in den Kindergarten und/oder holten sie dort ab. Sie gingen deutlich häufiger zu Elternabenden und begleiteten die Kinder zum Arzt. Sie kauften häufiger mit den Kindern Schulsachen und Bekleidung ein, und in der Tendenz betreuten sie auch häufiger die Kinder bei der Erledigung der Hausaufgaben. Etwa ein Drittel der Mütter mit gemeinsamem Sorgerecht gab an, dass der Vater sich in keiner Weise am Alltagsmanagement beteilige, im Unterschied zu drei Viertel der allein sorgeberechtigten Mütter, die den gleichen Eindruck hatten.

275 *Sluka*, Das gemeinsame Sorgerecht (1996) 57–60.
276 *Sluka*, Das gemeinsame Sorgerecht (1996) 59 f.

Deutliche Unterschiede gab es auch in der Bereitschaft der Eltern, sich über das Kind betreffende Fragen auseinanderzusetzen und **Entscheidung gemeinsam zu treffen** (etwa in Bezug auf Taschengeld, Freizeitaktivitäten, Ausgehen, Schlafenszeiten, Kindergarten- oder Schulwahl, Erziehungsstil). Insgesamt sagte nur eine gemeinsam sorgeberechtigte Mutter, dass sie alle das Kind betreffende Entscheidungen allein traf, im Unterschied zu etwa drei Viertel der allein sorgeberechtigten Mütter, die diese Entscheidungen ebenfalls alleine trafen.

Zur Frage, ob sich die **Beteiligung der Väter am Alltag seit der Trennung** verringerte, vermehrte oder gleich geblieben war, konnte festgestellt werden, dass sich die nur besuchsberechtigten Väter tendenziell nach der Trennung von ihren Partnerinnen weniger am Alltagsmanagement mit den Kindern beteiligten als vor der Trennung. Die gemeinsam sorgeberechtigten Väter behielten – den Aussagen der geschiedenen Mütter zufolge – meist ihre Beteiligung am Alltagsmanagement bei. Alle gemeinsam sorgeberechtigten Mütter, die keine Veränderung der Beteiligung des Vaters am Alltagsmanagement nach der Trennung festgestellt hatten, gaben bei den Fragen nach dem Ausmaß der Mitwirkung des Vaters zum Untersuchungszeitpunkt eine hohe Beteiligung an, wohingegen alle allein sorgeberechtigten Mütter, die diesbezüglich keine Veränderung bei den Vätern wahrnahmen, eine äußerst geringe bis gar keine Beteiligung des Vaters am Alltagsmanagement der Kinder angaben. Vereinfacht ausgedrückt könne daher nach *Sluka* gesagt werden, dass die Mehrzahl der gemeinsam sorgeberechtigten Väter bereits während der Ehe aktiv im Alltagsmanagement mit den Kindern beteiligt war und dieses Engagement auch nach der Trennung beibehalten hat, während die Hälfte der nur besuchsberechtigten Väter ihr Engagement verringerte und die andere Hälfte ihr bereits in der Ehe niedriges Niveau an Beteiligung beibehalten hatte.

Insgesamt zeigten die gemeinsam sorgeberechtigten Eltern eine höhere Gesprächs- und Kooperationsbereitschaft als Eltern mit alleinigem Sorgerecht eines Elternteils.[277] Neben dem dadurch vermehrten Kontakt mit den Kindern unterstützten und entlasteten sie so ihre ehemaligen Partnerinnen im Alltag mit den Kindern. Die Mütter waren häufiger nicht alleine mit der Erziehung, der Verantwortung und dem Alltagsleben befasst, was – so *Sluka* – sicherlich zu einer Erleichterung der Situation der geschiedenen Mütter beigetragen hatte. Im Umweg über eine weniger belastete Mutter könne – so *Sluka* – dies auch den Kindern zugutekommen, abgesehen von dem emotionalen Gewinn, den ein Kind unter Umständen dadurch haben könne, dass es sieht, dass sich sein Vater um es kümmert.

Allerdings erscheint es nach *Sluka* fraglich, ob es die Rechtsform der gemeinsamen Sorge war, die dieses höhere Engagement der gemeinsam sorgeberechtigten Väter bewirkt hatte. Die Tatsache, dass diejenigen gemeinsam sorgeberechtigten

277 *Sluka*, Das gemeinsame Sorgerecht (1996) 78.

Väter, die viel an der Erziehung und dem Alltag ihrer Kinder teilnahmen, dies auch bereits vor der Trennung von ihren Partnerinnen getan hatten, und die Tatsache, dass diejenigen nur besuchsberechtigten Väter, die wenig an Erziehung und Alltag ihrer Kinder teilnahmen, dies ebenfalls bereits vor der Trennung so gehandhabt hatten, ließen nach *Sluka* eher den Schluss zu, dass die Väter, entsprechend ihrer Bereitschaft sich zu engagieren, die eine oder andere Sorgerechtsform präferierten. In der Zusammenfassung der Ergebnisse schreibt *Sluka* dann sogar, dass die Sorgerechtsform *nicht* ausschlaggebend für das väterliche Engagement nach der Trennung sei.[278] Diese (radikale) Feststellung erscheint mir aufgrund der erhobenen Daten nicht nachvollziehbar, denn es bleibt erstens die Frage offen, was es bedeuten mag, dass etwa die Hälfte der nur besuchsberechtigten Väter und nur etwa ein Sechstel der gemeinsam sorgeberechtigten Väter ihr Engagement nach der Trennung verringerten. Zweitens stellt sich die Frage, ob sich die „engagierten Väter" nach der Trennung ohne gemeinsames Sorgerecht nicht auch aus dem Alltagsmanagement zurückgezogen hätten und insofern die Form des Sorgerechts dennoch eine Bedeutung für das väterliche Engagement nach der Trennung haben könnte, weniger in dem Sinn, zuvor fehlendes Engagement hervorzubringen, als in dem Sinn, vorhandenes Engagement zu erhalten. Die Beantwortung dieser Frage hätte jedoch ein anderes methodisches Vorgehen erfordert.

Das Vorhandensein von **Konflikten zwischen den Eltern** wurde in beiden Gruppen annähernd gleich angegeben. Auch bei den Streitthemen unterschieden sich die Gruppen nicht voneinander. Es wurden gleichermaßen Fragen des Besuchsrechts, des Unterhalts, der Kindererziehung, Verletzungen wegen einer neuen Partnerschaft, aber auch unerledigte Themen aus der geschiedenen Ehe als Konfliktstoff genannt. Die Konflikte wurden in beiden Gruppen auch ähnlich ausgetragen. Das gemeinsame Sorgerecht – folgert *Sluka* – verhindere weder Konflikte geschiedener Eltern, noch provoziere es zusätzlichen Streit.[279] Allerdings bestehe ein für das Erleben der Kinder wesentlicher Unterschied darin, wie mit den Kindern über die Konflikte der Eltern gesprochen werde. Der auch statistisch signifikante Unterschiede liege in dem Versuch der gemeinsam sorgeberechtigten Mütter, Loyalitätskonflikte der Kinder zu vermeiden, indem sie diesen erklärten, dass der Streit nur mit ihnen selbst und ihren ehemaligen Partnern zu tun habe und die Kinder sich dafür weder verantwortlich fühlen noch in diesem Streit Partei ergreifen müssten. Die gemeinsam sorgeberechtigten Mütter hielten demnach ihre Kinder bedeutend häufiger als die allein sorgeberechtigten Mütter aktiv aus dem Streit der geschiedenen Eltern heraus, um ihnen Schuldgefühle und das Gefühl der Verantwortlichkeit für den Streit zu nehmen und ihnen Loyalitätskonflikte zu ersparen. Ob diese Haltung eine Auswirkung des gemeinsamen

278 *Sluka*, Das gemeinsame Sorgerecht (1996) 61–67, 78
279 *Sluka*, Das gemeinsame Sorgerecht (1996) 78.

Sorgerechts war oder ob Mütter, die stark daran interessiert waren, die Kinder nicht mit ihren Problemen und Konflikten zu belasten, eher das gemeinsame Sorgerecht nach einer Scheidung wählten, könne, so *Sluka*, aufgrund der vorliegenden Untersuchungsergebnisse nicht gesagt werden. Es zeigte sich weiters, dass allein sorgeberechtigte Mütter sich eher als gemeinsam sorgeberechtigte Mütter selbst bei den Kindern Trost holten, indem sie diesen erklärten, warum sie unglücklich über die Konflikte mit ihren ehemaligen Partnern waren. Dies könne, so *Sluka*, als eine Art „Rollenumkehr" zwischen Kind und Mutter bewertet werden.[280]

Das gemeinsame Sorgerecht könne – so *Sluka* – eine Verschlechterung in der Mutter-Kind-Beziehung und einen **Verlust an mütterlicher Kompetenz** im ersten Jahr nach der Scheidung der Eltern nicht verhindern. In beiden Gruppen gaben die befragten Mütter etwa gleich häufig den Eindruck wieder, dass sie nach der Trennung weniger Zeit für ihre Kinder hatten. Sie verloren an elterlicher Kompetenz, indem sie entweder strenger waren als vor der Trennung oder weniger in der Lage waren, konsequent auf die Einhaltung von Regeln zu achten. Insgesamt wurde nur selten angegeben, dass Mutter und Kind mehr Konflikte miteinander hatten und dass das Kind zur Vertrauensperson der Mutter geworden war, und diesbezüglich unterschieden sich die Angaben beider Müttergruppen auch nicht voneinander. Für viele Kinder gemeinsam sorgeberechtigte Eltern gelte, so *Sluka*, genauso wie für viele Kinder allein sorgeberechtigte Mütter, dass sich nach der Trennung der Eltern zumindest vorübergehend die Beziehung zur sie versorgenden Mutter verschlechtert. Ein bedeutsamer Unterschied zeigte sich jedoch darin, dass die gemeinsam sorgeberechtigten Mütter signifikant häufiger angaben, sie hätten sich nach der Trennung weniger intensiv mit den Sorgen und Problemen des Kindes auseinandergesetzt als vor der Trennung. *Sluka* verweist auf zwei mögliche Erklärungsansätze dafür: Zum einen könnte man annehmen, die gemeinsam sorgeberechtigten Mütter beobachten und hinterfragen ihre eigene Handlungsweise sensibler. Es wäre aber zweitens denkbar, dass die gemeinsam sorgeberechtigten Mütter sehr viel Kraft in die Gespräche mit ihrem ehemaligen Partner um die Ausgestaltung des gemeinsamen Sorgerechts investieren müssen, sodass sie sich zumindest in der ersten Zeit nach der Trennung nicht so intensiv mit den Sorgen und Problemen ihrer Kinder auseinandersetzen könnten.[281]

Ein anderes Ergebnis bestand jedoch darin, dass Mütter mit gemeinsamer Sorge ihren Kindern signifikant mehr Zuwendung gaben als die allein sorgeberechtigten Mütter. Darin könnte – so *Sluka* – die Motivation für die Wahl des gemeinsamen Sorgerechts begründet sein, denn Mütter, die sich ihren Kindern stärker als andere zuwenden, seien vielleicht stärker daran interessiert, eine Re-

280 *Sluka*, Das gemeinsame Sorgerecht (1996) 68–70.
281 *Sluka*, Das gemeinsame Sorgerecht (1996) 71 f.

gelung ihrer Eheprobleme zu finden, die für die Kinder so wenig Veränderung wie nur möglich mit sich bringe, um sie am wenigsten zu belasten.[282] Es bleibt die Frage offen, wie ein Vergleich der Mütter *vor* der Trennung diesbezüglich ausgefallen wäre, denn so wie es möglich ist, dass die gemeinsam sorgeberechtigten Mütter von vornherein sensibler waren und deshalb die gemeinsame elterliche Sorge präferierten, ist auch denkbar, dass sie in der Nachscheidungssituation weniger belastet waren (sei es durch reale Entlastung oder durch eine geringere Belastung durch Schuldgefühle den Kindern gegenüber), wodurch sie innerlich freier waren, Bedürfnisse der Kinder zu befriedigen. Eine Einschätzung von *Sluka* findet sich zu dieser Denkvariante nicht, und die erhobenen Daten sind nicht geeignet, dazu Hinweise zu liefern.

In beiden Gruppen waren weitaus die meisten Mütter der Ansicht, dass sich die praktizierte Sorgerechtsform für sie und ihre Kinder bewährt hatte. **Vorteile der gemeinsamen Sorge** sahen die betroffenen Mütter darin,

- nicht jede Entscheidung alleine treffen zu müssen und sich durch die gemeinsame Verantwortung entlastet zu fühlen,
- dass die Kinder auf diese Weise mehr vom Vater hatten und der Vater gezwungen war, sich um das Kind zu kümmern,
- dass die Mütter mehr Zeit für sich selbst hatten,
- dass das Kind wusste, dass beide Eltern die Verantwortung für sein Wohlergehen tragen und sie
- dem Kind ein Muster für Konfliktlösung zu bieten.

Nur drei von 17 gemeinsam sorgeberechtigten Müttern hätten lieber das alleinige Sorgerecht gehabt. Sie begründeten dies damit, dass sie lieber alleine entscheiden würden, dass ihnen dadurch Konflikte mit ihrem ehemaligen Partner erspart bleiben würden, dass die Kinder zwischen den Eltern hin- und hergerissen würden, dass sie am liebsten nichts mehr mit dem Expartner zu tun hätten und sich der Vater vor der Trennung auch bereits wenig um die Kinder gekümmert hatte.[283]

Die allein sorgeberechtigten Mütter, die mit der Wahl der Sorgerechtsform zufrieden waren, benannten als **Vorteile der Alleinsorge**,

- nicht jede wichtige Entscheidung mit dem ehemaligen Partner besprechen zu müssen, sondern alleine entscheiden zu können,
- sich Konflikte mit dem ehemaligen Partner zu ersparen,
- den Kindern ein Hin-und-her-Gerissen-Sein zwischen den Eltern zu ersparen,
- mit dem ehemaligen Partner nichts mehr zu tun haben zu müssen.

282 *Sluka*, Das gemeinsame Sorgerecht (1996) 78.
283 *Sluka*, Das gemeinsame Sorgerecht (1996) 75–77.

Eine Mutter gab an, dass die gemeinsame Sorge nicht sinnvoll gewesen wäre, da sich der Vater bereits vor der Trennung wenig am Alltagsmanagement und der Erziehung der Kinder beteiligt hatte. Der größte Nachteil der Alleinsorge sei, so die Befragten, dass das Kind weniger vom Vater habe, aber die Beziehung zum Vater sehr wichtig sei.[284]

Obwohl die Autorin zunächst die Ansicht vertritt, die Frage, wie die Trennung der Eltern von den Kindern verarbeitet wurde, könne nicht durch die Befragung der Eltern beantwortet werden – dazu müssten Daten von den Kinder selbst erhoben werden –, fragte sie in den Elterninterviews nach Reaktionen der Kinder und interpretierte diese dann sehr wohl als Hinweise auf das Leid bzw die Anpassung der Kinder: Den Angaben der Mütter zufolge zeigten die Kinder beider Gruppen keine Unterschiede in ihren **Reaktionen auf die Scheidung der Eltern**, weder im Hinblick auf die Gesamtzahl der genannten Störungen noch im Hinblick auf die Verteilung auf die einzelnen Störungen noch hinsichtlich der Dauer des Auftretens der Verhaltensauffälligkeiten. Es liege – so *Sluka* – allenfalls eine Tendenz in die Richtung vor, dass die Kinder gemeinsam sorgeberechtigter Eltern länger Verhaltensauffälligkeiten aufwiesen als die Kinder allein sorgeberechtigter Mütter. (Es zeigte sich aber kein signifikanter Unterschied.) Diese Tendenz sei, so *Sluka*, möglicherweise dadurch zu erklären, dass das „Stück Normalität", das die gemeinsam sorgeberechtigten Eltern ihren Kindern ausdrücklich erhalten wollten, indem sie sich um häufige und für das Kind befriedigende Kontakte zum Vater kümmerten, besondere Festtage häufiger im Rahmen der „alten" Familienstruktur feierten und die ehemaligen PartnerInnen mehr Kontakt untereinander hatten, den Kindern die Anpassung an die Scheidung der Eltern erschwerte. Möglicherweise litten sie dadurch länger als Kinder allein sorgeberechtigter Mütter, die sich vor relativ klar definierten neuen Elternpositionen wiederfanden. Insgesamt folgert *Sluka*, dass das gemeinsame Sorgerecht die betroffenen Kinder nicht vor Befindlichkeitsstörungen und Verhaltensauffälligkeiten schütze. In der Tendenz hätten Kinder gemeinsam sorgeberechtigter Eltern länger Schwierigkeiten und zeigten länger Symptome als Kinder allein sorgeberechtigter Mütter.[285]

**Zusammenfassend** verneint *Sluka* die Frage, ob das gemeinsame Sorgerecht besser für die Kinder sei als das alleinige Sorgerecht eines Elternteils. Sie begründet diese abschließende Bewertung damit, dass das gemeinsame Sorgerecht Väter nicht dazu veranlasse, ihre Vaterrolle auch in finanzieller Hinsicht über die Scheidung hinaus zu erfüllen, dass es auch bei der Veränderung der Vater-Kind-Beziehung nach der Scheidung keine Rolle spiele und dass es nicht die Vereinbarung des gemeinsamen Sorgerechts sei, die die Väter dazu veranlasse, sich um ihre Kinder zu kümmern. Eher liege der Schluss nahe, so *Sluka*, dass

284 *Sluka*, Das gemeinsame Sorgerecht (1996) 76 f.
285 *Sluka*, Das gemeinsame Sorgerecht (1996) 73–75.

Väter, die sich immer schon an der Erziehung und am Alltagsmanagement beteiligt haben, dies auch über die Scheidung hinaus tun wollen und daher die gemeinsame Sorge mit ihren ehemaligen Partnerinnen vereinbaren. Auch die Hoffnung, dass das gemeinsame Sorgerecht Streitigkeiten der Eltern über die Scheidung hinaus verhindere, werde durch die Untersuchungsergebnisse widerlegt. Den Unterschied in der Belastung der Kinder durch den Streit der Eltern, der in dem Versuch der gemeinsam sorgeberechtigten Mütter bestehe, ihren Kindern Loyalitätskonflikte zu ersparen, führt *Sluka* eher auf die Persönlichkeit und das Erziehungsverhalten der gemeinsam sorgeberechtigten Mütter und weniger auf die praktizierte Sorgerechtsform zurück. Außerdem fällt dieser wesentliche Unterschied in der Schlussfolgerung offensichtlich nicht ins Gewicht, denn *Sluka* schreibt: „Die Belastung durch den Streit der Eltern ist daher für die Kinder bei beiden Sorgerechtsformen gleich.“[286]

Weiters sei auch die in der Literatur bei allein sorgeberechtigten Müttern festgestellte Verschlechterung der Mutter-Kind-Beziehung durch das gemeinsame Sorgerecht nicht zu verhindern. Vor allem aber sei das gemeinsame Sorgerecht kein Mittel, den Kindern die Anpassung an die neue Lebens- und Familiensituation zu erleichtern und das Auftreten von Befindlichkeitsstörungen und Verhaltensproblemen zu vermeiden. Für die betroffenen Kinder bringe das gemeinsame Sorgerecht im Vergleich zu den Kindern allein sorgeberechtigter Mütter keine Erleichterung ihrer Lebenssituation mit sich und könne ihre psychische Belastung, die sich in Verhaltensauffälligkeiten manifestiere, nicht mildern.

Die festgestellte Tendenz, dass die Kinder gemeinsam sorgeberechtigter Eltern länger Verhaltensauffälligkeiten aufweisen als Kinder allein sorgeberechtigter Mütter, zeige vielmehr, dass die Kinder gemeinsam sorgeberechtigter Eltern sich – durch den häufigen Anschein familiärer Normalität – schwerer an die Scheidung der Eltern gewöhnen können und länger Anpassungsprobleme haben. Insgesamt biete das gemeinsame Sorgerecht keine Vorteile für die betroffenen Kinder und sei kein wegweisendes Modell für die Zukunft. Es könne höchstens für die geschiedenen Eltern eine interessante Alternative zum alleinigen Sorgerecht eines Elternteils darstellen. Das gemeinsame Sorgerecht biete – so *Sluka* abschließend – keine Vorteile, bringe aber auch nur den einen Nachteil einer erschwerten Realitätsanpassung an die veränderte Familiensituation mit sich.[287]

Angesichts der zuvor dargestellten Untersuchungsergebnisse muss diese (wenig differenzierte) Schlussfolgerung von *Sluka* doch einigermaßen überraschen: zum einen, weil sie sich dabei insb auf einen Aspekt bezieht, nämlich die kindliche Anpassung, operationalisiert durch für die Eltern wahrnehmbare Auffälligkeiten bzw Symptome, auf deren Untersuchung sie selbst zunächst (aus

---

286 *Sluka*, Das gemeinsame Sorgerecht (1996) 81.
287 *Sluka*, Das gemeinsame Sorgerecht (1996) 81 ff.

methodisch plausiblen Gründen) verzichten wollte; zum anderen, weil differenziertere Interpretationen der Ergebnisse, die sie selbst im Text anstellt, nun anscheinend genauso wegfallen wie Ergebnisse, die ihre abschließende Beurteilung nicht zu stützen scheinen.

## 2.2 Operationalisierungen des Kindeswohls in den bisherigen Untersuchungen

In bisherigen (mir vorliegenden) Untersuchungen, in denen versucht wurde, die Auswirkungen der Wahl des Sorgerechts (bzw in Österreich: der Obsorgeform) auf die Bewältigung des Scheidungserlebnisses durch die Kinder bzw ihre weitere Entwicklung zu erforschen, wurden – wie die ausführliche Darstellung der einzelnen Studie zeigte – unterschiedliche Kriterien herangezogen. Manche AutorInnen sprechen direkt von Auswirkungen auf das Wohl der Kinder, andere verwenden Formulierungen wie „wie es den Kindern mit der Sorgeregelung geht", „welches Sorgerechtsarrangement für (die Anpassung der) Kinder besser geeignet sei" uÄ. Oder es wird nach der Bedeutung des gemeinsamen Sorgerechts für konkrete – als für das Kindeswohl förderlich oder hinderlich vorausgesetzte – Bedingungen gefragt, wie etwa die Art der Vater-Kind-Beziehung nach der Scheidung oder das Konfliktniveau der Eltern. Dabei thematisieren manche AutorInnen Zusammenhänge bzw Wirkungsverhältnisse zwischen der Sorgerechtsform und bestimmten Entwicklungsbedingungen, andere beschreiben lediglich die (unterschiedlichen) Aufwachsbedingungen von Kindern aus Familien mit gemeinsamem und alleinigem Sorgerecht, ohne dabei zu thematisieren, ob bzw inwiefern es sich dabei um Auswirkungen der Sorgerechtsform handelt.

Grundsätzlich kann unterschieden werden zwischen **Hinweisen auf das Kindeswohl (Operationalisierungen)**, die direkt an den Kindern selbst festgemacht werden, und jenen, die indirekt, nämlich in den (Entwicklungs-)Bedingungen der Kinder, gesehen werden. Beides (oder auch eine kombinierte Annäherungsweise) an „das Kindeswohl" hat eine theoretische Berechtigung, erfordert aber unterschiedliche methodische Herangehensweisen. Und daran entzündet sich – wie gezeigt werden soll – oftmals (berechtigte) Kritik. Die folgende Tabelle 1 soll überblicksmäßig die wichtigsten Operationalisierungen wiedergeben, die den zuvor dargestellten Untersuchungen (zT implizit) zugrunde liegen. Dabei ist der unterschiedliche „Verarbeitungsgrad" der einzelnen Operationalisierungen zu tatsächlich messbaren Variablen zu beachten. Außerdem sind die Abgrenzungen zwischen und die Zuordnungen zu den verschiedenen Operationalisierungen/ Variablen nicht immer klar zu ziehen:

*Tabelle 1:* Operationalisierungen des Kindeswohls in den bisher dargestellten Studien

| **Operationalisierungen des Kindeswohls** | |
|---|---|
| **Merkmale (Variablen) des Kindes** | **Merkmale (Variablen) der Entwicklungsbedingungen des Kindes in der Nachscheidungsfamilie** |
| Anpassung (verhaltensmäßig und/oder emotional, sozial, schulisch)<br>*Abarbanel, Steinman, Shiller, Wallerstein/Blakeslee, Kline/Tschann/Johnston/Wallerstein, Johnston* | Erhalt der Beziehung zu beiden Eltern („äußerlich, dh Kontaktausmaß, und/oder „innerlich", dh beide Eltern bleiben „psychologische" Eltern, und/oder Vorhandensein eines triangulären Beziehungssystems)<br>*Abarbanel, Steinman, Wallerstein/Blakeslee, Kline, Maccoby/Mnookin, Greif, Jensen, Ottosen, Balloff/Walter, Gründel, Proksch, Sluka* |
| Scheidungsreaktionen, Befindlichkeitsstörungen, Verhaltensprobleme, Symptome<br>*Abarbanel, Shiller, Wallerstein/Blakeslee, Kline/Tschann/Johnston/Wallerstein, Johnston, Balloff/Walter, Gründel, Proksch, Sluka* | Konflikte der Eltern (Konfliktniveau bzw Konsensniveau)<br>*Shiller, Wallerstein/Blakeslee, Johnston, Kline/Tschann/Johnston/Wallerstein, Maccoby/Mnookin, Greif, Balloff/Walter, Gründel, Proksch, Sluka* |
| Stabilitätsreaktionen (innerliche Ausgeglichenheit, Durchschlafen, Selbständigkeit, Kontaktfreude, Leistungsanstieg)<br>*Balloff/Walter* | Kooperation der Eltern<br>*Steinman, Shiller, Wallerstein/Blakeslee, Johnston, Maccoby/Mnookin, Greif, Adenaes/Haavind, Ottosen, Balloff/Walter, Gründel, Proksch, Sluka* |
| Abfinden mit der elterlichen Trennung/Scheidung (als Hinweis für die Verarbeitung des Scheidungserlebnisses durch das Kind)<br>*Balloff/Walter* | Stabilität des Umfelds, Sicherheit und Orientierung im Alltag (Haben Kinder trotz gemeinsamer elterlicher Sorge einen Lebensmittelpunkt bzw einen Alltag, in dem sie sich orientieren können?)<br>*Abarbanel, Adenaes/Haavind, Steinman, Limbach, Gründel, Sluka* |
| Subjektives Wohlbefinden, Leid, Stress der Kinder im Hinblick auf die Sorgerechtsregelung (Wie geht es den Kindern mit dem gemeinsamen Sorgerecht? Wie erleben und verkraften die Kinder das Pendeln zwischen den Eltern im Falle des Wechselmodells?)<br>*Abarbanel, Steinman, Wallerstein/Blakeslee, Wallerstein/Lewis/Blakeslee, Adenaes/Haavind, Gründel* | Ähnlichkeit des Erziehungsmilieus bei Mutter und Vater<br>*Abarbanel* |
| Gefühl der Verantwortlichkeit für die Trennung/Scheidung der Eltern<br>*Steinman* | Ausmaß der Verbindung zwischen den Lebensbereichen bei Mutter und Vater<br>*Adenaes/Haavind* |
| Wiederversöhnungswünsche (dh der Wunsch, dass sich die Eltern wieder versöhnen mögen)<br>*Steinman, Balloff/Walter* | (Pädagogische) Haltungen der Eltern (zB Einstellung zum Kontakt des Kindes zum anderen Elternteil; grundsätzliche Achtung vor der elterlichen Bedeutung und Kompetenz des/der ExpartnerIn, grundsätzliches Vertrauen in den anderen Elternteil)<br>*Abarbanel, Steinman, Shiller, Gründel, Proksch, Sluka* |
| Loyalitätskonflikte<br>*Steinman, Johnston, Gründel* | (Verlust an) mütterliche(r) Kompetenz nach der Scheidung<br>*Sluka* |
| Parentifizierung<br>*Sluka* | (Verteilung der) Zufriedenheit der Eltern mit der Gestaltung der Nachscheidungssituation<br>*Greif, Gründel, Proksch* |

## 2.3 Theoretische Probleme

Angesichts dieser Vorgehensweisen werden folgende Probleme offensichtlich:

- Häufig werden die den Studien zugrunde liegenden **Operationalisierungen nicht definiert** und schon gar **nicht theoretisch begründet**. Dies trifft insb auf den in der amerikanischen Forschungsliteratur häufig verwendeten Begriff „Anpassung" zu. Die Beschreibung der verwendeten Untersuchungsinstrumente zeigt dann oft, dass die Anpassung der Kinder an die Situation lediglich am (Nicht-)Vorhandensein von (meist durch die Eltern beobachtbaren) emotionalen Problemen, Verhaltensproblemen oder Schulschwierigkeiten festgemacht wird.[288] Ein weiteres Beispiel für eine fehlende theoretische Begründung der Operationalisierungen findet man etwa bei *Balloff* und *Walter*, die offenlassen, inwiefern es ein Zeichen für die (psychische) Verarbeitung des Scheidungserlebnisses der Kinder ist, wenn sich diese mit der Trennung bzw Scheidung endgültig abgefunden haben. Gleiches gilt für sogenannte „Stabilitätsreaktionen" oder für bestimmte „äußere" Lebensbedingungen der Kinder, die (zT unbegründet und unreflektiert) als dem Kindeswohl dienlich oder abträglich vorausgesetzt werden, wie etwa ein regelmäßiger Alltag des Kindes.
- Mitunter scheinen Fragen an Eltern über die Situation ihrer Kinder **zu allgemein formuliert, um aussagekräftige Antworten zu erhalten**, so etwa „Was vermuten Sie, wie es den Kindern mit dieser Regelung geht im Vergleich zu anderen Alternativen?". „Es kann nämlich nicht damit gerechnet werden, dass alle befragten Eltern in ihrer Antwort von denselben Bezugspunkten ausgehen. Die Frage lässt offen, worauf die Eltern in ihrem Nachdenken den Fokus legen sollen: auf allenfalls vorhandene Verhaltensauffälligkeiten, Symptome oder Gefühlsäußerungen wie Weinen oder Wutanfälle oder die ‚Grundgestimmtheit' der Kinder (die auch bei Kindern, die gelegentlich äußerst heftige Wutanfälle zeigen, grundsätzlich gut sein kann) oder das Ausmaß ihrer sozialen Anpassung (Fleiß in der Schule, Bravsein ...) oder auch auf etwas ganz anderes. Damit entfällt aber die Möglichkeit des Vergleichs zwischen den verschiedenen Obsorgeformen."[289]
- Werden die Eltern nach ihrer Einschätzung der Auswirkungen auf das Kindeswohl befragt, muss bei der Interpretation der Ergebnisse darauf Bedacht genommen werden, „dass die **Antworten der Eltern** auch Ausdruck ihrer **unbewussten Abwehr** sein können: Einschätzungen von Eltern über ihre

288 Eine Ausnahme bildet dabei das sehr umfassende Forschungsdesign von *Kline* et al, in dem eine Einschätzung sowohl von den Eltern als auch von KlinikerInnen hinsichtlich unterschiedlicher Dimensionen der kindlichen Entwicklung erfolgt. Siehe S. 49.

289 *Barth-Richtarz/Figdor*, Was bringt die gemeinsame Obsorge? (2008) 16.

Kinder sind natürlich immer subjektiv und durch die je spezifischen Beziehungserfahrungen der Eltern (mit diesem Kind, aber auch ihren eigenen Eltern, Geschwistern usw) gefärbt. Darüber hinaus lösen aber gerade Fragen nach den Auswirkungen eines Ereignisses wie der Trennung und Scheidung bei den Befragten eine Fülle an Assoziationen und Gefühlen aus, die nur zT bewusst sind, weil deren Bewusstwerden für die Betroffenen zu schmerzlich und überfordernd wäre. Mit der Verdrängung dieser Gefühle geht jedoch eine entsprechende Einengung der Wahrnehmung einher, die sich auch auf die Wahrnehmung der Situation der Kinder erstrecken kann. *Werneck* beobachtete etwa, dass Mütter und Väter das Wohlbefinden ihrer Kinder tendenziell besser einschätzen, als es die Kinder selbst zum Ausdruck bringen.[290],[291] Das bedeutet aber auch umgekehrt, dass es Kindern von Eltern, die mehr Probleme ihrer Kinder wahrnehmen (und in Befragungen angeben), nicht zwangsläufig schlechter geht als jenen (vermeintlich) problemlosen Kindern.

- Noch problematischer erscheint es, wenn zur Beurteilung der Situation nur die Angaben der Mütter herangezogen werden.
- Versucht man, die Auswirkungen auf das Kindeswohl durch die **Erfassung von außen wahrnehmbarer Reaktionen, Verhaltensänderungen, Probleme, Symptome** uÄ zu beurteilen, entsteht ein weiteres Problem: „Zwar stimmt es, dass Kinder nach der Scheidung der Eltern unter Symptomen wie etwa Unruhe, Schlaflosigkeit, nächtliches Einnässen, Verhaltensauffälligkeiten (va disziplinäre Schwierigkeiten in der Schule und Familie; Diebstähle) oder an somatischen Beschwerden psychischen Ursprungs wie Magenschmerzen, Kopfschmerzen etc leiden; ein Großteil der Kinder, deren Eltern sich scheiden ließen, zeigen beträchtliche Irritationen des Gefühlsbereichs, sie leiden unter Ängsten, Ruhelosigkeit und Trauer, bei fast allen Kindern ist ein deutlicher Anstieg des Aggressionspotenzials zu bemerken, das sich in Form von Ärger oder Wut an einem oder beiden Elternteilen entlädt; einige Kinder reagieren auch mit verstärkter Abhängigkeit und/oder sozialem und emotionalem Rückzug; diese Symptome gehen oft mit Konzentrationsschwierigkeiten bzw einem allgemeinen Abstieg in den Schulleistungen einher.[292] Aber diese Symptome sind genauso wenig ein Indikator für das Wohl des Kindes wie das Ausmaß an sozialer und emotionaler Anpassung – und zwar unabhängig davon, ob die Einschätzung der Symptome durch die befragten Eltern oder durch diagnostisch geschulte ExpertInnen erfolgt: Von dem Vorhandensein oder Nicht-Vorhandensein bzw der Art und Schwere von äußeren Sympto-

290 *Werneck*, Auswirkungen einer Scheidung auf Befindlichkeit und Persönlichkeitsentwicklung, in *Zartler/Wilk/Kränzl-Nagl* (Hrsg), Eltern (2004).
291 *Barth-Richtarz/Figdor*, Was bringt die gemeinsame Obsorge? (2008) 16.
292 *Figdor*, Kinder aus geschiedenen Ehen (1991).

men alleine kann noch nicht darauf geschlossen werden, wie das Kind auf die Scheidung **seelisch** reagiert und welche Folgen für seine weitere Entwicklung damit verbunden sind. Aus psychoanalytischer Sicht sind va die Konflikte von Bedeutung, die hinter den Symptomen stehen. Wir müssen die (unbewusste) Bedeutung des äußeren Symptoms verstehen, um etwas über die Art und Schwere der Problematik sagen zu können, unter der das Kind leidet. Die (inneren) psychischen Vorgänge (Konflikte), die das Scheidungserlebnis der Kinder ausmachen bzw diesem folgen, finden zwar schließlich ihren Ausdruck auch im Verhalten. Jedoch ist dieser Zusammenhang nicht so zwingend, dass aufgrund der beobachtbaren äußeren Symptome ein Verständnis für die psychischen Vorgänge, die das Scheidungserlebnis des Kindes ausmachen, also die eigentlichen Scheidungsreaktionen,[293] gewonnen werden könnte. Ein und dasselbe Symptom kann Ausdruck und Folge verschiedener psychischer Prozesse sein, die sich in ihrer psychodynamischen Struktur und damit in ihrem pathogenen Stellenwert deutlich unterscheiden:

So kann sich in einem Symptom die momentane ‚psychische Überbelastung' angesichts der Tatsache, dass sich Mama und Papa scheiden lassen, zeigen. Eine Trennung bzw Scheidung stellt idR einen radikalen Bruch in den Lebensverhältnissen der Kinder (und ihrer Eltern) dar, der nicht ohne eine mehr oder weniger starke Irritation der Persönlichkeit denkbar ist. Die psychische Struktur der Kinder ist – zumindest in den allermeisten Fällen – mit der Bewältigung dieser Situation zunächst einmal überfordert. *Spiel*[294] prägte für psychische Reaktionen auf momentan sehr irritierende und belastende Situationen die Bezeichnung **‚Erlebnisreaktion'**. Erlebnisreaktionen sind reaktive Anpassungen an eine veränderte Umweltsituation, an \`verrückte´ Lebensumstände und insofern normale, gesunde Reaktionen. Sie können sich in verschiedensten Verhaltensauffälligkeiten oder somatischen Reaktionen manifestieren, die als Ausdruck der Gefühle und Affekte zu verstehen sind, die in diesem Zusammenhang frei werden, und sind von ‚vorübergehendem Charakter', also nicht Ausdruck einer strukturellen Veränderung der Psyche des Kindes. Es kann sich aber auch um ein ‚echtes' neurotisches Symptom handeln, das bereits einer ‚ernsteren Ebene von

293 Der Begriff der Scheidungsreaktion bezeichnet in unserem Verständnis nicht, wie man annehmen könnte, bestimmte im Zuge der Scheidung beobachtbare Verhaltensänderungen beim Kind, also „Symptome" wie Bettnässen, gesteigerte Angst vor Dunkelheit usw. Unter (psychischen) Scheidungsreaktionen verstehen wir vielmehr die diesen sichtbaren „Symptomen" zugrunde liegenden bewussten und unbewussten psychischen Vorgänge, die durch die Scheidung der Eltern hervorgerufen werden und somit das Scheidungserlebnis des Kindes ausmachen bzw diesem folgen; anders formuliert: das seelische Reagieren des Kindes auf die Scheidung (*Figdor*, Kinder [1991]).

294 *Spiel*, Therapie in der Kinder- und Jugendpsychiatrie (1967) 3.

Symptomen' zuzurechnen ist.[295]"[296] Insofern sind Untersuchungen der Kinder in der unmittelbaren Nachscheidungskrise hinsichtlich des Auftretens von Verhaltensproblemen, Symptomen etc wenig aussagekräftig im Hinblick auf die psychische Gesundheit der Kinder. Es ist sogar denkbar, dass mehr von den Eltern angegebene „Störungen" (zB nach CBCL) ein Hinweis sind auf eine (langfristig) gesündere Reaktionsweise der Kinder bzw auf eine sensiblere Wahrnehmung der Not der Kinder durch die Eltern sind.

„Was aber noch schwerer wiegt, ist der Umstand, dass sich spezifische Affekte oder psychische Konflikte keineswegs in Verhaltensweisen äußern müssen, die der Umgebung als abnorm, als Symptom auffallen. Es ist ein folgenschwerer Irrtum, die Schwere der psychischen Belastung an der Auffälligkeit eines Symptoms ablesen zu wollen. Bleiben besondere oder auffällige Anzeichen aus, muss das nicht bedeuten, dass das Kind von der Scheidungssituation völlig unberührt ist. Auch das Verschwinden eines Symptoms [oder sogenannte ‚Stabilitätsreaktionen'] muss [bzw müssen] nicht heißen, dass das Kind seine Krise bewältigt hat – im Gegenteil, es kann auch bedeuten, dass es seine Ängste, Aggressionen etc nun verdrängt und durch andere Abwehrbildungen ersetzt hat.[297]

- Wenn nach **Symptomen** gefragt wird, müsste auch erhoben werden, **seit wann** diese bestehen, um zu klären, ob es sich tatsächlich um Scheidungsreaktionen oder um Schwierigkeiten handelt, die bereits früher bestanden. Ebenso müsste nach der Persönlichkeit bzw dem Charakter des Kindes vor der Trennung bzw Scheidung gefragt werden, um allfällige Veränderungen feststellen zu können.
- So wie das Vorhandensein von Verhaltensauffälligkeiten kann auch die Äußerung von **Wiederversöhnungswünschen** nicht als Zeichen für das Misslingen des Bewältigungsprozesses gewertet werden. *Balloff* und *Walter*[298] schenkten dem Thema der Wiederversöhnungswünsche in ihrer Vergleichsstudie zwischen Alleinsorge und gemeinsamer Sorge große Beachtung. Sie fanden heraus, dass Kinder, die unter der gemeinsamen Sorge beider Elternteile aufwachsen, deutlich mehr Wiederversöhnungswünsche äußern als Kinder, die unter Alleinsorge aufwachsen, und zwar ansteigend mit der Kontakthäufigkeit zum getrennt lebenden Elternteil. Dieser Befund kann aber in zwei völlig unterschiedliche Richtungen interpretiert werden:[299]

295 *Figdor*, Scheidungskinder (1997).
296 *Barth-Richtarz/Figdor*, Was bringt die gemeinsame Obsorge? (2008) 16 f.
297 *Figdor*, Kinder aus geschiedenen Ehen (1991).
298 *Balloff*, Alleinerziehung und gemeinsame elterliche Sorge durch Trennung und Scheidung (1989); *Walter*, Alleinerziehung und gemeinsame elterliche Sorge durch Trennung und Scheidung (1989).
299 *Balloff/Walter*, Gemeinsame elterliche Sorge (1990).

Die erste Interpretationsmöglichkeit geht von der Vorstellung aus, dass erst häufige Kontakte die Wiederversöhnungswünsche entstehen lassen bzw diese aufrechterhalten. Kinder, die einem Elternteil in Alleinsorge überantwortet sind, würden sich nach diesem Interpretationsansatz eher mit der Trennung abfinden, während die Bedürfnisse, Wünsche und Sehnsüchte der Kinder bei gemeinsamer Sorge unverändert anhielten. Man könnte anhaltende Wiederversöhnungswünsche aber auch so interpretieren, dass Kinder mit zeitintensiverem Kontakt zum anderen Elternteil eher in die Lage versetzt werden, ihre Bedürfnisse und Wünsche zu **äußern**, da sie das Gefühl haben, dass der Kontakt zum getrennt lebenden Elternteil von dem Elternteil, bei dem sie leben, eher toleriert wird."[300] Ähnliches gilt auch für Loyalitätskonflikte von Kindern.

- Nicht nur manche **Operationalisierungen** für das Wohl oder Leid der Kinder, sondern auch für das Konsens- oder Konfliktniveau der Eltern sind grundsätzlich zu hinterfragen.
- Bei der Beurteilung des Einflusses der Sorgerechts- oder Obsorgeform auf die Entwicklungsbedingungen der Kinder nach der Scheidung kommt man um eines nicht umhin, nämlich um die Lösung des methodisch höchst anspruchsvollen Problems, **kausale Zusammenhänge** zu untersuchen. Bei manchen Studien gewinnt man jedoch den Eindruck, dass deskriptive Ergebnisse, die die Situation der Kinder bzw der Familien nach der Scheidung beschreiben, (je nach grundsätzlicher Einstellung des/der Autors/in zum gemeinsamen Sorgerecht) in die eine oder andere Richtung interpretiert werden, in dem Sinne, dass dieses oder jenes Ergebnis eine Auswirkung des gemeinsamen Sorgerechts sei oder eben nicht. Der (letztlich nie endgültig zu klärenden) Frage nach dem Ursache-Wirkungs-Verhältnis scheint an manchen Stellen nicht sorgfältig genug nachgegangen oder dieses Problem zumindest thematisiert zu werden, sodass eine vorsichtig abwägende Bewertung empirischer Befunde manchmal fehlt.[301]

## 2.4 Die hinreichend gut bewältigte Scheidung

„Wenn also weder äußerlich beobachtbare Verhaltensweisen und Symptome noch die vom Kind geäußerten Wünsche und Einstellungen verlässlichen Aufschluss darüber geben, ob sich das Kind auf dem Weg befindet, die Trennung gut zu bewältigen oder – im schlimmsten Fall – durch die elterliche Trennung für sein ganzes Leben traumatisiert bleibt, stellt sich die grundsätzliche Frage, worin denn dann eine ‚hinreichend gute Bewältigung' besteht.

300 *Barth-Richtarz/Figdor*, Was bringt die gemeinsame Obsorge? (2008) 18.

301 Vgl dazu zB die Kritik von *Kostka* an *Proksch*, nachzulesen unter: www.djb.de/publikationen/aktuelle-informationen/ai_2006-1/ai_2006-1f6/.

Aufgrund des derzeitigen Forschungsstandes – bei besonderer Berücksichtigung psychoanalytisch orientierter Untersuchungen[302] – müssen für eine nichtpathogene Verarbeitung der Trennung folgende Voraussetzungen erfüllt sein:

a) Die für alle (einigermaßen) gesunden Scheidungskinder typischen emotionalen Reaktionen müssen ausgedrückt werden können: die Trauer über die verlorene „richtige" Familie; die Angst, Vater und/oder Mutter ganz zu verlieren; das Gefühl, an der Trennung Schuld zu sein; die Wut auf einen Elternteil, den anderen fortgeschickt oder verlassen zu haben; die Wut auf beide Eltern, nur an sich und nicht an das Kind zu denken; schließlich die Kränkung, dem weggehenden Elternteil nicht so viel wert zu sein, dass er trotz allem bleibt. Diese Gefühle ausdrücken zu können, heißt erstens, sich nicht fürchten zu müssen, dass Affekt(Gefühls-)Durchbrüche die Liebe der Eltern erst recht aufs Spiel setzen, zweitens allmählich fähig zu werden, diese Gefühle auch symbolisieren und kommunizieren zu können
b) Die Kinder müssen in den Monaten nach der Trennung real erfahren können, dass nicht alles Schöne vorbei ist und ihre Befürchtungen nicht eintreten. Sie müssen die Gründe für die Trennung verstehen können,[303] um sich nicht mehr schuldig oder verletzt zu fühlen, und sie müssen ihre Wut besänftigen können, indem sie erleben, dass die Eltern den Schmerz, den sie ihren Kindern antaten, bedauern.
c) Sie müssen erleben können, dass jene Auseinandersetzungen, die sie selbst immer wieder mit den Eltern haben, ihre Beziehung zu Mutter und Vater nicht gefährden, sondern Streit etwas Normales ist und allemal Versöhnung nach sich zieht.
d) Die Kinder müssen für die Entwicklung sowohl der mütterlich-weiblichen als auch der väterlich-männlichen Anteile ihrer Persönlichkeit weiterhin reale Personen beiderlei Geschlechts zur Verfügung haben, mit denen sie sich identifizieren können.
e) Sie müssen sich frei fühlen, beide Eltern lieben zu dürfen, ohne den Vater oder die Mutter zu kränken oder gar zu verlieren.
f) Sie müssen die Sicherheit gewinnen, sich nicht für das seelische Wohlergehen der Eltern verantwortlich zu fühlen, also Kinder sein zu dürfen, die sich darauf verlassen können, dass sich die Eltern trotz Trennung stets um sie kümmern.

302 *Figdor*, Kinder aus geschiedenen Ehen (1991); *ders*, Scheidungskinder – Wege der Hilfe (1997); *Wallerstein/Blakeslee*, Gewinner und Verlierer (1989); *Wallerstein/Lewis/Blakeslee*, Scheidungsfolgen (2000).

303 Zur großen Bedeutung einer angemessenen Information über die Trennung bzw Scheidung für Kinder siehe auch *Zartler/Werneck*, Die Auflösung der Paarbeziehung: Wege in die Scheidung, in *Zartler/Wilk/Kränzl-Nagl*, Eltern (2004).

g) Diese Sicherheit bringt die Freiheit mit sich, den Vater oder die Mutter vorübergehend auch hassen zu dürfen, ohne fürchten zu müssen, die Beziehung zu ihm bzw zu ihr zu zerstören. Weil es immer noch den ‚Anderen' gibt, verlieren die eigenen Hassgefühle an existentieller Bedrohlichkeit. (Ab der Pubertät ermöglicht dieser triangulierte Beziehungsraum auch die Möglichkeit, real vom einen zum anderen Elternteil [zumindest vorübergehend] zu wechseln – ein ‚strukturelles' Privileg von Scheidungskindern, die im Zuge des adoleszenten Ablöseprozesses beim Elternteil, bei dem sie bislang nicht lebten, eine Art Zwischenstation finden können.)

Sind diese Voraussetzungen einigermaßen erfüllt, darf erwartet werden, dass sich die in Langzeitstudien und klinischen Untersuchungen festgestellten negativen Auswirkungen der elterlichen Trennung[304] nicht nur nicht einstellen, sondern die betroffenen Kinder von der Trennung sogar profitieren können.[305]"[306]

## 2.5 Konsequenzen für die vorliegende Untersuchung: Strukturelle und pädagogische Variablen des Kindeswohls

„Zwar sind diese Variablen einer günstigen Nach-Scheidungs-Entwicklung auf viele Jahre, bis zum Erreichen des Erwachsenenalters, verteilt, dennoch ließe eine differenzierte Familiendiagnostik in den ersten Monaten nach der Trennung gute Rückschlüsse zu, ob die „Weichen richtig gestellt sind" – einer der Hauptgründe für die Wahl der zu untersuchenden Population. Aber es leuchtet ein, dass für eine solche differenzierte Diagnostik, die in der Lage ist, die komplexe Familien- und kindliche Psychodynamik zu erfassen, ein elaboriertes Untersuchungssetting wie das der **qualitativen** Untersuchung[307] unabdingbare Voraussetzung ist. Das freilich würde bedeuten, die Frage nach den Auswirkungen unterschiedlicher Obsorgeformen auf das Kindeswohl (iS der langfristigen Entwicklung der Kinder) in der **quantitativen** Untersuchung überhaupt nicht zu thematisieren, was den Erkenntniswert der gesamten Studie beträchtlich mindern würde.

Also machten wir uns auf die Suche nach erfragbaren und statistisch auswertbaren Daten, die als **Indikatoren** für eine günstige Weichenstellung – wie

304 Die negativen Langzeitfolgen elterlicher Trennung betreffen das Selbstwertgefühl der Kinder, die Bildungs- und Berufskarriere, die Beziehung zum anderen Geschlecht, den Umgang mit Konflikten und Aggressionen, das Sexualleben und schließlich auch die spätere Beziehung zu den eigenen Kindern (vgl zB *Figdor*, Kinder [1991], Scheidungskinder [1997]; *Napp-Peters*, Familien [1995]; *Wallerstein/Blakeslee*, Gewinner und Verlierer [1989]; *Wallerstein/Lewis/Blakeslee*, Scheidungsfolgen [2000]).

305 Zu den positiven Scheidungsfolgen vgl *Figdor*, Scheidungskinder (1997).

306 *Barth-Richtarz/Figdor*, Was bringt die gemeinsame Obsorge? (2008) 18 f.

307 Siehe Kapitel 6.3.

oben beschrieben – gelten könnten. Von der naheliegenden Idee, die Kinder in einem eigenen Fragebogen zu befragen, nahmen wir [dh das ForscherInnenteam der Evaluationsstudie] gleich wieder Abstand. Um zu verwertbaren Ergebnissen zu kommen, müssten die Kinder die Fragen selbstständig beantworten, ohne durch Einbeziehung oder Einmischung der Mutter/des Vaters oder dadurch, dass die Eltern die Antworten der Kinder erfahren, beeinflusst zu werden. Diese methodische Bedingung wäre jedoch nicht kontrollierbar und daher nicht zu sichern gewesen. Also ging es darum, aus den innerpsychischen Voraussetzungen einer günstigen Verarbeitung der Scheidung Variablen abzuleiten, die mit dem Instrument des Elternfragebogens erhoben und als eine Art **strukturelle und pädagogische Operationalisierung des Kindeswohls** gelten können. Die Suche führte zu sechs einer statistischen Auswertung zugänglichen Variablen:

### *2.5.1 Strukturelle Variablen*

1. Eine hinreichend **intensive Beziehung zum Elternteil, bei dem sich die Kinder nicht hauptsächlich aufhalten.** Dabei meint ‚Intensität‘ nicht bloß die Dauer und Häufigkeit der Kontakte, sondern auch die ‚elterliche Qualität‘ dieser Beziehung (betrifft alle Voraussetzungen a-g).[308]

2. Ein hinreichendes Ausmaß an **Wohlbefinden beider Elternteile** im Hinblick auf ihre derzeitige Beziehung mit den Kindern, eine Voraussetzung sowohl für die Empathiefähigkeit (Voraussetzungen a, b, c) als auch für die Sicherheit der Kinder, den triangulären Raum zwischen den Eltern gefahrlos nützen zu dürfen (Vorrausetzungen d, e, f, g).[309]

3. Ein hinreichendes Ausmaß an **Kommunikation und Kooperation der Eltern** über die die Kinder betreffenden Angelegenheiten. Das beinhaltet auch das Vertrauen, dass die Beziehung der Kinder zum anderen Elternteil weder für die Kinder noch für die eigene Person oder die eigene Beziehung zu den Kindern eine Bedrohung darstellt (betrifft Voraussetzungen a-g).

4. Eine hinreichende **Mäßigung des Konfliktniveaus** der getrennten Partner, die einerseits als Vorrausetzung für das Ausmaß, in welchem die Variablen 1–3 zutreffen, angesehen werden kann, aber auch umgekehrt von den anderen Variablen abhängig ist.

---

308 Siehe Kapitel 2.4.

309 Was die Elternteile betrifft, bei denen sich die Kinder nicht hauptsächlich aufhalten, darf angenommen werden, dass zwischen deren Zufriedenheit und der Intensität und Qualität der Beziehung zum Kind ein direkt proportionaler Zusammenhang besteht. Darüber hinaus werden die Auswirkungen der Obsorgemodelle auf die Beziehung zwischen Kindern und hauptbetreuendem Elternteil zu untersuchen sein.

### *2.5.2 Pädagogische Variablen*

Man könnte die angeführten strukturellen Variablen als zwar notwendige, aber nicht ausreichende Bedingungen einer hinreichend guten Nach-Scheidungsentwicklung der Kinder bestimmen. Was die innerhalb dieses strukturellen Rahmens tatsächlich praktizierte pädagogische Unterstützung (Voraussetzungen a, b, c) betrifft, könnten folgende zwei Variablen die Funktion von Indikatoren übernehmen:

5. Bewusste **Einstellungen zu pädagogischen Fragen**, die für die Nach-Scheidungs-Entwicklung der Kinder relevant sind.

6. Schließlich veranlassten uns die Erfahrungen unserer Praxis als ErziehungsberaterInnen, auch die Bereitschaft der Eltern, angesichts von Problemen, die sich im Zusammenhang mit den Kindern ergeben, **professionelle Hilfe** in Anspruch zu nehmen, als bedeutsame pädagogische Variable zu bewerten."[310]

310 *Barth-Richtarz/Figdor*, Was bringt die gemeinsame Obsorge? (2008) 20 f.

# 3 Strukturelle Variablen des Kindeswohls

## 3.1 Die Auswirkung auf die Beziehung zu jenem Elternteil, bei dem das Kind nicht (hauptsächlich) lebt (Variablen 1 und 2)

1. „Die Trennung bzw Scheidung der Eltern bedeutet für die betroffenen Kinder fast immer eine Reduktion der Zeit, die sie mit dem getrennt lebenden Elternteil verbringen. Die 2001 in Österreich erhobenen Daten zeigen, dass die Kontakthäufigkeit der Kinder zum getrennt lebenden Vater relativ gering ist: 16 % der Unter-15-Jährigen sahen ihren Vater täglich, 28 % wöchentlich, 24 % monatlich und 8 % jährlich. Mehr als jedes fünfte Kind hatte seltener als einmal pro Jahr oder gar keinen Kontakt zum getrennt leben Elternteil.[311] Einige Studien weisen auch darauf hin, dass die Kontakthäufigkeit in den Jahren nach der Trennung bzw Scheidung tendenziell weiter abnimmt. So stellte *Haller* fest, dass vier Jahre nach der Scheidung nur mehr ein Fünftel der Kinder einen mittleren bzw starken Kontakt zum getrennt lebenden Elternteil hat. Zu ähnlichen Ergebnissen gelangen *Stein-Hilbers* und *Nave-Herz/Schmitz* für Deutschland. Zahlreiche amerikanische Studien gehen davon aus, dass 40–60 % der Kinder nach der Scheidung sehr selten bis nie Kontakt zu ihrem Vater haben.[312]

Angesichts dieser Erfahrungen lag die größte, mit der Einführung der Obsorge beider Eltern verbundene Hoffnung in der Sicherung der Beziehung des Kindes zum getrennt lebenden Elternteil auch nach der Scheidung. Untersuchungen zu den Auswirkungen des gemeinsamen Sorgerechts, insb jene von *Proksch*[313], belegen die Berechtigung dieser Hoffnung: ‚Betrachtet man die gesamte Umgangsbezie-

---

311 *Kytir/Schrittwieser*, Haushaltsführung, Kinderbetreuung, Pflege. Ergebnisse des Mikrozensus Sonderprogramms 2002 (2003), zitiert nach *Werneck*, Vater-Kind-Beziehungen in Nachscheidungsfamilien, in *Zartler/Wilk/Kränzl-Nagl*, (2004) 159.

312 *Haller*, Kinder (1996); *Stein-Hilbers*, Wem „gehört" das Kind? Neue Familienstrukturen und veränderte Eltern-Kind-Beziehungen (1994); *Nave-Herz/Schmitz*, Die Beziehung des Kindes zum nichtsorgeberechtigten Vater, in *Busch/Nave-Herz* (Hrsg.), Ehe und Familie in Krisensituationen (1996); *Furstenberg/Cherlin*, Geteilte Familien (1993); *King/Heard*, Father Visitation (1999); *Seltzer*, Relationships between Fathers and Children Who Live Apart: The Father's Role after Separation, Journal of Marriage and Family 53 (1991) 79–102; *White/Brinkerhoff/Booth*, The Effects of Marital Disruption on Childs Attachment to Parents, Journal of Family Issues 6 (1985) 5–22, zitiert nach *Werneck*, Vater-Kind-Beziehungen, in *Zartler/Wilk/Kränzl-Nagl*, Eltern (2004).

313 *Proksch*, Reform des Kindschaftsrechts (2002) 143; siehe auch *Balloff/Walter*, Gemeinsame elterliche Sorge (1990); *Fthenakis* et al, Gemeinsame elterliche Sorge (1990); *Gründel*, Gemeinsames Sorgerecht (1995), *Jensen*, Binuclear families (1993); *Johnston* et al, Contested Custody (1988); *Kline* et al, Children's adjustment (1988); *Luepnitz*, Comparison (1986).

hungssituation zwischen beiden Sorgegruppen wie auch unter den jeweiligen Eltern beider Sorgegruppen ‚prozesshaft', ist festzustellen, dass sich bei Kindern von Eltern mit gemeinsamem Sorgerecht eine zufrieden stellende Umgangssituation zu stabilisieren scheint. Nur geringfügige Kontaktabbrüche passieren. Der ‚seltene' Umgang ist eher die Ausnahme. Demgegenüber entwickelt sich die Situation für viele Kinder von Eltern mit Alleinsorge eher negativ. Die Kontaktabbrüche und die ‚seltenen' Kontakte nahmen seit 1999 noch einmal deutlich zu'.[314]"[315]

Auch *Balloff/Walter* kamen bereits einige Jahre zuvor zu demselben Ergebnis: Während alle Kinder aus der gemeinsamen Sorge noch zwei bis drei Jahre nach der Scheidung der Eltern Kontakt zum getrennt lebenden Elternteil hatten, war dieser bei 41,5 % der Kinder aus der Alleinsorge abgebrochen. Auch das Ausmaß der Kontakte zum anderen Elternteil lag bei den Kindern aus der gemeinsamen Sorge deutlich über demjenigen der Kinder aus der Alleinsorge.[316] Die repräsentative kalifornische Langzeitstudie von *Kline* et al ergab, dass Kinder aus tatsächlicher gemeinsamer elterlicher Sorge (joint physical custody) signifikant mehr Kontakt zum anderen Elternteil hatten als die Kinder aus der Alleinsorge eines Elternteils und in keinem Fall der Kontakt gänzlich abgebrochen wurde.[317] Auch bei „Hochkonfliktfamilien", die die gemeinsame Sorge für ihre Kinder nach der Scheidung bis zu einem gewissen Grad unfreiwillig eingegangen sind, zeigten sich – wie *Johnston* et al berichten – ein signifikant höheres Kontaktausmaß der Kinder zum getrennt lebenden Elternteil sowie wesentlich seltenere Kontaktabbrüche als in Familien mit Alleinsorge eines Elternteils.[318] *Maccoby/Mnookin* stellten in ihrer ebenfalls in Kalifornien durchgeführten Langzeitstudie keine signifikanten Auswirkungen des gemeinsamen Sorge*rechts* (joint legal custody), das beinahe 80 % der untersuchten Familien innehatten, auf den Kontakt des Vaters zu den Kindern fest, schließen aber langfristige Wirkungen nicht aus.[319]

Die norwegische Studien von *Jensen*[320] berichtet wieder von einem höheren Kontaktausmaß im Fall der gemeinsamen rechtlichen Sorge der Eltern: Fast 50 % der Kinder aus Familien mit gemeinsamer Sorge hatten viel Kontakt (dh mehr als fünf Tage oder Nächte im letzten Monat) zum getrennt lebenden Vater, und weniger als 10 % von ihnen hatten nur wenig Kontakt (dh, sie besuchten ihn im letzten Monat zwar nicht, aber es bestand ein telefonischer oder brieflicher Kontakt bzw grundsätzlich auch persönliche Kontakte).[321]

314 *Proksch,* Reform des Kindschaftsrechts (2002) 143.
315 *Barth-Richtarz/Figdor*, Was bringt die gemeinsame Obsorge? (2008) 21 f.
316 *Walter*, Alleinerziehung und gemeinsame elterliche Sorge durch Trennung und Scheidung (1989) 278–284.
317 *Kline/Tschann/Johnston/Wallerstein*, Developmental Psychology (1989) 435.
318 *Johnston/Kline/Tschann*, Amer. J. Orthopsychiat. (1989) 582.
319 *Maccoby/Mnookin*, FamRZ (1995) 13.
320 *Jensen*, Binuclear Families, in *Leira*, Family Sociology (1993).
321 *Jensen*, Binuclear Families, in *Leira*, Family Sociology (1993) 217.

*Gründel* sieht im Erhalt des Eltern-Kind-Kontaktes ein kaum zu überschätzendes positives Vorzeichen für die Kinder, die Trennung der Eltern bzw das Getrenntleben von einem Elternteil unbeschadet zu bewältigen. Auch wenn nicht im Einzelfall entschieden werden könne, ob das rechtlich fixierte Sorgerechtsarrangement als solches Eltern zur Kontinuität des Kontaktes bewege oder ob sich diese Eltern unter den Bedingungen der Alleinsorge genauso verhalten hätten, betonen doch viele getrennt lebende Väter und einige Mütter – so *Gründel* –, wie wichtig ihnen der offizielle Charakter der nachehelichen gemeinsamen Elternverantwortung sei. „Als symbolischer Garant für die Kontinuität der Eltern-Kind-Beziehungen scheint das GS eine bedeutsame Funktion zur Vermeidung von Kontaktabbrüchen zu haben."[322] *Proksch* beschreibt die „Wirkung" des gemeinsamen Sorgerechts auf die Art und Weise, in der geschiedene Eltern die Kontakte des Kindes zum jeweils anderen Elternteil gestalten, so: Eltern mit gemeinsamer elterlicher Sorge haben es schwerer, den anderen Elternteil auszugrenzen, sie werden als Eltern mit alleinigem Sorgerecht auf die Rechte der Kinder auf Umgang mit dem anderen Elternteil fokussiert, sie *müssen* sich miteinander austauschen und dabei Konsensarbeit üben und leisten, was nach der Trennung bzw Scheidung nicht leicht sei. Indem der gesetzliche Rahmen dies jedoch vorgibt und die jeweils berechtigten Elternteile dies entsprechend einfordern, können sie sich nicht voneinander zurückziehen. Sie bleiben gezwungen, im Verlauf der Nachscheidungszeit eine Verfahrensweise des „Miteinanders" statt des „Gegeneinanders" oder des „Ausgrenzens" zu praktizieren. Eltern mit Alleinsorge eines Elternteils könnten – so *Proksch* – auch eine gute Beziehung zueinander und zu ihren Kindern haben. Aber das Modell der Alleinsorge würde auch als Modell zur Ausgrenzung gewählt, und dies sei dann entweder die Folge oder der Start einer schwierigen Beziehung.[323] (Ausführlich können die Ergebnisse all dieser Studien im Kapitel 2.1 nachgelesen werden.)

Dass die gemeinsame elterliche Sorge tendenziell mit häufigeren und längeren Kontakten zwischen den Kindern und den getrennt lebenden Elternteilen einhergeht, wird in allen bisher dargestellten Untersuchungen (zT nur implizit) positiv im Sinne der Beförderung des Kindeswohls bewertet.[324] Auch in der

---

322 *Gründel*, Gemeinsames Sorgerecht (1995) 67.

323 *Proksch*, Reform des Kindschaftsrechts (2002) 397, 407, 413.

324 Eine Ausnahme stellt dabei die Studie von *Johnston* et al dar, die die Erfahrungen einer „Extremgruppe" mit der gemeinsamen (tatsächlichen) Sorge erforschte, nämlich einer Gruppe von Eltern, die über Jahre hinweg – trotz professioneller Hilfe – nicht in der Lage waren, ihren Streit zu beenden. Die Autorinnen stellen fest, dass Kinder, die mehr Zeit mit beiden Elternteilen verbrachten, von diesen signifikant häufiger als depressiv, zurückgezogen, tendenziell aggressiver, als weniger mitteilsam und häufiger von somatischen Beschwerden belastet beschrieben wurden (zur Problematik der Einschätzung des psychischen Befindens der Kinder durch ihre Eltern siehe Kapitel 2.3). *Johnston* et al vertreten die These, dass die höhere Kon-

vorliegenden Studie sollte daher zunächst die **Häufigkeit bzw Dauer der Kontakte** sowie die **Häufigkeit von Kontaktabbrüchen** im Falle der ObE sowie der aO untersucht werden.

2. Die Sicherung der Beziehung zum getrennt lebenden Elternteil umfasst aber mehr als die bloße Tatsache, dass Kind und getrennt lebender Elternteil einander sehen. Versuche, auch die **Qualität der Beziehung** zu erforschen und diese in Bezug zur gewählten Sorgerechts-/Obsorgeform zu setzen, findet man aufgrund der methodischen Komplexität, die Beziehungsqualität gleichsam zu „messen", in tendenziell kleineren, eher qualitativ angelegten (Fall-)Studien wie beispielsweise jenen von *Greif*[325], *Abarbanel*[326], *Steinman*[327], der Pilotstudie von *Wallerstein* et al[328], der Studie von *Adenaes/Haavind*[329] oder, aus dem deutschsprachigen Raum, der Studie von *Gründel*[330]. *Greif* beschäftigte sich in ihrer Befragung von 40 Vätern zB ausführlich mit dem unterschiedlichen **Erleben der Vater-Kind-Beziehung** von getrennt lebenden Vätern mit und ohne Sorgerecht bzw viel und wenig Kontakt zu den Kindern. Sie kam zu dem Ergebnis, dass Väter mit gemeinsamem Sorgerecht bzw mehr Kontakt zu den Kindern signifikant zufriedener waren als die nicht sorgeberechtigten Väter bzw jene Väter mit wenig Kontakt zu den Kindern. Die meisten der von ihr untersuchten Väter waren während aufrechter Ehe nicht primär und alleine für die Kinderbetreuung zuständig gewesen, lernten aber mit der Zeit, diese Rolle zu übernehmen, wenn die Kinder bei ihnen waren, und waren sehr zufrieden mit ihrer Elternrolle. Die nicht sorgeberechtigten Väter hingegen litten unter der künstlichen Struktur der „Besuche" der Kinder, es fehlten ihnen die intimen Momente des Alltags. Sie berichteten weiters von dem Druck, die Kinder beständig glücklich zu machen, sodass diese auch wiederkommen wollten, und der allgegenwärtigen Bedrohung, dass sie die Kinder einmal gänzlich verlieren könnten.[331]

*Abarbanel* sowie *Steinman*, die in ihre jeweilige Untersuchung auch die Kinder selbst einbezogen hatten, stellten außer Zweifel, dass das (tatsächliche)

---

takthäufigkeit der Kinder zum getrennt lebenden Elternteil die elterlichen Konflikte am Leben hält und diese wiederum, weil die Kinder in den Konflikten der Eltern instrumentalisiert werden, die Kinder schädigen. Für diese Familien sei – so das Resümee von *Johnston* et al – die Empfehlung für oder gar eine gerichtliche Verordnung der gemeinsamen Versorgung der Kinder bzw häufiger Kontakte zu beiden Eltern nach der Scheidung kontraindiziert (*Johnston/Kline/Tschann*, Amer. J. Orthopsychiat. [1989] 590).

325 *Greif*, Amer. J. Orthopsychiat. (1979) 49 (2) 311–319. Siehe ausführlich in Kapitel 2.1.1.

326 *Abarbanel*, Amer. J. Orthopsychiat. 49 (2) (1979) 320–329.

327 *Steinman*, Amer. J. Orthopsychiat. (1981) 403–414.

328 Siehe dazu *Wallerstein/Blakeslee*, Gewinner und Verlierer (1989) 303–323.

329 *Adenaes /Haavind*, When Parents are Living Apart, in *Leira*, Family Sociology (1993). Siehe ausführlich in Kapitel 2.1.2.1.

330 *Gründel*, Gemeinsames Sorgerecht (1995). Siehe ausführlich in Kapitel 2.1.2.2.

331 *Greif*, Amer. J. Orthopsychiat. (1979) 49(2) 313–316.

gemeinsame Sorgerecht mit sich bringe, dass die Kinder enge Beziehungen zu beiden Eltern aufrechterhalten können und beide Eltern auch weiterhin **„psychologische Eltern“** blieben. Die Kinder fühlten sich sowohl bei der Mutter als auch beim Vater „zu Hause“, und keines der Kinder schien die Erfahrung zu machen, mit der Trennung der Eltern einen Elternteil (zumeist den Vater) verloren zu haben. Die Kinder erlebten beide Eltern im Erziehungsalltag genauso wie in der Freizeitgestaltung. Sie erwarteten und erhielten von Mutter und Vater „die ganze Bandbreite“ an elterlichen Funktionen, sei es die Verpflegung, die Erziehung oder Begleitung. Die elterlichen Funktionen waren nicht entsprechend traditionellen Rollenbildern auf Mutter und Vater aufgeteilt. Die Kinder erlebten, dass ihre Eltern eine positive Beziehung zum jeweils anderen unterstützten, und fühlten sich grundsätzlich frei, beide Eltern zu lieben. Dies ermöglichte ihnen die für die gesunde Entwicklung so wichtige Ambivalenz gegenüber jedem Elternteil.[332] *Steinman* berichtet jedoch auch, dass etwa ein Drittel der untersuchten Kinder eine „**Hyperloyalität**“ ihren Eltern gegenüber zeigte. Diese Kinder waren besonders achtsam gegenüber den Gefühlen und Stimmungen ihrer Eltern und ständig darauf bedacht, zu beiden Eltern gleich fair zu sein, etwa in Bezug auf die mit ihnen verbrachte Zeit oder die Bekundung von Zuneigung.[333]

Den Erhalt der drei Aspekte der Vater- bzw Elternrolle, nämlich eine enge, emotionale (Liebes-)Beziehung zum Kind, eine mit Verantwortung und Erziehungsmacht ausgestattete Elternrolle gegenüber dem Kind (anstatt des Rollenwechsels zum verwöhnenden „Spieleonkel“ oder älteren Geschwister) sowie ein **trianguläres Beziehungssystem** zwischen Mutter, Vater und Kind, in dem das Kind relativ gefahrlos (real oder phantasiert) zwischen den Eltern pendeln kann, bezeichnet auch *Gründel* als förderliche Entwicklungsbedingung von Kindern aus Familien mit dem gemeinsamen Sorgerecht. Die Qualität der Beziehung zwischen Kind und getrennt lebendem Elternteil bleibe – so *Gründel* – in den meisten Familien fürsorglich-tragfähig, weil dessen Erziehungsfähigkeit und Verantwortungsbereitschaft grundsätzlich eher erhalten bleibt. Es kommt eher nicht zur Tendenz der Verwöhnung der Kinder bzw zum „Ausschleichen“ des Vaters aus der elterlichen Verantwortung bis hin zur Kontaktvermeidung.[334]

Ansatzweise wird der Frage nach der Qualität der Beziehung zwischen den Kindern und den getrennt lebenden Elternteilen aber auch im Rahmen von standardisierten Fragebogenerhebungen nachgegangen, so zB auch von *Proksch*[335], wobei die Erkenntnisse dabei verständlicherweise weniger tiefgehend sind. So

332 *Abarbanel*, Amer. J. Orthopsychiat. 49(2) (1979) 324 f; *Steinman*, Amer. J. Orthopsychiat. (1981) 403–414. Zu denselben Ergebnissen kommen auch *Adenaes/Haavind* (When Parents are Living Apart, in *Leira*, Family Sociology [1993] 189 f).

333 *Steinman*, Amer. J. Orthopsychiat. (1981) 409 f.

334 *Gründel*, Gemeinsames Sorgerecht (1995). Siehe dazu Kapitel 2.1.2.2.

335 *Proksch*, Reform des Kindschaftsrechts (2002).

ergab die Befragung von *Proksch* etwa, dass der Großteil der Eltern mit gemeinsamem Sorgerecht, die aber von den Kindern getrennt lebten, seine Beziehung zu den Kindern dennoch als „sehr gut" bezeichnete, während dies nur knapp unter 50 % der nicht sorgeberechtigten Mütter und Väter so erlebte (und zum zweiten Untersuchungszeitpunkt noch weniger von ihnen). Mitsorgeberechtigte Väter hatten auch deutlich weniger Angst, den Kontakt zu ihren Kindern zu verlieren als die nicht sorgeberechtigten Elternteile.[336]

Der Frage nach den Auswirkungen auf die Beziehungsqualität sollte auch in der vorliegenden Untersuchung besonderes Augenmerk geschenkt werden, was – wie sich bald herausstellte – mit großen methodischen Herausforderungen verbunden war: „Anhand welcher Variablen kann ein einigermaßen plastisches Bild von der Eltern-Kind-Beziehung gewonnen werden? Durch welche Dimensionen ist die Beziehung zwischen einem Vater, einer Mutter und seinem/ihrem Kind wesentlich determiniert? Wenn es gelingen sollte, solche Variablen zu definieren, welche Forschungsmethoden sind geeignet, diese zu erfassen?

Als zentralen Angelpunkt für die Sicherung der Beziehung auch in qualitativer Hinsicht betrachten wir die Möglichkeit, dass dem Kind der andere Elternteil trotz räumlicher Trennung weiterhin als **Liebes- und Identifizierungsobjekt** zur Verfügung steht, dh, ihn lieben zu dürfen, sich von ihm geliebt zu fühlen, an seiner Überlegenheit partizipieren zu können und einen Anreiz zu finden, auch einmal so groß, stark, schön, gescheit usw zu werden. Dadurch vermag die Zukunft des Kindes zu einem Teil seiner gegenwärtigen Lebensperspektive zu werden. Das bedeutet, dass die Eltern-Kind-Beziehung durch bestimmte Gefühlsqualitäten charakterisiert ist, und der Vater, die Mutter für das Kind eine Bezugsperson bleibt, an der es sich in seinem eigenen Werden orientieren und aufrichten kann, weil sich dieser Elternteil dem Kind gegenüber auch väterlich bzw mütterlich *verhält.* Es geht also zum einen um die emotionale Färbung der Beziehung (dabei spielen auch Gedanken, Phantasien über das Kind, Haltungen und die eigene Identität als Vater[337] bzw Mutter eine Rolle) (2a), zum anderen um die reale Beziehungsgestaltung (2b).

---

336 *Proksch*, Reform des Kindschaftsrechts (2002) 95 f.

337 Neuere identitätstheoretische und interaktionistische Zugänge der Väterforschung betonen die Bedeutung der männlichen Selbstwahrnehmung als Vater bzw des Stellenwerts, den sie ihrer Rolle als Vater beimessen, für das Ausmaß und die Form der Beteiligung von Vätern an kindbezogenen Aktivitäten und Aufgaben; siehe *Daly*, Reshaping Fatherhood. Finding the Models, in *Marsiglio* (Hrsg), Fatherhood. Contemporary Theory, Research and Social Policy (1995a) 21–41; *Ihinger-Tallmann/Pasley/Buehler*, Developing a Middle-Range Theory of Father Involvement Postdivorce, in *Marsiglio*, Fatherhood (1995a); *Kalicki/Peitz/Fthenakis*, Subjektive Elternschaftskonzepte und faktische Rollenausübung. Theoretische Überlegungen und empirische Befunde, in *Fthenakis/Textor* (Hrsg), Mutterschaft, Vaterschaft (2002) 170–184; *Marsiglio*, Fatherhood. (1995a); *Marsiglio,* Fatherhood Scholarship. An Overview and Agenda for the Future, in *Marsiglio*, Fatherhood (1995b) 1–21; *Matzner,* Vaterschaft aus der Sicht von

2a. **Phantasien, Gefühle und Haltungen von getrennt lebenden Elternteilen**, von denen aufgrund des bisherigen wissenschaftlichen Forschungsstandes angenommen werden kann, dass sie sich in positiver Weise auf die Beziehungsgestaltung zum Kind und in der Folge auf die Entwicklungschancen des Kindes auswirken, sind etwa: das Gefühl, vom Kind weiterhin geliebt zu werden; für das Kind wichtig zu sein; einen wichtigen Beitrag in dessen Entwicklung zu leisten; Verantwortung für das Kind zu tragen; das Kind, seine Wünsche, Sorgen, Interessen, Freuden usw zu kennen. Dagegen sind Ängste der Eltern, wie etwa die Angst, das Kind zu verlieren; Angst vor Gefühlen der Entfremdung und Missachtung; Angst, nicht mehr am Leben des Kindes teilhaben, seine Entwicklung nicht mehr mitgestalten zu können, für das Kind bedeutungslos zu werden[338] als Faktoren zu bewerten, die die Entwicklungschancen der Kinder beeinträchtigen. *Tazi-Preve* et al führen eine Reihe qualitativer Studien an, die zeigen, dass das Gefühl des Kontrollverlusts und der eigenen Bedeutungslosigkeit als Vater in enger Verbindung mit dem Scheidungsverfahren und den getroffenen obsorgerechtlichen Vereinbarungen stehe: ‚Gerade in Zusammenhang mit gerichtlichen Entscheidungen haben geschiedene Väter häufig das Gefühl, von der bestehenden Rechtsordnung gegenüber ihren früheren Partnerinnen benachteiligt zu werden. Häufig vermischt sich die Trauer und Wut um den Verlust der Partnerbeziehung mit dem Gefühl, damit auch die eigenen Kinder verloren zu haben. Getrennt

Vätern (2004); *Minton/Pasley,* Fathers Parenting Role Identity (1996). Zu Identität und Rollenvorstellungen nicht sorgeberechtigter Väter siehe *Arendell*, After Divorce (1992); *Arendell*, Fathers and Divorce (1995); *Braver/O'Connell*, Divorced Dads (1998); *Hawkins/Dollahite* (Hrsg), Generative Fathering. Beyond Deficit Perspectives (1997); *Minton/Pasley*, Fathers Parenting Role Identity (1996).

338 Siehe *Ahrons*, The Good Divorce (1994); *Arditti*, Factors Related to Custody, Visitation and Child Support for Divorced Fathers. An Explanatory Analysis, Journal of Divorce and Remarriage 17 (3, 4) (1992a) 186–195; *ders*, Differences between Fathers with Joint Custody and Noncustodial Fathers, American Journal of Orthopsychiatry 6 (2) (1992b) 186–195; *Arditti/Allen,* Understanding distressed fathers' perceptions of legal and relational inequities postdivorce, Family and Conciliation Courts Review 31 (4) (1993) 461–476; *Arendell*, After Divorce (1992); *ders*, Fathers and Divorce (1995); *Braver/O'Connell*, Divorced Dads (1998); *Braver/Griffin/Cookston,* Prevention Programs (2005); *Dudley,* Noncustodial Fathers Speak About Their Parental Role, Family and Conciliation Courts Review 34 (3) (1996) 410–426; *Figdor*, Kinder (1991); *ders*, Scheidungskinder (1997); *Furstenberg/Cherlin*, Divided families. What happens to children when parents part (1991); *dies*, When and Why Fathers Matter: Impacts of Father Involvement on Children of Adolescent Mothers, in *Lerman/Ooms* (Hrsg), Young Unwed Fathers, Temple University Press: Philadelphia (1993) 117–138; *Kruk*, Psychological and Structural Factors Contributing to the Disengagement of Noncustodial Fathers after Divorce, Family and Conciliation Courts Review 30 (1) (1992) 81–101; *Kruk,* Discontinuity between pre- and post-divorced father-child relationships. New evidence regarding paternal disengagement, Journal of Divorce and Remarriage 16 (3, 4) (1991) 195–228; *Umberson/ Williams,* Divorced Fathers (1993).

lebende Väter erleben sich als ‚deplatziert und ohne Möglichkeit, sich auch aktiv an der Erziehung der gemeinsamen Kinder beteiligen zu können'.[339]"[340]

Auch *Arendell* und *Gründel* verweisen auf die Bedeutung, die rechtliche Regelungen in vielen Fällen für das Selbstverständnis geschiedener Väter haben. Häufig führe für Väter ihre Rolle als „Besuchsväter", die sie als Vorenthaltung väterlicher Rechte und mitunter auch als „Entmannung" erleben, zu intensiven Spannungen und Konfliktsituationen, die sogar zum Kontaktabbruch zu den Kindern führen können.[341] Neben dem Gefühl, aus der Erziehung „hinausgedrängt" und zum „Zahlvater" degradiert zu werden, spielt – so *Gründel* – oft vor allem die Angst eine Rolle, was den Kontakt zu den Kindern betrifft, von der „gnädigen Billigung" der als übermächtig erlebten Mutter abhängig zu sein. Das gemeinsame Sorgerecht, nicht nur als interne Vereinbarung, sondern als offizieller Rahmen der Vater-Kind-Beziehung, könne eine solche Entwicklung verhindern.[342] Die symbolische Bedeutung des gemeinsamen Sorgerechts ist auch der wichtigste Grund, warum *Maccoby* und *Mnookin* im Resümee ihrer Studie zu einer (vorsichtigen) Befürwortung des gemeinsamen Sorgerechts kommen: „Uns gefällt der Hinweis darauf, daß beide, sowohl die Mütter als auch die Väter, nach der Scheidung Rechte und Pflichten haben, was ihre Kinder betrifft. Das gemeinsame Sorgerecht wird aus geschiedenen Eltern zwar nicht gleichberechtigte Partner im Leben ihrer Kinder machen, es unterstreicht aber doch den Gedanken, daß in den Augen des Gesetzes die Väter trotz der Scheidung eine anhaltende Rolle im Leben ihrer Kinder spielen sollten."[343]

Wir wandten uns auch in der österreichischen Evaluationsstudie der Frage zu, „wie die getrennt lebenden Elternteile [im Weiteren ‚der Vater'] die Beziehung zu ihrem Kind erleben, wie das Kind die Beziehung zu ihm erlebt und wie sich diese Beziehung im Zuge der Trennung bzw Scheidung verändert hat. Wie schätzt der Vater seine Bedeutung für das Kind und seine väterlichen Fähigkeiten vor der Trennung und jetzt – in geschiedenen Verhältnissen – ein? Wie wurde und wird er diesbezüglich von der Mutter eingeschätzt? Wie denkt der Vater, dass er im Zuge der Trennung bzw Scheidung vom Kind wahrgenommen wurde? Wem gab das Kind etwa die Schuld an der Trennung der Eltern? Wie erlebt der Vater das Kind, wenn es ihn nun besucht? Wie interpretiert er eventuelle Verhaltensänderungen des Kindes? Hat er das Gefühl, weiterhin vom Kind geliebt und gebraucht zu werden, eine Beziehung zu diesem zu haben, die sonst niemand

339 *Tazi-Preve/Kapella/Kaindl/Klepp/Krenn/Seyyed-Hashemi/Titton,* Väter im Abseits. Zum Kontaktabbruch der Vater-Kind-Beziehung nach Scheidung und Trennung (2007) 125.

340 *Barth-Richtarz/Figdor*, Was bringt die gemeinsame Obsorge? (2008) 22 f.

341 *Arendell,* After Divorce (1992) 570, zitiert nach *Tazi-Preve* et al, Väter (2007) 147; *Gründel,* Gemeinsames Sorgerecht (1995).

342 *Gründel*, Gemeinsames Sorgerecht (1995) 153 f.

343 *Maccoby/Mnookin,* Die Schwierigkeiten der Sorgerechtsregelung, FamRZ (1995) 13.

hat? Erlebt er sich verbunden mit dem Kind? Ist er stolz auf das Kind? Zeigen sich Ängste, die Liebe oder Achtung des Kindes zu verlieren, ihm zu wenig bieten zu können usw? Wie denkt der Vater, geht es dem Kind, wenn es bei ihm ist? Kommt es gerne? Vermisst es den Vater, wenn es nicht bei ihm ist? Ist das Kind stolz darauf, ihn als Vater zu haben? Welche Erziehungsautorität wird ihm zugebilligt? Welche (Beziehungs-)Wünsche hat das Kind an den Vater? Welche Bedürfnisse des Kindes werden speziell durch den Vater ‚abgedeckt'? Wie befriedigend oder belastet wird die Beziehung insgesamt erlebt uvm?"[344]

2b. „Um die **reale Beziehungsgestaltung** zu erfassen, untersuchten wir die faktische pädagogische Mitverantwortung des getrennt lebenden Elternteils für das Kind, dh die Art und das Ausmaß, in welchem dieser in erzieherische Entscheidungen und Aktivitäten des täglichen Lebens mit dem Kind einbezogen ist.[345] An diesem Punkt entscheidet sich nämlich, ob der Elternteil, bei dem sich das Kind nicht hauptsächlich aufhält, lediglich jemand ist, den man, wie etwa die Großeltern, von Zeit zu Zeit besucht, oder ob er wirklich ein vollwertiger Elternteil ist, also jemand, der Verantwortung für das Kind trägt, Entscheidungen trifft, was das Kind tun darf und was nicht, der das Kind unterstützt, sich in der außerfamiliären Welt (Schule, Kindergarten, Straßenverkehr etc) zurechtzufinden und zu bewähren und mit den emotionalen Anforderungen, die die Umwelt an das Kind stellt, fertigzuwerden. Verliert dieser Elternteil seine elterliche Autorität und Achtung durch das Kind – durch eigenen Rückzug oder durch ein Hinausgedrängt-Werden aus der pädagogischen Verantwortung – verblasst beim Kind das Gefühl des ‚Besitzes', dh, vereinfacht gesagt, aus ‚*mein* Vater'/‚*meine* Mutter' wird ‚*der* Vater'/‚*die* Mutter', und das Kind verliert diesen Elternteil als Identifizierungsobjekt und Hilfs-Ich.[346]

Im Laufe der 1980er und frühen 1990er kamen im angloamerikanischen Raum durchgeführte Untersuchungen zu dem Ergebnis, dass das gemeinsame Sorgerecht dazu führe, dass Väter stärker im Leben ihrer Kinder involviert bleiben, verstärkt an kindbezogenen Aktivitäten partizipieren, eine höhere Bereit-

344 *Barth-Richtarz/Figdor*, Was bringt die gemeinsame Obsorge? (2008) 25.

345 *Luepnitz* beschäftigte sich mit der Wahrnehmung familiärer Beziehungsmuster durch die betroffenen Kinder und stellt fest, dass diese Kontakte mit dem getrennt lebenden Elternteil bei alleiniger Sorge eher mit Ferien oder kurzen Verabredungen verglichen, während Kinder ihre Beziehung zum anderen Elternteil bei gemeinsamer Sorge als „business as usual" bezeichneten (*Luepnitz*, Comparison of custody [1986], in *Fthenakis*, Kindliche Reaktionen [1995] 139).

346 Das unreife Ich des Kindes ist nur unzureichend in der Lage, mit all den Anforderungen, die von der Umwelt, aber auch von seiner eigenen Innenwelt (Triebe, Affekte) auf es einstürmen, alleine fertigzuwerden. Wenn Eltern dem Kind dabei durch Haltgeben, Unterstützung, Toleranz, Trost, Befriedigung und Aufklärung helfen, übernehmen sie nach *Anna Freud* die Funktion eines „Hilfs-Ichs" (*Freud*, Anwendung psychoanalytischen Wissens auf die Kindererziehung, in *Freud*, Schriften der Anna Freud [1956] 1861–1876; *Freud*, Kinder im Krankenhaus, in *Freud*, Schriften der Anna Freud [1965] 2007–2022).

schaft zur Leistung vorgeschriebener Unterhaltszahlungen haben und insgesamt ein höheres Ausmaß an Beteiligung zeigen.[347][348] Vor allem *Greif* beschäftigte sich mit der Bedeutung des gemeinsamen Sorgerechts für die Väter und den Folgen für die Vater-Kind-Beziehung nach der elterlichen Trennung. Als wichtigstes Ergebnis bezeichnet *Greif*, dass das Ausmaß an Trennung zwischen Vater und Kind mit einer signifikant unterschiedlichen Wahrnehmung der Väter bezüglich ihrer väterlichen Rollen und Funktionen nach der Scheidung einherging: Je stärker die Väter in die Erziehung und Entwicklung der Kinder involviert waren, umso stärker hatten sie das Gefühl, auch nach der Scheidung eine elterliche Rolle im Leben des Kindes zu spielen. Es käme dann – so *Greif* –zu einem sich wechselseitig verstärkenden Effekt: Je größer die Möglichkeiten für Väter sind, trotz der elterlichen Trennung aktive Väter zu bleiben, umso mehr erleben sie sich als Väter und sind bemüht, ihr Engagement für die Kinder aufrechtzuerhalten. Die Möglichkeit, Sorge zu tragen, dh Eltern zu sein – so eine zentrale Aussage der Studie –, führe zu einer anderen Qualität des „Sich-Einlassens" der Väter. Väter mit gemeinsamer Sorge involvieren sich mit größerer Wahrscheinlichkeit in alle Aspekte des Heranwachsens und der Entwicklung ihrer Kinder.[349] Auch nach *Adenaes* und *Haavind* führt die Erfahrung der Teilhabe an der Elternschaft nach der Trennung (und unabhängig von der Mutter) für die Mehrheit der Väter zu einer Zunahme ihres Engagements für die Kinder.[350]

Einen weiteren Beitrag in dieser Diskussion liefern die Untersuchungsergebnisse von *Proksch*, wonach Mütter mit gemeinsamem Sorgerecht den Vätern ihrer Kinder im weit höheren Ausmaß bescheinigen, sich für die Kinder verantwortlich zu fühlen, als Mütter mit alleinigem Sorgerecht. *Seltzer* (wie auch *Sluka*[351]) allerdings vertritt die These, „das erhöhte väterliche Engagement im Falle der gemeinsamen Sorge sei darauf zurückzuführen, dass diese Regelung bevorzugt von Vätern gewählt werde, die besonders hohes Interesse am Kontakt zu ihren Kindern hätten". Dem hält *Proksch* entgegen, dass die Gleichung „Väter mit gemeinsamem Sorgerecht sind Väter, die immer schon ein hohes pädagogisches Engagement hatten" angesichts der derzeitigen Verbreitung des gemein-

347 *Arditti/Keith*, Visiting, paying, and the father-child relationship postdivorce (1993); *D'Andrea*, Joint custody as related to paternal involvement and paternal self-esteem (1983); *Furstenberg/Cherlin*, Divided families. What happens to children when parents part (1991); *Greif*, Amer. J. Orthopsychiat. (1979) 49 (2) 313; *Seltzer*, Legal and physical custody arrangements in recent divorces (1990), *ders*, Legal Custody Arrangements and Children´s Economic Welfare (1991a), *ders*, Relationship between Fathers and Children Who Live Apart. The Fathers Role after Separation (1991b), zitiert nach *Tazi-Preve* et al, Väter (2007) 124.

348 *Barth-Richtarz/Figdor*, Was bringt die gemeinsame Obsorge? (2008) 24.

349 *Greif*, Amer. J. Orthopsychiat. (1979) 49 (2) 313–316; ausführlich in Kapitel 2.1.1.

350 *Adenaes /Haavind*, When Parents are Living Apart, in *Leira*, Family Sociology (1993) 189 f; ausführlich in Kapitel 2.1.2.1.

351 *Sluka*, Das gemeinsame Sorgerecht (1996), ausführlich in Kapitel 2.1.2.3.

samen Sorgerechts [in Deutschland] (im Jahr 2000 75,54 %) heute nicht mehr stimme, die positiven Auswirkungen der gemeinsamen Sorge auf das väterliche Engagement dennoch nachweisbar seien.

Die Debatte um diese zentrale Frage hält seither an: Befördert die gemeinsame Sorge ein höheres elterliches Engagement des getrennt lebenden Elternteils nach der Scheidung, oder hätten sich gerade diese Väter ohnehin, also mit oder ohne Sorgerecht, auch weiterhin intensiv um ihre Kinder gekümmert?"[352] Um diesbezüglich zu gesicherten Erkenntnissen zu gelangen, untersuchten wir die tatsächliche Übernahme von Verantwortung im Alltag der Kinder durch den getrennt lebenden Elternteil. Das heißt, „wie und in welchem Ausmaß ist der getrennt lebende Elternteil an Entscheidungen, die das Kind betreffen, beteiligt? In welchem Ausmaß kümmert sich der getrennt lebende Elternteil um bestimmte Aufgaben im Zusammenhang mit den Kindern und/oder fühlt sich dafür verantwortlich? Wie hat sich die Aufgabenverteilung zwischen den Eltern seit der Trennung der Eltern verändert und wie zufrieden ist der getrennt lebende Elternteil mit der realen Beziehungsgestaltung zum Kind nach der Trennung?"[353]

Insgesamt war unser Ziel, „im ersten Schritt ein möglichst plastisches Bild von der realen Beziehung zwischen dem Kind und dem getrennt lebenden Elternteil und dem Erleben dieser Beziehung durch den getrennt lebenden Elternteil und das Kind zu bekommen. Im zweiten Schritt sollte untersucht werden, ob und inwiefern die Obsorgeform einen Einfluss auf das Gestalten und Erleben dieser Beziehung nach der Trennung/Scheidung haben könnte, also ob sich etwa ein Zusammenhang zwischen dem Auftreten bestimmter Ängste, Haltungen und Phantasien der Eltern und der Obsorgeform zeigen. Natürlich sind die über einen Fragebogen gewinnbaren Informationen weniger tiefgehend als diejenigen, die wir im Rahmen der qualitativen Untersuchung erhielten. Sie ermöglichen aber über den Individualfall hinausgehende repräsentative Aussagen."[354]

## 3.2 Die Auswirkung auf die Beziehung zu jenem Elternteil, bei dem das Kind (hauptsächlich) lebt (Variablen 2 und 3)

„Mit der Trennung bzw Scheidung der Eltern verändert sich nicht nur die Beziehung zu dem Elternteil, bei dem das Kind dann nicht mehr hauptsächlich lebt, sondern auch die Beziehung zu dem Elternteil, bei dem es sich hauptsächlich aufhält. In der Zeit nach der Scheidung steht sogar der Elternteil, bei dem das Kind lebt, im Mittelpunkt der seelischen Konflikte. Und zwar nicht bloß deshalb, weil

352 *Barth-Richtarz/Figdor*, Was bringt die gemeinsame Obsorge? (2008) 25.
353 *Barth-Richtarz/Figdor*, Was bringt die gemeinsame Obsorge? (2008) 25.
354 *Barth-Richtarz/Figdor*, Was bringt die gemeinsame Obsorge? (2008) 25.

dieser Elternteil idR im größeren Ausmaß für die Betreuung und Erziehung des Kindes zuständig ist, sondern auch aufgrund der Tatsache, dass sich das Verhalten, die physische und psychische Verfügbarkeit, die Beziehungsgestaltung usw dieses Elternteils selbst verändert: Ein Vergleich der Beziehungsqualität zwischen Mutter und Kind bei intakten Familien, geschiedenen alleinerziehenden Müttern und wiederverheirateten geschiedenen Müttern erbrachte das Ergebnis, dass die Beziehung der geschiedenen alleinerziehenden Mütter zu ihren Kindern im Vergleich zu den anderen beiden Gruppen wesentlich ambivalenter, konfliktbehafteter und stärker von emotionalen Belastungen geprägt war.[355] *Jacobson*[356] zeigte auf, dass Kinder, die nach der Scheidung ihrer Eltern bei ihrer Mutter leben, nicht nur wesentliche Einbußen an miteinander verbrachter Zeit und gemeinsamen Aktivitäten mit ihrem Vater erleiden, sondern auch mit ihrer Mutter. *Fthenakis*[357] spricht daher von einem doppelten Liebes- bzw Beziehungsverlust, den das Kind bei der Scheidung der Eltern erleidet. Gefühle des Gekränktseins, Angst vor der Zukunft, Wut- und Hassgefühle gegen den ehemaligen Partner, Trauer, Schuldgefühle, Gefühle des Versagens und Misslingens eines Lebenskonzeptes, Probleme sozialer und ökonomischer Art, berufliche wie familiäre Mehrbelastung, spezifische, aus der Scheidung stammende, neue Gefühlsqualitäten gegenüber dem Kind, wie Schuldgefühle, Kränkung, auf das Kind projizierte Schuld an der Scheidung, Aggressionen gegen das Kind als Repräsentant des Vaters uvm führen in der Zeit nach der Scheidung sehr oft zu einer Zuspitzung der Beziehungskonflikte zwischen dem Kind und dem Elternteil, bei dem das Kind lebt.[358] Diese Faktoren stellen Dispositionen für folgende Einstellungs- bzw Verhaltensänderungen des hauptsächlich betreuenden Elternteils dar:

- ein geringeres Maß an Empathie,
- eine geringere Toleranz gegenüber den Bedürfnissen und Ansprüchen des Kindes,
- eine Erhöhung der Ansprüche an das Kind, insb was seine Anpassung und Selbstständigkeit betrifft,

355 *Hetherington/Clingempeel,* Coping with Marital Transitions, Monographs of the Society for Research, in Child Development 57 (1992).

356 *Jacobson,* The Impact of Martial Separation/Divorce on Children: Parent-Child Separation and Child Adjustment, Journal of Divorce 1 (1978).

357 *Fthenakis/Niesel/Kunze,* Ehescheidung – Konsequenzen für Eltern und Kinder (1982). Vgl auch *Figdor*, Kinder (1991).

358 *Figdor,* „Sorgepflicht", „Besuchsrecht" ... aber was hilft dem Kind, ÖA (1980); *ders,* Kinder (1991).

- Unsicherheit, Schwäche und Stimmungsschwankungen, die dem Kind ein geringeres Gefühl der Geborgenheit vermitteln (manchmal kommt es geradezu zum Rollentausch zwischen Elternteil und Kind),[359]
- Angst und Hilflosigkeit gegenüber den Reaktionen des Kindes, oder auch verstärkter Anpassungsdruck und eine Tendenz zur Konfliktverleugnung,
- häufige Konzentration auf die jüngeren Kinder,
- eventuell auch Regression in die Abhängigkeit von den eigenen Eltern, wodurch die Elternteile zu Geschwistern des Kindes und die Großeltern zu den Eltern werden uvm.[360]

*Fthenakis*[361] zitiert eine Reihe von Untersuchungen wonach sich dies im beobachtbaren Verhalten va zu inkonsistenter Disziplinierung, Mangel an Kontrolle über die Kinder und einer gestörten Kommunikation manifestieren kann. Diese Veränderungen können dazu führen, dass das Kind den Elternteil, bei dem es hauptsächlich lebt, gewissermaßen ‚nicht wiedererkennt'.

Die Veränderung der Beziehung zwischen dem Kind und diesem Elternteil muss aber nicht nur vom Elternteil, sondern kann auch vom Kind selbst ausgehen. Phantasien wie ‚Ich hätte nie gedacht, dass sie mir das antut!' (nämlich den Vater wegzuschicken), die Verschiebung von Aggressionen gegen den anderen Elternteil auf den Elternteil, bei dem das Kind lebt, aber auch die Erkenntnis, dass Liebe nicht ewig dauert und somit auch die Liebe des Elternteils zum Kind möglicherweise nicht garantiert ist, uam führen oft zu einem „Oszillieren" des Kindes zwischen Trennungsängsten und Aggressionen, welche durch die beschriebenen, realen Verhaltensänderungen des Elternteils fatale Bestätigung zu erfahren scheinen. Das Erleben der Beziehung des Kindes zu dem Elternteil, bei dem es hauptsächlich lebt, hat jedoch Konsequenzen für die Art und Weise, wie das Kind das Scheidungserlebnis bewältigen kann:[362] Wie leicht zu erkennen ist, stehen diese Veränderungen elterlicher Haltungen und Einstellungen in diametralem Gegensatz zu jenen Haltungen und Einstellungen, die notwendig sind, Kindern nach der Trennung jene Erfahrungen zu ermöglichen, die oben als Voraussetzungen für eine hinreichend gute Bewältigung der Trennung bzw Scheidung genannt wurden.[363]

---

359 Siehe dazu auch die Ausführungen von *Graf/Frank*, Parentifizierung: Die Last, als Kind die eigenen Eltern zu bemuttern, in *Walper/Pekrun* (Hrsg), Familie und Entwicklung. Aktuelle Perspektiven der Familienpsychologie (2001).

360 *Figdor*, ÖA (1980) ; *ders*, Kinder (1991).

361 *Fthenakis*, Kindliche Reaktionen auf Trennung und Scheidung, Familiendynamik 20 (1995).

362 *Figdor*, Kinder (1991); siehe weiters *Hetherington/Cox/Cox*, Long-term effects of divorce and remarriage on the adjustment of children, Journal of the American Academy of Child Psychiatry 24 (1985); *Kelly*, Adjustment (1988); *Wallerstein/Kelly*, Surviving the breakup (1980).

363 Siehe oben Kapitel 2.4, insb die Voraussetzungen a bis c.

Daher galt es in der vorliegenden Studie, eine Antwort auf die Frage zu erhalten, ob die Obsorgeform in den ersten Monaten nach der Scheidung (also in der sog ‚Nach-Scheidungs-Krise')[364] einen Einfluss auf die Entwicklung der Beziehung des Kindes zu jenem Elternteil nimmt, bei dem sich das Kind hauptsächlich aufhält. Dazu wurden – ähnlich wie im Hinblick auf die Beziehung des Kindes zum getrennt lebenden Elternteil – sowohl die **faktische Beziehungsgestaltung,**[365] als auch das **Erleben** der Beziehung zum Kind (Phantasien, Gefühle und Haltungen des Elternteils über die Beziehung zum Kind und seine Rolle als Elternteil)[366] sowie die Veränderung der Beziehung bzw des Erlebens durch die elterliche Trennung untersucht. (Im Rahmen der qualitativen Untersuchung wurden diesbezüglich auch die Kinder und Jugendlichen selbst befragt.)

Spezielles Augenmerk bei der Untersuchung der Beziehung zwischen dem Kind und dem hauptbetreuenden Elternteil legten wir auf zwei Aspekte:

*Erstens* gingen wir der Frage nach, inwiefern solche drohenden negativen Veränderungen der Beziehung zwischen dem Kind und dem hauptsächlich betreuenden Elternteil nach der elterlichen Trennung durch ein höheres Ausmaß an (realer) **Entlastung** des hauptbetreuenden durch den getrennt lebenden Elternteil im Falle der ObE ‚abgefedert' werden könnten. Vorstellbar wäre etwa, dass Väter (als die zumeist getrennt lebenden Elternteile) mit ObE in einem höheren Ausmaß Betreuungs- und Erziehungsfunktionen übernehmen, Sorgen der Mutter über das Kind teilen, sich mit dieser – angesichts des Auftretens bestimmter Schwierigkeiten mit dem Kind – beraten etc."[367]

Dass sich Mütter, die sich die Sorge für ihre Kinder mit ihren Expartnern teilen, eher noch von diesen entlastet und unterstützt fühlen als allein sorgeberechtigte Mütter, erhoben etwa *Shiller*[368] und *Proksch*[369]. Nach *Proksch* und *Sluka* haben auch deutlich mehr Mütter mit gemeinsamem Sorgerecht das Gefühl, dass sich der Expartner für die gemeinsamen Kinder verantwortlich fühlt.[370] Im Umweg über eine weniger belastete Mutter könne dies – so etwa *Sluka* –

364 *Figdor*, Kinder (1991).

365 Beispielsweise: Verteilung der Erziehungsverantwortung, -aufgaben zwischen Vater und Mutter vor der Trennung und jetzt, die Zufriedenheit damit. Siehe dazu auch die Ausführungen zur Beziehung zum getrennt lebenden Elternteil.

366 Beispielsweise: affektive Färbung der Beziehung zum Kind vor der Trennung und jetzt, Wahrnehmung und Befriedigung von Wünschen und Bedürfnissen des Kindes, Einschätzung der eigenen Rolle und affektiven Bedeutung für das Kind (geliebt/gebraucht zu werden), Erleben von Freude, Belastungen, Ängste in der Beziehung zum Kind jetzt; Wahrung der Generationengrenze uvm. Siehe dazu auch die Ausführungen zur Beziehung zum getrennt lebenden Elternteil.

367 *Barth-Richtarz/Figdor*, Was bringt die gemeinsame Obsorge? (2008) 26–28.

368 *Shiller*, Amer. J. Orthopsychiat. 56(3) (1986), ausführlich in Kapitel 2.1.1.

369 *Proksch*, Reform des Kindschaftsrechts (2002) 105, ausführlich in Kapitel 2.1.2.2.

370 *Proksch*, Reform des Kindschaftsrechts (2002) 105; *Sluka*, Das gemeinsame Sorgerecht (1996) 61–67, ausführlich in Kapitel 2.1.2.3.

auch den Kindern zugutekommen. Allerdings stellt *Sluka* an anderer Stelle fest, dass das gemeinsame Sorgerecht eine Verschlechterung in der Mutter-Kind-Beziehung und einen Verlust an mütterlicher Kompetenz im ersten Jahr nach der Scheidung der Eltern nicht verhindern könne.

Einen interessanten Beitrag zu dieser Diskussion liefert *Gründel* mit seinem Ergebnis der ambivalenten Einstellung von Müttern gegenüber dem Engagement der Väter nach der Scheidung. *Gründel* stellt fest, dass viele der von ihm befragten Mütter einerseits enttäuscht und ärgerlich waren, dass die Gemeinsamkeit, die der Titel des gemeinsamen Sorgerechts verheißt, keine gleiche Verteilung der Lasten und keine gleich große Verantwortung bedeutet und die erhoffte Entlastung im Alltag hinter den Erwartungen zurückbleibt. Die eigene „Hauptzuständigkeit" und das Fehlen von regelmäßige Absprachen oder Kompetenzaufteilungen zwischen den Elternteilen werde aber andererseits von den Müttern auch mit Erleichterung über die relative Konfliktfreiheit und einen nicht allzu intensiven Kontakt zum Expartner wahrgenommen. Wenn auch alltägliche Schwierigkeiten und Belastungen nicht geteilt werden konnten, machten die befragten Mütter doch deutlich, wie wichtig und entlastend es für sie sei, die Verantwortung und Sorge in schwierigen Situationen, etwa bei wichtigen Entscheidungen, in unvorhergesehenen Ausnahmefällen oder offensichtlich problematischen Entwicklungen, mit dem Expartner teilen zu können.[371]

„*Zweitens* kennen wir aus der Psychoanalyse ein Phänomen, dass es durch das Vorhandensein einer dritten Person (des Vaters) gleichsam zu einem inneren ‚Abfedern' von Konflikten kommt, wodurch ebenfalls zu erwarten ist, dass die Mutter-Kind-Beziehung emotional entlastet wird: Jedem Beziehungsdreieck kommt durch die Möglichkeit des Ausweichen-Könnens auf die andere der beiden Beziehungen für alle Beteiligten eine große Entlastungsfunktion zu (‚Triangulierung'). In Familien, die ein familiäres Dreieck zur Verfügung stellen, bleiben daher viele Beziehungskonflikte zwischen Kind und Mutter oder Kind und Vater vor der Scheidung ‚latent', sie kommen gar nicht zum Ausdruck oder Ausbruch, weil die Kinder innerhalb des familiären Dreiecks ausweichen können. Fehlt diese Möglichkeit, erleben sich diese zwei Menschen völlig aufeinander angewiesen, jeder Konflikt macht große Angst, weil man ja nur diesen Partner hat, und gewinnt dadurch noch mehr an Dramatik.[372] Was das Erleben der Beziehung zwischen Kind und hauptsächlich betreuenden Elternteil betrifft, schien uns daher das Ausmaß der ‚Triangulierungsmöglichkeiten' nach der Trennung bzw Scheidung von entscheidender Bedeutung zu sein. Auch diesbezüglich war

371 *Gründel*, Gemeinsames Sorgerecht (1995) 72–74, 81 f, ausführlich in Kapitel 2.1.2.2.

372 *Figdor*, Kinder (1991) 32–33. Vgl auch die weiter oben formulierten Voraussetzungen d und g für eine hinreichend gute Bewältigung der Trennung bzw Scheidung (Kapitel 2.4).

zu untersuchen, inwiefern sich Unterschiede zwischen Familien mit ObE und aO eines Elternteils zeigen."[373]

## 3.3 Die Auswirkung auf das Familienklima (Variablen 3 und 4)

„Bei der Auswirkung auf das Familienklima interessierten uns insb die Auswirkungen der ObE auf die innerfamiliäre Kommunikation und Kooperation, auf Konflikte und die Konfliktbewältigung.

Der Befund, dass nicht nur die Kontakte zwischen dem Kind und dem Elternteil, bei dem das Kind nicht hauptsächlich lebt, in Fällen mit gemeinsamer elterlicher Sorge intensiver sind als in Fällen mit alleinigem Sorgerecht eines Elternteils, sondern zumeist auch die Kontakte der Eltern untereinander, kann als gesichert angenommen werden.[374] Dies ist verständlich angesichts der Tatsache, dass die gemeinschaftliche Ausübung des Sorgerechts für die Kinder zu häufigeren Kontakten zwischen den Eltern führt, um Erziehungsangelegenheiten miteinander zu besprechen. Die in der Öffentlichkeit sowie in Fachkreisen viel diskutierte Frage ist jedoch, *wie* diese Kontakte verlaufen können. Konkreter formuliert geht es also darum, ob Elternteile, die durch die Scheidung gleichsam ihr ‚Nicht-Zusammen-Passen' dokumentiert haben, weiter als Mutter und Vater gleichberechtigt erziehen können, ohne sich gegenseitig mit Streitigkeiten lahmzulegen und auf Kosten der Kinder die elterlichen Konflikte auf der Ebene der Sorge und Erziehung weiterzuführen. Es sei sogar zu befürchten, wird häufig argumentiert, dass die gemeinsame Obsorge zu einer Perpetuierung der Beziehungskonflikte vor der Trennung der Eltern führe."[375] So betonen etwa *Wallerstein* und *Blakeslee*, dass durch das gemeinsame Sorgerecht (gemeint ist das Wechselmodell) zwar die Zusammenarbeit der geschiedenen Eltern wachse, die Aggression zwischen ihnen jedoch nicht unbedingt schwinde. Zum Teil bemühen sich Eltern, ihre Aggressionen hintanzustellen, um die Kooperation nicht zu gefährden, das gelinge aber nicht immer.[376] „Das Dilemma scheint demnach zu lauten: Elternverantwortung von Mutter *und* Vater trotz Scheidung versus Beruhigung der Konflikte zwischen den Eltern. Denn der ‚Friede' zwischen geschie-

373 *Barth-Richtarz/Figdor*, Was bringt die gemeinsame Obsorge? (2008) 28.

374 *Balloff*, Alleinerziehung und gemeinsame elterliche Sorge durch Trennung und Scheidung (1989); *Walter*, Alleinerziehung und gemeinsame elterliche Sorge durch Trennung und Scheidung (1989); *Furstenberg/Cherlin*, Geteilte Familien (1993); *Johnston/Kline/Tschann*, Amer. J. Orthopsychiat. (1989); *Nelson*, Parental Hostility, Conflict and Communication in Joint and Sole Custody Families, Journal of divorce 13 (2) (1989); *Proksch*, Reform des Kindschaftsrechts (2002) [Weiters: *Ottosen*, Legal and Social Ties between Children and Cohabiting Fathers, Childhood (2001) 8 (1)].

375 *Barth-Richtarz/Figdor*, Was bringt die gemeinsame Obsorge? (2008) 28 f.

376 *Wallerstein/Blakeslee*, Gewinner und Verlierer (1989) 312.

denen Eltern beruhe – wie etwa *King* und *Heard*[377] betonen – nicht selten auf der Tatsache, dass sich der getrennt lebende Elternteil weitgehend aus dem Leben der Familie zurückgezogen hat und die Eltern gar nicht mehr miteinander kommunizieren müssen."[378]

Bisherige Studienergebnisse liefern zu dieser Diskussion wertvolle Beiträge: *Erstens* zeigt sich, dass das **Ausmaß an Kommunikation und Kooperation zwischen den ehemaligen PartnerInnen** im Fall der gemeinsamen Sorge zwar tendenziell höher als im Fall der Alleinsorge eines Elternteils, aber wiederum auch nicht so hoch ist, wie dies mitunter angenommen wird, bzw von Fall zu Fall erheblich variiert.[379] So zeigt die Studie von *Proksch* etwa, dass fast 80 % der getrennt lebenden Väter mit gemeinsamem Sorgerecht von der Mutter (manchmal bis immer) über die persönlichen Verhältnisse des Kindes wie zB Krankheiten oder Schulangelegenheiten informiert werden. Der alltägliche Aufenthalt, die Entschuldigung bei Krankheit, eine eventuelle Nachhilfenotwendigkeit, der Entscheid über Wahlfächer in der Schule, die Behandlung leichter Erkrankungen sowie die Entscheidung über Urlaube bzw Ferienaufenthalte werden vom Großteil der Eltern mit gemeinsamem Sorgerecht aber als Angelegenheiten des täglichen Lebens aufgefasst, die der Alleinentscheidungsbefugnis desjenigen Elternteils unterliegen, bei dem sich das Kind aufhält.[380] Nach *Gründel* finden regelmäßige Absprachen oder Kompetenzaufteilungen zwischen den Elternteilen, die man möglicherweise als charakteristisch für die gemeinsame Sorge erwarten könnte, nicht statt. Es komme auch nur äußerst selten zu der häufig von SkeptikerInnen des gemeinsamen Sorgerechts prognostizierten Rivalität um erzieherische Alltäglichkeiten, da es, wie oft beide Eltern betonen, in der Erziehungspraxis selten etwas gebe, das als „Entscheidungsfall" erlebt werde, das meiste sei Routine. Außerdem würden die Väter in den meisten Fällen betonen, dass ihnen klar sei, dass die Hauptlast der Betreuung und damit die größere Entscheidungsbefugnis bei der Mutter lägen.[381]

Wenn von gemeinsamer elterlicher Sorge oder Zusammenarbeit in der Erziehung der Kinder trotz Scheidung und Getrenntlebens die Rede ist, hat vermutlich jede/r ForscherIn/PraktikerIn bestimmte Bilder und Vorstellung dazu, die jedoch mitunter sehr unterschiedlich sein können bzw auch in Studien sowie in

---

377 *King/Heard,* Nonresident Father Visitation, Parental Conflict, and Mother´s Satisfaction: What´s Best for Child Well-Being? Journal of Marriage and the Family 61 (2) (1999) 385–396.

378 *Barth-Richtarz/Figdor*, Was bringt die gemeinsame Obsorge? (2008) 29.

379 Dass das Ausmaß an Kommunikation und Kooperation der Eltern nicht zwangsläufig hoch ist, bestätigen sogar AutorInnen für die gemeinsame Sorge in der Form des Wechselmodells. *Wallerstein/Blakeslee* betonen aber, dass das Erfordernis der Abstimmung der Eltern beim Wechselmodell umso höher ist, je jünger die betroffenen Kinder sind (*Wallerstein/Blakeslee*, Gewinner und Verlierer [1989] 311).

380 *Proksch*, Reform des Kindschaftsrechts (2002) 125, 163. Siehe ausführlich dazu Kapitel 2.1.2.2.

381 *Gründel*, Gemeinsames Sorgerecht (1995) 71. Siehe ausführlich dazu Kapitel 2.1.2.2.

Fachdiskussionen selten wirklich differenziert betrachtet werden. Einen spannenden Beitrag zur Art der Interaktion von geschiedenen Eltern liefern *Maccoby* und *Mnookin*[382], die aufgrund ihrer Untersuchungen drei verschiedene Interaktionstypen definieren: die kooperative ko-elterliche, die losgelöste und die konfliktträchtige Beziehung. Etwa 30 % der Elternpaare, deren Kinder abwechselnd in beiden elterlichen Haushalten lebten, waren imstande, kooperative ko-elterliche Beziehungen aufzubauen. Das am weitesten verbreitete Muster bezeichnen die AutorInnen hingegen als „losgelöst" und meinen damit einen parallelen (Eltern-)Rollenvollzug bei geringer Kommunikation. Vom Standpunkt der Kinder aus betrachtet beschreiben die AutorInnen die kooperative ko-elterliche Beziehung als die förderlichste, die konfliktträchtige ko-elterliche Beziehung als die schädlichste und das losgelöste Verhältnis der Eltern zueinander als in seiner Wirkung auf die Kinder dazwischenliegend. Interessant ist, dass die drei verschiedenen Ausprägungen der ko-elterlichen Interaktion etwa gleichmäßig auf die unterschiedlichen Aufenthaltsmodelle verteilt waren, dh, dass konfliktträchtige ko-elterliche Beziehungen in den Familien mit Wechselmodell ebenso häufig anzutreffen waren wie in jenen Familien, in denen die Kinder bei der Mutter oder beim Vater lebten. Elterliche Kooperation nach der Scheidung kann demnach ganz Unterschiedliches bedeuten.

*Zweitens* weisen einige AutorInnen[383] darauf hin, dass sich **Art und Ausmaß der elterlichen Kommunikation und Kooperation** auch nach der Trennung bzw Scheidung noch verändert und **entwickelt** haben und sich nicht einfach aus den Gegebenheiten, wie sie vor der Trennung bestanden, auf die Zeit nach der Trennung übertragen lassen. So zeigt etwa die Studie von *Maccoby* und *Mnookin*, dass viele ExpartnerInnen, die zum ersten Untersuchungszeitpunkt noch Konflikte miteinander hatten, sich zu einem späteren Zeitpunkt bereits voneinander gelöst hatten, während manche zunächst „losgelösten" Expaare es mit der Zeit schafften, kooperative ko-elterliche Beziehungen aufzubauen.[384] Auch *Gründel* kommt zu dem Schluss, dass es sich bei den Konflikten der gemeinsam sorgeberechtigten Eltern oft um typische Erscheinungen der Frühphase der Sorgerechtspraxis handelt, die etwa von der Trennung bis zwei Jahre nach der Scheidung reicht und die sich oft durch „einen konfliktreichen Prozess des Werdens"[385] auszeichnet.

*Drittens* kommen einige StudienautorInnen[386] zu dem Ergebnis, dass sich die Konflikte zwischen Eltern mit gemeinsamem Sorgerecht von jenen zwischen

382 *Maccoby/Mnookin*, FamRZ (1995) 1-16. Siehe ausführlich dazu Kapitel 2.1.1

383 ZB *Camara/Resnick*, Styles (1989); *Fthenakis* et al, Gemeinsame elterliche Sorge (1990) 22; *Gründel*, Gemeinsames Sorgerecht (1995); *Maccoby/Mnookin*, FamRZ (1995) 1–16.

384 *Maccoby/Mnookin*, FamRZ (1995) 1–16.

385 *Gründel*, Gemeinsames Sorgerecht (1995) 79.

386 ZB *Gründel*, Gemeinsames Sorgerecht (1995); *Sluka*, Das gemeinsame Sorgerecht (1996) 78.

sorgeberechtigtem und nicht sorgeberechtigtem Elternteil in einem entscheidenden Punkt unterscheiden, nämlich in der **(Nicht-)Infragestellung des grundsätzlichen Zugangs des Kindes zum anderen Elternteil**. Dazu schreibt *Gründel*: „Die Konflikte ... sind aufreibend und für einige Eltern schwer erträglich. Sie scheinen aber nicht destruktiv zu sein, und die Kinder werden nicht als Streitvorwände oder Faustpfänder mißbraucht."[387] Der Konflikt kreise häufig um das Hergeben, um das Bitten oder Verweigern von Informationen über die Kinder, nicht um das Hergeben oder Verweigern der Kinder selbst. Auch wenn die Zufriedenheit mit dem gemeinsamen Sorgerecht, so *Gründel* weiter, bei manchen Eltern oft erheblichen Schwankungen unterliege und sich bezüglich der Entscheidung für das gemeinsame Sorgerecht insb bei den Mütter in akuten Krisen auch immer wieder Zweifel einstellen würden, so würden sie ihre kurzfristige Sehnsucht nach dem Alleinsorgerecht doch als Reaktion auf die aktuelle Krise interpretieren, als Ausdruck von Wut auf und Enttäuschung vom anderen Elternteil. Die grundsätzliche Einstellung, dass die gemeinsame Sorge im Sinne der Kinder und der Mühe wert sei, teilen sie – so *Gründel* – dennoch.

*Viertens* ergeben repräsentative Vergleichsstudien[388] zwischen der gemeinsamen und der alleinigen elterlichen Sorge durchwegs **kein niedrigeres Konfliktniveau nach der Scheidung in Familien mit Alleinsorge eines Elternteils** und lassen somit erheblichen Zweifel an der Existenz des Dilemmas „Elternverantwortung von Mutter *und* Vater versus Beruhigung der Konflikte" aufkommen: So gaben etwa in der Untersuchung von *Proksch* mehr Eltern der Gruppe Alleinsorge Probleme mit dem Umgangsrecht an. Sie hatten auch deutlich häufiger gerichtliche Streitigkeiten zum Sorge- und Umgangsrecht als Eltern mit gemeinsamem Sorgerecht.[389] *Johnston* et al fanden selbst in Hochkonfliktfamilien keinen signifikanten Unterschied zwischen den Sorgerechtsgruppen, was das Ausmaß an verbaler oder physischer Gewalt betrifft, obwohl das Arrangement der gemeinsamen elterlichen Sorge bis zu einem gewissen Grad unfreiwillig eingegangen wurde.[390]

---

387 *Gründel*, Gemeinsames Sorgerecht (1995) 83.

388 ZB *Balloff*, Alleinerziehung und gemeinsame elterliche Sorge durch Trennung und Scheidung (1989). *Balloff* und *Walter* verglichen dazu die richterlichen Beschlüsse zur Regelung und Abänderung des Umgangsrechts und die gerichtlichen Abänderungen des Sorgerechts der Eltern mit alleinigem sowie gemeinsamem Sorgerecht. Das Umgangsrecht wurde im Fall der gemeinsamen elterlichen Sorge seltener gerichtlich festgelegt als im Fall der Alleinsorge und in keinem Fall nachträglich abgeändert. Im Vergleich dazu berichten 28 % der Eltern aus der Gruppe Alleinsorge von einer nachträglichen Abänderung des Umgangsrechts. Weiters: *Maccoby/Mnookin*, FamRZ (1995) 1–16; *Proksch*, Reform des Kindschaftsrechts (2002).

389 *Proksch*, Reform des Kindschaftsrechts (2002) 151–154, 161 f.

390 *Johnston/Kline/Tschann*, Amer. J. Orthopsychiat. (1989) 583.

Die Ergebnisse von *Gründel* und *Proksch* zeigen sogar ein geradezu gegenteiliges Bild zu der Befürchtung der Perpetuierung elterlicher Konflikte im Fall des gemeinsamen Sorgerechts. *Gründel* stellt fest: Das hohe Konsensniveau bzw die relative Konfliktfreiheit der Eltern mit gemeinsamem Sorgerecht ist zum Teil das Ergebnis einer durchaus konfliktreichen Entwicklung, in deren Verlauf die Eltern verschiedene Regelungen ausprobieren. Konflikte untereinander und die wahrgenommene (Un-)Zufriedenheit der Kinder sind Impulse, die zu Neuanpassungen bzw Kompromissen führen, die sich bewähren. Eltern mit gemeinsamem Sorgerecht versuchen aber auch eher als Eltern mit alleinigem Sorgerecht, Konflikte in beidseitigem implizitem Einverständnis im Interesse der Kinder (und aufgrund der eigenen Angst vor Konflikten) zu vermeiden bzw nicht eskalieren zu lassen, um das Modell nicht zu kippen.[391] Viele Eltern fühlen sich durch das gemeinsame Sorgerecht gleichsam auf „Streitobergrenzen" bzw ein „Stillhalteabkommen" festgelegt.[392]

*Proksch* beobachtet in seiner Untersuchung, dass mit der Entscheidung für die Alleinsorge noch keine Beruhigung der Streitsituation einhergehe.[393] Im Gegenteil: Gerade die Erteilung des Sorgerechts an einen Elternteil verschärfe oftmals die elterlichen Konflikte, da sich der sorgeberechtigte Elternteil als „Gewinner", der nicht sorgeberechtigte Elternteil jedoch als „Verlierer" fühle und dadurch eine Art Konkurrenzsituation entstehe, die zu Spannungen und Auseinandersetzungen zwischen den Eltern führe. Diese bloße Verlagerung des Konfliktpotenzials könne durch die Alleinentscheidungsbefugnis eines Elternteils im konkreten Streitpunkt nicht verhindert werden. Die formale Berechtigung des einen Elternteils dazu wirke sogar streitverschärfend, wenn zwischen den Eltern ohnehin eine spannungsgeladene Beziehung herrscht und der andere Elternteil (begründet oder nicht) anderer Auffassung ist, sich aber „wehrlos" fühlt und dann – so *Proksch* – emotional reagiert. Es scheint daher fraglich, so *Proksch,* „ob die bei einer Entscheidung für die aeS häufig angeführte Begründung greift, dass aus Gründen des Kindeswohls bei einer Streitsituation zwischen den Eltern die Entscheidung für die aeS das gebotene Mittel sei, Belastungen für das Kind zu vermeiden."[394] Schlussfolgernd stellt *Proksch* fest, dass die gemeinsame Sorge geeigneter ist als die Alleinsorge, „die Kommunikation, die Kooperation und den wechselseitigen Informationsaustausch der Eltern miteinander über ihre Kinder positiv zu beeinflussen ... [sowie] das Konfliktniveau zwischen den Eltern zu reduzieren".[395] Als Begründung führt er dazu an, dass:

391 *Gründel*, Gemeinsames Sorgerecht (1995) 78 f.
392 *Gründel*, Gemeinsames Sorgerecht (1995) 160.
393 *Proksch*, Reform des Kindschaftsrechts (2002) 100.
394 *Proksch*, Reform des Kindschaftsrechts (2002) 88.
395 *Proksch*, Reform des Kindschaftsrechts (2002) 38.

- der neue rechtliche Rahmen von den Eltern konsequent eine eigenverantwortliche Konfliktregelung fordere und diese geradezu zu einer eigenverantwortlichen und konstruktiven Gestaltung ihrer nachehelichen Elternschaft zwinge,
- die neue rechtliche Regelung die Ausgrenzung eines Elternteils erschwere und damit die Kommunikation und Kooperation der Eltern fördere und
- sie weiters helfe, „Erstarrungen" durch Positionen des „Rechthabens" ebenso zu vermeiden wie neue Verletzungen.[396]

Wenn auch Untersuchungsergebnisse wie jene von *Gründel* und *Proksch* die These von der tendenziell konfliktentschärfenden Wirkung des gemeinsamen Sorgerechts stützen, so kann natürlich auch nicht angenommen werden, dass dies in jedem individuellen Fall zutreffe. So beschreibt etwa *Gründel* eine kleine Gruppe von Eltern, die chronisch stritten und bei denen das gemeinsame Sorgerecht meist vom Jugendamt oder von Beratungsstellen gleichsam als Befriedungsstrategie initiiert wurde, um Konflikte zu verhindern, die das Kindeswohl noch mehr gefährdet hätten. Die Frage, ob für solche Familien das gemeinsame Sorgerecht eine angemessene Sorgerechtsform sei, müsse – so *Gründel* – offenbleiben: „Die Vorteile der Kontakthaltung und die Nachteile des fortgesetzten Streits bilden Gegengewichte der Beurteilung. Kindern geht es bei solch prekärer Balance nur mehr oder weniger schlecht."[397]

Für die Evaluierung der 2001 in Österreich geschaffenen Möglichkeit der Obsorge beider Eltern nach der Scheidung bedeuten diese Ergebnisse jedenfalls, dass der Frage, wie sich diese Obsorgeform auf das Beziehungsklima zwischen den Eltern, ihre Konflikte und Konfliktlösungsstrategien auswirkt, eine zentrale Bedeutung zukommen musste; entscheidet sich doch an ihrer Beantwortung – neben der Variable „Sicherung der Beziehung der Kinder zu beiden Eltern" ganz wesentlich die Gesamtbeurteilung des Modells der Obsorge beider Eltern im Hinblick auf das Wohl der Kinder.

---

396 *Proksch*, Reform des Kindschaftsrechts (2002) 39 f.

397 *Gründel*, Gemeinsames Sorgerecht (1995) 85.

# 4 Pädagogische Variablen des Kindeswohls

## 4.1 Die Auswirkungen auf pädagogisch förderliche Einstellungen der Eltern (Variable 5)

„Natürlich gewährleisten pädagogisch förderliche Einstellungen noch nicht, dass die realisierte Erziehungspraxis diesen Einstellungen auch tatsächlich entspricht. Aus den Erfahrungen der Erziehungsberatung mit Scheidungseltern wissen wir jedoch, dass die Annahmen von Eltern darüber, welche pädagogischen Maßnahmen für die weitere Entwicklung der Kinder förderlich sind und welche nicht, doch in hohem Maße handlungsrelevant sind. Also bauten wir in den Fragebogen eine Anzahl pädagogischer ‚Testfragen' über Gründe kindlicher Verhaltensweisen und förderliche pädagogische Maßnahmen ein, etwa:

- ob man mit den Kindern über die Trennungsgründe reden soll;
- ob das Ausdrücken von Gefühlen gefördert werden soll;
- ob nach der Trennung erzieherische Strenge reduziert dagegen Zuwendung und Zärtlichkeit verstärkt werden soll."[398]

## 4.2 Die Auswirkungen auf die Bereitschaft der Eltern, professionelle Hilfe in Anspruch zu nehmen (Variable 6)

„Durch kompetente Beratung erhöht sich die Wahrscheinlichkeit, eventuell ‚falsch gestellte Weichen' früh genug so zu korrigieren, dass die Kinder wieder auf einen hinreichend guten Entwicklungsweg zurückgeführt werden. Neben der Bereitschaft, für sich selbst Beratung in Anspruch zu nehmen, wurden die Eltern auch nach ihrer Einstellung zu professionellen Hilfen für die Kinder selbst gefragt, etwa in Form von sozialpädagogischen Gruppen für Scheidungskinder oder psychotherapeutischer Unterstützung".[399]

Bei den beiden pädagogischen Variablen ist allerdings theoretisch ein Zusammenhang mit der Obsorgeform nicht zu erwarten. Warum sollte die Obsorgeform unmittelbare Auswirkungen auf grundsätzliche Einstellungen hinsichtlich der Frage, wie Kinder zu unterstützen wären, haben? Sollte sich die Vermutung bestä-

398 *Barth-Richtarz/Figdor*, Was bringt die gemeinsame Obsorge? (2008) 30.
399 *Barth-Richtarz/Figdor*, Was bringt die gemeinsame Obsorge? (2008) 30 f.

tigen, dass zwischen Obsorgeform und jenen Bereichen pädagogischer Alltagspraxis, die durch die strukturellen Variablen nicht unmittelbar berührt werden, *kein* Zusammenhang besteht, würde das deutlich machen, dass ein Gesetz für das Kindeswohl zwar eine große Bedeutung haben kann, es mit einer juristischen Reform der Obsorgeregelung allein aber wohl nicht getan ist.

# 5 Die leitenden Hypothesen[400]

Die Untersuchung der Auswirkungen der gesetzlichen Möglichkeit der ObE auf die mittel- und langfristigen Entwicklungsbedingungen der Kinder im Vergleich zu jenen aus Familien mit aO erfordert ein methodisches Vorgehen, bei dem verallgemeinerbare repräsentative Daten gewonnen werden, was durch eine standardisierte Fragebogenerhebung zu bewerkstelligen ist. Um die erforderlichen Daten im Rahmen einer Fragebogenerhebung zu erhalten, muss der Zusammenhang zwischen der Obsorgeform und den oben herausgearbeiteten Variablen einer hinreichend guten Nachscheidungsentwicklung[401] in die Form überprüfbarer Hypothesen gebracht werden. Die Formulierung der Hypothesen[402] wird so gewählt, dass sie zum einen die wichtigsten und am häufigsten vorgebrachten Einwände gegen die ObE und zum anderen die wichtigsten und häufigsten Argumente, die für die ObE sprechen, ausdrücken, „sodass sie eine Art Bindeglied zwischen theoretischen Überlegungen, klinischer Forschung und den sozialpolitischen Diskussionen im Zusammenhang mit dem KindRÄG darstellen".[403]

Den Hypothesen zu den Auswirkungen der ObE soll jedoch eine **Hypothese zur Verteilung der ObE** vorangestellt werden, da dies die Grundlage für alle weiteren Ergebnisse und Interpretationen darstellt. Es ist anzunehmen (Hypothese 1.1), dass der Anteil der ObE gegenüber jener der aO in Österreich eher gering sein wird und damit bei Weitem nicht an jene Häufigkeit herankommt, wie sie in Deutschland seit der Einführung der „gemeinsamen elterlichen Sorge als Regelfall" gegenüber der vorherigen Regelung – geS als Möglichkeit – besteht. Im

---

400 Aufgrund der unterschiedlichen Schwerpunktsetzung entsprechen die Forschungshypothesen der vorliegenden Dissertation nicht exakt jenen der Evaluationsstudie.

401 Siehe dazu Kapitel 2.4.

402 Die Formulierung der meisten hier vorgestellten Hypothesen erfolgte bereits für die Durchführung der Evaluationsstudie, die ja dem Abschluss meiner Dissertation vorausging. Die Hypothesen der vorliegenden Dissertation entsprechen daher weitgehend jenen der Evaluationsstudie, gehen aber auch teilweise darüber hinaus. Da ich im Rahmen der vorliegenden Dissertation die Hypothesenprüfungen, die bereits im Rahmen der Auswertungen der Evaluationsstudie erfolgten, mittels höherer statistischer Auswertungsverfahren ergänze und vertiefe, behalte ich die ursprüngliche Formulierung der Hypothesen (weitgehend) bei. Weitere Hypothesen zur Annahme des Modells der ObE durch die befragten Eltern (und die Ergebnisse der Hypothesenprüfung) finden sich in *Barth-Richtarz/Figdor*, Was bringt die gemeinsame Obsorge? (2008).

403 *Barth-Richtarz/Figdor*, Was bringt die gemeinsame Obsorge? (2008) 34.

Jahr 2000 lag der Anteil der gemeinsamen elterlichen Sorge in Deutschland etwa bei 75 %.[404] Dieser Anteil dürfte bis heute nochmals gestiegen sein. „Zwischen der deutschen und der österreichischen Rechtslage besteht jedoch ein großer Unterschied: In Österreich ist das Fortbestehen der ObE über die Scheidung hinaus an den Willen beider Elternteile gebunden.[405] In Deutschland muss der Elternteil, der die Alleinsorge für die Kinder anstrebt, hingegen nachweisen, dass die aeS dem Kindeswohl besser entspricht – was erstens selten gelingt und zweitens daher immer seltener versucht wird. ... Zu erwarten war [für Österreich] eine Größenordnung wie während der alten Regelung in Deutschland (geS als Möglichkeit) bzw wie in der Schweiz – zwischen 10 % und 25 %."[406] Dies entspricht auch der Schätzung von *Karazman-Morawetz* und *Pelikan* im Zuge ihrer 2002 durchgeführten ExpertInnenbefragung zu den Erwartungen zur Implementierung der gemeinsamen Obsorge in Österreich.[407]

Die ersten **Hypothesen über die Auswirkungen der ObE** beziehen sich nun auf das **Konfliktniveau der Nachscheidungsfamilie**. Dabei sollen die wichtigsten Befürchtungen, die mit der Einführung der ObE in Österreich verbunden waren, einer wissenschaftlichen Überprüfung unterzogen werden. Diese lauten:

- „Die ObE erschwert die Beruhigung der Konflikte der Eltern bzw fördert sogar noch deren Eskalation (Hypothese [1.2]).
- Die ObE bedeutet eine Mehrbelastung der Eltern, va des hauptbetreuenden Elternteils: Zu befürchten ist, dass für alle Kleinigkeiten des Alltags das Einvernehmen mit dem anderen Elternteil gesucht werden muss – ein Grund, warum sich die Konflikte nicht entspannen können (Hypothese[1.3]).
- In jenen Fällen in denen die ObE beibehalten wird, werden die Konflikte zwischen den Eltern über das Besuchsrecht ausgetragen werden (Hypothese [1.4]).

Sollten diese Erwartungen zutreffen, müsste das aus pädagogisch-entwicklungspsychologischer Hinsicht tatsächlich bedenklich stimmen: Je größer sich elterliche Konflikte gestalten (die Austragung der Konflikte vor Gericht in besonderem Maße), umso größer ist die Angst, die bei den Kindern entsteht, und umso größer werden Loyalitätskonflikte der Kinder, die die Beziehung zu den Elternteilen, va zum Hauptbetreuenden, mit zusätzlicher Aggression anreichern, weil das entlas-

404 *Proksch*, Rechtstatsächliche Untersuchung (2002) 39.
405 Vgl dazu die Informationen über die rechtlichen Grundlagen der ObE im Anhang.
406 *Barth-Richtarz/Figdor*, Was bringt die gemeinsame Obsorge? (2008) 32.
407 *Karazman-Morawetz/Pelikan*, Erwartungen zur Implementierung der gemeinsamen Obsorge in Österreich. Forschungsbericht. Institut für Rechts- und Kriminalsoziologie. Im Auftrag der Magistratsabteilung 57 – Frauenförderung und Koordinierung von Frauenfragen (2001) 156.

tende Pendeln innerhalb der Mutter-Vater-Kind-Triade nicht möglich ist. Das Erleben von Spannung und Aggression wird zum ständigen Bestandteil des Alltags, was sich in der Folge auch in der **(Un-)Zufriedenheit der Eltern mit der ObE** niederschlagen müsste (Hypothese [1.5]).

Neben der Auswirkung der Obsorgeform auf die innerfamiliären Beziehungen ist zu prüfen, ob bzw welche Auswirkungen die Obsorgeform auf die **Gestaltung der Beziehungen zwischen den Elternteilen und den Kindern** hat, insb auf die Beziehung zwischen den getrennt lebenden Elternteilen und den Kindern. Die Erwartung, dass sich die ObE positiv auf die Vater-Kind-Beziehung[408] auswirken würde, bildete stets das Hauptargument der BefürworterInnen der ObE. Im Einzelnen wurde argumentiert, dass bei der ObE

- es zu häufigeren Besuchskontakten zwischen Vätern und Kindern käme (Hypothese [1.6]),
- Väter ihre Rolle aktiver wahrnehmen und mehr Erziehungsverantwortung übernehmen würden (Hypothese [1.7]).
- Aufgrund des größeren Engagements der Väter wäre auch eine Entlastung der Mütter in ihrem Erziehungsalltag zu erwarten (Hypothese [1.8]); also die gerade konträre Behauptung zu Hypothese 1.3.
- Mit der Einführung der ObE würde die erschreckend hohe Rate an kompletten Beziehungsabbrüchen zwischen Kindern und Vätern (von denen mehreren Untersuchungen zufolge ca 40 % bis 60 % der Kinder einige Jahre nach der Scheidung betroffen sind)[409] deutlich abnehmen (Hypothese [1.9]).
- Schließlich sei zu erwarten, dass bei ObE die Zahlung des Kindesunterhalts in geringerem Maße als Möglichkeit missbraucht wird, das Machtungleichgewicht gegenüber dem hauptbetreuenden Elternteil auszugleichen als bei aO eines Elternteils (Hypothese 1.10).“[410]

Die wichtigsten Argumente, die für diese positiven Erwartungen ins Treffen geführt werden:

- „Die fortgesetzte, auch rechtlich aufrechte Erziehungsverantwortung setzt der Neigung mancher Väter, den Verlockungen einer quasi-adoleszenten Regression zu erliegen einen ‚Ich- bzw Über-Ich-Widerstand‘“[411] entgegen.

408 „Vater“ steht im Folgenden für den getrennt lebenden Elternteil.

409 Ua *Napp-Peters,* Ein-Elternteil-Familien (1985), Familien nach der Scheidung (1995); *Proksch*, Reform des Kindschaftsrechts (2002).

410 *Barth-Richtarz/Figdor*, Was bringt die gemeinsame Obsorge? (2008) 34 f.

411 Mit den psychoanalytischen Begriffen „Ich“ bzw „Über-Ich“ ist im vorliegenden Zusammenhang das, was man umgangssprachlich als „erwachsene Vernunft“ bzw „Gewissen“ bezeichnen könnte, gemeint.

Dh, es fällt ihnen schwerer, die Scheidung zum Anlass zu nehmen, sich plötzlich (wieder) frei, ungebunden, von aller familiären Verantwortung erlöst fühlen zu können. Insb aber beugt die fortgesetzte Erziehungsverantwortung jenen Gefühlen der Kränkung, des Kontroll- und Bedeutungsverlustes vor, die Väter oftmals dazu veranlassen, sich nach der Scheidung (mit dem Entzug der Obsorge) aus der Beziehung zu ihren Kindern zurückzuziehen.

- Etwas Ähnliches könnte die ObE aber auch bei den Müttern bewirken, nämlich der aus Konflikten, Enttäuschungen und Verletzungen geborenen Sehnsucht vieler Mütter, den Vater endgültig aus dem Leben streichen zu können, einen Widerstand entgegenzusetzen, indem ‚Ich' und ‚Über-Ich' – dh an das Wohl des Kindes zu denken, aber auch dem Vater die Kinder nicht ganz zu nehmen – gegenüber den (durchaus normalen und verständlichen) ‚egoistischen' Bedürfnissen der Mutter gestärkt werden."[412]

Die Beruhigung des Konfliktklimas und die Fortsetzung einer intensiven Beziehung zu beiden Elternteilen sind – den Ergebnissen der Scheidungsforschung der letzten 30 Jahre zufolge – notwendige Voraussetzungen dafür, dass die Kinder die Trennung der Eltern ohne nachhaltige Beeinträchtigungen ihrer psychischen Entwicklung verarbeiten können.[413]. Innerhalb dieser (notwendigen) Beziehungsverhältnisse brauchen Kinder aber zusätzlich eine aktive Unterstützung seitens ihrer Eltern, um mit dem Trennungserlebnis zurechtzukommen: „Gespräche über die Scheidungsgründe, aktive Entlastung von Ängsten, Loyalitätskonflikten und Schuldgefühlen der Kinder, Zulassen von regressiven Verhaltensweisen und Gefühlen, Hilfe zum symbolischen Ausdruck von Gefühlen, Toleranz gegenüber Scheidungsreaktionen uam.[414]

Was diese im engeren Sinn ‚**pädagogischen Kompetenzen**' betrifft, die Scheidungskinder für ihre Entwicklung benötigen, ist allerdings nicht anzunehmen, dass die Obsorgeform eine entscheidende unabhängige Variable darstellt. Oder anders ausgedrückt: (pädagogisch) mehr oder weniger kompetente Eltern werden voraussichtlich in beiden Obsorgeformen ähnlich verteilt sein (Hypothese [1.11]). Sollte sich diese Hypothese bestätigen, hieße das, dass diese dritte Bedingung einer gesunden psychischen Entwicklung – im Gegensatz zu den Bedingungen Familienklima und Beziehung zu beiden Eltern – nicht auf gesetzlichem Wege, sondern allein über Elternschulung, Familien- bzw. Erziehungsberatung, erweiterte sozialpädagogische und psychotherapeutische Angebote uÄ realisierbar ist."[415]

---

412 *Barth-Richtarz/Figdor*, Was bringt die gemeinsame Obsorge? (2008) 35 f.

413 ZB *Figdor,* Kinder (1991); *ders,* Scheidungskinder (1997); *Wallerstein/Blakeslee,* Gewinner und Verlierer (1989), *Wallerstein/Lewis/Blakeslee,* Scheidungsfolgen (2002).

414 Siehe dazu Kapitel 2.4.

415 *Barth-Richtarz/Figdor*, Was bringt die gemeinsame Obsorge? (2008) 36.

Die Hypothesen für den 1. Ergebnisteil lauten demnach:

**Hypothese 1.1:**

Der Anteil der ObE ist gegenüber der aO gering.[416]

**Hypothese 1.2:**

Die ObE erschwert die innere Trennung und zwingt zur Kooperation, weshalb zu erwarten ist, dass sich die Konflikte der Eltern nicht nur langsamer beruhigen, sondern das Konfliktniveau sogar zunimmt. Im Gegensatz dazu ermöglicht die aO eine Beruhigung der (Konflikt-)Beziehung der Eltern nach der Scheidung. Daraus folgt:

H1.2a: Eltern mit ObE haben zum Untersuchungszeitpunkt ein höheres Konfliktniveau als Eltern mit aO *(gerichtete Alternativhypothese)*.

H1.2b: Die aO führt eher zur Beruhigung der (Konflikt-)Beziehung der Eltern nach der Scheidung *(gerichtete Alternativhypothese)*.

Die entsprechenden *Nullhypothesen* lauten:

H0.2a: Es zeigt sich kein Unterschied bezüglich des Konfliktniveaus der Eltern mit aO und ObE zum Untersuchungszeitpunkt.

H0.2b: Es zeigt sich kein Unterschied bezüglich der Beruhigung der (Konflikt-) Beziehung der Eltern mit aO und ObE nach der Scheidung.

**Hypothese 1.3:**

Sollte die ObE tatsächlich praktiziert werden, bedeutet das eine Mehrbelastung für den hauptbetreuenden, letztlich aber auch für den anderen Elternteil, da zu befürchten ist, dass in vielen alltäglichen Angelegenheiten ein Konsens gefunden werden muss bzw ständig ein Veto des anderen Elternteils zu erwarten ist. Daraus folgt:

H1.3a: Eltern mit ObE haben häufiger Konflikte im Zusammenhang mit Erziehung, wichtigen Entscheidungen und der Versorgung der Kinder als Eltern mit aO eines Elternteils *(gerichtete Alternativhypothese)*.

H1.3b: Hauptbetreuende Eltern mit ObE erleben die Verständigung bzw Zusammenarbeit mit dem anderen Elternteil in der Erziehung ihrer Kinder als belastender als Eltern mit aO *(gerichtete Alternativhypothese)*.

416 Da noch keine Vergleichsdaten existieren, wird hier eine Hypothese formuliert, die im strengen Sinn nicht geprüft werden kann. Es sollen vielmehr die erhobenen Befunde deskriptiv analysiert werden.

Die entsprechenden *Nullhypothesen* lauten:

H0.3a: Es zeigt sich kein Unterschied bezüglich der Häufigkeit von Konflikten über Erziehung und wichtige Entscheidungen bei Eltern mit ObE und aO eines Elternteils.

H0.3b: Es zeigt sich kein Unterschied bezüglich des Erlebens der Verständigung bzw Zusammenarbeit mit dem anderen Elternteil durch die Hauptbetreuenden mit ObE und aO.

**Hypothese 1.4:**

Von der Annahme (s Hypothese 1.2) eines nach der Scheidung ansteigenden Konfliktniveaus von Eltern mit ObE ausgehend, ist in jenen Fällen, in denen es nicht zu einer Umwandlung der ObE in aO eines Elternteils kommt, anzunehmen, dass sich das Konfliktpotenzial der ObE (siehe Hypothese 1.2) in einer Zunahme der Konflikte im Zusammenhang mit den Kontakten der Kinder zum getrennt lebenden Elternteil („Besuchsrecht") niederschlägt, es also nur zu einer Verlagerung der Konflikte kommt. Daraus folgt:

H1.4a: Eltern mit ObE haben häufiger Konflikte um das Besuchsrecht bzw geben mehr Schwierigkeiten im Zusammenhang mit den Kontakten der Kinder zum getrennt lebenden Elternteil an als Eltern mit aO *(gerichtete Alternativhypothese).*

H1.4b: Eltern mit ObE wünschen daher häufiger eine Abänderung der bestehenden Besuchsrechtsregelung *(gerichtete Alternativhypothese).*

H1.4c: Eltern mit ObE nehmen auch häufiger als Eltern mit aO eines Elternteils Hilfe zur Durchsetzung eines gerichtlichen Beschlusses über das Besuchsrecht in Anspruch *(gerichtete Alternativhypothese).*

Die entsprechenden *Nullhypothesen* lauten:

H0.4a: Es zeigt sich kein Unterschied bezüglich der Häufigkeit von Konflikten um das Besuchsrecht bzw Schwierigkeiten im Zusammenhang mit den Kontakten der Kinder zum getrennt lebenden Elternteil in den Angaben der Eltern mit ObE und aO eines Elternteils.

H0.4b: Es zeigen sich keine Unterschiede bezüglich Abänderungswünschen der bestehenden Besuchsrechtsregelung bei Eltern mit ObE bzw aO eines Elternteils.

H0.4c: Eltern mit ObE und aO eines Elternteils nehmen gleich häufig Hilfe zur Durchsetzung eines gerichtlichen Beschlusses über ihr Besuchsrecht in Anspruch.

**Hypothese 1.5:**

Sollten die Vermutungen zutreffen, dass die ObE eine Zunahme der Konflikte der Eltern (H 1.2) bzw eine Verlagerung der Konflikte auf die Besuchskontakte (H 1.4) sowie eine Mehrbelastung des hauptbetreuenden Elternteils (H 1.3) bedeutet, ist zu erwarten, dass die Zufriedenheit der Eltern, insb jene der hauptbetreuenden Elternteile, mit der ObE insgesamt gering ist. Daraus folgt:

H1.5a: Die Mehrheit der Eltern mit ObE ist mit der Obsorgeregelung unzufrieden.[417]

H1.5b: Von den Eltern mit ObE sind die Hauptbetreuenden wesentlich unzufriedener mit der Obsorgeregelung als die getrennt lebenden Elternteile *(gerichtete Alternativhypothese).*

H1.5c: Insgesamt ist die Zufriedenheit der Eltern der Gruppe aO mit der Obsorgeentscheidung höher als jene der Eltern der Gruppe ObE *(gerichtete Alternativhypothese).*

Die entsprechenden *Nullhypothesen* (zu H1.5b, c) lauten:

H0.5b: Hauptbetreuende mit ObE sind nicht wesentlich unzufriedener mit der Obsorgeregelung als die getrennt lebenden Elternteile.

H0.5c: Es zeigen sich keine bedeutsamen Unterschiede in der Zufriedenheit bei Eltern mit ObE und aO eines Elternteils.

**Hypothese 1.6:**

Ausländische Erfahrungen und die Ergebnisse vergleichbarer Untersuchungen (va die Studie von *Proksch*[418]) lassen vermuten, dass sich die ObE positiv auf das Ausmaß der Besuchskontakte[419] zwischen dem Kind und dem getrennt lebenden Elternteil (zumeist der Vater) auswirkt. Daraus folgt:

H1.6a: Kinder aus ObE sehen den getrennt lebenden Elternteil häufiger als Kinder aus aO eines Elternteils *(gerichtete Alternativhypothese).*

H1.6b: Kinder aus ObE übernachten häufiger beim getrennt lebenden Elternteil als Kinder aus aO eines Elternteils *(gerichtete Alternativhypothese).*

---

417 Hierbei handelt es sich um keine statistisch zu prüfende Hypothese im engeren Sinn. Die Beantwortung erfolgt durch die deskriptive Analyse des Datenmaterials.

418 *Proksch*, Reform des Kindschaftsrechts (2002).

419 „Besuchskontakte" steht für alle Kontakte zwischen dem Kind und dem getrennt lebenden Elternteil. Mir ist bewusst, dass dieser Begriff in sehr vielen Fällen die Realität der tatsächlichen Beziehung weder in zeitlicher noch in qualitativer Hinsicht adäquat widerspiegelt. Da es sich aber um einen gesellschaftlich gut etablierten Begriff handelt, werde ich auf diesen Begriff zurückgreifen.

H1.6c: Es zeigen sich Unterschiede in den Einstellungen der Mütter und Väter mit ObE und aO eines Elternteils zu den Kontakten der Kinder zum anderen Elternteil *(ungerichtete Alternativhypothese).*

H1.6d: Eltern mit ObE sind selbst zufriedener mit dem Ausmaß an Besuchskontakten und beurteilen auch die Zufriedenheit ihrer Kinder höher als Eltern mit aO eines Elternteils *(gerichtete Alternativhypothese).*

Die entsprechenden *Nullhypothesen* lauten:

H0.6a: Es zeigen sich keine Unterschiede im Kontaktausmaß der Kinder aus ObE und aus aO eines Elternteils zum getrennt lebenden Elternteil.

H0.6b: Es zeigen sich keine Unterschiede in der Häufigkeit von Übernachtungen der Kinder aus ObE und aus aO eines Elternteils beim getrennt lebenden Elternteil.

H0.6c: Es zeigen sich keine Unterschiede in den Einstellungen der Mütter und Väter mit ObE und aO eines Elternteils zu den Kontakten der Kinder zum anderen Elternteil.

H0.6d: Es zeigen sich keine Unterschiede bezüglich der eigenen Zufriedenheit der Eltern mit ObE bzw aO eines Elternteils mit dem Ausmaß an Besuchskontakten sowie der angenommenen Zufriedenheit ihrer Kinder.

**Hypothese 1.7:**

Die ObE führt dazu, dass sich die getrennt lebenden Elternteile (zumeist Väter) nicht nur quantitativ mehr um ihre Kinder kümmern, sondern auch qualitativ, dh mehr elterliche Aufgaben und Verantwortung übernehmen.

Daraus folgt:

H1.7a: Eltern mit ObE verständigen sich in einem höheren Ausmaß über Angelegenheiten, die das Kind betreffen, wodurch sich die getrennt lebenden Elternteile im Falle der ObE besser informiert fühlen *(gerichtete Alternativhypothese).*

H1.7b: Getrennt lebende Elternteile übernehmen im Fall der ObE tatsächlich mehr Verantwortung im Alltag des Kindes: Das heißt, sie kümmern sich in einem höheren Ausmaß um bestimmte Aufgaben im Zusammenhang mit dem Kind *(gerichtete Alternativhypothese).*

H1.7c: Getrennt lebende Eltern mit ObE erleben die Beziehung zu ihren Kindern positiver als nicht obsorgeberechtigte Elternteile *(gerichtete Alternativhypothese).*

Die entsprechenden Nullhypothesen lauten:

H0.7a: Es zeigen sich keine Unterschiede bei Eltern mit ObE und aO bezüglich der Verständigung über Angelegenheiten, die das Kind betreffen.

H0.7b: Es zeigen sich keine Unterschiede bezüglich der Übernahme von Alltagsaufgaben durch getrennt lebende Elternteile mit ObE und aO.

H07c: Es zeigen sich keine Unterschiede im Erleben der Beziehung zu den Kindern zwischen getrennt lebenden Eltern mit ObE und ohne Obsorge.

**Hypothese 1.8:**

Quantität und Qualität der Beziehung zum getrennt lebenden Elternteil („Engagement") entlasten auch den hauptbetreuenden Elternteil im Alltag mit den Kindern. Als Folge davon verbessert sich unter der Bedingung der ObE auch die Beziehung zwischen Kindern und hauptbetreuenden Elternteilen, also zumeist den Müttern. Daraus folgt:

H1.8a: Hauptbetreuende mit ObE erleben in einem höheren Ausmaß eine Unterstützung und Entlastung im Erziehungsalltag durch den getrennt lebenden Elternteil als allein obsorgeberechtigte Eltern *(gerichtete Alternativhypothese)*.

H1.8b: Unter der Bedingung der ObE verbessert sich in der Folge die Beziehung zwischen Kindern und hauptbetreuenden Elternteilen stärker als jene zwischen Kindern und ihren allein obsorgeberechtigten Eltern *(gerichtete Alternativhypothese)*.

Die entsprechenden *Nullhypothesen* lauten:

H0.8a: Es zeigen sich keine Unterschiede in Bezug auf das Erleben von Unterstützung und Entlastung im Erziehungsalltag durch den getrennt lebenden Elternteil bei Hauptbetreuenden mit ObE und aO.

H08b: Es zeigen sich keine Unterschiede zwischen Hauptbetreuenden mit ObE und aO, was das Erleben ihrer Beziehung zu ihren Kindern betrifft.

**Hypothese 1.9:**

Eines der eindrucksvollsten Ergebnisse der von *Proksch*[420] in Deutschland durchgeführten Studie war die drastische Reduzierung der Kontaktabbrüche zwischen Kindern und ihren getrennt lebenden Elternteilen im Fall der gemeinsamen elterlichen Sorge. Ähnliche Auswirkungen der ObE sind in der vorliegenden Studie aufgrund der relativ kurzen Zeitspanne zwischen Scheidung und Untersuchungszeitpunkt zwar nicht zu erwarten, sollen aber wie folgt überprüft werden:

H1.9: Unter der Bedingung der ObE kommt es zu weniger kompletten Abbrüchen der Kontakte der Kinder zum getrennt lebenden Elternteil als im Fall der aO eines Elternteils *(gerichtete Alternativhypothese)*.

420 *Proksch*, Reform des Kindschaftsrechts (2002).

Die entsprechende *Nullhypothese* lautet:

H0.9: Das Ausmaß an Kontaktabbrüchen unterscheidet sich in Familien beider Obsorgegruppen nicht.

**Hypothese 1.10:**

Das Eingebundensein in elterliche Aufgaben und Verantwortung durch den getrennt lebenden Elternteil könnte auch einen positiven Effekt auf die Zahlung des Kindesunterhalts durch den getrennt lebenden Elternteil mit ObE haben. Zu erwarten wäre, dass im Falle der ObE im Vergleich zur aO eines Elternteils die Zahlungen pünktlicher erfolgen, dass die Höhe des Kindesunterhaltsbetrags eher als angemessen erlebt wird und dass es insgesamt weniger Konflikte um die Kindesunterhaltszahlung gibt, da diese vom getrennt lebenden Elternteil nicht in dem Maße als Ausgleich des Machtungleichgewichts gegenüber dem hauptbetreuenden Elternteil instrumentalisiert wird. Daraus folgt:

H1.10a: Getrennt lebende mit ObE zahlen den Kindesunterhalt regelmäßiger als nicht obsorgeberechtigte Elternteile *(gerichtete Alternativhypothese)*.

H1.10b: Hauptbetreuende mit ObE erleben die Kindesunterhaltszahlungen des anderen Elternteils angemessener als Alleinobsorgeberechtigte *(gerichtete Alternativhypothese)*.

H1.10c: Eltern mit ObE haben weniger Konflikte um den Kindesunterhalt als Eltern der Gruppe aO eines Elternteils *(gerichtete Alternativhypothese)*.

Die entsprechenden *Nullhypothesen* lauten:

H0.10a: Es zeigen sich keine Unterschiede in Bezug auf die Regelmäßigkeit der Kindesunterhaltszahlungen zwischen den Obsorgegruppen.

H0.10b: Es zeigen sich keine Unterschiede zwischen Hauptbetreuenden mit ObE und aO, was die Einschätzung der Angemessenheit des Kindesunterhalts betrifft.

H0.10c: Es zeigen sich keine Unterschiede in der Konflikthäufigkeit um den Kindesunterhalt zwischen Eltern der beiden Obsorgegruppen.

**Hypothese 1.11:**

Neben förderlichen Rahmenbedingungen benötigen Kinder eine Reihe von besonderen Unterstützungen seitens ihrer Eltern, um das Scheidungserlebnis gut zu verarbeiten. Was diese im engeren Sinn „pädagogischen Kompetenzen" der Eltern betrifft, ist anzunehmen, dass die Obsorgeform keine entscheidende unabhängige Variable darstellt. Vielmehr ist davon auszugehen, dass diese Kompetenzen mehr mit allgemeinen pädagogischen Einstellungen und den besonderen Persönlichkeitseigenschaften der Eltern als mit der Obsorgeform zusammenhängen. Daraus folgt:

H1.11: Bezüglich der „pädagogischen Kompetenzen" der Eltern, ihre Kinder bei der Verarbeitung des Trennungs- bzw Scheidungserlebnisses zu unterstützen, zeigen sich Unterschiede zwischen den Obsorgegruppen *(ungerichtete Alternativhypothese).*

Die entsprechende *Nullhypothese* lautet:

Es zeigen sich diesbezüglich keine Unterschiede zwischen den Obsorgegruppen.

Um jedoch die Frage beantworten zu können, ob sich eventuell zeigende Unterschiede hinsichtlich der mittel- und langfristigen Entwicklungsbedingungen von Kindern in Familien mit ObE oder aO *auch* auf die Obsorgeform zurückzuführen sind (Obsorgeform als unabhängige Variable), muss eine Reihe von **Kontrollhypothesen** geprüft werden.

1. Sollte sich nämlich herausstellen, dass das Modell der ObE nur von bestimmten Elterngruppen gewählt wird, insb nur von jenen Eltern, deren Konfliktniveau – trotz Scheidung – nicht allzu hoch ist und die daher noch miteinander reden und kooperieren können (Hypothese 2.1), hätte das bedeutsame Konsequenzen für die Interpretation einer Reihe von Befunden über die Auswirkungen der ObE: „Es läge dann nämlich nahe, einige der ‚Auswirkungen' nicht auf die rechtliche Form der Obsorge, sondern auf die Qualität der Beziehung zwischen den Eltern zurückzuführen ... Dagegen würde von einem forschungsmethodischen Standpunkt aus die Entkräftigung dieser Hypothese[n] – sorgfältiges methodisches Vorgehen vorausgesetzt – die Möglichkeit eröffnen, eine Reihe von Befunden tatsächlich als Auswirkungen des Rechtstitels ObE zu analysieren."[421]

Die bisherige Forschung liefert zu dieser Frage unterschiedliche Ergebnisse: *Shiller* fand dazu – sowohl was das Erleben der Scheidung als auch das Konfliktniveau in der frühen Trennungszeit betrifft – keine signifikanten Unterschiede zwischen den Müttern mit gemeinsamem und alleinigem Sorgerecht.[422] *Maccoby* und *Mnookin* kamen zu dem Ergebnis, dass bei etwa einem Drittel der 166 Familien, in denen die tatsächliche gemeinsame Sorge (joint physical custody) verfügt wurde, schwerwiegende rechtliche Konflikte zu verzeichnen waren.[423] *Gründel* berichtet, dass das Ausmaß und die Art der Austragung der Konflikte zwischen den Eltern in der Trennungszeit bei den untersuchten Familien sehr unterschiedlich gewesen sei, sodass die Vermutung, dass das gemeinsamen Sorgerecht lediglich

421 *Barth-Richtarz/Figdor*, Was bringt die gemeinsame Obsorge? (2008) 32.
422 *Shiller*, Amer. J. Orthopsychiat. 56 (3) 1986
423 *Maccoby/Mnookin*, FamRZ (1995) 4 f.

ein Modell für Familien ist, in denen sich die Eltern vergleichsweise harmonisch getrennt haben, *Gründel* zufolge als widerlegt gelten darf.[424]

Auch wenn sich Unterschiede zwischen Eltern mit gemeinsamer und alleiniger Sorge bezüglich ihres Konfliktniveaus vor bzw während der Trennung bzw Scheidung zeigen, könnte – so *Proksch* – schon alleine aufgrund des enormen Verbreitungsgrades der gemeinsamen elterlichen Sorge die These nicht aufrechterhalten werden, dass sich *nur* jene Eltern für dieses Sorgerechtsmodell entscheiden, die sich relativ konfliktarm voneinander trennen bzw „ohnehin gut miteinander auskommen können trotz ihrer Scheidung".[425] So gaben beispielsweise nur etwas mehr als die Hälfte der Eltern mit gemeinsamem Sorgerecht an, dass sie die gemeinsame elterliche Sorge ohne einen Antrag auf ein Gerichtsverfahren behielten, aber etwa ein Drittel, obwohl ursprünglich ein Antrag auf Alleinsorge eines Elternteils gestellt worden war. 14 % der Eltern mit gemeinsamem Sorgerecht erhielten dieses gegen den Willen zumindest eines Elternteils durch einen Gerichtsentscheid.[426]

*Balloff* und *Walter* kommen hingegen zu dem Ergebnis, dass Streit zum Zeitpunkt der Trennung bzw Scheidung bei den Eltern, die die aeS ausübten, weitaus häufiger anzutreffen war, wobei vor allem um die Kinder bei den Eltern der aeS doppelt so häufig gestritten wurde wie bei den Eltern mit gemeinsamer elterlicher Sorge.[427] (Die methodische Vorgehensweise bei der Beantwortung dieser Frage ist jedoch zu hinterfragen.[428])

2. Neben dem Konfliktniveau der Eltern, einer möglichen unabhängigen Variablen, die bereits theoretisch ins Auge zu fassen ist und deren Übersehen zu fälschlichen Annahmen über die Bedeutung der Obsorgeform für die weiteren Entwicklungsbedingungen der Kinder führen könnte, muss ganz allgemein untersucht werden, ob sich die Befragten der beiden Untersuchungsgruppen (ObE – aO) hinsichtlich bestimmter **personengebundener bzw soziodemografischer Merkmale** systematisch unterscheiden (Hypothese 2.2). Sollte dies zutreffen, muss weiter geprüft werden, ob und in welcher Weise diese unterschiedlichen Ausgangsbedingungen eventuelle Unterschiede in den Entwicklungsbedingungen der Kinder aus Familien mit aO bzw ObE (mit-)erklären könnten. Die Evaluierung des Modells der ObE lässt ja kein experimentelles Vorgehen zu, in dem Sinne, dass die zu untersuchenden Familien einer Stichprobe entstammen und dann zufällig der einen oder anderen Obsorgegruppe zugeordnet werden, in der sie dann diese oder jene Erfahrungen machen, die wiederum gemessen und sta-

424 *Gründel*, Gemeinsames Sorgerecht (1995) 100 f, 104.

425 *Proksch*, Reform des Kindschaftsrechts (2002) 404.

426 *Proksch*, Reform des Kindschaftsrechts (2002) 113.

427 *Balloff*, Alleinerziehung und gemeinsame elterliche Sorge durch Trennung und Scheidung (1989) 370.

428 Siehe dazu Kapitel 2.1.2.2.

tistisch ausgewertet werden können. Vielmehr ist die Zuordnung der Befragten zu den Obsorgegruppen – durch die vorhergehende Entscheidung der Eltern – vorgegeben. Dh, es handelt sich um eine quasiexperimentelle Untersuchung. Das bedeutet aber, dass nicht von vornherein sichergestellt ist, dass bestimmte personengebundene Variablen – wie der Bildungsstand – nur zufällig und unsystematisch zwischen den beiden Obsorgegruppen verteilt sind. Es muss vielmehr damit gerechnet werden, dass die zu untersuchenden abhängigen Variablen – wie das Konfliktniveau der Eltern nach der Scheidung oder das Ausmaß der Besuchskontakte – von weiteren Variablen (Störvariablen) beeinflusst werden könnten.

Die Hypothesen für den 2. Ergebnisteil lauten demnach:

**Hypothese 2.1:**

Eltern mit ObE unterscheiden sich im Hinblick auf ihr Konfliktniveau *vor* der Scheidung so weit von Eltern mit aO, dass angenommen werden muss, dass sich das Modell der ObE weitgehend auf jene Eltern beschränkt, deren Beziehung sich trotz Scheidung durch ein geringes Konfliktniveau und daher große Kommunikations- und Kooperationsbereitschaft auszeichnet. Daraus folgt erstens:

H1.2.1: Eltern mit ObE haben ein niedrigeres Konfliktniveau vor der Scheidung als Eltern der Gruppe aO *(gerichtete Alternativhypothese).*

Die entsprechende *Nullhypothese* lautet:

H0.2.1: Eltern mit ObE unterscheiden sich nicht wesentlich hinsichtlich ihres Konfliktniveaus vor der Scheidung von Eltern der Gruppe aO.

Neben dieser Unterschiedshypothese ist zweitens deskriptiv zu untersuchen, ob sich das Modell der ObE weitgehend auf Eltern mit einem niedrigen Konfliktniveau beschränkt.

**Hypothese 2.2:**

Eltern, die sich für das Modell der ObE entscheiden, unterscheiden sich hinsichtlich bestimmter anderer, nämlich soziodemografischer Faktoren bzw personengebundener Merkmale wie Bildungsstand, berufliche Position, Geburtsland, Wohnortgröße, Dauer der Ehe und Trennungszeit vor der Scheidung, Anzahl und Alter der Kinder, so weit von den Eltern der Gruppe aO, dass die ObE als „Sonderphänomen" ausgewählter Elterngruppen betrachtet werden muss. Daraus folgt:

H1.2.2: Eltern mit ObE unterscheiden sich von Eltern der Gruppe aO hinsichtlich bestimmter soziodemographischer Faktoren bzw personengebundener Merkmale *(ungerichtete Alternativhypothese).*

Die entsprechende *Nullhypothese* lautet:

H0.2.2: Eltern mit ObE unterscheiden sich nicht wesentlich hinsichtlich bestimmter soziodemographischer Faktoren bzw personengebundener Merkmale von Eltern der Gruppe aO.

Neben dieser Unterschiedshypothese ist zweitens deskriptiv zu untersuchen, ob das Modell der ObE daher als „Sonderphänomen" ausgewählter Elterngruppen betrachtet werden muss.

Dieses methodische Vorgehen soll Antworten auf die Frage nach eventuellen Unterschieden in den Entwicklungsbedingungen der Kinder aus den verschiedenen Obsorgegruppen sowie auf die Frage danach ermöglichen, inwiefern diese tatsächlich *auch* als Auswirkungen der Obsorgeform zu betrachten sind.

Ein solches methodisches Vorgehen (standardisierte Befragung der Eltern, quantitativ-statistische Auswertung) muss jedoch an Grenzen stoßen, wenn es darum geht, ein Bild davon zu gewinnen, wie das Modell der ObE im Alltag der Familien tatsächlich gelebt wird, wie etwa die Betreuung durch beide Eltern, die Aufteilung von Kompetenzen usw zwischen den Eltern verteilt ist und wie dies von den Müttern, Vätern und Kindern erlebt wird. Dies sind aber Informationen, die gerade für die Beratung von geschiedenen oder in Scheidung befindlichen Eltern von besonderer praktischer Relevanz sind. Es ist anzunehmen, dass für Eltern va von Interesse ist, wie sie sich die Fortführung der gemeinsamen elterlichen Sorge trotz Scheidung und Getrenntlebens vorstellen können, welche „Lebensmodelle" diesbezüglich bereits von betroffenen Eltern und Kindern erprobt wurden und worauf dabei zu achten ist, um eine für die Kinder und die ganze Familie möglichst förderliche und befriedigende Nachscheidungssituation zu erreichen. Aus diesem Grund – und weil sich manche statistischen Befunde erst durch „qualitatives" Material interpretieren lassen – war die gleichzeitige Durchführung einer **qualitativen Untersuchung**, in die auch die Kinder einbezogen wurden, unerlässlich. Wie diese qualitative Untersuchung gestaltet wurde und in welcher Weise eine Verknüpfung der verschiedenen methodischen Ansätze zur Erkenntnisgewinnung versucht wurde, wird in den folgenden Kapiteln dargelegt.

# 6 Das Forschungsprojekt

## 6.1 Entstehungskontext

Die vorliegende Studie entstand im Kontext der österreichischen Evaluationsstudie zum KindRÄG 2001, die von März 2005 bis bis April 2006 durchgeführt wurde. Die Evaluationsstudie wurde vom Bundesministerium für Justiz in Auftrag gegeben, um den Nutzen und Erfolg der im Zuge des KindRÄG geschaffenen Neuerungen im Kindschaftsrecht, insb die Möglichkeit der Beibehaltung der Obsorge trotz Trennung bzw Scheidung zu untersuchen.[429] Sie umfasste zwei Teile: Erstens sollten die Erfahrungen der betroffenen Familien erhoben werden (Eltern-Kind-Untersuchung), zweitens jene der mit der Thematik vorrangig befassten Berufsgruppen, also FamilienrichterInnen, RechtsanwältInnen, NotarInnen, Gerichtssachverständige, MediatorInnen, MitarbeiterInnen der Jugendwohlfahrtsträger, von Familienberatungsstellen, der Kinder- und Jugendanwaltschaften und von Frauenhäusern.[430]

Die Eltern-Kind-Untersuchung wurde von der Arbeitsgemeinschaft Psychoanalytische Pädagogik (APP) unter der wissenschaftlichen Leitung von Univ.-Doz. Dr. Helmuth Figdor erstellt. Ich selbst war mit der Aufgabe der wissenschaftlichen Assistenz und operativen Leitung des Projekts betraut.[431]

Auf den im Rahmen der Eltern-Kind-Untersuchung erhobenen Daten basiert auch die vorliegende Studie, in der weitere und vertiefende Auswertungen des umfangreichen Datenmaterials vorgenommen werden.[432]

---

429 Die Evaluationsstudie zum KindRÄG 2001 wurde durch ein Konsultativgremium begleitet, das sich aus VertreterInnen des BMJ, sowie des BMSGK, Vertretern der Jugendwohlfahrt, der FamilienrichterInnen, der RechtspflegerInnen, der RechtsanwältInnen und des Berufsverbandes für Psychotherapie zusammensetzte und einen wesentlichen Beitrag zur Optimierung des Untersuchungsinstrumentariums sowie zur Interpretation der Ergebnisse leistete.

430 Die Berufsgruppenuntersuchung wurde an die Bietergemeinschaft des Instituts für Rechts- und Kriminalsoziologie (IRKS) und des Europäischen Zentrums für Wohlfahrtspolitik und Sozialforschung (EZ) vergeben. Siehe dazu: *Figdor/Barth-Richtarz*, Evaluationsstudie über die Auswirkungen des KindRÄG 2001, insbesondere der Obsorge beider Eltern (2006), *Barth-Richtarz/Figdor*, Was bringt die gemeinsame Obsorge? Studie zu den Auswirkungen des KindRÄG 2001 (2008).

431 Weitere ProjektmitarbeiterInnen der APP waren: Mag. *Natascha Almeder*, Mag. *Thomas Feurle*, Mag. *Alexandra Horak*, Mag. *Barbara Lehner*, Mag. *Barbara Neudecker* und Mag. *Thomas Wenter* sowie – über Kooperation mit dem Institut für Bildungswissenschaft/FB Psychoanalytische Pädagogik – StudentInnen der Pädagogik an der Universität Wien.

432 Die Ergebnisse der Evaluationsstudie wurden im Projektbericht: *Figdor/Barth-Richtarz*, Evaluationsstudie über die Auswirkungen des KindRÄG 2001, insbesondere der Obsorge beider Eltern

## 6.2 Untersuchungsgruppe

In die Untersuchung wurden alle Eltern mit gemeinsamen minderjährigen Kindern einbezogen, deren Ehe in den Monaten September bis November 2004 in Österreich rechtskräftig geschieden wurde. Mit dieser Vollerhebung ist es gelungen, ein flächendeckendes Abbild der Situation von Scheidungsfamilien gleichmäßig in allen österreichischen Bundesländern zu gewinnen. Der Zugang zu den Familien erfolgte mit Hilfe der für die Scheidung der Eltern zuständigen Familiengerichte.

Die Scheidung der Eltern der Untersuchungsgruppe erfolgte 9 – 11 Monate vor dem Untersuchungszeitpunkt. Für die Wahl dieses Untersuchungszeitpunktes gab es mehrere Gründe: Erstens war anzunehmen, dass der Entscheidungsprozess zur Obsorge beider Eltern oder zur Alleinobsorge eines Elternteils den Befragten noch sehr präsent sein würde, zweitens konnten so die unmittelbaren Auswirkungen der Obsorgeentscheidung auf das familiäre Klima sowie die Gestaltung der familiären Situation nach der Scheidung (inkl förderlicher oder hinderlicher Bedingungen für die Kinder in der Nachscheidungsphase) untersucht werden. Ein drittes Argument für diese Vorgehensweise war, dass in der von *Proksch* in Deutschland durchgeführten rechtstatsächlichen Untersuchung zur Reform des Kindschaftsrechts der erste Untersuchungszeitpunkt ebenfalls etwa 8 – 10 Monate nach der Scheidung der befragten Eltern lag.[433] Damit ist eine Vergleichbarkeit der Ergebnisse der beiden Studien gegeben – natürlich nur soweit es die unterschiedlichen gesetzlichen Regelungen in Deutschland und Österreich zulassen.

Längerfristige Entwicklungs- und Veränderungsprozesse können – das ist der Nachteil des Untersuchungszeitpunkts – dabei nicht untersucht werden. Wünschenswert wäre deshalb eine methodisch und umfänglich gleichwertige Nachfolgeuntersuchung (derselben Untersuchungsgruppe) nach einigen Jahren.[434]

## 6.3 Methode

An die Eltern der Untersuchungsgruppe wurde im Sommer 2005 von den zuständigen Familiengerichten ein umfangreicher **Fragebogen**[435] versandt. Der quantitative Teil der Untersuchung wurde damit österreichweit durchgeführt. Der Fragebogen enthielt Fragenkomplexe zu folgenden Bereichen:

(2006), sowie einer Buchpublikation: *Barth-Richtarz/Figdor*, Was bringt die gemeinsame Obsorge? Studie zu den Auswirkungen des KindRÄG 2001 (2008) dargestellt. Eine Zusammenfassung der wichtigsten Ergebnisse findet sich in *Barth-Richtarz*, 5 Jahre Obsorge beider Eltern – eine Bilanz: Wichtige Ergebnisse der Evaluationsstudie zum KindRÄG 2001, FamZ (2006) 43–47.

433 *Proksch*, Reform des Kindschaftsrechts (2002) 31.

434 *Barth-Richtarz/Figdor*, Was bringt die gemeinsame Obsorge? (2008) 9.

435 Der Fragebogen ist als OnlinePlus-Angebot bei Springer VS zu finden: http://www.springer-vs.de/Buch/978-3-531-19335-9/Gemeinsame-Elternschaft-nach.der-Scheidung.html.

- „Umstände und Erleben der Trennung bzw Scheidung (Scheidungsursachen, Initiative zur Scheidung, Gefühle, Gedanken und Ansichten zum Trennungszeitpunkt, Belastung durch die Scheidung, Einschätzung der Belastung des Exmannes/der Exfrau und der Kinder durch die Scheidung, Konflikte im Zuge der Trennung der Eltern);
- Inanspruchnahme von Beratung im Verlauf der Trennung bzw Scheidung (welche Art der Beratung, auf wessen Initiative oder Anregung, wie lange, wie hilfreich?);
- Informationsstand der Eltern zur ObE sowie zu den Rechten des getrennt lebenden Elternteils;
- grundsätzliche Einstellung zur ObE;
- Obsorgeentscheidung der Eltern (Verlauf des Entscheidungsprozesses, Gründe für den eigenen Obsorgewunsch, mögliche Gründe dafür, dass der eigene Obsorgewunsch nicht realisiert wurde, Einbeziehung des Wunsches des Kindes);
- Erleben und Zufriedenheit mit der Obsorgeentscheidung;
- Veränderung der Beziehung der Eltern nach der Scheidung zueinander (Gefühle, Gedanken und Ansichten zum jetzigen Zeitpunkt, Veränderung des Beziehungsklimas, derzeitige Konflikte der Eltern, Ausmaß und Erleben der Kommunikation und Kooperation mit dem anderen Elternteil);
- Regelung und Gestaltung der Kontakte der Kinder zum getrennt lebenden Elternteil (Ausmaß an Besuchskontakten, Zufriedenheit der Mütter, Väter und Kinder mit den Besuchskontakten, Änderungswünsche, Schwierigkeiten, Lösung von Schwierigkeiten in Zusammenhang mit den Besuchskontakten);
- elterliche Verantwortung des getrennt lebenden Elternteils vor und nach der Scheidung, Verteilung der elterlichen Aufgaben zwischen hauptbetreuenden und getrennt lebenden Elternteilen;
- Erleben der Beziehung sowohl der hauptbetreuenden als auch der getrennt lebenden Elternteile zu ihren Kindern vor und nach der Scheidung;
- pädagogische Ansichten der Eltern darüber, was Kindern bei der Bewältigung der Trennung bzw Scheidung der Eltern hilft;
- eigene Belastung der Eltern nach der Scheidung;
- finanzielle Regelungen (Kindes-, Ehegattenunterhalt, sonstige finanzielle Unterstützung durch den anderen Elternteil);
- allgemeine Wünsche der befragten Eltern aufgrund ihrer Situation;
- soziodemografische Daten bzw Merkmale der Eltern (Geschlecht, Alter, Schulbildung, Erwerbstätigkeit, berufliche Stellung, Einkommen, Geburtsland, Bundesland, Wohnortgröße).“[436]

436 *Barth-Richtarz/Figdor*, Was bringt die gemeinsame Obsorge? (2008) 39 f.

Tatsächlich konnten 1.198 Fragebögen ausgewertet werden. Daraus ergibt sich ein **Rücklauf** von 24,8 %.[437] Die Verteilung der 1.198 Befragten auf die einzelnen Bundesländer entsprach in etwa der Verteilung der Einwohnerzahlen in den einzelnen Bundesländern. In Bezug auf das Geschlecht der Befragten zeigte sich eine leichte Verzerrung zugunsten des Frauenanteils, das bedeutet, dass etwas mehr Frauen als Männer den Fragebogen ausgefüllt und zurückgesandt hatten. Eine Erklärung hierfür könnte sein, dass möglicherweise nicht allen Vätern, die ja zumeist die Familienwohnung verlassen und deren neue Adresse dem Gericht nicht unbedingt bekannt sein muss, Fragebögen zugesandt werden konnten. Der Akademikeranteil war in der Gruppe der Befragten im Vergleich zur österreichischen Akademikerquote etwas zu hoch und der Anteil an Pflichtschulabgängern etwas zu niedrig. Diese Verzerrung an den Rändern der Verteilung ist jedoch bei derartigen Untersuchungen zu erwarten; die Datenqualität war dadurch nicht beeinträchtigt. Insgesamt konnte die Repräsentativität der erhobenen Daten als gesichert beurteilt werden.

Die **Auswertung der Fragebögen** erfolgte mithilfe des statistischen Auswertungsprogrammes SPSS. Insb wurde nach Unterschieden zwischen den Obsorgegruppen gesucht und diese signifikanzstatistisch überprüft. Aufgrund der Größe des Samples wurde das 99-%-Signifikanzniveau gewählt.

Zusätzlich wurden im Rahmen des qualitativen Teils[438] insgesamt 30 Familien derselben Untersuchungsgruppe, nämlich 17 Familien (jeweils Mutter, Vater und Kinder derselben Familie) mit ObE und 13 Familien mit alleiniger Obsorge

437 Da die Fragebögen von den zuständigen Gerichtskanzleien versandt wurden, durch diese jedoch keine Aufzeichnung der Anzahl der tatsächlich versandten Fragebögen erfolgte, musste zur Berechnung der Höhe des Rücklaufs auf Angaben der Statistik Austria zurückgegriffen werden. Diese geben darüber Auskunft, dass in den Monaten September bis November 2004 insgesamt 2.413 Ehen mit minderjährigen Kindern in Österreich geschieden. Folglich wurden doppelt so viele Fragebögen (an beide Elternteile) versandt, also 4.826 Stück.

438 Die Gegenüberstellung von qualitativer und quantitativer Forschung entspringt jedoch eher dem Bedürfnis nach einer klaren und einfachen Begrifflichkeit als einer wirklich inhaltlichen Abgrenzung. Ich stimme mit *Mayring* und *Jenull-Schiefer* (*Mayring/Jenull-Schiefer*, Triangulation und „Mixed Methodologies“ in entwicklungspsychologischer Forschung, in *Mey* [Hrsg], Handbuch qualitative Entwicklungspsychologie [2005] 515–528) überein, dass dies weder eindeutig möglich noch sinnvoll ist. Auch in der vorliegenden Arbeit enthält der sogenannte „quantitative Untersuchungsteil“ auch qualitative Erhebungs- und Auswertungselemente und das „qualitative“ Material wird teilweise auch quantitativ, nämlich nach Häufigkeit bestimmter Kategorien, ausgewertet. Dennoch werde ich – aus Gründen der leichteren Lesbarkeit – bei dieser begrifflichen Unterscheidung bleiben. Die Ergebnisse beider Untersuchungsmethoden sollen auch nicht bloß additiv aneinandergereiht, sondern in einer Gesamtschau zusammengeführt werden. *Denzin* spricht hierfür von einer Methodentriangulation. (*Denzin*, The research act: A theoretical introduction to sociological methods. [1970], zitiert nach *Mayring/Jenull-Schiefer*, Triangulation und „Mixed Methodologies, in *Mey*, Qualitative Entwicklungspsychologie [2005] 516).

(davon zwei Väter mit Alleinobsorge) in Wien, Niederösterreich, dem Burgenland, Oberösterreich und Vorarlberg in der unmittelbaren Nachscheidungsphase eingehend untersucht: Mit den Eltern wurden jeweils (getrennt voneinander) drei **Tiefeninterviews**[439], mit den Kindern (ab dem Alter von sechs Jahren) bzw Jugendlichen **halbstrukturierte Gespräche** geführt. Um relevante Aspekte ihres Innenlebens (Beziehungserfajrungen, Belastungen, ...) zu erhellen, wurden die Kinder bzw Jugendliche darüber hinaus mittels **projektiver Testverfahren**[440] getestet. Abgerundet wurde die Untersuchung der Kinder durch ein **Rollenspiel**, nämlich eine mit den Kindern gestaltete „Talkshow" zum Thema Scheidung, in der die Kinder unter dem Titel „Scheidung – was hilft den Kindern?" als ExpertInnen aufgerufen waren, ihre bewussten Wünsche und Ansichten zu äußern. Für die Gespräche bzw Testung eines Kindes wurden ebenfalls drei Stunden vorgesehen.In dieser Weise konnten fast alle gemeinsamen minderjährigen Kinder der 30 Familien in die Untersuchung einbezogen werden.

Die InterviewerInnen verfügten als ErziehungswissenschafterInnen und psychoanalytisch-pädagogische ErziehungberaterInnen über mehrjährige Erfahrungen in der praktischen Arbeit mit Scheidungsfamilien und daher über dief ür eine derartige Vorgehensweise erforderlichen Kompetenzen in der Gesprächsführung und Diagnostik.[441]

Die über die Familie gesammelten Daten (Interviews mit dem Vater, Interviews mit der Mutter, Gespräche, Testergebnisse, Beobachtungen der Kinder) wurden in zwei **Teamkonferenzen** zusammengetragen, um die Untersuchungsergebnisse des Kindes in Beziehung zu jenen der Eltern zu setzen und einen vertieften Blick auf die jeweilige innerfamiliäre Beziehungsdynamik (insb im Hinblick auf die Obsorgeentscheidung, die Gestaltung der familiären Beziehungen nach der Scheidung und den Bewältigungsprozess der Kinder) zu gewinnen. In der ersten Teamkonferenz lag der Fokus auf dem Erleben der Eltern (Erleben der Trennung/Scheidung, Obsorgeentscheidung, jetzige Beziehung der Eltern zueinander etc), in der zweiten auf der Situation der Kinder (ihr Erleben der

439 Das Tiefeninterview vollzieht sich in der Form eines freien Gesprächs, bei welchem dem bzw der InterviewerIn die zu erhebenden Aspekte (Fragenkomplexe) vorgegeben sind. In Bezug auf den Aufbau des Gesprächs sowie die konkrete Fragestellung besteht jedoch ein Ermessensspielraum des bzw der InterviewerIn, da dieser bzw diese die Aufgabe hat, im Gespräch eine Beziehung zum Befragten bzw zur Befragten herzustellen, die es erlaubt, zu den Tiefenstrukturen vorzudringen. Die Aufdeckung der tief liegenden Motive bzw der seelischen Dynamik der Befragten soll Wirklichkeitsstrukturierungen aufzeigen, die den Befragten selbst nicht unbedingt bewusst und geläufig sind. Siehe dazu *Lamnek*, Qualitative Sozialforschung (1995) 81 ff.

440 Projektive Testverfahren sind tiefenpsychologische Tests, die es ermöglichen, dass in den Antworten, Spielen, oder Zeichnungen des/der Untersuchten Aspekte seines/ihres Innenlebens (wie auf einer Projektionsleinwand) sichtbar werden.

441 Um Verzerrungen durch Gegenübertragungsprozesse möglichst zu minimieren, wurde auf ein einigermaßen ausgewogenes Geschlechterverhältnis innerhalb des Teams Wert gelegt.

Trennung/Scheidung, Einschätzung ihrer momentanen Befindlichkeit und ihrer Entwicklungsprognose). Die dabei bei den Beteiligten ausgelösten Identifizierungs- und Gegenübertragungsprozesse wurden ähnlich wie in einer Balintgruppe[442] für das Verstehen der Familiendynamik genutzt. Außerdem konnte so der mögliche Einfluss des einzelnen Interviewers bzw der einzelnen Interviewerin auf die Ergebnisse durch die Forschergruppe kontrolliert werden. Jede Teamkonferenz wurde protokolliert, da diese Daten in die Gesamtauswertung des jeweiligen Falles mit einflossen.

Die Ebenen der Erhebung und Auswertung der durch die verschiedenen methodischen Ansätze gewonnenen Daten werden in Tabelle 2[443] dargestellt.

442 Der Arzt *Michael Balint* entwickelte diese auf der psychoanalytischen Theorie basierende Methode, bei der durch die Schilderung über einen Patienten durch den Arzt vor einer Gruppe die einzelnen Gruppenmitglieder möglichst rasch und effizient unbewusste Konflikte herausarbeiten, die Anteil an der Krankheit des Patienten haben. Später wurde diese Methode auch in anderen Praxisbereichen zum Verstehen unbewusster Dynamiken in einem wie auch immer gearteten Geschehen eingesetzt, etwa im Bereich der Sozialarbeit oder der Pädagogik. Vgl *Balint*, Der Arzt, der Patient und die Krankheit (1957).

443 Siehe S 185.

*Tabelle 2:* Darstellung des Untersuchungsdesigns: Ebenen der Datengewinnung und -auswertung

<table>
<tr><td rowspan="8">Ebenen der Datengewinnung, -auswertung ………………→</td><td colspan="3">Verschränkung der qual. und quant. Ergebnisse (Methodentriangulation):<br>▪ vorbereitend: Exploration des Untersuchungsgegenstandes durch die qualitative Untersuchung (Hypothesengenerierung, Finden von Operationalisierungen)<br>▪ ergänzend: Unterschiedliche Methoden ermöglichen die Beantwortung unterschiedlicher Teile der Forschungsfragen<br>▪ vertiefend und erklärend: Daten der qual. Untersuchung haben heuristischen Wert für die quant. Ergebnisse</td></tr>
<tr><td>Repräsentative, generalisierbare Aussagen</td><td colspan="2">Aussagen über wesentliche, typische Zusammenhänge[444]; heuristischer Wert</td></tr>
<tr><td></td><td colspan="2">Großteamkonferenzen („Balintgruppen“):<br>Gesprächsprotokolle, (zT) -transkripte</td></tr>
<tr><td></td><td>Korrigierte Auswertungsbögen der InterviewerInnen</td><td></td></tr>
<tr><td></td><td>Kleinteamkonferenzen („Balintgruppen“):<br>Gesprächsprotokolle, (zT) -transkripte</td><td></td></tr>
<tr><td>Interpretation</td><td>Auswertungsbögen der InterviewerInnen</td><td>Geschichten</td></tr>
<tr><td>Statistische Auswertung mittels SPSS (Unterschiedshypothesen)</td><td>Ausgefüllte Interviewbögen,<br>Transkriptionsprotokolle</td><td>Ausgefüllte Interviewbögen, zT Gesprächstranskripte, Testmaterial, Aufzeichnung des Rollenspiels (zT Transkripte)</td></tr>
<tr><td>1198 Elternfragebögen</td><td>Tiefeninterviews mit Eltern<br>17 Familien mit ObE<br>13 Familien mit aO</td><td>Untersuchung der Kinder:<br>Interviews, Projektive Testung, Rollenspiel mit Dilemmageschichten</td></tr>
</table>

444 *Lamnek*, Qualitative Sozialforschung (1995³) 189.

# Teil 2
# Die Ergebnisse

# Anmerkungen zur statistischen Auswertung

Wie bereits in Kapitel 6.2 dargestellt, besteht die Untersuchungsgruppe aus allen Eltern mit gemeinsamen minderjährigen Kindern, deren Ehe in den Monaten September bis November 2004 in Österreich rechtskräftig geschieden wurde. Mit dieser Vollerhebung ist es gelungen, ein flächendeckendes Abbild der Situation von Scheidungsfamilien gleichmäßig in allen neun Bundesländern zu gewinnen. Der Zugang zu den Familien erfolgte mithilfe der für die Scheidung der Eltern zuständigen Familiengerichte. Der Fragebogen wurde von den jeweiligen Gerichtskanzleien an die Eltern der Untersuchungsgruppe versandt.

Das so gewonnene Datenmaterial weist vorwiegend **Nominal- und Ordinalskalenniveau**, selten auch **Intervallskalenniveau** auf. Je nachdem, in welcher Art und Weise eine Eigenschaft (ein Merkmal) eines Objekts in Zahlen ausgedrückt (gemessen) werden kann, unterscheidet man Skalen mit unterschiedlichem Skalenniveau. Das Skalennniveau bedingt sowohl den Informationsgehalt der Daten als auch die Anwendbarkeit von Rechenoperationen und damit von statistischen Testverfahren.

Auf einer **Nominalskala** werden qualitative Merkmalsausprägungen (zB Obsorgeform: ObE – aO; Art der Ehescheidung: einvernehmlich – streitig – letztlich einvernehmlich) klassifiziert. Die Quantifizierung erfolgt im einfachen Auszählen der Häufigkeiten, dh, wie viele Objekte/Beobachtungen fallen in jede der jeweils möglichen Kategorien. Diese Anzahlen sind dann die Häufigkeiten, die statistisch weiterverarbeitet (zB miteinander verglichen) werden. Die verschiedenen Ausprägungen der Merkmale werden – zur leichteren Verarbeitung mittels PC – durch Zahlen ausgedrückt (zB ObE = 1; aO = 2). Die Zahlen hätten aber auch in anderer Weise zugeordnet werden können, wodurch mit diesen Zahlen keine arithmetischen Operationen durchgeführt werden können. Es lassen sich lediglich durch Zählen der Merkmalsausprägungen (bzw der sie repräsentierenden Zahlen) Häufigkeiten ermitteln. Insofern stellt die Nominalskala das niedrigste Skalenniveau (dh die primitivste Grundlage des Messens) dar.

Mehr Information, und damit komplexere Auswertungsmöglichkeiten, liefern Ordinaldaten. Die **Ordinalskala** besteht aus verschiedenen Ausprägungsgraden bestimmter Merkmale, die sinnvoll (zB nach Größe, Stärke, Intensität) geordnet werden. Ordinaldaten liegen beispielsweise dann vor, wenn nach der Stärke eines Konflikts gefragt wird. Die Ordinalskala erlaubt somit die Aufstellung einer Rangordnung mithilfe von Rangwerten (dh ordinalen Zahlen). Damit kann nicht nur – wie bei der Nominalskala – ausgedrückt werden, dass sich zwei Fälle voneinander unterscheiden, also dass jemand beispielsweise einen Konflikt mit dem Expartner bzw der Expartnerin über das Besuchsrecht hat und der oder die andere nicht, sondern es kann auch eine Aussage darüber getroffen werden, welches der beiden Objekte – je nach Definition – vor dem anderen zu platzieren ist, also wer zB in einem höheren Ausmaß Konflikte um das Besuchsrecht hat oder wer einer bestimmten Aussage eine höhere Zustimmung erteilt.

Das wiederum nächsthöhere Messniveau stellt die **Intervallskala** dar. Eine Intervallskala liegt vor, wenn Merkmale in einem engeren Sinn *gemessen* werden. Ein typisches Beispiel für die Intervallskala ist die Temperaturmessung. Bei Intervallskalen sind – im Gegensatz zur Ordinalskala – die Differenzen (Intervalle) zwischen den Werten der Skala immer gleich groß. Deshalb haben intervallskalierte Daten eine größere Aussagekraft: Es kann nicht nur festgestellt werden, dass ein Unterschied (zwischen zwei Beobachtungen/Messungen) besteht und welcher Art der Unterschied, sondern auch wie groß die Differenz ist. Ob eine Variable intervallskaliert ist, lässt sich jedoch nicht immer zweifelsfrei entscheiden.

Aufgrund des Charakters und der Methodik (Elternfragebogen und nicht etwa ein psychologischer Test) der vorliegenden Untersuchung sind Messungen eines Merkmals im engeren Sinn kaum möglich. Es kann jedoch bei jenen Items im Fragebogen Intervallskalenniveau angenommen werden, bei denen eine relativ fein abgestimmte Antwortskala vorliegt und nur die Endpunkte der Skala benannt sind (zB: „Was halten Sie grundsätzlich von der Möglichkeit der gemeinsamen Obsorge?“ „Gar nichts“ … „sehr viel“). In diesen Fällen ist es nämlich nicht unplausibel, dass die Befragten die Skala als gleichmäßiges Kontinuum zwischen den Endpunkten und damit – wenn auch in den meisten Fällen, ohne sich dies bewusst zu machen – im Sinne einer Intervallskala interpretieren.[445]

Viele **statistische Testverfahren** setzen zu ihrer sinnvollen Anwendung mindestens Intervallskalenniveau der zu betrachtenden Variablen voraus. Es gibt jedoch fast immer geeignete Alternativen (nichtparametrische Tests), wenn diese Voraussetzung nicht erfüllt werden kann.

Im Rahmen der Evaluationsstudie erfolgte die statistische Verarbeitung der durch den Elternfragebogen gewonnenen Daten durch das Europäische Zentrum für Wohlfahrtspolitik und Sozialforschung (EZ). Von diesen MitarbeiterInnen wurden bei der statistischen Auswertung in erster Linie Kreuztabellierungen und Kontingenzanalysen ($Chi^2$-Test) durchgeführt. Diese Vorgehensweise bietet sich insbesondere für Variable mit Nominalskalenniveau an, sie ist aber auch für

445 *Backhaus/Erichson/Plinke/Weiber*, Multivariate Analysemethoden. Eine anwendungsorientierte Einführung (2003[10]) 4 f; *Clauß/Finze/Partzsch*, Statistik. Für Soziologen, Pädagogen, Psychologen und Mediziner (2004[5]) 8–11; *Brosius*, SPSS 12 (2004) 479.

höhere Skalenniveaus durchführbar. Für diese stehen jedoch auch wesentlich leistungsfähigere Tests zur Verfügung, die dem Chi²-Test im Allgemeinen überlegen sind.[446] Bei jenen Variablen, die ein höheres Skalenniveau aufweisen, werde ich daher in der vorliegenden Studie über die Auswertung im Rahmen der Evaluationsstudie hinausgehende statistische Berechnungen durchführen.

Alle statistischen Untersuchungen erfolgen mithilfe des statistischen Auswertungsprogrammes SPSS 12. Konkret werden folgende statistische Testverfahren zur Anwendung kommen:

**Kreuztabellierung und Chi²-Test:** Oft wird die Frage untersucht werden, ob (und inwiefern) sich zwei oder mehrere empirische Verteilungen (im vorliegenden Fall Eltern mit ObE – Eltern mit aO) hinsichtlich einer polytomen, dh einer qualitativen mehrkategoriellen Variable (zB Veränderung der Gefühle: „verbessert", „verschlechtert" oder „gleich geblieben") unterscheiden. Diese Frage lässt sich – so *Fischer*[447] – auch als Frage nach dem Zusammenhang zwischen zwei (nominalskalierten) Variablen formulieren, die jeweils in mehreren Kategorien vorliegen. Die Kreuztabellierung dient dazu, die Ergebnisse der Erhebung tabellarisch darzustellen und auf diese Art und Weise einen möglichen Unterschied (bzw Zusammenhang) zu erkennen.

Das Instrument zur Feststellung, ob dieser Unterschied (bzw Zusammenhang) überzufällig, dh signifikant ist, ist der Chi²-Test. Der Chi²-Test ist ein Test zur Überprüfung der Unabhängigkeit zweier Merkmale bzw der Homogenität eines Merkmals in zwei unabhängigen Stichproben. Die Voraussetzungen für die Anwendung des Chi²-Tests (einzelne Beobachtungen müssen voneinander unabhängig sein, jede Beobachtung muss eindeutig einer Kombination von Merkmalsausprägungen zugeordnet werden können, der Anteil der Zellen mit erwarteten Häufigkeiten, die kleiner als 5 sind, darf 20 % nicht überschreiten) werden bei jeder Durchführung überprüft.[448]

Ein spezieller Fall einer Kontingenztafel ist die Vierfeldertafel, mit deren Hilfe man die Verschiedenheit der Verteilungen eines dichotomen Merkmals in zwei Stichproben bzw – äquivalent zu den bisherigen Ausführungen – den Zusammenhang zwischen zwei dichotomen Merkmalen prüfen kann.[449]

**T-Test für unabhängige Stichproben:** Der T-Test dient dazu, zwei Mittelwerte miteinander zu vergleichen. Dabei wird der Frage nachgegangen, ob sich aus den Stichprobenbeobachtungen schließen lässt, dass die beiden Mittelwerte in der Grundgesamtheit voneinander verschieden sind. Es besteht allerdings eine Reihe

446 *Brosius*, SPSS 12 (2004) 425.

447 *Fischer*, Statistische Auswertung psychologischer Experimente II. Skriptum zur gleichnamigen Vorlesung im Sommersemester (1996³) 257.

448 *Backhaus/Erichson/Plinke/Weiber*, Multivariate Analysemethoden. (2003¹⁰) 229–256; *Fischer*, Statistische Auswertung psychologischer Experimente II (1996³) 257–262.

449 *Fischer*, Statistische Auswertung psychologischer Experimente II (1996³) 262.

von Voraussetzungen für die Anwendung des T-Tests zur Überprüfung von Unterschiedshypothesen, nämlich das Vorliegen mindestens intervallskalierter Daten sowie eine Normalverteilung und die Homogenität der Varianzen.[450]

**U-Test von *Mann/Whitney*:** Der U-Test ist ebenfalls ein statistisches Verfahren zur Überprüfung einer Unterschiedshypothese, und zwar bei zwei unabhängigen Stichproben und dem Vorliegen von ordinalskalierten Daten. Der U-Test ist etwas „schwächer" als der parametrische T-Test für unabhängige Stichproben, der ja nur unter bestimmten Voraussetzungen angewandt werden darf. Er hat jedoch verglichen mit dem T-Test eine „Macht" von 95,5 % und stellt somit eine sehr gute Alternative dar.[451]

**Reliabilitätsanalyse:** In der empirischen Forschung ist man häufig mit dem Problem konfrontiert, Größen messen und analysieren zu wollen, die sich nicht direkt beobachten lassen. Im vorliegenden Fall wäre das zB das „Konfliktniveau der Eltern". Ist man an solchen komplexen Faktoren interessiert, behilft man sich damit, mehrere Variablen zu definieren, die für die gesuchte Größe (möglichst gute) Indikatoren sein könnten und die dann zu einer einheitlichen Skala zusammengefasst werden. Die Reliabilitätsanalyse misst, wie gut die einzelnen Items tatsächlich zusammenpassen und welche daher in die Skala einfließen sollen.[452]

Die **Diskriminanzanalyse** ist ein Verfahren, mittels dessen eine nominal skalierte Variable (die Gruppenvariable) durch eine Mehrzahl von metrisch skalierten Variablen erklärt oder prognostiziert werden soll. Oder anders formuliert: Es wird die Abhängigkeit einer nominal skalierten Variable von metrischen Variablen untersucht.[453] „Dazu müssen zunächst anhand von Fällen, für die sowohl die Ausprägungen der unabhängigen als auch die der abhängigen Variablen bekannt sind, die Zusammenhänge zwischen diesen Variablen aufgedeckt und schließlich algebraisch formuliert werden. Das Resultat aus diesem Prozess kann schließlich dazu verwendet werden, für solche Fälle, für die lediglich die Ausprägungen der unabhängigen Variablen vorliegen, die Werte der abhängigen Variablen zu schätzen."[454] Die Vorgehensweise und das Ziel der Diskriminanzanalyse stimmen mit jenen der Regressionsanalyse überein. Ein wesentlicher Unterschied zwischen den beiden Verfahren besteht jedoch im Skalenniveau der Werte der abhängigen Variablen: „Während mit der Regressionsanalyse nur abhängige Variablen mit Intervallskalenniveau untersucht werden können, versucht die Diskriminanzanalyse, eine Zuordnung von Fällen zu einer von mehreren alternativen Gruppen vorzunehmen. Die Werte der abhängigen Variablen

450 Brosius, SPSS 12 (2004) 475–480.
451 *Fischer*, Statistische Auswertung psychologischer Experimente II (1996³) 236.
452 *Brosius*, SPSS 12 (2004) 805.
453 *Backhaus/Erichson/Plinke/Weiber*, Multivariate Analysemethoden (2003⁹) 156, 177.
454 *Brosius*, SPSS 12 (2004) 727.

geben also lediglich eine Gruppenzugehörigkeit an und besitzen damit Nominal- oder Ordinalskalenniveau."[455] Im Unterschied dazu ist bei der Regressionsanalyse auch die abhängige Variable metrisch skaliert.

**Varianzanalyse**: Die Varianzanalyse ist ein Verfahren, das die Wirkung einer (oder mehrerer) unabhängiger Variablen (= Faktoren) auf eine (oder mehrere) abhängige Variablen untersucht. Für die unabhängigen Variablen wird dabei lediglich Nominalskalenniveau verlangt, während die abhängigen Variablen metrisches Skalenniveau aufweisen müssen. Dieses Verfahren besitzt besondere Bedeutung für die Analyse von Experimenten, wobei die nominalen unabhängigen Variablen die experimentellen Einwirkungen repräsentieren.[456]

**Kovarianzanalyse:** Die Kovarianzanalyse ist eine Erweiterung der Varianzanalyse, bei der zusätzlich zu den nominalen Faktoren metrisch skalierte unabhängige, also erklärende Variablen (= Kovariaten) einbezogen werden. Häufig ist nämlich dem Forscher bzw der Forscherin bewusst, dass es außer den Faktoren Einflussgrößen auf die abhängige Variable gibt, deren Einbeziehung sinnvoll und notwendig sein kann. Die Varianzanalyse bei einem Untersuchungsdesign mit Kovariaten „geht üblicherweise so vor, dass zunächst der auf die Kovariaten entfallende Varianzanteil ermittelt wird. Dieses entspricht im Prinzip einer vorgeschalteten Regressionsanalyse. Die Beobachtungswerte der abhängigen Variablen werden um den durch die Regressionsanalyse ermittelten Einfluss korrigiert und anschließend der Varianzanalyse unterzogen. Dadurch wird rechnerisch der Einfluss der Kovariaten bereinigt."[457]

---

455 *Brosius*, SPSS 12 (2004) 727.
456 *Backhaus* et al, Multivariate Analysemethoden (2003$^{9}$) 10, 118.
457 *Backhaus* et al, Multivariate Analysemethoden (2003$^{9}$ ) 140 f.

# 7 Entwicklungsbedingungen von Kindern aus Familien mit ObE und aO

## 7.1 Zum Vorkommen der ObE

**Hypothese 1.1:**
Der Anteil der ObE ist gegenüber der aO gering.[458]

**Die deskriptive Analyse des erhobenen Datenmaterials spricht klar gegen diese Hypothese.**

Innerhalb der untersuchten Elterngruppe gaben 53,7 % an, dass nach der Scheidung beide Elternteile die Obsorge für ihre Kinder behielten. Der Anteil der aO der Mutter (aO [KM]) liegt bei 38,4 % und der Anteil der aO des Vaters (aO [KV]) bei 3,5 %. In 43 Fällen wird angegeben, dass die Obsorge für die einzelnen Kinder in der Familie variiert. Diese Fälle wurden in einer Mischgruppe[459] (M) zusammengefasst. In 9 Fällen (0,8 %) war das Obsorgeverfahren zum Untersuchungszeitpunkt noch nicht abgeschlossen:

---

458 Da noch keine Vergleichsdaten existieren, wird hier eine Hypothese formuliert, die im strengen Sinn nicht geprüft werden kann. Es sollen vielmehr die erhobenen Befunde deskriptiv analysiert werden. Die Formulierung der meisten hier vorgestellten Hypothesen erfolgte bereits für die Durchführung der Evaluationsstudie, die ja dem Abschluss meiner Dissertation vorausging. Die Hypothesen der vorliegenden Dissertation entsprechen daher weitgehend jenen der Evaluationsstudie, gehen aber auch teilweise darüber hinaus. Da ich im Rahmen meiner Dissertation die Hypothesenprüfung mittels höherer statistischer Auswertungsverfahren ergänze und vertiefe, behalte ich die ursprüngliche Formulierung der Hypothesen bei, obwohl diese (zumindest teilweise) bereits im Rahmen der Evaluationsstudie entkräftet werden konnten.

459 Der größte Anteil der Mischgruppe entfällt auf jene Fälle, in denen die Mutter für ein oder mehrere Kinder die aO hat, aber Mutter und Vater für ein oder mehrere weitere Kinder gemeinsam obsorgeberechtigt sind (ObE). Es gibt aber auch die umgekehrte Variante: Der Vater hat für ein oder mehrere Kinder die aO, für ein oder mehrere weitere Kinder haben aber Mutter und Vater die ObE. In zwei Fällen ist die Mutter mit der Obsorge für ein oder mehrere Kinder betraut, für weitere Kinder hat jedoch eine andere Person die Obsorge. Schließlich ist in zwei Fällen die Obsorge noch nicht für alle Kinder der Familie geregelt.

*Tabelle 3:* Verteilung der Obsorgeformen *(Querprozente; Abkürzungen siehe S 11)*

| **ObE** (n = 621) | **aO (KM)** (n = 444) | **aO (KV)** (n = 40) | **M** (n = 43) | **Obsorge noch nicht geklärt** (n = 9) | **Gesamt** (n = 1157) |
|---|---|---|---|---|---|
| 53,7 % | 38,4 % | 3,5 % | 3,7 % | 0,8 % | 100 % |

„Somit liegt der der Anteil der ObE in der Gruppe der im Untersuchungszeitraum in Österreich geschiedenen Familien etwas über 50 %. Nun könnte – berechtigt – eingewandt werden, dass möglicherweise mehr Eltern mit ObE als mit aO eines Elternteils den Fragebogen zurücksandten, das Ergebnis somit zugunsten des Anteils an ObE verzerrt worden sei. (Es wurde ja keine Aktenerhebung durchgeführt.) Deshalb war es wichtig, dieses Ergebnis der Elternfragebogenerhebung durch die Einschätzung der befragten Berufsgruppen abzusichern. Nach *Kränzl-Nagl* und *Pelikan* kann aufgrund der Ergebnisse der Berufsgruppenerhebung behauptet werden, dass der Anteil der Fälle mit einer ObE leicht über jenem Wert liegt, den die Aktenerhebung an sechs österreichischen Gerichten im Zuge der Studie zum Schutz vor Übervorteilung in Scheidungsverfahren im Jahre 2004 ergebenen hatte, nämlich 47 %.[460] Damit kann die Zahl von etwas mehr als 50 % ObE in der Elternbefragung als bestätigt gelten.

Wie die Elternbefragung weiters zeigte, haben 84,8 % der Kinder aus Familien mit ObE ihren hauptsächlichen Aufenthalt bei der Mutter, 14,0 % beim Vater und 1,2 % bei anderen Personen“[461]:

*Tabelle 4:* Hauptsächlicher Aufenthalt der Kinder aus Familien mit ObE

| **Kinder leben bei:** | **ObE** (n = 1004) |
|---|---|
| Mutter | 84,8% |
| Vater | 14,0% |
| anderen Personen | 1,2% |
| Gesamt | 100% |

460 *Kränzl-Nagl/Pelikan*, Berufsgruppenerhebung, in *Figdor/Barth-Richtarz*, Evaluationsstudie (2006) Beilage 99.

461 *Barth-Richtarz/Figdor*, Was bringt die gemeinsame Obsorge? (2008) 47 f.

## 7.2 Konflikte der Eltern nach der Scheidung

**Hypothese 1.2:**

Die ObE erschwert die innere Trennung und zwingt zur Kooperation, weshalb zu erwarten ist, dass sich die Konflikte der Eltern nicht nur langsamer beruhigen, sondern das Konfliktniveau sogar zunimmt. Im Gegensatz dazu ermöglicht die aO eine Beruhigung der (Konflikt-)Beziehung der Eltern nach der Scheidung. Daraus folgt:

H1.1.2a: Eltern mit ObE haben zum Untersuchungszeitpunkt ein höheres Konfliktniveau als Eltern mit aO *(gerichtete Alternativhypothese).*

H1.1.2b: Die aO führt eher zur Beruhigung der (Konflikt-)Beziehung der Eltern nach der Scheidung *(gerichtete Alternativhypothese).*

Die entsprechenden *Nullhypothesen* lauten:

H0.1.2a: Es zeigt sich kein Unterschied bezüglich des Konfliktniveaus der Eltern mit aO und ObE zum Untersuchungszeitpunkt.

H0.1.2b: Es zeigt sich kein Unterschied bezüglich der Beruhigung der (Konflikt-) Beziehung der Eltern mit aO und ObE nach der Scheidung.

**Die Hypothese (genauer die Alternativhypothesen H1.1.2a, H1.1.2b) wird in beiden Teilen durch die vorliegenden Daten nicht bestätigt.**
**Im Gegenteil haben Eltern mit ObE zum Untersuchungszeitpunkt zT signifikant weniger Konflikte miteinander als Eltern mit aO eines Elternteils und geben signifikant häufiger eine Verbesserung ihres Beziehungsklimas an.**

Das Konfliktniveau der Eltern zum Untersuchungszeitpunkt (H1.2a) wurde zunächst durch die Frage erhoben, in welchem **Ausmaß** sie zurzeit welche Konflikte miteinander haben. Zur Beurteilung der Beruhigung der Konflikte der Eltern nach der Scheidung (H1.2b) wurden die Eltern nach ihren Gefühlen und Gedanken ihrem Exmann bzw ihrer Exfrau gegenüber zum Zeitpunkt, als klar wurde, dass sie sich trennen bzw scheiden lassen werden („Trennungszeitpunkt“), und zum Zeitpunkt der Erhebung[462] befragt. Damit ist es möglich, die **Veränderung** dieser Gefühle und Gedanken zwischen diesen beiden Zeitpunkten nachzuvollziehen. Weiters baten wir die befragten Eltern selbst, ihre Beziehung zu ihrem Exmann bzw ihrer Exfrau zum Trennungszeitpunkt mit ihrer jetzigen Beziehung zu ihm bzw ihr zu vergleichen. Die Befragten sollten dabei selbst einschätzen, ob und in welchem Ausmaß sich das **Klima entspannt oder verschlechtert** hat.

462 Die Fragebogenerhebung fand zwischen Juli und September 2005 statt, also etwa neun bis elf Monate nach der Scheidung.

### *7.2.1 Derzeitige Konflikte zwischen den Eltern*

Zur statistischen Überprüfung der Frage, ob sich die beiden Untersuchungsgruppen (Eltern mit aO bzw Eltern mit ObE) bezüglich ihres Ausmaßes an Konflikten unterscheiden, wird – aufgrund des Vorliegens ordinalskalierter Daten – der U-Test von *Mann/Whitney*[463] herangezogen.

Wie aus der folgende Tabelle (Tab 5) hervorgeht, zeigen sich signifikante Unterschiede (s = signifikant, ns = nicht signifikant) zwischen den Obsorgegruppen, was Konflikte um den hauptsächlichen Aufenthalt der Kinder, Besuchskontakte, den Kindes- bzw Ehegattenunterhalt, Konflikte, die schon Ursache der Trennung waren, sowie generell das Gefühl der Beeinträchtigung des Familienklimas durch den anderen Elternteil betrifft. Aber es sind – entgegen der Erwartung – nicht die Eltern mit ObE, die zum Untersuchungszeitpunkt mehr Konflikte haben, sondern die Eltern der Gruppe aO! Die mittleren Ränge geben darüber Auskunft, dass Eltern mit ObE in all diesen Bereichen signifikant weniger Konflikte haben als die Eltern mit aO eines Elternteils.

463 Siehe die Ausführungen zur statistischen Auswertung ab S 188.

*Tabelle 5:* Derzeitige Konflikte zwischen den Eltern *(Höhere Werte bei den mittleren Rängen bedeuten, dass Konflikte in diesem Bereich weniger zutreffen.)*

**U-Test nach Mann-Whitney**

| | Obsorge-form | Mittlerer Rang | Signifikanz (einseitig) | |
|---|---|---|---|---|
| Hauptsächlicher Aufenthalt | ObE | 552,83 | ,000 | s |
| | aO | 493,89 | | |
| Besuchskontakte | ObE | 585,53 | ,000 | s |
| | aO | 458,45 | | |
| Wichtige Entscheidungen | ObE | 529,42 | ,100 | ns |
| | aO | 510,99 | | |
| Erziehung | ObE | 520,45 | ,310 | ns |
| | aO | 528,74 | | |
| Kindes-/Ehegattenunterhalt | ObE | 551,09 | ,000 | s |
| | aO | 481,49 | | |
| Ursachen der Trennung | ObE | 537,35 | ,006 | s |
| | aO | 494,30 | | |
| Neue PartnerInnenschaft | ObE | 520,28 | ,111 | ns |
| | aO | 500,76 | | |
| Beeinträchtigung des Familienklimas | ObE | 537,54 | ,005 | s |
| | aO | 493,94 | | |
| Sonstiges | ObE | 63,673 | ,052 | ns |
| | aO | 56,212 | | |

Betrachtet man die Angaben der hauptbetreuenden und getrennt lebenden Elternteile separat, so wird ersichtlich, dass die hauptbetreuenden Elternteile mit ObE und die Alleinobsorgeberechtigten (Tab 6) das Ausmaß ihrer Konflikte mit dem Expartner zum Untersuchungszeitpunkt ähnlicher einschätzen als die getrennt lebenden Elternteile mit und ohne ObE (Tab 7). Aber dort, wo es einen signifikanten Unterschied zwischen den Hauptbetreuenden beider Obsorgegruppen gibt, nämlich bei den Konflikten um die Besuchskontakte, sind es wieder die Eltern mit ObE, die weniger Konflikte mit dem Expartner haben.

*Tabelle 6:* Derzeitige Konflikte zwischen den Eltern *(Höhere Werte bei den mittleren Rängen bedeuten, dass Konflikte in diesem Bereich weniger zutreffen.)*

**U-Test nach Mann-Whitney: nur Hauptbetreuende**

| | Obsorge-form | Mittlerer Rang | Signifikanz (einseitig) | |
|---|---|---|---|---|
| Hauptsächlicher Aufenthalt | ObE | 310,44 | ,052 | ns |
| | aO | 298,81 | | |
| Besuchskontakte | ObE | 325,55 | ,001 | s |
| | aO | 289,58 | | |
| Wichtige Entscheidungen | ObE | 302,28 | ,401 | ns |
| | aO | 300,62 | | |
| Erziehung | ObE | 294,73 | ,017 | ns |
| | aO | 314,47 | | |
| Kindes-/Ehegattenunterhalt | ObE | 312,58 | ,032 | ns |
| | aO | 292,03 | | |
| Ursachen der Trennung | ObE | 305,32 | ,229 | ns |
| | aO | 297,05 | | |
| Neue PartnerInnenschaft | ObE | 296,99 | ,375 | ns |
| | aO | 293,80 | | |
| Beeinträchtigung des Familienklimas | ObE | 308,88 | ,054 | ns |
| | aO | 291,85 | | |

Bei den getrennt lebenden (bzw nicht obsorgeberechtigten) Elternteilen zeigt sich sogar in fast allen Konfliktbereichen (mit Ausnahme der Konflikte, die Ursache der Trennung waren, und der Konflikte um neue Partnerschaften) ein signifikant niedrigeres Konfliktniveau der Eltern mit ObE:

*Tabelle 7:* Derzeitige Konflikte zwischen den Eltern *(Höhere Werte bei den mittleren Rängen bedeuten, dass Konflikte in diesem Bereich weniger zutreffen.)*

**U-Test nach Mann-Whitney: nur getrennt lebende Elternteile**

| | Obsorge-form | Mittlerer Rang | Signifikanz (einseitig) | |
|---|---|---|---|---|
| Hauptsächlicher Aufenthalt | ObE | 205,06 | ,000 | s |
| | aO | 170,26 | | |
| Besuchskontakte | ObE | 216,09 | ,000 | s |
| | aO | 156,79 | | |
| Wichtige Entscheidungen | ObE | 199,16 | ,000 | s |
| | aO | 171,91 | | |
| Erziehung | ObE | 198,85 | ,003 | s |
| | aO | 174,52 | | |
| Kindes-/Ehegattenunterhalt | ObE | 198,36 | ,001 | s |
| | aO | 170,26 | | |
| Ursachen der Trennung | ObE | 195,32 | ,055 | ns |
| | aO | 173,71 | | |
| Neue PartnerInnenschaft | ObE | 190,37 | ,036 | ns |
| | aO | 175,19 | | |
| Beeinträchtigung des Familienklimas | ObE | 197,13 | ,001 | s |
| | aO | 171,17 | | |

Die nächste Tabelle (Tab 8) zeigt die Häufigkeit, in der die Befragten Konflikte mit dem Expartner bzw der Expartnerin angeben. Die einzelnen Bereiche sind nun danach geordnet, wie häufig sie Anlass zu Konflikten geben. An erster Stelle stehen dabei insgesamt Konflikte um die Ausübung der Besuchskontakte, vor Angelegenheiten, die bereits Ursache der Trennung waren und dem Kindes- bzw Ehegattenunterhalt. Auch daran wird ersichtlich, dass Eltern mit ObE in fast allen angegebenen Konfliktbereichen ein niedrigeres Konfliktniveau als Eltern mit aO eines Elternteils haben. Lediglich Konflikte über Erziehung werden gleich häufig genannt (Tab 8).

Differenziert man die Angaben der Eltern wieder nach ihrem Betreuungsstatus (also ob sie die Kinder hauptsächlich betreuen oder ob sie von den Kindern getrennt leben), so zeigt sich, dass die getrennt lebenden Eltern mit ObE die Konflikte mit dem anderen Elternteil in Bezug auf alle angeführten Konfliktbereiche zT wesentlich niedriger einschätzen als die getrennt lebenden Eltern mit der aO des anderen Elternteils.

Die Angaben der hauptbetreuenden Eltern mit ObE und der allein obsorgeberechtigten Eltern sind – entsprechend den Ergebnissen der U-Tests (Tab 6) – ähnlicher. Aber va in Bezug auf die Besuchskontakte und den Kindes- bzw Ehegattenunterhalt berichten auch hier die Hauptbetreuenden mit ObE von weniger Konflikten mit dem Expartner. Eine Ausnahme bildet der Konfliktbereich „Erziehung": Dass mit dem anderen Elternteil Konflikte über Erziehung bestehen, wird von etwas mehr Hauptbetreuenden mit ObE (20,2 %) als von den Alleinobsorgeberechtigten (13,7 %) genannt (Tab 8).

*Tabelle 8:* Worüber haben Sie zurzeit mit Ihrem Exmann/Ihrer Exfrau Konflikte? *(Es waren Mehrfachnennungen möglich. Die Prozentangaben beziehen sich auf die Anzahl der Befragten, die diese Antwort angekreuzt haben.)*

| **„trifft eher + sehr zu … "** | **Gesamt** (n = 1054) Anm | **ObE** (n = 601) | **aO** (n = 453) | **Hauptbetreuende Elternteile** | | **Getrennt lebende Elternteile** | |
|---|---|---|---|---|---|---|---|
| | | | | **ObE** (n = 324) | **aO** (n = 285) | **ObE** (n = 215) | **aO** (n = 164) |
| Besuchskontakte | 29,2% | 20,5% | 40,5% | 25,3% | 37,0% | 15,7% | 47,0% |
| Ursachen der Trennung | 27,4% | 24,9% | 30,8% | 27,5% | 30,2% | 20,9% | 32,5% |
| Kindes-, Ehegatten-unterhalt | 25,2% | 20,7% | 31,4% | 24,8% | 31,6% | 16,7% | 31,8% |
| Beeinträchtigung des Familienklimas durch den anderen Elternteil | 24,5% | 20,8% | 29,5% | 21,7% | 27,3% | 19,3% | 33,3% |
| Neue Partnerschaft | 22,5% | 20,7% | 24,9% | 21,0% | 22,1% | 21,6% | 29,9% |
| Erziehung | 21,6% | 21,7% | 21,4% | 20,2% | 13,7% | 22,7% | 35,6% |
| Hauptsächlicher Aufenthalt der Kinder | 14,1% | 10,6% | 18,8% | 7,4% | 11,2% | 14,0% | 32,3% |
| Wichtige Entscheidungen | 12,6% | 10,6% | 15,2% | 7,5% | 8,1% | 13,6% | 28,1% |

### 7.2.2 *Beruhigung der Konflikte der Eltern nach der Scheidung*

„Die Tab [9] zeigt die Veränderung der Gefühle Enttäuschung, Wut, Kränkung sowie des Wunsches, mit dem anderen Elternteil nichts mehr zu tun zu haben, und der Angst, dass der andere Elternteil versuchen werde, die Kinder gegen mich aufzubringen. Die folgenden Zahlen beruhen auf dem Vergleich der Angaben der Eltern über ihre Gefühle zum Trennungszeitpunkt und ihre Gefühle zum Zeitpunkt der Befragung (‚jetzt'). Das (–) bedeutet die Abnahme dieser (negativen) Gefühle bzw Ängste dem Exmann/der Exfrau gegenüber. Das (+) bedeutet eine Verstärkung dieser Gefühle, also eine Zunahme von Wut, Kränkung etc (=) bedeutet, dass die Befragten die Intensität dieser Gefühle zum Zeitpunkt des Ausfüllens des Fragebogens gleich hoch einschätzen wie zum Trennungszeitpunkt.

Insgesamt gibt ein Großteil der befragten Eltern an, dass diese (negativen) Gefühle entweder gleich geblieben sind oder abgenommen haben. Am geringsten fällt diese positive Tendenz beim Wunsch, mit dem Expartner/der Expartnerin nichts mehr zu tun zu haben, aus: bei fast 15 % der Eltern hat sich dieser Wunsch verstärkt.

Zeigen sich nun Unterschiede zwischen den Obsorgegruppen, und zwar in dem Sinne, dass Enttäuschung, Wut, der Wunsch, mit dem anderen nichts mehr zu tun zu haben etc, aufgrund der Notwendigkeit der Kooperation der Eltern im Falle der ObE nach der Scheidung noch weiter ansteigen?"[464] Diese Fragestellung wurde mittels Kreuztabellen und Chi-Quadrat-Tests untersucht, da es sich um zwei (nominalskalierte) Variablen handelt, die jeweils in mehreren Kategorien vorliegen (Obsorgeform aO – ObE; Veränderung der Gefühle: „verbessert", „verschlechtert" oder „gleich geblieben"). Die signifikanten Unterschiede werden durch die grauen Felder angezeigt.

Die Ergebnisse der Befragung bestätigen die Hypothese nicht, dass Enttäuschung, Wut, Kränkung, der Wunsch, mit dem anderen nichts mehr zu tun zu haben, und die Angst, der oder die andere könnte versuchen, die Kinder aufzuhetzen, aufgrund der Notwendigkeit der Kooperation der Eltern im Fall der ObE stärker ansteigen als bei den Eltern mit aO eines Elternteils: Wie aus Tabelle 10 ersichtlich wird, zeigt sich sogar eher noch eine Tendenz in Richtung einer stärkeren Abnahme dieser Gefühle bei Eltern mit ObE. Das Gefühl der Enttäuschung vom Exmann bzw von der Exfrau nimmt bei den Eltern mit ObE sogar signifikant stärker ab als bei den Eltern der Gruppe aO.

464 *Barth-Richtarz/Figdor*, Was bringt die gemeinsame Obsorge? (2008) 113.

*Tabelle 9:* Veränderung der Gefühle (Trennungszeitpunkt – jetzt) *(Querprozente; die signifikanten Unterschiede werden durch die grauen Felder angezeigt.)*

| | **ObE** (n = 597) | | | **aO** (n = 467) | | | **Chi²** |
|---|---|---|---|---|---|---|---|
| | – | = | + | – | = | + | p (eins.) |
| Enttäuschung | 47,2% | 44,9% | 7,9% | 34,7% | 56,5% | 8,8% | 0,000 |
| Wut | 50,1% | 40,9% | 9,0% | 46,9% | 41,9% | 11,1% | 0,203 |
| Kränkung | 53,5% | 42,9% | 3,5% | 48,6% | 47,5% | 3,9% | 0,141 |
| Wunsch, nichts mehr zu tun zu haben | 25,3% | 60,4% | 14,4% | 23,5% | 61,9% | 14,6% | 0,406 |
| Angst, dass die Kinder gegen mich aufgebracht werden | 26,9% | 65,9% | 7,2% | 25,8% | 64,1% | 10,2% | 0,111 |

Die Analyse nach dem Geschlecht der Befragten führt zum selben Ergebnis: Weder bei den Vätern (Tab 10) noch bei den Müttern (Tab 11) zeigt sich eine deutlichere Verstärkung dieser (negativen) Gefühle bei Eltern mit ObE im Vergleich zu den Eltern mit aO eines Elternteils.

Im Gegenteil: Signifikant mehr Väter mit ObE als Väter der Gruppe aO eines Elternteils geben an, dass sich ihre Enttäuschung der Exfrau gegenüber sowie ihre Kränkung verringert hat. Auch in Bezug auf die anderen Gefühle wird von den Vätern mit ObE tendenziell häufiger als von den Vätern der Gruppe aO von einer Verbesserung berichtet (Tab 10).

Das Antwortverhalten der Mütter mit ObE und aO ist sehr ähnlich. Allein was die Enttäuschung vom Exmann betrifft, geben etwas (auch signifikant) mehr Mütter mit ObE als Mütter der Gruppe aO an, dass diese abgenommen hat.

*Tabelle 10:* Veränderung der Gefühle (Trennungszeitpunkt – jetzt) *(Querprozente)*

| | **ObE Väter** (n = 249) | | | **aO Väter** (n = 175) | | | **Chi²** |
|---|---|---|---|---|---|---|---|
| | – | = | + | – | = | + | p (eins.) |
| Enttäuschung | 44,6% | 49,8% | 5,6% | 29,1% | 58,3% | 12,6% | 0,001 |
| Wut | 48,0% | 44,4% | 7,5% | 42,2% | 43,4% | 14,5% | 0,032 |
| Kränkung | 51,8% | 45,0% | 3,2% | 37,4% | 56,9% | 5,7% | 0,005 |
| Wunsch, nichts mehr zu tun zu haben | 21,9% | 59,9% | 18,2% | 17,9% | 63,6% | 18,5% | 0,302 |
| Angst, dass die Kinder gegen mich aufgebracht werden | 28,2% | 65,7% | 6,0% | 25,1% | 62,3% | 12,6% | 0,032 |

*Tabelle 11:* Veränderung der Gefühle (Trennungszeitpunkt – jetzt) *(Querprozente)*

| | **ObE Mütter** (n = 345) | | | **aO Mütter** (n = 288) | | | **Chi²** |
|---|---|---|---|---|---|---|---|
| | – | = | + | – | = | + | p (eins.) |
| Enttäuschung | 49,0% | 41,4% | 9,6% | 37,5% | 55,9% | 6,6% | 0,001 |
| Wut | 51,5% | 38,4% | 10,1% | 49,5% | 41,3% | 9,3% | 0,378 |
| Kränkung | 54,7% | 41,5% | 3,8% | 55,1% | 42,2% | 2,8% | 0,386 |
| Wunsch, nichts mehr zu tun zu haben | 27,9% | 60,8% | 11,3% | 26,2% | 61,3% | 12,4% | 0,427 |
| Angst, dass die Kinder gegen mich aufgebracht werden | 25,9% | 66,1% | 8,0% | 25,8% | 65,7% | 8,5% | 0,491 |

Schließlich wurden die Eltern auch direkt nach ihrer Einschätzung gefragt, wie sich ihr Beziehungsklima verändert hat. Konkret wurde ihnen die Frage gestellt, ob sich die Beziehung zu ihrem Exmann bzw ihrer Exfrau seit dem Zeitpunkt, als klar wurde, dass sie sich trennen bzw scheiden lassen, bis zum Befragungszeitpunkt entspannt oder verschlechtert oder sich nicht verändert hat. Um die Frage zu beantworten, ob Eltern mit ObE eine weniger starke Verbesserung oder sogar eine stärkere Verschlechterung ihres Beziehungsklimas erleben als Eltern mit aO, wurde – aufgrund des Vorliegens ordinalskalierter Daten – der U-Test von *Mann/Whitney* durchgeführt.

Das in Tab 12 dargestellte Ergebnis zeigt, dass sich die Obsorgegruppen in der Veränderung ihres Beziehungsklimas zum Expartner bzw zur Expartnerin tatsächlich signifikant unterscheiden. Wie die mittleren Ränge zeigen, sind es jedoch nicht die Eltern mit aO, die eine stärkere Entspannung ihres Beziehungsklimas angeben, wie man aufgrund der Hypothese der „Beruhigung der elterlichen Konflikte" durch die Zuteilung der Erziehungskompetenz an einen Elternteil im Fall der aO annehmen könnte, sondern gerade umgekehrt die Eltern mit ObE:

*Tabelle 12:* Veränderung des Beziehungsklimas zum Exmann/zur Exfrau (Trennungszeitpunkt – jetzt) *(Je höher der mittlere Rang, umso stärker verläuft die Veränderung in Richtung Verschlechterung.)*

**U-Test nach Mann-Whitney**

| | Obsorge - form | Mittlerer Rang | Signifikanz (einseitig) | |
|---|---|---|---|---|
| Veränderung des Klimas zwischen Expartner/innen seit Trennung | ObE | 501,49 | ,000 | s |
| | aO | 575,45 | | |

Wie die folgenden Tabellen zeigen, ändert sich an diesem Ergebnis auch nichts, wenn man nur die Angaben der hauptbetreuenden (Tab 13) bzw der getrennt lebenden (Tab 14) Elternteile miteinander vergleicht. Sowohl die hauptbetreuenden als auch die getrennt lebenden Eltern mit ObE erleben eine (signifikant) deutlichere Entspannung des Beziehungsklimas zum Expartner bzw zur Expartnerin im Vergleich zu den allein- bzw nicht obsorgeberechtigten Eltern.

*Tabelle 13:* Veränderung des Beziehungsklimas zum Exmann/zur Exfrau *(Trennungszeitpunkt – jetzt) (Je höher der mittlere Rang, umso stärker verläuft die Veränderung in Richtung Verschlechterung.)*

**U-Test nach Mann-Whitney: nur Hauptbetreuende**

| | Obsorge-form | Mittlerer Rang | Signifikanz (einseitig) | |
|---|---|---|---|---|
| Veränderung des Klimas zwischen Expartner/innen seit Trennung | ObE Hauptbetreuende | 291,43 | ,001 | s |
| | aO Hauptbetreuende | 336,37 | | |

*Tabelle 14:* Veränderung des Beziehungsklimas zum Exmann/zur Exfrau *(Trennungszeitpunkt – jetzt) (Je höher der mittlere Rang, umso stärker verläuft die Veränderung in Richtung Verschlechterung.)*

**U-Test nach Mann-Whitney: nur Getrennt Lebende**

| | Obsorgeform | Mittlerer Rang | Signifikanz (einseitig) | |
|---|---|---|---|---|
| Veränderung des Klimas zwischen Expartner/innen seit Trennung | ObE Getrennt Lebende | 175,12 | ,001 | s |
| | aO Getrennt Lebende | 209,30 | | |

In Tab 15 sind wiederum die Häufigkeiten dargestellt, also von wie vielen Eltern jeweils angegeben wurde, dass sich ihr Beziehungsklima entspannt, nicht verändert oder verschlechtert hat. Darin wird die Milderung des Konfliktklimas im Fall der ObE deutlich.

*Tabelle 15:* Wenn Sie Ihre Beziehung zu Ihrem Exmann/Ihrer Exfrau, als klar wurde, dass Sie sich trennen bzw scheiden lassen werden, damit vergleichen, wie es jetzt zwischen Ihnen ist, wie würden Sie die Veränderung beschreiben?

| **Klima hat sich...** | **ObE** (n = 598) | **aO** (n = 469) | **Gesamt** (n = 1067) |
|---|---|---|---|
| sehr entspannt | 30,8% | 21,3% | 26,6% |
| etwas entspannt | 30,% | 31,1% | 31,0% |
| **Summe (sehr + etwas entspannt):** | **61,7%** | **52,4%** | **57,6%** |
| | | | |
| nicht verändert | 21,2% | 24,7% | 22,8% |
| | | | |
| etwas verschlechtert | 8,5% | 5,5% | 7,2% |
| sehr verschlechtert | 8,5% | 17,3% | 12,4% |
| **Summe (etwas + sehr verschlechtert):** | **17,0%** | **22,8%** | **19,6** |

Differenziert nach dem Betreuungsstatus der befragten Eltern (Tab 16) wird ersichtlich, dass unter den Hauptbetreuenden mit ObE die Ansicht besonders hoch vertreten ist, dass sich das Beziehungsklima verbessert hat. Aber auch bei den getrennt lebenden Elternteilen sind es wieder die Eltern mit ObE, die häufiger eine Entspannung des Klimas zum anderen Elternteil wahrnehmen.

*Tabelle 16:* Wenn Sie Ihre Beziehung zu Ihrem Exmann/Ihrer Exfrau, als klar wurde, dass Sie sich trennen bzw scheiden lassen werden, damit vergleichen, wie es jetzt zwischen Ihnen ist, wie würden Sie die Veränderung beschreiben?

| | **Hauptbetreuende** | | **Getrennt Lebende** | |
|---|---|---|---|---|
| **Klima hat sich...** | **ObE** (n = 345) | **aO** (n = 286) | **ObE** (n = 251) | **aO** (n = 179) |
| sehr entspannt | 35,1% | 22,7% | 25,1% | 18,4% |
| etwas entspannt | 30,1% | 31,1% | 31,9% | 30,7% |
| **Summe (sehr + etwas entspannt):** | **65,2%** | **53,8%** | **57,0%** | **49,1%** |
| | | | | |
| Nicht verändert | 18,8% | 24,5% | 24,3% | 25,7% |
| | | | | |
| etwas verschlechtert | 7,8% | 5,6% | 9,6% | 5,6% |
| sehr verschlechtert | 8,1% | 16,1% | 9,2% | 19,6% |
| **Summe (etwas + sehr verschlechtert):** | **15,9%** | **21,7%** | **18,8%** | **25,2%** |

### *7.2.3 Konfliktsituation von „Hochkonfliktfamilien"*

Die Hypothese, dass das Konfliktniveau bei Eltern mit ObE nach der Scheidung zunimmt und im Gegensatz dazu, die aO eher eine Beruhigung der (Konflikt-) Beziehung zwischen den Eltern ermöglicht, kann also entkräftet werden. Es ist sogar das Gegenteil der Fall: Die ObE scheint eher zu einer Beruhigung der elterlichen Konflikte beizutragen. Wie ist dies aber bei Eltern, die sich von vornherein durch ein sehr hohes Konfliktniveau auszeichnen? Kommt es nicht zumindest bei dieser Elterngruppe zu einer Zunahme der elterlichen Konflikte, oder ist nicht zumindest eine Beruhigung ihrer Konflikte weniger wahrscheinlich, wenn sich diese Eltern (freiwillig oder unfreiwillig) für die ObE entscheiden?

Um aus den vorhandenen Daten Antworten auf diese Frage zu bekommen, wurden jene Eltern zu einer „Hochkonfliktgruppe 1" zusammengefasst, die alle Fragen nach sehr heftigem Streit, sehr großen Spannungen, sehr großer Wut und sehr großer Enttäuschung mit „trifft eher zu" oder „trifft sehr zu" beantworteten (Frage 18 im Fragebogen[465]). Dieser Gruppe gehört etwa ein Drittel aller Befragten

465 Der Fragebogen ist als OnlinePlus-Angebot bei Springer VS zu finden: http://www.springer-vs.de/Buch/978-3-531-19335-9/Gemeinsame-Elternschaft-nach.der-Scheidung.html.

an, und zwar 172 Eltern der Gruppe ObE (27,7 %) und 170 Eltern der Gruppe aO (35,1 %). Natürlich wäre es auch zu überlegen gewesen, die Hochkonfliktgruppe noch enger zu definieren, zB nur mit den „Trifft-sehr-zu"-Angaben. Das würde allerdings bedeuten, dass dieser Gruppe noch weniger Eltern angehören und – insb bei den Mehrfachantwortmöglichkeiten – mitunter die Teilstichprobengrößen so klein werden, dass ein statistischer Vergleich unangemessen erscheint.

Wie die Reliabilitätsanalyse nach Cronbachs Alpha zeigt, ist die inhaltliche Zusammenfassung dieser vier Items (sehr heftiger Streit, sehr große Spannungen, sehr große Wut, sehr große Enttäuschung) zu einer übergeordneten Variable „Konfliktniveau vor der Trennung/Scheidung" bzw zur Definition von Hochkonfliktgruppen sinnvoll. Der Alpha-Wert für diese vier Items beträgt 0,8416, was als hoch zu bewerten ist.[466] Es zeigt sich auch, dass die übergeordnete Variable an Homogenität verliert, wenn Items aus der Frage nach Gefühlen zum Trennungszeitpunkt (Enttäuschung, Wut, Verletzung/Kränkung, Wunsch, mit dem anderen nichts mehr zu tun zu haben) bzw Daten zur Einvernehmlichkeit der Scheidung hinzugenommen werden.

Die folgende Tabelle (Tab 17) zeigt, dass sich selbst in dieser Hochkonfliktgruppe nichts an der Aussage ändert, dass die ObE nicht eher als die aO zu einer Zunahme des Konfliktniveaus der Eltern führt. Dort, wo sich Unterschiede zwischen den Obsorgegruppen zeigen, nämlich bei den Konflikten um die Ausübung der Besuchskontakte, sind es wieder die Eltern mit ObE, die – wie der U-Test nach *Mann/Whitney* zeigt – signifikant weniger Konflikte miteinander haben.

466 Nachweis im Anhang: Tab A1.

*Tabelle 17:* Derzeitige Konflikte zwischen den Eltern *(Höhere Werte bei den mittleren Rängen bedeuten, dass Konflikte in diesem Bereich weniger zutreffen.):*

**U-Test nach Mann-Whitney: nur Eltern der Hochkonfliktgruppe 1**

| | Obsorge -form | Mittlerer Rang | Signifikanz (einseitig) | |
|---|---|---|---|---|
| Hauptsächlicher Aufenthalt | ObE | 165,81 | ,381 | ns |
| | aO | 163,19 | | |
| Besuchskontakte | ObE | 181,38 | ,002 | s |
| | aO | 151,62 | | |
| Wichtige Entscheidungen | ObE | 160,43 | ,233 | ns |
| | aO | 166,61 | | |
| Erziehung | ObE | 154,78 | ,033 | ns |
| | aO | 172,33 | | |
| Kindes-/Ehegattenunterhalt | ObE | 172,49 | ,036 | ns |
| | aO | 155,25 | | |
| Ursachen der Trennung | ObE | 160,30 | ,434 | ns |
| | aO | 158,68 | | |
| Neue PartnerInnenschaft | ObE | 153,29 | ,103 | ns |
| | aO | 164,89 | | |
| Beeinträchtigung des Familienklimas | ObE | 162,64 | ,407 | ns |
| | aO | 160,35 | | |

Differenziert man zwischen den Aussagen der hauptbetreuenden und getrennt lebenden Elternteilen, zeigt sich ein interessantes Phänomen: Während die Hauptbetreuenden mit ObE der Hochkonfliktgruppe signifikant mehr Konflikte in den Bereichen Erziehung und neue Partnerschaften angeben als die Alleinsorgeberechtigten (Tab 18), sagen signifikant mehr nicht Obsorgeberechtigte als getrennt Lebende mit ObE, dass es Konflikte mit dem anderen Elternteil um die Ausübung der Besuchskontakte gibt (Tab 19). Es scheint also so zu sein, dass Eltern, die von vornherein große Konflikte miteinander haben, ihre Konflikte bei jeder Obsorgeform anders austragen. Eltern mit ObE tragen ihre Konflikte im Zuge ihrer gemeinsamen Erziehungsverantwortung für die Kinder aus und leiden dabei eventuell stärker unter der neuen Partnerschaft des oder der Expartnerin, während (Hochkonflikt-)Eltern, bei denen die Obsorge einem Elternteil alleine zugeteilt wurde, ihre Konflikte in erster Linie über die Besuchskontakte austragen.

*Tabelle 18:* Derzeitige Konflikte zwischen den Eltern *(Höhere Werte bei den mittleren Rängen bedeuten, dass Konflikte in diesem Bereich weniger zutreffen.):*

**U-Test nach Mann-Whitney: nur Hauptbetreuende der Hochkonfliktgruppe 1**

| | **Obsorge-form** | **Mittlerer Rang** | **Signifikanz (einseitig)** | |
|---|---|---|---|---|
| Hauptsächlicher Aufenthalt | ObE Hauptbetr | 98,91 | ,080 | ns |
| | aO Hauptbetr | 107,50 | | |
| Besuchskontakte | ObE Hauptbetr | 107,03 | ,404 | ns |
| | aO Hauptbetr | 105,11 | | |
| Wichtige Entscheidungen | ObE Hauptbetr | 98,39 | ,050 | ns |
| | aO Hauptbetr | 107,96 | | |
| Erziehung | ObE Hauptbetr | 91,71 | ,001 | s |
| | aO Hauptbetr | 114,84 | | |
| Kindes-/Ehegattenunterhalt | ObE Hauptbetr | 107,81 | ,288 | ns |
| | aO Hauptbetr | 103,44 | | |
| Ursachen der Trennung | ObE Hauptbetr | 96,59 | ,115 | ns |
| | aO Hauptbetr | 105,95 | | |
| Neue PartnerInnenschaft | ObE Hauptbetr | 90,61 | ,009 | s |
| | aO Hauptbetr | 107,53 | | |
| Beeinträchtigung des Familienklimas | ObE Hauptbetr | 98,31 | ,128 | ns |
| | aO Hauptbetr | 107,21 | | |

*Tabelle 19:* Derzeitige Konflikte zwischen den Eltern *(Höhere Werte bei den mittleren Rängen bedeuten, dass Konflikte in diesem Bereich weniger zutreffen.):*

**U-Test nach Mann-Whitney: nur Getrennt Lebende der Hochkonfliktgruppe 1**

| | Obsorge-form | Mittlerer Rang | Signif. (einseitig) | |
|---|---|---|---|---|
| Aufenthalt Kinder | ObE Getrennt L | 56,41 | ,019 | ns |
| | aO Getrennt L | 45,05 | | |
| Besuchskontakte | ObE Getrennt L | 62,35 | ,000 | s |
| | aO Getrennt L | 39,56 | | |
| Wichtige Entscheidungen | ObE Getrennt L | 53,64 | ,065 | ns |
| | aO Getrennt L | 45,53 | | |
| Erziehung | ObE Getrennt L | 53,05 | ,143 | ns |
| | aO Getrennt L | 47,13 | | |
| Kindes-/Ehegattenunterhalt | ObE Getrennt L | 52,02 | ,059 | ns |
| | aO Getrennt L | 44,06 | | |
| Ursachen der Trennung | ObE Getrennt L | 52,43 | ,051 | ns |
| | aO Getrennt L | 43,84 | | |
| Neue PartnerInnenschaft | ObE Getrennt L | 50,50 | ,291 | ns |
| | aO Getrennt L | 47,59 | | |
| Beeinträchtigung des Familienklimas | ObE Getrennt L | 52,39 | ,081 | ns |
| | aO Getrennt L | 44,92 | | |

Die folgende Tabelle (Tab 20) zeigt, welche Konflikte in welcher Häufigkeit bei Eltern mit einem hohen Konfliktniveau zwischen Trennungsabsicht und Scheidung auftreten. Dabei sind die Kontakte des Kindes zum getrennt lebenden Elternteil wieder jener Bereich, über den es die meisten Konflikte gibt, und zwar insb in Familien mit aO eines Elternteils. Etwa 56 % der Nichtobsorgeberechtigten geben Konflikte mit der Expartnerin über die Ausübung der Besuchskontakte an. Da es doch deutlich weniger (38 %) Alleinobsorgeberechtigte gibt, die auch Probleme in diesem Bereich angeben, könnte es sich dabei um jene Nichtobsorgeberechtigten handeln, die keinen oder nur mehr einen sehr eingeschränkten Kontakt zu den Kindern haben.

Die nicht obsorgeberechtigten Eltern erleben auch den hauptsächlichen Aufenthalt des Kindes beim anderen Elternteil als besonders problematisch und geben im höchsten Ausmaß Konflikte um die Erziehung der Kinder, wichtige

Entscheidungen, die die Kinder betreffen, und generell die größte Beeinträchtigung des Familienklimas durch den anderen Elternteil an. Es kann nur gemutmaßt werden, aber die Ergebnisse weisen in die Richtung, dass es sich um jene Gruppe von nicht obsorgeberechtigten Eltern handelt, die sich im hohen Ausmaß von der Verantwortung für die Kinder ausgeschlossen fühlt.

Die Alleinobsorgeberechtigten der Elterngruppe mit von vornherein hohen Konflikten erleben neben den Konflikten um die Besuchskontakte va Konflikte um den Kindes- bzw Ehegattenunterhalt. Das ist jener Bereich, der – salopp formuliert – im „Machtbereich" des nicht obsorgeberechtigten Elternteils liegt (ganz im Gegensatz zu den Besuchskontakten).

Interessanterweise leiden die Hauptbetreuenden mit ObE (neben Konflikten um die Kontakte der Kinder zum getrennt lebenden Elternteil) besonders unter Angelegenheiten, die bereits Ursache der Trennung vom Expartner waren.

An oberster Stelle der Konflikte stehen bei den getrennt lebenden Eltern mit ObE Konflikte über die Erziehung der Kinder.

*Tabelle 20:* Worüber haben Sie zurzeit mit Ihrem Exmann/Ihrer Exfrau Konflikte? Hochkonfliktgruppe 1 *(Es waren Mehrfachnennungen möglich! Es handelt sich um Prozentangaben. 100 % sind hier nicht alle Befragten, sondern nur jene Eltern, die bei dieser Frage überhaupt etwas angekreuzt haben.)*

| **„trifft eher + sehr zu…"** | **Gesamt** (n = 328) Anm | **ObE** (n = 164) | **aO** (n = 164) | **Hauptbetreuende** | | **Getrennt Lebende** | |
|---|---|---|---|---|---|---|---|
| | | | | **ObE** (n = 96) | **aO** (n = 110) | **ObE** (n = 48) | **aO** (n = 52) |
| Besuchskontakte | 37,4 | 31,4 | 43,4 | 38,8 | 38,1 | 20,9 | 55,8 |
| Beeinträchtigung des Familienklimas durch den anderen Elternteil | 36,0 | 33,3 | 38,8 | 38,1 | 36,1 | 26,0 | 44,0 |
| Ursachen der Trennung | 35,9 | 35,4 | 36,3 | 39,6 | 36,8 | 32,6 | 36,7 |
| Kindes-, Ehegattenunterhalt | 31,8 | 28,9 | 34,8 | 34,3 | 39,6 | 27,6 | 25,0 |
| Neue Partnerschaft | 26,2 | 26,7 | 25,7 | 30,9 | 20,2 | 25,5 | 36,0 |
| Erziehung | 26,0 | 28,6 | 23,4 | 26,8 | 16,4 | 35,4 | 39,2 |
| Hauptsächlicher Aufenthalt der Kinder | 17,7 | 17,0 | 18,3 | 13,6 | 8,1 | 25,0 | 40,4 |
| Wichtige Entscheidungen | 15,6 | 14,6 | 16,7 | 9,4 | 7,2 | 20,8 | 38,0 |

Wie Tab 21 zeigt, geben trotz anfänglich hoher Konflikte etwa 50 % der Eltern an, dass sich ihr Beziehungsklima zum Expartner bzw zur Expartnerin seit der Trennung bis zum Untersuchungszeitraum etwas oder sogar sehr entspannt hat; mehr Eltern mit ObE als Eltern mit aO, aber dieser Unterschied ist – wie der U-Test (Tab 22) zeigt – nicht signifikant.[467] Etwa 25 % der (Hochkonflikt-)Eltern mit ObE und genauso viele (Hochkonflikt-)Eltern der Gruppe aO berichten, dass sich ihr Beziehungsklima verschlechtert hat.

Es kann somit festgestellt werden, dass die Beziehung der Eltern, die in die Nachscheidungsphase gleichsam mit einem hohen Konfliktniveau „starteten", durch die Fortführung der ObE durchschnittlich betrachtet nicht belasteter bleibt, oder sich die Konflikte im Vergleich zur aO sogar noch verschärfen, und zwar unabhängig davon, ob man die Angaben der hauptbetreuenden (Tab 23) oder der getrennt lebenden (Tab 24) Elternteile heranzieht. Es ist tendenziell sogar das Gegenteil der Fall.

*Tabelle 21:* Wenn Sie Ihre Beziehung zu Ihrem Exmann/Ihrer Exfrau, als klar wurde, dass Sie sich trennen bzw scheiden lassen werden, damit vergleichen, wie es jetzt zwischen Ihnen ist, wie würden Sie die Veränderung beschreiben?

| **Klima hat sich...** | **ObE** | **aO** | **Gesamt** |
|---|---|---|---|
| | (n = 169) | (n = 166) | (n = 335) |
| sehr entspannt | 19,5% | 11,4% | 15,5% |
| etwas entspannt | 34,3% | 34,9% | 34,6% |
| **Summe (sehr + etwas entspannt):** | **53,8%** | **46,3%** | **50,1%** |
| | | | |
| nicht verändert | 21,3% | 28,3% | 24,8% |
| | | | |
| etwas verschlechtert | 10,1% | 4,8% | 7,5% |
| sehr verschlechtert | 14,8% | 20,5% | 17,6% |
| **Summe (etwas + sehr verschlechtert):** | **24,9%** | **25,3%** | **25,1%** |

467 Aufgrund der Größe der Stichprobe erfolgen die statistischen Auswertungen dieser Studie auf einem 99-%-Signifikanzniveau.

*Tabelle 22:* Veränderung des Beziehungsklimas zum Exmann/zur Exfrau (Trennungszeitpunkt – jetzt) *(Je höher der mittlere Rang, umso stärker verläuft die Veränderung in Richtung Verschlechterung.)*

**U-Test nach Mann-Whitney: nur Eltern der Hochkonfliktgruppe 1**

| | Obsorge -form | Mittlerer Rang | Signifikanz (einseitig) | |
|---|---|---|---|---|
| Veränderung des Klimas zwischen Expartner/innen seit Trennung | ObE | 159,65 | ,050 | ns |
| | aO | 176,50 | | |

*Tabelle 23:* Veränderung des Beziehungsklimas zum Exmann/zur Exfrau (Trennungszeitpunkt – jetzt) *(Je höher der mittlere Rang, umso stärker verläuft die Veränderung in Richtung Verschlechterung.)*

**U-Test nach Mann-Whitney: nur Hauptbetreuende der Hochkonfliktgruppe 1**

| | Obsorge-form | Mittlerer Rang | Signifikanz (einseitig) | |
|---|---|---|---|---|
| Veränderung des Klimas zwischen Expartner/innen seit Trennung | ObE Hauptbetr | 103,25 | ,194 | ns |
| | aO Hauptbetr | 110,31 | | |

*Tabelle 24:* Veränderung des Beziehungsklimas zum Exmann/zur Exfrau (Trennungszeitpunkt – jetzt) *(Je höher der mittlere Rang, umso stärker verläuft die Veränderung in Richtung Verschlechterung.)*

**U-Test nach Mann-Whitney: nur Getrennt Lebende der Hochkonfliktgruppe 1**

| | Obsorge-form | Mittlerer Rang | Signifikanz (einseitig) | |
|---|---|---|---|---|
| Veränderung des Klimas zwischen Expartner/innen seit Trennung | ObE Getrennt L | 47,45 | ,144 | ns |
| | aO Getrennt L | 53,43 | | |

*Resümee*

Dass sich das familiäre Konfliktklima im Fall der Fortführung der ObE nach der Scheidung nicht beruhigen könne und damit auch die Belastung der Kinder durch den Streit der Eltern weitergehe, war und ist *der* zentrale Einwand gegen das Modell der ObE. Diese Befürchtung wird durch die vorliegende Untersuchung jedoch nicht bestätigt:

Es zeigen sich zwar tatsächlich signifikante Unterschiede zwischen den Obsorgegruppen, was Konflikte um den hauptsächlichen Aufenthalt der Kinder, Besuchskontakte, den Kindes- bzw Ehegattenunterhalt, Konflikte, die schon Ursache der Trennung waren, sowie generell das Gefühl der Beeinträchtigung des Familienklimas durch den anderen Elternteil betrifft. Aber es sind – entgegen der Erwartung – nicht die Eltern mit ObE, die zum Untersuchungszeitpunkt mehr Konflikte haben, sondern die Eltern der Gruppe aO.

Die Ergebnisse der Befragung bestätigen die Hypothese auch dahingehend nicht, dass Enttäuschung, Wut, Kränkung, der Wunsch, mit dem anderen nichts mehr zu tun zu haben, und die Angst, der oder die andere könnte versuchen, die Kinder aufzuhetzen, aufgrund der Notwendigkeit der Kooperation der Eltern im Fall der ObE stärker ansteigen würden als bei den Eltern mit aO eines Elternteils: Es zeigt sich sogar eher noch eine Tendenz in Richtung einer stärkeren Abnahme dieser Gefühle bei Eltern mit ObE. Das Gefühl der Enttäuschung vom Exmann bzw von der Exfrau nimmt bei den Eltern mit ObE sogar signifikant stärker ab als bei den Eltern der Gruppe aO.

Gefragt nach der Selbsteinschätzung der Veränderung ihres Beziehungsklimas bis zum Untersuchungszeitpunkt sind es auch nicht die Eltern mit aO, die eine stärkere Entspannung ihres Beziehungsklimas angeben, wie man aufgrund der Hypothese der „Beruhigung der elterlichen Konflikte" durch die Zuteilung der Erziehungskompetenz an einen Elternteil im Fall der aO annehmen könnte, sondern gerade umgekehrt die Eltern mit ObE, und zwar sowohl die hauptbetreuenden als auch die getrennt lebenden Elternteile.

Die Hypothese, dass das Konfliktniveau bei Eltern mit ObE nach der Scheidung sogar zunimmt und, im Gegensatz dazu, die aO eher eine Beruhigung der (Konflikt-)Beziehung der Eltern ermöglicht, wird durch die vorliegenden Daten somit klar entkräftet. Selbst bei Familien, die mit einem hohen Konfliktniveau in die Nachscheidungsphase starteten, ändert sich nichts an der Aussage, dass die ObE *nicht* eher als die aO zu einer weiteren Zunahme des Konfliktniveaus der Eltern führt.

„Zu diesem Ergebnis kommt auch die Berufsgruppen-Untersuchung: Etwa die Hälfte der TeilnehmerInnen der Berufsgruppenbefragung sehen keine Unterschiede zwischen den beiden Obsorgeformen hinsichtlich der Probleme und

Konflikte nach der Scheidung.[468] Sofern solche wahrgenommen werden, so wird das Ausmaß der Konflikte zwischen Eltern mit ObE tendenziell geringer eingeschätzt als zwischen Eltern mit aO eines Elternteils.[469]

Damit weisen die Ergebnisse der österreichischen Evaluationsstudie in die gleiche Richtung wie die von *Proksch*[470] in Deutschland erhobenen Befunde: Es ‚scheint die Streitsituation bei der Gruppe aeS [Alleinsorge eines Elternteils] in den Fragen Schule, Erziehung, Gesundheit und Finanzen belastender geblieben zu sein als bei der Gruppe geS [gemeinsame elterliche Sorge]. Jedenfalls zeigen auch diese Ergebnisse, dass mit der Entscheidung für die aeS noch keine Beruhigung der Streitsituation einhergehen muss bzw einhergeht‘.

Wie lässt sich diese (in dieser Deutlichkeit doch überraschende) Funktion der ObE, auf das Konfliktniveau deeskalierend zu wirken, erklären? Aussagekräftig sind dazu die Ergebnisse aus der qualitativen Untersuchung der Familien: In der Hälfte der interviewten Familien wirkte sich die Obsorgeentscheidung deeskalierend aus, in 50 % der Fälle hatte die Obsorgeentscheidung keinen Einfluss auf das Konfliktniveau der Eltern. In den Familien, in denen wir [dh das ForscherInnenteam der qualitativen Untersuchung] eine deeskalierende Wirkung der ObE beobachten konnten, waren dafür va folgende Gründe von Bedeutung, die hier nur in aller Kürze dargestellt werden können:[471]

- Die ObE verhindert Gefühle der Kränkung und des Verlustes durch die Obsorgeentscheidung in dem Sinn, dass sich die Frage ‚Wer bekommt und wer verliert das Kind?‘ gar nicht stellt. So fällt ein weiterer Zündstoff für den Paarkonflikt weg und kein Elternteil muss sich als ‚Verlierer‘ dieses Konfliktes bzw des Obsorgeverfahrens fühlen.[472]
- Die ObE lindert darüber hinaus auch die Angst der Väter, das Kind nicht mehr zu sehen, keine Bedeutung mehr für das Kind zu haben, was zu einer Beruhigung der Väter führt.
- Die ObE führt zu einer gleichmäßigeren Verteilung der Zufriedenheit mit der Gestaltung der Lebenssituation nach der Scheidung zwischen Vätern und Müttern – und wo die Zufriedenheit einigermaßen gleichmäßig verteilt ist, ist auch das Konfliktpotenzial geringer.

---

468 *Kränzl-Nagl/Pelikan*, Berufsgruppenerhebung, in *Figdor/Barth-Richtarz*, Evaluationsstudie (2006) Beilage 162.

469 Bezogen auf Probleme um die Besuchskontakte folgen – so *Kränzl-Nagl* und *Pelikan* – dieser Meinung allerdings nicht alle Stellungnahmen der Frauenhäuser (*Kränzl-Nagl/Pelikan*, Berufsgruppenerhebung, in *Figdor/Barth-Richtarz*, Evaluationsstudie [2006] Beilage 165).

470 *Proksch*, Reform des Kindschaftsrechts (2002) 98.

471 Für eine tiefergehende Darstellung dieser und weitere beziehungsdynamischer Prozesse muss auf spätere Publikationen verwiesen werden.

472 Vgl dazu *Figdor*, Scheidungskinder (1998).

- Die ObE wird von Müttern und Vätern oft als ein Symbol für den ‚selbstverständlichen und unersetzlichen Platz des Vaters im Leben der Kinder' empfunden, wodurch Väter nach der Scheidung weniger darum kämpfen müssen, diesen Platz zu verteidigen.

Vergleichbare Ergebnisse wurden auch in anderen Untersuchungen gewonnen: So betont etwa *Arendell* die Bedeutung rechtlicher Regelungen für das Selbstverständnis geschiedener Männer in ihrer Identität als Vater: Häufig führe für die interviewten Väter ihre Rolle als ‚visiting father', die als Vorenthaltung väterlicher Rechte und als bewusste Entmannung interpretiert wird, zu intensiven psychischen Spannungen und Konflikten.[473] Die qualitative Untersuchung von *Arditti* und *Allen* brachte deutlich das Erleben einer strukturellen Benachteiligung nicht sorgeberechtigter Väter durch das Rechtssystem (nämlich in Fragen des Scheidungsrechts, des Besuchsrechts und des Sorgerechts) zum Vorschein, sowie deren Einschätzung, dass Regelungen und Vorgaben in Fragen der Obsorge und Scheidung zur zunehmenden Distanzierung zwischen früheren Partnern beitrage.[474] Auch *Proksch* spricht davon, dass die gemeinsame elterliche Sorge helfe, ‚Erstarrungen' durch Positionen des ‚Rechthabens' ebenso zu vermeiden wie erneute Verletzungen. Sie erschwere die Ausgrenzung eines Elternteils und fordere von den Eltern eine eigenverantwortliche und konstruktive Konfliktregelung und Gestaltung ihrer nachehelichen Elternschaft.[475] *Ottosen*[476] beschreibt die rechtlich abgesicherte gemeinsame Sorge nach Trennung/Scheidung als die symbolische Manifestation des Willens und der Fähigkeit der Eltern, das Kind als gemeinsames Zukunftsprojekt zu sehen."[477]

## 7.3 Verständigung und Kooperation der Eltern im Alltag

**Hypothese 1.3:**

Sollte die ObE tatsächlich praktiziert werden, bedeutet das eine Mehrbelastung für den hauptbetreuenden, letztlich aber auch für den anderen Elternteil, da zu befürchten ist, dass in vielen alltäglichen Angelegenheiten ein Konsens gefunden werden muss bzw ständig ein Veto des anderen Elternteils zu erwarten ist. Daraus folgt:

473 *Arendell*, After Divorce (1992) 568, zitiert nach *Tazi-Preve* et al, Väter (2007) 147.

474 *Arditti/Allen*, Understanding distressed fathers' perceptions of legal and relational inequities postdivorce. Family and Conciliation Courts Review 31 (4) (1993) 461–476, zitiert nach *Tazi-Preve* et al, Väter (2007) 151.

475 *Proksch*, Reform des Kindschaftsrechts (2002) 39.

476 *Ottosen*, Legal and Social Ties (2001).

477 *Barth-Richtarz/Figdor*, Was bringt die gemeinsame Obsorge? (2008) 118 f.

H1.1.3a: Eltern mit ObE haben häufiger Konflikte im Zusammenhang mit Erziehung, wichtigen Entscheidungen und der Versorgung der Kinder als Eltern mit aO eines Elternteils *(gerichtete Alternativhypothese).*

H1.1.3b: Hauptbetreuende Eltern mit ObE erleben die Verständigung bzw Zusammenarbeit mit dem anderen Elternteil in der Erziehung ihrer Kinder als belastender als Eltern mit aO *(gerichtete Alternativhypothese).*

Die entsprechenden *Nullhypothesen* lauten:

H0.1.3a: Es zeigt sich kein Unterschied bezüglich der Häufigkeit von Konflikten über Erziehung und wichtige Entscheidungen bei Eltern mit ObE und aO eines Elternteils.

H0.1.3b: Es zeigt sich kein Unterschied bezüglich des Erlebens der Verständigung bzw Zusammenarbeit mit dem anderen Elternteil durch die Hauptbetreuenden mit ObE und aO.

**Auch diese Alternativhypothese wird in beiden Teilen (H1.1.3a, H1.1.3b) durch die vorliegenden Daten nicht bestätigt. In Bezug auf das Erleben der Verständigung und Zusammenarbeit mit dem anderen Elternteil ist sogar das Gegenteil der Fall.**

### *7.3.1 Konflikte im Zusammenhang mit Erziehung, wichtigen Entscheidungen und der Versorgung der Kinder*

Konflikte über **Erziehung** werden von Eltern mit ObE und Eltern mit aO eines Elternteils gleich häufig genannt, Konflikte über **wichtige Entscheidungen** sogar geringfügig häufiger von Eltern der Gruppe aO: Diese werden von 15,2 % der Eltern mit aO eine Elternteils und von 10,6 % der Eltern mit ObE angegeben (Tab 25).

*Tabelle 25:* Worüber haben Sie zurzeit mit Ihrem Exmann/Ihrer Exfrau Konflikte? *(Es waren Mehrfachnennungen möglich.)*

| | **Alle Eltern** | | |
|---|---|---|---|
| **„trifft eher + sehr zu …"** | **Gesamt** (n = 1054) | **ObE** (n = 601) | **aO** (n = 453) |
| Erziehung | 21,6% | 21,7% | 21,4% |
| Wichtige Entscheidungen | 12,6% | 10,6% | 15,2% |

Dementsprechend ergeben auch die U-Tests, die zur Beantwortung der Frage durchgeführt wurden, ob die prozentuellen Unterschiede zwischen den Obsorgegruppen eventuell doch statistisch signifikant sind, kein signifikantes Ergebnis (Tab 26):

*Tabelle 26:* Derzeitige Konflikte zwischen den Eltern *(Höhere Werte bei den mittleren Rängen bedeuten, dass Konflikte in diesem Bereich weniger zutreffen.):*

**U-Test nach Mann-Whitney**

| | Obsorgeform | Mittlerer Rang | Signifikanz (einseitig) | |
|---|---|---|---|---|
| Wichtige Entscheidungen | ObE | 529,42 | ,100 | ns |
| | aO | 510,99 | | |
| Erziehung | ObE | 520,45 | ,310 | ns |
| | aO | 528,74 | | |

Da im Fall der ObE va eine Mehrbelastung der hauptbetreuenden Elternteile, das sind in der Regel die Mütter, befürchtet wird, werde ich mich im Folgenden auf deren Antworten konzentrieren, und zwar im Vergleich zu den Antworten der allein obsorgeberechtigten Elternteile.

Was Konflikte über **Erziehung** betrifft, zeigt sich ein geringer, aber wie der U-Test (Tab 28) bestätigt – auf dem 99-%-Signifikanzniveau nicht signifikanter Unterschied zwischen hauptbetreuenden Elternteilen mit ObE und den allein obsorgeberechtigten Elternteilen: 20,2 % der Hauptbetreuenden mit ObE und 13,7 % der Alleinobsorgeberechtigten geben an, Konflikte mit dem Expartner über die Erziehung der Kinder zu haben.

Bei Konflikten über **wichtige Entscheidungen** unterscheiden sich die beiden Gruppen nicht (ObE: 7,5 % und aO: 8,1 %) (Tab 27). Der U-Test (Tab 28) ergibt dementsprechend auch kein signifikantes Ergebnis.

*Tabelle 27:* Worüber haben Sie zurzeit mit Ihrem Exmann/Ihrer Exfrau Konflikte? *(Es waren Mehrfachnennungen möglich.)*

| | Hauptbetreuende | | Getrennt Lebende | |
|---|---|---|---|---|
| **„trifft eher + sehr zu …“** | **ObE** | **aO** | **ObE** | **aO** |
| | (n = 324) | (n = 285) | (n = 215) | (n = 164) |
| Erziehung | 20,2% | 13,7% | 22,7% | 35,6% |
| Wichtige Entscheidungen | 7,5% | 8,1% | 13,6% | 28,1% |

*Tabelle 28:* Derzeitige Konflikte zwischen den Eltern *(Höhere Werte bei den mittleren Rängen bedeuten, dass Konflikte in diesem Bereich weniger zutreffen):*

**U-Test nach Mann-Whitney: nur Hauptbetreuende**

| | Obsorge-form | Mittlerer Rang | Signifikanz (einseitig) | |
|---|---|---|---|---|
| Wichtige Entscheidungen | ObE | 302,28 | ,401 | ns |
| | aO | 300,62 | | |
| Erziehung | ObE | 294,73 | ,017 | ns |
| | aO | 314,47 | | |

Ebenso werden Meinungsverschiedenheiten über die richtige Versorgung der Kinder von Hauptbetreuenden mit ObE bzw mit aO nahezu gleich häufig genannt (Tab 29). Da es sich um zwei (nominalskalierte) kategorielle Variablen handelt (Obsorgeform: aO – ObE; Meinungsverschiedenheiten: genannt – nicht genannt) wurde die Überprüfung der Unterschiedshypothese mittels Kreuztabelle (Kontingenztafel) und Chi-Quadrat-Test[478] durchgeführt, und zwar mit dem Ergebnis, dass kein signifikanter Unterschied zwischen den Obsorgegruppen besteht (im Übrigen auch nicht bei den getrennt lebenden Elternteilen).

*Tabelle 29:* Meinungsverschiedenheiten über die richtige Versorgung der Kinder *(Es waren Mehrfachnennungen möglich.)*

| Gesamt | Hauptbetreuende | |
|---|---|---|
| | ObE | aO |
| (n = 648) | (n = 337) | (n = 311) |
| 20,7% | 22,5% | 18,4% |
| | Chi²-Test: p (eins.) = 0,090 | |

478 Siehe dazu die Anmerkungen zur statistischen Auswertung ab S 188.

### *7.3.2 Erleben der Verständigung bzw der Zusammenarbeit mit dem anderen Elternteil*

Wie Tab 30 zeigt, gibt es keine Hinweise, dass hauptbetreuende Eltern mit ObE die Verständigung bzw Zusammenarbeit mit dem anderen Elternteil in der Erziehung ihrer Kinder als belastender erleben als Eltern mit aO. Es ist sogar das Gegenteil der Fall: Hauptbetreuende Eltern mit ObE erleben die Verständigung und Zusammenarbeit mit dem anderen Elternteil im Vergleich zu den allein obsorgeberechtigten Elternteilen häufiger als gut oder sehr gut (ObE mit 61,1 %, aO mit 41,6 %). Sie geben häufiger als die Alleinobsorgeberechtigten an, dass sie der andere Elternteil entlastet (ObE mit 31,8 %, aO mit 15,6 %) und unterstützt (ObE mit 39,0 %, aO mit 18,1 %). 59,0 % der Hauptbetreuenden mit ObE haben das Gefühl, sich auf den anderen Elternteil verlassen zu können. Von Alleinobsorgeberechtigten wird dies mit 30,2 % deutlich seltener geantwortet. (Im Übrigen erleben auch die getrennt lebenden Elternteile mit ObE die Zusammenarbeit mit dem anderen Elternteil in den genannten Punkten wesentlich besser als die nicht obsorgeberechtigten Elternteile.)

Umgekehrt erleben 40,4 % der Alleinobsorgeberechtigten die Kontakte mit dem anderen Elternteil als sehr belastend. Bei den Hauptbetreuenden mit ObE sind es mit 27,7 % wieder klar weniger.

*Tabelle 30:* Wie erleben Sie die Verständigung bzw Zusammenarbeit mit dem anderen Elternteil in der Erziehung Ihrer Kinder? *(Prozentangaben)*

| | **Gesamt** (n = 1027) | **ObE** (n = 589) | **aO** (n = 453) | **Hauptbetreuende** | | **Getrennt Lebende** | |
|---|---|---|---|---|---|---|---|
| **„trifft eher + sehr zu ...“** | | | | **ObE** (n = 316) | **aO** (n = 274) | **ObE** (n = 216) | **aO** (n = 161) |
| Die Verständigung/Zusammenarbeit ist gut. | 52,7 | 63,3 | 38,4 | 61,1 | 41,6 | 66,2 | 32,9 |
| Der andere Elternteil entlastet mich. | 32,4 | 41,5 | 20,2 | 31,8 | 15,6 | 52,7 | 28,6 |
| Der andere Elternteil unterstützt mich. | 33,5 | 43,2 | 20,3 | 39,0 | 18,1 | 47,4 | 23,8 |
| Ich erlebe dic Kontakte mit dem anderen Elternteil als sehr belastend. | 34,4 | 29,3 | 41,3 | 27,7 | 40,4 | 31,6 | 42,4 |
| Ich kann mich auf den anderen Elternteil verlassen. | 52,1 | 64,1 | 35,5 | 59,0 | 30,2 | 71,7 | 44,8 |
| Ich würde mir mehr Verständigung/Zusammenarbeit wünschen. | 44,8 | 38,7 | 53,0 | 40,2 | 44,3 | 37,6 | 68,8 |
| Es gibt keine Verständigung/ Zusammenarbeit | 32,3 | 22,1 | 45,3 | 23,2 | 45,0 | 17,8 | 45,8 |

Dass diese Unterschiede zwischen den Obsorgegruppen auch tatsächlich signifikant sind, zeigen die folgenden U-Tests (Tab 31, 32, 33). Eltern mit ObE erleben die Verständigung bzw Zusammenarbeit mit dem Expartner bzw der Expartnerin signifikant besser, den anderen dabei signifikant häufiger als entlastend und unterstützend und geben signifikant häufiger an, dass sie sich auf den anderen

Elternteil verlassen können als Eltern der Gruppe aO. Dies gilt gleichermaßen für die hauptbetreuenden wie die getrennt lebenden Eltern mit ObE, allerdings mit einer Ausnahme: Was den Wunsch nach mehr Verständigung bzw Zusammenarbeit betrifft, unterscheiden sich die Angaben der Hauptbetreuenden mit ObE und aO nicht signifikant voneinander (Tab 32).

Währenddessen erleben Eltern der Gruppe aO, egal ob es sich um die allein obsorgeberechtigten oder die nicht obsorgeberechtigten Elternteile handelt, die Verständigung bzw Zusammenarbeit mit dem Expartner bzw der Expartnerin signifikant seltener als gut, unterstützend und entlastend und den Kontakt zum anderen signifikant häufiger als belastend. Signifikant mehr Eltern der Gruppe aO (Tab 31), nämlich fast die Hälfte der Befragten (Tab 30), sagen, dass es gar keine Verständigung bzw Zusammenarbeit mit dem jeweils anderen Elternteil gibt, wobei sich (nur) etwa 44 % der Alleinobsorgeberechtigten, aber fast 70 % der Nichtobsorgeberechtigten mehr Verständigung bzw Zusammenarbeit wünschen würden (Tab 30). Das sind wieder signifikant mehr als bei den getrennt lebenden Elternteilen mit ObE (Tab 33).

*Tabelle 31:* Erleben der Verständigung bzw Zusammenarbeit mit dem anderen Elternteil *(Je höher die mittleren Ränge, umso weniger stark trifft die jeweilige Aussage zu.)*

**U-Test nach Mann-Whitney**

| | Obsorge -form | Mittlerer Rang | Signifikanz (einseitig) | |
|---|---|---|---|---|
| Die Verständigung/Zusammenarbeit ist gut | ObE | 443,19 | ,000 | s |
| | aO | 609,23 | | |
| Der andere Elternteil entlastet mich | ObE | 436,40 | ,000 | s |
| | aO | 586,87 | | |
| Der andere Elternteil unterstützt mich | ObE | 430,32 | ,000 | s |
| | aO | 595,83 | | |
| Ich erlebe die Kontakte mit dem anderen Elternteil als sehr belastend | ObE | 536,88 | ,000 | s |
| | aO | 451,56 | | |
| Ich kann mich auf den anderen Elternteil verlassen | ObE | 434,15 | ,000 | s |
| | aO | 607,79 | | |
| Ich würde mir mehr Verständigung/Zusammenarbeit wünschen | ObE | 532,11 | ,001 | s |
| | aO | 473,23 | | |
| Es gibt keine Verständigung/Zusammenarbeit | ObE | 579,14 | ,000 | s |
| | aO | 428,81 | | |

*Tabelle 32:* Erleben der Verständigung bzw Zusammenarbeit mit dem anderen Elternteil *(Je höher die mittleren Ränge, umso weniger stark trifft die jeweilige Aussage zu.)*

**U-Test nach Mann-Whitney: nur Hauptbetreuende**

| | **Obsorge-form** | **Mittlerer Rang** | **Sign. (ein-seitig)** | |
|---|---|---|---|---|
| Die Verständigung/Zusammenarbeit ist gut | ObE Hauptbetr | 255,44 | ,000 | s |
| | aO Hauptbetr | 341,70 | | |
| Der andere Elternteil entlastet mich | ObE Hauptbetr | 252,12 | ,000 | s |
| | aO Hauptbetr | 334,88 | | |
| Der andere Elternteil unterstützt mich | ObE Hauptbetr | 247,37 | ,000 | s |
| | aO Hauptbetr | 340,02 | | |
| Ich erlebe die Kontakte mit dem anderen Elternteil als sehr belastend | ObE Hauptbetr | 311,57 | ,000 | s |
| | aO Hauptbetr | 263,79 | | |
| Ich kann mich auf den anderen Elternteil verlassen | ObE Hauptbetr | 244,23 | ,000 | s |
| | aO Hauptbetr | 350,68 | | |
| Ich würde mir mehr Verständigung/Zusammenarbeit wünschen | ObE Hauptbetr | 295,67 | ,427 | ns |
| | aO Hauptbetr | 293,16 | | |
| Es gibt keine Verständigung/Zusammenarbeit | ObE Hauptbetr | 337,87 | ,000 | s |
| | aO Hauptbetr | 259,38 | | |

*Tabelle 33:* Erleben der Verständigung bzw Zusammenarbeit mit dem anderen Elternteil *(Je höher die mittleren Ränge, umso weniger stark trifft die jeweilige Aussage zu.)*

**U-Test nach Mann-Whitney: nur getrennt lebende Elternteile**

| | Obsorge-form | Mittlerer Rang | Sign. (einseitig) | |
|---|---|---|---|---|
| Die Verständigung/Zusammenarbeit ist gut | ObE Getrennt L | 160,30 | ,000 | s |
| | aO Getrennt L | 227,50 | | |
| Der andere Elternteil entlastet mich | ObE Getrennt L | 158,36 | ,000 | s |
| | aO Getrennt L | 211,43 | | |
| Der andere Elternteil unterstützt mich | ObE Getrennt L | 154,80 | ,000 | s |
| | aO Getrennt L | 216,07 | | |
| Ich erlebe die Kontakte mit dem anderen Elternteil als sehr belastend | ObE Getrennt L | 195,75 | ,001 | s |
| | aO Getrennt L | 162,69 | | |
| Ich kann mich auf den anderen Elternteil verlassen | ObE Getrennt L | 159,66 | ,000 | s |
| | aO Getrennt L | 216,32 | | |
| Ich würde mir mehr Verständigung/Zusammenarbeit wünschen | ObE Getrennt L | 205,88 | ,000 | s |
| | aO Getrennt L | 150,62 | | |
| Es gibt keine Verständigung/Zusammenarbeit | ObE Getrennt L | 210,25 | ,000 | s |
| | aO Getrennt L | 144,10 | | |

Folglich wäre auch zu erwarten gewesen, dass Hauptbetreuende mit ObE im Vergleich zu den Alleinsorgeberechtigten ihr Familienklima deutlich seltener durch den anderen Elternteil beeinträchtigt wahrnehmen. Dies zeigt sich aber nur tendenziell: 21,7 % der Hauptbetreuenden mit ObE und nur geringfügig mehr, nämlich 27,3 %, der Alleinobsorgeberechtigten geben eine solche Beeinträchtigung an (Tab 34), und dieser Unterschied ist, wie Tab 35 zeigt, statistisch nicht signifikant.

Möglicherweise liegt das daran, dass Alleinobsorgeberechtigte signifikant weniger Kontakt mit dem Expartner haben – und vielleicht gerade diejenigen, die sich durch den anderen Elternteil besonders beeinträchtigt fühlen (würden), diesen Kontakt vermeiden, während Eltern mit ObE die Verständigung bzw Zusammenarbeit mit dem anderen Elternteil tendenziell in höherem Ausmaß pflegen (müssen). Dass dies manchmal bzw von manchen (es handelt sich dabei um ein Fünftel der befragten Hauptbetreuenden mit ObE) auch als Beeinträchtigung des Familienklimas erlebt wird, ist leicht vorstellbar.

Dennoch setzt sich hier der Trend der bisherigen Antworten der hauptbetreuenden Elternteile mit ObE bzw aO fort: Es sind nur relativ wenige Hauptbetreuende mit ObE, nämlich rund 20 %, die angeben, ihr Familienklima werde durch den Expartner beeinträchtigt, und es sind tendenziell mehr Alleinobsorgeberechtigte, die eine solche Beeinträchtigung erleben (Tab 34).

Dies trifft im Übrigen auch auf die getrennt lebenden Elternteile zu, wie Tab 36 zeigt: Getrennt lebende Eltern mit ObE erleben sogar signifikant weniger oft eine Beeinträchtigung des Familienlebens durch den anderen Elternteil als die Nichtobsorgeberechtigten.

Auch insgesamt betrachtet empfinden die Eltern mit ObE, also hauptbetreuende *und* getrennt lebende Elternteile, signifikant weniger oft eine Beeinträchtigung des Familienlebens durch den anderen als Eltern mit aO eines Elternteils (Tab 37).

*Tabelle 34:* Worüber haben Sie zurzeit mit Ihrem Exmann/Ihrer Exfrau Konflikte? *(Es waren Mehrfachnennungen möglich.)*

| **„trifft eher + sehr zu ...“** | **Gesamt** (n = 1054) | **ObE** (n = 601) | **aO** (n = 453) | **Hauptbetreuende** | | **Getrennt Lebende** | |
|---|---|---|---|---|---|---|---|
| | | | | **ObE** (n = 324) | **aO** (n = 285) | **ObE** (n = 215) | **aO** (n = 164) |
| Beeinträchtigung des Familienklimas durch den anderen Elternteil | 24,5% | 20,8% | 29,5% | 21,7% | 27,3% | 19,3% | 33,3% |

*Tabelle 35:* Beeinträchtigung des Familienklimas durch den anderen Elternteil *(Je höher die mittleren Ränge, umso weniger stark trifft die jeweilige Aussage zu.)*

**U-Test nach Mann-Whitney: nur Hauptbetreuende**

| | Obsorgeform | Mittlerer Rang | Signifikanz (einseitig) | |
|---|---|---|---|---|
| Beeinträchtigung des Familienklimas | ObE | 308,88 | ,054 | ns |
| | aO | 291,85 | | |

*Tabelle 36:* Beeinträchtigung des Familienklimas durch den anderen Elternteil *(Je höher die mittleren Ränge, umso weniger stark trifft die jeweilige Aussage zu.)*

**U-Test nach Mann-Whitney: nur getrennt lebende Elternteile**

| | Obsorgeform | Mittlerer Rang | Signifikanz (einseitig) | |
|---|---|---|---|---|
| Beeinträchtigung des Familienklimas | ObE | 197,13 | ,001 | s |
| | aO | 171,17 | | |

*Tabelle 37:* Beeinträchtigung des Familienklimas durch den anderen Elternteil *(Je höher die mittleren Ränge, umso weniger stark trifft die jeweilige Aussage zu.)*

**U-Test nach Mann-Whitney**

| | Obsorgeform | Mittlerer Rang | Signifikanz (einseitig) | |
|---|---|---|---|---|
| Beeinträchtigung des Familienklimas | ObE | 537,54 | ,005 | s |
| | aO | 493,94 | | |

Schließlich geben Eltern mit aO signifikant häufiger als Eltern mit ObE an, dass sie Probleme mit dem Exmann bzw mit der Exfrau besonders belasten (Tab 38). Bei den Hauptbetreuenden alleine (Tab 39) zeigt sich dies zwar tendenziell auch, der Unterschied zwischen den Obsorgegruppen ist aber – im Gegensatz zu jenem der getrennt lebenden Elternteile mit und ohne Obsorge (Tab 39) – nicht signifikant.

Die Überprüfung der Unterschiedshypothese erfolgte, da es sich um nominalskalierte kategorielle Variablen handelt (Obsorgeform: aO – ObE; verschiedene Belastungen: genannt – nicht genannt), mittels Kreuztabelle (Kontingenztafel) und Chi-Quadrat-Test. Die signifikanten Unterschiede werden durch die grauen Felder dargestellt:

*Tabelle 38:* Was belastet Sie zurzeit als geschiedene/er Frau/Mann besonders? *(Es waren Mehrfachnennungen möglich.) (Prozentangaben)*

| **Alle Eltern** | **Gesamt** | **ObE** | **aO** | **Chi²** |
|---|---|---|---|---|
| | (n = 1054) | (n = 601) | (n = 453) | p (eins.) |
| Finanzielle Probleme | 48,2 | 47,8 | 48,8 | 0,379 |
| Probleme mit dem/der ExpartnerIn | 29,1 | 23,8 | 36,0 | 0,000 |
| Zu wenig Zeit | 28,8 | 28,5 | 29,1 | 0,410 |
| Ärger, Enttäuschung, Trauer über die Scheidung | 27,1 | 26,9 | 27,3 | 0,444 |
| Alleinsein | 26,3 | 26,9 | 25,6 | 0,317 |
| Doppelbelastung: Familie und Beruf | 25,1 | 25,3 | 24,8 | 0,427 |
| Verlorene Freundschaften, wenig Kontakte zu anderen Menschen | 17,6 | 18,2 | 16,9 | 0,294 |
| Probleme mit den Kindern | 12,0 | 10,6 | 13,8 | 0,052 |
| Gesundheitliche Probleme | 11,9 | 11,3 | 12,6 | 0,249 |
| Arbeitslosigkeit/Berufliche Probleme | 11,5 | 10,6 | 12,6 | o,154 |
| Fehlende Kinderbetreuungsplätze | 5,4 | 5,3 | 5,6 | 0,424 |
| Probleme in/mit neuer Partnerschaft | 4,9 | 6,1 | 3,3 | 0,016 |

*Tabelle 39:* Was belastet Sie zurzeit als geschiedene/er Frau/Mann besonders? *(Es waren Mehrfachnennungen möglich.) (Prozentangaben)*

| | **Hauptbetreuende** | | | **Getrennt Lebende** | | |
|---|---|---|---|---|---|---|
| | **ObE** | **aO** | **Chi²** | **ObE** | **aO** | **Chi²** |
| | (n = 337) | (n = 311) | p (eins.) | (n = 221) | (n = 169) | p (eins.) |
| Finanzielle Probleme | 48,1 | 45,0 | 0,218 | 48,0 | 55,0 | 0,084 |
| Probleme mit dem/der ExpartnerIn | 24,0 | 30,9 | 0,026 | 24,4 | 46,2 | 0,000 |
| Zu wenig Zeit | 34,1 | 34,1 | 0,500 | 22,2 | 19,5 | 0,263 |
| Ärger, Enttäuschung, Trauer über die Scheidung | 24,3 | 24,8 | 0,450 | 28,5 | 32,5 | 0,195 |
| Alleinsein | 25,8 | 25,1 | 0,415 | 28,5 | 27,2 | 0,399 |
| Doppelbelastung: Familie und Beruf | 38,9 | 34,4 | 0,120 | 7,7 | 5,9 | 0,247 |
| Verlorene Freundschaften, wenig Kontakte zu anderen Menschen | 16,9 | 15,4 | 0,305 | 19,9 | 20,1 | 0,480 |
| Probleme mit den Kindern | 10,7 | 12,5 | 0,230 | 6,8 | 16,0 | 0,002 |
| Gesundheitliche Probleme | 10,7 | 11,3 | 0,408 | 14,0 | 14,8 | 0,416 |
| Arbeitslosigkeit/Berufliche Probleme | 13,6 | 13,2 | 0,431 | 7,2 | 11,8 | 0,06 |
| Fehlende Kinderbetreuungsplätze | 8,3 | 8,0 | 0,450 | 1,8 | 0,6 | 0,145 |
| Probleme in/mit neuer Partnerschaft | 5,3 | 2,3 | 0,021 | 6,3 | 5,3 | 0,338 |

*Resümee*

Es zeigen sich keine signifikanten Unterschiede zwischen den Angaben der hauptbetreuenden Eltern mit ObE und denjenigen der allein obsorgeberechtigten Eltern betreffend derzeitige Konflikte über Erziehung und wichtige Entscheidungen, Meinungsverschiedenheiten über die richtige Versorgung der Kinder und allgemein in Bezug auf das Gefühl der Beeinträchtigung des Familienklimas durch den anderen Elternteil. (Hauptbetreuende mit ObE haben zwar geringfügig mehr Konflikte und Meinungsverschiedenheiten mit dem Expartner über die Erziehung und Versorgung der Kinder als Alleinobsorgeberechtigte. Diese Unterschiede sind aber nicht signifikant.) Damit widerlegt das erhobene Datenmaterial die Hypothese, dass die ObE zu einer Mehrbelastung der Eltern im Alltag, insb der Hauptbetreuenden, führt.

Hauptbetreuende Eltern mit ObE erleben die Verständigung bzw Zusammenarbeit mit dem anderen Elternteil in der Erziehung ihrer Kinder auch nicht als belastender als Eltern mit aO. Es ist sogar das Gegenteil der Fall: Hauptbetreuende Eltern mit ObE erleben die Verständigung und Zusammenarbeit mit dem anderen Elternteil im Vergleich zu den Alleinobsorgeberechtigten signifikant besser. Sie geben signifikant häufiger als die Alleinobsorgeberechtigten an, dass sie der andere Elternteil entlastet und unterstützt. Fast 60 % der Hauptbetreuenden mit ObE haben das Gefühl, sich auf den anderen Elternteil verlassen zu können. Von Alleinobsorgeberechtigten wird dies mit etwa 30 % deutlich seltener geantwortet. Das Erleben der Eltern unterscheidet sich diesbezüglich signifikant.

(Im Übrigen erleben auch die getrennt lebenden Elternteile mit ObE die Zusammenarbeit mit dem anderen Elternteil in den genannten Punkten signifikant besser als die nicht obsorgeberechtigten Elternteile).

Umgekehrt erleben etwa 40 % der Alleinobsorgeberechtigten die Kontakte mit dem anderen Elternteil als sehr belastend. Bei den Hauptbetreuenden mit ObE sind es mit nicht ganz 30 % klar weniger. Auch diesbezüglich unterscheiden sich die Obsorgegruppen signifikant voneinander.

Schließlich geben Eltern mit aO insgesamt signifikant häufiger als Eltern mit ObE an, dass sie zum Untersuchungszeitpunkt Probleme mit dem/der ExpartnerIn besonders belasten. Vergleicht man nur die Angaben der Hauptbetreuenden, ist der Unterschied zwischen den Obsorgegruppen jedoch nicht signifikant.

*Proksch*[479] kommt in seiner Untersuchung zu ähnlichen Ergebnisse: Die Kooperation und Kommunikation von Eltern mit gemeinsamen Sorgerecht (geS) ist im Vergleich zu den Eltern mit alleinigem Sorgerecht eines Elternteils (aeS) signifikant besser. Fast 40 % und damit doppelt so viele Eltern mit geS wie mit aeS bewerten ihre Zusammenarbeit mit dem anderen Elternteil als gut.

479 *Proksch*, Reform des Kindschaftsrechts (2002) 101 und 104.

## 7.4 Konflikte um das Besuchsrecht

**Hypothese 1.4:**

Von der Annahme (s Hypothese 1.2) eines nach der Scheidung ansteigenden Konfliktniveaus von Eltern mit ObE ausgehend, ist in jenen Fällen, in denen es nicht zu einer Umwandlung der ObE in aO eines Elternteils kommt, anzunehmen, dass sich das Konfliktpotenzial der ObE (siehe Hypothese 1.2) in einer Zunahme der Konflikte im Zusammenhang mit den Kontakten der Kinder zum getrennt lebenden Elternteil („Besuchsrecht") niederschlägt, es also nur zu einer Verlagerung der Konflikte kommt. Daraus folgt:

H1.1.4a: Eltern mit ObE haben häufiger Konflikte um das Besuchsrecht bzw geben mehr Schwierigkeiten im Zusammenhang mit den Kontakten der Kinder zum getrennt lebenden Elternteil an als Eltern mit aO *(gerichtete Alternativhypothese).*

H1.1.4b: Eltern mit ObE wünschen daher häufiger eine Abänderung der bestehenden Besuchsrechtsregelung *(gerichtete Alternativhypothese).*

H1.1.4c: Eltern mit ObE nehmen auch häufiger als Eltern mit aO eines Elternteils Hilfe zur Durchsetzung eines gerichtlichen Beschlusses über das Besuchsrecht in Anspruch *(gerichtete Alternativhypothese).*

Die entsprechenden *Nullhypothesen* lauten:

H0.1.4a: Es zeigt sich kein Unterschied bezüglich der Häufigkeit von Konflikten um das Besuchsrecht bzw Schwierigkeiten im Zusammenhang mit den Kontakten der Kinder zum getrennt lebenden Elternteil in den Angaben der Eltern mit ObE und aO eines Elternteils.

H0.1.4b: Es zeigen sich keine Unterschiede bezüglich Abänderungswünschen der bestehenden Besuchsrechtsregelung bei Eltern mit ObE bzw aO eines Elternteils.

H0.1.4c: Eltern mit ObE und aO eines Elternteils nehmen gleich häufig Hilfe zur Durchsetzung eines gerichtlichen Beschlusses über ihr Besuchsrecht in Anspruch.

**Die Alternativhypothese wird in allen Teilen (H1.1.4a, H1.1.4b, H1.1.4c) durch die vorliegenden Daten nicht bestätigt. Es zeigt sich sogar, dass dort, wo Unterschiede zwischen den Obsorgegruppen erkennbar sind, jeweils die Eltern mit ObE weniger stark von Problemen rund um die Kontakte der Kinder zum getrennt lebenden Elternteil betroffen sind als Eltern der Gruppe aO.**

Dass die Hypothese, die ObE führe zu einer Zunahme von Konflikten im Zusammenhang mit den Kontakten der Kinder zum getrennt lebenden Elternteil, nicht zutrifft, war bereits aufgrund der Entkräftung der Hypothese 1.2 (die ObE erhöhe das Konfliktpotenzial zwischen den Eltern) anzunehmen. Dennoch wurde dieser wichtige, weil für geschiedene Familien zentrale Aspekt im Detail untersucht.

### *7.4.1 Zur Häufigkeit von Konflikten im Zusammenhang mit den Kontakten der Kinder zum getrennt lebenden Elternteil*

Wie schon die U-Tests in den Tabellen 6, 7 sowie die Häufigkeitstabelle 8 über die derzeitigen Konflikte der Eltern in Kapitel 7.2.1. zeigten, geben sowohl die getrennt lebenden als auch die hauptbetreuenden Eltern mit ObE deutlich (und signifikant) seltener an, dass sie zurzeit mit ihrem Exmann bzw ihrer Exfrau Konflikte über die Ausübung der Besuchskontakte haben als Eltern mit aO eines Elternteils. Zum Vergleich nochmals die Zahlen dazu (Tab 40, 41, 42):

*Tabelle 40:* Derzeitige Konflikte zwischen den Eltern *(Höhere Werte bei den mittleren Rängen bedeuten, dass Konflikte in diesem Bereich weniger zutreffen.)*

**U-Test nach Mann-Whitney**

| | Obsorge-form | Mittlerer Rang | Signifikanz (einseitig) | |
|---|---|---|---|---|
| Besuchskontakte | ObE | 585,53 | ,000 | s |
| | aO | 458,45 | | |

*Tabelle 41:* Derzeitige Konflikte zwischen den Eltern *(Höhere Werte bei den mittleren Rängen bedeuten, dass Konflikte in diesem Bereich weniger zutreffen.)*

**U-Test nach Mann-Whitney: nur Hauptbetreuende**

| | Obsorge-form | Mittlerer Rang | Signifikanz (einseitig) | |
|---|---|---|---|---|
| Besuchskontakte | ObE | 325,55 | ,001 | s |
| | aO | 289,58 | | |

*Tabelle 42:* Derzeitige Konflikte zwischen den Eltern *(Höhere Werte bei den mittleren Rängen bedeuten, dass Konflikte in diesem Bereich weniger zutreffen.)*

**U-Test nach Mann-Whitney: nur getrennt lebende Elternteile**

| | Obsorge-form | Mittlerer Rang | Signifikanz (einseitig) | |
|---|---|---|---|---|
| Besuchskontakte | ObE | 216,09 | ,000 | s |
| | aO | 156,79 | | |

Die nächste Tabelle zeigt, wie häufig von den Befragten Konflikte um die Ausübung der Besuchskontakte angegeben wurden. Dabei wird ersichtlich, dass Eltern der Gruppe aO nahezu doppelt so häufig wie Eltern mit ObE sagen, dass die Aussage, sie haben zurzeit Konflikte um das Besuchsrecht, eher oder sehr zutrifft (Tab 43). Vor allem die nicht sorgeberechtigten Elternteile – nämlich fast 50 % dieser Gruppe – stimmen dieser Aussage zu (Tab 44). Im Vergleich dazu sind es nur etwa 15 % der getrennt lebenden Elternteile mit ObE (Tab 44). Auch aus der Sicht der hauptbetreuenden Elternteile gibt es im Fall der ObE weniger häufig Konflikte um die Ausübung des Besuchsrechts (Tab 44).

*Tabelle 43:* Worüber haben Sie zurzeit mit Ihrem Exmann/Ihrer Exfrau Konflikte? *(Es waren Mehrfachnennungen möglich.)*

| **„trifft eher + sehr zu …"** | **Gesamt** (n = 1054) | **ObE** (n = 601) | **aO** (n = 453) |
|---|---|---|---|
| Besuchskontakte | 29,2% | 20,5% | 40,5% |

*Tabelle 44:* Worüber haben Sie zurzeit mit Ihrem Exmann/Ihrer Exfrau Konflikte? *(Es waren Mehrfachnennungen möglich.)*

| | **Hauptbetreuende** | | **Getrennt Lebende** | |
|---|---|---|---|---|
| **„trifft eher + sehr zu …"** | **ObE** (n = 324) | **aO** (n = 285) | **ObE** (n = 215) | **aO** (n = 164) |
| Besuchskontakte | 25,3% | 37,0% | 15,7% | 47,0% |

### *7.4.2 Zur Häufigkeit von Konflikten im Zusammenhang mit den Kontakten der Kinder zum getrennt lebenden Elternteil in „Hochkonfliktfamilien"*

Etwa ein Drittel aller befragten Eltern kann – anhand bestimmter Kriterien, die in Kapitel 7.2.3. dargelegt wurden – zu einer sogenannten „Hochkonfliktgruppe 1" zusammengefasst werden. Dieser Gruppe gehören 172 Eltern der Gruppe ObE (27,7 %) und 170 Eltern der Gruppe aO (35,1 %) an. Vergleicht man nun jene „Hochkonfliktfamilien" mit ObE bzw aO hinsichtlich des Auftretens von Konflikten im Zusammenhang mit den Kontakten der Kinder zum getrennt lebenden Elternteil („Besuchskontakte"), zeigt sich, dass selbst die Befragten mit ObE, die zwischen ihrer Trennungsabsicht und der tatsächlichen Scheidung ein hohes Konfliktniveau aufweisen, signifikant seltener angeben, dass sie mit ihrem Expartner bzw mit ihrer Expartnerin nach der Scheidung Konflikte im Zusammenhang mit den Besuchskontakten haben als „Hochkonflikteltern", bei denen nach der Scheidung ein Elternteil alleine mit der Obsorge betraut wird (Tab 45, U-Test: Tab 46):

*Tabelle 45:* Eltern mit hohem Konfliktniveau zwischen Trennungsabsicht und Scheidung: Worüber haben Sie zurzeit mit Ihrem Exmann/Ihrer Exfrau Konflikte? *(Es waren Mehrfachnennungen möglich.)*

| **„trifft eher + sehr zu ..."** | **ObE** (n = 166) | **aO** (n = 166) |
|---|---|---|
| Besuchskontakte | 31,4% | 43,4% |

*Tabelle 46:* Derzeitige Konflikte von Eltern mit hohem Konfliktniveau zwischen Trennungsabsicht und Scheidung *(Höhere Werte bei den mittleren Rängen bedeuten, dass Konflikte in diesem Bereich weniger zutreffen.)*

**U-Test nach Mann-Whitney: nur Eltern der Hochkonfliktgruppe 1**

| | **Obsorge -form** | **Mittlerer Rang** | **Signifikanz (einseitig)** | |
|---|---|---|---|---|
| Besuchskontakte | ObE | 181,38 | ,002 | s |
| | aO | 151,62 | | |

Die Differenzierung nach dem Betreuungsstatus zeigt jedoch, dass der signifikante Unterschied zwischen den Obsorgegruppen bei den Befragten mit hohen Konflikten hauptsächlich auf das Antwortverhalten der getrennt lebenden Elternteile zurückzuführen ist: Während signifikant mehr, nämlich 55,8 %, der nicht obsorgeberechtigten Eltern – im Vergleich zu 20,9 % der getrennt lebenden Eltern mit ObE – Konflikte um die Besuchskontakte nennen (Tab 47, U-Test: Tab 48), zeigt der U-Test (Tab 49) keinen signifikanten Unterschied bei den Angaben der Hauptbetreuenden mit ObE und aO.

*Tabelle 47:* Eltern mit hohem Konfliktniveau zwischen Trennungsabsicht und Scheidung: Worüber haben Sie zurzeit mit Ihrem Exmann/Ihrer Exfrau Konflikte? *(Es waren Mehrfachnennungen möglich.)*

| | **Hauptbetreuende** | | **Getrennt Lebende** | |
|---|---|---|---|---|
| **„trifft eher + sehr zu …"** | **ObE** (n = 99) | **aO** (n = 111) | **ObE** (n = 48) | **aO** (n = 52) |
| Besuchskontakte | 38,8% | 38,1% | 20,9% | 55,8% |

*Tabelle 48:* Derzeitige Konflikte von Eltern mit hohem Konfliktniveau zwischen Trennungsabsicht und Scheidung *(Höhere Werte bei den mittleren Rängen bedeuten, dass Konflikte in diesem Bereich weniger zutreffen.)*

**U-Test nach Mann-Whitney: nur Getrennt Lebende der Hochkonfliktgruppe 1**

| | **Obsorge-form** | **Mittlerer Rang** | **Sign. (einseitig)** | |
|---|---|---|---|---|
| Besuchskontakte | ObE Getrennt L | 62,35 | ,000 | s |
| | aO Getrennt L | 39,56 | | |

*Tabelle 49:* Derzeitige Konflikte von Eltern mit hohem Konfliktniveau zwischen Trennungsabsicht und Scheidung *(Höhere Werte bei den mittleren Rängen bedeuten, dass Konflikte in diesem Bereich weniger zutreffen.)*

**U-Test nach Mann-Whitney: nur Hauptbetreuende der Hochkonfliktgruppe 1**

| | **Obsorge-form** | **Mittlerer Rang** | **Signifikanz (einseitig)** | |
|---|---|---|---|---|
| Besuchskontakte | ObE Hauptbetr | 107,03 | ,404 | ns |
| | aO Hauptbetr | 105,11 | | |

### *7.4.3 Verschiedene Facetten des Konflikts über Besuchskontakte im Vergleich der Obsorgeformen*

Die Eltern der Untersuchungsgruppe wurden weiters gefragt, *welche* Schwierigkeiten sie im Zusammenhang mit den Kontakten der Kinder zum getrennt lebenden Elternteil erleben, also etwa, dass die Kinder nach den Kontakten mit dem anderen Elternteil irritiert sind oder dass sich der andere Elternteil nicht an die vereinbarten Kontakte hält, dass die Kinder aufgehetzt werden usw.

Da es sich bei den folgenden Analysen jeweils um kategorielle (nominalskalierte) Variablen handelt (Obsorgeform: aO – ObE; Schwierigkeiten: ja – nein) wurde die Überprüfung möglicher signifikanter Unterschiede mittels Kreuztabelle (Kontingenztafel) und Chi²-Test durchgeführt. Die signifikanten Unterschiede werden wieder durch die grauen Felder dargestellt.

Der Vergleich der Obsorgeformen zeigt, dass dort, wo Schwierigkeiten in einem (signifikant) unterschiedlichen Ausmaß auftreten, es immer die Eltern der Gruppe aO sind, die diese Schwierigkeiten in einem höheren Ausmaß haben. Dies gilt sowohl für diejenigen Schwierigkeiten, die die Hauptbetreuenden im Zusammenhang mit den Kontakten der Kinder zum getrennt lebenden Elternteil haben (Tab 50), als auch für die Probleme, die sich dabei für die getrennt lebenden Elternteile selbst ergeben (Tab 51). (Lediglich Meinungsverschiedenheiten über die Versorgung der Kinder werden von den Hauptbetreuenden mit ObE tendenziell etwas häufiger angegeben als von den Alleinobsorgeberechtigten. Allerdings ist der Unterschied nicht signifikant.)

Die folgenden Tabellen zeigen die Ergebnisse im Detail, und zwar zunächst die Angaben der **hauptbetreuenden Eltern mit ObE** im Vergleich zu den **allein obsorgeberechtigten Elternteilen** (Tab 50)**:** Es wird ersichtlich, dass die Hauptbetreuenden mit ObE signifikant seltener sagen, dass die Kinder nach den Kontakten irritiert sind, dass der andere Elternteil sich nicht an vereinbarte Kontakte hält, dass die Kinder vom anderen Elternteil aufgehetzt werden, dass sie die persönlichen Kontakte zum Expartner bzw zur Expartnerin als unerträglich empfinden, dass die Kinder nicht zum anderen Elternteil wollen, dass es Probleme mit Großeltern und anderen Verwandten gibt und dass sie denken, dass die Kontakte zum anderen Elternteil den Kindern schaden.

*Tabelle 50:* Schwierigkeiten im Zusammenhang mit den Kontakten der Kinder zum getrennt lebenden Elternteil – für den hauptbetreuenden Elternteil *(Es waren Mehrfachnennungen möglich.)*

| **Hauptbetreuende Elternteile** | **ObE** (n = 337) | **aO** (n = 311) | **Chi²** p (eins.) |
|---|---|---|---|
| Die Kinder sind irritiert | 21,0% | 33,7% | 0,000 |
| Der andere Elternteil hält sich nicht an vereinbarte Kontakte | 18,8% | 31,7% | 0,000 |
| Der andere Elternteil hält sich nicht an vereinbarte Zeiten | 17,8% | 24,8% | 0,011 |
| Es gibt Meinungsverschiedenheiten über die richtige Versorgung der Kinder | 22,5% | 18,4% | 0,090 |
| Die Kinder werden aufgehetzt | 14,5% | 21,6% | 0,007 |
| Persönliche Kontakte zum/zur ExpartnerIn sind unerträglich | 11,8% | 19,4% | 0,003 |
| Die Kinder wollen nicht zum anderen Elternteil | 9,0% | 19,0% | 0,000 |
| Ich bin mit der Aufteilung von Alltag und Freizeit mit den Kindern zwischen dem anderen Elternteil und mir unzufrieden | 11,5% | 11,1% | 0,436 |
| Es gibt Probleme mit Großeltern oder anderen Verwandten | 8,3% | 14,0% | 0,007 |
| Die Wohnorte der Eltern sind weit entfernt | 9,3% | 10,2% | 0,342 |
| Kontakte zum/zur neuen PartnerIn schaden den Kindern | 7,0% | 8,6% | 0,217 |
| Kontakte zum anderen Elternteil schaden den Kindern | 2,8% | 7,6% | 0,002 |

In Tab 51 sind die Angaben der getrennt lebenden Eltern mit ObE im Vergleich zu den nicht obsorgeberechtigten Elternteilen dargestellt: Die getrennt lebenden Elternteile mit ObE empfinden die persönlichen Kontakte zum Expartner bzw zur Expartnerin signifikant weniger oft als unerträglich, haben signifikant weniger oft das Gefühl, dass die Kinder durch den anderen Elternteil gegen sie aufgehetzt werden, und geben signifikant weniger oft an, dass der andere Elternteil sich nicht an vereinbarte Kontakte hält und die Kinder nach den Besuchskontakten nicht zum anderen Elternteil zurückkehren wollen.

*Tabelle 51:* Schwierigkeiten im Zusammenhang mit den Kontakten der Kinder zum getrennt lebenden Elternteil – für den getrennt lebenden Elternteil *(Es waren Mehrfachnennungen möglich.)*

| **Getrennt lebende Elternteile** | **ObE** (n = 337) | **aO** (n = 311) | **Chi²** p (eins.) |
|---|---|---|---|
| Persönliche Kontakte zum/zur ExpartnerIn sind unerträglich | 14,1% | 28,9% | 0,000 |
| Kinder werden aufgehetzt | 10,2% | 32,4% | 0,000 |
| Meinungsverschiedenheiten über die richtige Versorgung der Kinder | 16,2% | 15,6% | 0,434 |
| Anderer Elternteil hält sich nicht an vereinbarte Kontakte | 8,5% | 24,3% | 0,000 |
| Wenig Zeit für Kontakte aufgrund eigener Arbeitsbelastung | 13,0% | 14,5% | 0,334 |
| Probleme mit Großeltern, anderen Verwandten | 10,9% | 17,9% | 0,017 |
| Unzufriedenheit mit der Aufteilung zwischen Alltag und Freizeit mit den Kindern auf die Elternteile | 8,5% | 13,9% | 0,034 |
| Kinder sind irritiert, wenn sie vom anderen Elternteil kommen | 7,7% | 13,3% | 0,027 |
| Große Entfernung der Wohnorte der Eltern | 9,5% | 9,8% | 0,456 |
| Anderer Elternteil hält sich nicht an vereinbarte Zeiten | 8,5% | 9,2% | 0,385 |
| Kinder wollen nicht zum anderen Elternteil zurück | 5,6% | 12,1% | 0,007 |

Wie Tab 52 zeigt, spricht auch die Art und Weise, wie Eltern versuchen, diese Konflikte zu regeln, gegen die Hypothese, dass sich die elterlichen Konflikte im Fall der ObE auf Konflikte um die Besuchskontakte verschieben: Eltern mit aO eines Elternteils geben signifikant häufiger an, dass die Konflikte im Zusammenhang mit den Kontakten der Kinder zum getrennt lebenden Elternteil noch nicht gelöst sind bzw dass sie durch den Abbruch des Kontaktes „gelöst“ werden.

Auch der Weg zum Gericht bzw zum Jugendamt wird von Eltern der Gruppe aO, nämlich von 9,7 %, signifikant häufiger begangen als von Eltern mit ObE, von denen nur 2,7 % diese Möglichkeit angesichts von Schwierigkeiten rund um die Besuchskontakte in Anspruch nehmen.

*Tabelle 52:* Wie werden diese Schwierigkeiten gelöst? *(Es waren Mehrfachnennungen möglich.)*

| | **ObE** (n = 621) | **aO** (n = 484) | **Chi²** p (eins.) |
|---|---|---|---|
| Die Schwierigkeiten sind noch nicht gelöst | 28,3% | 38,4% | 0,000 |
| Im Gespräch mit dem anderen Elternteil | 29,5% | 27,9% | 0,283 |
| Durch ein Gespräch am Gericht/Jugendamt | 2,7% | 9,7% | 0,000 |
| Durch ein Gespräch bei einer Beratungsstelle | 1,8% | 2,9% | 0,107 |
| Durch eine Mediation | 0,6% | 1,2% | 0,15 |
| Durch Besuchsbegleitung | 0,3% | 1,4% | 0,020 |
| Durch den Abbruch des Kontakts | 1,4% | 3,9% | 0,005 |
| Durch den Einsatz von Zwangsmitteln (zB Beugestrafe) | 0,2% | 0,2% | 0,430 |

### *7.4.4 Änderungswünsche bezüglich des Ausmaßes an Besuchskontakt*

Konflikte im Zusammenhang mit den Besuchskontakten können sich auch in Änderungswünschen diesbezüglich zeigen. Die folgende Tab 53 zeigt, dass sich über 45 % der Eltern der Gruppe aO eine Änderung des derzeitigen Ausmaßes an Besuchskontakten wünschen. Bei den Eltern mit ObE sind es knapp über 30 % und, wie der Chi²-Test bestätigt, signifikant weniger. Umgekehrt sind signifikant mehr Eltern mit ObE (69,4 %) als Eltern mit aO eines Elternteils (54,3 %) mit dem derzeitigen Ausmaß an Besuchskontakten zufrieden. „Es zeigen sich somit keine Hinweise, dass Eltern mit ObE das derzeitige Ausmaß der Kontakte der Kinder zum getrennt lebenden Elternteil häufiger ändern möchten (das Gegenteil ist der Fall)“[480]:

*Tabelle 53:* Möchten Sie das derzeitige Ausmaß der Kontakte der Kinder zum getrennt lebenden Elternteil ändern?

| | **ObE** (n=601) | **aO** (n=462) |
|---|---|---|
| Nein | 69,4% | 54,3% |
| Ja | 30,6% | 45,7% |
| | Chi²-Test: p (eins.) = 0,000 | |

480 *Barth-Richtarz/Figdor*, Was bringt die gemeinsame Obsorge? (2008) 128.

Betrachtet man nur die Angaben der hauptbetreuenden Elternteile, so äußern ebenfalls die Alleinobsorgeberechtigten, nämlich 38,6 % von ihnen, geringfügig häufiger den Wunsch, das Ausmaß an Besuchskontakten zu ändern, als Hauptbetreuende mit ObE, von denen 32,2 % diesen Wunsch hegen. Dieser Unterschied ist jedoch – wie der Chi²-Test in Tab 54 zeigt – nicht signifikant.

Im Gegensatz dazu wünschen sich fast doppelt so viele nicht obsorgeberechtigte Eltern, nämlich etwa 60 %, eine Änderung des Ausmaßes an Besuchskontakten als die getrennt lebenden Eltern mit ObE, in dieser Gruppe sind es etwa 30 %. Dieser Unterschied ist – wie der Chi²-Test wieder zeigt – signifikant:

*Tabelle 54:* Möchten Sie das derzeitige Ausmaß der Kontakte der Kinder zum getrennt lebenden Elternteil ändern?

| | **Hauptbetreuende** | | **Getrennt Lebende** | |
|---|---|---|---|---|
| | **ObE** (n=332) | **aO** (n=293) | **ObE** (n=211) | **aO** (n=165) |
| Nein | 67,8% | 61,4% | 69,7% | 40,6% |
| Ja | 32,2% | 38,6% | 30,3% | 59,4% |
| | Chi²-Test: p (eins.) = 0,049 | | Chi²-Test: p (eins.) = 0,000 | |

Es wird von 5,6 % der Eltern mit aO eines Elternteils (insb von den nicht obsorgeberechtigten Elternteilen) im Vergleich zu 1,1 % der Eltern mit ObE angegeben, dass sie bereits einen gerichtlichen Antrag auf Abänderung der Besuchskontakte gestellt haben. 6,5 % der Eltern der Gruppe aO und 2,9 % der Gruppe ObE haben die Absicht, dies zu tun (Tab 55):

*Tabelle 55:* Haben Sie bereits einen gerichtlichen Antrag auf Abänderung der Besuchskontakte gestellt?

| | **Gesamt** (n = 375) | **ObE** (n = 173) | **aO** (n = 202) | **Hauptbetreuende** | | **Getrennt Lebende** | |
|---|---|---|---|---|---|---|---|
| | | | | **ObE** (n = 97) | **aO** (n = 106) | **ObE** (n = 63) | **aO** (n = 96) |
| Ja | 3,2% | 1,1% | 5,6% | 0,9% | 2,6% | 1,4% | 11,2% |
| Nein, aber ich habe die Absicht | 4,5% | 2,9% | 6,5% | 2,7% | 4,2% | 2,3% | 10,7% |
| Nein, ich will eine Änderung, aber nicht auf gerichtlichem Weg | 28,4% | 27,1% | 30,0% | 25,2% | 27,3% | 24,9% | 34,9% |

### 7.4.5 Durchsetzung eines gerichtlichen Beschlusses über das Besuchsrecht

„Es zeigen sich auch keine Hinweise, dass Eltern mit ObE häufiger zur Durchsetzung eines gerichtlichen Beschlusses über ihr Besuchsrecht Hilfe in Anspruch nehmen als Eltern mit aO eines Elternteils. Das Gegenteil ist der Fall“[481]: Eltern mit ObE sagen signifikant häufiger, dass sie keine Hilfe zur Durchsetzung eines gerichtlichen Beschlusses in Anspruch genommen haben als Eltern der Gruppe aO (Tab 56).

Umgekehrt geben „sowohl die allein obsorgeberechtigten als auch die nicht obsorgeberechtigten Elternteile ... signifikant häufiger an, dass sie sich bezüglich der Durchsetzung eines gerichtlichen Beschlusses über die Besuchskontakte schon einmal beraten ließen“ (Tab 57)[482]. Die nicht obsorgeberechtigten Elternteile stellten auch signifikant häufiger einen Antrag auf Durchsetzung des Beschlusses als getrennt lebende Eltern mit ObE (Tab 57).

*Tabelle 56:* Haben Sie zur Durchsetzung eines gerichtlichen Beschlusses über Ihr Besuchsrecht schon Hilfe in Anspruch genommen?

| | **ObE** | **aO** | **Chi²** |
|---|---|---|---|
| | (n=296) | (n=294) | p (eins.) |
| Nein | 94,6% | 81,0% | 0,000 |
| Ja, ich ließ mich beraten. | 3,7% | 12,9% | 0,000 |
| Ja, ich stellte einen Antrag auf Durchsetzung des Besuchsrechts. | 1,7% | 6,1% | 0,003 |
| Gesamt | 100,0% | 100,0% | |

481 *Barth-Richtarz/Figdor*, Was bringt die gemeinsame Obsorge? (2008) 129.
482 *Barth-Richtarz/Figdor*, Was bringt die gemeinsame Obsorge? (2008) 129.

*Tabelle 57:* Haben Sie zur Durchsetzung eines gerichtlichen Beschlusses über Ihr Besuchsrecht schon Hilfe in Anspruch genommen?

| | **Hauptbetreuende** | | | **Getrennt Lebende** | | |
|---|---|---|---|---|---|---|
| | **ObE** | **aO** | **Chi²** | **ObE** | **aO** | **Chi²** |
| | (n=152) | (n=170) | p (eins.) | (n=118) | (n=124) | p (eins.) |
| Nein | 94,7% | 81,8% | 0,000 | 95,8% | 79,8% | 0,000 |
| Ja, ich ließ mich beraten. | 4,6% | 14,1% | 0,002 | 2,5% | 11,3% | 0,004 |
| Ja, ich stellte einen Antrag auf Durchsetzung des Besuchsrechts. | 0,7% | 4,1% | 0,023 | 1,7%% | 8,9% | 0,007 |
| Gesamt | 100,0% | 100,0% | | 100,0% | 100,0% | |

*Resümee*

„Die Hypothese, im Falle der ObE kämc es bloß zu einer Verlagerung der elterlichen Konflikte auf Konflikte rund um die Besuchskontakte, wird durch die erhobenen Daten nicht bestätigt: Sowohl die getrennt lebenden als auch die hauptbetreuenden Eltern mit ObE geben deutlich (und signifikant) weniger häufig an, dass sie zur Zeit mit ihrem Exmann/ihrer Exfrau Konflikte über die Ausübung der Besuchskontakte haben als Eltern mit aO eines Elternteils.“[483]

Selbst bei den Befragten mit hohem Konfliktniveau zwischen Trennungsabsicht und Scheidung ändert sich an der Verwerfung der Hypothese nichts: Auch „Hochkonflikteltern“ mit ObE haben – aus Sicht der getrennt lebenden Elternteile – nach der Scheidung weniger häufig Konflikte um die Ausübung des Besuchsrechts als Eltern mit aO eines Elternteils. Aus der Sicht der Hauptbetreuenden haben sie zumindest nicht mehr.

In Bezug auf verschiedene Facetten des Konflikts um die Kontakte zum getrennt lebenden Elternteil (wie etwa Irritationen der Kinder nach den Besuchskontakten, dass sich der andere Elternteil nicht an vereinbarte Kontakte hält etc) zeigt der Vergleich der Obsorgeformen, dass dort, wo Schwierigkeiten in einem (signifikant) unterschiedlichen Ausmaß auftreten, es immer die Eltern der Gruppe aO sind, die diese Schwierigkeiten in einem höheren Ausmaß haben. Dies gilt sowohl für diejenigen Schwierigkeiten, die die Hauptbereuenden im Zusammenhang mit den Kontakten der Kinder zum anderen Elternteil haben, als auch für die Probleme, die sich dabei für die getrennt lebenden Elternteile selbst ergeben.

483 *Barth-Richtarz/Figdor*, Was bringt die gemeinsame Obsorge? (2008) 129.

„Gegen die Hypothese, dass sich sie elterlichen Konflikte im Falle der ObE auf Konflikte um die Besuchskontakte verschieben, spricht auch die Art und Weise, wie Eltern versuchen, diese Konflikte zu regeln: Eltern mit ObE geben signifikant seltener an, dass die Besuchsrechtskonflikte noch nicht gelöst sind bzw dass sie durch den Abbruch des Kontaktes gelöst werden als Eltern mit aO eines Elternteils."[484]

Insgesamt sagen signifikant mehr Eltern mit ObE (69,4 %) als Eltern mit aO eines Elternteils (54,3 %), dass die derzeitige Kontakthäufigkeit gut ist. „Es zeigen sich somit keine Hinweise, dass Eltern mit ObE das derzeitige Ausmaß der Kontakte der Kinder zum getrennt lebenden Elternteil häufiger ändern möchten bzw diesbezüglich einen gerichtlichen Antrag auf Abänderung der Besuchskontakte gestellt haben (oder die Absicht haben, dies zu tun).

Es zeigen sich auch keine Hinweise, dass Eltern mit ObE häufiger zur Durchsetzung eines gerichtlichen Beschlusses über ihr Besuchsrecht Hilfe in Anspruch nehmen oder bereits einen Antrag bei Gericht gestellt haben, als Eltern mit aO eines Elternteils. Auch diesbezüglich ist das Gegenteil der Fall.

Diese Ergebnisse werden durch die Berufsgruppenerhebung gestützt: Die Mehrheit der befragten MediatorInnen und RichterInnen meint, dass Konflikte im Zusammenhang mit dem Besuchsrecht zwischen Eltern mit ObE weniger heftig oder keine Unterschiede zwischen den Obsorgegruppen feststellbar seien. Manche Mitarbeiterinnen in Frauenhäusern weisen darauf hin, dass Schwierigkeiten von Müttern im Zusammenhang mit dem Besuchsrecht der Väter bei ObE größer seien, was verständlich ist, gründet doch der Umzug einer Frau ins Frauenhaus oft auf dem Wunsch bzw der Notwendigkeit, den Kontakt mit dem Expartner zu minimieren. Auch Hauptbetreuende mit ObE haben zuweilen Besuchsrechtsprobleme. Aber diese Schwierigkeiten treten maximal bei einem Fünftel der Befragten auf und fast durchwegs (und zT signifikant) häufiger im Fall der aO eines Elternteils.[485] Anträge zur Veränderung bestehender Besuchsrechtsregelungen bzw diesbezügliche Beratungswünsche werden von den TeilnehmerInnen der Berufsgruppenerhebung insgesamt in Fällen, in denen ein Elternteil die aO innehat, häufiger wahrgenommen als in Fällen mit ObE. Ebenso zeigen sich Unterschiede zwischen den Obsorgeformen hinsichtlich des Einsatzes von rechtlichen Zwangsmitteln zur Durchsetzung der Besuchskontakte: Zwangsmittel zur Durchsetzung von Besuchskontakten kommen bei der ObE faktisch nicht vor.[486]"[487]

484 *Barth-Richtarz/Figdor*, Was bringt die gemeinsame Obsorge? (2008) 129.

485 *Kränzl-Nagl/Pelikan*, Berufsgruppenerhebung, in *Figdor/Barth-Richtarz*, Evaluationsstudie (2006) Beilage 109, 165.

486 *Kränzl-Nagl/Pelikan*, Berufsgruppenerhebung, in *Figdor/Barth-Richtarz*, Evaluationsstudie (2006) Beilage 139, 146.

487 *Barth-Richtarz/Figdor*, Was bringt die gemeinsame Obsorge? (2008) 129 f.

## 7.5 Zufriedenheit mit der Obsorgeregelung

Um die bisherigen Ergebnisse zu kontrollieren, wurden die Eltern auch ganz allgemein nach dem Grad ihrer Zufriedenheit mit der getroffenen Obsorgeform gefragt. Als Hypothese lässt sich dazu formulieren:

**Hypothese 1.5:**

Sollten die Vermutungen zutreffen, dass die ObE eine Zunahme der Konflikte der Eltern (H 1.2) bzw eine Verlagerung der Konflikte auf die Besuchsregelung (H 1.4) sowie eine Mehrbelastung des hauptbetreuenden Elternteils (H 1.3) bedeutet, ist zu erwarten, dass die Zufriedenheit der Eltern, insb jene der hauptbetreuenden Elternteile, mit der ObE insgesamt gering ist. Daraus folgt:

H1.1.5a: Die Mehrheit der Eltern mit ObE ist mit der Obsorgeregelung unzufrieden.[488]

H1.1.5b: Von den Eltern mit ObE sind die Hauptbetreuenden wesentlich unzufriedener mit der Obsorgeregelung als die getrennt lebenden Elternteile *(gerichtete Alternativhypothese).*

H1.1.5c: Insgesamt ist die Zufriedenheit der Eltern der Gruppe aO mit der Obsorgeentscheidung höher als jene der Eltern der Gruppe ObE *(gerichtete Alternativhypothese).*

Die entsprechenden *Nullhypothesen* (zu H1.5b, c) lauten:

H0.1.5b: Hauptbetreuende mit ObE sind nicht wesentlich unzufriedener mit der Obsorgeregelung als die getrennt lebenden Elternteile.

H0.1.5c: Es zeigen sich keine bedeutsamen Unterschiede in der Zufriedenheit bei Eltern mit ObE und aO eines Elternteils.

**Die Alternativhypothese wird in allen drei Teilen (H1.1.5a, H1.1.5b, H1.1.5c) durch die vorliegenden Daten nicht bestätigt.**

Angesichts der Tatsache, dass sich schon die Hypothesen 1.2 bis 1.4 nicht bestätigten, war bereits anzunehmen, dass auch diese Hypothese nicht zutrifft. Tatsächlich wird sie auch durch die vorliegenden Daten entkräftet:

488 Hierbei handelt es sich um keine statistisch zu prüfende Hypothese im engeren Sinn. Die Beantwortung erfolgt durch die deskriptive Analyse des Datenmaterials.

### *7.5.1 Beurteilung der Obsorgewahl*

Wie Tab 58 zeigt, sind 71,6 % der Eltern mit ObE mit der Obsorgeregelung zufrieden bzw sogar sehr zufrieden. Die deskriptive Analyse zeigt somit, dass die Zufriedenheit mit der ObE insgesamt hoch ist und es keineswegs so ist, dass die Mehrheit der Eltern mit ObE mit der Obsorgeregelung unzufrieden ist. Aber sind nur die getrennt lebenden oder auch die hauptbetreuenden Elternteile zufrieden?

Wie aus Tab 58 weiter ersichtlich wird, ist die Zufriedenheit bei den hauptbetreuenden und getrennt lebenden Elternteilen mit ObE ähnlich verteilt: 68,1 % der hauptbetreuenden Eltern mit ObE und 75,4 % der getrennt lebenden Eltern sind mit der ObE zufrieden oder sogar sehr zufrieden:

*Tabelle 58:* Eigene Zufriedenheit mit der Obsorgeregelung?

| **Eltern mit ObE** | **Gesamt** (n = 595) | **Hauptbetreuende** (n = 323) | **Getrennt Lebende** (n = 211) |
|---|---|---|---|
| Sehr zufrieden | 42,4% | 38,4% | 44,1% |
| Zufrieden | 29,2% | 29,7% | 31,3% |
| **Summe (sehr zufrieden + zufrieden)** | **71,6%** | **68,1%** | **75,4%** |
| | | | |
| Teils/teils | 16,8% | 18,6% | 15,6% |
| | | | |
| Unzufrieden | 5,0% | 6,2% | 3,3% |
| Sehr unzufrieden | 6,6% | 7,1% | 5,7% |
| **Summe (unzufrieden + sehr unzufrieden)** | **11,6%** | **13,3%** | **9,0%** |

Der U-Test in Tabelle 59 bestätigt dieses Ergebnis: Hauptbetreuende und getrennt lebende Eltern mit ObE unterscheiden sich nicht signifikant hinsichtlich ihrer Zufriedenheit mit der Obsorgeform:

*Tabelle 59:* Zufriedenheit mit der derzeitigen Obsorgeregelung *(Höhere Werte bei den mittleren Rängen bedeuten hier weniger Zufriedenheit)*

**U-Test nach Mann-Whitney: Eltern mit ObE**

| | Obsorgeform | Mittlerer Rang | Sign. (einseitig) | |
|---|---|---|---|---|
| Zufriedenheit mit derzeitiger Obsorgeregelung | ObE Hauptbetreuende | 276,60 | ,038 | ns |
| | ObE Getrennt Lebende | 253,56 | | |

Weiters denken fast 90 % der befragten Eltern mit ObE, und zwar etwa 85 % der Hauptbetreuenden und etwa 95 % der getrennt lebenden Elternteile, dass die letztendlich getroffene Entscheidung für die ObE richtig war (Tab 60):

*Tabelle 60:* Denken Sie, dass die letztendlich getroffene Entscheidung für die Obsorge richtig war?

| **Eltern mit ObE** | **Gesamt** (n = 607) | **Hauptbetreuende** (n = 328) | **Getrennt Lebende** (n = 217) |
|---|---|---|---|
| sehr richtig | 51,7% | 39,6% | 68,2% |
| im Großen und Ganzen richtig | 38,1% | 45,7% | 27,6% |
| **Summe (richtig)** | **89,8%** | **85,3%** | **95,8%** |
| | | | |
| eher falsch | 6,1% | 8,5% | 3,7% |
| ganz falsch | 4,1% | 6,1% | 0,5% |
| **Summe (falsch)** | **10,2%** | **14,6%** | **4,2%** |

Als Antwort auf Hypothese lässt sich also klar sagen, dass die Zufriedenheit mit der ObE sowohl bei den getrennt lebenden als auch bei den hauptbetreuenden Elternteilen hoch ist.

**Vergleicht man nun die Obsorgegruppen** hinsichtlich ihrer Zufriedenheit mit der jeweiligen Obsorgeregelung, zeigt sich, dass Eltern mit ObE nicht signifikant unzufriedener mit der Obsorgeregelung sind als Eltern mit aO eines Elternteils (Tab 61), sondern von ihnen sogar signifikant häufiger als von den Eltern der Gruppe aO die Einschätzung getroffen wird, dass die Obsorgeentscheidung richtig war (Tab 62):

*Tabelle 61:* Zufriedenheit mit der derzeitigen Obsorgeregelung *(Höhere Werte bei den mittleren Rängen bedeuten hier weniger Zufriedenheit.)*

**U-Test nach Mann-Whitney**

| | Obsorge -form | Mittlerer Rang | Signifikanz (einseitig) | |
|---|---|---|---|---|
| Zufriedenheit mit derzeitiger Obsorgeregelung | ObE | 526,37 | ,261 | ns |
| | aO | 515,02 | | |

*Tabelle 62:* Richtigkeit der Obsorgeentscheidung *(Höhere Werte bei den mittleren Rängen bedeuten hier weniger Zustimmung zur Obsorgeentscheidung.)*

**U-Test nach Mann-Whitney**

| | Obsorge - form | Mittlerer Rang | Signifikanz (einseitig) | |
|---|---|---|---|---|
| Richtigkeit der Obsorgeentscheidung | ObE | 520,63 | ,005 | s |
| | aO | 566,00 | | |

Die folgenden Tabellen (Tab 63, 64) zeigen die entsprechenden Häufigkeitsverteilungen der Angaben der Eltern mit ObE und aO eines Elternteils. Sieht man sich zunächst die Angaben über die eigene Zufriedenheit mit der Obsorgeregelung genauer an (Tab 63), fällt auf, dass etwas mehr Eltern mit aO als mit ObE angeben, dass sie mit der Obsorgeform sehr zufrieden sind, aber auch etwas mehr Eltern mit aO sehr unzufrieden sind, während die mittleren Kategorien („zufrieden" bzw „teils/teils") häufiger von Eltern mit ObE gewählt werden. Die aO scheint somit stärker zu polarisieren. Auch die Residualanalyse zeigt, dass die größten Unterschiede zwischen den statistisch zu erwartenden und den tatsächlichen Häufigkeiten in den Kategorien „zufrieden" und „sehr unzufrieden" zu finden sind: Mehr Eltern mit ObE und weniger Eltern mit aO sind mit der Obsorgeform zufrieden, als aufgrund der Statistik (wenn die Zufriedenheit rein zufällig verteilt ist) zu erwarten gewesen wäre. Umgekehrt sind mehr Eltern mit aO und weniger Eltern mit ObE sehr unzufrieden.

*Tabelle 63:* Eigene Zufriedenheit mit der Obsorgeregelung?

| | **ObE** (n = 595) | **aO** (n = 447) | **Gesamt** (n = 1042) |
|---|---|---|---|
| Sehr zufrieden | 42,4% | 50,3% | 45,8% |
| Zufrieden | 29,2% | 17,9% | 24,4% |
| **Summe (sehr zufrieden + zufrieden)** | **71,6%** | **68,2%** | **70,2%** |
| | | | |
| Teils/teils | 16,8% | 13,6% | 15,5% |
| | | | |
| Unzufrieden | 5,0% | 6,7% | 5,8% |
| Sehr unzufrieden | 6,6% | 11,4% | 8,6% |
| **Summe (unzufrieden + sehr unzufrieden)** | **11,6%** | **18,1%** | **14,4%** |

Fast 90 % der Eltern mit ObE und fast 80 % der Eltern der Gruppe aO denken, dass die Entscheidung für die jeweilige Obsorgeform richtig war. Das ist eine beeindruckende Bestätigung der jeweiligen Obsorgeentscheidung, insb jener zur ObE. Aber es zeigt auch, dass rund 10 % der Eltern mit ObE und 20 % der Eltern mit aO eines Elternteils das Gefühl haben, dass die Obsorgeentscheidung falsch war.

*Tabelle 64:* Denken Sie, dass die letztendlich getroffene Entscheidung für die Obsorge richtig war?

| | **ObE** (n = 607) | **aO** (n = 473) | **Gesamt** (n = 1080) |
|---|---|---|---|
| sehr richtig | 51,7% | 48,0% | 50,1% |
| im Großen und Ganzen richtig | 38,1% | 31,7% | 35,3% |
| **Summe (richtig)** | **89,8%** | **79,7%** | **85,4%** |
| | | | |
| eher falsch | 6,1% | 10,4% | 8,0% |
| ganz falsch | 4,1% | 9,9% | 6,7% |
| **Summe (falsch)** | **10,2%** | **20,3%** | **14,7%** |

Dennoch zeigen die bisherigen Daten klar *keine* Bestätigung der formulierten Alternativhypothesen (H1.5a, b, c) über die Zufriedenheit von Eltern mit der ObE:

- Die Mehrheit der Eltern mit ObE ist mit der Obsorgeregelung zufrieden,
- und zwar sowohl getrennt lebende als auch hauptbetreuende Elternteile.
- Die Zufriedenheit der Eltern mit der ObE ist nicht niedriger als jene mit der Alleinobsorge.

Bisher wurden, um die Hypothesen zu prüfen, die Angaben der Eltern der beiden Obsorgegruppen miteinander verglichen. Es lassen sich aber, wie gezeigt werden soll, interessante zusätzliche Informationen gewinnen, wenn man die Angaben der hauptbetreuenden und getrennt lebenden Elternteile innerhalb der jeweiligen Obsorgegruppe miteinander vergleicht.

Während die Zufriedenheit der hauptbetreuenden und getrennt lebenden Elternteile mit ObE – wie gezeigt werden konnte – relativ ähnlich verteilt ist, ist diejenige zwischen den Alleinobsorgeberechtigten und den Nichtobsorgeberechtigten hingegen sehr ungleich verteilt: Während 87,4 % der allein obsorgeberechtigten Elternteile angeben, dass sie mit der Obsorgeregelung zufrieden oder sehr zufrieden sind, trifft dies nur auf 29,5 % der nicht obsorgeberechtigten Elternteile zu. Fast 50 % der Nichtobsorgeberechtigten sind unzufrieden oder sogar sehr unzufrieden (Tab 65).

*Tabelle 65:* Eigene Zufriedenheit mit der Obsorgeregelung?

| | ObE | | aO | |
|---|---|---|---|---|
| | **Hauptbetreuende** (n = 323) | **Getrennt Lebende** (n = 211) | **Hauptbetreuende** (n = 294) | **Getrennt Lebende** (n = 149) |
| Sehr zufrieden | 38,4% | 44,1% | 70,4% | 9,4% |
| Zufrieden | 29,7% | 31,3% | 17,0% | 20,1% |
| **Summe (sehr zufrieden + zufrieden)** | **68,1%** | **75,4%** | **87,4%** | **29,5%** |
| | | | | |
| Teils/teils | 18,6% | 15,6% | 9,5% | 22,1% |
| | | | | |
| Unzufrieden | 6,2% | 3,3% | 2,0% | 16,1% |
| Sehr unzufrieden | 7,1% | 5,7% | 1,0% | 32,2% |
| **Summe (unzufrieden + sehr unzufrieden)** | **13,3%** | **9,0%** | **3,0%** | **48,3%** |

Der U-Test (Tab 66) zeigt dementsprechend einen signifikanten Unterschied in der Zufriedenheit der obsorgeberechtigten und der nicht obsorgeberechtigten Elternteile der Gruppe aO:

*Tabelle 66:* Zufriedenheit mit der derzeitigen Obsorgeregelung *(Höhere Werte bei den mittleren Rängen bedeuten hier weniger Zufriedenheit)*

**U-Test nach Mann-Whitney: Eltern mit aO**

| | Obsorge-form | Mittlerer Rang | Signifikanz (einseitig) | |
|---|---|---|---|---|
| Zufriedenheit mit derzeitiger Obsorgeregelung | aO Hauptbetreuende | 166,21 | ,000 | s |
| | aO Getrennt Lebende | 332,07 | | |

Damit wird auch die stärkere Polarisierung des Modells der aO im Vergleich zur ObE, wie sie bereits in Tab 63 zu beobachten war, erklärbar: Es gibt mehr sehr Zufriedene, nämlich in erster Linie die Alleinobsorgeberechtigten, und es gibt mehr sehr Unzufriedene, nämlich die Nichtobsorgeberechtigten.

So ergibt sich auch insgesamt eine signifikant höhere Zufriedenheit der Alleinobsorgeberechtigten im Vergleich zu den Hauptbetreuenden mit ObE (Tab 67), aber umgekehrt auch eine signifikant höhere Zufriedenheit der getrennt lebenden Elternteile mit ObE im Vergleich zu jenen ohne Obsorge (Tab 68).

*Tabelle 67:* Zufriedenheit mit der derzeitigen Obsorgeregelung *(Höhere Werte bei den mittleren Rängen bedeuten hier weniger Zufriedenheit.)*

**U-Test nach Mann-Whitney: nur Hauptbetreuende**

| | Obsorge-form | Mittlerer Rang | Signifikanz (einseitig) | |
|---|---|---|---|---|
| Zufriedenheit mit derzeitiger Obsorgeregelung | ObE Hauptbetreuende | 359,69 | ,000 | s |
| | aO Hauptbetreuende | 253,31 | | |

*Tabelle 68:* Zufriedenheit mit der derzeitigen Obsorgeregelung *(Höhere Werte bei den mittleren Rängen bedeuten hier weniger Zufriedenheit.)*

**U-Test nach Mann-Whitney: nur Getrennt Lebende**

| | Obsorgeform | Mittlerer Rang | Sign. (eins.) | |
|---|---|---|---|---|
| Zufriedenheit mit derzeitiger Obsorgeregelung | ObE Getrennt Lebende | 137,68 | ,000 | s |
| | aO Getrennt Lebende | 241,14 | | |

In dieselbe Richtung weisen die Antworten der Eltern auf die Frage, wie richtig die Obsorgeentscheidung ihrer Ansicht nach letztendlich war. Wie Tab 69 zeigt, denken 85,3 % der hauptbetreuenden Eltern mit ObE und 98,7 % der allein obsorgeberechtigten Eltern, dass die Obsorgeentscheidung sehr richtig oder zumindest im Großen und Ganzen richtig war.

*Tabelle 69:* Denken Sie, dass die letztendlich getroffene Entscheidung für die Obsorge richtig war?

| **Hauptbetreuende Eltern** | **ObE** (n = 328) | **aO** (n = 306) | **Gesamt** (n = 634) |
|---|---|---|---|
| sehr richtig | 39,6% | 69,0% | 53,8% |
| im Großen und Ganzen richtig | 45,7% | 29,7% | 38,0% |
| **Summe (richtig)** | **85,3%** | **98,7%** | **91,8%** |
| | | | |
| eher falsch | 8,5% | 1,3% | 5,0% |
| ganz falsch | 6,1% | 0,0% | 3,2% |
| **Summe (falsch)** | **14,6%** | **1,3%** | **8,2%** |

Während die Obsorgeentscheidung von den Hauptbetreuenden beider Obsorgegruppen also in einem sehr hohen Ausmaß als richtig beurteilt wird, wird bei den getrennt lebenden Elternteilen diesbezüglich ein enormer Unterschied zwischen den Obsorgegruppen ersichtlich: 95,8 % der getrennt lebenden Eltern mit ObE, aber nur 43,6 % der nicht obsorgeberechtigten Elternteile denken, dass die Obsorgeentscheidung richtig war. Nur 7,4 % der Nichtobsorgeberechtigten (im Vergleich zu rund 68 % der getrennt lebenden Elternteile mit ObE) sagen, dass die Entscheidung sehr richtig war (Tab 70):

*Tabelle 70:* Denken Sie, dass die letztendlich getroffene Entscheidung für die Obsorge richtig war?

| **Getrennt lebende Eltern** | **ObE** (n = 217) | **aO** (n = 163) | **Gesamt** (n = 380) |
|---|---|---|---|
| sehr richtig | 68,2% | 7,4% | 42,1% |
| Im Großen und Ganzen richtig | 27,6% | 36,2% | 31,3% |
| **Summe (richtig)** | **95,8%** | **43,6%** | **73,4%** |
| | | | |
| eher falsch | 3,7% | 27,6% | 13,9% |
| ganz falsch | 0,5% | 28,8% | 12,6% |
| **Summe (falsch)** | **4,2%** | **56,4%** | **26,5%** |

Es zeigt sich das gleiche Antwortverhalten wie bei der Frage nach der Zufriedenheit, und zwar eine signifikant höhere Zustimmung der Alleinobsorgeberechtigten zur Obsorgeentscheidung im Vergleich zu den Hauptbetreuenden mit ObE (Tab 71) und umgekehrt eine signifikant höhere Zustimmung der getrennt lebenden Elternteile mit ObE im Vergleich zu jenen ohne Obsorge (Tab 72):

*Tabelle 71:* Richtigkeit der Obsorgeentscheidung *(Höhere Werte bei den mittleren Rängen bedeuten hier weniger Zustimmung zur Obsorgeentscheidung.)*

**U-Test nach Mann-Whitney: nur Hauptbetreuende**

| | Obsorge-form | Mittlerer Rang | Sign. (eins.) | |
|---|---|---|---|---|
| Richtigkeit der Obsorgeentscheidung | ObE Hauptbetreuende | 368,23 | ,000 | s |
| | aO Hauptbetreuende | 263,13 | | |

*Tabelle 72:* Richtigkeit der Obsorgeentscheidung *(Höhere Werte bei den mittleren Rängen bedeuten hier weniger Zustimmung zur Obsorgeentscheidung.)*

**U-Test nach Mann-Whitney: nur Getrennt Lebende**

| | Obsorgeform | Mittlerer Rang | Sign. (eins.) | |
|---|---|---|---|---|
| Richtigkeit der Obsorgeentscheidung | ObE Getrennt Lebende | 128,66 | ,000 | s |
| | aO Getrennt Lebende | 272,83 | | |

### *7.5.2 Beurteilung der Obsorgewahl von Eltern mit hohen Konflikten*

„Aber wie sieht es mit der Zufriedenheit jener Eltern mit ObE aus, die zwischen Trennungsabsicht und tatsächlicher Scheidung massive Konflikte miteinander hatten?[489]

Etwa 26 % der Eltern mit ObE, die Angaben bezüglich ihrer Zufriedenheit mit der ObE machten, sind der Gruppe mit hohen Konflikten zuzurechnen“[490]

489 Zu den Konfliktkategorien siehe Kapitel 7.2.3.

490 *Barth-Richtarz/Figdor*, Was bringt die gemeinsame Obsorge? (2008) 132.

(Hochkonfliktgruppe 1). Davon können etwa 12 % einer Gruppe mit sehr hohen Konflikten (Hochkonfliktgruppe 2) zugeordnet werden, indem die Kriterien nochmals enger gezogen werden.[491]

„Erwartungsgemäß sinkt die Zufriedenheit der Eltern mit der ObE in der Gruppe mit hohen Konflikten von 71,6 % auf 56,6 % bzw in der Gruppe mit sehr hohen Konflikten auf 50 % ab. Dennoch wird selbst in diesen Elterngruppen die Hypothese einer nur geringen Zufriedenheit mit dem Modell der ObE widerlegt.

Die Tabellen [Tab 73] und [Tab 74] zeigen dieses Ergebnis differenziert nach dem Betreuungsstatus (hauptbetreuende bzw getrennt lebenden Elternteile): 49,4 % der hauptbetreuenden und 67,4 % der getrennt lebenden Eltern mit hohem Konfliktniveau sind mit der ObE zufrieden bzw sehr zufrieden, 21,6 % bzw 18,6 % antworten mit ‚teils/teils' und 28,9 % bzw 14 % der Eltern mit ObE mit hohen Konflikten sind mit der ObE unzufrieden oder sogar sehr unzufrieden [Tab 73]. Bei jenen (12 %) Eltern mit ObE, die der Gruppe mit den höchsten Konflikten zuzurechnen sind, geben 46,8 % der hauptbetreuenden und 55,6 % der getrennt lebenden Eltern dennoch an, mit der ObE zufrieden oder sehr zufrieden zu sein. 25,5 % bzw 27,8 % sind immerhin teilweise zufrieden, und 27,7 % bzw 16,7 % sind (sehr) unzufrieden [Tab 74].

Im Verglcich dazu bleibt bei den Eltern mit aO mit hohen (etwa 32 % aller Eltern mit aO eines Elternteils) bzw sehr hohen (etwa 17 % aller Eltern mit aO eines Elternteils) Konflikten die Zufriedenheit der Alleinobsorgeberechtigten mit etwa 90 % unverändert hoch. Die Zufriedenheit der Nichtobsorgeberechtigten sinkt jedoch rapide auf etwa 10 – 15 % ab. 60 – 70 % der Nichtobsorgeberechtigten sind mit der Obsorgeregelung unzufrieden oder sogar sehr unzufrieden:"[492]

491 In die Hochkonfliktgruppe 2 fallen all jene Eltern, die alle Fragen nach sehr heftigem Streit, sehr großen Spannungen, sehr großer Wut und sehr großer Enttäuschung mit „trifft sehr zu" beantworteten.

492 *Barth-Richtarz/Figdor*, Was bringt die gemeinsame Obsorge? (2008) 132 f.

*Tabelle 73:* Zufriedenheit mit der Obsorgeregelung der Eltern mit hohen Konflikten zwischen Trennungsabsicht und Scheidung?

| | Hauptbetreuende | | Getrennt Lebende | |
|---|---|---|---|---|
| **Hochkonfliktgruppe 1** | **ObE** (n = 97) | **aO** (n = 111) | **ObE** (n = 43) | **aO** (n = 43) |
| Sehr zufrieden | 24,7% | 73,9% | 27,9% | 2,3% |
| Zufrieden | 24,7% | 15,3% | 39,5% | 11,6% |
| **Summe (sehr zufrieden + zufrieden)** | **49,4%** | **89,2%** | **67,4%** | **13,9%** |
| | | | | |
| Teils/teils | 21,6% | 8,1% | 18,6% | 25,6% |
| | | | | |
| Unzufrieden | 12,4% | 0,0% | 4,7% | 20,9% |
| Sehr unzufrieden | 16,5% | 2,7% | 9,3% | 39,5% |
| **Summe (unzufrieden + sehr unzufrieden)** | **28,9%** | **2,7%** | **14,0%** | **60,4%** |

*Tabelle 74:* Zufriedenheit mit der Obsorgeregelung der Eltern mit *sehr* hohen Konflikten zwischen Trennungsabsicht und Scheidung?

| | Hauptbetreuende | | Getrennt Lebende | |
|---|---|---|---|---|
| **Hochkonfliktgruppe 2** | **ObE** (n = 47) | **aO** (n = 63) | **ObE** (n = 18) | **aO** (n = 19) |
| Sehr zufrieden | 29,8% | 79,4% | 38,9% | 0,0% |
| Zufrieden | 17,0% | 11,1% | 16,7% | 10,5% |
| **Summe (sehr zufrieden + zufrieden)** | **46,8%** | **90,5%** | **55,6%** | **10,5%** |
| | | | | |
| Teils/teils | 25,5% | 4,8% | 27,8% | 21,1% |
| | | | | |
| Unzufrieden | 6,4% | 0,0% | 5,6% | 21,1% |
| Sehr unzufrieden | 21,3% | 4,8% | 11,1% | 47,4% |
| **Summe (unzufrieden + sehr unzufrieden)** | **27,7%** | **4,8%** | **16,7%** | **68,5%** |

Die folgenden U-Tests (Tab 75, 76) bestätigen, dass auch in der Gruppe der Eltern mit hohen Konflikten zwischen Trennungsabsicht und Scheidung kein signifikanter Unterschied in der Zufriedenheit zwischen den hauptbetreuenden und getrennt lebenden Elternteilen mit ObE besteht, wohl aber zwischen den Eltern mit und ohne Obsorge in der Gruppe aO. Aufgrund der teilweise geringen Fallzahlen wurde auf die Testung der Unterschiedshypothese in der Hochkonfliktgruppe 2 verzichtet. (Es sei jedoch angemerkt, dass bei Durchführung der U-Tests trotz kleiner Fallzahlen die bisherigen Ergebnisse bestätigt werden.)

*Tabelle 75:* Zufriedenheit mit der derzeitigen Obsorgeregelung *(Höhere Werte bei den mittleren Rängen bedeuten hier weniger Zufriedenheit)*

**U-Test nach Mann-Whitney: Eltern mit ObE der Hochkonfliktgruppe 1**

| | Obsorgeform | Mittlerer Rang | Sign. (eins.) | |
|---|---|---|---|---|
| Zufriedenheit mit derzeitiger Obsorgeregelung | ObE Hauptbetreuende | 74,16 | ,050 | ns |
| | ObE Getrennt Lebende | 62,23 | | |

*Tabelle 76:* Zufriedenheit mit der derzeitigen Obsorgeregelung *(Höhere Werte bei den mittleren Rängen bedeuten hier weniger Zufriedenheit.)*

**U-Test nach Mann-Whitney: Eltern mit aO der Hochkonfliktgruppe 1**

| | Obsorgeform | Mittlerer Rang | Sign. (eins.) | |
|---|---|---|---|---|
| Zufriedenheit mit derzeitiger Obsorgeregelung | aO Hauptbetreuende | 58,77 | ,000 | s |
| | aO Getrennt Lebende | 125,85 | | |

Der Vergleich der Obsorgegruppen zeigt nun wieder das bekannte Muster, dass nämlich die Hauptbetreuenden mit aO signifikant zufriedener sind als die Hauptbetreuenden mit ObE (Tab 77) und es sich bei den getrennt lebenden Elternteilen gerade umgekehrt verhält: Hier sind es nämlich die getrennt lebenden Eltern mit ObE, die signifikant zufriedener sind als die Nichtobsorgeberechtigten (Tab 78):

*Tabelle 77:* Zufriedenheit mit der derzeitigen Obsorgeregelung *(Höhere Werte bei den mittleren Rängen bedeuten hier weniger Zufriedenheit.)*

**U-Test nach Mann-Whitney: Hochkonfliktgruppe 1: nur Hauptbetreuende**

| | Obsorgeform | Mittlerer Rang | Sign. (eins.) | |
|---|---|---|---|---|
| Zufriedenheit mit derzeitiger Obsorgeregelung | ObE Hauptbetreuende | 135,37 | ,000 | s |
| | aO Hauptbetreuende | 77,53 | | |

*Tabelle 78:* Zufriedenheit mit der derzeitigen Obsorgeregelung *(Höhere Werte bei den mittleren Rängen bedeuten hier weniger Zufriedenheit.)*

**U-Test nach Mann-Whitney: Hochkonfliktgruppe 1: nur Getrennt Lebende**

| | Obsorgeform | Mittlerer Rang | Sign. (eins.) | |
|---|---|---|---|---|
| Zufriedenheit mit derzeitiger Obsorgeregelung | ObE Getrennt Lebende | 29,87 | ,000 | s |
| | aO Getrennt Lebende | 57,13 | | |

*Resümee*

Über die Zufriedenheit der befragten Eltern mit der ObE lassen sich folgende Ergebnisse festhalten:

1. Die Zufriedenheit mit der ObE ist insgesamt hoch, und zwar sowohl bei den getrennt lebenden als auch bei den hauptbetreuenden Elternteilen. Über 70 % der befragten Eltern sagen, dass sie mit der ObE zufrieden oder sogar sehr zufrieden sind, und fast 90 %, nämlich etwa 85 % der hauptbetreuenden und etwa 95 % der getrennt lebenden Eltern, sagen, dass die letztendlich getroffene Entscheidung für die ObE richtig war. Das ist eine beeindruckende Bestätigung der Entscheidung zur ObE.

Angesichts der Tatsache der hohen Zufriedenheit der Eltern mit der ObE verwundert es auch nicht, dass Eltern mit ObE kaum Anträge auf eine Abänderung der ObE in die Alleinobsorge eines Elternteils stellen. Die ObE erweist sich – wie die Berufsgruppenerhebung deutlich zeigte – keinesfalls als die weniger stabile Obsorgeform. „*Kränzl-Nagl* und *Pelikan* heben hervor, dass sich insb die von vielen gehegten Befürchtungen, dass Uneinigkeiten der Eltern bei der Wahl des Kindergartens, der Schule oder der Lehrstelle dazu führen würden, die ObE zu destruieren, vor dem Hintergrund der Praxiserfahrung der VertreterInnen der befragten Berufsgruppen nicht bestätigt haben.[493]

In dieselbe Richtung weist das Ergebnis von *Proksch*: ‚Veränderungen in der Verteilung der geS bzw aeS gab es zwischen 1999/2001 kaum. Insb gab es kaum (wesentliche) Veränderungen von der geS zur aeS.'[494]"[495]

2. Eltern mit ObE sind insgesamt nicht unzufriedener mit der Obsorgeregelung als Eltern mit aO eines Elternteils. Von Eltern mit ObE wird im Gegenteil sogar signifikant häufiger die Einschätzung getroffen, dass die Obsorgeentscheidung richtig war als von den Eltern der Gruppe aO.

Vergleicht man jedoch die Angaben der hauptbetreuenden und getrennt lebenden Elternteile beider Obsorgegruppen, so zeigt sich eine höhere Zufriedenheit der Alleinobsorgeberechtigten im Vergleich zu den Hauptbetreuenden mit ObE, aber umgekehrt auch eine signifikant höhere Zufriedenheit der getrennt lebenden Elternteile mit ObE im Vergleich zu jenen ohne Obsorge.

3. Während die Zufriedenheit der hauptbetreuenden und getrennt lebenden Elternteile mit ObE relativ ähnlich verteilt ist, ist diejenige zwischen den Alleinobsorgeberechtigten und den Nichtobsorgeberechtigten sehr ungleich verteilt: Während fast 90 % der allein obsorgeberechtigten Elternteile angeben, dass sie mit der Obsorgeregelung zufrieden oder sehr zufrieden sind, sind nicht einmal 30 % der nicht obsorgeberechtigten Elternteile zufrieden. Fast 50 % der Nichtobsorgeberechtigten sind unzufrieden oder sogar sehr unzufrieden.

Das Modell der Alleinobsorge polarisiert also stärker zwischen den betroffenen Eltern als das Modell der ObE: Es gibt mehr sehr Zufriedene, nämlich in erster Linie die Alleinobsorgeberechtigten, und es gibt mehr sehr Unzufriedene, nämlich die Nichtobsorgeberechtigten. Die mittleren Kategorien („zufrieden" bzw „teils/teils") werden hingegen häufiger von Eltern mit ObE genannt, und dabei ist die Zufriedenheit, wie gesagt, bei den hauptbetreuenden und getrennt lebenden Eltern mit ObE viel gleichmäßiger verteilt.

Die Bedeutung dieses Unterschieds zwischen den Obsorgegruppen für die Beruhigung der elterlichen Konflikte in der Zeit nach der Scheidung kann – meines Erachtens – gar nicht hoch genug eingeschätzt werden. Bei Eltern, die einigermaßen ähnlich zufrieden (bzw unzufrieden) mit der Situation sind, fällt ein Faktor weg, der den elterlichen Konflikt auch nach der Scheidung weiter „anheizen" kann, nämlich das chronische Gefühl der strukturellen Benachteiligung eines Elternteils und der Übermacht des anderen Elternteils.

---

493 *Kränzl-Nagl/Pelikan*, Berufsgruppenerhebung, in *Figdor/Barth-Richtarz*, Evaluationsstudie (2006) Beilage 124, 131.

494 *Proksch*, Reform des Kindschaftsrechts (2002) 59.

495 *Barth-Richtarz/Figdor*, Was bringt die gemeinsame Obsorge? (2008) 134.

4. Dieser Trend verschärft sich bei Betrachtung der Angaben der Befragten mit hohen bzw sehr hohen Konflikten zwischen Trennungsabsicht und Scheidung: „Von allen Eltern mit ObE sind etwa 26 % der Gruppe mit hohen Konflikten und (davon) etwa 12 % der Gruppe mit sehr hohen Konflikten zuzurechnen. Selbst in diesen Hochkonfliktgruppen ist die (relative) Mehrheit, nämlich etwa 47 bis 50 % der Hauptbetreuenden und etwa 56 bis 67 % der getrennt lebenden Eltern, mit der ObE zufrieden oder sogar sehr zufrieden (weitere etwa 20 bis 30 % der Eltern mit ObE und [sehr] hohem Konfliktniveau sind teilweise mit der ObE zufrieden, der Rest ist [sehr] unzufrieden). Damit wird selbst in diesen Elterngruppen die Hypothese einer nur geringen Zufriedenheit mit dem Modell der ObE entkräftet.

Bei den Eltern mit aO mit hohen bzw sehr hohen Konflikten bleibt die Zufriedenheit der Alleinobsorgeberechtigten mit etwa 90 % unverändert hoch. Die Zufriedenheit der Nichtobsorgeberechtigten sinkt jedoch rapide auf etwa 10 bis 15 % ab. 60 bis 70 % der nicht obsorgeberechtigten Eltern sind mit der Obsorgeregelung unzufrieden oder sogar sehr unzufrieden. Diese Unzufriedenheit der Nichtobsorgeberechtigten könnte eine mögliche Erklärung dafür sein, dass es im Rahmen der aO weit häufiger zu Kontaktabbrüchen zwischen den Kindern und den getrennt lebenden Elternteilen als im Rahmen der ObE kommt.[496]"[497]

## 7.6 Besuchskontakte

**Hypothese 1.6:**

Ausländische Erfahrungen und die Ergebnisse vergleichbarer Untersuchungen (va die Studie von *Proksch*[498]) lassen vermuten, dass sich die ObE positiv auf das Ausmaß der Besuchskontakte[499] zwischen dem Kind und dem getrennt lebenden Elternteil (zumeist dem Vater) auswirkt. Daraus folgt:

H1.1.6a: Kinder aus ObE sehen den getrennt lebenden Elternteil häufiger als Kinder aus aO eines Elternteils *(gerichtete Alternativhypothese).*

496 Siehe Kapitel 7.10.

497 *Barth-Richtarz/Figdor*, Was bringt die gemeinsame Obsorge? (2008) 134 f.

498 *Proksch*, Reform des Kindschaftsrechts (2002).

499 „Besuchskontakte" steht für alle Kontakte zwischen dem Kind und dem getrennt lebenden Elternteil. Mir ist bewusst, dass dieser Begriff in sehr vielen Fällen die Realität der tatsächlichen Beziehung weder in zeitlicher noch in qualitativer Hinsicht adäquat widerspiegelt. Da es sich aber um einen gesellschaftlich gut etablierten Begriff handelt, werde ich auf diesen Begriff zurückgreifen.

H1.1.6b: Kinder aus ObE übernachten häufiger beim getrennt lebenden Elternteil als Kinder aus aO eines Elternteils *(gerichtete Alternativhypothese).*

H1.1.6c: Es zeigen sich Unterschiede in den Einstellungen der Mütter und Väter mit ObE und aO eines Elternteils zu den Kontakten der Kinder zum anderen Elternteil *(ungerichtete Alternativhypothese).*

H1.1.6d: Eltern mit ObE sind selbst zufriedener mit dem Ausmaß an Besuchskontakten und beurteilen auch die Zufriedenheit ihrer Kinder höher als Eltern mit aO eines Elternteils *(gerichtete Alternativhypothese).*

Die entsprechenden *Nullhypothesen* lauten:

H0.1.6a: Es zeigen sich keine Unterschiede im Kontaktausmaß der Kinder aus ObE und aus aO eines Elternteils zum getrennt lebenden Elternteil.

H0.1.6b: Es zeigen sich keine Unterschiede in der Häufigkeit von Übernachtungen der Kinder aus ObE und aus aO eines Elternteils beim getrennt lebenden Elternteil.

H0.1.6c: Es zeigen sich keine Unterschiede in den Einstellungen der Mütter und Väter mit ObE und aO eines Elternteils zu den Kontakten der Kinder zum anderen Eltern.

H0.1.6d: Es zeigen sich keine Unterschiede bezüglich der eigenen Zufriedenheit der Eltern mit ObE bzw aO eines Elternteils mit dem Ausmaß an Besuchskontakten sowie der angenommenen Zufriedenheit ihrer Kinder.

**Die Alternativhypothese wird durch die vorliegenden Daten in allen vier Teilen (H1.1.6a, H1.1.6b, H1.1.6c, H1.1.6d) bestätigt.**

Bevor ich die einzelnen Teile der Hypothesenprüfung darlege, möchte ich kurz vorweg darstellen, in welchem Ausmaß die Besuchskontakte überhaupt (gerichtlich) geregelt werden und welchen Anteil „Vermittler“ wie SozialarbeiterInnen oder MediatorInnen bei der Regelung der Besuchskontakte haben.

### *7.6.1 Regelung der Besuchskontakte*

Was die Regelung der Besuchskontakte betrifft, zeigen sich signifikante Unterschiede zwischen den Obsorgegruppen. (Aufgrund der Datenstruktur wurde ein Chi²-Test durchgeführt, der, wie die grauen Felder in Tab 79 anzeigen, ein signifikantes Ergebnis erbrachte.):

„Fast 50 % der Eltern mit ObE geben an, dass sie keine gerichtliche Regelung der Kontakte der Kinder zum anderen Elternteil brauchen. Im Falle der aO eines Elternteils ist dieser Anteil 10 – 15 % niedriger. Dieses Ergebnis entspricht auch der Wahrnehmung der VertreterInnen der befragten Berufsgruppen: Etwas über 60 % denken, dass bei der ObE die Vereinbarungen über das Besuchsrecht offener bzw flexibler sind.[500,501]

Weitere 41 % der Eltern mit ObE und 37,5 % der Eltern mit aO eines Elternteils geben an, dass die Regelung der Kontakte durch selbständige Einigung der Eltern zustande gekommen ist.

Ist noch ein Verfahren zur Besuchsregelung in Gang, so betrifft dies etwas häufiger Eltern mit aO, und im Fall der ObE kommen Besuchrechtsregelungen eventuell geringfügig häufiger durch **Vermittlung eines bzw einer Dritten** (SozialarbeiterIn, MediatorIn etc) zustande. Die Residualanalyse zeigt in diesen Feldern aber keine großen Abweichungen. Die weitaus größten Abweichungen von der statistisch zu erwartenden Anzahl zeigen sich hingegen in der Kategorie „**Gerichtsbeschluss**": Während in 14,1 % der Fälle mit aO eines Elternteils der Kontakt zum getrennt lebenden Elternteil per Gerichtsbeschluss geregelt ist, trifft dies auf nur 2,5 % der Fälle mit ObE zu:

*Tabelle 79:* Wurde der Kontakt der Kinder zum getrennt lebenden Elternteil gerichtlich geregelt?

| | **ObE** (n = 519) | **aO** (n = 419) | **Gesamt** (n=938) |
|---|---|---|---|
| Nein, es ist noch ein Verfahren in Gang | 1,3% | 4,3% | 2,7% |
| **Nein, wir brauchen keine gerichtliche Regelung** | **49,1%** | **35,1%** | **42,9%** |
| **Ja, durch selbstständige Einigung der Eltern** | **41,0%** | **37,5%** | **39,4%** |
| Ja, durch Vermittlung eines bzw einer Dritten | 2,1% | 1,7% | 1,9% |
| Ja, durch gerichtlichen Vergleich | 3,9% | 7,4% | 5,4% |
| Ja, durch Gerichtsbeschluss | 2,5% | 14,1% | 7,7% |
| Gesamt | 100,0% | 100,0% | 100,0% |
| | Chi²-Test: p (eins.) = 0,000 | | |

500 *Kränzl-Nagl/Pelikan*, Berufsgruppenerhebung, in *Figdor/Barth-Richtarz*, Evaluationsstudie (2006) Beilage 109.

501 *Barth-Richtarz/Figdor*, Was bringt die gemeinsame Obsorge? (2008) 135.

### *7.6.2 Das Ausmaß an Kontakten der Kinder zum getrennt lebenden Elternteil*

Aufgrund des Vorliegens ordinalskalierter Daten wurde zur Prüfung der Teilhypothese, dass Kinder mit ObE den getrennt lebenden Elternteil häufiger sehen, der U-Test nach *Mann/Whitney* angewandt. Das Ergebnis bestätigt die Hypothese: Kinder mit ObE sehen den getrennt lebenden Elternteil signifikant häufiger als Kinder mit aO eines Elternteils:

*Tabelle 80:* Kontakthäufigkeit der Kinder zum getrennt lebenden Elternteil *(Höhere Werte bei den mittleren Rängen zeigen eine niedrigere Kontaktfrequenz an!)*

**U-Test nach Mann-Whitney**

| | Obsorgeform | Mittlerer Rang | Sign. (eins.) | |
|---|---|---|---|---|
| Kontakthäufigkeit der Kinder zum getrennt lebenden Elternteil | ObE | 438,56 | ,000 | s |
| | aO | 626,18 | | |

Wie die folgende Häufigkeitstabelle (Tab 81) zeigt, geben 64 % der befragten Eltern mit ObE an, „ ...dass ihre Kinder häufigen Kontakt zum anderen Elternteil haben, dh täglich bis mehrmals pro Woche oder zumindest einmal unter der Woche und 2 Wochenenden im Monat. Im Vergleich dazu geben nur 35,7 % der Befragten mit aO eines Elternteils derart häufige Kontakte an.

Dass ihre Kinder wenig (höchstens einmal pro Monat) oder gar keinen Kontakt zum anderen Elternteil haben, antworten 14,1 % der Befragten mit ObE, aber ein Drittel (33 %) der Eltern mit aO eines Elternteils."[502]

502 *Barth-Richtarz/Figdor*, Was bringt die gemeinsame Obsorge? (2008) 136.

*Tabelle 81:* Wie oft sehen die Kinder den getrennt lebenden Elternteil?

| | **ObE** (n = 588) | **aO** (n = 451) | **Gesamt** (n = 1039) |
|---|---|---|---|
| Täglich bis mehrmals pro Woche | 40,5% | 17,7% | 30,6% |
| Einmal unter der Woche und zwei Wochenenden im Monat | 23,5% | 18,0% | 21,1% |
| Alle 14 Tage | 21,9% | 31,3% | 26,0% |
| Einmal im Monat | 6,5% | 6,4% | 6,4% |
| Einmal im Monat bis mehrmals im Vierteljahr | 4,9% | 9,3% | 6,8% |
| Nur selten (zB Ferien) | 1,7% | 7,1% | 4,0% |
| Es gibt gar keinen Kontakt mehr | 1,0% | 10,2% | 5,0% |
| Gesamt | 100% | 100% | 100% |

Um eine Verzerrung der Angaben durch die getrennt lebenden Elternteile auszuschließen (es ist vorstellbar, dass die getrennt lebenden Eltern mit ObE das Kontaktausmaß zu den Kindern etwas überschätzen und die Nichtobsorgeberechtigten ihres eventuell unterschätzen), soll das Kontaktausmaß nochmals nur anhand der Angaben der Hauptbetreuenden untersucht werden. Auch den Angaben der hauptbetreuenden Elternteile alleine zufolge zeigt sich, dass die Kinder mit ObE – wie der U-Test in Tab 82 bestätigt – den getrennt lebenden Elternteil signifikant häufiger sehen als Kinder mit aO eines Elternteils:

*Tabelle 82:* Kontakthäufigkeit der Kinder zum getrennt lebenden Elternteil *(Höhere Werte bei den mittleren Rängen zeigen eine niedrigere Kontaktfrequenz an!)*

**U-Test nach Mann-Whitney: nur Hauptbetreuende**

| | Obsorge-form | Mittlerer Rang | Sign. (eins.) | |
|---|---|---|---|---|
| Kontakthäufigkeit der Kinder zum getrennt lebenden Elternteil | ObE | 261,08 | ,000 | s |
| | aO | 350,65 | | |

Die folgende Tabelle (Tab 83) zeigt die entsprechenden Häufigkeitsverteilungen: Häufigen Kontakt (dh täglich bis mehrmals pro Woche oder zumindest einmal unter der Woche und zwei Wochenenden im Monat) haben – den Angaben der Hauptbetreuenden zufolge – etwa 55 % der Kinder mit ObE und etwa 33 % der Kinder mit aO eines Elternteils. Seltenen (höchstens einmal pro Monat) bis gar keinen Kontakt haben etwa 20 % der Kinder mit ObE und etwa 40 % der Kinder mit aO eines Elternteils:

*Tabelle 83:* Wie oft sehen die Kinder den getrennt lebenden Elternteil?

| **Hauptbetreuende Eltern** | **ObE** (n = 319) | **aO** (n = 287) | **Gesamt** (n = 606) |
|---|---|---|---|
| Täglich bis mehrmals pro Woche | 33,2% | 18,1% | 26,1% |
| Einmal unter der Woche und zwei Wochenenden im Monat | 21,9% | 15,0% | 18,6% |
| Alle 14 Tage | 25,4% | 30,7% | 27,9% |
| Einmal im Monat | 9,1% | 6,3% | 7,8% |
| Einmal im Monat bis mehrmals im Vierteljahr | 6,6% | 9,8% | 8,1% |
| Nur selten (zB Ferien) | 2,5% | 8,0% | 5,1% |
| Es gibt gar keinen Kontakt mehr | 1,3% | 12,2% | 6,4% |
| Gesamt | 100,0% | 100,0% | 100,0% |

„Kinder in Familien mit ObE haben mithin signifikant häufiger Kontakt zum getrennt lebenden Elternteil. Dieses Ergebnis deckt sich wieder mit der Wahrnehmung der befragten VertreterInnen der Berufsgruppen: Fast die Hälfte der Befragten (insb MitarbeiterInnen der Jugendwohlfahrt, von Beratungsstellen und MediatorInnen) geben an, dass – ihrer Einschätzung nach – bei ObE häufigere Besuchskontakte vereinbart werden als bei aO eines Elternteils.[503]“[504]

503 *Kränzl-Nagl/Pelikan*, Berufsgruppenerhebung, in *Figdor/Barth-Richtarz*, Evaluationsstudie (2006) Beilage 109.

504 *Barth-Richtarz/Figdor*, Was bringt die gemeinsame Obsorge? (2008) 136.

### *7.6.3 Übernachtungen beim getrennt lebenden Elternteil*

Kinder in Familien mit ObE übernachten auch signifikant häufiger beim getrennt lebenden Elternteil als Kinder aus Familien mit aO eines Elternteils, was der folgende U-Test[505] belegt:

*Tabelle 84:* Übernachtungen der Kinder beim getrennt lebenden Elternteil *(Höhere Werte bei den mittleren Rängen bedeuten häufigere Übernachtungen.)*

**U-Test nach Mann-Whitney**

| | Obsorge - form | Mittlerer Rang | Sign. (eins.) | |
|---|---|---|---|---|
| Übernachtungen der Kinder beim getrennt lebenden Elternteil | ObE | 605,25 | ,000 | s |
| | aO | 426,71 | | |

„Während 57,6 % der Eltern mit ObE angeben, dass die Kinder regelmäßig beim getrennt lebenden Elternteil übernachten, sind es bei den Eltern mit aO eines Elternteils nur 30,7 % ... [Tab 85]. Auch bezüglich der Übernachtungen beim getrennt lebenden Elternteil stimmen die Ergebnisse der Elternbefragung mit jener der Berufsgruppenbefragung überein: Etwa 40 % der VertreterInnen der Berufsgruppen sagen, dass bei ObE öfter als bei aO eines Elternteils Übernachtungen vereinbart werden.[506]“[507]

505 Bei der Durchführung des U-Tests wurde die Kategorie „Eltern leben zusammen“ weggelassen, um das Ergebnis nicht zu verzerren. Diese Kategorie stellt in der Rangskala nämlich nicht die höchste Ausprägung dar, weil es sich ja (vermutlich in den meisten Fällen) um einen vorübergehenden Zustand handelt, in dem Sinne, dass der Auszug eines Elternteils *noch* nicht passiert ist. Die höchste Ausprägung ist damit die Kategorie „regelmäßig“.

506 *Kränzl-Nagl/Pelikan*, Berufsgruppenerhebung, in *Figdor/Barth-Richtarz*, Evaluationsstudie (2006) Beilage 109.

507 *Barth-Richtarz/Figdor*, Was bringt die gemeinsame Obsorge? (2008) 138.

*Tabelle 85:* Übernachten die Kinder beim getrennt lebenden Elternteil?

| | **ObE** (n = 604) | **aO** (n = 463) | **Gesamt** (n = 1067) |
|---|---|---|---|
| Nie | 12,7% | 36,7% | 23,1% |
| Als Notlösung | 4,0% | 4,1% | 4,0% |
| Ab und zu | 24,2% | 27,6% | 25,7% |
| Regelmäßig | 57,6% | 30,7% | 45,9% |
| Eltern leben zusammen | 1,5% | 0,9% | 1,2% |
| Gesamt | 100% | 100% | 100% |

### *7.6.4 Einstellungen von Müttern und Vätern zu den Besuchskontakten*

Befragt nach den Empfindungen, wenn die Kinder beim anderen Elternteil sind, zeigen sich zwischen den Eltern mit ObE und den Eltern mit aO eines Elternteils entsprechend der Hypothese H1.6c tatsächlich Unterschiede. Da es sich um ordinalskalierte Daten handelt, wurde die Unterschiedshypothese in Bezug auf jede Aussage mit U-Test überprüft.

Dargestellt werden in Tabelle 86 jedoch die Häufigkeiten, in denen diese Aussagen als eher oder sehr zutreffend angekreuzt wurden. In derselben Tabelle werden die signifikanten Unterschiede (der U-Tests) grau unterlegt dargestellt und die asymptotische Signifikanz zusätzlich ausgewiesen (p). (Die einzelnen U-Tests mit den mittleren Rängen werden in Tabelle A2 im Anhang ausgewiesen). Die Unterschiede lauten nun:

„Eltern mit ObE geben (signifikant) häufiger an,

- dass sie froh sind, dass die Kinder Kontakt zu beiden Elternteilen haben,
- dass sie sich sicher sind, dass die Kinder gut beim anderen Elternteil aufgehoben sind,
- dass sie froh sind, die Zeit, die die Kinder beim anderen Elternteil verbringen, für eigene Angelegenheiten nützen zu können.“[508]

---

508 *Barth-Richtarz/Figdor*, Was bringt die gemeinsame Obsorge? (2008) 139.

Eltern mit aO eines Elternteils sagen hingegen (signifikant) häufiger,

- dass sie die Kinder in der Zeit, in der sie beim anderen Elternteil sind, vermissen,
- dass sie Angst haben, an Einfluss auf die Kinder zu verlieren,
- dass sie hin- und hergerissen sind, ob sie es gut finden, dass die Kinder beim Exmann bzw bei der Exfrau sind,
- dass sie befürchten, dass sich die Beziehung der Kinder zum anderen Elternteil negativ für sie selbst auswirkt,
- dass sie befürchten, dass die Beziehung zum anderen Elternteil den Kindern schadet.

„Einstellungen, die es einer Mutter, einem Vater leichter machen, die Kinder zum anderen Elternteil zu lassen (wie etwa das Gefühl, dass die Kinder bei diesem gut aufgehoben sind) sind somit bei den Eltern mit ObE stärker vorhanden. Fast 60 % der Eltern mit ObE können die Zeit, die die Kinder beim anderen Elternteil verbringen, sogar für sich selbst als gewinnbringend erleben, nämlich Zeit für eigene Angelegenheiten zu haben (bei den Hauptbetreuenden mit ObE sind es sogar über 60 % [siehe Anhang Tab A3].

Ängste im Zusammenhang mit dem Kontakt bzw mit der Beziehung des anderen Elternteils zu den Kindern sind hingegen etwas stärker bei Eltern mit aO eines Elternteils vorhanden. Trotzdem sagen aber insgesamt auch fast 90 % der Eltern mit aO eines Elternteils, dass sie froh sind, dass die Kinder Kontakt zu beiden Elternteilen haben.“[509]

509 *Barth-Richtarz/Figdor*, Was bringt die gemeinsame Obsorge? (2008) 139.

*Tabelle 86:* Was empfinden Sie als Mutter, wenn Ihre Kinder beim Vater sind, bzw Sie als Vater, wenn Ihre Kinder bei der Mutter sind?

| **„trifft eher + sehr zu ...“** | **ObE** (n = 603) | **aO** (n = 436) | **U-Test** p (zweis.) |
|---|---|---|---|
| Ich bin froh, dass meine Kinder Kontakt zu beiden Elternteilen haben | 96,3% | 87,4% | ,000 |
| Trotz der Probleme, die ich mit meinem Ex-mann/meiner Exfrau habe, glaube ich, dass er/sie für meine Kinder wichtig ist | 87,5% | 84,6% | ,014 |
| Ich bin mir sicher, dass die Kinder gut bei meinem Exmann/meiner Exfrau aufgehoben sind | 85,6% | 68,4% | ,000 |
| Ich vermisse die Kinder in dieser Zeit | 57,9% | 63,3% | ,004 |
| Ich bin froh, weil ich dann Zeit für eigene Angelegenheiten habe | 57,7% | 46,7% | ,000 |
| Ich befürchte, dass die Beziehung zum neuen Partner/zur neuen Partnerin des anderen Elternteils den Kindern schadet | 21,1% | 27,6% | ,347 |
| Ich habe Angst, an Einfluss auf die Kinder zu verlieren | 14,4% | 20,0% | ,003 |
| Ich bin hin und her gerissen, ob ich es gut finde, dass die Kinder bei meinem Exmann/meiner Exfrau sind | 12,0% | 19,0% | ,000 |
| Ich befürchte, dass sich die Beziehung der Kinder zum anderen Elternteil negativ für mich auswirkt | 9,7% | 20,0% | ,000 |
| Ich befürchte, dass die Beziehung zum anderen Elternteil den Kindern schadet | 7,3% | 17,0% | ,000 |
| Es ist mir eigentlich egal | 7,9% | 11,0% | ,243 |

Eine detaillierte Aufstellung der Antworten der hauptbetreuenden und getrennt lebenden Elternteile beider Obsorgegruppen befindet sich im Anhang (Tab A3).

„Unterschiedliche Haltungen von Eltern mit ObE und aO zu den Besuchskontakten zeigen sich auch in Bezug auf die Frage, inwiefern die Fortführung der Beziehung zum getrennt lebenden Elternteil – ihrer Ansicht nach – Kindern hilft, die Trennung bzw Scheidung der Eltern zu bewältigen.“[510]

Da es sich um ordinalskalierte Daten handelt, wurde die Unterschiedshypothese wieder in Bezug auf jede Aussage mit U-Test überprüft. Dargestellt (Tab 87) werden jedoch die Häufigkeiten, in denen die einzelnen Stufen der Skala angekreuzt wurden. In derselben Tabelle werden die signifikanten Unterschiede

510 *Barth-Richtarz/Figdor*, Was bringt die gemeinsame Obsorge? (2008) 140.

(der U-Tests) grau unterlegt und die asymptotische Signifikanz zusätzlich ausgewiesen (p). (Die einzelnen U-Tests mit den mittleren Rängen werden in den Tabellen A4, A5, A6 im Anhang ausgewiesen.)

Was hilft nun Kindern – aus der Sicht der befragten Eltern –, die Trennung bzw Scheidung der Eltern zu bewältigen?

„Eltern mit ObE sagen signifikant häufiger als Eltern mit aO eines Elternteils, dass es Kindern hilft, wenn die Eltern versuchen, Kontaktmöglichkeiten (persönliche, telefonische Kontakte) zum anderen Elternteil zu schaffen. Sie sind auch signifikant häufiger als Eltern mit aO eines Elternteils der Ansicht, dass Kinder Mutter und Vater gleichermaßen brauchen und dass ein guter Stiefvater, eine gute Stiefmutter den leiblichen Vater bzw die leibliche Mutter nicht ersetzen kann."[511]

511 *Barth-Richtarz/Figdor*, Was bringt die gemeinsame Obsorge? (2008) 140.

*Tabelle 87:* Was denken Sie, hilft Kindern nach der Trennung/Scheidung ihrer Eltern? *(Prozentangaben; die grauen Felder zeigen die signifikanten Unterschiede zwischen den Obsorgegruppen an.)*

| **Alle Eltern**<br>(ObE: n = 601), (aO: n = 451)<br>Anm | | | | | | |
|---|---|---|---|---|---|---|
| | | **1** | **2** | **3** | **4** | |
| Kontaktmöglichkeit zum anderen Elternteil schaffen (Besuche, Telefon) | **ObE** | 75,4 | 15,5 | 7,2 | 2,0 | Kontakte zum anderen Elternteil möglichst gering halten |
| | **aO** | 61,2 | 20,6 | 12,6 | 5,5 | |
| | U-Test: p (zweis.) = 0,000 | | | | | |
| Nicht über den anderen Elternteil sprechen | **ObE** | 5,1 | 12,1 | 34,8 | 48,0 | Über den anderen Elternteil sprechen |
| | **aO** | 8,9 | 11,7 | 34,9 | 44,5 | |
| | U-Test: p (zweis.) = 0,123 | | | | | |
| In erster Linie brauchen Kinder die Mutter | **ObE** | 9,4 | 10,3 | 17,6 | 62,7 | Kinder brauchen gleichermaßen Mutter und Vater |
| | **aO** | 18,7 | 11,0 | 22,0 | 48,3 | |
| | U-Test: p (zweis.) = 0,000 | | | | | |
| Ein/e gute/r Stiefvater/-mutter kann den/die leibliche/n Vater/Mutter ersetzen | **ObE** | 8,3 | 11,8 | 26,5 | 53,4 | Ein/e gute/r Stiefvater/-mutter kann den/die leibliche/n Vater/Mutter nicht ersetzen |
| | **aO** | 11,5 | 16,7 | 27,0 | 44,8 | |
| | U-Test: p (zweis.) = 0,002 | | | | | |

Tab 88 und Tab 89 zeigen, dass die Unterschiede zwischen den Obsorgegruppen im Wesentlichen auf die Unterschiede in den Aussagen der hauptbetreuenden Eltern mit ObE (meist die Mütter) und der allein obsorgeberechtigten Eltern (ebenfalls meist die Mütter) zurückzuführen sind: Hauptbetreuende mit ObE vertreten signifikant häufiger die Ansicht, dass die Eltern ihren Kindern helfen, wenn sie den Kindern Möglichkeiten eröffnen, mit dem anderen Elternteil in Kontakt zu bleiben, und dass Kinder Mutter und Vater gleichermaßen brauchen (Tab 88):

*Tabelle 88:* Was denken Sie, hilft Kindern nach der Trennung/Scheidung ihrer Eltern? *(Prozentangaben; die grauen Felder zeigen die signifikanten Unterschiede zwischen den Obsorgegruppen an.)*

| **Hauptbetreuende Elternteile**<br>(ObE: n = 326), (aO: n = 291)<br>Anm | | | | | | |
|---|---|---|---|---|---|---|
| | | **1** | **2** | **3** | **4** | |
| Kontaktmöglichkeit zum anderen Elternteil schaffen (Besuche, Telefon) | **ObE** | 73,3 | 17,8 | 7,7 | 1,2 | Kontakte zum anderen Elternteil möglichst gering halten |
| | **aO** | 52,2 | 25,8 | 15,1 | 6,9 | |
| | U-Test: p (zweis.) = 0,000 | | | | | |
| Nicht über den anderen Elternteil sprechen | **ObE** | 4,1 | 10,6 | 33,4 | 51,9 | Über den anderen Elternteil sprechen |
| | **aO** | 9,8 | 8,8 | 37,5 | 43,9 | |
| | U-Test: p (zweis.) = 0,030 | | | | | |
| In erster Linie brauchen Kinder die Mutter | **ObE** | 10,9 | 13,1 | 19,2 | 56,9 | Kinder brauchen gleichermaßen Mutter und Vater |
| | **aO** | 23,5 | 12,1 | 25,6 | 38,8 | |
| | U-Test: p (zweis.) = 0,000 | | | | | |
| Ein/e gute/r Stiefvater/-mutter kann den/die leibliche/n Vater/Mutter ersetzen | **ObE** | 11,2 | 14,1 | 27,9 | 46,8 | Ein/e gute/r Stiefvater/-mutter kann den/die leibliche/n Vater/Mutter nicht ersetzen |
| | **aO** | 14,8 | 18,6 | 29,6 | 37,1 | |
| | U-Test: p (zweis.) = 0,010 | | | | | |

Die getrennt lebenden Eltern mit ObE (zumeist die Väter) unterscheiden sich in ihrem Antwortverhalten auf diese Fragen nicht wesentlich von den Nichtobsorgeberechtigten (ebenfalls zumeist die Väter), sodass auch alle U-Tests nicht signifikant sind (Tab 89):

*Tabelle 89:* Was denken Sie, hilft Kindern nach der Trennung/Scheidung ihrer Eltern *(Prozentangaben)*

| **Getrennt lebende Elternteile** (ObE: n = 215), (aO: n = 156) Anm | | | | | | |
|---|---|---|---|---|---|---|
| | | **1** | **2** | **3** | **4** | |
| Kontaktmöglichkeit zum anderen Elternteil schaffen (Besuche, Telefon) | **ObE** | 78,6 | 12,6 | 6,0 | 2,8 | Kontakte zum anderen Elternteil möglichst gering halten |
| | **aO** | 78,2 | 10,9 | 7,7 | 3,2 | |
| | U-Test: p (zweis.) = 0,857 | | | | | |
| Nicht über den anderen Elternteil sprechen | **ObE** | 5,3 | 15,5 | 36,9 | 42,2 | Über den anderen Elternteil sprechen |
| | **aO** | 7,5 | 17,7 | 28,6 | 46,3 | |
| | U-Test: p (zweis.) = 0,934 | | | | | |
| In erster Linie brauchen Kinder die Mutter | **ObE** | 7,7 | 8,1 | 15,3 | 68,9 | Kinder brauchen gleichermaßen Mutter und Vater |
| | **aO** | 9,2 | 7,9 | 15,1 | 67,8 | |
| | U-Test: p (zweis.) = 0,765 | | | | | |
| Ein/e gute/r Stiefvater/-mutter kann den/die leibliche/n Vater/Mutter ersetzen. | **ObE** | 2,9 | 9,3 | 25,5 | 62,3 | Ein/e gute/r Stiefvater/-mutter kann den/die leibliche/n Vater/Mutter nicht ersetzen. |
| | **aO** | 4,7 | 12,8 | 22,1 | 60,4 | |
| | U-Test: p (zweis.) = 0,500 | | | | | |

### *7.6.5 Zufriedenheit der Mütter, Väter und Kinder mit dem Ausmaß an Besuchskontakten*

Schließlich wurden die Eltern auch nach ihrer eigenen Zufriedenheit mit dem Ausmaß an Kontakten der Kinder zum getrennt lebenden Elternteil und nach der mutmaßlichen Zufriedenheit ihrer ExpartnerInnen und Kinder befragt.

Die Daten zur **eigenen Zufriedenheit der Befragten** können als intervallskaliert angenommen werden[512], was bedeutet, dass zur Überprüfung eines möglichen Unterschieds in der Zufriedenheit von Eltern mit ObE und aO der T-Test zur Anwendung gebracht werden kann. Neben dem Intervallskalenniveau setzt der T-Test jedoch auch voraus, dass die betrachteten Variablen in der Grundgesamtheit normalverteilt sind. Diese zweite Voraussetzung wird durch grafische Verfahren sowie durch den *Kolmogorov-Smirnov*-Test eingeschätzt. Wie die entsprechenden Normalverteilungsdiagramme (siehe Tab A7, A8 im Anhang) sowie der *Kolmogorov-Smirnov*-Test (Tab 90) zeigen, liegt keine Normalverteilung vor. (Die dritte Voraussetzung, nämlich die Homogenität der Varianzen, muss deshalb nicht mehr geprüft werden.) So kommt alternativ das parameterfreie Verfahren, der U-Test nach *Mann/Whitney*, zur Anwendung.

*Tabelle 90:* Zufriedenheit der befragten Eltern mit dem gegenwärtigen Ausmaß der Kontakte der Kinder zum getrennt lebenden Elternteil: Test auf Normalverteilung

**Tests auf Normalverteilung**

| | | Kolmogorov-Smirnov[a] | | |
|---|---|---|---|---|
| | Obsorgeform | Statistik | df | Signifikanz |
| Zufriedenheit mit Kontakthäufigkeit | ObE | ,180 | 595 | ,000 |
| | aO | ,157 | 465 | ,000 |

a. Signifikanzkorrektur nach Lilliefors

Der U-Test in Tab 91 zeigt, dass Eltern mit ObE signifikant zufriedener mit dem derzeitigen Ausmaß an Besuchskontakten sind als Eltern mit aO eines Elternteils:

512 Entscheidend ist dafür – nach *Brosius* – nicht, wie der Analytiker die Skala interpretiert, sondern wie die Skala von den Befragten eingeschätzt wurde (*Brosius*, SPSS 12 [2004] 479). Im vorliegenden Fall ist die Skala bereits relativ fein abgestuft, und es wurden nur die Endpunkte der Skala mit „sehr unzufrieden" bzw „sehr zufrieden" benannt. Daher ist es nicht unplausibel, dass die Befragten die Skala als gleichmäßiges Kontinuum zwischen den Endpunkten und damit im Sinne einer Intervallskala interpretiert haben.

*Tabelle 91:* Zufriedenheit der befragten Eltern mit dem gegenwärtigen Ausmaß der Kontakte der Kinder zum getrennt lebenden Elternteil *(Höhere mittlere Ränge bedeuten eine höhere Zufriedenheit.)*

**U-Test nach Mann-Whitney**

| | Obsorge-form | Mittlerer Rang | Sign. (eins.) | |
|---|---|---|---|---|
| Eigene Zufriedenheit mit dem Kontaktausmaß | ObE | 581,53 | ,000 | s |
| | aO | 465,21 | | |

Wie Tab 92 zeigt, sind etwa 50 % der Eltern mit ObE und etwa 30 % der Eltern mit aO eines Elternteils mit dem gegenwärtigen Ausmaß an Besuchskontakten zufrieden oder sogar sehr zufrieden. Etwa 25 % der Eltern mit ObE und etwa 40 % der Eltern mit aO eines Elternteils sind unzufrieden oder sogar sehr unzufrieden. Die restlichen Befragten sind teilweise zufrieden.

*Tabelle 92:* Wie zufrieden sind Sie mit dem gegenwärtigen Ausmaß der Kontakte der Kinder zum getrennt lebenden Elternteil?

| | **ObE** (n = 595) | **aO** (n = 465) | **Gesamt** (n = 1060) |
|---|---|---|---|
| Sehr zufrieden | 30,6% | 19,4% | 25,7% |
| Zufrieden | 20,0% | 11,4% | 16,2% |
| **Summe (sehr zufrieden + zufrieden)** | **50,6%** | **30,8%** | **41,9%** |
| | | | |
| Teils/teils | 23,7% | 30,1% | 26,5% |
| | | | |
| Unzufrieden | 12,8% | 15,7% | 14,1% |
| Sehr unzufrieden | 12,9% | 23,4% | 17,5% |
| **Summe (unzufrieden + sehr unzufrieden)** | **25,7%** | **39,1%** | **31,6%** |

Die Differenzierung nach dem Betreuungsstatus zeigt, dass sowohl Hauptbetreuende mit ObE signifikant zufriedener mit dem Ausmaß der Kontakte der Kinder zum anderen Elternteil sind als Hauptbetreuende mit aO (Tab 93) als auch die getrennt lebenden mit ObE im Vergleich zu den nicht obsorgeberechtigten Elternteilen (Tab 94):

*Tabelle 93:* Zufriedenheit der befragten Eltern mit dem gegenwärtigen Ausmaß der Kontakte der Kinder zum getrennt lebenden Elternteil *(Höhere mittlere Ränge bedeuten eine höhere Zufriedenheit.)*

**U-Test nach Mann-Whitney: nur Hauptbetreuende**

| | Obsorge-form | Mittlerer Rang | Sign. (eins.) | |
|---|---|---|---|---|
| Eigene Zufriedenheit mit dem Kontaktausmaß | ObE | 340,38 | ,000 | s |
| | aO | 288,30 | | |

*Tabelle 94:* Zufriedenheit der befragten Eltern mit dem gegenwärtigen Ausmaß der Kontakte der Kinder zum getrennt lebenden Elternteil *(Höhere mittlere Ränge bedeuten eine höhere Zufriedenheit.)*

**U-Test nach Mann-Whitney: nur getrennt lebende Elternteile**

| | Obsorge-form | Mittlerer Rang | Sign. (eins.) | |
|---|---|---|---|---|
| Eigene Zufriedenheit mit dem Kontaktausmaß | ObE | 207,78 | ,000 | s |
| | aO | 154,24 | | |

Innerhalb der jeweiligen Obsorgegruppe variiert die Zufriedenheit zwischen den hauptbetreuenden und den getrennt lebenden Elternteilen nicht sehr stark: „Nicht ganz 50 % der hauptbetreuenden und etwas über 50 % der getrennt lebenden Elternteile mit ObE sind mit dem Ausmaß an Besuchskontakten zufrieden. Von den Eltern mit aO eines Elternteils geben etwas über (Hauptbetreuende) bzw knapp unter (getrennt Lebende) 30 % an, dass sie mit dem Ausmaß an Besuchskontakten zufrieden sind (Tab 95).

*Tabelle 95:* Wie zufrieden sind Sie mit dem gegenwärtigen Ausmaß der Kontakte der Kinder zum getrennt lebenden Elternteil?

| | **Hauptbetreuende** | | **Getrennt Lebende** | |
|---|---|---|---|---|
| | **ObE** (n = 329) | **aO** (n = 301) | **ObE** (n = 208) | **aO** (n = 160) |
| Sehr zufrieden | 28,6% | 21,6% | 30,3% | 15,0% |
| Zufrieden | 18,5% | 11,0% | 24,0% | 12,5% |
| **Summe (sehr zufrieden + zufrieden)** | **47,1%** | **32,6%** | **54,3%** | **27,5%** |
| | | | | |
| Teils/teils | 26,7% | 30,2% | 20,2% | 30,0% |
| | | | | |
| Unzufrieden | 14,3% | 17,3% | 10,6% | 13,1% |
| Sehr unzufrieden | 11,9% | 19,9% | 14,9% | 29,4% |
| **Summe (unzufrieden + sehr unzufrieden)** | **26,2** | **37,2** | **25,5** | **42,5** |

Eltern mit ObE sind nicht nur selbst zufriedener mit dem Ausmaß an Besuchskontakten, sondern geben auch häufiger als Eltern mit aO eines Elternteils an, dass sie glauben, dass ihre Kinder zufrieden sind. Etwa 55 % der Eltern mit ObE und etwa 35 % der Eltern mit aO eines Elternteils denken, dass ihre Kinder (Kind 1 bis 3) mit dem derzeitigen Ausmaß an Besuchskontakten zufrieden sind.“[513] Diese Unterschiede zwischen den Obsorgegruppen sind in Bezug auf die Angaben zu Kind 1 (jüngstes Kind) und Kind 2 (zweitjüngstes Kind) – wie der Chi²-Test in Tab 96 und 97 ergibt – signifikant. (Die grau unterlegten Felder in der Tabelle zeigen die signifikanten Unterschiede an.)

Ebenfalls statistisch überprüft wurden die Unterschiede in Bezug auf die Kategorie „**Kind möchte keinen Kontakt**“. Hierbei zeigt sich, dass signifikant mehr Eltern mit aO eines Elternteils als Eltern mit ObE denken, dass ihr Kind (Kind 1, Kind 2) keinen Kontakt zum getrennt lebenden Elternteil möchte.

513 *Barth-Richtarz/Figdor*, Was bringt die gemeinsame Obsorge? (2008) 143.

*Tabelle 96:* Wie zufrieden, glauben Sie, sind ihre Kinder mit dem gegenwärtigen Ausmaß der Kontakte zum getrennt lebenden Elternteil?

| Kind 1 | ObE (n = 588) | aO (n = 452) | Gesamt (n = 1040) | Chi² p (eins.) |
|---|---|---|---|---|
| **Zufrieden** | **52,7%** | **31,2%** | **43,4%** | 0,000 |
| Teils/teils | 16,3% | 20,4% | 18,1% | |
| Würde sich mehr Kontakt wünschen | 23,5% | 31,0% | 26,7% | |
| Würde sich weniger Kontakt wünschen | 1,0% | 1,8% | 1,3% | |
| **Kind möchte keinen Kontakt** | **0,9%** | **5,1%** | **2,7%** | 0,000 |
| Ich weiß nicht | 5,6% | 10,6% | 7,8% | |
| | 100% | 100% | 100% | |

*Tabelle 97:* Wie zufrieden, glauben Sie, sind ihre Kinder mit dem gegenwärtigen Ausmaß der Kontakte zum getrennt lebenden Elternteil?

| Kind 2 | ObE (n = 362) | aO (n = 262) | Gesamt (n = 624) | Chi² p (eins.) |
|---|---|---|---|---|
| **Zufrieden** | **55,5%** | **34,7%** | **46,8%** | 0,000 |
| Teils/teils | 17,1% | 18,3% | 17,6% | |
| Würde sich mehr Kontakt wünschen | 20,4% | 30,2% | 24,5% | |
| Würde sich weniger Kontakt wünschen | 1,4% | 1,9% | 1,6% | |
| **Kind möchte keinen Kontakt** | **0,6%** | **7,6%** | **3,5%** | 0,000 |
| Ich weiß nicht | 5,0% | 7,3% | 5,9% | |
| | 100% | 100% | 100% | |

In Bezug auf Kind 3 (drittjüngstes Kind) ist der Unterschied zwischen den Obsorgegruppen in der getesteten Kategorie „zufrieden“ auf dem 99-%-Signifikanzniveau nicht mehr signifikant. Allerdings ist hier auch die Fallzahl deutlich geringer, da weniger Befragte angeben, drei Kinder zu haben. Die Kategorie „Kind möchte keinen Kontakt“ wird auch beim dritten Kind von Eltern mit aO eines Elternteils signifikant häufiger genannt (Tab 98):

*Tabelle 98:* Wie zufrieden, glauben Sie, sind ihre Kinder mit dem gegenwärtigen Ausmaß der Kontakte zum getrennt lebenden Elternteil?

| **Kind 3** | **ObE** (n = 78) | **aO** (n = 59) | **Gesamt** (n = 137) | **Chi²** p (eins.) |
|---|---|---|---|---|
| **Zufrieden** | **56,4%** | **37,3%** | **48,2%** | 0,014 |
| Teils/teils | 17,9% | 11,9% | 15,3% | |
| Würde sich mehr Kontakt wünschen | 14,1% | 28,8% | 20,4% | |
| Würde sich weniger Kontakt wünschen | 2,6% | 1,7% | 2,2% | |
| **Kind möchte keinen Kontakt** | **2,6%** | **13,6%** | **7,3%** | 0,007 |
| Ich weiß nicht | 6,4% | 6,8% | 6,6% | |
| | 100% | 100% | 100% | |

„Die Differenzierung danach, wo die Kinder leben, zeigt, dass va die Nichtobsorgeberechtigten (nämlich etwa 45 % von ihnen) denken, dass sich die Kinder mehr Kontakt zu ihnen wünschen würden. Dass sich die Kinder keinen Kontakt mehr zum anderen Elternteil wünschen, wird hingegen am häufigsten von den allein obsorgeberechtigten Eltern angenommen. Dieser Anteil steigt mit zunehmendem Alter des Kindes. Beim drittjüngsten Kind geben immerhin schon 17 % der allein obsorgeberechtigten Eltern an, dass sie denken, dass das Kind keinen Kontakt zum getrennt lebenden Elternteil mehr möchte“[514] (Tab 99, 100, 101).

Die Unterschiede zwischen den Obsorgegruppen wurden wieder in Bezug auf die Kategorien „zufrieden“ bzw „Kind möchte keinen Kontakt“ signifikanzstatistisch überprüft. Die grau unterlegten Felder in den Tabellen 99, 100 und 101 zeigen die signifikanten Ergebnisse der Chi²-Tests (zwischen den Angaben der Hauptbetreuenden mit ObE und aO bzw den getrennt lebenden Elternteilen mit ObE und aO) an:

514 *Barth-Richtarz/Figdor*, Was bringt die gemeinsame Obsorge? (2008) 144.

*Tabelle 99:* Wie zufrieden, glauben Sie, sind ihre Kinder mit dem gegenwärtigen Ausmaß der Kontakte zum getrennt lebenden Elternteil?

| **Kind 1** | **Hauptbetreuende** | | | **Getrennt Lebende** | | |
|---|---|---|---|---|---|---|
| | **ObE** (n = 320) | **aO** (n = 289) | **Chi** p (eins.)² | **ObE** (n = 212) | **aO** (n = 159) | **Chi²** p (eins.) |
| **Zufrieden** | **52,8%** | **33,9%** | 0,000 | **48,6%** | **25,8%** | 0,000 |
| Teils/teils | 16,6% | 23,2% | | 16,5% | 15,1% | |
| Würde sich mehr Kontakt wünschen | 22,8% | 23,2% | | 27,8% | 45,9% | |
| Würde sich weniger Kontakt wünschen | 1,3% | 2,8% | | 0,0% | 0,0% | |
| **Kind möchte keinen Kontakt** | **1,3%** | **7,3%** | 0,000 | **0,5%** | **0,6%** | 0,419 |
| Ich weiß nicht | 5,3% | 9,7% | | 6,6% | 12,6% | |
| | 100% | 100% | | 100% | 100% | |

*Tabelle 100:* Wie zufrieden, glauben Sie, sind ihre Kinder mit dem gegenwärtigen Ausmaß der Kontakte zum getrennt lebenden Elternteil?

| **Kind 2** | **Hauptbetreuende** | | | **Getrennt Lebende** | | |
|---|---|---|---|---|---|---|
| | **ObE** (n = 189) | **aO** (n = 165) | **Chi²** p (eins.) | **ObE** (n = 126) | **aO** (n = 94) | **Chi²** p (eins.) |
| **Zufrieden** | **54,0%** | **36,4%** | 0,001 | **51,6%** | **30,9%** | 0,001 |
| Teils/teils | 19,0% | 23,0% | | 15,1 | 10,6% | |
| Würde sich mehr Kontakt wünschen | 20,1% | 21,8% | | 24,6% | 45,7% | |
| Würde sich weniger Kontakt wünschen | 2,6% | 3,0% | | 0,0% | 0,0% | |
| **Kind möchte keinen Kontakt** | **0,5%** | **10,3%** | 0,000 | **0,8%** | **2,1%** | 0,200 |
| Ich weiß nicht | 3,7% | 5,5% | | 7,9% | 10,6% | |
| | 100% | 100% | | 100% | 100% | |

*Tabelle 101:* Wie zufrieden, glauben Sie, sind ihre Kinder mit dem gegenwärtigen Ausmaß der Kontakte zum getrennt lebenden Elternteil?

| **Kind 3** | **Hauptbetreuende** | | | **Getrennt Lebende** | | |
|---|---|---|---|---|---|---|
| | **ObE** (n = 37) | **aO** (n = 35) | **Chi²** p (eins.) | **ObE** (n = 26) | **aO** (n = 22) | **Chi²** p (eins.) |
| **Zufrieden** | **48,6%** | **42,9%** | 0,311 | **50,0%** | **27,3%** | 0,0545 |
| Teils/teils | 18,9% | 11,4% | | 26,9% | 13,6% | |
| Würde sich mehr Kontakt wünschen | 16,2% | 20,0% | | 15,4% | 45,5% | |
| Würde sich weniger Kontakt wünschen | 5,4% | 2,9% | | 0,0% | 0,0% | |
| **Kind möchte keinen Kontakt** | **5,4%** | **17,1%** | 0,057 | **0,0%** | **4,5%** | 0,136 |
| Ich weiß nicht | 5,4% | 5,7% | | 7,7% | 9,15 | |
| | 100% | 100% | | 10%0 | 100% | |

„Etwas über 70 % der Eltern mit ObE und etwas über 50 % der Eltern mit aO eines Elternteils denken, dass das gegenwärtige Ausmaß der Kontakte zum getrennt lebenden Elternteil in Hinblick auf die Entwicklung der Kinder gut ist. Auch in dieser Einschätzung unterscheiden sich die Eltern mit ObE signifikant von jenen mit aO eines Elternteils“[515], wie das Ergebnis des Chi²-Tests zeigt (Tab 102). Über 40 % der Eltern mit aO – und damit signifikant mehr als Eltern der Gruppe ObE – geben an, dass ihre Kinder mehr Kontakt zum getrennt lebenden Elternteil bräuchten. Nur knapp über 2 % der Eltern mit ObE und etwas über 5 % der Eltern mit aO eines Elternteils sind der Ansicht, dass ein geringeres Ausmaß an Kontakten in Hinblick auf die Entwicklung der Kinder besser wäre. Auch dieser Unterschied ist signifikant:

515 *Barth-Richtarz/Figdor*, Was bringt die gemeinsame Obsorge? (2008) 145.

*Tabelle 102:* Glauben Sie, ist das gegenwärtige Ausmaß der Kontakte zum getrennt lebenden Elternteil in Hinblick auf die Entwicklung der Kinder gut?

| | **ObE** (n = 597) | **aO** (n = 470) | **Gesamt** (n = 1067) | **Chi²** p (eins.) |
|---|---|---|---|---|
| Ja | 73,9% | 52,8% | 64,6% | 0,000 |
| Nein, Kinder bräuchten mehr Kontakt | 23,8% | 41,9% | 31,8% | 0,000 |
| Nein, Kinder bräuchten weniger Kontakt | 2,3% | 5,3% | 3,7% | 0,005 |
| Gesamt | 100% | 100% | 100% | |

Während die hauptbetreuenden und getrennt lebenden Eltern mit ObE relativ ähnlich antworten, denken fast 60 % der nicht obsorgeberechtigten, aber nur etwa halb so viele der allein obsorgeberechtigten Elternteile, dass die Kinder mehr Kontakt zum getrennt lebenden Elternteil bräuchten (Tab 103). Bei den Alleinobsorgeberechtigten ist dieser Anteil also wesentlich geringer, aber immer noch höher als bei den Eltern mit ObE: „Auch etwa ein Drittel der Alleinobsorgeberechtigten denkt, dass die Kinder mehr Kontakt zum getrennt lebenden Elternteil bräuchten.

Alleinobsorgeberechtigte geben aber auch signifikant häufiger als Hauptbetreuende mit ObE an, dass es – ihrer Ansicht nach – besser für ihre Kinder wäre, sie hätten weniger Kontakt zum getrennt lebenden Elternteil.“[516]

Signifikant mehr getrennt lebende Eltern mit ObE als Nichtobsorgeberechtigte glauben, dass das derzeitige Ausmaß an Kontakten der Kinder zu ihnen für die Entwicklung ihrer Kinder gut ist (Tab 103).

516 *Barth-Richtarz/Figdor*, Was bringt die gemeinsame Obsorge? (2008) 146.

*Tabelle 103:* Glauben Sie, ist das gegenwärtige Ausmaß der Kontakte zum getrennt lebenden Elternteil in Hinblick auf die Entwicklung der Kinder gut?

| | **Hauptbetreuende** | | | **Getrennt Lebende** | | |
|---|---|---|---|---|---|---|
| | **ObE** (n = 324) | **aO** (n = 299) | **Ch²** p (eins.) | **ObE** (n = 217) | **aO** (n = 167) | **Chi²** p (eins.) |
| Ja | 72,2% | 58,5% | 0,000 | 77,0% | 41,3% | 0,000 |
| Nein, Kinder bräuchten mehr Kontakt | 24,7% | 33,1% | 0,010 | 22,6% | 58,7% | 0,000 |
| Nein, Kinder bräuchten weniger Kontakt | 3,1% | 8,4% | 0,002 | 0,5% | 0,0% | 0,190 |
| Gesamt | 100% | 100% | | 100% | 100% | |

„In dieselbe Richtung weisen die Antworten auf die Frage, welche Änderung sich diejenigen Eltern wünschen würden, die mit dem derzeitigen Ausmaß der Kontakte unzufrieden sind: Von den Eltern, die sich eine Änderung des Kontaktausmaßes wünschen, möchten die überwiegende Mehrheit der Hauptbetreuenden und 100 % der getrennt lebenden Eltern häufigere bzw längere Kontakte der Kinder zum getrennt lebenden Elternteil"[517] (Tab 104). Dabei zeigt sich jedoch (Tab 105), dass signifikant mehr Hauptbetreuenden mit ObE als allein obsorgeberechtigte Eltern häufigere bzw längere Kontakte möchten. Umgekehrt wünschen sich die allein obsorgeberechtigten Elternteile in einem signifikant höheren Ausmaß, dass die Kontakte der Kinder zum getrennt lebenden Elternteil gar nicht mehr stattfinden. Auch dieses Ergebnis spiegelt also die größere Zufriedenheit der Eltern mit ObE mit den Kontakten der Kinder zum getrennt lebenden Elternteil wider:

517 *Barth-Richtarz/Figdor*, Was bringt die gemeinsame Obsorge? (2008) 146.

*Tabelle 104:* Möchten Sie das derzeitige Ausmaß der Kontakte der Kinder zum getrennt lebenden Elternteil ändern?

| **Wenn ja, was möchten Sie ändern?** | **ObE** (n = 164) | **aO** (n = 194) | **Gesamt** (n = ) | **Chi²** p (zweis.) |
|---|---|---|---|---|
| Häufigere/längere Kontakte | 92,7% | 86,1% | 89,1% | 0,023 |
| Weniger häufige/kürzere Kontakte | 5,5% | 7,7% | 6,7% | 0,199 |
| Keine Kontakte mehr | 1,8% | 6,2% | 4,2% | 0,020 |
| Gesamt | 100% | 100% | 100% | |

*Tabelle 105:* Möchten Sie das derzeitige Ausmaß der Kontakte der Kinder zum getrennt lebenden Elternteil ändern?

| **Wenn ja, was möchten Sie ändern?** | **Hauptbetreuende** | | | **Getrennt Lebende** | | |
|---|---|---|---|---|---|---|
| | **ObE** (n = 92) | **aO** (n = 102) | **Chi²** p (zweis.) | **ObE** (n = 59) | **aO** (n = 92) | **Chi²** p |
| Häufigere/längere Kontakte | 88,0% | 73,5% | 0,006 | 100% | 100% | - |
| Weniger häufige/kürzere Kontakte | 9,8% | 14,7% | 0,149 | 0% | 0% | - |
| Keine Kontakte mehr | 2,2% | 11,8% | 0,005 | 0% | 0% | - |
| Gesamt | 100% | 100% | | 100% | 100% | |

*Resümee*

Dass sich die ObE positiv auf das Ausmaß der Besuchskontakte zwischen dem Kind und dem getrennt lebenden Elternteil auswirken würde, bildete stets das Hauptargument der BefürworterInnen der gemeinsamen Obsorge. Und tatsächlich zeigen die Ergebnisse der vorliegenden Studie klar: „Kinder mit ObE sehen den getrennt lebenden Elternteil signifikant häufiger als Kinder mit aO eines Elternteils: Über 60 % der befragten Eltern mit ObE geben an, dass ihre Kinder häufigen Kontakt zum anderen Elternteil haben, dh täglich bis mehrmals pro Woche oder zumindest einmal unter der Woche und zwei Wochenenden im Monat. Im Vergleich dazu geben nur etwa 35 % der Befragten mit aO eines Elternteils derart häufige Kontakte an.

Dass ihre Kinder wenig (höchstens einmal im Monat) oder gar keinen Kontakt zum anderen Elternteil haben, antworten 14,1 % der Befragten mit ObE, hingegen ein Drittel (33 %) der Eltern mit aO eines Elternteils.

Es zeigt sich also, dass Kinder in Familien mit ObE signifikant häufigere Kontakte zum getrennt lebenden Elternteil haben. Womit die vorliegende Studie ausländische Erfahrungen und Ergebnisse vergleichbarer Untersuchungen, va die Studie von *Proksch*[518], bestätigt.“ [519] Auch die in der Berufsgruppenbefragung einbezogenen Fachkräfte bemerken in ihrer Berufspraxis ein höheres Kontaktausmaß in Familien mit ObE.[520]

Kinder in Familien mit ObE übernachten auch signifikant häufiger beim getrennt lebenden Elternteil als Kinder mit aO eines Elternteils, wodurch gemeinsam geteilte Alltagserfahrungen und die damit verbundene Intimität eher ermöglicht werden.

„Einstellungen, die es einer Mutter, einem Vater leichter machen, die Kinder zum anderen Elternteil zu lassen (wie etwa das Gefühl, dass die Kinder bei diesem gut aufgehoben sind) sind ... bei den Eltern mit ObE stärker vorhanden. Dazu gehört, dass Eltern mit ObE in höherem Ausmaß als Eltern mit aO eines Elternteils die Zeit, die die Kinder beim anderen Elternteil verbringen, für eigene Angelegenheiten gewinnbringend nützen; dass sie weniger häufig Angst im Zusammenhang mit den Kontakten der Kindern zum anderen Elternteil haben; häufiger die Ansicht vertreten, dass Kinder beide Elternteile brauchen; dass sie in geringerem Ausmaß gerichtliche Regelungen der Besuchskontakte benötigen und sich eher in der Lage sehen, sich diesbezüglich mit dem anderen Elternteil einigen zu können.

Insgesamt sind Eltern mit ObE mit dem derzeitigen Ausmaß an Besuchskontakten signifikant zufriedener als Eltern mit aO eines Elternteils und geben auch häufiger als Eltern mit aO eines Elternteils an, dass sie glauben, dass ihre Kinder zufrieden sind“[521] und dass das gegenwärtige Ausmaß der Kontakte zum getrennt lebenden Elternteil in Hinblick auf die Entwicklung der Kinder gut ist.

---

518 *Proksch*, Rechtstatsächliche Untersuchung (2002).

519 *Barth-Richtarz/Figdor*, Was bringt die gemeinsame Obsorge? (2008) 147.

520 *Kränzl-Nagl/Pelikan*, Berufsgruppenerhebung, in *Figdor/Barth-Richtarz*, Evaluationsstudie (2006) Beilage 109.

521 *Barth-Richtarz/Figdor*, Was bringt die gemeinsame Obsorge? (2008) 148.

## 7.7 Ausübung der elterlichen Verantwortung durch den getrennt lebenden Elternteil („gelebte Vaterschaft“)

**Hypothese 1.7:**
Die ObE führt dazu, dass sich die getrennt lebenden Elternteile (zumeist Väter) nicht nur quantitativ mehr um ihre Kinder kümmern, sondern auch qualitativ, dh mehr elterliche Aufgaben und Verantwortung übernehmen.

Um die Qualität der Beziehung der getrennt lebenden Elternteile zu den Kindern zu erfassen, wurden folgende Aspekte in den Blick genommen:

- das Ausmaß an Verständigung der Eltern nach der Trennung bzw Scheidung über Angelegenheiten, die die Kinder betreffen, und die Zufriedenheit damit,
- die tatsächliche Übernahme von Verantwortung im Alltag des Kindes durch den getrennt lebenden Elternteil (In welchem Ausmaß kümmert sich der getrennt lebende Elternteil um bestimmte Aufgaben im Zusammenhang mit dem Kind? Wie hat sich die Aufgabenverteilung zwischen den Eltern seit der Trennung der Eltern verändert?),
- das Erleben der Beziehung der getrennt lebenden Elternteile zu ihren Kindern.

Daraus folgt:

H1.1.7a: Eltern mit ObE verständigen sich in einem höheren Ausmaß über Angelegenheiten, die das Kind betreffen, wodurch sich die getrennt lebenden Elternteile im Falle der ObE besser informiert fühlen *(gerichtete Alternativhypothese)*.

H1.1.7b: Getrennt lebende Elternteile übernehmen im Fall der ObE tatsächlich mehr Verantwortung im Alltag des Kindes: Das heißt, sie kümmern sich in einem höheren Ausmaß um bestimmte Aufgaben im Zusammenhang mit dem Kind *(gerichtete Alternativhypothese)*.

H1.1.7c: Getrennt lebende Eltern mit ObE erleben die Beziehung zu ihren Kindern positiver als nicht obsorgeberechtigte Elternteile *(gerichtete Alternativhypothese)*.

Die entsprechenden Nullhypothesen lauten:

H0.1.7a: Es zeigen sich keine Unterschiede bei Eltern mit ObE und aO bezüglich der Verständigung über Angelegenheiten, die das Kind betreffen.

H0.1.7b: Es zeigen sich keine Unterschiede bezüglich der Übernahme von Alltagsaufgaben durch getrennt lebende Elternteile mit ObE und aO.

H0.1.7c: Es zeigen sich keine Unterschiede im Erleben der Beziehung zu den Kindern zwischen getrennt lebenden Eltern mit ObE und ohne Obsorge.

**Die Alternativhypothese (H1.1.7a, H1.1.7b, H1.1.7c) wird durch die vorliegenden Daten in allen Teilen bestätigt.**

### *7.7.1 Kommunikation und Kooperation*

Wie die U-Tests (ordinalskalierte Daten) in Tab 106 zeigen, verständigen sich Eltern mit ObE in einem signifikant höheren Ausmaß über Angelegenheiten, die die Kinder betreffen, als Eltern der Gruppe aO, und zwar sowohl den Angaben der hauptbetreuenden (Tab 107) als auch den Angaben der getrennt lebenden (Tab 108) Elternteile zufolge:

*Tabelle 106:* Häufigkeit der Verständigung über Angelegenheiten, die die Kinder betreffen *(Höhere mittlere Ränge zeigen ein geringeres Ausmaß an Verständigung an.)*

**U-Test nach Mann-Whitney**

| | Obsorge-form | Mittlerer Rang | Sign. (eins.) | |
|---|---|---|---|---|
| Häufigkeit der Verständigung der Eltern | ObE | 398,76 | ,000 | s |
| | aO | 549,78 | | |

*Tabelle 107:* Häufigkeit der Verständigung über Angelegenheiten, die die Kinder betreffen *(Höhere mittlere Ränge zeigen ein geringeres Ausmaß an Verständigung an.)*

**U-Test nach Mann-Whitney: nur Hauptbetreuende**

| | Obsorge-form | Mittlerer Rang | Sign. (eins.) | |
|---|---|---|---|---|
| Häufigkeit der Verständigung der Eltern | ObE | 236,62 | ,000 | s |
| | aO | 319,37 | | |

*Tabelle 108:* Häufigkeit der Verständigung über Angelegenheiten, die die Kinder betreffen *(Höhere mittlere Ränge zeigen ein geringeres Ausmaß an Verständigung an.)*

**U-Test nach Mann-Whitney: nur Getrennt Lebende**

| | Obsorge-form | Mittlerer Rang | Sign. (eins.) | |
|---|---|---|---|---|
| Häufigkeit der Verständigung der Eltern | ObE | 135,52 | ,000 | s |
| | aO | 192,22 | | |

Etwa 50 % der Eltern mit ObE verständigen sich häufig, auch ohne besonderen Anlass, bzw beim Abholen und Bringen der Kinder, weitere 30 %, wenn es etwas zu klären gibt bzw wenn Entscheidungen anstehen. Nicht ganz 20 % der Eltern mit ObE verständigen sich nur, wenn es unbedingt notwendig ist, und nicht ganz 4 % geben an, dass sie sich gar nicht verständigen (Tab 109). Hierbei liegen die Einschätzungen der hauptbetreuenden und der getrennt lebenden Elternteile relativ nah beieinander. Dies gilt, wie Tab 109 zeigt, auch für die Angaben der allein bzw der nicht obsorgeberechtigten Elternteile der Gruppe aO.

Besonders deutliche Unterschiede zwischen den Obsorgegruppen zeigen sich jeweils an den Enden der Skala, also bei den Kategorien für das höchste bzw geringste Verständigungsausmaß: Während sich etwa 37 % der Eltern mit ObE häufig, auch ohne Anlass, über Angelegenheiten, die die Kinder betreffen, verständigen, tun dies etwa 20 % der Eltern der Gruppe aO. Weitere 20 % der Gruppe aO geben hingegen an, dass sie sich gar nicht mit dem Expartner bzw der Expartnerin verständigen. Diese Antwort wird – wie bereits erwähnt – im Vergleich dazu nur von knapp 4 % der Gruppe ObE gegeben (Tab 109).

*Tabelle 109:* Wie oft verständigen Sie sich über Angelegenheiten, die die Kinder betreffen?

| | Gesamt (n = 930) | ObE (n = 519) | aO (n = 411) | Hauptbetreuende | | Getrennt Lebende | |
|---|---|---|---|---|---|---|---|
| | | | | ObE (n =286) | aO (n = 266) | ObE (n = 179) | aO (n =141) |
| Häufig, auch ohne Anlass | 29,1% | 36,8% | 19,5% | 33,6% | 19,9% | 39,7% | 18,4% |
| Beim Abholen/ Bringen der Kinder | 11,7% | 11,9% | 11,4% | 12,9% | 9,8% | 11,7% | 14,9% |
| Bei Klärungs-, Entscheidungs-bedarf | 24,7% | 28,9% | 19,5% | 29,7% | 21,1% | 29,1% | 16,3% |
| Wenn unbedingt notwendig | 23,3% | 18,7% | 29,2% | 19,9% | 29,3% | 15,6% | 29,1% |
| Gar nicht | 11,1% | 3,7% | 20,4% | 3,8% | 19,9% | 3,9% | 21,3% |

Darüber hinausgehend wurden die Eltern gefragt, über *welche* die Kinder betreffenden Angelegenheiten sie sich verständigen. Falls sie sich verständigen, wurde weiter gefragt, ob sie über die entsprechende Angelegenheit reden, aber dann nur ein Elternteil entscheidet, oder ob sie tatsächlich *gemeinsam* entscheiden.

Die Antworten der Eltern bestätigen das oben genannte Ergebnis nochmals: Eltern mit ObE verständigen sich in Bezug auf alle angeführten Angelegenheiten, die die Kinder betreffen, häufiger. Die Gegenüberstellung der Antworten der Eltern mit ObE und aO eines Elternteils mit dem Nachweis signifikanter Unterschiede zwischen den Obsorgeformen befindet sich im Anhang (Tab A9). „Aus Gründen der Übersichtlichkeit wurden die Ergebnisse im Folgenden für jede Obsorgegruppe extra dargestellt. (Die relative Mehrheit ist jeweils fett hervorgehoben.)

Die (relative) Mehrheit der Eltern mit ObE gibt an, dass sie in der Auswahl des Kindergartens, der Schule bzw der Berufsausbildung, in wichtigen gesundheitlichen Angelegenheiten, in der Gestaltung der Urlaubs- und Ferienzeit der Kinder, in schulischen Angelegenheiten, bezüglich der Ausübung von teuren bzw gefährlichen Sportarten, in grundsätzlichen Erziehungsfragen, über die Teilnahme am Religionsunterricht bzw Erstkommunion/Firmung etc sowie über Familienfeiern, Geschenke und die Anlage bzw Verwendung des Kindesvermögens **gemeinsam entscheiden** (Tab 110). Auch wenn sich die Eltern Sorgen über die Kinder machen, reden sie mehrheitlich mit dem anderen Elternteil darüber und versuchen, gemeinsam Lösungen zu finden.

Über die Ausübung von Hobbys bzw Sportarten und die Behandlung leichterer Erkrankungen erfolgt zwar mehrheitlich eine **Verständigung** mit dem anderen Elternteil, die Entscheidungen trifft aber der hauptbetreuende Elternteil alleine.

Über das Taschengeld sowie den alltäglichen Aufenthalt der Kinder (etwa bei den Großeltern) gibt es mehrheitlich **keine Verständigung** der Eltern mit ObE.

*Tabelle 110:* Über welche die Kinder betreffenden Angelegenheiten verständigen Sie sich mit dem anderen Elternteil? *(Prozentangaben; Querprozente)*

| **Eltern mit ObE** (n = 576) Anm | **Keine Verständigung** | **Reden, aber eine/r entscheidet** | | **Reden und entscheiden gemeinsam** |
|---|---|---|---|---|
| | | **Hauptbetreuende** | **Getrennt Lebende** | |
| Kindergarten, Schule, Berufsausbildung | 13,7 | 28 | 0,9 | **57,5** |
| Wichtige gesundheitl. Entscheidungen | 12,8 | 33,1 | 1,2 | **52,9** |
| Urlaubs-, Ferienaufent-halte | 18,4 | 29,2 | 1,4 | **51** |
| Schulische Angelegenhei-ten | 19,6 | 35,8 | 1,7 | **42,9** |
| Sorgen über die Kinder | 22,2 | 21,4 | 0,5 | **55,9** |
| Teure, gefährliche Sport-arten | 25,5 | 17,9 | 2,2 | **54,4** |
| Grundsätzliche Entschei-dungen über Erziehung | 26,7 | 31,6 | 0,7 | **41** |
| Ausübung von Hobbys, Sportarten | 30,6 | **35,6** | 2,0 | 31,8 |
| Religionsunterricht, Erstkommunion … | 30,9 | 25 | 0,6 | **43,6** |
| Behandlung leichterer Erkrankungen | 31,8 | **52,2** | 0,9 | 15,1 |
| Familienfeiern | 33,4 | 23,2 | 1,3 | **42,1** |
| Geschenke | 34,3 | 19,1 | 2,3 | **44,2** |
| Anlage, Verwendung von Kindesvermögen | 34,6 | 23,2 | 4,6 | **37,7** |
| Taschengeld | **40,7** | 31 | 2,9 | 25,5 |
| Alltäglicher Aufenthalt | **44,8** | 33,5 | 0,9 | 20,8 |

Die Eltern mit aO eines Elternteils geben mehrheitlich an, dass sie über wichtige gesundheitliche Entscheidungen sowie über die Auswahl des Kindergartens, der

Schule bzw der Berufsausbildung des Kindes miteinander reden. Im Endeffekt entscheidet aber der allein obsorgeberechtigte Elternteil alleine. In allen anderen Angelegenheiten gibt es mehrheitlich keine Verständigung zwischen den Elternteilen"[522] (Tab 111).

522 *Barth-Richtarz/Figdor*, Was bringt die gemeinsame Obsorge? (2008) 149–151.

*Tabelle 111:* Über welche die Kinder betreffenden Angelegenheiten verständigen Sie sich mit dem anderen Elternteil? *(Prozentangaben; Querprozente)*

| **Eltern mit aO eines Elternteils** (n = 438) Anm | **Keine Verständigung** | **Reden, aber eine/r entscheidet** | | **Reden und entscheiden gemeinsam** |
|---|---|---|---|---|
| | | **Hauptbetreuende** | **Getrennt Lebende** | |
| Wichtige gesundheitliche Entscheidungen | 33,3 | **43,2** | 0,9 | 22,6 |
| Kindergarten, Schule, Berufsausbildung | 38,1 | **42,9** | 0,5 | 18,5 |
| Schulische Angelegenheiten | **43,4** | 41 | 0,5 | 15,2 |
| Urlaubs-, Ferienaufenthalte | **45,3** | 34,5 | 0,7 | 19,5 |
| Sorgen über die Kinder | **45,8** | 28,9 | 0,7 | 24,6 |
| Geschenke | **47,6** | 22,8 | 1,9 | 27,7 |
| Teure, gefährliche Sportarten | **49,3** | 26,1 | 1,7 | 22,9 |
| Religionsunterricht, Erstkommunion ... | **53,1** | 29,1 | 1,2 | 16,6 |
| Grundsätzliche Entscheidungen über Erziehung | **53,2** | 33,5 | 0,5 | 12,8 |
| Behandlung leichterer Erkrankungen | **53,8** | 38,3 | 1,4 | 6,6 |
| Ausübung von Hobbys, Sportarten | **54,6** | 33,9 | 0,5 | 11,1 |
| Familienfeiern | **55,3** | 25,1 | 0,9 | 18,6 |
| Anlage, Verwendung von Kindesvermögen | **60,1** | 26 | 1,2 | 12,7 |
| Alltägliche Aufenthalt | **62,5** | 29,8 | 0,5 | 7,2 |
| Taschengeld | **64,2** | 24,5 | 2,6 | 8,7 |

„Insofern ist es auch nicht überraschend, dass getrennt lebende Eltern mit ObE signifikant häufiger als nicht obsorgeberechtigte Eltern angeben, dass sie sich vom anderen Elternteil über Angelegenheiten, die die Kinder betreffen, ausreichend informiert fühlen [siehe Chi²-Test in Tab 112]. 65,3 % der getrennt lebenden Eltern mit ObE und 38,1 % der nicht obsorgeberechtigten Eltern fühlen sich ausreichend informiert, 34,7 % der getrennt lebenden Eltern mit ObE und 61,9 % der nicht obsorgeberechtigten Eltern hingegen nicht.“[523]

*Tabelle 112:* Fühlen Sie sich vom anderen Elternteil über Angelegenheiten, die die Kinder betreffen, ausreichend informiert?

| **Getrennt lebende Elternteile** | **ObE** (n = 216) | **aO** (n = 160) | **Gesamt** (n = 376) |
|---|---|---|---|
| Nein | 34,7% | 61,9% | 46,3% |
| Ja | 65,3% | 38,1% | 53,7% |
| | Chi²-Test: p (eins.) = 0,000 | | |

„Aber auch umgekehrt fühlen sich die Hauptbetreuenden mit ObE durch den anderen Elternteil (etwa über Vorkommnisse während der Besuchskontakte) signifikant besser informiert als die Alleinobsorgeberechtigten [siehe Chi²-Test in Tab 113]. 76,5 % der Hauptbetreuenden mit ObE und 58,5 % der Alleinobsorgeberechtigten geben an, sich vom anderen Elternteil ausreichend informiert zu fühlen. 23,5 % der Hauptbetreuenden mit ObE und 41,5 % der Alleinobsorgeberechtigten fühlen sich nicht ausreichend informiert“[524] (Tab 113).

*Tabelle 113:* Fühlen Sie sich vom anderen Elternteil über Angelegenheiten, die die Kinder betreffen, ausreichend informiert?

| **Hauptbetreuende Elternteile** | **ObE** (n = 281) | **aO** (n = 207) | **Gesamt** (n = 488) |
|---|---|---|---|
| Nein | 23,5% | 41,5% | 31,1% |
| Ja | 76,5% | 58,5% | 68,9% |
| | Chi²-Test: p (eins.) = 0,000 | | |

„Wenn sich geschiedene Eltern über Angelegenheiten des Kindes verständigen, so tun sie dies am häufigsten (insgesamt ca 74 %) in Form eines Telefongesprächs. Die zweithäufigste Variante ist das persönliche Gespräch zwischen Mutter und Vater während der Übergabe des Kindes (etwa 40 %). Etwa 30 % der

523 *Barth-Richtarz/Figdor*, Was bringt die gemeinsame Obsorge? (2008) 151.
524 *Barth-Richtarz/Figdor*, Was bringt die gemeinsame Obsorge? (2008) 152.

Eltern vereinbaren zum Zweck des Austauschs mit dem anderen Elternteil eigens ein Gespräch"[525] (Tab 114).

Der Austausch im Rahmen eines Telefonats bzw eines eigens dafür vereinbarten persönlichen Gesprächs zwischen Mutter und Vater wird von Eltern mit ObE signifikant häufiger genannt als von Eltern mit aO eines Elternteils. Eltern mit ObE verständigen sich auch signifikant häufiger per E-Mail bzw SMS, in einem Gespräch mit Eltern und Kindern oder bitten die Kinder, Nachrichten an den anderen Elternteil zu überbringen (Tab 114).

„Eltern mit aO eines Elternteils hingegen tauschen sich signifikant häufiger gar nicht oder im Rahmen eines Beratungsgesprächs mit einem professionellen Dritten (BeraterIn, RechtsanwältIn) aus. (Bezüglich der letzten Kategorie ist der Unterschied numerisch jedoch nur sehr gering.)"[526] (Tab 114). Weitere Details sind Tab A10 im Anhang zu entnehmen.

*Tabelle 114:* Wie verständigen Sie sich mit dem anderen Elternteil über Angelegenheiten, die die Kinder betreffen? *(Es waren Mehrfachantworten möglich! Da für die Art der Verständigung keine gerichtete H1 formuliert wurde, wird zweiseitig getestet.)*

| | **ObE** (n = 621) | **aO** (n = 484) | **Gesamt** (n = 1105) | **Ch²** p (zweis.) |
|---|---|---|---|---|
| In einem Gespräch am Telefon | 81,8% | 64,3% | 74,1% | 0,000 |
| In einem persönlichen Gespräch zwischen Mutter und Vater bei der Übergabe der Kinder | 39,8% | 32,4% | 36,6% | 0,012 |
| In einem dafür vereinbarten persönlichen Gespräch zwischen Mutter und Vater | 32,5% | 18,6% | 26,4% | 0,000 |
| Per E-Mail bzw SMS | 22,2% | 14,9% | 19,0% | 0,002 |
| In einem Gespräch mit Eltern und Kindern | 21,9% | 13,4% | 18,2% | 0,000 |
| Gar nicht | 7,2% | 24,4% | 14,8% | 0,000 |
| Wir bitten die Kinder, Nachrichten zu überbringen | 15,8% | 10,1% | 13,3% | 0,006 |
| Im Gespräch mit BeraterIn bzw RechtsanwältIn | 1,1% | 3,5% | 2,2% | 0,007 |

525 *Barth-Richtarz/Figdor*, Was bringt die gemeinsame Obsorge? (2008) 152.
526 *Barth-Richtarz/Figdor*, Was bringt die gemeinsame Obsorge? (2008) 152.

### *7.7.2 Übernahme von Betreuungs- und Versorgungsaufgaben im Alltag des Kindes*

„Die überwiegende Mehrheit der hauptbetreuenden Eltern mit ObE und aO gibt an, **in erster Linie sich selbst** um Aufgaben in Zusammenhang mit den Kindern zu kümmern (diese Zahlen wurden in Tab [115-118] nicht angeführt). Die Angaben, dass sich **Mutter und Vater etwa zu gleichen Teilen** um bestimmte Aufgaben in Zusammenhang mit den Kindern kümmern, schwanken – je nach Aufgabenbereich – zwischen 1 % und etwa 25 %.“[527] Dabei geben die hauptbetreuenden Müttern mit ObE in Bezug auf alle angeführten Aufgabenbereiche (außer „Arztbesuche“) signifikant häufiger als die allein obsorgeberechtigten Mütter an, dass sich beide Elternteile etwa gleich darum kümmern (Tab 115).

„26,1 % der hauptbetreuenden Mütter mit ObE geben an, dass Mutter und Vater etwa zu gleichen Teilen mit den Kindern Sport betreiben, 24,3 % von ihnen, dass sie sich zu gleichen Teilen um den Bereich ‚Kultur‘ kümmern. Im Vergleich dazu wird ‚Sport betreiben‘ von nur 12,5 % und ‚Kultur‘ von 9,5 % der allein obsorgeberechtigten Mütter als Aufgaben genannt, die von Mutter und Vater zu gleichen Teilen abgedeckt werden. An dritter Stelle der Aufgaben, die von beiden Eltern gleich häufig übernommen werden, steht bei den hauptbetreuenden Müttern mit ObE ‚zu Freizeitaktivitäten bringen‘. Dies wird von 16,9 % aller hauptbetreuenden Mütter mit ObE (und von 9,1 % aller allein obsorgeberechtigten Mütter) genannt“[528] (Tab 115).

---

527 *Barth-Richtarz/Figdor*, Was bringt die gemeinsame Obsorge? (2008) 153.

528 *Barth-Richtarz/Figdor*, Was bringt die gemeinsame Obsorge? (2008) 153.

*Tabelle 115:* Wer kümmert sich bei Ihnen in erster Linie um folgende Aufgaben? *(Die signifikanten Ergebnisse der Chi²-Tests werden wieder durch die grauen Felder verdeutlicht.)*

| **Angaben der hauptbetreuenden Mütter** | **Mutter und Vater etwa zu gleichen Teilen** | | |
|---|---|---|---|
| | **ObE** (n = 256) | **aO** (n = 245) | **Chi²** p (eins.) |
| Hausaufgaben machen, Lernen | 6,3% | 2,0% | 0,009 |
| Kontakte zu LehrerIn, KindergärtnerIn etc | 10,8% | 2,2% | 0,000 |
| Besorgungen für die Kinder | 6,8% | 1,1% | 0,000 |
| Arztbesuche | 5,5% | 2,5% | 0,034 |
| Pflege, wenn Kinder krank sind | 7,3% | 2,6% | 0,005 |
| Sport betreiben | 26,1% | 12,5% | 0,000 |
| Zu Freizeitaktivitäten bringen | 16,9% | 9,1% | 0,004 |
| Kultur (Konzerte, Museen) | 24,3% | 9,5% | 0,000 |

Dass sich in erster Linie der getrennt lebende Vater um bestimmte Aufgaben mit den Kindern kümmert, wird insgesamt von sehr wenigen hauptbetreuenden Müttern genannt. Immerhin 9,6 % der hauptbetreuenden Mütter mit ObE, und damit signifikant mehr als allein obsorgeberechtigte Mütter, geben an, dass in erster Linie die Väter mit den Kindern Sport betreiben. Bei den allein obsorgeberechtigten Müttern liegt dieser Anteil bei 4,3 % (Tab 116):

*Tabelle 116:* Wer kümmert sich bei Ihnen in erster Linie um folgende Aufgaben?

| **Angaben der hauptbetreuenden Mütter** | **Der Vater** | | |
|---|---|---|---|
| | **ObE** (n = 256) | **aO** (n = 245) | **Chi²** p (eins.) |
| Hausaufgaben machen, Lernen | 0,4% | 0,0% | 0,164 |
| Kontakte zu LehrerIn, KindergärtnerIn etc | 0,3% | 0,7% | 0,262 |
| Besorgungen für die Kinder | 0,3% | 0,0% | 0,165 |
| Arztbesuche | 0,0% | 0,4% | 0,154 |
| Pflege, wenn Kinder krank sind | 0,0% | 0,0% | - |
| Sport betreiben | 9,6% | 4,3% | 0,008 |
| Zu Freizeitaktivitäten bringen | 2,5% | 2,7% | 0,458 |
| Kultur (Konzerte, Museen) | 1,9% | 1,2% | 0,287 |

„Die getrennt lebenden Elternteile schätzen ihren Anteil an der Erfüllung dieser Aufgaben durchwegs etwas bis wesentlich höher ein als die hauptbetreuenden Elternteile. Wieder geben die getrennt lebenden Elternteile mit ObE [zumeist signifikant] häufiger an, dass bestimmte Aufgaben zu gleichen Teilen von Mutter und Vater (oder sogar in erster Linie vom Vater) übernommen werden. Die wichtigsten Aufgabenbereiche dabei sind wieder ‚zu Freizeitaktivitäten bringen', ‚Kultur' und ‚Sport betreiben'."[529] Konkret sagen signifikant mehr getrennt lebende Väter mit ObE als nicht obsorgeberechtigte Väter, dass sie sich etwa genauso viel wie die Mutter um Hausaufgaben machen, Lernen, Kontakte zu LehrerInnen, KindergärtnerInnen etc, Besorgungen für die Kinder, Arztbesuche und um die kulturelle Erziehung der Kinder kümmern sowie mit den Kindern Sport betreiben und diese zu Freizeitaktivitäten bringen (Tab 117).

529 *Barth-Richtarz/Figdor*, Was bringt die gemeinsame Obsorge? (2008) 154.

*Tabelle 117:* Wer kümmert sich bei Ihnen in erster Linie um folgende Aufgaben?

| **Angaben der getrennt lebenden Väter** | **Mutter und Vater etwa zu gleichen Teilen** | | |
|---|---|---|---|
| | **ObE** (n = 170) | **aO** (n = 130) | **Chi²** p (eins.) |
| Hausaufgaben machen, Lernen | 19,4% | 9,2% | 0,007 |
| Kontakte zu LehrerIn, KindergärtnerIn etc | 22,2% | 9,1% | 0,001 |
| Besorgungen für die Kinder | 28,0% | 13,9% | 0,001 |
| Arztbesuche | 23,1% | 12,0% | 0,005 |
| Pflege, wenn Kinder krank sind | 21,6% | 15,5% | 0,081 |
| Sport betreiben | 35,9% | 20,6% | 0,002 |
| Zu Freizeitaktivitäten bringen | 49,4% | 27,1% | 0,000 |
| Kultur (Konzerte, Museen) | 48,0% | 33,6% | 0,006 |

Etwa 37 % der getrennt lebenden Väter mit ObE geben an, dass sie es sind, die in erster Linie mit dem Kind Sport betreiben. Dass dies auf signifikant weniger nicht obsorgeberechtigte Väter zutrifft, sagen nicht nur die allein obsorgeberechtigten Mütter, sondern auch die nicht obsorgeberechtigten Väter selbst (Tab 118):

*Tabelle 118:* Wer kümmert sich bei Ihnen in erster Linie um folgende Aufgaben?

| **Angaben der getrennt lebenden Väter** | **Der Vater** | | |
|---|---|---|---|
| | **ObE** (n = 170) | **aO** (n = 130) | **Chi²** p (eins.) |
| Hausaufgaben machen, Lernen | 3,5% | 1,5% | 0,145 |
| Kontakte zu LehrerIn, KindergärtnerIn etc | 4,9% | 3,5% | 0,272 |
| Besorgungen für die Kinder | 3,8% | 2,8% | 0,311 |
| Arztbesuche | 2,7% | 3,5% | 0,332 |
| Pflege, wenn Kinder krank sind | 0,0% | 0,0% | - |
| Sport betreiben | 36,5% | 23,5% | 0,007 |
| Zu Freizeitaktivitäten bringen | 16,9% | 11,4% | 0,086 |
| Kultur (Konzerte, Museen) | 17,0% | 9,2% | 0,025 |

„Bezüglich der Frage, wie sich die Aufgabenverteilung zwischen den Eltern seit der Trennung bzw Scheidung verändert hat, geben die meisten hauptbetreuende

Eltern an, dass die Verteilung gleich geblieben ist oder dass die Mutter mehr Aufgaben als vor der Trennung übernimmt. Dass der Vater seit der Trennung der Eltern mehr Aufgaben für die Kinder übernimmt, sagen 16 % der Hauptbetreuende mit ObE und 9,3 % der Alleinobsorgeberechtigten. Dieser Unterschied ist signifikant"[530] (Tab 119).

*Tabelle 119:* Wie hat sich die Aufgabenverteilung zwischen Mutter und Vater seit der Trennung/Scheidung verändert? *(Es waren Mehrfachantworten möglich.)*

| **Angaben der hauptbetreuenden Elternteile** | **ObE** (n = 337) | **aO** (n = 311) | **Chi²** p (eins.) |
|---|---|---|---|
| Verteilung ist gleich geblieben | 38,9% | 43,1% | 0,138 |
| Mutter übernimmt mehr Aufgaben als vor der Trennung | 42,7% | 42,4% | 0,471 |
| Vater übernimmt mehr Aufgaben als vor der Trennung | 16,0% | 9,3% | 0,006 |
| Andere Personen (Großeltern, Tagesmutter etc) übernehmen mehr Aufgaben | 13,1% | 19,3% | 0,016 |

„Bei den getrennt lebenden Elternteilen [Tab 120] haben die Nichtobsorgeberechtigten deutlich seltener den Eindruck, dass die Aufgabenverteilung zwischen den Eltern gleich geblieben ist als ihre Expartnerinnen (die Alleinobsorgeberechtigten), sondern denken mehrheitlich, dass die Mutter jetzt mehr Aufgaben übernimmt. Möglicherweise schätzen die nach der Scheidung Nichtobsorgeberechtigten ihren Anteil an der Versorgung der Kinder während aufrechter Ehe höher ein als ihre Expartnerinnen, die wesentlich häufiger angeben, dass die Aufgabenverteilung vor der Trennung auch nicht anders war.

Im Gegensatz dazu zeigt der Vergleich zwischen den hauptbetreuenden und getrennt lebenden Elternteilen mit ObE, dass die Eltern mit ObE die Veränderung der Aufgabenverteilung sehr ähnlich einschätzen: Die Mehrheit der getrennt lebenden Eltern mit ObE (nämlich etwas über 40 %) denkt, dass die Mutter jetzt mehr Aufgaben übernimmt. Etwa 35 % von ihnen sagen, dass die Verteilung gleich geblieben ist. Im Vergleich dazu sagen das etwa 39 % der hauptbetreuenden Eltern mit ObE. (Es ist also kein wirklicher Unterschied erkennbar). Der Anteil derjenigen, die angeben, dass der Vater mehr Aufgaben übernimmt, liegt bei 19,5 % (im

530 *Barth-Richtarz/Figdor*, Was bringt die gemeinsame Obsorge? (2008) 155.

Vergleich zu 16 % bei den hauptbetreuenden Eltern mit ObE). Auch diesbezüglich sind sich die Eltern mit ObE offensichtlich einig“[531] (Tab 119, 120).

Der signifikanzstatistische Vergleich der Obsorgegruppen (Chi²-Tests in Tab 120) zeigt, dass signifikant mehr getrennt lebende Eltern mit ObE denken, dass die Aufgabenverteilung zwischen Mutter und Vater gleich geblieben ist, während signifikant mehr Nichtobsorgeberechtigte angeben, dass andere Personen (Großeltern, Tagesmutter etc) seit der Trennung bzw Scheidung mehr Aufgaben im Zusammenhang mit den Kindern übernehmen:

*Tabelle 120:* Wie hat sich die Aufgabenverteilung zwischen Mutter und Vater seit der Trennung/Scheidung verändert? *(Es waren Mehrfachantworten möglich.)*

| **Angaben der getrennt lebenden Elternteile** | **ObE** (n = 221) | **aO** (n = 169) | **Chi²** p (eins.) |
|---|---|---|---|
| Verteilung ist gleich geblieben | 34,8% | 13,6% | 0,000 |
| Mutter übernimmt mehr Aufgaben als vor der Trennung | 43,9% | 55,6% | 0,011 |
| Vater übernimmt mehr Aufgaben als vor der Trennung | 19,5% | 13,0% | 0,046 |
| Andere Personen (Großeltern, Tagesmutter etc) übernehmen mehr Aufgaben | 17,2% | 37,9% | 0,000 |

### *7.7.3 Erleben der Beziehung zum Kind*

Schließlich wurden die getrennt lebenden Eltern gefragt, wie sie ihre derzeitige Beziehung zu ihren Kindern beschreiben würden. Die von allen getrennt lebenden Elternteilen am häufigsten angekreuzten Aussagen waren „Ich bin für meine Kinder wichtig“, „Wir verstehen uns sehr gut“ und „Ich weiß im Großen und Ganzen über die Wünsche, Interessen, Sorgen, Belastungen und Freuden meiner Kinder Bescheid“. Alle drei Kategorien werden – wie die Chi²-Tests zeigen (Tab 121) – signifikant häufiger von getrennt lebenden Eltern mit ObE als von nicht obsorgeberechtigten Eltern genannt.

Auch in Bezug auf eine Reihe weiterer Aussagen zeigen sich signifikante Unterschiede zwischen den Obsorgegruppen: Für getrennt lebende Eltern mit ObE treffen häufiger als für die nicht obsorgeberechtigten Eltern folgende Aussagen zu: „Meine Kinder verbringen gerne Zeit mit mir“, „Insgesamt erlebe ich die Beziehung zu meinen Kindern als befriedigend“, „Ich habe das Gefühl, die

531 *Barth-Richtarz/Figdor*, Was bringt die gemeinsame Obsorge? (2008) 155.

Entwicklung meiner Kinder mitzugestalten" und „Wir haben ausreichend Zeit miteinander" (Tab 121).

Die nicht obsorgeberechtigten Eltern geben hingegen signifikant häufiger an, dass ihre Beziehung zu den Kindern schlechter ist als vor der Trennung bzw Scheidung. Aussagen wie „Ich habe Angst, meinen Kindern nicht genug bieten zu können", „Ich habe Angst, dass sich meine Kinder eines Tages von mir abwenden" und „Unsere Beziehung ist durch Auseinandersetzungen belastet" werden ebenfalls von den nicht obsorgeberechtigten Eltern häufiger – wenn auch nicht signifikant häufiger – genannt (Tab 121).

*Tabelle 121:* Wie würden Sie Ihre derzeitige Beziehung zu Ihren Kindern beschreiben? *(Die Prozentzahlen beziehen sich auf alle Eltern, die einen Fragebogen ausgefüllt haben. Allerdings haben – da diese Frage im vorletzten Teil des Fragebogens gestellt wurde – diese Frage nur noch 83,3 % aller getrennt lebenden Elternteile, die sich an der Umfrage beteiligt haben [ObE: 197, aO: 128], beantwortet.)*

| **Getrennt lebende Elternteile** | **ObE** (n = 197) | **aO** (n = 128) | **Chi²** p (eins.) |
|---|---|---|---|
| Ich bin für meine Kinder wichtig. | 89,1% | 75,7% | 0,000 |
| Wir verstehen uns sehr gut. | 88,2% | 73,4% | 0,000 |
| Ich weiß im Großen und Ganzen über die Wünsche, Interessen, Sorgen, Belastungen und Freuden meiner Kinder Bescheid. | 86,4% | 62,1% | 0,000 |
| Meine Kinder verbringen gerne Zeit mit mir. | 85,5% | 73,4% | 0,002 |
| Insgesamt erlebe ich die Beziehung zu meinen Kindern als befriedigend. | 71,5% | 52,1% | 0,000 |
| Ich habe das Gefühl, die Entwicklung meiner Kinder mitzugestalten. | 61,1% | 31,4% | 0,000 |
| Wir haben ausreichend Zeit miteinander. | 49,8% | 22,5% | 0,000 |
| Wir halten noch mehr zusammen als vor der Trennung/Scheidung. | 31,2% | 24,3% | 0,065 |
| Unsere Beziehung ist besser als vor der Trennung/Scheidung. | 24,4% | 17,2% | 0,041 |
| Ich habe Angst, meinen Kindern nicht genug bieten zu können. | 21,3% | 30,2% | 0,022 |
| Ich habe Angst, dass sich meine Kinder eines Tages von mir abwenden. | 17,2% | 26,6% | 0,012 |
| Unsere Beziehung ist schlechter als vor der Trennung/Scheidung. | 6,8% | 17,8% | 0,001 |
| Unsere Beziehung ist durch Auseinandersetzungen belastet. | 5,0% | 10,1% | 0,027 |

Darüber hinaus geben 6,8 % der getrennt lebende Eltern mit ObE und damit signifikant weniger als nicht obsorgeberechtigte Eltern, bei diesen sind es nämlich 16,0 %, an, dass sie mit ihren Kindern Probleme haben (Tab 122).

*Tabelle 122:* Was belastet Sie zurzeit als geschiedene/er Frau/Mann besonders? *(Es waren Mehrfachnennungen möglich.)*

| **Getrennt lebende Elternteile** | **ObE** (n = 221) | **aO** (n = 169) | **Chi²** p (eins.) |
|---|---|---|---|
| Probleme mit den Kindern | 6,8% | 16,0% | 0,002 |

*Resümee*

„Die Hypothese, dass sich die getrennt lebenden Elternteile, also zumeist die Väter, im Fall der ObE nicht nur quantitativ mehr um ihre Kinder kümmern, sondern auch qualitativ, dh mehr elterliche Aufgaben und Verantwortung übernehmen, wird durch die vorliegenden Daten bestätigt – wenngleich die überwiegende Mehrheit der hauptbetreuenden Eltern mit ObE und aO sagt, sich selbst in erster Linie um Aufgaben in Zusammenhang mit den Kindern zu kümmern ... Tätigkeiten, in die die getrennt lebenden Elternteile wesentlich einbezogen sind, sind va mit den Kindern Sport betreiben, kulturelle Aktivitäten und die Begleitung von Kindern zu Freizeitaktivitäten.“[532]

Dass sich Mutter und Vater etwa zu gleichen Teilen um bestimmte Aufgaben kümmern, wird von den hauptbetreuenden Müttern mit ObE in Bezug auf fast alle angeführten Aufgabenbereiche signifikant häufiger angegeben als von den allein obsorgeberechtigten Müttern. Dass in erster Linie der getrennt lebende Vater bestimmte Betreuungs- oder Versorgungsaufgaben übernimmt, wird insgesamt von sehr wenigen hauptbetreuenden Müttern angegeben, in Bezug auf „Sport betreiben“ wieder signifikant häufiger von den Müttern der Gruppe ObE als von den allein obsorgeberechtigten Müttern.

„Die getrennt lebenden Elternteile schätzen ihren Anteil an der Erfüllung dieser Aufgaben durchwegs etwas bis wesentlich höher ein als die hauptbetreuenden Elternteile. Wieder geben die getrennt lebenden Elternteile mit ObE [zumeist signifikant] häufiger an, dass bestimmte Aufgaben zu gleichen Teilen von Mutter und Vater (oder sogar in erster Linie vom Vater) übernommen werden. Die wichtigsten Aufgabenbereiche dabei sind auch in der Einschätzung der Väter ‚zu Freizeitaktivitäten bringen‘, ‚Kultur‘ und ‚Sport betreiben‘.

Bezüglich der Frage, wie sich die Aufgabenverteilung zwischen den Eltern seit der Trennung bzw Scheidung verändert hat, geben die meisten hauptbetreuende Eltern an, dass die Verteilung gleich geblieben ist oder dass die Mutter mehr Aufgaben als vor der Trennung übernimmt. Dass der Vater seit der Trennung der Eltern mehr Aufgaben für die Kinder übernimmt, sagen signifikant mehr Haupt-

532 *Barth-Richtarz/Figdor*, Was bringt die gemeinsame Obsorge? (2008) 157.

betreuende mit ObE als Alleinobsorgeberechtigte. Auch in der qualitativen Untersuchung stießen wir [dh das ForscherInnenteam, das an der qualitativen Untersuchung beteiligt war] auf das Phänomen, dass die ObE mitunter in der Lage ist, einer ‚quasi-adoleszenten Regression' von Vätern entgegenzuwirken, die darin besteht, sich durch die Trennung bzw Scheidung auch von ihrer elterlichen Verantwortung erlöst zu fühlen. In manchen Fällen hatte die ObE darüber hinausgehend gleichsam einen ‚erzieherischen Effekt' auf Väter: Manche Väter verbrachten nach der Scheidung real mehr Zeit mit den Kindern als vorher und übernahmen mehr (Betreuungs- oder Versorgungs-)Aufgaben für die Kinder.

Diese Ergebnisse weisen in dieselbe Richtung wie Befunde anderer Studien,[533] insbesondere der rechtstatsächlichen Untersuchung aus Deutschland: *Proksch*[534] stellte fest, dass Mütter mit geS wesentlich häufiger als Mütter mit aeS angeben, dass sich ihr Expartner für die gemeinsamen Kinder verantwortlich fühlt.

Bei den getrennt lebenden Elternteilen haben die Nichtobsorgeberechtigten deutlich seltener den Eindruck, dass die Aufgabenverteilung zwischen den Eltern gleich geblieben ist als ihre Expartnerinnen (die Alleinobsorgeberechtigten), sondern denken mehrheitlich, dass die Mutter bzw andere Personen (Großeltern, Tagesmütter etc) jetzt mehr Aufgaben übernehmen. Möglicherweise schätzen die nach der Scheidung Nichtobsorgeberechtigten ihren Anteil an der Versorgung der Kinder während aufrechter Ehe höher ein als ihre Expartnerinnen, die wesentlich häufiger angeben, dass die Aufgabenverteilung vor der Trennung auch nicht anders war. Im Gegensatz dazu zeigt der Vergleich zwischen den hauptbetreuenden und getrennt lebenden Elternteilen mit ObE, dass die Eltern mit ObE die Veränderung der Aufgabenverteilung sehr ähnlich einschätzen.

Eine wesentliche Voraussetzung für die Teilnahme des getrennt lebenden Elternteils am Leben der Kinder ist die Verständigung mit dem hauptbetreuenden Elternteil. Auch dabei zeigt sich (wenig überraschend), dass sich Eltern mit ObE [signifikant] häufiger und umfassender und auch ohne besonderen Anlass austauschen, während Eltern mit aO eines Elternteils dies öfters (nämlich zu etwa 50 %) nur dann tun, wenn es unbedingt notwendig ist bzw gar nicht.

Insofern ist es auch nicht überraschend, dass getrennt lebende Eltern mit ObE (signifikant) häufiger als nicht obsorgeberechtigte Eltern angeben, dass sie sich vom anderen Elternteil über Angelegenheiten, die die Kinder betreffen, ausreichend informiert fühlen."[535]

---

533 *Arditti/Allen*, Fathers' perceptions (1993), zitiert nach *Tazi-Preve* et al, Väter (2007) 153; *Lueppnitz*, Comparison (1986); *Sander*, Scheidungsforschung im Rahmen einer Klinischen Entwicklungspsychologie der Familie, in *Rollett/Werneck* (Hrsg), Klinische Entwicklungspsychologie der Familie (2002), zitiert nach *Werneck*, Vater-Kind-Beziehungen, in *Zartler/Wilk/Kränzl-Nagl*, Eltern (2004) 165.

534 *Proksch*, Reform des Kindschaftsrechts (2002) 105.

535 *Barth-Richtarz/Figdor*, Was bringt die gemeinsame Obsorge? (2008) 157 f.

Angelegenheiten, die die Kinder betreffen, die von der relativen Mehrheit der Eltern mit ObE gemeinsam besprochen und entschieden werden, sind: die Auswahl des Kindergartens, der Schule bzw der Berufsausbildung, wichtige gesundheitliche Angelegenheiten, die Gestaltung der Urlaubs- und Ferienzeit der Kinder, schulische Angelegenheiten, die Ausübung von teuren bzw gefährlichen Sportarten, grundsätzliche Erziehungsfragen, die Teilnahme am Religionsunterricht bzw Erstkommunion/Firmung etc sowie Familienfeiern, Geschenke und die Anlage bzw Verwendung des Kindesvermögens. Auch wenn sich die Eltern Sorgen über die Kinder machen, reden sie mehrheitlich mit dem anderen Elternteil darüber und versuchen gemeinsam, Lösungen zu finden.

Getrennt lebende Elternteile mit ObE erleben (zumindest teilweise) auch die Beziehung zu ihren Kindern anders als nicht obsorgeberechtigte Elternteile: „Von getrennt lebenden Eltern mit ObE werden signifikant häufiger als von den nicht obsorgeberechtigten Eltern positive Aussagen über die Beziehung zu den Kindern bestätigt, wie etwa im Großen und Ganzen über die Wünsche, Interessen, Sorgen, Belastungen und Freuden der Kinder Bescheid zu wissen oder die Beziehung zu den Kindern insgesamt als befriedigend zu erleben oder das Gefühl zu haben, die Entwicklung der Kinder mitgestalten zu können.

Aussagen wie ‚Ich habe Angst, meinen Kindern nicht genug bieten zu können', ‚Ich habe Angst, dass sich meine Kinder eines Tages von mir abwenden', ‚Unsere Beziehung ist schlechter als vor der Trennung/Scheidung' und ‚Unsere Beziehung ist durch Auseinandersetzungen belastet' werden hingegen von den nicht obsorgeberechtigten Eltern [zT signifikant] häufiger genannt. Darüber hinaus geben getrennt lebende Eltern mit ObE (signifikant) weniger oft an, dass sie mit ihren Kindern Probleme haben als nicht obsorgeberechtigte Eltern."[536]

## 7.8 Entlastung des Alltags der hauptbetreuenden Elternteile

**Hypothese 1.8:**

Quantität und Qualität der Beziehung zum getrennt lebenden Elternteil („Engagement") entlasten auch den hauptbetreuenden Elternteil im Alltag mit den Kindern. Als Folge davon verbessert sich unter der Bedingung der ObE auch die Beziehung zwischen Kindern und hauptbetreuenden Elternteilen, also zumeist den Müttern. Daraus folgt:

536 *Barth-Richtarz/Figdor*, Was bringt die gemeinsame Obsorge? (2008) 158.

H1.1.8a: Hauptbetreuende mit ObE erleben in einem höheren Ausmaß eine Unterstützung und Entlastung im Erziehungsalltag durch den getrennt lebenden Elternteil als allein obsorgeberechtigte Eltern *(gerichtete Alternativhypothese)*.

H1.1.8b: Unter der Bedingung der ObE verbessert sich in der Folge die Beziehung zwischen Kindern und hauptbetreuenden Elternteilen stärker als jene zwischen Kindern und ihren allein obsorgeberechtigten Eltern *(gerichtete Alternativhypothese)*.

Die entsprechenden *Nullhypothesen* lauten:

H0.1.8a: Es zeigen sich keine Unterschiede in Bezug auf das Erleben von Unterstützung und Entlastung im Erziehungsalltag durch den getrennt lebenden Elternteil bei Hauptbetreuenden mit ObE und aO.

H0.1.8b: Es zeigen sich keine Unterschiede zwischen Hauptbetreuenden mit ObE und aO, was das Erleben ihrer Beziehung zu ihren Kindern betrifft.

**Die Alternativhypothese wird durch die vorliegenden Daten nur im ersten Teil (H1.1.8a: Entlastung) bestätigt. Der zweite Teil der Alternativhypothese (H1.1.8b), nämlich die positive Auswirkung der ObE auf die Beziehung zwischen Kindern und hauptbetreuenden Elternteilen, konnte durch die vorliegenden Daten nicht bestätigt werden.**

### *7.8.1 Unterstützung und Entlastung der hauptbetreuenden Elternteile im Erziehungsalltag*

„Wie die Eltern mit ObE die Verständigung und Zusammenarbeit mit dem anderen Elternteil erleben, insb in welchem Ausmaß sie diese belastet, wurde bereits [in Kapitel 7.3.2.] dargelegt. Dabei zeigten sich keine Hinweise, dass hauptbetreuende Eltern mit ObE die Verständigung bzw Zusammenarbeit mit dem anderen Elternteil in der Erziehung ihrer Kinder belastender erleben als Eltern mit aO eines Elternteils. Es ist sogar das Gegenteil der Fall.

Nun soll weiter geprüft werden, ob das stärkere elterliche Engagement des getrennt lebenden Elternteils in der Erziehung, Betreuung und Versorgung der Kinder im Falle der ObE sogar zu einer Entlastung des hauptbetreuenden Elternteils im Alltag mit den Kindern führt.

Wie Tab [123] zeigt, geben hauptbetreuende Eltern mit ObE tatsächlich häufiger als Alleinobsorgeberechtigte an, dass sie der andere Elternteil entlastet (ObE mit 31,8 %, aO mit 15,6 %) und unterstützt (ObE mit 39,0 %, aO mit 18,1 %). 59,0 % der Hauptbetreuende mit ObE haben weiters das Gefühl, sich auf den anderen Elternteil verlassen zu können. Von Alleinobsorgeberechtigten wird dies mit 30,2 % seltener geantwortet."[537]

*Tabelle 123:* Wie erleben Sie die Verständigung bzw Zusammenarbeit mit dem anderen Elternteil in der Erziehung Ihrer Kinder?

| **„trifft eher + sehr zu"...** | **Hauptbetreuende Elternteile** | |
|---|---|---|
| | **ObE** (n = 316) | **aO** (n = 274) |
| Der andere Elternteil entlastet mich | 31,8% | 15,6% |
| Der andere Elternteil unterstützt mich | 39,0% | 18,1% |
| Ich kann mich auf den anderen Elternteil verlassen | 59,0% | 30,2% |

Der signifikanzstatistische Vergleich der Obsorgegruppen (Tab 124) zeigt, dass diese Unterschiede in den Angaben der Hauptbetreuenden mit ObE und der Alleinobsorgeberechtigten tatsächlich signifikant sind:

*Tabelle 124:* Erleben der Verständigung bzw Zusammenarbeit mit dem anderen Elternteil *(Je höher die mittleren Ränge, umso weniger stark trifft die jeweilige Aussage zu.)*

**U-Test nach Mann-Whitney: nur Hauptbetreuende**

| | **Obsorge-form** | **Mittlerer Rang** | **Sign. (eins.)** | |
|---|---|---|---|---|
| Der andere Elternteil entlastet mich | ObE Hauptbetr | 252,12 | ,000 | s |
| | aO Hauptbetr | 334,88 | | |
| Der andere Elternteil unterstützt mich | ObE Hauptbetr | 247,37 | ,000 | s |
| | aO Hauptbetr | 340,02 | | |
| Ich kann mich auf den anderen Elternteil verlassen | ObE Hauptbetr | 244,23 | ,000 | s |
| | aO Hauptbetr | 350,68 | | |

### *7.8.2 Beziehung zwischen den hauptbetreuenden Elternteilen und den Kindern*

Die Hypothese, dass sich die ObE als Folge der Entlastung des Alltags des hauptbetreuenden Elternteils auch auf die Beziehung zwischen dem hauptbetreuenden Elternteil und den Kindern auswirkt, lässt sich aufgrund der Fragebogenerhebung nicht bestätigen. In der Beschreibung der Beziehung von hauptbetreu-

537 *Barth-Richtarz/Figdor*, Was bringt die gemeinsame Obsorge? (2008) 159.

enden Elternteilen mit ObE und aO zu den Kindern zeigt sich – wie aus Tab 125 ersichtlich wird – nur ein signifikanter Unterschied zwischen den Obsorgegruppen, und zwar geben Alleinobsorgeberechtigte signifikant häufiger als Hauptbetreuende mit ObE an, dass ihre Beziehung zum Kind (angeführt werden nur die Angaben zum Kind 1) besser als vor der Trennung bzw Scheidung ist.

Aus diesem Ergebnis alleine lässt sich freilich keine Schlussfolgerung ziehen, denn dies kann bedeuten, dass tatsächlich eher die aO als die ObE in der Lage ist, eine Entspannung der Beziehung der Mütter zu den Kindern zu ermöglichen – wie dies ja oft von KritikerInnen der ObE als Argument ins Treffen geführt wurde. Diese Antwort könnte jedoch auch – ähnlich wie die Aussage „Wir halten noch mehr zusammen als vor der Trennung/Scheidung", die ja auch von etwas mehr Alleinobsorgeberechtigten bestätigt wurde, als Hinweis für ein gleichsam stärkeres „Festhalten" der Mütter an ihren Kindern in der krisenhaften Zeit gewertet werden, was eine natürliche und verständliche Reaktion ist, die aber – wenn chronifiziert – zu einem für die Kinder entwicklungshemmenden Beziehungsmodus werden kann. Und schließlich wirft dieses Ergebnis natürlich auch die Frage nach der „Güte" der Beziehung *vor* der Trennung bzw Scheidung auf, wenn diese nun *besser* geworden ist. Die Erforschung dieser spannenden Hypothese muss somit in weiteren Untersuchungen erfolgen.

*Tabelle 125:* Wie würden Sie Ihre derzeitige Beziehung zu Ihren Kindern beschreiben? *(Die Prozentzahlen beziehen sich auf alle hauptbetreuenden Eltern, die einen Fragebogen ausgefüllt haben. Allerdings haben – da diese Frage im vorletzten Teil des Fragebogens gestellt wurde – diese Frage nur noch 93,4 % aller hauptbetreuenden Eltern, die sich an der Umfrage beteiligt haben [ObE: 315, aO: 290], beantwortet.)*

| **Hauptbetreuende Elternteile** | **ObE** (n = 315) | **aO** (n = 290) | **Chi²** p (eins.) |
|---|---|---|---|
| Ich weiß im Großen und Ganzen über die Wünsche, Interessen, Sorgen, Belastungen und Freuden meiner Kinder Bescheid | 93,5% | 93,2% | 0,455 |
| Ich bin für meine Kinder wichtig | 91,4% | 92,0% | 0,397 |
| Wir verstehen uns sehr gut | 88,7% | 87,8% | 0,355 |
| Insgesamt erlebe ich die Beziehung zu meinen Kindern als befriedigend | 86,9% | 84,2% | 0,164 |
| Meine Kinder verbringen gerne Zeit mit mir | 83,7% | 84,2% | 0,423 |
| Ich habe das Gefühl, die Entwicklung meiner Kinder mitzugestalten | 76,3% | 75,6% | 0,418 |
| Wir haben ausreichend Zeit miteinander | 76,3% | 80,4% | 0,102 |
| Wir halten noch mehr zusammen als vor der Trennung/Scheidung | 46,0% | 53,1% | 0,036 |
| Unsere Beziehung ist besser als vor der Trennung/Scheidung | 30,0% | 39,2% | 0,007 |
| Ich habe Angst, meinen Kindern nicht genug bieten zu können | 24,3% | 25,4% | 0,377 |
| Ich habe Angst, dass sich meine Kinder eines Tages von mir abwenden | 8,3% | 9,6% | 0,276 |
| Unsere Beziehung ist durch Auseinandersetzungen belastet | 8,3% | 11,3% | 0,103 |
| Unsere Beziehung ist schlechter als vor der Trennung/Scheidung | 2,7% | 4,2% | 0,145 |

Probleme mit den Kindern werden ebenfalls von Hauptbetreuenden mit ObE und den Alleinobsorgeberechtigten nahezu gleich häufig genannt (Tab 126):

*Tabelle 126:* Was belastet Sie zurzeit als geschiedene/er Frau/Mann besonders? *(Es waren Mehrfachnennungen möglich.)*

| **Hauptbetreuende Elternteile** | **ObE** (n = 337) | **aO** (n = 311) | **Chi²** p (eins.) |
|---|---|---|---|
| Probleme mit den Kindern | 10,7% | 12,5% | 0,230 |

*Resümee*

„Hauptbetreuende Eltern mit ObE geben (signifikant) häufiger als Alleinobsorgeberechtigte an, dass sie der andere Elternteil entlastet und unterstützt. Fast 60 % der Hauptbetreuenden mit ObE und damit doppelt so viele wie bei den Alleinobsorgeberechtigten haben weiters das Gefühl, sich auf den anderen Elternteil verlassen zu können."[538]

Was den zweiten Teil der Hypothese betrifft, nämlich die positive Auswirkung der ObE auf die Beziehung zwischen Kindern und hauptbetreuenden Elternteilen, liefern die vorliegenden Daten keine Hinweise, die diese Hypothese stützen könnten.

## 7.9 Betreuungs- und Kooperationsmodelle im Rahmen der Obsorge beider Eltern – Ergebnisse der qualitativen Untersuchung

Über das Leben von Eltern und Kindern mit der ObE nach der elterlichen Trennung und Scheidung zeichnen die bisherigen Ergebnisse folgendes Bild: In der Mehrheit der befragten Familien mit ObE sehen die Kinder den getrennt lebenden Elternteil täglich bis mehrmals pro Woche oder zumindest einmal unter der Woche und zwei Wochenenden im Monat. Die Kinder übernachten auch mehrheitlich beim getrennt lebenden Elternteil. Die getrennt lebenden Elternteile mit ObE kümmern sich nicht nur quantitativ mehr um ihre Kinder, sondern auch qualitativ, dh, sie übernehmen mehr elterliche Aufgaben und Verantwortung. Etwa 50 % der Eltern mit ObE verständigen sich häufig, auch ohne besonderen Anlass, bzw beim Abholen und Bringen der Kinder, weitere 30 %, wenn es etwas zu klären gibt bzw wenn Entscheidungen anstehen.

Wie aber ist das alles konkret vorstellbar? Wie funktioniert der Alltag einer Familie in geschiedenen Verhältnissen mit der ObE? Welche Formen der Betreuung, Versorgung und Erziehung der Kinder, welche Wege der Kommunikation und Zusammenarbeit finden sie – handelt es sich doch um Familien, deren

538 *Barth-Richtarz/Figdor*, Was bringt die gemeinsame Obsorge? (2008) 161.

Alltagsmanagement durch die räumliche Trennung der Haushalte beider Eltern noch erschwert wird, und um Eltern, deren Kommunikation und Kooperation in den allermeisten Fällen durch den vorangegangenen oder noch anhaltenden Konflikt, der zur Trennung führte, wohl auch nicht gerade erleichtert werden. Diese Fragen lassen sich kaum durch statistisches Datenmaterial beantworten.

Einen lebendigen Eindruck vom Leben mit der ObE liefert hingegen das Material, das im Rahmen der qualitativen Untersuchung an 30 Familien erhoben wurde. In diesem Teil der Evaluationsstudie wurden 17 Familien mit ObE und 13 Familien mit alleiniger Obsorge (davon zwei Väter mit Alleinobsorge) in Wien, Niederösterreich, dem Burgenland, Oberösterreich und Vorarlberg eingehend untersucht. Es wurden idR drei Tiefeninterviews mit jedem Elternteil (getrennt voneinander) geführt. Auch die Kinder wurden in die Untersuchung einbezogen.[539] Auf diese Art und Weise entstand ein umfangreiches Datenmaterial, das an dieser Stelle die statistischen Ergebnisse ergänzen und vertiefen soll, bevor die Prüfung der noch ausstehenden Hypothesen fortgesetzt wird.

Konkret sollen jene **vier Betreuungsmodelle** vorgestellt werden, die aus der Untersuchung der 17 Familien mit ObE herausgearbeitet werden konnten. Teilweise fanden sich Modelle wieder, die bereits in der Literatur beschrieben sind. Teilweise zeichneten sich aber Modelle ab, die – meines Wissens – noch nicht in dieser Form definiert wurden.

Die vier Betreuungsmodelle sind erstens das bereits in der Literatur bekannte „**Nestmodell**", zweitens das ebenfalls bekannte „**Wechselmodell**", das auch als „Zwei-Nester-Modell" bezeichnet werden könnte, drittens ein Modell, das ich als „**Wochenendmodell mit Erweiterung**" bezeichnen möchte, und viertens ein Modell, das ich als „**Nest-Ast-Modell**" beschreiben werde.

Die folgende Tabelle (Tab 127) zeigt zunächst eine Übersicht über die vier Betreuungsmodelle, ihre wesentlichen Charakteristika und die Anzahl der Kinder aus den Familien der Untersuchungsgruppe, die diesen Modellen jeweils zuordenbar sind. In manchen Familien wird nicht nur ein Betreuungsmodell praktiziert, sondern – aufgrund des Alters oder des unterschiedlichen hauptsächlichen Aufenthalts der Kinder – für verschiedene Kinder verschiedene Modelle.

Eine der untersuchten Familien ist keiner dieser Kategorien zuzuordnen, da der eine Sohn beim Vater, der andere bei der Mutter lebt und beide Kinder zum jeweils getrennt lebenden Elternteil nur seltene Kontakte haben. Die Eltern hatten zwar zum Untersuchungszeitpunkt auf Anraten des Richters die ObE, hatten aber beide bereits einen Antrag auf aO gestellt. Das Verfahren war zum Untersuchungszeitpunkt noch nicht abgeschlossen. Diese Familie wird im Weiteren nicht in die Untersuchung miteinbezogen.

539 Zur Untersuchungsgruppe, Setting und Methode der qualitativen Untersuchung siehe Kapitel 6.2, 6.3.

*Tabelle 127:* Betreuungsmodelle im Rahmen der ObE

| **Modell** | **Charakteristika** | **Anzahl der Kinder in Untersuchungsgruppe** |
|---|---|---|
| Nestmodell | Beide Elternteile sind fix in die Alltagsbetreuung des Kindes eingebunden. Sie betreuen das Kind abwechselnd im *selben* (nämlich im mütterlichen) Haushalt. | Zwei Kinder aus zwei Familien |
| Wechselmodell (Zwei-Nester-Modell) | Beide Elternteile sind fix in die Alltagsbetreuung des Kindes eingebunden. Sie betreuen das Kind abwechselnd in den *beiden* Haushalten der Eltern. | Vier Kinder aus vier Familien |
| Erweitertes Wochenend-modell | Die Aufenthalte des Kindes beim getrennt lebenden Elternteil sind quantitativ tendenziell weniger als bei den beiden vorangegangenen Modellen und haben eher „Freizeit"- bzw „Besuchscharakter", da sie vorwiegend am Wochenende stattfinden. Neben den fixen Besuchswochenenden sind flexibel gestaltete zusätzliche Kontakte zwischen dem Kind und dem getrennt lebenden Elternteil möglich. | Acht Kinder aus sieben Familien |
| Nest-Ast-Modell | Die Kinder bzw Jugendlichen leben bei einem Elternteil, besuchen den anderen aber ganz flexibel und weitgehend autonom. | Acht Kinder aus vier Familien |

Im Folgenden werden die einzelnen Modelle im Detail beschrieben.

### *7.9.1 Das Nestmodell*

Das sogenannte Nestmodell wurde bereits von *Wallerstein* und ihren MitarbeiterInnen als „birdnesting"[540] beschrieben, und zwar als eine Betreuungsform, in der die Eltern abwechselnd in das Haus ziehen, in dem das Kind lebt. Dh, die Eltern ziehen ein und aus, während das Kind an Ort und Stelle bleibt. In der vorliegenden Studie praktizieren zwei Familien ein Betreuungsmodell, das dem birdnesting sehr nahe kommt, jedoch mit dem Unterschied, dass die Elternteile nicht abwechselnd in die Wohnung, in der das Kind lebt und betreut wird, *einziehen*. Vielmehr handelt es sich um die ehemalige Familienwohnung, in der die Mutter und das Kind nach der Trennung weiterhin leben. Der Vater lebt getrennt, betreut das Kind aber, abwechselnd mit der Mutter, in der ehemaligen Familienwohnung.

540 *Wallerstein/Blakeslee*, Gewinner und Verlierer (1989) 303 f; *Wallerstein/Lewis/Blakeslee*, Scheidungsfolgen (2002) 226 ff.

Dieses Betreuungsmodell ist dadurch charakterisiert, dass beide Elternteile fix in die Alltagsbetreuung des Kindes eingebunden sind und diese abwechselnde Betreuung des Kindes durch beide Eltern im *selben* Haushalt stattfindet. Die Betreuungszeiten des Kindes durch den getrennt lebenden Elternteil finden sowohl unter der Woche als auch am Wochenende statt.

Beide Kinder dieser Gruppe zeichnen sich durch einen höheren Betreuungsaufwand aus, im einen Fall aufgrund des noch relativ jungen Alters des Kindes (Familie S), im anderen durch eine körperliche Behinderung des Sohnes (Familie P). In beiden Familien übernimmt der Vater einen nicht unbeträchtlichen Teil der Betreuung und Versorgung des Kindes. Da diese Gruppe nur aus zwei Fällen besteht und das Herausarbeiten gemeinsamer Merkmale oder Unterschiede im Sinne einer Typisierung daher nicht sinnvoll erscheint, sollen im Folgenden beide Fälle kurz dargestellt werden.

*Familie P*[541]*:* Daniel, der Sohn von Familie P, ist 13 Jahre alt und besucht eine Ganztagsschule für Körperbehinderte. Wenn er abends nach Hause kommt, ist sein Vater meistens bereits in der Wohnung der Exfrau, um sich um Daniel zu kümmern. Herr P ist derzeit arbeitslos und hat daher Zeit, hauptsächlich die Betreuung von Daniel zu übernehmen. Das war auch vor der Trennung der Eltern oft der Fall. Nach der Schule essen Daniel und sein Vater zusammen, reden, spielen Karten oder lesen. Manchmal isst auch Frau P mit, die abends später von der Arbeit nach Hause kommt. Herr P bleibt unter der Woche, bis Daniel zu Bett geht. Manchmal übernachtet Herr P sogar bei Daniel im Zimmer. Am Wochenende unternimmt entweder Herr P oder Frau P etwas mit Daniel, diesbezüglich sprechen sich die Eltern ab. Herr P war nach eigenen Angaben immer ein „Vollblutpapa“. Er hatte große Angst, durch die Scheidung die Möglichkeit zu verlieren, Daniel viel zu sehen und sich intensiv um ihn zu kümmern. Er ist sehr froh und dankbar über die Möglichkeit, fast jeden Tag Zeit mit ihm verbringen zu können. Er erlebt seine Exfrau diesbezüglich als fair und großzügig und ist daher bemüht, ihr keinen Ärger und keine Probleme zu machen. Mit der ObE verbindet er die Vorstellung, für Daniel zuständig zu sein, auch in finanzieller Hinsicht, und – genauso wie die Mutter – „etwas zu sagen zu haben“.

Frau P weiß, wie wichtig Herr P für Daniel ist und umgekehrt. Deshalb wollte sie Daniel, wie sie sagt, seinen Vater nicht wegnehmen. Das war für sie ein wichtiger Grund für die Beibehaltung der ObE, weiters, dass sie die Bemühungen des Vaters um Daniel immer geschätzt und als Entlastung für sich erlebt hat. Herr P war und ist immer für Daniel da, und er sollte sich auch in Zukunft an seiner Betreuung und Versorgung beteiligen.

541 In jenen Familien, in denen auch Interviewmaterial von den Kindern vorliegt, wird auch deren Erleben der Betreuungssituation dargestellt. (Das durch die Interviews und projektiven Tests erhobene Material über die Kinder geht weit über diesen Aspekt hinaus. Eine umfassende Darstellung desselben muss jedoch an anderer Stelle erfolgen.) Alle Namen wurden geändert.

Dass Herr P sich dabei in ihrer Wohnung aufhält, in der auch ihre erwachsenen Kinder und ihr Lebensgefährte leben, nimmt sie in Kauf. Die Expartner reden miteinander und helfen sich gegenseitig, wobei die Kommunikation – den Angaben des Vaters zufolge – auf das Notwendigste und auf die Kinder beschränkt ist. Sie erleben das Privatleben des jeweils anderen als etwas, das sie nichts angeht. Was jedoch die Kinder betrifft, insb Daniel, informiert Frau P ihren Exmann über alle Angelegenheiten. Sie ist das „Oberhaupt der Familie", sie trifft alle Entscheidungen. Das sei auch früher immer so gewesen. Herr P hat aber immer alle ihre Entscheidungen mitgetragen, er erlebt die pädagogischen Vorstellungen beider Eltern als sehr übereinstimmend und sich selbst als völlig gleichberechtigt. In Bezug auf die Kinder gab und gibt es nie Konflikte zwischen den Eltern. Entscheidungen über medizinische Angelegenheiten (zB Operationen.) besprechen die Eltern miteinander. Beide kümmern sich um medizinische Angelegenheiten und Besorgungen für Daniel. Die Kosten teilen sich die Eltern bzw zahlt derjenige, der gerade mehr Geld zur Verfügung hat.

Ihre persönlichen Konflikte miteinander scheinen die Eltern in einer Art „Stillhalteabkommen" zurückzuhalten. Diese (von Fachkräften oft geforderte) Trennung der Eltern- von der Paarebene scheint ihnen zwar einiges abzuverlangen, aber zum einen deshalb zu gelingen, da beide aus der Situation einen persönlichen Nutzen ziehen und es für beide eine große Bedeutung hat, dass Eltern für ihre Kinder zusammenhalten und gemeinsam sorgen, gleichgültig wie sie als Paar zueinanderstehen. Zum anderen entstand bei der Auswertung des Fallmaterials dieser Familie der Eindruck, dass diese Loslösung partnerschaftlicher Bedürfnisse und Konflikte von der Elternschaft bereits seit einiger Zeit, also schon vor der tatsächlichen Trennung der Eltern, bestand, möglicherweise aufgrund bereits früher stattfindender Enttäuschungen in der Partnerschaft.

Was Daniel selbst betrifft, so würde er sich am meisten wünschen, dass seine Eltern wieder zusammen sind, weil er sich nicht gut fühle, wenn sein Vater nicht da ist. Aber es sei gut, dass er so viel Zeit mit ihm verbringen könne.

*Familie S*: Paul ist erst vier Jahre alt. Er lebt in einem großen Haus mit seiner Mutter, seinen Großeltern, Tante, Onkel und Cousins und einigen Tieren am Land. Nach der Trennung seiner Eltern ist sein Vater, Herr S, ausgezogen. Trotzdem sieht Paul seinen Vater zwei- bis dreimal pro Woche, da dieser ihn im Haus der mütterlichen Familie betreut, wann immer Frau S arbeitet, was auch oft am Wochenende der Fall ist, und Herr S frei hat. Dabei handelt es sich um ganze Tage oder um Abende. Die Tage, an denen Herr S die Betreuung von Paul übernimmt, sind – entsprechend dem Dienstplan von Frau S – fix vereinbart. Herr S kommt dann bereits zeitig in der Früh, noch bevor Paul aufsteht, bereitet ihm das Frühstück und verbringt mit ihm den Tag, bis Frau S zurückkehrt. Sie machen Besorgungen und spielen vor allem viel miteinander. Teilweise sind auch beide

Eltern da, und Frau S erledigt den Haushalt, während Herr S sich mit Paul beschäftigt. Zusätzlich besucht Herr S Paul manchmal abends nach der Arbeit. Diese Abendtermine kündigt Frau S Paul nicht an, da Paul sich immer sehr auf seinen Papa freut und dieser dann auch schon einmal nicht gekommen ist. Wird Herr S jedoch als Betreuungsperson gebraucht, ist er immer verlässlich. Kann Herr S nicht persönlich kommen, ruft er jeden zweiten Tag an, um Paul zu fragen, wie es ihm geht, und um ihm eine gute Nacht zu wünschen.

Frau S meint, dass der Vater Paul nun eigentlich mehr Zeit widme als vor der Trennung. Das hätte sie sich aufgrund seines Verhaltens während aufrechter Ehe eigentlich nicht erwartet. Da hatte sie das Gefühl, für Paul mehr oder weniger alleine zuständig zu sein. Aus diesem Grund wollte sie auch zunächst die Alleinobsorge. Bei der Scheidungsverhandlung war die Beibehaltung der ObE das einzige, was Herr S wollte. Hätte es die Möglichkeit der ObE nicht gegeben, hätte er sich überlegt, die unglückliche Ehe fortzusetzen – so groß war seine Angst, durch eine Scheidung sein Kind zu verlieren. Frau S hat schließlich „mit Bauchweh", wie sie meint, zugestimmt. Sie hatte keinerlei positive Erwartungen an die ObE, sondern lediglich Befürchtungen, die sich jedoch nicht bewahrheiteten. Sie ist positiv überrascht, wie gut sich die ObE entwickelt hat, da sie Herrn S nun als aktiven Vater erlebt, wie sie es sich immer gewünscht hatte. Auch wenn Frau S sich weiterhin als die Hauptverantwortliche für Paul erlebt, hat sie nun die Sicherheit, den Vater „in die Pflicht nehmen zu können". Er ist der Erste, den sie anruft, wenn sie für Paul etwas braucht. Sie schätzt ihn als Vater, scheint auch Paul ein positives Bild von seinem Vater zu vermitteln und lässt es zu, dass dieser im Leben von Paul sehr präsent ist. Frau S betont, dass sie beide Pauls Eltern sind und dies auch immer bleiben werden, egal, wie sie als Menschen zueinanderstehen. Daher ist sie auch bemüht, den Kontakt zwischen Paul und seinem Vater aktiv zu unterstützen. Auch Herr S ist überzeugt davon, dass seine Exfrau eine gute Mutter ist. Er ist bemüht, ein gutes Einvernehmen mit ihr zu haben. Am wichtigsten sei es – so Herr S –, dass das Kind so wenig wie möglich unter der Trennung der Eltern leide.

Dass Herr S Paul im mütterlichen Haus besucht und betreut, begründet er damit, dass Paul dort zu Hause und es gewöhnt sei, auch nur dort zu schlafen. Wenn Paul sechs oder sieben Jahre alt ist, könnte er sich vorstellen, dass Paul auch immer wieder zu ihm kommt. Frau S könnte sich auch vorstellen, dass Paul irgendwann einmal bei ihm leben möchte.

Durch die regelmäßigen Besuche von Herrn S im Haus der Mutter und die zusätzlichen Telefonate haben die Eltern viel Austausch miteinander. Sie reden über Paul, zB was er alles an diesem Tag erlebt hat, aber auch über Angelegenheiten der Eltern, wie etwa die Arbeit. Ab und zu unternehmen sie etwas gemeinsam mit Paul oder machen für ihn gemeinsam Besorgungen. Beide Eltern beschreiben den Umgang miteinander als sehr respektvoll, höflich, freundlich, entgegenkommend und kooperativ, wobei Herr S die Situation als völlig unproblematisch und konfliktfrei beschreibt, während Frau S schon Konflikte spürt, diese aber mit ihrem Expartner nicht austragen kann. So stört sie zB, wenn Herr S seinen Sohn „maßlos“ mit Geschenken überhäuft oder Zeichentrickfilme mit ihm ansieht, die – ihrer Ansicht nach – nicht für Paul geeignet sind. Meist nimmt sie das aber hin, nur wenn es ihr in den Filmen zu gewalttätig wird, schreitet sie ein. Versuche sie mit ihrem Exmann darüber zu sprechen, so erzählt Frau S, verstehe er ihr Problem nicht oder weiche aus.

Im Gegensatz zum eher bewussten „Stillhalteabkommen“ von Herrn und Frau P zugunsten der Aufrechterhaltung der gemeinsamen Elternschaft scheint die Konfliktvermeidungshaltung der Familie S eher auf eine Persönlichkeitseigenschaft des Vaters zurückzuführen zu sein. Ebenso wie bei Familie P scheint diese Haltung aber sowohl Nachteile, nämlich va Frustration und Ärger, als auch Vorteile im Sinne des Gelingens des Arrangements mit sich zu bringen. Ein weiterer Konfliktpunkt, den Frau S bereits antizipiert, sind eventuell auftauchende neue PartnerInnen beider Eltern.

Interessant ist das unterschiedliche Erleben der Entscheidungskompetenz in Angelegenheiten, die Paul betreffen. Frau S beschreibt sich als Haupterziehungsperson, die alle Verantwortung trägt und alle Entscheidungen trifft, von denen sie den Vater lediglich informiert. Es gebe, so Frau S, keine Entscheidungen, die der Vater alleine treffe. Während aufrechter Ehe hätte sie gerne mehr Verantwortung an ihn abgegeben, nun passe es so, wie es ist. Außerdem sieht sie eine gewisse Entwicklung beim Vater, sich nun, nach der Trennung, zunehmend mehr in die Erziehung und Betreuung von Paul einzubringen und sich dabei mit Frau S zu besprechen.

Herr S hingegen erlebt seine Exfrau zwar auch als Haupterziehungsperson – bedingt durch den hauptsächlichen Aufenthalt von Paul bei seiner Mutter –, wobei er sich von ihr ausreichend informiert fühlt, mit ihren Entscheidungen einverstanden ist und die Vorstellungen beider Eltern als sehr übereinstimmend sieht. Er hat aber das Gefühl, genauso viel Verantwortung für das Kind zu tragen, an wichtigen Entscheidungen beteiligt zu sein, sich um das Kind zu sorgen und Aufgaben für es zu übernehmen. Seine eigene Entscheidungskompetenz sieht er gefordert, wenn er mit Paul alleine ist.

### *7.9.2 Das Wechselmodell*

Das zweite Betreuungsmodell, das Wechselmodell („Zwei-Nester-Modell“) ist ebenfalls dadurch charakterisiert, dass beide Elternteile fix in die Alltagsbetreuung des Kindes eingebunden sind. Die abwechselnde Betreuung des Kindes durch beide Eltern findet aber nicht in *einem* Haushalt, sondern in den *beiden* Haushalten der Eltern statt. Die Betreuungszeiten des Kindes durch den getrennt lebenden Elternteil erstrecken sich wieder sowohl auf Tage unter der Woche als auch am Wochenende.

Auch dieses Modell wurde bereits von *Wallerstein* und ihren Mitarbeiterinnen[542] beschrieben, und zwar als ein Modell, in dem beide Eltern einen eigenen Haushalt führen und die Kinder ihre Zeit entsprechend einem zuvor festgelegten Plan in den beiden elterlichen Haushalten verbringen. Aus der Perspektive des Kindes betrachtet bedeutet das, dass es zwei „Zuhause“ (oder zwei „Nester“) hat und dass es regelmäßig zwischen diesen beiden Orten hin- und herpendelt und eine nennenswerte Zeitspanne (im Ausmaß eines umfangreichen Besuchsrechts bis hin zu einer 50:50-Aufteilung der Betreuungszeit) hier wie da verbringt. Den Autorinnen zufolge leben manche Kinder drei Tage beim einen, drei Tage beim anderen Elternteil, andere wechseln täglich oder wöchentlich, wieder andere jährlich.[543]

In der vorliegenden Studie werden insgesamt vier Kinder aus vier Familien diesem Modell entsprechend versorgt, zwei ältere Kinder (acht und elf Jahre) und zwei kleine Kinder (zweieinhalb und dreieinhalb Jahre). Zwei Familien, und zwar jene mit den älteren Kindern, praktizieren das Wechselmodell im engeren Sinn, also im Sinne einer nahezu hälftigen Betreuung des Kindes durch den Vater und die Mutter. In einem dieser Fälle verbringt das Kind die Zeit nach der Schule beim Vater, der aufgrund seiner beruflichen Tätigkeit am Nachmittag für das Kind Zeit hat. Am Abend, wenn die Mutter nach Hause kommt, wechselt die Tochter zur Mutter, die nur ein paar Stiegen entfernt im selben Häuserblock wohnt, und schläft dort. Auch im anderen Fall hat sich der Vater, der nach der Trennung ausgezogen ist, eine Wohnung ganz in der Nähe der mütterlichen Wohnung gesucht. Das Kind verbringt ganze Tage beim einen oder anderen Elternteil – entsprechend den beruflichen Erfordernissen der Eltern und den Wünschen des Kindes.

Den hauptsächlichen Aufenthalt haben alle Kinder bei der Mutter, auch die beiden kleinen Kinder. Die kleineren Kinder werden jedoch vom getrennt lebenden Vater zusätzlich zu jedem zweiten Wochenende unter der Woche an zwei bis drei fix vereinbarten Tagen versorgt, an denen die Mütter arbeiten.

Dieses Betreuungsmodell zeichnet sich also durch ein relativ hohes Betreuungsausmaß durch den getrennt lebenden Elternteil und damit eine hohe äußere Verfügbarkeit beider Eltern für das Kind aus. Alle befragten Eltern dieser Gruppe sind mit der Entscheidung zur ObE und dem von ihnen getroffenen Betreuungsarrangement zufrieden.

---

542 Siehe zB *Kline,/Tschann/Johnston/Wallerstein*, Children's Adjustment in Joint and Sole Physical Custody Families, Developmental Psychology (1989) 430–438.

543 Siehe dazu S 28.

Die Aufenthalte beim einen oder anderen Elternteil unter der Woche sind zumeist auf die Berufstätigkeiten der Eltern abgestimmt und bzw oder orientieren sich an den Wünschen der Kinder. In zwei Familien gibt es fixe Tage beim getrennt lebenden Elternteil, wobei auch hier Abweichungen (zB aufgrund der Erkrankung des Kindes oder Termine der Eltern) möglich sind. In einem Fall werden die Tage einige Wochen im Vorhinein zwischen den Eltern abgestimmt, und in der vierten Familie gibt es regelmäßige *und* spontane Aufenthaltswechsel. In drei der vier Familien gibt es zusätzlich eine fixe abwechselnde Wochenendregelung, nach der das Kind jedes zweite Wochenende beim getrennt lebenden Elternteil verbringt. In einer Familie werden die Wochenenden flexibel gestaltet, je nach Wunsch des Kindes und den Wünschen der Eltern, mit dem Kind etwas zu unternehmen.

Eine Mutter und ein Vater, die im Zuge der Trennung von ihren ExpartnerInnen jeweils aus der ursprünglichen Familienwohnung ausgezogen sind, brachten explizit zum Ausdruck, eine Wohnung in der nächsten Nähe gewählt zu haben, um dem Kind ein spontanes Pendeln zwischen den Eltern zu erleichtern.

Neben dem quantitativen Aspekt des hohen Betreuungsausmaßes durch den getrennt lebenden Elternteil zeigen sich auch qualitative Charakteristika: Alle getrennt lebenden Väter fühlen sich hundertprozentig verantwortlich für ihre Kinder, die Übernahme von Alltagsaufgaben für und mit dem Kind, wie zB Kontakte zu LehrerInnen, Arzttermine, Einkaufen von Gewand, Lernen, Grenzen-Setzen, Essenmachen, gemeinsame Haushaltsarbeit usw, sind für sie Normalität. (Nur in einem Fall sieht die Mutter [im Gegensatz zu ihrem Expartner] das nicht so, und zwar was die schulischen Angelegenheiten des Kindes betrifft. Sie hat vielmehr den Eindruck, ihr Expartner „bestrafe“ sie für ihren Trennungsentschluss damit, dass sie nun mit den schulischen Angelegenheiten des Kindes alleine zurechtkommen müsse. Nach einem Streitgespräch darüber habe sie jedoch beschlossen, vom Vater diesbezüglich nichts mehr zu fordern, und mache nun die Erfahrung, dass er manchmal mit der Tochter lerne, wenn die Mutter es nicht anspricht. Sie glaubt daran, dass sich das „Rachebedürfnis“ des Vaters mit der Zeit legen werde.)

In drei Familien schließt die Übernahme von Alltagsaufgaben an eine Tradition an, die bereits vor der elterlichen Trennung bestand. In einem Fall übernimmt der Vater nun deutlich mehr Betreuungsaufgaben als während aufrechter Ehe.

Die Beziehung der Eltern zueinander ist in keinem Fall von heftigen Konflikten belastet, von einer völlig unbelasteten Beziehung kann aber auch in keinem Fall gesprochen werden. In jeder Familie empfindet zumindest ein Elternteil die Atmosphäre zwischen den ExpartnerInnen als immer wieder angespannt, ein bisschen steif oder vorsichtig bis hin zu „frostig“. Das persönliche Aufeinandertreffen bedeutet für zwei der vier Exehepaare eine emotionale Herausforderung, die sie zu vermeiden suchen. Sie „springen“ aber für ihr Kind „über ihren Schatten“, wenn es etwa darum geht, gemeinsam Schulveranstaltungen zu besuchen, Familienfeste zu feiern, oder wenn sich das Kind Momente zu dritt wünscht.

Allen Elternpaaren gelingt es, eine Kommunikationsebene miteinander zu finden, die ihnen zumindest einen sachlichen, die Notwendigkeiten der gemeinsamen Kinderbetreuung koordinierenden Austausch ermöglicht. Die Eltern der kleinen Kinder erzählen einander bei den Übergaben oder in Telefonaten, wie das Kind den Tag verbracht hat, wenn etwas Außergewöhnliches passiert ist, Entwicklungsfortschritte des Kindes oder mitunter auch lustige Anekdoten über das Kind. Sie bemühen sich um einen freundlichen Umgangston miteinander und signalisieren immer wieder auch Interesse an persönlichen Angelegenheiten und am Befinden des anderen Elternteils.

Die Vereinbarung und die Einhaltung der Aufenthalte des Kindes bei Mutter und Vater funktionieren in allen vier Familien weitestgehend reibungslos. Angesichts der Tatsache, dass es sich um ein Betreuungsmodell handelt, in dem beide Eltern in einem relativ hohen Ausmaß Erziehungsverantwortung übernehmen, gibt es diesbezüglich relativ wenige konkrete Konfliktpunkte zwischen den Eltern.

Das dürfte damit zusammenhängen, dass alle vier Elternpaare das Gefühl haben, sich in den grundlegenden Dingen einig zu sein, und darauf vertrauen, dass „es der jeweils andere im Großen und Ganzen auch gut mit dem Kind macht“. Die Betreuung und die Erziehung der Kinder scheinen durch beide Eltern in hohem Ausmaß durch Übereinkünfte, gemeinsam geteilte Erfahrungen und eingespielte Umgangsweisen aus der Zeit des Zusammenlebens geleitet zu sein, die als implizite Regeln von beiden Eltern akzeptiert werden und so keiner neuerlichen Abstimmung und bewussten Absprache der Eltern bedürfen.

Wenn Unterschiede erlebt werden – in drei Familien betrifft das die Einhaltung von Regeln (zB bei den Schlafenszeiten, wobei regelmäßig die Mütter die Väter als nachgiebiger erleben) –, führen diese mitunter zu Ärger und Frustration. Zwei der drei Mütter sagen aber, dass unterschiedliche Konzepte auch gut für ein Kind sein können, sie nicht immer mit allen Entscheidungen des Expartners einverstanden sein müssen bzw selbst auch nicht immer alles richtig machen. Aus diesem Grund tolerieren sie Maßnahmen und Verhaltensweisen des Expartners, mit denen sie nicht einverstanden sind, zumindest solange es ihnen nicht zu viel wird.

Konkrete Konflikte über die Erziehung bzw Betreuung der Kinder werden darüber hinaus nur zweimal genannt: Eine Mutter (Frau A) beklagt – wie bereits beschrieben –, dass sich der Vater zu wenig um die Erledigung der Hausübungen des Kindes und Lernen kümmert. Es stört sie auch, dass der Vater, in der Zeit, die er mit der Tochter verbringt, generell wenig von ihr fordert, den Einfluss, den er auf ihre Entwicklung hätte (zB ihr Kultur zu vermitteln), wenig nutzt und dass er ihr teure Geschenke macht, die sie sich selbst nicht leisten kann. Ein Vater (Herr T) findet es ungerecht, dass sich seine Exfrau – ohne ihn zu fragen – herausnimmt, mit dem Kind auf Urlaub zu fahren, wodurch er seinen Sohn in dieser Zeit nicht sehen kann, während sie umgekehrt bei seinen Urlaubswünschen mit dem Kind Einspruch erhebt. Beide sehen aber keine Möglichkeit, den Konflikt mit dem Expartner konstruktiv auszutragen. Frau A hat dies in einem Gespräch mit ihrem Exmann erfolglos versucht und nimmt – wie sie sagt – die „Prüfung“ auf sich, für alles Unangenehme in der Erziehung der Tochter selbst zuständig zu sein. Sie interpretiert den Rückzug des Vaters aus dieser Verantwortung nämlich erstens als einen „Racheakt“ an ihr und denkt, dass sich dieses Bedürfnis des Vaters mit der Zeit legen werde, und zweitens als eine Scheidungsfolge des Vaters, nämlich insofern, als dieser nun mehr Zeit für sich benötige, um sein eigenes Leben neu zu gestalten. Aber auch grundsätzlich würden beide Eltern, so Frau A, davor zurückscheuen, einen Konflikt eskalieren zu lassen. Zu bedrohlich wären noch die Erinnerungen an den heftigen Streit in der Trennungsphase. Bevor es zum Eklat komme, würden sich beide zurückziehen und lieber nichts sagen.

Herr T spricht seinen Ärger seiner Exfrau gegenüber auch nicht an, da er befürchtet, ein Streit würde das Verhältnis zu seiner Exfrau belasten und damit eine Einschränkung der Kontakte zu seinem Sohn oder gar einen Kontaktabbruch nach sich ziehen. Auch Frau T ist der Ansicht, dass es nichts bringen würde, würde sie versuchen, ihrem Exmann zu sagen, wenn sie etwas stört. Er wäre nur gekränkt, könnte mit der Kritik nichts anfangen, und sie fürchtet, er würde sich zurückziehen.

Während diese beiden Elternpaare also ein „Keine-Konflikte-Arrangement“ getroffen zu haben scheinen, ist auch das dritte Elternpaar dieser Gruppe (Familie E) bestrebt, Affekte weitgehend aus seiner Beziehung herauszuhalten, scheut sich aber nicht, sollte es einmal einen gröberen Konflikt geben, diesen auch auszutragen. Frau E formuliert als mögliches Konfliktlösungsszenario in diesem Fall: „Wir werden vielleicht ein Gespräch am Jugendamt brauchen, aber sicher keinen Richter.“ Zwischen den Eltern der vierten Familie scheint es tatsächlich kaum Ärger oder Frustration zu geben. Beide scheinen sich nicht nur sehr einig, sondern auch bestrebt zu sein, sehr kooperativ und konstruktiv zu agieren.

In keiner Familie gab es bis zum Untersuchungszeitpunkt Konflikte über Entscheidungen, die für das Kind zu treffen waren. Es zeichnet sich ein bestimmtes Entscheidungsmuster ab: Entscheidungen, die unmittelbar zu treffen und wenig weitreichend sind (Alltagsentscheidungen), trifft derjenige Elternteil, bei dem sich das Kind gerade aufhält, und zwar ohne mit dem anderen Rücksprache zu halten. Weiter reichende oder grundlegende Entscheidungen, wie etwa die Aufenthalte des Kindes bei Mutter oder Vater (inklusive der Urlaubsplanung), die Schul- bzw Kindergartenauswahl, Taschengeld, außergewöhnliche finanzielle Belastungen (zB Schullandwoche), das Erlernen eines Musikinstruments oder Impfungen, werden von den Eltern gemeinsam entschieden. Zwischen diesen Polen gibt es Aufgabenteilungen, entweder wie in einem Fall, dass der Vater für das Lernen, die Mutter für das „Organisatorische" (zB Arzttermine, sonstige Termine, von denen das Kind abzuholen ist ...) zuständig ist, oder in dem Sinne, dass ein Elternteil (meist die Mutter) gleichsam die Übersicht hat und den anderen Elternteil (meist den Vater) zur Durchführung heranzieht. Bis auf Frau A, die sich mehr Beteiligung des Vaters wünscht, sind alle Eltern mit der Verteilung der Aufgaben und Kompetenzen zufrieden. Insgesamt entsteht der Eindruck, dass die oft als „angespannt" beschriebene Atmosphäre zwischen den ExehepartnerInnen weniger auf aktuelle Konflikte im Zusammenhang mit der gemeinsamen Betreuung der Kinder zurückzuführen ist als noch eine emotionale Folge der Trennung bzw Scheidung darstellt.

Neben der „äußeren" ist auch die „innere" Verfügbarkeit beider Eltern für die Kinder in diesen Familien als relativ hoch einzustufen. Eine hohe innere Verfügbarkeit ist die Folge der (ausgesprochenen oder unausgesprochenen) Erlaubnis beider Eltern, dass das Kind weiterhin Mutter und Vater lieben darf und sich für keinen der beiden entscheiden muss. Das bedeutet, dass die Eltern einander als Mutter bzw Vater grundsätzlich schätzen, eine gute Beziehung des Kindes zum jeweils anderen Elternteil für wichtig erachten und unterstützen, eventuelle Loyalitätskonflikte des Kindes aktiv entlasten und trianguläre Situationen zulassen, in denen sich das Kind mit den Eltern in einer Dreierbeziehung erleben und in der es gefahrlos zwischen den beiden Eltern pendeln kann. Zwar sind – aufgrund von eigenen Kränkungen und Ängsten der Eltern – nicht alle diese Bedingungen in allen Familien dieser Gruppe erfüllt. Gemessen an der Größe der Herausforderung, die eine solche elterliche Haltung bedeutet, sind die diesbezüglichen Bemühungen und Leistungen der Eltern aber beachtlich, wie das folgende Fallbeispiel von *Familie E* zeigt:

*Familie E*: Die Entscheidung zur ObE, und dass Alina annähernd zur Hälfte bei beiden Eltern lebt, war für Herrn E immer klar. Er kannte dieses Modell schon aus seiner ersten Ehe. Hätte Frau W die Alleinobsorge beantragt, hätte er, nach eigenen Angaben, „wie ein Löwe um sein Kind gekämpft". Der hauptsächliche Aufenthalt wurde bei der Mutter vereinbart, weil Alina erstens in dieser Wohnung ihre Kindheit verbracht hat und sich hier zu Hause fühlt, und andererseits damit Frau E Kindesunterhalt für Alina bekommt. Aber eigentlich passen – so die Ansicht von Herrn E – weder ein „hauptsächlicher Aufenthalt" noch Kindesunterhaltszahlungen zur ObE. Dennoch ist er mit der derzeitigen Regelung (bis auf den Kindesunterhalt) zufrieden.

Frau E ist mit der Entscheidung zur ObE und der Aufenthaltsregelung ebenfalls zufrieden, obwohl die Entscheidung zur ObE für sie nicht von Anfang an klar war, sondern für sie auch die Alleinobsorge in Frage gekommen wäre. Da sie jedoch die Erfahrung gemacht hatte, dass Herr E ihre Entscheidungen mitträgt und sie keinen Machtkampf mit ihm befürchtete, stimmte sie der Beibehaltung der ObE zu. Sie hält die ObE für den normalen Weg: „Wir haben das Kind gemeinsam bekommen, wir müssen es auch gemeinsam weitertragen und durch das Leben schubsten, wenn es nötig ist!"

Was die Aufenthalte Alinas bei Mutter und Vater betrifft, gibt es einen leichten zeitlichen Überhang bei der Mutter, aber im Prinzip verbringt Alina beim Vater etwa genauso viel Zeit wie bei Frau E. Die Wochenenden sind fix eingeteilt; die Wochentage richten sich nach den beruflichen Anforderungen der Eltern und den Wünschen von Alina. Die konkreten Tage vereinbaren die Eltern jeweils am Anfang des Monats. Nach der Scheidung nahmen die Eltern gemeinsam eine psychologische Beratung in Anspruch. Der Psychologe hatte damals empfohlen, dass die Vereinbarung der Aufenthalte grundsätzlich Sache der Eltern sein solle, Alina aber sagen könne, wenn sie mehr von ihrer Mama oder ihrem Papa brauche. Darauf sollten die Eltern dann Rücksicht nehmen. Das hätten Herr und Frau E auch Alina kommuniziert.

Konflikte zwischen den Eltern über die Aufenthaltsregelung gibt es nur selten. Einmal war das Osterwochenende nicht klar ausgemacht, und Alina wollte länger beim Papa bleiben. Frau E war gekränkt und verlangte von Alina, sie müsse sich entscheiden. Im Nachhinein habe ihr das leidgetan, so Frau E. Es sei ein Fehler gewesen: Die Eltern hätten das untereinander klären müssen.

Übergaben, bei denen sich die Eltern persönlich treffen, gibt es selten, da sie meist in der Schule oder im Hort stattfinden. Selten möchte Alina zwischendurch zusätzlich den Papa treffen, was grundsätzlich möglich ist, da die Wohnungen der beiden Eltern sehr nahe beieinander liegen. Dabei begegnen sich die Eltern. Frau E vermutet, dass beide Elternteile solche Situationen aber eher zu vermeiden suchen. Einmal probierten sie, Alina zuliebe, zu dritt zu Abend zu essen, aber das hätte weder Alina noch ihren Eltern sonderlich gefallen.

Frau E erzählt, dass Alina zu Beginn dieses Betreuungsarrangements ein bisschen „gefremdelt" hat, wenn sie vom Papa gekommen ist, und sich erst wieder in die Situation bei der Mama hineinfinden musste. Frau E sei es selbst auch so ergangen. Auch sie musste erst lernen, damit umzugehen, dass Alina nicht immer da ist. Unter dem Schuljahr sei es für sie leichter; Frau E war auch früher nicht jeden Abend zu Hause. Alina fehle ihr aber, wenn diese länger als zwei Tage beim Vater ist, va in den Ferien. Aber sie wisse, dass Alina sich beim Papa auch wohl fühlt. Wenn Alina bei ihr ist, nimmt sie sich jetzt bewusster Zeit für sie. Herr E empfindet die Mehrfachanforderungen durch Kind, Beruf und Privatleben, mit denen er sich seit seinem Auszug konfrontiert sieht, als große Belastung. Auf die Zeit mit Alina möchte er aber nicht verzichten. Gleichzeitig genießt er die freien Tage.

Während aufrechter Ehe war Frau E hauptsächlich für die Erziehung und Betreuung von Alina zuständig, nur das Lernen mit Alina war immer schon Aufgabenbereich des Vaters. Seit der Trennung beteilige sich der Vater – so Frau E – mehr an der alltäglichen Betreuung des Kindes. Er sei sehr präsent, kümmere sich viel um Alina, und die Verantwortung für die Erziehung sei nun – beiden zufolge – zwischen den Eltern gleich verteilt. Frau E ist erstaunt, wie viel an Unterstützung sie jetzt von ihrem Exmann bekommt. Frau E nimmt ihren Exmann, wie sie meint, stärker in die Pflicht, und Herr E übernehme von sich aus mehr Aufgaben des Alltags. Frau E hat zwar nach wie vor die Übersicht über Angelegenheiten, die Alina betreffen, zB über Arzttermine, und organisiert vieles (das möchte sie auch nicht aus der Hand geben), aber Herr E beteiligt sich an der Durchführung. Wenn Frau E keine Zeit hat oder es sich Alina wünscht, übernimmt er Termine, macht Besorgungen oder bleibt bei ihr zu Hause, wenn Alina krank ist. Beide holen Alina – nach ihren zeitlichen Möglichkeiten – am Nachmittag von der Schule bzw vom Musikunterricht ab. Wenn Alina es sich wünscht, nehmen die Eltern sogar gemeinsam bestimmte Termine mit ihr wahr. Über die schulischen Angelegenheiten haben beide Eltern den Überblick, sie informieren sich über das Elternheft und bringen einander auch auf den neuesten Stand. Sonstige wichtige Entscheidungen sprechen sie ab; in den meisten Fällen sind sich die Eltern ohnehin einig.

Der Austausch der Eltern bezieht sich aber lediglich auf Angelegenheiten Alina betreffend. Ansonsten gebe es – so Herr E – nur „eisiges Schweigen" zwischen ihnen. Persönlich treffen die Eltern einander nur selten, etwa zu Familienfesten oder wenn es sich Alina wünscht. Dann bemühen sich beide für Alina, das Beste aus der Situation zu machen.

Herr E gehe – so Frau E – anders mit Alina um als sie selbst. Einerseits fordere er mehr von ihr, zB beim Lernen, andererseits sei er weniger streng, wenn sie etwa frech ist. Frau E sei Alina gegenüber jetzt strenger und konsequenter, weil sie sich nicht mehr mit dem Vater abstimmen müsse. Aber insgesamt seien die Vorstellungen der Eltern nicht so unterschiedlich.

Herrn E ist wichtig, dass die Zeit, die Alina bei ihm verbringt, ruhig und entspannt abläuft, dass Alina nichts vermisst, er ihr viel bietet und er sie unterstützen kann, sodass sie für das Leben gerüstet ist. Seine Beziehung zu Alina beschreibt er genauso wie Frau E als sehr innig und vertraut.

Frau E fällt auf, dass Alina ein starkes Bedürfnis hat, die Zeit bei Papa und Mama genau aufzuteilen. Möglicherweise denke Alina auch, sie müsse sich um den Papa kümmern, da dieser sonst viel allein wäre. Beide Eltern sagen, dass sie auch sehr bemüht sei, nichts Böses über den anderen Elternteil zu sagen, und dass sie auch kein böses Wort von jemandem über Papa oder Mama dulde. Alina verlange immer wieder danach, über die Trennung und die Zukunft (zB neue PartnerInnen der Eltern) zu sprechen. Dabei sei ihr besonders wichtig, zu hören, dass Mama und Papa von niemandem ersetzt werden können und beide sie lieb haben und nie woanders hinziehen werden.

Für Alina selbst ist es nicht immer leicht, sich die Tage bei Mama und Papa zu merken, und sie scheint sich – zumindest unbewusst – auch verpflichtet zu fühlen, sich gerecht auf ihre Eltern aufzuteilen. Andererseits erlebt sie keinen Verlust eines Elternteils. Sie hat das Gefühl, Papa und Mama nicht weniger oft zu sehen als vor der Trennung. Sie freut sich auf beide Eltern und möchte keine andere Regelung haben.

### *7.9.3 Das Wochenendmodell mit Erweiterung*

Das dritte Betreuungsmodell, das Wochenendmodell mit Erweiterung, unterscheidet sich von den bisher beschriebenen Modellen darin, dass die Aufenthalte der Kinder bei den getrennt lebenden Elternteilen vorwiegend am Wochenende stattfinden und tendenziell einen „Freizeitcharakter" haben. Das bedeutet, dass die Zeit, die die Kinder beim getrennt lebenden Elternteil verbringen – das ist in allen Familien der Vater –, vorwiegend von Spiel, Sport, gemeinsamen Unternehmungen, Ausruhen usw. geprägt ist, und Alltagsaktivitäten mit dem Kind, wie Hausübungen erledigen, lernen, Termine wahrnehmen etc, eher im Aufgabenbereich der Mütter liegen, bei denen alle Kinder dieser Gruppe ihren hauptsächlichen Aufenthalt haben. Eine Ausnahme stellt dahingehend eine Familie dar, in der immer schon der Vater für die Unterstützung des Kindes in der „außerfamiliären Welt" (Schule, Ämter ...) zuständig war, da sich die Mutter das – aufgrund ihrer nicht-österreichischen Herkunft – weniger zutraute. Auch wenn die Tochter Hilfe beim Lernen benötigt, kommt sie zu ihrem Vater. In allen anderen Fällen lernen die Väter am Besuchswochenende nur dann mit den Kindern, wenn sie einen Auftrag von der Mutter erhalten oder sich die Kinder diesbezüglich an sie wenden. In den meisten Fällen setzen sich damit nach der elterlichen Trennung eine Aufgabenteilung und ein Rollenverständnis der Eltern fort, das bereits während aufrechter Ehe bestand. Nur in einem Fall war der Vater früher stark in die alltägliche Betreuung des Kindes involviert, er war zB ein Jahr in Karenz. Er würde seine Tochter auch jetzt gerne öfters sehen als einmal pro Woche. Das ist aber aus beruflichen Gründen nur manchmal möglich.

Sieben der siebzehn Familien mit ObE können diesem Betreuungsmodell zugeordnet werden. In einer Familie, in der die Tochter bereits 15 Jahre alt ist, entscheidet diese selbst ganz flexibel über ihre Aufenthalte beim Vater, die vorwiegend am Wochenende, aber auch unter der Woche stattfinden, wenn ihre Mutter verreist ist. Insgesamt verbringt sie zwei bis drei Tage pro Woche beim Vater. In allen anderen Fällen dieser Gruppe gibt es eine fixe Besuchsregelung mit Erweiterungsmöglichkeiten. Die fixe Regelung besteht in fünf Familien in einem vierzehntäglichen Besuchswochenende (viermal von Freitagnachmittag bis Sonntagabend, einmal von Samstagabend bis Sonntagabend). In einer Familie holt der Vater seine Tochter jeden Freitag vom Hort ab, dann bleibt sie bis Samstagmittag, manchmal – wenn der Vater frei hat – auch bis Sonntag.

In allen Familien sind zusätzliche Kontakte zwischen den Kindern und den getrennt lebenden Elternteilen möglich und – bis auf einen Fall – auch Realität. Diese zusätzlichen Kontakte sind entweder zusätzliche ganze Wochenenden oder Teile davon (in einer Familie verbrachten die Kinder fast jedes Winterwochenende beim Vater, da sie bei diesem Skifahren können) oder Zeiten unter der Woche, in denen der Vater für die Mutter einspringt, wenn diese einen beruflichen oder Freizeittermin hat, das Kind krank ist oder das Kind oder der Vater es wünscht.

Die Verfügbarkeit des getrennt lebenden Elternteils für das Kind kann in fünf Familien als hoch bis relativ hoch eingestuft werden, in zwei Familien jedoch nur als niedrig. Die hohe Verfügbarkeit ergibt sich daraus, dass die Kinder selbst entscheiden dürfen, den Vater zusätzlich zu den fixen Wochenenden zu treffen, und sich das entweder selbst organisieren können oder dabei Unterstützung von der Mutter erhalten. In diesen fünf Familien äußern auch die Väter das Bedürfnis, die Kinder so oft wie möglich zu sehen.

In den zwei restlichen Familien waren die Väter auch während aufrechter Ehe wenig für ihre Kinder verfügbar. Ihr berufliches Engagement und eigene Interessen der Väter hatten eine höhere Priorität. In einem Fall stellt die Trennung der Eltern (und die Beibehaltung der ObE) insofern eine radikale Verbesserung für die Tochter dar, als ihr Vater sich ihr nun ein paar Tage im Monat exklusiv widmet und in seine Rolle als Vater hineinwächst. Als sich die Eltern zwischenzeitlich wieder annäherten, fürchtete das Mädchen sogar, die neu gewonnene Beziehungsqualität mit ihrem Vater wieder zu verlieren. Beide Mütter dieser Familien äußern, dass sie sich wünschten, die Beziehung der Kinder zu ihren Vätern wäre intensiver, und sie den Vätern anbieten, die Kinder öfters zu sich zu nehmen (was einer dieser Väter auch manchmal nützt, wenn er frei hat). Dieser Wunsch der Mütter scheint aber zumindest ambivalent zu sein. Für einen Vater passt die derzeitige Besuchsregelung, der andere Vater möchte wieder mehr in die Nähe der mütterlichen Wohnung ziehen, damit auch Kontakte zum Kind unter der Woche leichter möglich sind.

Fünf der sieben Exehepaare geben an, keine oder kaum Konflikte miteinander zu haben. In einem Fall gehen sich die Eltern weitestgehend aus dem Weg. Sie besprechen nur das Notwendigste miteinander. Die bereits 15-jährige Tochter entscheidet vieles selbst und übernimmt auch viel an Kommunikation zwischen den Eltern.

Bei den vier anderen Elternpaaren scheint die relative Konfliktarmut in verschiedenen Faktoren zu gründen, die in unterschiedlichen Gewichtungen und Kombinationen auftreten (nicht alle Gründe treffen auf alle Elternpaare zu!):

- Eine grundsätzlich eindeutige und (weitgehend) akzeptierte Rollenaufteilung zwischen Mutter und Vater, bei der die Mutter in der Erziehung – wie schon während aufrechter Ehe – die Hauptverantwortung trägt, den Vater aber informiert, in Entscheidungen einbindet, ihm Aufgaben überträgt;

- eine damit verbundene, relativ klare Abgrenzung der mütterlichen und väterlichen Aufgaben, die nicht (mehr) Quelle von permanenten Enttäuschungen sind;
- eine gewisse Toleranz gegenüber Unterschieden im mütterlichen und väterlichen (Erziehungs-)Verhalten (anstelle des Kampfes darum, den anderen zu verändern);
- eine gewisse Neigung, Ärger hintanzustellen und Streit möglichst zu vermeiden (um dem Kind nicht zu schaden, um die Beziehung zum bzw zur ExpartnerIn nicht zu belasten, aufgrund von Persönlichkeitseigenschaften und in einem Fall aus Angst, als Konsequenz den Kontakt zum Kind zu verlieren);
- ein Abfinden mit der Tatsache der Trennung bzw Scheidung.

Die Eltern pflegen einen freundlichen oder zumindest höflich-sachlichen Umgangsstil miteinander. Sie tauschen sich beim Abholen und Bringen des Kindes und in Telefonaten aus, plaudern teilweise auch über Urlaube, Computerprobleme uÄ. In diesen vier Familien scheint auch die innere Verfügbarkeit[544] beider Eltern für das Kind relativ hoch zu sein.

In einer Familie (Familie N) beruhigte sich zum Untersuchungszeitpunkt gerade die Konfliktatmosphäre zwischen den Eltern. Herr und Frau N bemühen sich im direkten Kontakt (insb vor den Kindern) um einen freundlichen Umgangston miteinander, aber es fällt beiden offensichtlich nicht leicht – auch wenn beide angeben, dass sich ihre Beziehung zunehmend normalisiere. Abwertende Bemerkungen oder Andeutungen über den andern Elternteil und bestimmte abgegrenzte Konfliktpunkte scheinen den noch vorhandenen Rest an Kränkung und Wut der Eltern zu kanalisieren.

In einer anderen Familie dieser Gruppe bricht der elterliche Konflikt immer wieder auf. Der Konflikt zwischen Herrn und Frau W besteht in einer chronischen Enttäuschung und Unzufriedenheit von Frau W mit ihrem Exmann, gleichzeitig einer immer wieder aufkeimenden Hoffnung auf eine positive Veränderung, die ein inneres Abschließen mit der Beziehung verhindert. Die Beziehung der Eltern ist – beiden zufolge – ein ständiges auf und ab. So folgten auf eine erste Trennung eine neuerliche Hochzeit und schließlich wieder eine Trennung. Die ObE war ein Versuch der Mutter, Herrn W an seine Vaterrolle zu binden. Obwohl dieser Versuch mit Erfolg gekrönt ist – die Tochter hatte noch nie so viel von ihrem Vater –, bleiben die Kränkung und die Enttäuschung der Mutter. Sie ist unzufrieden damit, wie er die Zeit mit seiner Tochter verbringt, dass er sich nicht aktiver um sie bemüht. Außerdem gibt es Diskussionen um die Beteiligung des Vaters an zusätzlichen Kosten sowie an Betreuungsaufgaben, wie etwa die Übernahme von Arztterminen.

544 Siehe dazu S 321.

Das bereits im Wechselmodell vorgestellte Entscheidungsmuster ist auch in den Familien dieser Gruppe wiederzufinden: Alltagsentscheidungen, also Entscheidungen, die unmittelbar zu treffen sind und wenig weitreichend sind, trifft derjenige Elternteil, bei dem sich das Kind gerade aufhält, ohne mit dem anderen Rücksprache zu halten. Weiter reichende oder grundlegende Entscheidungen, wie etwa die Schul- oder Kindergartenauswahl, werden von den Eltern gemeinsam entschieden. Zwischen diesen Polen gibt es Aufgabenteilungen zwischen den Eltern, wobei die Mütter tendenziell noch stärker als im Wechselmodell die Übersicht über anstehende Entscheidungen, Organisatorisches usw. haben dürften. Sie bereiten die Entscheidungen vor und halten gleichsam „die Fäden in der Hand". In drei Familien liegt die Entscheidungskompetenz weitestgehend bei den Müttern, die selbst weitreichende Entscheidungen alleine treffen, von denen die Väter dann informiert werden. In zwei dieser Familien war schon während aufrechter Ehe die Mutter mehr oder weniger alleine für die Erziehung des Kindes zuständig. In der dritten Familie scheint sich zusammenzufügen, dass es dem Vater offensichtlich schwerfällt, Entscheidungen zu treffen, während es der Mutter schwerfällt, Verantwortung abzugeben. Auch wenn von manchen Unbehagen oder Unzufriedenheit in Bezug auf den jeweiligen Entscheidungsmodus geäußert wird, gibt es in keiner Familie größere Konflikte diesbezüglich. Das folgende Fallbeispiel bezieht sich auf Familie N, die bereits genannt wurde:

*Familie N*: Herr und Frau N haben zwei Mädchen, Anna (zwölf Jahre) und Miriam (elf Jahre). Frau N ist mit ihren beiden Töchtern aus dem gemeinsamen Haus in eine ca 30 km entfernte Wohnung gezogen. Der Vater hat ein vierzehntägiges Besuchsrecht von Freitagnachmittag bis Sonntagabend. Allerdings verbringen die Kinder zum Untersuchungszeitpunkt aus eigenem Wunsch zumeist auch ein drittes Wochenende pro Monat beim Vater. Beim Vater genießen die Kinder die Sportmöglichkeiten, die Natur, das Entspannen, das gemeinsame Kochen und „Shoppen" mit dem Vater, der unter der Woche viel arbeitet, aber am Wochenende für die Kinder Zeit hat. Das war auch schon während aufrechter Ehe so. Für die Betreuung und Versorgung der Kinder unter der Woche war immer Frau N zuständig. Aufgrund der traditionellen Rollenaufteilung zwischen den Eltern war auch klar, dass die Kinder bei der Mutter leben werden. Die ObE war ein Vorschlag des Vaters, dem die Mutter zustimmte, da beide wollten, dass die Kinder nach der Trennung der Eltern gemeinsam versorgt werden. Die ObE erlebt Frau N als einen Vertrag, in dem sich der Vater verpflichtete, alle Aufwendungen und Herausforderungen, die die Kindererziehung mit sich bringt, mitzutragen. So überlässt sie etwa die Anmeldung der Kinder für den Skikurs dem Vater. Früher hätte er sich, so Frau N, zwar auch für die Angelegenheiten der Kinder interessiert, aber konkrete Maßnahmen (wie etwa ein Gespräch mit der Lehrerin) dann gerne an sie delegiert. Das lasse sie nun nicht mehr zu.

Der Besuchsalltag hat sich eingespielt, und jeder Elternteil weiß, welche Rolle ihm zufällt, was die Kinder von ihm erwarten. Was den Kontakt zum Vater betrifft, richtet sich Frau N ganz nach den Wünschen der Kinder. Sie selbst kann die Zeit ohne Kinder auch für sich gewinnbringend nutzen und genießen. Sie würde die Entscheidung aber auch den Kindern überlassen, wenn sie weniger oft zum Vater wollten.

Da die Kinder hauptsächlich bei der Mutter leben, trifft diese mehr Entscheidungen. Bei wichtigen Entscheidungen sprechen sich die Eltern ab. Das ist beiden wichtig. Entscheidungen, die der jeweils andere alleine trifft, werden respektiert – auch wenn sie nicht immer für richtig gehalten werden. Die Übersicht über schulische Angelegenheiten hat die Mutter. Wenn die Notwendigkeit besteht, teilt Frau N ihrem Exmann mit, dass die Kinder am Besuchswochenende lernen müssen, wofür er dann auch sorgt.

Nachdem die zweijährige Trennungsphase von heftigen Auseinandersetzungen und einer vergifteten Atmosphäre zwischen den Eltern geprägt war, können die Eltern nun wieder halbwegs „normal“, wenn auch nicht entspannt miteinander reden. Es gelingt ihnen, ihren direkten Kontakt bei den Übergaben der Kinder von eskalierenden Konflikten freizuhalten, und damit ermöglichen sie den Kindern ein weniger belastetes Pendeln zwischen den Eltern. Die auf beiden Seiten teilweise noch vorhandenen Kränkungen und Aggressionen finden ein Ventil in kritischen oder abwertenden Bemerkungen und in einer gegenseitigen Verweigerung von Unterstützung und Entgegenkommen, wenn der andere um etwas bittet (etwa um eine Beteiligung an zusätzlichen Kosten für die Kinder, um Information, um die Annahme eines Vorschlags). Beide sehen aber auch Positives am jeweils anderen und finden Wege, mit diesen „Konfliktfallen“ so weit umzugehen, dass sie das Setting der Nachscheidungsfamilie nicht grundsätzlich gefährden: Herr N begehe, wie er sagt, oft „diplomatische Umwege“. Frau N versucht, auf finanzielle „Machtkämpfe“ nicht mehr einzusteigen. Allerdings schickt sie dabei mitunter die Kinder vor, den Vater um etwas zu bitten.

Über Angelegenheiten, die die Kinder betreffen, tauschen sich die Eltern bei den Übergaben, in Telefonaten oder per Mail aus. Einmal waren beide Eltern mit den Kindern zusammen in der Konditorei, um etwas zu besprechen. Herr N würde sich mehr Austausch und mehr gemeinsame Unternehmungen wünschen, damit die Übergänge für die Kinder fließender sind und ihre Loyalitätskonflikte entlastet werden. Er mailt seiner Exfrau manchmal Fotos von Ausflügen mit den Kindern. Frau N sieht sich aber zu einem intensiveren Austausch mit ihrem Exmann noch nicht in der Lage.

Dass mehr Kontakte zum Vater als das vierzehntägliche Besuchsrecht möglich sind, freut beide Töchter, wenn sie schon nicht mehr alle vier zusammenleben können. Sie sind sehr erleichtert, dass ihre Eltern nicht mehr miteinander streiten, das Telefon abheben, wenn der andere anruft, und manchmal sogar einen Kaffee miteinander trinken.

### *7.9.4 Das Nest-Ast-Modell*

Das letzte Betreuungsmodell, das bei den 17 untersuchten Familien vorzufinden ist, könnte – in Anlehnung an das „Nestmodell“ – „Nest-Ast-Modell“ genannt werden. Mit diesem Namen soll zum Ausdruck gebracht werden, dass die Kinder bzw Jugendlichen von ihrem zu Hause beim einen Elternteil, dem „Nest“, immer wieder selbstbestimmt zum anderen Elternteil „fliegen“. Es ist in erster Linie ein Modell, das sich in Familien entwickelt hat, in denen die Kinder bereits „flügge“ sind. In drei der vier Familien dieser Gruppe sind die Kinder nämlich über vierzehn Jahre alt. In einer Familie sind die Kinder erst zwischen sieben und dreizehn Jahre alt. Das „Hin- und Herfliegen“ wird aber für diese Kinder aufgrund der minimalen Entfernung der elterlichen Wohnungen möglich (der Vater hat eine Wohnung in derselben Anlage bezogen). Kennzeichnend für dieses Modell sind eine völlig flexible Gestaltung der Kontakte zum getrennt lebenden Elternteil und ein hohes Ausmaß an Autonomie der Kinder bzw Jugendlichen, wann, wie oft, wie lange sie den getrennt lebenden Elternteil besuchen.

In zwei Familien, in denen die Jugendlichen bereits sechzehn bzw siebzehn Jahre alt sind, ist jeweils die Mutter aus der gemeinsamen Familienwohnung ausgezogen. Die Jugendlichen blieben beim Vater, teilweise aus Platzgründen, teilweise aus Wut auf die die Trennung initiierende Mutter, in erster Linie aber, um ihre gewohnte Umgebung nicht verlassen zu müssen. Die Besuche bei der Mutter finden spontan, etwa ein- bis zweimal pro Woche, statt und bestehen vor allem in gemeinsamen Essen, Kaffeetrinken oder gemeinsamen Unternehmungen. Übernachtungen sind dabei selten.

Diese Form der Beziehungsgestaltung scheint der zunehmenden Selbständigkeit und außerfamiliären Orientierung der Jugendlichen gut zu entsprechen. Dennoch tun sich vor allem die Mütter schwer, den Verlust hinzunehmen, einander nicht mehr im Alltag mitzuerleben. Beide Mütter, die die familiäre Wohnung verlassen haben, sind daher sehr bemüht, den Kontakt zu ihren Kindern zu halten, ohne sie jedoch zu bedrängen.

In einer weiteren Familie dieser Gruppe hat die vierzehnjährige Tochter ihren hauptsächlichen Aufenthalt bei der Mutter, ihr Zwillingsbruder beim Vater. Während beide Kinder die Wochenenden fix bei der Mutter verbringen, „fliegt“ die Tochter unter der Woche immer wieder zu Vater und Bruder und übernachtet dann meist auch bei diesen. Die Kinder rufen einander oder den Vater an, um die Kontakte zu vereinbaren.

Die vierte Familie stellt insofern eine Ausnahme dar, als die Kinder ihre „Ausflüge" zum in derselben Anlage lebenden Vater weniger autonom gestalten können. Die Kontakte kommen in erster Linie auf Initiative des Vaters zustande, der die Mutter anruft, ob sich zB die Kinder etwas bei ihm holen dürfen. Meist stimmt die Mutter zu, und dann verbringen die Kinder eine gewisse Zeit beim Vater. Außerdem holt der Vater eines der Kinder regelmäßig vom Sportunterricht ab. Eine darüber hinausgehende Besuchsregelung lehnt der Vater – im Gegensatz zur Mutter – ab, da er das Gefühl hat, die Kinder ohne Regelung öfters sehen zu können. Er plant, in seiner Wohnung ein Spielzimmer für die Kinder einzurichten, sodass die Kinder mehr Anreiz haben, ihn spontan zu besuchen.

In den zwei Familien mit den großen Kindern sind nicht mehr viele Entscheidungen von den Eltern für die Kinder zu treffen. Dementsprechend geringer ist auch der Abstimmungsbedarf der Eltern. In beiden Familien gibt es seit dem Auszug der Mutter keinen Streit mehr zwischen den Eltern, aber teilweise Spannungen. Die Eltern beider Familien sind aktiv bemüht, Konflikte zu vermeiden, indem in einem Fall der Austausch mit dem Expartner nur auf die Angelegenheiten der Kinder beschränkt wird und die Mutter sich im anderen Fall bewusst aus dem konflikthaften Bereich „Ausbildung des Sohnes" zurückzieht und die Verantwortung dem Vater überlässt.

Die Eltern der vierzehnjährigen Zwillinge haben vereinbart, dass grundsätzlich der hauptbetreuende Elternteil autonom die Entscheidungen trifft, also der Vater für den Sohn und die Mutter für die Tochter. Ausgenommen davon sind Alltagsentscheidungen, die derjenige trifft, bei dem sich die Kinder gerade aufhalten. Größere Entscheidungen, insb die Wahl der weiterführenden Schule, sollen gemeinsam getroffen werden. Hat ein Kind von einem Elternteil Hausarrest bekommen, wird dies auch vom anderen mitgetragen. Diesbezüglich tauschen sich die Eltern aus, ebenso, wenn die Kinder mit Wünschen (zB Gewand zu kaufen) zu einem Elternteil kommen, wer wann zu welchen Veranstaltungen geht oder wie der Geburtstag oder Weihnachten gefeiert wird. Über diese organisatorischen Dinge hinaus erfolgt kein Austausch zwischen den Eltern. Informationen über den Alltag der Kinder, die Schule usw erhalten die Eltern von den Kindern selbst. Die Eltern pflegen einen sachlichen Umgangsstil miteinander; es gibt ihren Angaben zufolge keine Konflikte.

In der vierten Familie herrscht zwischen den Eltern eine spannungsreiche Atmosphäre vor. Mitunter kommt es bei persönlichen Zusammentreffen, die so weit als möglich vermieden werden, auch zu lautstarken Konflikten. Bisher trifft die Mutter alle Entscheidungen; bei wichtigen Angelegenheiten informiert sie ihren Exmann. Die Forderung des Vaters nach mehr Information und Absprache erlebt sie als ungebührliche Einmischung, die ihr das Leben zusätzlich schwermacht, da sie sich auch sonst nicht durch ihren Exmann entlastet fühlt. Der Vater möchte sich zukünftig stärker involvieren, aber – wie er sagt – „nicht mit der

Brechstange". Diese Familie gehört zu den zwei Konfliktträchtigsten mit ObE, die in die qualitative Untersuchung einbezogen wurden; ihre weitere Entwicklung war zum Untersuchungszeitpunkt noch nicht abschätzbar.

*Familie M*: Astrid, achtzehn Jahre alt, und ihr sechzehnjähriger Bruder Tobias leben seit dem Auszug ihrer Mutter mit dem Vater in der früheren gemeinsamen Familienwohnung. Wäre die neue Wohnung der Mutter nicht so klein gewesen, wäre Tobias vielleicht mit ihr mitgezogen. Aber er könnte sich auch vorstellen, dass seine Mutter lieber alleine leben wollte. Astrid wollte immer in der alten Wohnung bleiben.

Frau M hätte sich ohne die Möglichkeit der Beibehaltung der ObE nicht scheiden lassen, sondern die von beiden Eltern als unerträglich beschriebene Ehe fortgeführt, bis beide Kinder das Haus verlassen hätten. Die ObE stellte für sie einen Kompromiss dar zwischen dem Bedürfnis, selbst neu anzufangen, und dem Wunsch, dass sich an ihrer Beziehung zu den Kindern durch die Scheidung möglichst wenig ändere. Auch für den Vater stand die Beibehaltung der ObE nie in Frage, da dies, wie er sagt, nur fair sei und keiner von beiden einen Krieg um die Kinder führen wollte. Die ObE bedeutet für Frau M einen uneingeschränkten Zugang zu den Kindern. Bereits traditionelle gemeinsame Unternehmungen werden von ihr mit den Kindern auch nach der Scheidung fortgesetzt: Mit der Tochter geht Frau M reiten, den Sohn holt sie vom Fußballtraining ab, oder sie sucht mit ihm Tierhandlungen auf. Darüber hinaus treffen sich Frau M und Astrid zum Kaffeetrinken und Plaudern. Insgesamt sieht Astrid ihre Mutter etwa zwei- bis dreimal pro Woche, Tobias etwa einmal pro Woche. Frau M kocht ihm öfters sein Lieblingsessen, manchmal übernachten die Kinder auch bei ihr. Frau M vermisst den alltäglichen Kontakt mit den Kindern, aber sie möchte die Kinder nicht bedrängen. Auch Astrid und Tobias würden ihre Mutter gerne öfters sehen, aber das scheitere an der wenigen Zeit und der zu großen Entfernung der elterlichen Wohnungen für ganz kurzfristige Treffen. Während es für Astrid im Großen und Ganzen aber passt, wie es ist, ärgert sich Tobias, dass Frau M nicht eine größere Wohnung bezogen hat, sodass die Kinder auch einmal eine ganze Woche bei ihr wohnen können. So sind sie zwischen den Treffen zumindest in telefonischem Kontakt, und Frau M bemüht sich, für ihre Kinder verfügbar zu sein, wenn diese etwas brauchen. Dass die Kinder zu beiden Eltern kommen und gehen können, wie sie wollen, ist auch dem Vater wichtig. Er denkt, dass sich die Kinder von jedem Elternteil das holen, was sie brauchen.

Die Schul- bzw Ausbildungssituation von Tobias war lange Jahre ein Streitpunkt zwischen den Eltern. Nachdem sie das Gefühl hatte, mit ihrer Sichtweise nicht durchzukommen, überlässt Frau M die Verantwortung in diesem Bereich nun ganz Herrn M. Die Zuständigkeit sei jetzt – so die Mutter – klarer getrennt: Während sie sich früher immer wieder vom Vater übergangen fühlte, der Entscheidungen auch gegen ihren Willen getroffen hatte, sei es nun klar, dass er entscheidet und sie die Entscheidungen nicht mittragen müsse. Frau M empfindet dieses Abgeben von Verantwortung als Entlastung. Aufgrund des Alters der Kinder seien ansonsten nicht mehr viele Entscheidungen vonseiten der Eltern zu treffen. Die Ausgehzeiten seien klar geregelt. Nur größere finanzielle Ausgaben für die Kinder werden gemeinsam entschieden.

Nach dem Auszug der Mutter, etwa ein Jahr nach der Scheidung, können Herr und Frau M nun gelassener und respektvoller miteinander umgehen. Sie telefonieren etwa ein- bis zweimal pro Woche miteinander. Dabei reden sie über die Kinder oder auch über Privates. So viel Austausch über die Kinder sei allerdings aufgrund des Alters der Kinder nicht mehr nötig. Wenn sich die Eltern jetzt besprechen, dann konfliktfrei. Vereinzelt gibt es auch gemeinsame Aktivitäten zu viert, wie etwa ein gemeinsames Essen zu Geburtstagen oder gemeinsame Treffen beim Reitstall von Astrid.

Beide Kinder sind froh, dass mit der Trennung die Streitereien der Eltern aufhörten und alles nun wieder „lockerer“ werde. Komisch und auch ein bisschen traurig sei nur, sich nun extra mit der Mama etwas ausmachen zu müssen, Tobias dazu: „Alle müssen jetzt öfter in den Kalender schauen und mehr organisieren.“ Beide Kinder haben aber das Gefühl, sich darauf verlassen zu können, dass beide Eltern immer hinter ihnen stehen werden.

## 7.10 Abbruch der Kontakte zum getrennt lebenden Elternteil

**Hypothese 1.9:**

Eines der eindrucksvollsten Ergebnisse der von *Proksch*[545] in Deutschland durchgeführten Studie war die drastische Reduzierung der Kontaktabbrüche zwischen Kindern und ihren getrennt lebenden Elternteilen im Fall der gemeinsamen elterlichen Sorge. Ähnliche Auswirkungen der ObE sind in der vorliegenden Studie aufgrund der relativ kurzen Zeitspanne zwischen Scheidung und Untersuchungszeitpunkt zwar nicht zu erwarten, sollen aber wie folgt überprüft werden:

H1.1.9: Unter der Bedingung der ObE kommt es zu weniger kompletten Abbrüchen der Kontakte der Kinder zum getrennt lebenden Elternteil als im Fall der aO eines Elternteils *(gerichtete Alternativhypothese)*.

Die entsprechende *Nullhypothese* lautet:

H0.1.9: Das Ausmaß an Kontaktabbrüchen unterscheidet sich in Familien beider Obsorgegruppen nicht.

545 *Proksch*, Reform des Kindschaftsrechts (2002).

**Die Alternativhypothese (H1.1.9) wird bereits nach einer so kurzen Zeitspanne von nur wenigen Monaten in beeindruckender Weise bestätigt.**

10,2 % der Eltern mit aO und 1,0 % der Eltern mit ObE geben bereits wenige Monate nach der Scheidung an, dass der Kontakt des Kindes zum anderen Elternteil abgebrochen ist (Tab 128). Damit ist die Wahrscheinlichkeit von Kontaktabbrüchen unter der Bedingung der ObE etwa zehnmal geringer als unter der Bedingung der aO eines Elternteils. Weitere 1,7 % im Fall der ObE und 7,1 % im Fall der aO sagen, dass die Kinder nur selten, zB in den Ferien, Kontakt zum getrennt lebenden Elternteil haben. Wie die $Chi^2$-Tests zeigen, sind diese Unterschiede zwischen den Obsorgegruppen signifikant (Tab 128).

*Tabelle 128:* Wie oft sehen die Kinder den getrennt lebenden Elternteil?

| | **ObE** (n = 588) | **aO** (n = 451) | **$Chi^2$** p (eins.) |
|---|---|---|---|
| Es gibt gar keinen Kontakt mehr | 1,0% | 10,2% | 0,000 |
| Es gibt seltene Kontakte (zB in den Ferien) | 1,7% | 7,1% | 0,000 |

Bei den **Eltern mit hohen Konflikten** zwischen Trennungsabsicht und Scheidung (Hochkonfliktgruppe 1[546]) steigt die Rate der kompletten Kontaktabbrüche in Familien mit ObE auf 2,5 %, in Familien mit aO eines Elternteils auf 14,2 % an. Auch dieser Unterschied ist signifikant (Tab 129). Nur seltenen Kontakt geben weitere 2,5 % der Eltern mit ObE und 4,5 % der Eltern mit aO eines Elternteils an:

546 Es wurden jene Eltern zu einer „Hochkonfliktgruppe 1" zusammengefasst, die alle Fragen nach sehr heftigem Streit, sehr großen Spannungen, sehr großer Wut und sehr großer Enttäuschung mit „trifft eher zu" oder „trifft sehr zu" beantworteten. Dieser Gruppe gehört etwa ein Drittel aller Befragten an. Natürlich wäre es auch zu überlegen gewesen, die Hochkonfliktgruppe noch enger zu definieren, zB nur mit den „Trifft-sehr-zu"-Angaben. Das würde allerdings bedeuten, dass dieser Gruppe noch weniger Eltern angehören und – insbesondere bei den Mehrfachantwortmöglichkeiten – mitunter die Teilstichprobengrößen so klein werden, dass ein statistischer Vergleich unangemessen erscheint.

*Tabelle 129:* Wie oft sehen die Kinder den getrennt lebenden Elternteil – in Abhängigkeit vom Konfliktniveau zwischen Trennungsabsicht und Scheidung?

| **Eltern der Hochkonfliktgruppe1** | **ObE** (n = 161) | **aO** (n = 155) | **Chi²** p (eins.) |
|---|---|---|---|
| Es gibt gar keinen Kontakt mehr | 2,5% | 14,2% | 0,000 |
| Es gibt seltene Kontakte (zB in den Ferien) | 2,5% | 4,5% | 0,163 |

„Was die Gründe für den Abbruch der Kontakte betrifft, zeigt sich ein Muster der gegenseitigen Schuldzuschreibung zwischen den hauptbetreuenden und getrennt lebenden Elternteilen: Die Mehrheit der Hauptbetreuenden beider Obsorgegruppen, deren Kinder keinen Kontakt mehr zum getrennt lebenden Elternteil haben, geben an, dass jener kein Interesse mehr an den Kontakten zu den Kindern habe. Nicht ganz 30% aller Hauptbetreuenden sagen, dass die Kinder keinen weiteren Kontakt wollten. [Tab 130]

Die überwiegende Mehrheit der getrennt lebenden Elternteile gibt hingegen an, dass der andere Elternteil, also der Hauptbetreuende, den Kontakt unterbunden oder kein Interesse mehr an den Kontakten habe. Nur 7,8 % der nicht obsorgeberechtigten und 13,3 % der getrennt lebenden Eltern mit ObE denken, dass der Abbruch der Kontakte am Desinteresse der Kinder liegt. (Achtung: Die Prozentzahlen beziehen sich nur auf jene Eltern, die angeben, dass der Kontakt abgebrochen ist!)

Dass sie selbst kein Interesse mehr an den Kontakten haben, geben 6,7 % der getrennt lebenden mit ObE (die keinen Kontakt mehr haben) und 3,9 % der nicht obsorgeberechtigten Elternteile (die keinen Kontakt mehr haben) an.“[547]

547 *Barth-Richtarz/Figdor*, Was bringt die gemeinsame Obsorge? (2008) 162.

*Tabelle 130:* Falls der Kontakt zum getrennt lebenden Elternteil abgerissen ist, woran liegt das? *(Die Prozentzahlen beziehen sich nur auf jene Eltern, die angeben, dass der Kontakt abgebrochen ist!)*

| | **ObE** | | **aO** | |
|---|---|---|---|---|
| | **Haupt-betreuende** (n = 41) | **Getrennt Lebende** (n = 15) | **Haupt-betreuende** (n = 88) | **Getrennt Lebende** (n = 51) |
| Der andere Elternteil hat kein Interesse an den Kontakten zu den Kindern | **65,9%** | 20,0% | **59,1%** | 2,0% |
| Ich habe kein Interesse an den Kontakten zu den Kindern | 0,0% | 6,7% | 2,3% | 3,9% |
| Der andere Elternteil hat den Kontakt unterbunden | 0,0% | **60,0%** | 8,0% | **84,3%** |
| Ich habe den Kontakt unterbunden | 4,9% | 0,0% | 4,5% | 2,0% |
| Die Kinder wollten keinen weiteren Kontakt | 29,3% | 13,3% | 26,1% | 7,8% |

*Resümee*

„Die Untersuchungsergebnisse von *Proksch*[548] (2002) belegen eindrucksvoll, dass bereits etwa ein Jahr nach der Scheidung fast ein Drittel der Eltern ohne Sorgerecht keinen Kontakt mehr zu ihren Kindern hat. Etwa drei Jahre nach der Scheidung hatte sich die Zahl der seltenen Kontakte bzw der Kontaktabbrüche auf über 40 % nochmals erheblich gesteigert.[549] Demgegenüber blieb die Situation für Kinder von Eltern mit gemeinsamem Sorgerecht relativ stabil: ‚Nur geringfügige Kontaktabbrüche passieren. Der ‚seltene' Umgang ist eher die Ausnahme.'"[550]

Entgegen unserer Erwartung geben bereits wenige Monate nach der Scheidung 10 % Eltern mit aO eines Elternteils gegenüber 1 % der Eltern mit ObE an, dass der Kontakt des Kindes zum anderen Elternteil abgebrochen ist. Weitere 7,1 % der Eltern mit aO eines Elternteils sagen, dass der Kontakt nur selten (zB in den Ferien) stattfindet, dagegen nur 1,7 % der Eltern mit ObE. Damit ist die Kontaktabbruchsrate im Falle der aO eines Elternteils wenige Monate nach der Scheidung etwa zehnmal höher als im Falle der ObE.

548 *Proksch*, Reform des Kindschaftsrechts (2002).
549 *Proksch*, Reform des Kindschaftsrechts (2002) 141 f.
550 *Proksch*, Reform des Kindschaftsrechts (2002) 142.

Damit bestätigt die vorliegende Untersuchung das Ergebnisse von *Proksch* und anderen[551], dass nämlich das Ausmaß an Kontakt zwischen Kindern und beiden Eltern bei Arrangements mit gemeinsamer Sorge höher ist als bei alleiniger elterlicher Sorge und dass Kontaktabbrüche die Ausnahme sind.

Was die Gründe für den Kontaktabbruch betrifft, zeigen sich keine wesentlichen Unterschiede zwischen den Obsorgegruppen: Die Mehrheit der Hauptbetreuenden gibt an, dass der getrennt lebenden Elternteil kein Interesse mehr an den Kontakten habe, die Mehrheit der getrennt lebenden Eltern, dass der hauptbetreuende Elternteil die Kontakte unterbunden habe.[552]"[553]

## 7.11 Kindesunterhalt

**Hypothese 1.10:**

Das Eingebundensein in elterliche Aufgaben und Verantwortung durch den getrennt lebenden Elternteil könnte auch einen positiven Effekt auf die Zahlung des Kindesunterhalts durch den getrennt lebenden Elternteil mit ObE haben. Zu erwarten wäre, dass im Fall der ObE im Vergleich zur aO eines Elternteils die Zahlungen pünktlicher erfolgen, dass die Höhe des Kindesunterhaltsbetrags eher als angemessen erlebt wird und dass es insgesamt weniger Konflikte um die Kindesunterhaltszahlung gibt, da diese vom getrennt lebenden Elternteil nicht in dem Maße als Ausgleich des Machtungleichgewichts gegenüber dem hauptbetreuenden Elternteil instrumentalisiert wird. Daraus folgt:

---

551 *Fthenakis* et al, Gemeinsame elterliche Sorge (1990); so auch *Balloff/Walter,* Gemeinsame elterliche Sorge als Regelfall? Zeitschrift für das gesamte Familienrecht (1990) 445–454; *Gründel,* Gemeinsames Sorgerecht (1995); *Jensen,* Binuclear families, in *Leira* , Family Sociology (1993); *Johnston* et al, Contested Custody (1988), *Kline* et al, Children´s Adjustment (1988), *Luepnitz,* Comparison (1986), zitiert nach *Fthenakis*, Kindliche Reaktionen (1995); *Proksch*, Reform des Kindschaftsrechts (2002).

552 Zu den Gründen für den Abbruch der Kontakte zwischen Kindern und getrennt lebenden Elternteil siehe auch: *Arendell,* After Divorce (1992), zitiert nach *Tazi-Preve* et al, Väter (2007) 147; *Napp-Peters,* Familien (1995); *Furstenberg,* Die Entstehung des Verhaltensmusters „sukzessive Ehen", in *Lüscher/Schultheis/Wehrspaun* (Hrsg), Die postmoderne Familie: Familiale Strategien und Familienpolitik in einer Übergangszeit (1990), *Gäbhard-Neumann-Mangoldt*, Innerfamiliäre Beziehungen und kindliche Befindlichkeit. Eine Pilotstudie über Familien, die sich über die elterliche Sorge bzw das Umgangsrecht gerichtlich auseinandersetzten (1995); *Hartl*, Die Beziehung des Stiefkindes zu seinem außerhalb lebenden Elternteil, in *Bien/Hartl/Teubner* (Hrsg), Stieffamilien in Deutschland. Eltern und Kinder zwischen Normalität und Konflikt (2002); *Pasley/Minton*, Generative Fathering after Divorce and Remarriage: Beyond the „Disappearing Dad", in *Hawkins/Dollahite* (Hrsg), Generative Fathering. (1997); *Umberson/Williams* (1993), zitiert nach *Werneck,* Vater-Kind-Beziehung, in *Zartler/Wilk/Kränzl-Nagl*, Eltern (2004) 163 f.

553 *Barth-Richtarz/Figdor*, Was bringt die gemeinsame Obsorge? (2008) 163 f.

H1.1.10a: Getrennt lebende mit ObE zahlen den Kindesunterhalt regelmäßiger als nicht obsorgeberechtigte Elternteile *(gerichtete Alternativhypothese)*.

H1.1.10b: Hauptbetreuende mit ObE erleben die Kindesunterhaltszahlungen des anderen Elternteils angemessener als Alleinobsorgeberechtigte *(gerichtete Alternativhypothese)*.

H1.1.10c: Eltern mit ObE haben weniger Konflikte um den Kindesunterhalt als Eltern der Gruppe aO eines Elternteils *(gerichtete Alternativhypothese)*.

Die entsprechenden *Nullhypothesen* lauten:

H0.1.10a: Es zeigen sich keine Unterschiede in Bezug auf die Regelmäßigkeit der Kindesunterhaltszahlungen zwischen den Obsorgegruppen.

H0.1.10b: Es zeigen sich keine Unterschiede zwischen Hauptbetreuenden mit ObE und aO, was die Einschätzung der Angemessenheit des Kindesunterhalts betrifft.

H0.1.10c: Es zeigen sich keine Unterschiede in der Konflikthäufigkeit um den Kindesunterhalt zwischen den Eltern der beiden Obsorgegruppen.

**Die Alternativhypothese wird in allen Teilen (H1.1.10a, H1.1.10b, H1.1.10c) durch die vorliegenden Daten bestätigt.**

Bevor die Beantwortung der einzelnen Teilhypothesen im Detail erfolgt, sollen zunächst ein paar grundlegende Ergebnisse der Befragung über die Regelung und Höhe des Kindesunterhalts wiedergegeben werden:

### *7.11.1 Regelung und Höhe des Kindesunterhalts*

„In etwa 80 % der Fälle wurde der Kindesunterhalt bereits im Rahmen der einvernehmlichen Scheidung geregelt (siehe dazu im Anhang Tab A11 und A12). Wie die folgende Tabelle [Tab 131] zeigt, erhält die Mehrheit (36,9 %) der befragten Hauptbetreuenden Kindesunterhalt in der Höhe von 201 Euro bis 400 Euro. Etwas mehr Alleinobsorgeberechtigte als Hauptbetreuende mit ObE geben an, dass sie bis 200 Euro Kindesunterhalt bekommen. In die Kategorie 201 bis 400 Euro fallen hingegen etwas mehr Hauptbetreuende mit ObE ... Dabei ist jedoch zu bedenken, dass die ObE in Familien der Einkommensklasse bis 800 Euro (leicht) unterrepräsentiert, in der Einkommensstufe 1501 bis 2500 Euro dafür etwas überrepräsentiert ist. Bei der aO der Mutter ist es genau umgekehrt.“[554]

554 *Barth-Richtarz/Figdor*, Was bringt die gemeinsame Obsorge? (2008) 166.

*Tabelle 131:* Höhe des erhaltenen Kindesunterhalts

| **Hauptbetreuende Elternteile** | **ObE** (n = 265) | **aO** (n = 228) | **Gesamt** (n = 493) |
|---|---|---|---|
| Bis 200 Euro | 16,2% | 24,1% | 19,9% |
| 201 – 400 Euro | 40,0% | 33,3% | 36,9% |
| 401 – 600 Euro | 22,6% | 22,8% | 22,7% |
| 601 – 800 Euro | 10,6% | 11,0% | 10,8% |
| Über 800 Euro | 10,6% | 8,8% | 9,7% |
| Gesamt | 100% | 100% | 100% |

Die durchschnittliche Höhe des Kindesunterhalts beträgt im Fall der ObE 461,89 Euro und im Fall der aO eines Elternteils 426,481 Euro. Ist dieser Unterschied signifikant? Zur Beantwortung dieser Frage wurde aufgrund des Vorliegens intervallskalierter Daten (es wurde nach der exakten Höhe des Kindesunterhalts gefragt, die Zuordnung zu den Kategorien der Häufigkeitstabelle erfolgte erst im Zuge der Auswertung) der T-Test bei unabhängigen Stichproben durchgeführt. Der T-Test zeigt jedoch, dass dieser Unterschied auch bei einseitiger Testung (p/2 = 0,090) nicht signifikant ist (Tab 132).

*Tabelle 132:* Höhe des Kindesunterhalts (Angaben der hauptbetreuenden Elternteile):

**Test bei unabhängigen Stichproben**

| | Levene-Test der Varianzgleichheit | | T-Test für die Mittelwertgleichheit | | | | |
|---|---|---|---|---|---|---|---|
| | F | Signifikanz | T | df | Sig. (2-seitig) | N | Mittelwert |
| Höhe des Kindesunterhalts | ,001 | ,974 | 1,346 | 491 | ,179 | 265,00<br>228,00 | ObE: 461,89<br>aO: 426,48 |

## *7.11.2 Regelmäßigkeit der Kindesunterhaltszahlungen*

„In Bezug auf die Regelmäßigkeit der Kindesunterhaltszahlungen geben 91,3 % der Hauptbetreuenden mit ObE und geringfügig weniger, nämlich 84,3 % der Alleinobsorgeberechtigten, an, dass die Kindesunterhaltszahlungen immer oder meistens regelmäßig erfolgen. 4,7 % der Hauptbetreuenden mit ObE und 11,8 % der Alleinobsorgeberechtigten sagen, dass die Zahlungen selten oder nie regelmäßig erfolgen"[555] (Tab 133).

*Tabelle 133:* Erfolgen die Kindesunterhaltszahlungen regelmäßig?

| **Hauptbetreuende Elternteile** | **ObE** (n = 322) | **aO** (n = 287) | **Gesamt** (n = 609) |
|---|---|---|---|
| Immer | 78,3% | 67,9% | 73,4% |
| Meistens | 13,0% | 16,4% | 14,6% |
| **Summe immer + meistens** | **91,3%** | **84,3%** | **88,0%** |
| | | | |
| Selten | 2,5% | 6,6% | 4,4% |
| Nie | 2,2% | 5,2% | 3,6% |
| **Summe selten + nie** | **4,7%** | **11,8%** | **8,0%** |
| | | | |
| Wir haben uns darauf geeinigt, den Kindesunterhalt nicht auszuzahlen | 4,0% | 3,8% | 3,9% |

Wie die signifikanzstatistische Überprüfung mittels U-Test[556] (Ordinalskalenniveau) in Tab 134 zeigt, erfolgen die Kindesunterhaltszahlungen – den Angaben der Hauptbetreuenden zufolge – im Fall der ObE signifikant regelmäßiger als im Fall der aO eines Elternteils.

*Tabelle 134:* Regelmäßigkeit der Kindesunterhaltszahlungen *(Höhere Werte bei den mittleren Rängen bedeuten unregelmäßigere Zahlungen.)*

**U-Test nach Mann-Whitney: nur Hauptbetreuende**

| | Obsorgeform | Mittlerer Rang | Sign. (eins.) | |
|---|---|---|---|---|
| Regelmäßigkeit der Unterhaltszahlungen | ObE | 276,81 | ,001 | s |
| | aO | 311,13 | | |

555 *Barth-Richtarz/Figdor*, Was bringt die gemeinsame Obsorge? (2008) 166.

556 Die Kategorie „Wir haben uns darauf geeinigt, den Kindesunterhalt nicht auszuzahlen" passt nicht in die Rangreihung und wurde deshalb bei der Berechnung ausgenommen.

Hauptbetreuende mit ObE geben übrigens, wie das nicht signifikante Ergebnis des Chi²-Tests in Tab 135 zeigt, nicht häufiger als Alleinobsorgeberechtigte an, dass eine Einigung mit dem anderen Elternteil getroffen wurde, den Kindesunterhalt *nicht* auszuzahlen (etwa weil der getrennt lebende Elternteil Naturalleistungen für das Kind erbringt).

*Tabelle 135:* Erfolgen die Kindesunterhaltszahlungen regelmäßig?

| **Hauptbetreuende Elternteile** | **ObE** (n = 322) | **aO** (n = 287) | **Chi²** p (zweis.) |
|---|---|---|---|
| Wir haben uns darauf geeinigt, den Kindesunterhalt nicht auszuzahlen | 4,0% | 3,8% | 0,897 |

Interessant ist weiters der Vergleich mit den Angaben der getrennt lebenden Elternteile: Während sich die Angaben der hauptbetreuenden und der getrennt lebenden Elternteile mit ObE bezüglich der Regelmäßigkeit der Kindesunterhaltszahlungen nahezu decken, klafft die diesbezügliche Einschätzung der Eltern mit aO eines Elternteils (hauptbetreuend – getrennt lebend), wie der Vergleich der Tab 133 und 136 deutlich macht, doch deutlich auseinander: Etwas über 90 % der hauptbetreuenden und getrennt lebenden Eltern mit ObE sagen, dass die Kindesunterhaltszahlungen immer oder meistens regelmäßig erfolgen. Dies geben auch fast 100 % der Nichtobsorgeberechtigten, aber nur knapp über 80 % der Alleinobsorgeberechtigten an. Umgekehrt sagen etwa 12 % der Alleinobsorgeberechtigten, dass der Kindesunterhalt selten oder nie regelmäßig ausgezahlt wird. Nicht einmal 1 % der befragten nicht obsorgeberechtigten Eltern schließt sich dieser Ansicht an.

*Tabelle 136:* Erfolgen die Kindesunterhaltszahlungen regelmäßig?

| **Getrennt lebende Elternteile** | **ObE** (n = 198) | **aO** (n = 147) | **Gesamt** (n = 345) |
|---|---|---|---|
| Immer | 90,4% | 94,6% | 92,2% |
| Meistens | 4,0% | 4,1% | 4,1% |
| **Summe immer + meistens** | **94,4%** | **98,7%** | **96,3%** |
| | | | |
| Selten | 0,0% | 0,7% | 0,3% |
| Nie | 1,0% | 0,0% | 0,6% |
| **Summe selten + nie** | **1,0%** | **0,7%** | **0,9%** |
| | | | |
| Wir haben uns darauf geeinigt, den Kindesunterhalt nicht auszuzahlen | 4,5% | 0,7% | 2,9% |

### *7.11.3 Angemessenheit des Kindesunterhalts*

Auch in Bezug auf die Frage, ob die Unterhaltszahlungen (Kindes-, Ehegattenunterhalt) im Vergleich zum Einkommen des zahlenden Elternteils als angemessen empfunden werden, unterscheiden sich die Obsorgegruppen – wie der U-Test in Tab 137 zeigt – signifikant voneinander. Hauptbetreuende mit ObE empfinden die Unterhaltszahlungen signifikant angemessener als Alleinobsorgeberechtigte.

*Tabelle 137:* Angemessenheit der Unterhaltszahlungen *(Je höher die Werte bei den mittleren Rängen, umso weniger angemessen werden die Zahlungen empfunden.)*

**U-Test nach Mann-Whitney: nur Hauptbetreuende**

| | Obsorge-form | Mittlerer Rang | Sign. (eins.) | |
|---|---|---|---|---|
| Angemessenheit der Unterhaltszahlungen | ObE | 230,15 | ,001 | s |
| | aO | 270,91 | | |

Die Häufigkeitstabelle (Tab 138) zeigt, dass etwas mehr Hauptbetreuende mit ObE (69,2 %) als Alleinobsorgeberechtigte (57,2 %) die Höhe der Zahlungen als eher oder sehr angemessen empfinden. Weniger Hauptbetreuende mit ObE (30,9 %) als Hauptbetreuende mit aO (42,8%) geben an, dass die Höhe der Zahlungen, ihrer Ansicht nach, eher oder überhaupt nicht angemessen ist.

*Tabelle 138:* Falls Sie Unterhaltszahlungen empfangen (Kindes- und/oder Ehegattenunterhalt): Empfinden Sie die Höhe der Unterhaltszahlungen im Vergleich zum Einkommen des zahlenden Elternteils als angemessen?

| **Hauptbetreuende Elternteile** | **ObE** (n = 256) | **aO** (n = 243) | **Gesamt** (n = 499) |
|---|---|---|---|
| Sehr angemessen | 25,8% | 16,9% | 21,4% |
| Eher angemessen | 43,4% | 40,3% | 41,9% |
| **Summe sehr + eher angemessen** | **69,2%** | **57,2%** | **63,3%** |
| | | | |
| Eher nicht angemessen | 22,7% | 27,2% | 24,8% |
| Überhaupt nicht angemessen | 8,2% | 15,6% | 11,8% |
| **Summe eher nicht + überhaupt nicht angemessen** | **30,9%** | **42,8%** | **36,6%** |

Weiters empfinden signifikant mehr Hauptbetreuende mit ObE, nämlich 65 %, als Alleinobsorgeberechtigte, nämlich 50,7 %, den Kindesunterhaltsbetrag als ausreichend. Das belegt der Chi²-Test in Tab 139.

*Tabelle 139:* Ist der Kindesunterhaltsbetrag ausreichend?

| **Hauptbetreuende Elternteile** | **ObE** | **aO** | **Gesamt** |
|---|---|---|---|
| | (n = 311) | (n = 280) | (n = 591) |
| Ja | 65,0% | 50,7% | 58,2% |
| Nein | 35,0% | 49,3% | 41,8% |
| Gesamt | 100,0% | 100,0% | 100,0% |
| | Chi²-Test: p (eins.) = 0,000 | | |

### *7.11.4 Konflikte um den Kindesunterhalt*

Auch der dritte Teil der Alternativhypothese findet durch das vorliegende Datenmaterial eine Bestätigung: Eltern mit ObE geben – wie der U-Test (Ordinalskalenniveau) in Tabelle 140 zeigt – signifikant seltener als Eltern der Gruppe aO an, dass sie zurzeit Konflikte über den Kindes- oder Ehegattenunterhalt haben.

*Tabelle 140:* Derzeitige Konflikte zwischen den Eltern *(Je höher die Werte bei den mittleren Rängen, umso weniger treffen Konflikte in diesem Bereich zu.)*

**U-Test nach Mann-Whitney**

| | **Obsorge-form** | **Mittlerer Rang** | **Sign. (eins.)** | |
|---|---|---|---|---|
| Kindes-/Ehegattenunterhalt | ObE | 551,09 | ,000 | s |
| | aO | 481,49 | | |

Allerdings zeigt die Differenzierung nach dem Betreuungsstaus, dass sich die Angaben der getrennt lebenden, nicht aber der hauptbetreuenden Elternteile signifikant voneinander unterscheiden (Tab 141, 142). Dh, auch die Hauptbetreuenden mit ObE haben tendenziell weniger Konflikte mit dem Expartner über den Unterhalt als die Alleinobsorgeberechtigten. Dieser Unterschied ist aber nur gering (siehe Tab 143) und auf dem 99-%-Signifikanzniveau nicht signifikant (Tab 142).

*Tabelle 141:* Derzeitige Konflikte zwischen den Eltern *(Je höher die Werte bei den mittleren Rängen, umso weniger treffen Konflikte in diesem Bereich zu.)*

**U-Test nach Mann-Whitney: nur getrennt lebende Elternteile**

| | Obsorge-form | Mittlerer Rang | Sign. (eins.) | |
|---|---|---|---|---|
| Kindes-/Ehegattenunterhalt | ObE | 198,36 | ,001 | s |
| | aO | 170,26 | | |

*Tabelle 142:* Derzeitige Konflikte zwischen den Eltern *(Je höher die Werte bei den mittleren Rängen, umso weniger treffen Konflikte in diesem Bereich zu.*

**U-Test nach Mann-Whitney: nur Hauptbetreuende**

| | Obsorge-form | Mittlerer Rang | Sign. (eins.) | |
|---|---|---|---|---|
| Kindes-/Ehegattenunterhalt | ObE | 312,58 | ,032 | ns |
| | aO | 292,03 | | |

Wie Tab 143 zu entnehmen ist, berichten 20,7 % der Eltern mit ObE und 31,4 % der Eltern mit aO eines Elternteils von Konflikten über den Kindes- oder Ehegattenunterhalt. „Besonders deutlich ist der Unterschied in den Angaben der getrennt lebenden Elternteile (16,7 % der getrennt lebenden Eltern mit ObE zu 31,8 % der nicht obsorgeberechtigten Eltern). Bei den Hauptbetreuenden ist dieser Unterschied zwar auch ausmachbar, aber sehr gering und [wie gesagt] nicht signifikant (24,8 % der Hauptbetreuenden mit ObE zu 31,6 % der Hauptbetreuenden mit aO).“[557]

557 *Barth-Richtarz/Figdor*, Was bringt die gemeinsame Obsorge? (2008) 168.

*Tabelle 143:* Worüber haben Sie zurzeit mit Ihrem Exmann/Ihrer Exfrau Konflikte? *(Es waren Mehrfachnennungen möglich.)*

| **„trifft eher + sehr zu"...** | **Gesamt** (n = 1054) | **ObE** (n = 601) | **aO** (n = 453) | **Haupt-betreuende** | | **Getrennt Lebende** | |
|---|---|---|---|---|---|---|---|
| | | | | **ObE** (n = 324) | **aO** (n = 285) | **ObE** (n = 215) | **aO** (n = 164) |
| Kindes-, Ehegatten-unterhalt | 25,2% | 20,7% | 31,4% | 24,8% | 31,6% | 16,7% | 31,8% |

*Resümee*

„Die Regelmäßigkeit der Kindesunterhaltszahlungen wird von den Hauptbetreuenden mit ObE geringfügig höher eingeschätzt als von den Alleinobsorgeberechtigten. Dabei zeigt der Vergleich mit den Angaben der getrennt lebenden Elternteile, dass bei den Eltern mit ObE die Selbst- und die Fremdeinschätzung in Bezug auf die Regelmäßigkeit der Kindesunterhaltszahlungen sehr nahe beieinanderliegt, während sie bei den Eltern mit aO eines Elternteils doch deutlich auseinanderklafft.

Weiters empfinden signifikant mehr Hauptbetreuende mit ObE als Alleinobsorgeberechtigte den Kindesunterhaltsbetrag als ausreichend und im Vergleich zum Einkommen des zahlenden Elternteils als angemessen. Diese Zufriedenheit bzw das Gefühl, dass der finanzielle Aufwand für die Kinder (einigermaßen) gerecht zwischen den Eltern verteilt ist, kann zu einer weiteren Entkrampfung der Beziehung zwischen den Eltern beitragen.

So geben auch tatsächlich signifikant weniger Eltern mit ObE als mit aO eines Elternteils an, dass sie zurzeit Konflikte über den Kindes- oder Ehegattenunterhalt haben. Es zeigen sich umgekehrt keine Hinweise dafür, dass die Kindesunterhaltszahlungen im Fall der ObE unregelmäßiger erfolgen oder vermehrt zu Konflikten zwischen den Eltern führen.

Die erhobenen Daten sind deshalb bemerkenswert, weil aufgrund der Erfahrungen aus der Beratung von Scheidungseltern auch ein gegenteiliger Effekt der ObE auf die Zahlungsmoral der getrennt lebenden Elternteile denkbar wäre: Die Unzufriedenheit mit der Höhe des Kindesunterhalts könnte bei getrennt lebenden Eltern mit ObE deshalb größer sein, weil sie durch ihre häufigeren Kontakte mit ihren Kindern auch höhere Ausgaben haben, sich also das Gefühl einstellen kann, gewissermaßen doppelt zu zahlen. Tatsächlich haben wir in der qualitativen Untersuchung auch solche Väter kennen gelernt. Die Fragebogen-Erhebung ergab jedoch, dass es sich dabei um eine Minderheits-Variante handelt.

Die Berufsgruppenbefragung zeigte, dass 45 bis 55 % der befragten MitarbeiterInnen der Jugendwohlfahrt keine Unterschiede zwischen den Obsorgegruppen in Bezug auf Probleme im Zusammenhang mit dem Kindesunterhalt sehen. Wenn von diesen jedoch Unterschiede wahrgenommen werden, dann dahingehend, dass Probleme mit dem Kindesunterhalt im Falle der ObE weniger häufig auftreten.[558]

Somit weisen die Ergebnisse der vorliegenden Studie in dieselbe Richtung wie jene der Untersuchung von *Proksch*,[559] wenn auch in Deutschland die Unterschiede zwischen den Obsorgegruppen zT noch deutlicher hervortreten als in der vorliegenden Studie. *Proksch* resümiert: Es wird deutlich, ‚dass die ‚Zahlungsmoral' für Kindesunterhalt bei Eltern mit gcS höher ist als bei Eltern mit aeS … Es scheint sich auch für die Erfüllung von Kindesunterhaltspflichten die Annahme zu bestätigen, dass

- nicht (nur bzw maßgeblich) die Höhe des Einkommens von Scheidungseltern Einfluss auf die Regelung von Kindesunterhalt nimmt, sondern ihre Beziehung zueinander nach ihrer Scheidung;
- durch das höhere Streitpotential und die geringere Kommunikation und Kooperation von Eltern mit aeS für sie (auch) eine Unterhaltsregelung schwieriger ist als für Eltern mit geS;
- … dass die Regelungen zur geS nach dem KindRÄG strukturell entlastend und damit kindeswohlförderlich wirken.'[560]'[561]

## 7.12 Pädagogische Hilfestellungen der Eltern für ihre Kinder

### Hypothese 1.11:

Neben förderlichen Rahmenbedingungen benötigen Kinder eine Reihe von besonderen Unterstützungen seitens ihrer Eltern, um das Scheidungserlebnis gut zu verarbeiten. Was diese im engeren Sinn „pädagogischen Kompetenzen" der Eltern betrifft, ist anzunehmen, dass die Obsorgeform keine entscheidende unabhängige Variable darstellt. Vielmehr ist davon auszugehen, dass diese Kompetenzen mehr mit allgemeinen pädagogischen Einstellungen und den besonderen

558 *Kränzl-Nagl/Pelikan*, Berufsgruppenerhebung, in *Figdor/Barth-Richtarz*, Evaluationsstudie (2006) Beilage 163.

559 *Proksch*, Reform des Kindschaftsrechts (2002) 172 f.

560 *Proksch*, Rechtstatsächliche Untersuchung (2002) 173.

561 *Barth-Richtarz/Figdor*, Was bringt die gemeinsame Obsorge? (2008) 168 f.

Persönlichkeitseigenschaften der Eltern als mit der Obsorgeform zusammenhängen. Daraus folgt:

H1.1.11: Bezüglich der „pädagogischen Kompetenzen" der Eltern, ihre Kinder bei der Verarbeitung des Trennungs- bzw Scheidungserlebnisses zu unterstützen, zeigen sich Unterschiede zwischen den Obsorgegruppen *(ungerichtete Alternativhypothese).*

Die entsprechende *Nullhypothese* lautet:

H0.1.11: Es zeigen sich diesbezüglich keine Unterschiede zwischen den Obsorgegruppen.

**Zur Prüfung dieser Hypothese liegen nur wenige Befunde vor, die aber eine Bestätigung der Alternativhypothese (H1.1.11) nicht nahelegen.**

„Wie schon [in Kapitel 4.1] angeführt, lassen sich die faktisch geleisteten Hilfestellungen im Rahmen einer Fragebogen-Erhebung nur indirekt durch eine Art ‚pädagogischer Testfragen' eruieren. Im Hinblick auf die in Kapitel 2.4 herausgearbeiteten Variablen einer hinreichend guten Bewältigung der elterlichen Trennung formulierten wir folgende pädagogische Einstellungen als Indikatoren für eine hilfreiche pädagogische Haltung der Eltern:

- mit den Kindern über die Trennung/Scheidung reden;
- die Kinder am Ausdrücken ihrer Gefühle nicht hindern, sondern sie im Gegenteil dabei unterstützen;
- gegenüber unerwünschtem Verhalten der Kinder nachsichtiger sein;
- Zuwendung und Zärtlichkeit verstärken;
- als Eltern die eigene Krise anerkennen und bereit sein, Hilfe (Beratung, Erziehungsberatung) in Anspruch zu nehmen;
- Anerkennen, dass den Kindern externe Hilfe (sozialpädagogische Gruppen, TherapeutInnen) gut tut.[562]

Jede dieser förderlichen Einstellungen wurde den Eltern in der Form von zwei alternativen Aussagen präsentiert, die sie dahingehend bewerten sollten, welche Alternative ihrer Ansicht nach den Kindern nach einer Trennung/Scheidung ‚sehr' oder ‚eher' hilft. Die Befragungsergebnisse [Tab 144] zeigen wie erwartet

562 Darüber hinaus wurden den Eltern auch Einstellungsfragen zur Bedeutung beider Elternteile für die psychische Entwicklung der Kinder und zur Frage der Unterstützung der Beziehung des Kindes zum getrennt lebenden Elternteil gestellt. Die diesbezüglichen Ergebnisse werden im Kapitel über die Besuchskontakte wiedergegeben.

kaum Unterschiede zwischen den Obsorgegruppen. Die Eltern mit ObE geben lediglich signifikant häufiger an, dass es wichtig sei, das Ausdrücken von Gefühlen bei den Kindern zu fördern – numerisch ist der Unterschied zu den Angaben der Eltern mit aO eines Elternteils jedoch sehr gering.“[563]

Die Tabellen 145 und 146 zeigen, dass der signifikante Unterschied hauptsächlich auf das Antwortverhalten der hauptbetreuenden Eltern zurückzuführen ist. Bei den getrennt lebenden Eltern sind keine signifikanten Unterschiede zwischen den Obsorgegruppen zu finden.

563 *Barth-Richtarz/Figdor*, Was bringt die gemeinsame Obsorge? (2008) 164.

*Tabelle 144:* Was denken Sie, hilft Kindern nach der Trennung/Scheidung ihrer Eltern? *(Prozentangaben)*

| **Alle Eltern**<br>(ObE: n = 596 ), (aO: n = 445)<br>Anm | | | | | | |
|---|---|---|---|---|---|---|
| | | **1** | **2** | **3** | **4** | |
| Viel über die Trennung/Scheidung reden, damit sich die Kinder auskennen | **ObE** | 35,7 | 29,9 | 20,6 | 13,8 | Das Thema Trennung/Scheidung ruhen lassen, damit die Kinder nicht aufgewühlt sind |
| | **aO** | 34,2 | 26,5 | 24,7 | 14,6 | |
| | U-Test: p (zweis.) = 0,271 | | | | | |
| Das Ausdrücken von Gefühlen (Wut, Trauer, Hass, Angst) bei den Kindern fördern | **ObE** | 49,6 | 28,2 | 16,3 | 5,9 | Gefühlsreaktionen der Kinder (Wut, Trauer, Hass, Angst) eher ignorieren oder verhindern |
| | **aO** | 43,8 | 27,2 | 16,4 | 12,6 | |
| | U-Test: p (zweis.) = 0,008 | | | | | |
| Weniger streng sein als vor der Scheidung | **ObE** | 4,3 | 8,8 | 34,7 | 52,2 | Genauso streng sein wie vor der Trennung |
| | **aO** | 6,3 | 8,8 | 27,1 | 57,9 | |
| | U-Test: p (zweis.) = 0,240 | | | | | |
| Zuwendung/Zärtlichkeit verstärken | **ObE** | 36,8 | 21,1 | 11,2 | 30,9 | Genauso viel Zuwendung/Zärtlichkeit geben wie vor der Trennung |
| | **aO** | 41,3 | 16,6 | 9,0 | 33,2 | |
| | U-Test: p (zweis.) = 0,637 | | | | | |
| Über die Gründe, warum sich die Eltern getrennt haben, mit den Kindern reden | **ObE** | 40,2 | 27,2 | 19,0 | 13,6 | Damit sollte man die Kinder nicht belasten |
| | **aO** | 41,9 | 26,4 | 17,0 | 14,8 | |
| | U-Test: p (zweis.) = 0,732 | | | | | |
| Wenn die Eltern es alleine schaffen | **ObE** | 21,4 | 23,1 | 29,5 | 25,9 | Wenn die Eltern bei Auftreten von Schwierigkeiten Beratung in Anspruch nehmen |
| | **aO** | 19,2 | 17,1 | 32,8 | 30,9 | |
| | U-Test: p (zweis.) = 0,026 | | | | | |
| Unterstützung der Kinder durch Rainbows, Psychologen ua | **ObE** | 24,4 | 28,8 | 30,6 | 16,1 | Solche Angebote wühlen die Kinder nur zusätzlich auf |
| | **aO** | 30,2 | 22,9 | 29,1 | 17,8 | |
| | U-Test: p (zweis.) = 0,544 | | | | | |

*Tabelle 145:* Was denken Sie, hilft Kindern nach der Trennung/Scheidung ihrer Eltern? *(Prozentangaben)*

| **Hauptbetreuende Elternteile** (ObE: n = 322), (aO: n = 288) Anm | | | | | | |
|---|---|---|---|---|---|---|
| | | **1** | **2** | **3** | **4** | |
| Viel über die Trennung/Scheidung reden, damit sich die Kinder auskennen | **ObE** | 38,8 | 29,2 | 20,2 | 11,8 | Das Thema Trennung/Scheidung ruhen lassen, damit die Kinder nicht aufgewühlt sind |
| | **aO** | 38,5 | 24,7 | 23,3 | 13,5 | |
| | U-Test: p (zweis.) = 0,485 | | | | | |
| Das Ausdrücken von Gefühlen (Wut, Trauer, Hass, Angst) bei den Kindern fördern | **ObE** | 59,0 | 23,9 | 13,7 | 3,4 | Gefühlsreaktionen der Kinder (Wut, Trauer, Hass, Angst) eher ignorieren oder verhindern |
| | **aO** | 48,1 | 24,7 | 16,5 | 10,7 | |
| | U-Test: p (zweis.) = 0,001 | | | | | |
| Weniger streng sein als vor der Scheidung | **ObE** | 3,2 | 6,3 | 30,1 | 60,4 | Genauso streng sein wie vor der Trennung |
| | **aO** | 5,4 | 6,8 | 25,9 | 61,9 | |
| | U-Test: p (zweis.) = 0,984 | | | | | |
| Zuwendung/Zärtlichkeit verstärken | **ObE** | 39,8 | 19,4 | 9,7 | 31,0 | Genauso viel Zuwendung/Zärtlichkeit geben wie vor der Trennung |
| | **aO** | 42,6 | 17,2 | 7,9 | 32,3 | |
| | U-Test: p (zweis.) = 0,769 | | | | | |
| Über die Gründe, warum sich die Eltern getrennt haben, mit den Kindern reden | **ObE** | 45,8 | 26,5 | 16,0 | 11,7 | Damit sollte man die Kinder nicht belasten |
| | **aO** | 46,3 | 25,7 | 15,2 | 12,8 | |
| | U-Test: p (zweis.) = 0,973 | | | | | |
| Wenn die Eltern es alleine schaffen | **ObE** | 18,5 | 23,5 | 27,2 | 30,8 | Wenn die Eltern bei Auftreten von Schwierigkeiten Beratung in Anspruch nehmen |
| | **aO** | 16,8 | 15,0 | 32,8 | 35,4 | |
| | U-Test: p (zweis.) = 0,063 | | | | | |
| Unterstützung der Kinder durch Rainbows, Psychologen ua | **ObE** | 31,0 | 26,5 | 26,5 | 16,1 | Solche Angebote wühlen die Kinder nur zusätzlich auf |
| | **aO** | 37,5 | 21,2 | 29,0 | 12,4 | |
| | U-Test: p (zweis.) = 0,190 | | | | | |

*Tabelle 146:* Was denken Sie, hilft Kindern nach der Trennung/Scheidung ihrer Eltern? *(Prozentangaben)*

| **Getrennt lebende Elternteile**<br>(ObE: n = 213), (aO: n = 153)<br>Anm | | | | | | |
|---|---|---|---|---|---|---|
| | | **1** | **2** | **3** | **4** | |
| Viel über die Trennung/Scheidung reden, damit sich die Kinder auskennen | **ObE** | 31,0 | 32,9 | 18,3 | 17,8 | Das Thema Trennung/Scheidung ruhen lassen, damit die Kinder nicht aufgewühlt sind |
| | **aO** | 26,1 | 29,4 | 27,5 | 17,0 | |
| | U-Test: p (zweis.) = 0,234 | | | | | |
| Das Ausdrücken von Gefühlen (Wut, Trauer, Hass, Angst) bei den Kindern fördern | **ObE** | 36,1 | 33,7 | 21,5 | 8,8 | Gefühlsreaktionen der Kinder (Wut, Trauer, Hass, Angst) eher ignorieren oder verhindern |
| | **aO** | 34,0 | 32,7 | 16,7 | 16,7 | |
| | U-Test: p (zweis.) = 0,349 | | | | | |
| Weniger streng sein als vor der Scheidung | **ObE** | 5,0 | 13,4 | 38,8 | 42,8 | Genauso streng sein wie vor der Trennung |
| | **aO** | 8,0 | 12,7 | 30,0 | 49,3 | |
| | U-Test: p (zweis.) = 0,533 | | | | | |
| Zuwendung/Zärtlichkeit verstärken | **ObE** | 31,0 | 26,6 | 12,8 | 29,6 | Genauso viel Zuwendung/Zärtlichkeit geben wie vor der Trennung |
| | **aO** | 37,7 | 15,9 | 11,3 | 35,1 | |
| | U-Test: p (zweis.) = 0,993 | | | | | |
| Über die Gründe, warum sich die Eltern getrennt haben, mit den Kindern reden | **ObE** | 32,1 | 28,7 | 22,5 | 16,7 | Damit sollte man die Kinder nicht belasten |
| | **aO** | 32,5 | 27,9 | 20,8 | 18,8 | |
| | U-Test: p (zweis.) = 0,898 | | | | | |
| Wenn die Eltern es alleine schaffen | **ObE** | 25,8 | 26,3 | 31,4 | 16,5 | Wenn die Eltern bei Auftreten von Schwierigkeiten Beratung in Anspruch nehmen |
| | **aO** | 23,1 | 21,7 | 32,9 | 22,4 | |
| | U-Test: p (zweis.) = 0,170 | | | | | |
| Unterstützung der Kinder durch Rainbows, Psychologen ua | **ObE** | 13,7 | 32,0 | 36,5 | 17,8 | Solche Angebote wühlen die Kinder nur zusätzlich auf |
| | **aO** | 16,7 | 26,0 | 29,3 | 28,0 | |
| | U-Test: p (zweis.) = 0,500 | | | | | |

*Resümee*

Es liegen nur wenige empirische Befunde vor, um die Frage zu beantworten, ob sich bezüglich der „pädagogischen Kompetenzen" der Eltern, ihre Kinder bei der Verarbeitung des Trennungs- bzw Scheidungserlebnisses zu unterstützen, Unterschiede zwischen den Obsorgegruppen zeigen. Die vorhandenen Daten sprechen gegen diese Hypothese, sodass davon auszugehen ist, dass die gesetzliche Einführung der ObE alleine nicht ausreicht, Eltern bei der Realisierung dieser weiteren Bedingung einer gesunden psychischen Entwicklung der Kinder in der Zeit nach der Trennung bzw Scheidung zu unterstützen. Vielmehr müssen Eltern durch entsprechende Angebote wie Elternschulung, Familien- und Erziehungsberatung uÄ in ihrer Kompetenz gestärkt werden, sodass sie in die Lage versetzt werden, ihren Kindern jene entscheidende Unterstützung zukommen zu lassen, die die Kinder benötigen, um die Erfahrung der Trennung bzw Scheidung der Eltern gut zu bewältigen.

## 7.13 Zusammenfassung

Der erste Ergebnisteil diente der Beantwortung der ersten zentralen Forschungsfrage, nämlich ob sich **Unterschiede hinsichtlich der mittel- und langfristigen Entwicklungsbedingungen** von Kindern zeigen, die nach der Scheidung ihrer Eltern unter der Bedingung der Obsorge beider Eltern (ObE) oder der Alleinobsorge eines Elternteils (aO) aufwachsen, und, wenn ja, welche diese sind. Und tatsächlich lässt sich – wie die statistischen Analysen ergaben – eine Reihe solcher Unterschiede ausmachen. Die wichtigsten Unterschiede im Überblick:

1. Es zeigen sich signifikante Unterschiede zwischen den Obsorgegruppen, was Konflikte um den hauptsächlichen Aufenthalt der Kinder, Besuchskontakte, den Kindes- bzw Ehegattenunterhalt, Konflikte, die schon Ursache der Trennung waren, sowie generell das Gefühl der Beeinträchtigung des Familienklimas durch den anderen Elternteil betrifft. Aber es sind – entgegen der Erwartung – nicht die Eltern mit ObE, die zum Untersuchungszeitpunkt mehr Konflikte haben, sondern die Eltern der Gruppe aO. (Selbst Befragte mit hohem Konfliktniveau zwischen Trennungsabsicht und Scheidung haben – aus Sicht der getrennt lebenden Elternteile – nach der Scheidung weniger häufig Konflikte um die Ausübung des Besuchsrechts als Eltern mit aO eines Elternteils. Aus der Sicht der Hauptbetreuenden haben sie zumindest nicht mehr Konflikte.) Außerdem geben Eltern mit ObE insgesamt signifikant häufiger als Eltern mit aO eines Elternteils an, dass sich ihr Beziehungsklima seit der Trennung bis zum Untersuchungszeitpunkt entspannt hat. Damit wird die Hypothese, dass das Konfliktniveau bei Eltern mit ObE nach der Scheidung eher zunimmt und, im Gegensatz

dazu, die aO eher eine Beruhigung der (Konflikt-)Beziehung der Eltern ermöglicht, durch die vorliegenden Daten klar entkräftet. Auch bei Familien, die mit einem hohen Konfliktniveau in die Nachscheidungsphase starteten, ändert sich nichts an der Aussage, dass die ObE *nicht* eher als die aO zu einer weiteren Zunahme des Konfliktniveaus der Eltern führt.

2. Es zeigen sich keine Hinweise, dass hauptbetreuende Eltern mit ObE die Verständigung bzw Zusammenarbeit mit dem anderen Elternteil in der Erziehung ihrer Kinder belastender erleben als Eltern mit aO eines Elternteils. Es ist sogar das Gegenteil der Fall: Hauptbetreuende Eltern mit ObE erleben die Verständigung und Zusammenarbeit mit dem anderen Elternteil im Vergleich zu den allein obsorgeberechtigten Elternteilen signifikant besser. Sie geben signifikant häufiger als die Alleinobsorgeberechtigten an, dass sie der andere Elternteil entlastet und unterstützt. Fast 60 % der Hauptbetreuenden mit ObE haben das Gefühl, sich auf den anderen Elternteil verlassen zu können. Von den Alleinobsorgeberechtigten wird dies mit etwa 30 % signifikant weniger oft geantwortet. Auch die getrennt lebenden Eltern mit ObE erleben die Zusammenarbeit mit dem anderen Elternteil in den genannten Punkten signifikant besser als die nicht obsorgeberechtigten Eltern.

3. Um diese Ergebnisse zu kontrollieren, wurden die Eltern auch ganz allgemein nach dem Grad ihrer Zufriedenheit mit der getroffenen Obsorgeregelung gefragt. Die Zufriedenheit mit der ObE ist insgesamt hoch, wobei die Zufriedenheit bei den hauptbetreuenden und getrennt lebenden Elternteilen mit ObE annähernd gleich verteilt ist (etwa 70 % der hauptbetreuenden und etwa 75 % der getrennt lebenden Eltern sind mit der ObE zufrieden oder sogar sehr zufrieden). Die Zufriedenheit bei den Eltern mit aO eines Elternteils ist hingegen zwischen den Alleinobsorgeberechtigten und den Nichtobsorgeberechtigten sehr ungleich verteilt. Während fast 90 % der Alleinobsorgeberechtigten angeben, dass sie mit der Obsorgeregelung zufrieden oder sehr zufrieden sind, sind die nicht obsorgeberechtigten Elternteile nur zu etwa 30 % mit der Obsorgeregelung zufrieden bzw sehr zufrieden.

Neben der Auswirkung der Obsorgeform auf die innerfamiliären Beziehungen war zu prüfen, ob bzw welche Auswirkungen die Obsorgeform auf die Gestaltung der Beziehungen zwischen den Eltern und den Kindern hat, insb auf die Beziehung zwischen den getrennt lebenden Elternteilen (meistens die Väter) und den Kindern. Die Erwartung, dass sich die ObE auf die Vater-Kind-Beziehung[564] positiv auswirken würde, bildete stets das Hauptargument der BefürworterInnen der ObE.

4. Tatsächlich sehen Kinder mit ObE den getrennt lebenden Elternteil signifikant häufiger als Kinder mit aO eines Elternteils: Über 60 % der Befragten

564 „Vater" steht für den getrennt lebenden Elternteil.

Eltern mit ObE geben an, dass ihre Kinder häufigen Kontakt zum anderen Elternteil haben, dh täglich bis mehrmals pro Woche oder zumindest einmal unter der Woche und zwei Wochenenden im Monat. Im Vergleich dazu geben nur etwa 35 % der Befragten mit aO eines Elternteils derart häufige Kontakte an. Dass ihre Kinder wenig (höchstens einmal im Monat) oder gar keinen Kontakt zum anderen Elternteil haben, antworten 14,1 % der Befragten mit ObE und ein Drittel (33 %) der Eltern mit aO eines Elternteils.

5. Bereits wenige Monate nach der Scheidung geben 10 % der Eltern mit aO eines Elternteils gegenüber 1 % der Eltern mit ObE an, dass der Kontakt des Kindes zum anderen Elternteil abgebrochen ist. Damit ist die Kontaktabbruchsrate im Fall der aO eines Elternteils bereits etwa neun bis elf Monate nach der Scheidung etwa zehnmal höher als im Fall der ObE.

6. Insgesamt sind Eltern mit ObE mit dem derzeitigen Ausmaß an Besuchskontakten signifikant zufriedener als Eltern mit aO eines Elternteils und geben auch häufiger als jene an, dass sie glauben, dass ihre Kinder zufrieden sind und dass das gegenwärtige Ausmaß der Kontakte zum getrennt lebenden Elternteil im Hinblick auf die Entwicklung der Kinder gut ist.

7. Auch die Hypothese, dass sich die getrennt lebenden Elternteile, also zumeist die Väter, im Fall der ObE nicht nur quantitativ mehr um ihre Kinder kümmern, sondern auch qualitativ, dh mehr elterliche Aufgaben und Verantwortung übernehmen, wird durch die vorliegenden Daten bestätigt: Von den hauptbetreuenden Müttern mit ObE wird signifikant häufiger als von den allein obsorgeberechtigten Müttern angegeben, dass sich der Vater genauso um bestimmte Aufgaben der Kinderbetreuung kümmert.

8. Eine wesentliche Voraussetzung für die Teilnahme des getrennt lebenden Elternteils am Leben der Kinder ist die Verständigung mit dem anderen Elternteil. Auch dabei zeigt sich, dass sich Eltern mit ObE (signifikant) häufiger und umfassender und auch ohne besonderen Anlass austauschen, während Eltern mit aO eines Elternteils dies öfters nur dann tun, wenn es unbedingt notwendig ist, bzw gar nicht.

9. Getrennt lebende Elternteile mit ObE erleben (zumindest teilweise) auch die Beziehung zu ihren Kindern anders als nicht obsorgeberechtigte Elternteile: Getrennt lebende Eltern mit ObE bestätigen signifikant häufiger als die nicht obsorgeberechtigten Eltern positive Aussagen über die Beziehung zu den Kindern, wie etwa im Großen und Ganzen über die Kinder und ihr Leben Bescheid zu wissen, ihre Entwicklung mitgestalten zu können oder die Beziehung zu den Kindern insgesamt als befriedigend zu erleben. Dass bereits eine Verschlechterung der Beziehung zum Kind eingetreten ist und es Probleme mit dem Kind gibt, wird hingegen von den nicht obsorgeberechtigten Eltern signifikant häufiger genannt.

# 8 Der Einfluss der Obsorgeform auf die Entwicklungsbedingungen der Kinder

Wie die bisherigen Ergebnisse gezeigt haben, lassen sich bedeutsame Unterschiede in den Entwicklungsbedingungen von Kindern ausmachen, die nach der Scheidung ihrer Eltern unter der Bedingung der ObE oder der aO eines Elternteils aufwachsen. Diese Unterschiede können zusammenfassend formuliert werden als „Beruhigung des Konfliktklimas zwischen den Eltern" einerseits und „Fortsetzung einer intensiven Beziehung der Kinder zum getrennt lebenden Elternteil" andererseits.

Aber sind die gefundenen **Unterschiede** in den Entwicklungsbedingungen der Kinder (zumindest *auch*) **auf die Obsorgeform zurückzuführen?** Oder anders formuliert: Können diese (im Hinblick auf das Kindeswohl so positiven) Befunde tatsächlich als **Auswirkungen des Rechtstitels ObE** analysiert werden, oder handelt es sich dabei nicht vielmehr um Folgen anderer Faktoren und Umstände?

Die Frage, ob die Obsorgeform im Hinblick auf die zwei zentralen Entwicklungsbedingungen – Konfliktklima zwischen den Eltern und Fortsetzung der Beziehung der Kinder zum getrennt lebenden Elternteil – tatsächlich eine unabhängige Variable darstellt, ist für die Beurteilung der Rolle, welche die Obsorgeform für das Kindeswohl spielt, ganz entscheidend.

Es bedarf also verlässlicher Aussagen darüber, ob bzw in welcher Hinsicht und in welchem Ausmaß „Auswirkungen" tatsächlich Auswirkungen der Betrauung von Eltern mit der ObE darstellen oder aber zB die Folge bestimmter Beziehungskonstellationen oder Merkmale der Eltern oder der Kinder sind. Der Sammlung und Wertung diesbezüglicher empirischer Hinweise sind die folgenden Kapitel gewidmet.

## 8.1 Mögliche weitere Einflussfaktoren auf die Entwicklungsbedingungen der Kinder

Die erste Frage, die sich dabei stellt, ist, *welche* anderen Faktoren (neben oder anstelle der Obsorgeform selbst) die gefundenen Unterschiede zwischen den Obsorgegruppen erklären könnten und in welcher Beziehung diese zur Obsorgeform stehen.

*Erstens* ist – wie ich schon anklingen habe lassen – das **Konfliktniveau der Eltern vor der Scheidung** ein plausibler Einflussfaktor auf die weitere Gestaltung der Nachscheidungsfamilie. So ist zu fragen:

Ist die ObE tatsächlich in der Lage, zu einer Deeskalierung elterlicher Konflikte und zu einer verstärkten Kooperation der Eltern beizutragen, oder sind die Eltern, die die ObE nach der Scheidung weiterführen, ohnehin diejenigen, die sich (von vornherein) durch ein relativ geringes Konfliktniveau und eine hohe Kommunikations- und Kooperationsbereitschaft auszeichnen? Zweiteres würde bedeuten, dass die ObE selbst lediglich eine abhängige Variable ist. Eine Argumentationsfigur der KritikerInnen der Einführung des Modells der ObE lautete ja stets: Diejenigen Eltern, die sie haben, brauchen sie eigentlich nicht (um weiterhin gemeinsame Elternschaft zu leben), und diejenigen, die keine gemeinsame Elternschaft nach der Scheidung wollen, können mithilfe eines Rechtstitels auch nicht dazu gebracht werden.

*Zweitens* ist bei der Evaluierung des Modells der ObE kein experimentelles Vorgehen möglich, in dem Sinne, dass die zu untersuchenden Familien *einer* Stichprobe entstammen und dann zufällig der einen oder anderen Obsorgegruppe zugeordnet werden, in der sie dann diese oder jene Erfahrungen machen, die wiederum gemessen und statistisch erfasst werden können. Vielmehr ist die Zuordnung der Befragten zu den Obsorgegruppen – durch die vorhergehende Entscheidung der Probanden – vorgegeben, dh, es handelt sich um eine quasiexperimentelle Untersuchung.

Das bedeutet aber, dass nicht von vornherein sichergestellt ist, dass bestimmte **personengebundene Variablen** – wie das Ausbildungsniveau – nur zufällig und unsystematisch zwischen den beiden Obsorgegruppen verteilt sind. Es muss vielmehr damit gerechnet werden, dass die zu untersuchenden abhängigen Variablen – wie das Konfliktniveau der Eltern nach der Scheidung oder das Ausmaß der Kontakte der Kinder zum getrennt lebenden Elternteil – von weiteren Variablen (Störvariablen) beeinflusst werden.

Also muss, neben möglichen unabhängigen Variablen, die bereits theoretisch ins Auge zu fassen sind (nämlich das Konfliktniveau der Eltern vor der Scheidung) und deren Übersehen zu einer fälschlichen Annahme über die Bedeutung der Obsorgeform für die weiteren Entwicklungsbedingungen der Kinder führen könnte, ganz allgemein untersucht werden, ob sich die Befragten der beiden Untersuchungsgruppen (ObE – aO) hinsichtlich bestimmter personengebundener bzw soziodemografischer Merkmale systematisch unterscheiden und, wenn ja, ob und in welcher Weise diese unterschiedlichen Ausgangsbedingungen die bisher erhobenen Unterschiede in den Entwicklungsbedingungen der Kinder aus Familien mit aO bzw ObE (mit-)erklären könnten.

### *8.1.1 Das Konfliktniveau vor der Scheidung*

**Hypothese 2.1:**

Eltern mit ObE unterscheiden sich im Hinblick auf ihr Konfliktniveau vor der Scheidung so weit von Eltern mit aO, dass angenommen werden muss, dass sich das Modell der ObE weitgehend auf jene Eltern beschränkt, deren Beziehung sich trotz Scheidung durch ein geringes Konfliktniveau und daher größere Kommunikations- und Kooperationsbereitschaft auszeichnet. Daraus folgt erstens:

H1.2.1: Eltern mit ObE haben ein niedrigeres Konfliktniveau vor der Scheidung als Eltern der Gruppe aO *(gerichtete Alternativhypothese)*.

Die entsprechende *Nullhypothese* lautet:

H0.2.1: Eltern mit ObE unterscheiden sich nicht wesentlich hinsichtlich ihres Konfliktniveaus vor der Scheidung von Eltern der Gruppe aO.

Neben dieser Unterschiedshypothese ist zweitens deskriptiv zu untersuchen, ob sich das Modell der ObE weitgehend auf Eltern mit einem niedrigen Konfliktniveau beschränkt.

Bei der Sammlung von empirischen Hinweisen für diese Hypothese 2.1 geht es demnach darum, festzustellen, ob sich Eltern, die sich für die ObE entscheiden, im Zuge ihrer Trennung bzw Scheidung in Bezug auf ihr Konfliktniveau überhaupt von den Eltern mit aO eines Elternteils unterscheiden. Es spricht aber natürlich vieles dafür, anzunehmen, dass ein Modell, das eine intensivere Form der elterlichen Zusammenarbeit nach der Scheidung impliziert, nicht gerade von jenen Eltern angestrebt wird, die sich das – aufgrund massiver Konflikte bzw der sie begleitenden Gefühle von Wut, Kränkung, Angst – unter gar keinen Umständen vorstellen können, und dass die ObE nicht gerade von jenen Eltern abgelehnt wird, die ihre Gefühle dem anderen Elternteil gegenüber schon einigermaßen gut bewältigt haben.

Aus diesem Grund ist die Beantwortung des zweiten Teils der Hypothese wesentlich entscheidender, nämlich herauszufinden, ob das Modell der ObE weitgehend auf jene Scheidungseltern beschränkt ist, deren Beziehung sich trotz Scheidung durch ein geringes Konfliktniveau und daher größere Kommunikations- und Kooperationsbereitschaft auszeichnet. Das würde nämlich nahelegen, die erhobenen Unterschiede zwischen den Obsorgegruppen, was die Milderung des Konfliktklimas bzw die Fortsetzung der Beziehung der Kinder zum getrennt lebenden Elternteil betrifft, nicht als eine Folge der Obsorgeform, sondern als die Folge des von vornherein geringen Konfliktniveaus zwischen den Eltern zu betrachten.

**Die Alternativhypothese (H1.2.1) wird durch die vorliegenden Daten teilweise bestätigt.**
**Für den zweiten Teil zeigt die deskriptive Analyse aber klar, dass sich das Modell der ObE keinesfalls nur auf Eltern mit einem niedrigen Konfliktniveau vor der Scheidung beschränkt.**

Aufgrund des Befunds, dass der Anteil der ObE im Untersuchungszeitraum etwas über 50% liegt, sich also nicht nur eine Minderheit der betroffenen Eltern für dieses Modell entscheidet, war bereits anzunehmen, dass sich der zweite Teil der Hypothese 2.1 nicht bestätigen würde. „Tatsächlich zeigte die Untersuchung der Eltern, dass massive Konflikte vor bzw zum Zeitpunkt der Trennung offenbar kein prinzipielles Hindernis für die Entscheidung zur ObE darstellen.“[565] Nun aber zu den Ergebnissen im Detail:

#### 8.1.1.1 Verlauf des Scheidungsverfahrens

„Als erster Indikator für die methodisch komplexe Frage nach der Intensität des Trennungs- bzw Scheidungskonfliktes der Eltern dient der **Verlauf des Scheidungsverfahrens** selbst: Wie einvernehmlich bzw wie strittig, also konfliktbehaftet ist dieses verlaufen?“[566]

Der Anteil an von vornherein einvernehmlichen Scheidungen liegt bei den Eltern mit ObE mit **88,6 %** erwartungsgemäß signifikant höher als bei den Eltern mit Alleinobsorge eines Elternteils (73,5%). Das belegt der Chi²-Test in Tab 147.

*Tabelle 147:* Wie wurde Ihre Ehe geschieden? *(Die grau unterlegten Felder zeigen an, dass die Unterschiede zwischen den Obsorgegruppen jeweils signifikant sind.)*

| | **ObE** (n = 616) | **aO** (n = 480) | **Chi²** p (eins.) |
|---|---|---|---|
| **Einvernehmlich** | **88,6%** | **73,5%** | **0,000** |
| Nach Einleitung eines streitigen Verfahrens letztlich einvernehmlich | 10,7% | 18,1% | |
| In einem streitigen Scheidungsverfahren | 0,6% | 8,3% | |
| Gesamt | 100% | 100% | |

565 *Barth-Richtarz/Figdor*, Was bringt die gemeinsame Obsorge? (2008) 53.
566 *Barth-Richtarz/Figdor*, Was bringt die gemeinsame Obsorge? (2008) 54.

„Betrachtet man jedoch nur die Fälle von (nach Einleitung eines streitigen Verfahrens) letztlich einvernehmlichen Scheidungen (das sind 13,8 % aller Scheidungsfälle), so zeigt sich, dass in diesen Fällen in 47,1 % die Alleinobsorge der Mutter beschlossen wird, jedoch sehr dicht gefolgt von der ObE mit 42,0 %. Die ObE ist also auch in dieser Gruppe, in der das Scheidungsverfahren selbst nicht ganz ‚reibungslos' verlaufen ist,[567] relativ stark repräsentiert [Tab 148].

*Tabelle 148:* Wie wurde Ihre Ehe geschieden? *(Querprozente)*

| | **ObE** (n = 616) | **aO (KM)** (n = 440) | **aO (KV)** (n = 40) | **M** (n = 43) | **Gesamt** (n = 1139) |
|---|---|---|---|---|---|
| Nach Einleitung eines streitigen Verfahrens letztlich einvernehmlich | **42,0%** | 47,1% | 8,3% | 2,5% | 100% |

Das kann schon als erster Hinweis dafür gewertet werden, dass die ObE nicht nur in Fällen eines hohen Einvernehmens zwischen den Eltern zustande kommt."[568]

### 8.1.1.2 Scheidungserleben der Eltern

„Zur Prüfung der Hypothese, dass die ObE nur in Fällen eines relativ niedrigen Konfliktniveaus angestrebt und weitergeführt wird, wurde weiters das **Scheidungserleben der Eltern** einer näheren Betrachtung unterzogen. Dabei war von der Annahme auszugehen, dass ein von beiden EhepartnerInnen gemeinsam getragener Entschluss zur Scheidung eher auf ein niedrigeres Konfliktniveau im Trennungs- bzw Scheidungsprozess schließen lässt."[569]

Die Tabelle 149 zeigt, dass Eltern mit ObE (22,9 %) zwar etwas häufiger als Eltern mit aO (17,8 %) angeben, dass die Scheidung ein von beiden gemeinsam initiierter Entschluss war. Der Unterschied zwischen den Obsorgegruppen ist aber (auf dem 99-%-Signifikanzniveau) nicht signifikant. Auch von den Eltern mit ObE geben nur etwas über 20 % an, dass die Initiative zur Scheidung von beiden Elternteilen ausging.

567 Dabei wissen wir nicht, welche Punkte der Scheidung strittig waren.
568 *Barth-Richtarz/Figdor*, Was bringt die gemeinsame Obsorge? (2008) 54.
569 *Barth-Richtarz/Figdor*, Was bringt die gemeinsame Obsorge? (2008) 54.

*Tabelle 149:* Von wem ging die Initiative zur Scheidung aus?

| | **ObE** (n = 606) | **aO** (n = 477) | **Chi²** p (eins.) |
|---|---|---|---|
| Von mir | 44,9% | 51,2% | |
| Von meinem Exmann bzw meiner Exfrau | 32,2% | 31,0% | |
| **Von uns beiden** | **22,9%** | **17,8%** | **0,020** |
| Gesamt | 100% | 100% | |

In Bezug auf die Gefühle dem bzw der ExpartnerIn gegenüber zum Trennungszeitpunkt unterscheiden sich die Eltern mit ObE zwar insgesamt in fast allen Bereichen (bis auf Verletzung und Kränkung) signifikant von jenen mit aO eines Elternteils (Tab 150), die Detailanalyse zeigt jedoch, dass sich lediglich die Angaben der Hauptbetreuenden, nicht aber die Angaben der getrennt lebenden Eltern beider Obsorgegruppen unterscheiden: Die Alleinobsorgeberechtigten (Tab 151) waren ihren Angaben zufolge zum Trennungszeitpunkt signifikant enttäuschter vom Expartner, signifikant wütender, verletzter und gekränkter und hatten signifikant häufiger den Wunsch, mit dem Expartner nichts mehr zu tun zu haben, als Hauptbetreuende mit ObE. Diese wiederum hatten signifikant häufiger ein schlechtes Gewissen gegenüber dem Expartner als die Alleinobsorgeberechtigten. Die getrennt lebenden Elternteile mit und ohne ObE unterscheiden sich – wie gesagt – in ihren Gefühlen zum Trennungszeitpunkt nicht voneinander (Tab 152).

*Tabelle 150:* Gefühle und Gedanken zum Zeitpunkt, als klar wurde, dass Sie sich trennen bzw scheiden lassen werden *(Höhere Werte bei den mittleren Rängen bedeuten ein weniger starkes Zutreffen der Gefühle, Gedanken ...):*

**U-Test nach Mann-Whitney**

| | Obsorge - form | Mittlerer Rang | Sign. (eins.) | |
|---|---|---|---|---|
| Große Enttäuschung | ObE | 579,28 | ,000 | s |
| | aO | 502,25 | | |
| Große Wut | ObE | 565,33 | ,000 | s |
| | aO | 498,21 | | |
| Große Verletzung und Kränkung | ObE | 558,11 | ,016 | ns |
| | aO | 520,12 | | |
| Schlechtes Gewissen | ObE | 516,21 | ,000 | s |
| | aO | 575,26 | | |
| Wunsch, mit dem/der ExpartnerIn nichts mehr zu tun zu haben | ObE | 570,52 | ,000 | s |
| | aO | 483,71 | | |

*Tabelle 151:* Gefühle und Gedanken zum Zeitpunkt, als klar wurde, dass Sie sich trennen bzw scheiden lassen werden *(Höhere Werte bei den mittleren Rängen bedeuten ein weniger starkes Zutreffen der Gefühle, Gedanken ...):*

**U-Test nach Mann-Whitney: nur Hauptbetreuende**

| | Obsorge - form | Mittlerer Rang | Sign. (eins.) | |
|---|---|---|---|---|
| Große Enttäuschung | ObE | 351,35 | ,000 | s |
| | aO | 284,72 | | |
| Große Wut | ObE | 336,36 | ,000 | s |
| | aO | 284,47 | | |
| Große Verletzung und Kränkung | ObE | 332,53 | ,004 | s |
| | aO | 297,99 | | |
| Schlechtes Gewissen | ObE | 293,02 | ,000 | s |
| | aO | 342,32 | | |
| Wunsch, mit dem/der ExpartnerIn nichts mehr zu tun zu haben | ObE | 347,02 | ,000 | s |
| | aO | 276,85 | | |

*Tabelle 152:* Gefühle und Gedanken zum Zeitpunkt, als klar wurde, dass Sie sich trennen bzw scheiden lassen werden *(Höhere Werte bei den mittleren Rängen bedeuten ein weniger starkes Zutreffen der Gefühle, Gedanken ...):*

**U-Test nach Mann-Whitney: nur Getrennt Lebende**

| | **Obsorge - form** | **Mittlerer Rang** | **Sign. (eins.)** | |
|---|---|---|---|---|
| Große Enttäuschung | ObE | 196,00 | ,257 | ns |
| | aO | 189,17 | | |
| Große Wut | ObE | 194,88 | ,274 | ns |
| | aO | 188,24 | | |
| Große Verletzung und Kränkung | ObE | 192,39 | ,491 | ns |
| | aO | 192,65 | | |
| Schlechtes Gewissen | ObE | 192,64 | ,467 | ns |
| | aO | 193,46 | | |
| Wunsch, mit dem/der ExpartnerIn nichts mehr zu tun zu haben | ObE | 192,26 | ,183 | ns |
| | aO | 182,46 | | |

Betrachtet man die Häufigkeit, in der Eltern beider Obsorgegruppen angeben, dass diese Gefühle für sie zutrafen (Tab 153), zeigt sich, dass über 75 % der Eltern mit ObE zum Trennungszeitpunkt sehr enttäuscht, über 50 % sehr wütend und fast 70 % sehr gekränkt und verletzt waren (und sich diese Werte numerisch nicht sehr von jenen der Eltern mit aO unterscheiden). Die ObE wird also keineswegs nur von Eltern praktiziert, die die Trennung bzw Scheidung von ihrem bzw ihrer ExpartnerIn emotional relativ „undramatisch" erlebten.

*Tabelle 153:* Gefühle zum Trennungszeitpunkt *(Mehrfachnennungen möglich)*

| **„trifft zu..."** | **ObE** (n = 612) | **aO** (n = 478) |
|---|---|---|
| Sehr enttäuscht | 75,9% | 84,1% |
| Sehr wütend | 51,4% | 59,6% |
| Sehr gekränkt und verletzt | 68,3% | 70,6% |
| Schlechtes Gewissen gegenüber dem Exmann/der Exfrau | 19,7% | 13,1% |

Selbst der Wunsch, mit dem Exmann bzw der Exfrau nichts mehr zu tun zu haben, war auch bei 44,5 % der Eltern mit ObE zum Trennungszeitpunkt vorhanden[570]:

*Tabelle 154:* Gefühle zum Trennungszeitpunkt

| **„trifft zu…“** | **ObE** (n = 612) | **aO** (n = 478) |
|---|---|---|
| Wunsch, mit dem Exmann/der Exfrau nichts mehr zu tun zu haben | 44,5% | 55,8% |

### 8.1.1.3 Konflikte vor der Scheidung

Schließlich fragten wir auch direkt nach den Konflikten der Eltern, die in der Zeit zwischen dem Entschluss zur Trennung und der tatsächlichen Scheidung bestanden. Eltern mit aO beurteilen insgesamt ihr Konfliktniveau hinsichtlich Streit und Wut signifikant höher als Eltern mit ObE (Tab 155), wobei diese Unterschiede hauptsächlich auf die Angaben der Hauptbetreuenden zurückzuführen sind (Tab 156). Die Intensität der Spannungen und der Enttäuschung wird von den Eltern beider Obsorgegruppen gleich beurteilt.

Bei den getrennt lebenden Eltern (Tab 157) zeigt sich in keinem Bereich ein signifikanter Unterschied in der Beurteilung der Konfliktsituation zwischen Trennungsabsicht und tatsächlicher Scheidung.

570 Wird nicht davon ausgegangen, dass die ObE in diesen Fällen nur „unfreiwillig“ zustande kommt (zur Druckausübung beim Zustandekommen der ObE siehe *Barth-Richtarz/Figdor*, Was bringt die gemeinsame Obsorge? [2008] 60–67), „müssen bestimmte Überlegungen Eltern dazu bewogen haben, dennoch die ObE beizubehalten. Aus den Tiefeninterviews mit Müttern und Vätern mit ObE erhielten wir dazu den Hinweis, dass diese pädagogische Überlegungen über den eigenen spontanen Wunsch stellten, mit dem Exmann/der Exfrau in Zukunft nichts mehr zu tun haben zu müssen“ (*Barth-Richtarz/Figdor*, Was bringt die gemeinsame Obsorge? [2008] 56).

*Tabelle 155:* Konflikte zwischen Trennungsabsicht und Scheidung *(Höhere Werte bei den mittleren Rängen bedeuten heftigere Konflikte/Gefühle.):*

**U-Test nach Mann-Whitney**

| | Obsorge - form | Mittlerer Rang | Signifikanz (einseitig) | |
|---|---|---|---|---|
| Heftiger Streit | ObE | 501,73 | ,000 | s |
| | aO | 577,82 | | |
| Große Spannungen | ObE | 519,33 | ,018 | ns |
| | aO | 556,87 | | |
| Große Wut | ObE | 503,80 | ,001 | s |
| | aO | 567,51 | | |
| Große Enttäuschung | ObE | 522,68 | ,029 | ns |
| | aO | 556,16 | | |

*Tabelle 156:* Konflikte zwischen Trennungsabsicht und Scheidung *(Höhere Werte bei den mittleren Rängen bedeuten heftigere Konflikte/Gefühle.):*

**U-Test nach Mann-Whitney: nur Hauptbetreuende**

| | Obsorge - form | Mittlerer Rang | Signifikanz (einseitig) | |
|---|---|---|---|---|
| Heftiger Streit | ObE | 288,97 | ,000 | s |
| | aO | 338,57 | | |
| Große Spannungen | ObE | 298,59 | ,012 | ns |
| | aO | 329,02 | | |
| Große Wut | ObE | 289,30 | ,001 | s |
| | aO | 333,48 | | |
| Große Enttäuschung | ObE | 299,31 | ,012 | ns |
| | aO | 329,52 | | |

*Tabelle 157:* Konflikte zwischen Trennungsabsicht und Scheidung *(Höhere Werte bei den mittleren Rängen bedeuten heftigere Konflikte/Gefühle.):*

**U-Test nach Mann-Whitney: nur Getrennt Lebende**

| | Obsorge - form | Mittlerer Rang | Signifikanz (einseitig) | |
|---|---|---|---|---|
| Heftiger Streit | ObE | 180,48 | ,028 | ns |
| | aO | 201,78 | | |
| Große Spannungen | ObE | 188,09 | ,339 | ns |
| | aO | 192,59 | | |
| Große Wut | ObE | 181,00 | ,068 | ns |
| | aO | 197,50 | | |
| Große Enttäuschung | ObE | 189,19 | ,386 | ns |
| | aO | 192,28 | | |

Betrachtet man nun wieder die Häufigkeiten, in denen die Befragten sehr großen Streit, sehr große Spannungen, sehr große Wut und sehr große Enttäuschung als eher oder sehr zutreffend angegeben haben, ergibt sich für die Eltern mit ObE folgendes Bild (Tab 158): Etwa 40 % der Eltern mit ObE stimmen zu, dass sie im Zeitraum zwischen dem Entschluss zur Trennung und der tatsächlichen Scheidung sehr heftigen Streit miteinander hatten. Etwa 70 % der Eltern mit ObE erlebten sehr große Spannungen, etwa 50 % sehr große Wut und etwa 70 % sehr große Enttäuschung über den Expartner/die Expartnerin.

Wenn sich also auch, wie zu erwarten war, teilweise signifikante Unterschiede zwischen den Angaben der Eltern mit ObE und aO zeigen (interessanterweise mehr zwischen den hauptbetreuenden als den getrennt lebenden Elternteilen), kann dennoch keine Rede davon sein, dass sich das Modell der ObE auf Eltern mit einem geringen Konfliktniveau vor der Scheidung beschränkt.

*Tabelle 158:* Konflikte zwischen Trennungsabsicht und Scheidung

| **„eher/sehr zutreffend"** | **Gesamt** (n = 1068) | **ObE** (n = 608) | **aO** (n = 460) |
|---|---|---|---|
| Sehr heftiger Streit | 45,4% | 40,6% | 51,7% |
| Sehr große Spannungen | 71,2% | 69,6% | 73,3% |
| Sehr große Wut | 53,5% | 50,2% | 58,1% |
| Sehr große Enttäuschung | 70,3% | 69,5% | 71,2% |

Wie Mütter und Väter beider Obsorgegruppen jeweils geantwortet haben, zeigt Tab 159:

*Tabelle 159:* Konflikte zwischen Trennungsabsicht und Scheidung

| **„eher/sehr zutreffend"** | **Mütter** | | **Väter** | |
|---|---|---|---|---|
| | **ObE** (n = 348) | **aO** (n = 282) | **ObE** (n = 257) | **aO** (n = 174) |
| Sehr heftiger Streit | 45,1% | 56,0% | 34,2% | 44,8% |
| Sehr große Spannungen | 73,1% | 76,4% | 65,0% | 67,6% |
| Sehr große Wut | 54,6% | 62,7% | 43,9% | 50,6% |
| Sehr große Enttäuschung | 71,9% | 75,2% | 66,0% | 64,2% |

### 8.1.1.4 Verteilung der Obsorgeformen in „Hochkonfliktgruppen"

„Auch wenn damit deutlich wird, dass durchaus heftige Konflikte vor bzw zum Zeitpunkt der Trennung offenbar kein prinzipielles Hindernis für die Entscheidung zur ObE darstellen, bleibt die Frage offen, ob sich dieses Bild in so genannten ‚Hochkonfliktfamilien' verändert.

Bei der Prüfung dieser Frage werden wir im Folgenden die Gruppe der Familien mit besonders starken Konflikten sukzessive (anhand der Kriterien ‚trifft eher zu' und ‚trifft sehr zu') immer enger definieren:

Für etwa 30% aller befragten Eltern trafen alle vier ‚Items' (sehr heftiger Streit, sehr große Spannungen, sehr große Wut, sehr große Enttäuschung) ‚eher' oder sogar ‚sehr' zu. Da wir nicht danach gefragt haben, ob es Streit, Spannungen, Wut und Enttäuschung gegeben hat (davon ist idR auszugehen), sondern ob es eher **sehr heftigen** Streit oder eher keinen **heftigen** Streit usw gab, können wir diejenigen Eltern, die diese Items jeweils mit ‚trifft eher [zu]' oder ‚trifft sehr [zu]' beantworteten, einer ‚Hochkonfliktgruppe' zuordnen. Untersucht man diese Gruppe nun hinsichtlich der Frage, ob und in welchem Ausmaß sich in dieser Gruppe auch Eltern mit ObE nach der Scheidung finden, so zeigt sich das überraschende Bild, dass ObE und aO in dieser Gruppe nahezu gleich stark vertreten sind (Tab 160).

*Tabelle 160:* Verteilung der Obsorgeformen in der Hochkonfliktgruppe 1 *(Querprozente)*

| **Hochkonfliktgruppe 1:** alle Items in Tab [159] eher oder sehr zutreffend | **ObE** (n = 172) | **aO** (n = 170) | **Gesamt** (n = 342) |
|---|---|---|---|
| | 50,3% | 49,7% | 100% |

Dem kann entgegengesetzt werden, dass das Verhältnis von ObE zu aO in der Gesamtpopulation etwa 57 % (ObE) zu 43 % (aO) beträgt. Der Vorsprung der ObE gegenüber der aO ist in dieser ‚Hochkonfliktgruppe' somit etwas gesunken. Sieht man sich also nochmals das Verhältnis von ObE und aO in dieser Gruppe an (diesmal aber nicht als Verteilung innerhalb der Hochkonfliktgruppe – s Tab [160] –, sondern als Verteilung innerhalb der Gruppe aller Eltern mit ObE bzw aller Eltern mit aO), ist zu überprüfen, wie hoch jeweils in diesen beiden Gruppen der Anteil der Eltern ist, die dieser Hochkonfliktgruppe zugeordnet werden können und ob dieser Anteil jeweils unterschiedlich hoch ist.

Es zeigt sich, dass 27,7 % der Eltern mit ObE sowie 35,1 % der Eltern mit aO eines Elternteils dieser Gruppe angehören. Die Obsorgegruppen unterscheiden sich diesbezüglich signifikant voneinander. Der Unterschied von 7,4 Prozentpunkten ist aber numerisch nur gering"[571] (Tab 161).

*Tabelle 161:* Anteil der Hochkonfliktgruppe 1 in den Obsorgegruppen

| Hochkonfliktgruppe 1 | **ObE** (n = 621) | **aO** (n = 484) |
|---|---|---|
| Ja | 27,7% | 35,1% |
| Nein | 72,3% | 64,9% |
| | Chi²-Test: p (eins.) = 0,004 | |

„Im nächsten Schritt haben wir uns entschlossen, die Fragen nach Streit/Spannungen gesondert zu betrachten, da vorstellbar ist, dass Eltern Streit/Spannungen haben, ohne dabei Gefühle der Wut oder Enttäuschung zu spüren. Aus der psychoanalytischen Theorie wissen wir, dass das Wahrnehmen der eigenen Gefühle oft durch Verdrängungsprozesse beeinträchtigt ist. So fällt es manchen Menschen leichter, ihre Wut wahrzunehmen als ihre Enttäuschung oder Traurigkeit über die Trennung und umgekehrt. Daher beschränken wir uns bei der Untersu-

571 *Barth-Richtarz/Figdor*, Was bringt die gemeinsame Obsorge? (2008) 57.

chung der Eltern, die mit ‚trifft sehr zu' antworteten, nun auf die beiden ersten Items und damit auf die Ebene des Agierens der Gefühle (Streit/Spannungen).

Nur noch etwa 20 % aller Eltern geben an, dass sie in der Zeit zwischen der Trennungsabsicht und der tatsächlichen Scheidung **sehr großen Streit** und **sehr große Spannungen** hatten. Betrachtet man das Verhältnis von ObE zu aO in dieser Gruppe, zeigt sich wieder ein sehr ausgewogenes Verhältnis von 48,9 % ObE zu 51,1 % aO.

*Tabelle 162:* Verteilung der Obsorgeformen in der Hochkonfliktgruppe 2 *(Querprozente)*

| Hochkonfliktgruppe 2: Bei Items Streit, Spannungen aus Tab [159] „sehr zutreffend" | **ObE** (n = 110) | **aO** (n = 115) | **Gesamt** (n = 225) |
|---|---|---|---|
| | 48,9% | 51,1% | 100% |

Jeweils innerhalb der Obsorgegruppen entsprechen diese Werte einem Anteil von etwa 18 % aller Eltern mit ObE und etwa 24 % aller Eltern mit aO, die dieser Gruppe zuzuordnen sind. Damit zeigt sich auch innerhalb dieser nochmals enger gefassten ‚Hochkonfliktgruppe' kein großer Unterschied zwischen dem Anteil an Eltern mit ObE bzw aO eines Elternteils.

Schließlich definieren wir die Gruppe der ‚Hochkonfliktfamilien' (zwischen Trennungsabsicht und tatsächlicher Scheidung) nochmals enger, in dem nur noch jene Eltern hinzugezählt werden, die **bei allen vier Items jeweils ‚trifft sehr zu'** angegeben haben.

Dieser Gruppe der Eltern mit dem größtmöglichen im Fragebogen erfassten Konfliktniveau in der Zeit der Trennung bzw Scheidung sind nur noch etwa 14 % aller befragten Eltern zuzuordnen.

*Tabelle 163:* Verteilung der Obsorgeformen in der Höchstkonfliktgruppe *(Querprozente)*

| Höchstkonfliktgruppe:Alle Items in Tab [159] „sehr zutreffend" | **ObE** (n = 77) | **aO** (n = 86) | **Gesamt** (n = 163) |
|---|---|---|---|
| | 47,2% | 52,8% | 100% |

In diese Gruppe entfallen 12,4 % der Eltern mit ObE und 17,8 % der Eltern mit aO eines Elternteils. Dieser Unterschied zwischen den Obsorgegruppen ist signifikant, aber mit nur 5,4 Prozentpunkten sehr gering."[572]

#### 8.1.1.5 Erklärbarkeit der Obsorgeentscheidung durch das Konfliktniveau der Eltern vor der Scheidung

Die empirische Prüfung der Frage, inwiefern nicht die Obsorgeform selbst, sondern das Konfliktniveau der Eltern vor der Scheidung für die Unterschiede in den Entwicklungsbedingungen der Kinder in Nachscheidungsfamilien mit und ohne ObE verantwortlich ist, kann auch auf einem anderen Weg erfolgen, der gleichsam zur Kontrolle der bisherigen Ergebnisse begangen werden soll. Sollte es tatsächlich so sein, dass sich Eltern mit ObE von vornherein durch ein geringes Konfliktniveau auszeichnen (das sich dann auch weiterhin positiv auf die Kinder auswirkt), müsste ein einigermaßen bedeutungsvoller Zusammenhang zwischen der Intensität an Konflikten vor der Scheidung und der Obsorgeform bestehen und sich – denkt man noch einen Schritt weiter – die Obsorgeentscheidung aufgrund des Konfliktausmaßes eines Elternpaares mit einiger Sicherheit prognostizieren lassen.

Die Formulierung „einigermaßen" deutet darauf hin, dass es natürlich naiv wäre, anzunehmen, ein so komplexes Geschehen wie die Obsorgeentscheidung sei weitgehend auf einen einzigen Einflussfaktor zurückzuführen (in diesem Fall das Ausmaß der elterlichen Konflikte). An Verfahren, denen das Modell eines linearen Zusammenhangs zwischen Variablen zugrunde liegt, wie es bei der bivariaten Korrelation und der Diskriminanzanalyse der Fall ist, die im Folgenden durchgeführt werden sollen, dürfen daher keine zu großen Erwartungen gestellt werden, was ihre „Passung" an die realen Verhältnisse betrifft. Dennoch müssten (eben einigermaßen bedeutungsvolle) Zusammenhänge erkennbar werden.

Da keine Normalverteilung vorliegt (vgl den *Kolmogorov-Smirnov*-Anpassungstest in Tab 164) wird die Stärke des Zusammenhangs zwischen einer kombinierten Konfliktvariable („Ausmaß an Streit, Spannungen, Wut, Enttäuschung zwischen Trennungsabsicht und Scheidung") und der Obsorgeform mittels Spearmans-Rho berechnet. Es zeigt sich ein zwar signifikanter, aber nur sehr schwacher (linearer) Zusammenhang zwischen diesen beiden Variablen (r = 0,107**) (Tab 165).

572 *Barth-Richtarz/Figdor*, Was bringt die gemeinsame Obsorge? (2008) 57 f.

*Tabelle 164:* Konfliktniveau vor der Scheidung: Test auf Normalverteilung

**Kolmogorov-Smirnov-Anpassungstest**

| | | Komb. Konflikte vor Scheidung |
|---|---|---|
| N | | 469 |
| Parameter der Normalverteilung[a,b] | Mittelwert | 3,6087 |
| | Standardabweichung | 1,1388 |
| Extremste Differenzen | Absolut | ,123 |
| | Positiv | ,111 |
| | Negativ | -,123 |
| Kolmogorov-Smirnov-Z | | 2,657 |
| Asymptotische Signifikanz (2-seitig) | | ,000 |

a. Die zu testende Verteilung ist eine Normalverteilung.

b. Aus den Daten berechnet.

*Tabelle 165:* Zusammenhang zwischen dem Konfliktniveau vor der Scheidung (kombinierte Konfliktvariable: Ausmaß an Streit, Spannungen, Wut, Enttäuschung zwischen Trennungsabsicht und Scheidung) und der Obsorgeform

**Nichtparametrische Korrelationen**

| | | | Komb. Konflikte vor Scheidung | Obsorgeform |
|---|---|---|---|---|
| Spearman-Rho | Komb. Konflikte vor Scheidung | Korrelationskoeffizient | 1,000 | ,107** |
| | | Sig. (2-seitig) | . | ,001 |
| | | N | 1118 | 1038 |
| | Obsorgeform | Korrelationskoeffizient | ,107** | 1,000 |
| | | Sig. (2-seitig) | ,001 | . |
| | | N | 1038 | 1105 |

**. Korrelation ist auf dem Niveau von 0,01 signifikant (2-seitig).

Es besteht also ein signifikanter, aber nur sehr schwach ausgebildeter Zusammenhang zwischen dem Konfliktniveau der Eltern vor der Scheidung und der (dann wie auch immer zustande gekommenen) Obsorgeentscheidung.

Heißt das nun, dass sich die Obsorgeentscheidung aufgrund des Konfliktniveaus der Eltern bereits vorhersagen lässt? Diese Frage kann durch eine Diskriminanzanalyse, ein multivariates Auswertungsverfahren, beantwortet werden.

Die **Diskriminanzanalyse** ist ein Verfahren, mittels dessen eine nominal skalierte Variable (die Gruppenvariable) durch eine Mehrzahl von metrisch skalierten Variablen erklärt oder prognostiziert werden soll. In unserem Fall soll untersucht werden, wie gut sich die Obsorgeform durch Variablen, die Hinweise auf das Konfliktniveau der Eltern vor der Scheidung geben, prognostizieren lässt. Dazu wurde ein Modell gewählt, in das folgende Variablen eingegangen sind (dieses Modell hatte den größten Eigenwert):

Unabhängige Variablen:

- Trennungsabsicht bis Scheidung – Streit
- Trennungsabsicht bis Scheidung – Wut
- Trennungsabsicht bis Scheidung – Spannungen
- Trennungsabsicht bis Scheidung – Enttäuschung
- Trennungszeitpunkt – Wunsch, nichts mehr mit dem/der ExpartnerIn zu tun zu haben
- Trennungszeitpunkt – Enttäuschung von dem/der ExpartnerIn
- Trennungszeitpunkt – Wut auf den/die ExpartnerIn
- Trennungszeitpunkt – Gefühl der Verletzung und Kränkung
- Art der Scheidung (einvernehmlich – letztlich einvernehmlich – streitig)

Abhängige Variable:

- Obsorgeform (ObE – aO)

Entgegen den geforderten Anwendungskriterien weisen die unabhängigen Variablen nicht metrisches, sondern lediglich Ordinalskalenniveau auf, eine sogar Nominalskalenniveau. Dieser Umstand ist bei der Interpretation der Ergebnisse mit zu berücksichtigen. Da jedoch kein äquivalentes Verfahren zur Verfügung steht (und auch von anderen AutorInnen so vorgegangen wird[573]), soll das Verfahren trotz Verletzung der Voraussetzungen zur Anwendung kommen.

Zu welchen Ergebnissen kommt nun die Diskriminanzanalyse? Dazu betrachtet man zunächst den Eigenwert. Der Eigenwert ist eine Kennzahl dafür, wie „sauber" die Diskriminanzfunktion zwischen den verschiedenen Kategorien der abhängigen Variablen zu trennen in der Lage ist (er entspricht weitgehend dem F-Wert der Varianzanalyse). „Ein großer Eigenwert ergibt sich, wenn die Streuung zwischen den Gruppen im Verhältnis zur Streuung innerhalb der Grup-

573 Vgl *Brosius*, SPSS 12 (2004) 730.

pen sehr groß ist. Dies ist die von einer Diskriminanzanalyse angestrebte Situation. Wird dies erreicht, ist gewährleistet, dass sich die Funktionswerte der einzelnen Gruppen deutlich voneinander unterscheiden, während die Werte innerhalb einer Gruppe sehr ähnlich sind."[574]

Der Eigenwert von 0,085 gibt in diesem Fall (Tab 166) an, dass die Streuung zwischen den Obsorgegruppen etwa das 0,09-Fache der Streuung innerhalb der Obsorgegruppen beträgt. Die Tatsache, dass überhaupt eine Streuung zwischen den Obsorgegruppen vorliegt, deutet – nach *Brosius* – darauf hin, dass das zugrunde liegende Modell durchaus einen gewissen Erklärungswert besitzt. Der allerdings sehr geringe Eigenwert lässt jedoch vermuten, dass die Trennschärfe des Modells sehr begrenzt ist.[575]

Der kanonische Korrelationskoeffizient (Tab 166) misst die Strenge des Zusammenhangs zwischen den Funktionswerten der Diskriminanzfunktion und den Gruppen der abhängigen Variablen. (Für den Fall von lediglich zwei Gruppen ist dieser Wert mit Pearsons Korrelationskoeffizient identisch.) Je größer der kanonische Korrelationskoeffizient ist, desto größer ist die Streuung zwischen den Gruppen im Verhältnis zur Streuung innerhalb der Gruppen. Er misst den Anteil der Streuung zwischen den Gruppen an der Gesamtstreuung. Ein hoher kanonischer Korrelationskoeffizient weist auf eine gute Trennung zwischen den Gruppen und damit auf einen hohen Erklärungsgehalt des Modells hin.[576] Im vorliegenden Fall liegt der kanonische Korrelationskoeffizient jedoch lediglich bei 0,28:

*Tabelle 166:* Diskriminanzanalyse: Lässt sich die Obsorgeform aufgrund des Konfliktniveaus der Eltern vor der Scheidung prognostizieren?

**Eigenwerte**

| Funktion | Eigenwert | % der Varianz | Kumulierte % | Kanonische Korrelation |
|---|---|---|---|---|
| 1 | ,085[a] | 100,0 | 100,0 | ,280 |

a. Die ersten 1 kanonischen Diskriminanzfunktionen werden in dieser Analyse verwendet.

Auch Wilks\` Lambda (Tab 167) ist ein Maß für die Güte des Modells, dieser Wert ist redundant mit dem kanonischen Korrelationskoeffizient (Wilks\` Lambda = 1-kanonischer Korrelationskoeffizient²).

574 *Brosius*, SPSS 12 (2004) 738.
575 *Brosius*, SPSS 12 (2004) 738.
576 *Brosius*, SPSS 12 (2004) 739.

Der $Chi^2$-Test (Tab 167) prüft die Hypothese, in der Grundgesamtheit bestehe kein Unterschied zwischen den durchschnittlichen Funktionswerten in den einzelnen Fall(=Obsorge)gruppen. Diese Hypothese kann – wie das Ergebnis zeigt – zurückgewiesen werden. Man kann daraus jedoch lediglich schließen, dass das gesamte Modell der Diskriminanzanalyse nicht vollkommen ungeeignet zur Erklärung der abhängigen Variablen, nämlich der Obsorgeform, ist. Ein umfassender Eindruck von der Güte des Modells lässt sich hingegen nur aus der Gesamtheit der betrachteten Kennzahlen gewinnen.[577]

*Tabelle 167:* Diskriminanzanalyse: Lässt sich die Obsorgeform aufgrund des Konfliktniveaus der Eltern vor der Scheidung prognostizieren?

**Wilks' Lambda**

| Test der Funktion(en) | Wilks-Lambda | Chi-Quadrat | df | Signifikanz |
|---|---|---|---|---|
| 1 | ,921 | 79,373 | 9 | ,000 |

Dass die abhängige Variable, nämlich die Obsorgeform durch die im Modell beinhalteten unabhängigen (Konflikt-)Variablen trotz des signifikanten $Chi^2$-Tests nicht besonders gut erklärt wird, zeigt sich in der folgenden Tabelle (Tab 168). Die Tabelle der Klassifizierungsergebnisse stellt dar, in welchem Ausmaß die Obsorgeform jeweils aufgrund des Modells richtig oder falsch „geschätzt“ (oder klassifiziert) wurde, also die Treffsicherheit der Zuordnung zu den Gruppen ObE und aO:

Im oberen Tabellenbereich (Anzahl) ist zu erkennen, dass 561 Personen mit ObE und 416 Personen der Gruppe aO in die Analyse eingegangen sind (letzte Spalte). Von den 561 Personen der Gruppe ObE wurden 492 (87,7 %) von der Diskriminanzanalyse auch tatsächlich als solche klassifiziert. 69 Eltern mit ObE wurden hingegen fälschlicherweise als Eltern der Gruppe aO eingeordnet.

Während dieses Modell also für die Zuordnung der befragten Personen zur Gruppe ObE relativ gut geeignet erscheint (Fehlerquote von nur 12,3 %), ist die Fehlerquote, wenn es darum geht, aufgrund des Modells (also bestimmter Konfliktvariablen) Eltern der Gruppe aO zuzuordnen, katastrophal: Für nicht einmal ein Drittel der Eltern der Gruppe aO (31,3 %) wurde auch tatsächlich die Gruppe „aO“ vorhergesagt. Fast 70 % der Eltern mit aO wurden fälschlicherweise ebenfalls als Eltern mit ObE klassifiziert. Das zeigt, dass die Konfliktvariablen vor der Scheidung zwar einen statistisch erkennbaren, aber dennoch nur einen sehr geringen Erklärungswert für das Zustandekommen der ObE bzw aO haben.

577 *Brosius*, SPSS 12 (2004) 740.

*Tabelle 168:* Diskriminanzanalyse: Lässt sich die Obsorgeform aufgrund des Konfliktniveaus der Eltern vor der Scheidung prognostizieren?

**Klassifizierungsergebnisse** [a]

| | | | Vorhergesagte Gruppenzugehörigkeit | | |
|---|---|---|---|---|---|
| | | Obsorgeform | ObE | aO | Gesamt |
| Original | Anzahl | ObE | 492 | 69 | 561 |
| | | aO | 286 | 130 | 416 |
| | | Ungruppierte Fälle | 52 | 23 | 75 |
| | % | ObE | 87,7 | 12,3 | 100,0 |
| | | aO | 68,8 | 31,3 | 100,0 |
| | | Ungruppierte Fälle | 69,3 | 30,7 | 100,0 |

a. 63,7% der ursprünglich gruppierten Fälle wurden korrekt klassifiziert.

Was die bewusste Entscheidung der Eltern für die ObE betrifft, zeigte sich im Rahmen der Evaluationsstudie, dass für die Eltern in erster Linie pädagogische Überlegungen eine Rolle spielen. Sowohl für Mütter als auch für Väter ist der wichtigste Grund für den Wunsch nach Beibehaltung der ObE, „weil Mutter und Vater trotz Scheidung gemeinsam für ihre Kinder verantwortlich bleiben sollen", dicht gefolgt von „weil der Kontakt zu beiden Elternteilen dem Kindeswohl entspricht".[578]

Die Hypothese, dass die ObE in vielen Fällen nicht freiwillig, sondern aufgrund massiven Drucks eines Elternteils zustande kommt – dies wäre va bei Eltern mit einem hohen Konfliktniveau zu vermuten –, hat sich hingegen nicht bestätigt.[579]

*Resümee*

Dieses Kapitel war der Frage gewidmet, ob sich Eltern mit ObE im Hinblick auf ihr Konfliktniveau vor der Scheidung so weit von Eltern mit aO unterscheiden, dass angenommen werden muss, dass sich das Modell der ObE weitgehend auf jene Eltern beschränkt, deren Beziehung sich trotz Scheidung durch ein geringes Konfliktniveau und daher größere Kommunikations- und Kooperationsbereit-

578 Zu den von den Eltern angegeben Gründen für den Wunsch nach ObE bzw aO siehe ausführlich in *Barth-Richtarz/Figdor*, Was bringt die gemeinsame Obsorge? (2008) 100–112.

579 Siehe dazu ausführlich in *Barth-Richtarz/Figdor*, Was bringt die gemeinsame Obsorge? (2008) 60–67.

schaft auszeichnet. Wäre diese Frage mit „Ja“ zu beantworten, läge es nahe, die erhobenen Unterschiede zwischen den Obsorgegruppen, was die Milderung des Konfliktklimas bzw die Fortsetzung der Beziehung der Kinder zum getrennt lebenden Elternteil betrifft, nicht als eine Folge der Obsorgeform, sondern als die Folge des von vornherein geringen Konfliktniveaus zwischen den Eltern zu betrachten. Die erhobenen Befunde zeigen Folgendes:

1. Es gibt einen Unterschied zwischen Eltern mit ObE und Eltern mit aO in Bezug auf die Einvernehmlichkeit der Scheidung: Der Anteil der einvernehmlichen Scheidungen ist bei den Eltern mit ObE signifikant höher. Die weiteren Operationalisierungen, nämlich das Scheidungserleben sowie das subjektiv empfundene Ausmaß an Konflikten zwischen den Eltern vor der Scheidung, ergeben hingegen ein differenziertes Bild:

In Bezug auf ihre Gefühle dem bzw der ExpartnerIn gegenüber zum Trennungszeitpunkt geben die Alleinobsorgeberechtigten signifikant größere Enttäuschung, Wut, Verletzung und Kränkung und signifikant häufiger als Hauptbetreuenden mit ObE den Wunsch an, mit dem Expartner nichts mehr zu tun zu haben. Die Angaben der getrennt lebenden Elternteile der beiden Obsorgegruppen unterscheiden sich in all diesen Punkten aber nicht.

Dasselbe gilt für die Heftigkeit des Streits: Während die Alleinobsorgeberechtigten den Streit mit ihrem Expartner signifikant heftiger einschätzen als die Hauptbetreuenden mit ObE, schätzen die getrennt lebenden Elternteile mit und ohne ObE die Heftigkeit des Streits mit ihren Expartnerinnen gleich hoch ein.

Es bestätigt sich nicht, dass die Scheidung bei Eltern mit ObE häufiger ein von beiden gemeinsam initiierter Entschluss war. Es lassen sich teilweise Unterschiede zwischen den Obsorgegruppen im Hinblick auf die verschiedenen Konfliktvariablen ausmachen, aber dort, wo Diskrepanzen zwischen den Angaben der Eltern mit ObE und Eltern mit aO erkennbar sind, treten diese numerisch nicht besonders stark zu Tage.

2. Für den zweiten Teil der Hypothese zeigt die deskriptive Analyse klar, dass sich das Modell der ObE keinesfalls nur auf Eltern mit einem niedrigen Konfliktniveau vor der Scheidung beschränkt:

Fast 80 % der Eltern mit ObE beurteilen den Scheidungsentschluss als keinen gemeinsam getragenen, sondern als einen von einem Elternteil initiierten Prozess. Etwa 75 % der Eltern mit ObE geben an, dass sie zum Trennungszeitpunkt sehr enttäuscht vom Exmann bzw von der Exfrau waren. Über 50 % von ihnen waren sehr wütend, fast 70 % fühlten sich sehr verletzt und gekränkt und fast 45 % der Eltern mit ObE hatten den starken Wunsch, mit dem Exmann bzw der Exfrau nichts mehr zu tun zu haben. Etwa 40 % der Eltern mit ObE teilen mit, dass sie im Zeitraum zwischen dem Trennungsentschluss und der tatsächlichen Scheidung eher oder sehr heftigen Streit miteinander hatten, etwa 70 % der

Eltern mit ObE erlebten eher/sehr große Spannungen, etwa 50 % eher/sehr große Wut und etwa 70 % eher/sehr große Enttäuschung über den Expartner bzw die Expartnerin.

Auch in jenen Fällen, in denen die Scheidung erst nach Einleitung eines streitigen Verfahrens einvernehmlich geschieden wird, hat die ObE einen verhältnismäßig hohen Anteil von 42 %. Und Eltern mit ObE finden sich auch in sogenannten „Hochkonfliktgruppen" wieder.

Schließlich zeigt sich ein zwar signifikanter, aber nur sehr schwacher (linearer) Zusammenhang zwischen einer kombinierten Konfliktvariable („Ausmaß an Streit, Spannungen, Wut, Enttäuschung zwischen Trennungsabsicht und Scheidung") und der Obsorgeform, und die Obsorgeentscheidung lässt sich aufgrund des Konfliktniveaus der Eltern vor der Scheidung nicht einigermaßen sicher vorhersagen.

„Dieses für in Scheidung befindliche Eltern, insbesondere aber auch für diejenigen, die diese Eltern beraten, wichtige Ergebnis, dass die ObE nicht nur für relativ konfliktarme Scheidungsfamilien in Frage kommt, sondern auch angesichts durchaus heftiger Konflikte und emotionaler Verstrickungen in Erwägung gezogen wird, wird von der Studie *Prokschs* gestützt:

Auch *Proksch* kommt zu dem Ergebnis, dass ein Rückschluss vom Streitverhalten vor der Trennung bzw Scheidung auf die Regelung der elterlichen Sorge nicht möglich sei.[580]

Angesichts der unterschiedlichen Rechtslagen in Österreich und Deutschland (in Österreich kann die ObE nach der Scheidung nicht fortgesetzt werden, wenn ein Elternteil dies nicht möchte, sondern nur, wenn beide Elternteile zustimmen, in Deutschland muss der Elternteil, der die Alleinsorge anstrebt beweisen, dass das alleinige Sorgerecht dem Kindeswohl besser entspricht) ist das in der österreichischen Evaluationsstudie erhobene Ergebnis bezüglich des Konfliktverhaltens der Eltern mit ObE vor der Scheidung noch wesentlich beeindruckender: Diese Eltern

580 *Proksch*, Reform des Kindschaftsrechts (2002) 100. Auch Studien aus dem angloamerikanischen Raum gehen in diese Richtung: *Shiller* fand keine Unterschiede zwischen Eltern mit gemeinsamem elterlichen Sorgerecht und mit alleinigem Sorgerecht hinsichtlich der Einvernehmlichkeit bei der Übernahme der Sorgerechtsregelung oder im Konfliktniveau vor der Scheidung. In beiden Gruppen reichte der Grad der Feindseligkeit zwischen den getrennten Elternteilen von großer Bitterkeit bis zum freundlichen Umgangston (*Shiller*, Joint Versus Maternal Custody for Families with Latency Age Boys, American Journal of Orthopsychiatry 56 [3] [1986] 486–489, zitiert nach *Fthenakis/Kunze/Gabriel/Oberndorfer*, Gemeinsame elterliche Sorge [1990] 20). *Irving* und *Trocme* berichten, dass die Mehrheit der von ihnen befragten geschiedenen Eltern mit gemeinsamem Sorgerecht während des Scheidungsprozesses starke Konflikte miteinander hatten (*Irving/Benjamin/Trocme*, Shared parenting [1984], zitiert nach *Fthenakis/Kunze/Gabriel/Oberndorfer*, Gemeinsame elterliche Sorge [1990] 23).

hätten sich ja nicht für die ObE entscheiden müssen, sondern – angesichts der Heftigkeit ihrer Konflikte – die aO eines Elternteils wählen können.“[581]

Welche **Gründe** Eltern dennoch bewegen, sich **für das Modell der ObE** zu entscheiden, wurde im Rahmen der Evaluationsstudie ebenfalls erhoben. Das wichtigste Ergebnis war dabei, dass in erster Linie pädagogische Erwägungen den Ausschlag geben, nämlich zuallererst der Wunsch, dass Mutter und Vater trotz Scheidung gemeinsam für ihre Kinder verantwortlich bleiben sollen. Der zweitwichtigste Grund, die ObE beizubehalten, besteht für die befragten Eltern in der Ermöglichung des Kontakts des Kindes zu beiden Elternteilen im Rahmen der ObE. Dies entspreche, so die befragten Eltern, nämlich dem Wohl des Kindes.[582]

### *8.1.2 Soziodemografische bzw personengebundene Merkmale*

**Hypothese 2.2:**

Eltern, die sich für das Modell der ObE entscheiden, unterscheiden sich hinsichtlich bestimmter anderer, nämlich soziodemografischer Faktoren bzw personengebundener Merkmale so weit von den Eltern der Gruppe aO, dass die ObE als „Sonderphänomen“ ausgewählter Elterngruppen betrachtet werden muss. Daraus folgt:

H1.2.2: Eltern mit ObE unterscheiden sich von Eltern der Gruppe aO hinsichtlich bestimmter soziodemografischer Faktoren bzw personengebundener Merkmale *(ungerichtete Alternativhypothese)*.

Die entsprechende *Nullhypothese* lautet:

H0.2.2: Eltern mit ObE unterscheiden sich nicht wesentlich hinsichtlich bestimmter soziodemografischer Faktoren bzw personengebundener Merkmale von Eltern der Gruppe aO.

Neben dieser Unterschiedshypothese ist zweitens deskriptiv zu untersuchen, ob das Modell der ObE daher als „Sonderphänomen“ ausgewählter Elterngruppen betrachtet werden muss.

**Die Alternativhypothese (H1.2.2) wird durch die vorliegenden Daten teilweise bestätigt.**
**Für den zweiten Teil zeigt die deskriptive Analyse aber klar, dass das Modell der ObE kein „Sonderphänomen“ ausgewählter Elterngruppen ist.**

---

581 *Barth-Richtarz/Figdor*, Was bringt die gemeinsame Obsorge? (2008) 59 f.

582 Vgl dazu ausführlich: *Barth-Richtarz/Figdor*, Was bringt die gemeinsame Obsorge? (2008) 100–112.

Die Analyse der erhobenen soziodemographischen bzw personengebundenen Merkmale erfolgte bereits ausführlich an anderer Stelle.[583] Das Ergebnis soll hier nur zusammenfassend dargestellt werden (lediglich die weiterführenden Berechnungen befinden sich im Anhang):

Es zeigen sich leichte Unterschiede in der soziodemografischen Struktur der Eltern mit ObE bzw mit aO eines Elternteils:

- In der Gruppe der Eltern mit ObE ist der Anteil derjenigen Eltern, die nicht in Österreich geboren sind, geringfügig (aber nicht signifikant) niedriger als in der Gruppe der Eltern mit aO.
- Eltern mit ObE wohnen tendenziell seltener in Dörfern bis maximal 2000 Einwohnern, aber auch dieser Unterschied ist nicht signifikant.
- Die ObE ist in den Bildungskategorien „kein Abschluss", „Pflichtschule", „Lehre" und tendenziell auch in der Kategorie „berufsbildende mittlere Schule" unterrepräsentiert und in den Kategorien „berufsbildenden/allgemeinbildende höhere Schule" bzw „(Fach-)Hochschule, Universität und Akademie" überrepräsentiert; wobei in der letztgenannten Kategorie va die getrennt lebenden Elternteile überrepräsentiert sind. Insgesamt ist das Ausbildungsniveau bei Eltern mit ObE – wie der U-Test zeigt – signifikant höher als jenes der Eltern der Gruppe aO (Tab A13 im Anhang).
- In der Gruppe der ungelernten/angelernten ArbeiterInnen, der gelernten ArbeiterInnen/FacharbeiterInnen und in der Gruppe der WerkvertragsnehmerInnen und freien MitarbeiterInnen ist die ObE tendenziell unterrepräsentiert. In der Gruppe der Angestellten und BeamtInnen in nicht leitenden Positionen und insb in Leitungspositionen ist die ObE tendenziell überrepräsentiert. Es ist jedoch nur der Unterschied in der Gruppe der ungelernten/angelernten ArbeiterInnen signifikant (Tab A14 im Anhang).
- In der Einkommensklasse bis 800 Euro ist die ObE (leicht) unterrepräsentiert, in der Einkommensstufe 1501 bis 2500 Euro dafür etwas überrepräsentiert. Bei der aO der Mutter ist es genau umgekehrt. Insgesamt ist das Haushaltseinkommen der Eltern mit ObE tendenziell, wie der U-Test aber zeigt, nicht signifikant höher als jenes der Eltern der Gruppe aO (Tab A13 im Anhang).
- Eltern mit ObE sind signifikant, aber numerisch nicht bedeutsam, länger verheiratet gewesen als Eltern der Gruppe aO.
- Die ObE ist tendenziell bei denjenigen Eltern, die sich erst nach der Scheidung getrennt haben bzw bis zum Ausfüllen des Fragebogens noch nicht getrennt lebten, überrepräsentiert und bei den längeren Trennungszeiten eher

583 *Barth-Richtarz/Figdor*, Was bringt die gemeinsame Obsorge? (2008) 90–97.

unterrepräsentiert. Allerdings unterscheiden sich die durchschnittliche Trennungsdauer von Eltern mit aO und ObE nicht signifikant.
- Bezüglich des Alters der Eltern zeigt sich zwischen Eltern mit ObE und aO kein signifikanter Unterschied (TabA15 im Anhang).
- Allerdings haben Eltern mit ObE signifikant weniger Kinder unter drei Jahren, dafür signifikant mehr Kinder zwischen elf und 13 Jahren (Tab A16 im Anhang).

Aus diesen Ergebnissen kann zunächst als geklärt gelten, dass die ObE kein „Sonderphänomen" ausgewählter Elterngruppen ist. Die Befragten der Gruppen aO und ObE unterscheiden sich in diesen (und weiteren erhobenen Merkmalen) nicht wesentlich voneinander. Signifikante Unterschiede zeigen sich lediglich beim Ausbildungsniveau, bei einer Berufskategorie, der Ehedauer sowie dem Alter der Kinder.

Schließt man Auswirkungen der Ehedauer auf das Konfliktklima nach der Scheidung bzw das Ausmaß an Kontakten der Kinder zum getrennt lebenden Elternteil aus und vernachlässigt man auch den Unterschied in der Häufigkeit der „ungelernten/angelernten ArbeiterInnen", bleibt der Unterschied im Ausbildungsniveau sowie dem Alter der Kinder.

Ein unmittelbarer Einfluss des Ausbildungsniveaus ist ebenso wenig plausibel. Allerdings sind zwei mögliche Varianten denkbar: Zum einen könnte ein Zusammenhang zwischen dem Bildungsstand und dem Zugang zu Information über die ObE bestehen, und dies könnte die Wahl der ObE positiv beeinflussen.[584] Im anderen Fall könnte der Bildungsstand mit bestimmten pädagogischen Haltungen und Einstellungen (etwa was die Beteiligung beider Eltern an der Betreuung und Versorgung der Kinder betrifft) in Zusammenhang stehen.

Was diese Ergebnisse auch zeigen, ist, dass das Alter der Kinder bei der Beurteilung der Rolle der ObE für die eine wesentliche Entwicklungsbedingung, nämlich die Intensität, in der die Beziehung zum getrennt lebenden Elternteil aufrechterhalten werden kann, zu berücksichtigen ist. Beiden „Spuren" soll im Folgenden nachgegangen werden.

584 Tatsächlich zeigte sich, dass etwa 20 % der Eltern mit aO eines Elternteils (bzw über 30 % der nicht obsorgeberechtigten Elternteile) zum Zeitpunkt der Obsorgeentscheidung keine Kenntnis von der Möglichkeit der ObE nach der Scheidung hatten und Fehlinformationen über die ObE bei Eltern mit aO eines Elternteils in einem höheren Ausmaß vertreten sind. Es kann daher vermutet werden, dass der mangelhafte Informationsstand dieser Eltern auch einen Einfluss auf ihre Obsorgeentscheidung hatte. Siehe ausführlich dazu *Barth-Richtarz/Figdor*, Was bringt die gemeinsame Obsorge? (2008) 74–84.

## 8.2 Zur Bedeutung verschiedener Einflussfaktoren auf die Konfliktsituation der Eltern in der Nachscheidungsfamilie

Zur Bedeutung verschiedener Einflussfaktoren auf die Konfliktsituation der Eltern in der Nachscheidungsfamilie können bisher folgende Ergebnisse festgehalten werden: Eltern mit ObE haben in der Nachscheidungszeit signifikant weniger Konflikte über den hauptsächlichen Aufenthalt der Kinder, über Besuchskontakte, den Kindes- bzw Ehegattenunterhalt, über Angelegenheiten, die schon Ursache der Trennung waren, sowie generell weniger das Gefühl der Beeinträchtigung des Familienklimas durch den anderen Elternteil als Eltern mit aO eines Elternteils.

Eltern mit ObE geben signifikant häufiger als Eltern mit aO eines Elternteils an, dass sich ihr Beziehungsklima seit der Trennung bis zum Untersuchungszeitpunkt entspannt hat.

Was das Konfliktniveau der Eltern vor der Scheidung betrifft, ist der Anteil der einvernehmlichen Scheidungen bei den Eltern mit ObE signifikant höher. Die Angaben von Eltern der Gruppe ObE und aO zum Scheidungserleben sowie zum subjektiv empfundenen Ausmaß an Konflikten zwischen den Eltern vor der Scheidung differieren hingegen nur teilweise. Es wird klar ersichtlich, dass sich das Modell der ObE keinesfalls nur auf Eltern mit einem niedrigen Konfliktniveau vor der Scheidung beschränkt.

Somit scheint das Konfliktniveau vor der Scheidung das Konfliktklima der Eltern nach der Scheidung nicht vollständig erklären zu können, und die Hypothese, die Milderung des Konfliktklimas der Eltern mit ObE sei tatsächlich *auch* eine Folge der ObE, wird durch die bisherigen Ergebnisse nicht widerlegt.

Die folgenden Analysen sollen nun das Verhältnis zwischen den Faktoren „Obsorgeform", „Konfliktniveau vor der Scheidung" und „Konfliktniveau nach der Scheidung" erhellen. Dabei werde ich konkret der Frage nachgehen, ob die ObE tatsächlich einen (eigenständigen) Beitrag zur Minderung der elterlichen Konflikte nach der Scheidung leistet oder ob sich dieser Einfluss als ein vermeintlicher herausstellt, sobald man das Konfliktniveau der Eltern vor der Scheidung ins Kalkül zieht.

Dazu sollen zunächst einige wichtige Ergebnisse zur Konfliktminderung nochmals anhand einer parallelisierten Stichprobe überprüft werden. Im zweiten Schritt werde ich einige kovarianzanalytische Berechnungen durchführen.

### *8.2.1 Auswertungen an parallelisierten Stichproben*

Parallelisierung der Stichprobe bedeutet, dass nur Eltern beider Obsorgegruppen mit vergleichbarem Konfliktniveau vor der Scheidung für die statistische Berechnung ausgewählt werden. Damit wird der mögliche Einfluss des Konfliktniveaus vor der Scheidung konstant gehalten, und es kann untersucht werden, ob sich dennoch – wie bei der Gesamtuntersuchungsgruppe – eine signifikant deutlichere Verbesserung des Konfliktklimas bei Eltern der Gruppe ObE bis zum Untersuchungszeitpunkt (also neun bis elf Monate nach der Scheidung) zeigt.[585]

Dazu werden zunächst nur die Angaben jener Eltern verwendet, die sich durch ein **niedriges bis mittleres Konfliktniveau** auszeichnen. Diese Eltern haben ihre Konflikte (Streit, Spannungen, Wut, Enttäuschung) vor der Scheidung auf einer fünfstufigen Skala mit höchstens „3" eingeschätzt. Dieser Definition entsprechen nur 105 Eltern der Gruppe ObE und 70 Eltern der Gruppe aO. Es handelt sich also um eine Gruppe am unteren Rand der Konfliktverteilung.

Wie der U-Test in der folgenden Tabelle (Tab 169) bestätigt, zeigt sich kein signifikanter Unterschied (mehr) zwischen den Angaben der Eltern mit ObE und aO, was die Veränderung ihres Beziehungsklimas betrifft. Das bedeutet, dass der (signifikante) Unterschied zwischen der Veränderung des Beziehungsklimas von Eltern mit ObE und aO bei jenen Eltern „verschwindet", die sich von vornherein durch ein eher niedriges Konfliktniveau auszeichnen.

*Tabelle 169:* Veränderung des Beziehungsklimas von Eltern mit niedrigem bis mittlerem Konfliktniveau vor der Scheidung *(Höhere mittlere Ränge bedeuten hier eine weniger starke Verbesserung des Beziehungsklimas.)*

**U-Test nach Mann-Whitney**

| | Obsorge - form | Mittlerer Rang | Sign. (eins.) | |
|---|---|---|---|---|
| Veränderung des Klimas zwischen Expartner/innen seit Trennung | ObE | 87,80 | ,474 | ns |
| | aO | 88,29 | | |

In der nächsten Tabelle sind die Häufigkeiten dargestellt, also von wie vielen Eltern mit eher niedrigem Konfliktniveau vor der Scheidung jeweils angegeben wurde, dass sich ihr Beziehungsklima bis zum Untersuchungszeitpunkt entspannt, nicht verändert oder verschlechtert hat. Dabei zeigt sich eine sehr ähnliche Verteilung der Antworten der Eltern beider Obsorgegruppen (Tab 170).

585 Vgl dazu *Bortz/Döhring*, Forschungsmethoden und Evaluation (2003) 527.

*Tabelle 170:* Veränderung des Beziehungsklimas von Eltern mit niedrigem bis mittlerem Konfliktniveau vor der Scheidung

| **Klima hat sich...** | **ObE** (n = 105) | **aO** (n = 70) | **Gesamt** (n = 175) |
|---|---|---|---|
| sehr entspannt | 36,2% | 37,1% | 36,6% |
| etwas entspannt | 22,9% | 24,3% | 23,4% |
| **Summe (sehr + etwas entspannt):** | **59,1%** | **61,4%** | **60,0%** |
| | | | |
| nicht verändert | 26,7% | 20,0% | 24,0% |
| | | | |
| etwas verschlechtert | 9,5% | 8,6% | 9,1% |
| sehr verschlechtert | 4,8% | 10,0% | 6,9% |
| **Summe (etwas + sehr verschlechtert):** | **14,3%** | **18,6%** | **16,0%** |

Betrachtet man nun jene Eltern, die ihre **Konflikte vor der Scheidung** auf der fünfstufigen Skala **mittel bis hoch** einschätzen (mindestens „3"), so umfasst diese Gruppe etwa dreimal so viele Befragte, nämlich 303 Eltern der Gruppe ObE und 264 Eltern der Gruppe aO. Vergleicht man wieder die Angaben der Eltern beider Obsorgegruppen hinsichtlich der Veränderung ihres Beziehungsklimas bis zum Untersuchungszeitpunkt, zeigt der U-Test diesmal jedoch einen signifikanten Unterschied, und zwar in dem Sinne, dass Eltern mit ObE eine stärkere Verbesserung ihres Beziehungsklimas erleben als Eltern der Gruppe aO (Tab 171).

*Tabelle 171:* Veränderung des Beziehungsklimas von Eltern mit mittlerem bis hohem Konfliktniveau vor der Scheidung *(Höhere mittlere Ränge bedeuten hier eine weniger starke Verbesserung des Beziehungsklimas.)*

**U-Test nach Mann-Whitney**

| | **Obsorge - form** | **Mittlerer Rang** | **Sign. (eins.)** | |
|---|---|---|---|---|
| Veränderung des Klimas zwischen Expartner/innen seit Trennung | ObE | 263,62 | ,001 | s |
| | aO | 307,40 | | |

Eltern mit ObE mit mittlerem bis hohem Konfliktniveau vor der Scheidung geben – wie die folgende Häufigkeitsverteilung (Tab 172) zeigt – nun deutlich häufiger als Eltern mit aO eines Elternteils an, dass sich ihr Beziehungsklima bis zum Untersuchungszeitpunkt entspannte:

*Tabelle 172:* Veränderung des Beziehungsklimas von Eltern mit mittlerem bis hohem Konfliktniveau vor der Scheidung

| **Klima hat sich…** | **ObE** (n = 303) | **aO** (n = 264) | **Gesamt** (n = 567) |
|---|---|---|---|
| sehr entspannt | 29,0% | 17,0% | 23,5% |
| etwas entspannt | 32,0% | 33,0% | 32,5% |
| **Summe (sehr + etwas entspannt):** | **61,0%** | **50,0%** | **56,0%** |
| | | | |
| nicht verändert | 19,5% | 26,1% | 22,6% |
| | | | |
| etwas verschlechtert | 8,3% | 6,4% | 7,4% |
| sehr verschlechtert | 11,2% | 17,4% | 14,1% |
| **Summe (etwas + sehr verschlechtert)** | **19,5%** | **23,8%** | **21,5%** |

Schließlich soll noch die Gruppe am „oberen" Rand der Verteilung, also mit dem höchsten Konfliktniveau untersucht werden. Dazu werden nur jene Eltern ausgewählt, die bei allen Items jeweils „5", also die höchste Ausprägung, angekreuzt haben. In diese Gruppe fallen 75 Eltern mit ObE und 83 Eltern mit aO eines Elternteils.

Wie bei der Gruppe am „unteren Rand" der (Konflikt-)Verteilung zeigt der U-Test bei den Eltern mit hohem Konfliktniveau vor der Scheidung keinen signifikanten Unterschied (mehr) zwischen den Angaben der Eltern mit ObE und aO, was die Veränderung ihres Beziehungsklimas betrifft (Tab 173).

*Tabelle 173:* Veränderung des Beziehungsklimas von Eltern mit sehr hohem Konfliktniveau vor der Scheidung *(Höhere mittlere Ränge bedeuten hier eine weniger starke Verbesserung des Beziehungsklimas.)*

**U-Test nach Mann-Whitney**

| | Obsorge - form | Mittlerer Rang | Sign. (eins.) | |
|---|---|---|---|---|
| Veränderung des Klimas zwischen Expartner/innen seit Trennung | ObE | 80,05 | ,442 | ns |
| | aO | 79,01 | | |

Auch die Häufigkeitstabelle (Tab 174) zeigt wieder eine sehr ähnliche Verteilung der Antworten der Eltern beider Obsorgegruppen:

*Tabelle 174:* Veränderung des Beziehungsklimas von Eltern mit sehr hohem Konfliktniveau vor der Scheidung

| **Klima hat sich…** | **ObE** (n = 75) | **aO** (n = 83) | **Gesamt** (n = 158) |
|---|---|---|---|
| sehr entspannt | 18,7% | 14,5% | 16,5% |
| etwas entspannt | 25,3% | 33,7% | 29,7% |
| **Summe (sehr + etwas entspannt):** | **44,0%** | **48,2%** | **46,2%** |
| | | | |
| nicht verändert | 25,3% | 26,5% | 25,9% |
| | | | |
| etwas verschlechtert | 10,7% | 2,4% | 6,3% |
| sehr verschlechtert | 20,0% | 22,9% | 14,1% |
| **Summe (etwas + sehr verschlechtert)** | **30,7%** | **25,3%** | **20,4%** |

Somit lässt sich sagen, dass bei den Eltern mit mittlerem bis hohem Konfliktniveau vor der Scheidung (das ist die zahlenmäßig größte Gruppe) ein signifikanter Unterschied zwischen Eltern mit ObE und aO in Bezug auf die Veränderung des Beziehungsklimas bis zum Untersuchungszeitpunkt zu beobachten ist, während dieser Unterschied am „unteren" und „oberen" Rand der Konfliktverteilung, also bei den Eltern mit niedrigem bis mittlerem bzw hohem Konfliktniveau, „verschwindet".

### *8.2.2 Kovarianzanalytische Auswertungen*

Die Varianzanalyse ist ein Verfahren, das die Wirkung einer (oder mehrerer) unabhängiger Variablen (= Faktoren) auf eine (oder mehrere) abhängige Variablen untersucht. Die Kovarianzanalyse ist eine Erweiterung der Varianzanalyse, bei der zusätzlich zu den nominalen Faktoren metrisch skalierte unabhängige, also erklärende Variablen (= Kovariaten) einbezogen werden, und zwar mit dem Ziel, deren Einfluss auf die abhängige Variable rechnerisch zu bereinigen.[586]

Im vorliegenden Fall soll untersucht werden, ob ein signifikanter Einfluss der Obsorgeform auf das Konfliktniveau der Eltern nach der Scheidung nachweisbar ist, wenn der mögliche Einfluss anderer Faktoren (Kovariaten) mitberücksichtigt wird. Dies ist somit ein weiterer Versuch, empirische Hinweise auf die Frage zu erhalten, ob die Obsorgeform selbst eine unabhängige Variable darstellt und somit die Entwicklungsbedingungen der Kinder in der Nachscheidungsfamilie – neben anderen Faktoren – mit beeinflusst.

Als Operationalisierungen der elterlichen (Konflikt-)Beziehung nach der Scheidung werden wieder verschiedene Variablen herangezogen, und zwar erstens die Angaben der Eltern zum Ausmaß an Konflikten im Zusammenhang mit den Kontakten der Kinder zum getrennt lebenden Elternteil („Besuchskontakte"), da dies jenen Bereich der Gestaltung der Nachscheidungsfamilie darstellt, der am häufigsten mit Konflikten zwischen den Eltern belastet ist. Zweitens werden die Auswirkungen auf die Veränderung des Beziehungsklimas zwischen den ExehepartnerInnen betrachtet.

Vorausgeschickt werden muss jedoch, dass die Voraussetzungen für die korrekte Anwendung der Kovarianzanalyse (metrisches Skalenniveau der abhängigen Variable sowie der Kovariaten, Normalverteilung, Gleichheit der Varianzen) schon aufgrund des Skalenniveaus der Daten genau genommen nicht gegeben sind. Dennoch erweist sich dieses Auswertungsverfahren als das geeignetste. Außerdem erfolgt eine Überprüfung der Ergebnisse ja auch auf anderem Wege (parallelisierte Stichproben).

Die erste Kovarianzanalyse (Tab 175) berechnet den **Einfluss der Obsorgeform auf das Ausmaß an Konflikten rund um die Besuchskontakte** unter zusätzlicher Berücksichtigung des Konfliktniveaus der Eltern vor der Scheidung, nämlich konkret der Heftigkeit von Streit, Spannungen, Wut und Enttäuschung (Kovariaten).

Die Tabelle (Tab 175) zeigt zunächst, dass das Modell als Ganzes mit einer Irrtumswahrscheinlichkeit von 0,000 hochsignifikant ist. Dieser Signifikanzwert bezieht sich auf den getesteten Zusammenhang zwischen allen erklärenden Vari-

586 *Backhaus* et al, Multivariate Analysemethoden (2003$^{9}$) 140 f. Nähere Ausführungen sind den Anmerkungen zur statistischen Auswertung ab S 188 zu entnehmen.

ablen auf der einen Seite und der abhängigen Variablen auf der anderen Seite. Das bedeutet, dass die Nullhypothese, das durchschnittliche Ausmaß an Konflikten rund um die Besuchskontakte sei vollkommen unabhängig von allen berücksichtigten erklärenden Variablen, nämlich Obsorgeform sowie Heftigkeit an Streit, Spannungen, Wut und Enttäuschung vor der Scheidung, zurückgewiesen werden kann.

Die Tabelle gibt aber auch Auskunft über den Einfluss der einzelnen erklärenden Variablen auf die abhängige Variable „Konflikte um die Besuchskontakte". Es zeigt sich dabei lediglich ein signifikanter Zusammenhang zwischen dem Ausmaß an Konflikten um die Besuchskontakte und den Spannungen zwischen den Eltern vor der Scheidung ($p = 0{,}003$); alle anderen Konfliktvariablen vor der Scheidung haben keinen signifikanten Einfluss auf die Konflikte um die Besuchskontakte nach der Scheidung. Weiters wird ersichtlich – und das ist entscheidend – dass die **Obsorgeform** auch dann noch einen **signifikanten Einfluss** ($p = 0{,}000$) **auf die Konflikte um die Besuchskontakte** hat, wenn der Einfluss verschiedener Konfliktvariablen vor der Scheidung gleichsam „herausgerechnet" wird.

*Tabelle 175:* Kovarianzanalyse: Der Einfluss der Obsorgeform auf die Konflikte im Zusammenhang mit den Besuchskontakten unter Berücksichtigung des elterlichen Konfliktniveaus vor der Scheidung (Heftigkeit von Streit, Spannungen, Wut und Enttäuschung)

**Deskriptive Statistiken**

Abhängige Variable: Konflikte jetzt - Besuchskontakte

| Obsorgeform | Mittelwert | Standardabweichung | N |
|---|---|---|---|
| ObE | 3,39 | ,99 | 580 |
| aO | 2,83 | 1,25 | 426 |
| Gesamt | 3,15 | 1,14 | 1006 |

**Tests der Zwischensubjekteffekte**

Abhängige Variable: Konflikte jetzt - Besuchskontakte

| Quelle | Quadratsumme vom Typ III | df | Mittel der Quadrate | F | Signifikanz |
|---|---|---|---|---|---|
| Korrigiertes Modell | 113,008[a] | 5 | 22,602 | 18,907 | ,000 |
| Konstanter Term | 880,065 | 1 | 880,065 | 736,199 | ,000 |
| Streit | 2,700 | 1 | 2,700 | 2,259 | ,133 |
| Spannungen | 10,475 | 1 | 10,475 | 8,763 | ,003 |
| Wut | ,548 | 1 | ,548 | ,458 | ,499 |
| Enttäuschung | 2,935 | 1 | 2,935 | 2,455 | ,117 |
| Obsorgeform | 66,297 | 1 | 66,297 | 55,459 | ,000 |
| Fehler | 1195,417 | 1000 | 1,195 | | |
| Gesamt | 11310,000 | 1006 | | | |
| Korrigierte Gesamtvariation | 1308,425 | 1005 | | | |

a. R-Quadrat = ,086 (korrigiertes R-Quadrat = ,082)

An diesem Ergebnis ändert sich auch nichts, wenn die Variablen zum Konfliktniveau vor der Scheidung, nämlich Heftigkeit von Streit, Spannungen, Wut und Enttäuschung, zu einer übergeordneten Konfliktvariable zusammengefasst werden (Tab 176) oder in diese übergeordnete Konfliktvariable auch Angaben der Eltern über ihre Gefühle dem bzw der ExpartnerIn gegenüber aufgenommen werden, nämlich das Gefühl der Enttäuschung, Wut, Kränkung und Verletzung zum Trennungszeitpunkt, die Angst, dass der andere Elternteil versuchen werde, die Kinder aufzuhetzen, sowie der Wunsch, mit dem bzw der ExpartnerIn nichts mehr zu tun zu haben (Tab 177). In allen Varianten zeigt sich ein Einfluss der übergeordneten Konfliktvariable, aber auch ein eigener Einfluss der Obsorgeform auf das Ausmaß an Konflikten im Zusammenhang mit den Besuchskontakten in der Nachscheidungszeit.

*Tabelle 176:* Kovarianzanalyse: Der Einfluss der Obsorgeform auf die Konflikte im Zusammenhang mit den Besuchskontakten unter Berücksichtigung des elterlichen Konfliktniveaus vor der Scheidung (übergeordnete Konfliktvariable: Streit, Spannungen, Wut und Enttäuschung der Eltern vor der Scheidung)

**Deskriptive Statistiken**

Abhängige Variable: Konflikte jetzt - Besuchskontakte

| Obsorgeform | Mittelwert | Standardabweichung | N |
|---|---|---|---|
| ObE | 3,39 | ,99 | 580 |
| aO | 2,83 | 1,25 | 426 |
| Gesamt | 3,15 | 1,14 | 1006 |

**Tests der Zwischensubjekteffekte**

Abhängige Variable: Konflikte jetzt - Besuchskontakte

| Quelle | Quadratsumme vom Typ III | df | Mittel der Quadrate | F | Signifikanz |
|---|---|---|---|---|---|
| Korrigiertes Modell | 101,814[a] | 2 | 50,907 | 42,317 | ,000 |
| Konstanter Term | 1045,462 | 1 | 1045,462 | 869,044 | ,000 |
| Kombinierte Konfliktvariable (Streit, Wut, Spannungen, Enttäuschung) | 25,158 | 1 | 25,158 | 20,912 | ,000 |
| Obsorgeform | 68,030 | 1 | 68,030 | 56,550 | ,000 |
| Fehler | 1206,611 | 1003 | 1,203 | | |
| Gesamt | 11310,000 | 1006 | | | |
| Korrigierte Gesamtvariation | 1308,425 | 1005 | | | |

a. R-Quadrat = ,078 (korrigiertes R-Quadrat = ,076)

*Tabelle 177:* Kovarianzanalyse: Der Einfluss der Obsorgeform auf die Konflikte im Zusammenhang mit den Besuchskontakten unter Berücksichtigung des elterlichen Konfliktniveaus vor der Scheidung (übergeordnete Konfliktvariable: Streit, Spannungen, Wut und Enttäuschung der Eltern vor der Scheidung, Enttäuschung, Wut, Kränkung und Verletzung zum Trennungszeitpunkt, Angst, dass der andere Elternteil versuchen werde, die Kinder aufzuhetzen, sowie der Wunsch, mit dem/der ExpartnerIn nichts mehr zu tun zu haben)

**Deskriptive Statistiken**

Abhängige Variable: Konflikte jetzt - Besuchskontakte

| Obsorgeform | Mittelwert | Standardabweichung | N |
|---|---|---|---|
| ObE | 3,40 | ,97 | 546 |
| aO | 2,83 | 1,25 | 405 |
| Gesamt | 3,16 | 1,14 | 951 |

**Tests der Zwischensubjekteffekte**

Abhängige Variable: Konflikte jetzt - Besuchskontakte

| Quelle | Quadratsumme vom Typ III | df | Mittel der Quadrate | F | Signifikanz |
|---|---|---|---|---|---|
| Korrigiertes Modell | 114,224[a] | 2 | 57,112 | 48,654 | ,000 |
| Konstanter Term | 835,341 | 1 | 835,341 | 711,631 | ,000 |
| Kombinierte Konfliktvariable (Streit, Wut, Spannungen, Enttäuschung, Gefühle gg. ExpartnerIn, Wunsch, nichts mehr zu tun zu haben) | 36,649 | 1 | 36,649 | 31,221 | ,000 |
| Obsorgeform | 59,353 | 1 | 59,353 | 50,563 | ,000 |
| Fehler | 1112,800 | 948 | 1,174 | | |
| Gesamt | 10716,000 | 951 | | | |
| Korrigierte Gesamtvariation | 1227,024 | 950 | | | |

a. R-Quadrat = ,093 (korrigiertes R-Quadrat = ,091)

Schließlich wurde auch die Hypothese getestet, dass das Ausbildungsniveau der Eltern einen entscheidenden Einfluss auf die Gestaltung der Nachscheidungsfamilie, konkret auf das Ausmaß an Konflikten im Zusammenhang mit den Besuchskontakten, hat. Es zeigte sich ja, dass Eltern mit ObE durchschnittlich höher ausgebildet sind als Eltern der Gruppe aO[587]. Es wurde die Überlegung angestellt, dass der Bildungsstand mit bestimmten pädagogischen Haltungen und Einstellungen (etwa was die Beteiligung beider Eltern an der Betreuung und Versorgung der Kinder betrifft) in Zusammenhang stehen könnte. Dies könnte sich wiederum in weniger Konflikten um die Besuchskontakte zeigen.

Diese Hypothese wird jedoch durch die vorliegenden Daten nicht bestätigt. Das Ausbildungsniveau der Eltern hat keinen signifikanten Einfluss auf die Konflikte um die Besuchskontakte, während jener der Obsorgeform auch unter Berücksichtigung des Ausbildungsstandes unverändert hochsignifikant bleibt (Tab 178).

587 Siehe dazu Kapitel 8.1.2.

*Tabelle 178:* Kovarianzanalyse: Der Einfluss der Obsorgeform auf die Konflikte im Zusammenhang mit den Besuchskontakten unter Berücksichtigung des Ausbildungsniveaus der Eltern

**Deskriptive Statistiken**

Abhängige Variable: Konflikte jetzt - Besuchskontakte

| Obsorgeform | Mittelwert | Standardabweichung | N |
|---|---|---|---|
| ObE | 3,39 | 1,00 | 515 |
| aO | 2,83 | 1,24 | 391 |
| Gesamt | 3,15 | 1,14 | 906 |

**Tests der Zwischensubjekteffekte**

Abhängige Variable: Konflikte jetzt - Besuchskontakte

| Quelle | Quadratsumme vom Typ III | df | Mittel der Quadrate | F | Signifikanz |
|---|---|---|---|---|---|
| Korrigiertes Modell | 71,491[a] | 2 | 35,746 | 29,009 | ,000 |
| Konstanter Term | 739,825 | 1 | 739,825 | 600,403 | ,000 |
| Schulbildung der Eltern | 1,381 | 1 | 1,381 | 1,121 | ,290 |
| Obsorgeform | 65,958 | 1 | 65,958 | 53,528 | ,000 |
| Fehler | 1112,690 | 903 | 1,232 | | |
| Gesamt | 10162,000 | 906 | | | |
| Korrigierte Gesamtvariation | 1184,181 | 905 | | | |

a. R-Quadrat = ,060 (korrigiertes R-Quadrat = ,058)

Es zeigt sich also ein eigener Einfluss der Obsorgeform auf das Ausmaß an Konflikten um die Besuchskontakte in der Nachscheidungszeit, der auch nicht „verschwindet", wenn das Konfliktniveau der Eltern vor der Scheidung mit ins Kalkül gezogen wird.

Wie sieht dies nun in Bezug auf die Veränderung des Beziehungsklimas zwischen den Eltern in der Nachscheidungszeit aus? Bisher wurde bereits deutlich, dass Eltern mit ObE die Veränderung ihres Beziehungsklimas bis zum Untersuchungszeitpunkt signifikant positiver beschreiben, in dem Sinne, dass sich häufiger eine Verbesserung ihres Beziehungsklimas einstellt, während sich dieses bei Eltern der Gruppe aO in der Nachscheidungszeit häufiger noch weiter verschlechtert. Es blieb aber die Frage offen, in welchem Ausmaß die Verbesserung des Beziehungsklimas tatsächlich auf die Obsorgeform (ObE) zurückzuführen ist bzw inwieweit andere Faktoren eher geeignet sind, dieses Phänomen zu erklären.

In den folgenden Kovarianzanalysen soll deshalb die Veränderung des Beziehungsklimas der Eltern die abhängige Variable sein. Die Obsorgeform bleibt der feste Faktor; verschiedene andere Variablen werden als Kovariaten getestet.

Die erste Kovarianzanalyse (Tab 179) berechnet den **Einfluss der Obsorgeform auf die Veränderung des Beziehungsklimas der Eltern** wieder unter zusätzlicher Berücksichtigung des Konfliktniveaus der Eltern vor der Scheidung, nämlich konkret der Heftigkeit von Streit, Spannungen, Wut und Enttäuschung.

Wie Tabelle 179 zeigt, ist das Modell als Ganzes mit einer Irrtumswahrscheinlichkeit von 0,000 hochsignifikant, was wieder bedeutet, dass die Nullhypothese, die durchschnittliche Veränderung des Beziehungsklimas sei vollkommen unabhängig von allen berücksichtigten erklärenden Variablen, also unabhängig von der Obsorgeform sowie von der Heftigkeit an Streit, Spannungen, Wut und Enttäuschung vor der Scheidung, zurückgewiesen werden kann.

Die Detailanalyse macht aber deutlich, dass kein signifikanter Zusammenhang zwischen den Konfliktvariablen vor der Scheidung und der Veränderung des Beziehungsklimas besteht. Die **Obsorgeform** hat hingegen einen **signifikanten Einfluss** (p = 0,000) **auf die Veränderung des Beziehungsklimas der Eltern in der Nachscheidungszeit**, und zwar auch dann, wenn der Einfluss verschiedener Konfliktvariablen vor der Scheidung mit berücksichtigt wird.

*Tabelle 179:* Kovarianzanalyse: Der Einfluss der Obsorgeform auf die Veränderung des Beziehungsklimas der Eltern unter Berücksichtigung des elterlichen Konfliktniveaus vor der Scheidung (Heftigkeit von Streit, Spannungen, Wut und Enttäuschung)

**Deskriptive Statistiken**

Abhängige Variable: Veränderung des Klimas zwischen Expartner/innen seit Trennung

| Obsorgeform | Mittelwert | Standardabweichung | N |
|---|---|---|---|
| ObE | 2,34 | 1,23 | 575 |
| aO | 2,66 | 1,34 | 429 |
| Gesamt | 2,48 | 1,29 | 1004 |

**Tests der Zwischensubjekteffekte**

Abhängige Variable: Veränderung des Klimas zwischen Expartner/innen seit Trennung

| Quelle | Quadratsumme vom Typ III | df | Mittel der Quadrate | F | Signifikanz |
|---|---|---|---|---|---|
| Korrigiertes Modell | 57,935[a] | 5 | 11,587 | 7,198 | ,000 |
| Konstanter Term | 266,826 | 1 | 266,826 | 165,760 | ,000 |
| Streit | ,153 | 1 | ,153 | ,095 | ,758 |
| Spannungen | 3,497 | 1 | 3,497 | 2,173 | ,141 |
| Wut | 8,354 | 1 | 8,354 | 5,190 | ,023 |
| Enttäuschung | ,207 | 1 | ,207 | ,129 | ,720 |
| Obsorgeform | 21,129 | 1 | 21,129 | 13,126 | ,000 |
| Fehler | 1606,491 | 998 | 1,610 | | |
| Gesamt | 7820,000 | 1004 | | | |
| Korrigierte Gesamtvariation | 1664,426 | 1003 | | | |

a. R-Quadrat = ,035 (korrigiertes R-Quadrat = ,030)

Um dieses Ergebnis zu überprüfen, werden die einzelnen Konfliktvariablen wieder zu einer übergeordneten Konfliktvariable zusammengefasst. Tabelle 180 zeigt das Ergebnis der Kovarianzanalyse mit dieser übergeordneten Konfliktvariable: Sowohl die Konflikte vor der Scheidung als auch die Obsorgeform haben einen signifikanten Einfluss auf die Veränderung des Beziehungsklimas der Eltern in der Nachscheidungszeit.

Auch in der zweiten Variante, in der die übergeordnete Konfliktvariable durch Angaben der Eltern über ihre Gefühle dem bzw der ExpartnerIn gegenüber erweitert wurde, nämlich das Gefühl der Enttäuschung, Wut, Kränkung und

Verletzung zum Trennungszeitpunkt, die Angst, dass der andere Elternteil versuchen werde, die Kinder aufzuhetzen, sowie der Wunsch, mit dem bzw der ExpartnerIn nichts mehr zu tun zu haben, zeigt sich ein Einfluss der übergeordneten Konfliktvariable, aber auch ein eigener Einfluss der Obsorgeform auf die Veränderung des Beziehungsklimas der Eltern (Tab 181).

*Tabelle 180:* Kovarianzanalyse: Der Einfluss der Obsorgeform auf die Veränderung des Beziehungsklimas der Eltern unter Berücksichtigung des elterlichen Konfliktniveaus vor der Scheidung (übergeordnete Konfliktvariable: Streit, Spannungen, Wut und Enttäuschung der Eltern vor der Scheidung)

**Deskriptive Statistiken**

Abhängige Variable: Veränderung des Klimas zwischen Expartner/innen seit Trennung

| Obsorgeform | Mittelwert | Standardabweichung | N |
|---|---|---|---|
| ObE | 2,34 | 1,23 | 575 |
| aO | 2,66 | 1,34 | 429 |
| Gesamt | 2,48 | 1,29 | 1004 |

**Tests der Zwischensubjekteffekte**

Abhängige Variable: Veränderung des Klimas zwischen Expartner/innen seit Trennung

| Quelle | Quadratsumme vom Typ III | df | Mittel der Quadrate | F | Signifikanz |
|---|---|---|---|---|---|
| Korrigiertes Modell | 52,104[a] | 2 | 26,052 | 16,174 | ,000 |
| Konstanter Term | 301,915 | 1 | 301,915 | 187,442 | ,000 |
| Kombinierte Konfliktvariable (Streit, Wut, Spannungen, Enttäuschung) | 26,214 | 1 | 26,214 | 16,275 | ,000 |
| Obsorgeform | 21,169 | 1 | 21,169 | 13,143 | ,000 |
| Fehler | 1612,322 | 1001 | 1,611 | | |
| Gesamt | 7820,000 | 1004 | | | |
| Korrigierte Gesamtvariation | 1664,426 | 1003 | | | |

a. R-Quadrat = ,031 (korrigiertes R-Quadrat = ,029)

*Tabelle 181:* Kovarianzanalyse: Der Einfluss der Obsorgeform auf die Veränderung des Beziehungsklimas der Eltern unter Berücksichtigung des elterlichen Konfliktniveaus vor der Scheidung (übergeordnete Konfliktvariable: Streit, Spannungen, Wut und Enttäuschung der Eltern vor der Scheidung, Enttäuschung, Wut, Kränkung und Verletzung zum Trennungszeitpunkt, Angst, dass der andere Elternteil versuchen werde, die Kinder aufzuhetzen, sowie der Wunsch, mit dem/der ExpartnerIn nichts mehr zu tun zu haben)

**Deskriptive Statistiken**

Abhängige Variable: Veränderung des Klimas zwischen Expartner/innen seit Trennung

| Obsorgeform | Mittelwert | Standardabweichung | N |
|---|---|---|---|
| ObE | 2,33 | 1,23 | 541 |
| aO | 2,68 | 1,33 | 409 |
| Gesamt | 2,48 | 1,28 | 950 |

**Tests der Zwischensubjekteffekte**

Abhängige Variable: Veränderung des Klimas zwischen Expartner/innen seit Trennung

| Quelle | Quadratsumme vom Typ III | df | Mittel der Quadrate | F | Signifikanz |
|---|---|---|---|---|---|
| Korrigiertes Modell | 51,636[a] | 2 | 25,818 | 16,240 | ,000 |
| Konstanter Term | 192,508 | 1 | 192,508 | 121,091 | ,000 |
| Kombinierte Konfliktvariable (Streit, Wut, Spannungen, Enttäuschung, Gefühle gg. ExpartnerIn, Wunsch, nichts mehr zu tun zu haben) | 23,987 | 1 | 23,987 | 15,088 | ,000 |
| Obsorgeform | 19,524 | 1 | 19,524 | 12,281 | ,000 |
| Fehler | 1505,523 | 947 | 1,590 | | |
| Gesamt | 7405,000 | 950 | | | |
| Korrigierte Gesamtvariation | 1557,159 | 949 | | | |

a. R-Quadrat = ,033 (korrigiertes R-Quadrat = ,031)

## 8.3 Zur Bedeutung verschiedener Einflussfaktoren auf das Ausmaß an Kontakt des Kindes zum getrennt lebenden Elternteil

Neben der Auswirkung der Obsorgeform auf die Konflikte der Eltern in der Nachscheidungszeit war zu prüfen, ob bzw welche Auswirkungen die Obsorgeform auf die Gestaltung der Beziehungen zwischen den Kindern und den getrennt lebenden Elternteilen (meistens den Vätern) hat. Die Erwartung, dass sich die ObE positiv auf die Vater-Kind-Beziehung[588] auswirken würde, bildete ja stets das Hauptargument der BefürworterInnen der ObE.

Und tatsächlich ergaben die bisherigen Untersuchungen bedeutsame Unterschiede zwischen Kindern, die nach der Scheidung ihrer Eltern unter der Bedingung der ObE oder der aO eines Elternteils aufwachsen, was den Kontakt der Kinder zum getrennt lebenden Elternteil betrifft.[589] Zur Erinnerung:

Kinder mit ObE sehen den getrennt lebenden Elternteil signifikant häufiger als Kinder mit aO eines Elternteils: Über 60 % der befragten Eltern mit ObE geben an, dass ihre Kinder häufigen Kontakt zum anderen Elternteil haben, dh täglich bis mehrmals pro Woche oder zumindest einmal unter der Woche und zwei Wochenenden im Monat. Im Vergleich dazu geben nur etwa 35 % der Befragten mit aO eines Elternteils derart häufige Kontakte an. Dass ihre Kinder wenig Kontakt (höchstens einmal im Monat) oder gar keinen Kontakt zum anderen Elternteil haben, antworten 14,1 % der Befragten mit ObE und ein Drittel (33 %) der Eltern mit aO eines Elternteils.

Bereits wenige Monate nach der Scheidung geben 10 % der Eltern mit aO eines Elternteils gegenüber 1 % der Eltern mit ObE an, dass der Kontakt des Kindes zum anderen Elternteil gänzlich abgebrochen ist. Damit ist die Kontaktabbruchsrate im Fall der aO eines Elternteils wenige Monate nach der Scheidung etwa zehnmal höher als im Fall der ObE.

Dieses Kapitel ist nun – äquivalent zum vorherigen – der Frage gewidmet, ob die Obsorgeform im Hinblick auf die zweite zentrale Entwicklungsbedingung – die Fortsetzung einer intensiven Beziehung der Kinder zum getrennt lebenden Elternteil – tatsächliche eine unabhängige Variable darstellt oder ob die beobachteten Unterschiede das Kontaktausmaß betreffend auf andere Faktoren zurückzuführen sind. Denn immer wieder wird das Argument ins Treffen geführt, dass das Ausmaß an Besuchskontakten im Wesentlichen von der Beziehung der Eltern zueinander (dh va vom Ausmaß ihrer Konflikte) abhängig ist, also der Unterschied in Bezug auf die Kontakthäufigkeit darauf zurückzuführen sei, dass Eltern mit ObE (von vornherein) eine bessere Beziehung (va weniger Konflikte) miteinander hätten. Gegen diese Vermutung spricht bereits das Ergebnis, wonach sich das Konfliktni-

---

588 „Vater“ steht für den getrennt lebenden Elternteil.

589 Siehe dazu Kapitel 7.6, 7.10.

veau von Eltern mit ObE und aO eines Elternteils nicht massiv unterscheidet und sich die ObE keinesfalls auf relativ „konfliktarme“ Familien beschränkt. Dies wurde bereits hinreichend dargelegt.[590] Nun soll konkret der mögliche Einfluss der verschiedenen Faktoren auf das Kontaktausmaß anhand der Parallelisierung der Stichproben sowie multivariater Auswertungen geprüft werden. Als weitere mögliche Einflussfaktoren (neben der Obsorgeform) sollen dabei getestet werden:

- das Konfliktniveau der Eltern vor der Scheidung,
- das Konfliktniveau der Eltern zum Untersuchungszeitpunkt,
- das Ausbildungsniveau der Eltern und
- das Alter des jüngsten Kindes.

### *8.3.1 Auswertungen an parallelisierten Stichproben*

Eine erste Antwort auf die Frage, welche Bedeutung das Konfliktniveau vor der Scheidung für das Ausmaß der Kontakte zwischen Kindern und getrennt lebenden Elternteilen nach der Scheidung hat, soll durch die Parallelisierung der Stichprobe gewonnen werden. Parallelisierung der Stichprobe bedeutet, dass nur jene Eltern beider Obsorgegruppen mit vergleichbarem Konfliktniveau vor der Scheidung hinsichtlich des Ausmaßes an Besuchskontakten der Kinder verglichen werden. Damit wird der mögliche Einfluss des Konfliktniveaus vor der Scheidung konstant gehalten, und es kann untersucht werden, ob sich dennoch – wie bei der Gesamtuntersuchungsgruppe – ein signifikant höheres Kontaktausmaß bei Kindern aus Familien mit ObE zeigt.

Wäre nämlich das Ausmaß an Besuchskontakten stärker von den elterlichen Konflikten beeinflusst als von der Obsorgeform, müssten sich Familien der beiden Obsorgegruppen mit ähnlichem Konfliktniveau auch hinsichtlich des Besuchsausmaßes aneinander angleichen. Hohe Konflikte müssten unabhängig von der Obsorgeform zu weniger Besuchskontakten führen.

Um dies zu prüfen, werden zunächst nur die Angaben jener Eltern betrachtet, die sich durch ein **niedriges bis mittleres Konfliktniveau** auszeichnen. Diese Eltern haben ihre Konflikte (Streit, Spannungen, Wut, Enttäuschung) auf einer fünfstufigen Skala mit höchstens „3“ eingeschätzt. Es handelt sich also um eine Gruppe am unteren Rand der Konfliktverteilung.

Wie der U-Test in der folgenden Tabelle (Tab 182) bestätigt, zeigt sich in dieser Gruppe auf dem 99-%-Signifikanzniveau kein signifikanter Unterschied (mehr) zwischen den Angaben der Eltern mit ObE und aO, was das Kontaktausmaß der Kinder zum getrennt lebenden Elternteil betrifft:

590 Siehe dazu Kapitel 8.1.1.

*Tabelle 182:* Kontaktausmaß der Kinder aus Familien mit niedrigem bis mittlerem Konfliktniveau zum getrennt lebenden Elternteil *(Höhere mittlere Ränge bedeuten weniger häufige Kontakte.)*

**U-Test nach Mann-Whitney**

| | Obsorge - form | Mittlerer Rang | Sign. (eins.) | |
|---|---|---|---|---|
| Kontakthäufigkeit der Kinder zum getrennt lebenden Elternteil | ObE | 81,08 | ,021 | ns |
| | aO | 96,37 | | |

Entsprechend dem nicht signifikanten Ergebnis des U-Tests ist auch in der folgenden Häufigkeitstabelle (Tab 183) zu erkennen, dass sich das Ausmaß der Besuchskontakte in relativ konfliktarmen Familien mit aO eines Elternteils an dasjenige von Familien mit ObE annähert. Es gibt in diesen Familien mit aO auch wesentlich seltener totale Kontaktabbrüche als in der Gesamtpopulation der Familien mit aO. Zum Vergleich: Die Kontaktabbruchsrate liegt bei allen Eltern der Gruppe aO bei etwa 10 %. Die Kontakthäufigkeit liegt in Familien mit ObE allerdings nochmals höher.

*Tabelle 183:* Wie oft sehen die Kinder den getrennt lebenden Elternteil in Familien mit niedrigem bis mittlerem Konfliktniveau zwischen Trennungsabsicht und Scheidung?

| **Eltern mit niedrigem bis mittlerem Konfliktniveau** | **ObE** (n = 106) | **aO** (n = 67) |
|---|---|---|
| Täglich bis mehrmals pro Woche | 42,5% | 32,8% |
| Einmal unter der Woche und zwei Wochenenden im Monat | 25,5% | 19,4% |
| Alle 14 Tage | 18,9% | 26,9% |
| Einmal im Monat | 8,5% | 3,0% |
| Einmal im Monat bis mehrmals im Vierteljahr | 3,8% | 7,5% |
| Nur selten (zB Ferien) | 0,9% | 7,5% |
| Es gibt gar keinen Kontakt mehr. | 0,0% | 3,0% |
| Gesamt | 100% | 100% |

Weitaus mehr Personen umfasst die Gruppe der Eltern mit mittleren bis hohen Konflikten. Diese Eltern haben ihre Konflikte vor der Scheidung auf der fünfstufigen Skala mittel bis hoch eingeschätzt (mindestens „3“).

Vergleicht man wieder die Angaben der Eltern beider Obsorgegruppen hinsichtlich des Ausmaßes an Kontakten der Kinder zum getrennt lebenden Elternteil, zeigt der U-Test (Tab 184) diesmal einen signifikanten Unterschied, und zwar in dem Sinne, dass Kinder aus Familien mit ObE häufigere Kontakte zum getrennt lebenden Elternteil haben als Kinder aus Familien mit aO eines Elternteils:

*Tabelle 184:* Kontaktausmaß der Kinder aus Familien mit mittlerem bis hohem Konfliktniveau zum getrennt lebenden Elternteil *(Höhere mittlere Ränge bedeuten weniger häufige Kontakte.)*

**U-Test nach Mann-Whitney**

| | Obsorge - form | Mittlerer Rang | Sign. (eins.) | |
|---|---|---|---|---|
| Kontakthäufigkeit der Kinder zum getrennt lebenden Elternteil | ObE | 232,52 | ,000 | s |
| | aO | 329,36 | | |

Nun sind auch die Unterschiede in der Häufigkeitsverteilung der Angaben der Eltern mit ObE und aO eines Elternteils wieder deutlich zu beobachten: Während fast 40 % der Eltern mit ObE angeben, dass ihre Kinder den getrennt lebenden Elternteil täglich bis mehrmals pro Woche sehen, sagen dies nur noch etwa 14 % der Eltern der Gruppe aO.

*Tabelle 185:* Wie oft sehen die Kinder den getrennt lebenden Elternteil in Familien mit mittlerem bis hohem Konfliktniveau zwischen Trennungsabsicht und Scheidung?

| **Eltern mit mittlerem bis hohem Konfliktniveau** | **ObE** (n = 299) | **aO** (n = 254) |
|---|---|---|
| Täglich bis mehrmals pro Woche | 38,1% | 14,2% |
| Einmal unter der Woche und zwei Wochenenden im Monat | 20,7% | 18,5% |
| Alle 14 Tage | 24,1% | 32,7% |
| Einmal im Monat | 7,0% | 7,9% |
| Einmal im Monat bis mehrmals im Vierteljahr | 6,0% | 9,4% |
| Nur selten (zB Ferien) | 2,3% | 5,1% |
| Es gibt gar keinen Kontakt mehr. | 0,9% | 5,6% |
| Gesamt | 100% | 100% |

Betrachten wir schließlich die Gruppe am „oberen" Rand der Konfliktverteilung, also mit dem höchsten Konfliktniveau. Dazu werden nur jene Eltern ausgewählt, die bei allen Items jeweils die höchste Ausprägung angekreuzt haben. Zu erwarten wäre wieder, dass sich – wie es schon am „unteren Rand" der (Konflikt-)Verteilung zu beobachten war – die Angaben der Eltern der beiden Obsorgegruppen angleichen. Dem ist jedoch nicht so. Der U-Test (Tab 186), der die Angaben der Eltern mit ObE und aO hinsichtlich der Kontakthäufigkeit der Kinder zum getrennt lebenden Elternteil vergleicht, zeigt wieder ein signifikantes Ergebnis: Trotz des hohen Konfliktniveaus dieser Eltern zwischen Trennungsabsicht und Scheidung haben Kinder aus Familien, die die ObE nach der Scheidung weiterführen, in einem signifikant höherem Ausmaß Kontakte zum getrennt lebenden Elternteil als Kinder aus Familien mit aO eines Elternteils.

*Tabelle 186:* Kontaktausmaß der Kinder aus Familien mit hohem Konfliktniveau zum getrennt lebenden Elternteil *(Höhere mittlere Ränge bedeuten weniger häufige Kontakte.)*

**U-Test nach Mann-Whitney**

| | Obsorge - form | Mittlerer Rang | Sign. (eins.) | |
|---|---|---|---|---|
| Kontakthäufigkeit der Kinder zum getrennt lebenden Elternteil | ObE | 56,04 | ,000 | s |
| | aO | 90,78 | | |

Wie die folgende Tabelle 187 zeigt, gibt es auch innerhalb der Befragtengruppen mit hohen Konflikten zwischen Trennungsabsicht und Scheidung große Unterschiede zwischen den Obsorgegruppen: Immer noch 50 % bis 60 % der Eltern mit ObE mit hohen Konflikten geben an, dass ihre Kinder den anderen Elternteil oft sehen (täglich bis einmal unter der Woche und zwei Wochenenden im Monat). Bei den Eltern mit aO liegt dieser Anteil bei 25 % bis 30 %. Etwa 17 % der Eltern mit ObE geben an, dass die Kinder nur selten (höchstens einmal im Monat) bzw 1,4 %, dass die Kinder keinen Kontakt mehr zum anderen Elternteil haben. Demgegenüber sehen etwa 26 % der Kinder aus Familien mit aO mit hohem Konfliktniveau den getrennt lebenden Elternteil nur noch selten und zusätzlich fast 20 % diesen gar nicht mehr.

*Tabelle 187:* Wie oft sehen die Kinder den getrennt lebenden Elternteil in Familien mit hohem Konfliktniveau zwischen Trennungsabsicht und Scheidung?

| **Eltern mit hohem Konfliktniveau** | **ObE** (n = 71) | **aO** (n = 76) |
|---|---|---|
| Täglich bis mehrmals pro Woche | 38,0% | 9,2% |
| Einmal unter der Woche und zwei Wochenenden im Monat | 23,9% | 15,8% |
| Alle 14 Tage | 19,7% | 28,9% |
| Einmal im Monat | 5,6% | 11,8% |
| Einmal im Monat bis mehrmals im Vierteljahr | 7,0% | 6,6% |
| Nur selten (zB Ferien) | 4,2% | 7,9% |
| Es gibt gar keinen Kontakt mehr | 1,4% | 19,7% |
| Gesamt | 100% | 100% |

Das bedeutet, dass das Konfliktniveau der Eltern zwischen Trennungsabsicht und Scheidung natürlich einen gewissen Einfluss auf das Ausmaß an Besuchskontakten hat. So nähert sich die durchschnittliche Kontakthäufigkeit der Kinder aus Familien mit aO eines Elternteils bei Eltern mit niedrigen bis mittleren Konflikten an dasjenige der Kinder aus Familien mit ObE an. Aber das Konfliktniveau der Eltern kann die häufigeren Besuchskontakte in Familien mit ObE nicht vollständig erklären, denn bereits ab einem mittlerem bis hohen Konfliktniveau – und dies entspricht in der überwiegenden Mehrheit der Realität der untersuchten Scheidungsfamilien – zeigen sich signifikante Unterschiede zwischen dem Kontaktausmaß der Kinder aus Familien mit ObE und Kindern aus Familien mit aO. Neben den elterlichen Konflikten scheint somit die Obsorgeform tatsächlich ein entscheidender Einflussfaktor auf das Ausmaß an Besuchskontakten zu sein. Die folgenden Kovarianzanalysen sollen dieses Ergebnis nochmals überprüfen.

### *8.3.2 Kovarianzanalytische Auswertungen*

Die Kovarianzanalyse, ein Spezialfall der Varianzanalyse, untersucht die Wirkung einer unabhängigen Variable auf eine abhängige Variable und bezieht dabei den möglichen Einfluss weiterer erklärender Variablen (= Kovariaten) ein, und zwar mit dem Ziel, deren Einfluss auf die abhängige Variable rechnerisch zu bereinigen.[591]

Konkret soll untersucht werden, ob ein signifikanter **Einfluss der Obsorgeform auf das Ausmaß an Kontakten der Kinder zum getrennt lebenden Elternteil** nachweisbar ist, wenn der mögliche Einfluss andere Faktoren (Kovariaten) mitberücksichtigt wird. Die Bedeutung folgender weiterer möglicher Einflussfaktoren (neben der Obsorgeform) soll getestet werden:

- das Konfliktniveau der Eltern vor der Scheidung,
- die (Konflikt-)Beziehung der Eltern zum Untersuchungszeitpunkt,
- das Ausbildungsniveau der Eltern und
- das Alter des jüngsten Kindes.

Die erste Kovarianzanalyse (Tab 188) berechnet den Einfluss der Obsorgeform auf das Ausmaß an Kontakten der Kinder zum getrennt lebenden Elternteil unter zusätzlicher Berücksichtigung des Konfliktniveaus der Eltern vor der Scheidung, nämlich konkret der Heftigkeit von Streit, Spannungen, Wut und Enttäuschung (Kovariaten).

Die Tabelle 188 zeigt zunächst, dass das Modell als Ganzes mit einer Irrtumswahrscheinlichkeit von 0,000 hochsignifikant ist. Dieser Signifikanzwert bezieht sich auf den getesteten Zusammenhang zwischen allen erklärenden Variablen auf der einen Seite und der abhängigen Variable auf der anderen Seite. Das bedeutet, dass die Nullhypothese, das durchschnittliche Ausmaß an Kontakten der Kinder zum getrennt lebenden Elternteil sei vollkommen unabhängig von allen berücksichtigten erklärenden Variablen, nämlich Obsorgeform sowie Heftigkeit an Streit, Spannungen, Wut und Enttäuschung vor der Scheidung, zurückgewiesen werden kann.

Betrachtet man die Tabelle näher, wird jedoch klar, dass kein signifikanter Zusammenhang zwischen dem Ausmaß an Kontakten und den einzelnen Konfliktvariablen vor der Scheidung, aber ein Zusammenhang zwischen dem Ausmaß an Kontakten der Kinder zum getrennt lebenden Elternteil und der Obsorgeform besteht. Das bedeutet, dass die Obsorgeform auch dann einen signifikanten Einfluss ($p = 0{,}000$) auf das Ausmaß an Kontakten der Kinder zum getrennt lebenden Elternteil hat, wenn der Einfluss verschiedener Konfliktvariablen vor der Scheidung gleichsam „herausgerechnet“ wird.

591 *Backhaus* et al, Multivariate Analysemethoden (2003$^{9}$) 140 f; siehe ausführlich die Anmerkungen zur statistischen Auswertung ab S 188.

*Tabelle 188:* Kovarianzanalyse: Der Einfluss der Obsorgeform auf das Ausmaß an Kontakten der Kinder zum getrennt lebenden Elternteil unter Berücksichtigung des elterlichen Konfliktniveaus vor der Scheidung (Heftigkeit von Streit, Spannungen, Wut und Enttäuschung)

**Deskriptive Statistiken**

Abhängige Variable: Kontakthäufigkeit Kinder - getrennt lebender Elternteil

| Obsorgeform | Mittelwert | Standardabweichung | N |
|---|---|---|---|
| ObE | 2,20 | 1,34 | 567 |
| aO | 3,31 | 1,83 | 412 |
| Gesamt | 2,67 | 1,65 | 979 |

**Tests der Zwischensubjekteffekte**

Abhängige Variable: Kontakthäufigkeit Kinder - getrennt lebender Elternteil

| Quelle | Quadratsumme vom Typ III | df | Mittel der Quadrate | F | Signifikanz |
|---|---|---|---|---|---|
| Korrigiertes Modell | 354,741[a] | 5 | 70,948 | 29,742 | ,000 |
| Konstanter Term | 297,707 | 1 | 297,707 | 124,802 | ,000 |
| Streit | 2,703 | 1 | 2,703 | 1,133 | ,287 |
| Spannungen | 5,356 | 1 | 5,356 | 2,245 | ,134 |
| Wut | 13,182 | 1 | 13,182 | 5,526 | ,019 |
| Enttäuschung | 5,080 | 1 | 5,080 | 2,130 | ,145 |
| Obsorgeform | 258,186 | 1 | 258,186 | 108,234 | ,000 |
| Fehler | 2321,037 | 973 | 2,385 | | |
| Gesamt | 9634,000 | 979 | | | |
| Korrigierte Gesamtvariation | 2675,777 | 978 | | | |

a. R-Quadrat = ,133 (korrigiertes R-Quadrat = ,128)

Werden diese Konfliktvariablen zu einer übergeordneten Konfliktvariable zusammengefasst (Tab 189), zeigt sich ein signifikanter Einfluss der übergeordneten Konfliktvariable auf das Ausmaß an Kontakten und weiterhin ein signifikanter Einfluss der Obsorgeform.

*Tabelle 189:* Kovarianzanalyse: Der Einfluss der Obsorgeform auf das Ausmaß an Kontakten der Kinder zum getrennt lebenden Elternteil unter Berücksichtigung des elterlichen Konfliktniveaus vor der Scheidung (übergeordnete Konfliktvariable: Streit, Spannungen, Wut und Enttäuschung der Eltern vor der Scheidung)

**Deskriptive Statistiken**

Abhängige Variable: Kontakthäufigkeit Kinder - getrennt lebender Elternteil

| Obsorgeform | Mittelwert | Standardabweichung | N |
|---|---|---|---|
| ObE | 2,20 | 1,34 | 567 |
| aO | 3,31 | 1,83 | 412 |
| Gesamt | 2,67 | 1,65 | 979 |

**Tests der Zwischensubjekteffekte**

Abhängige Variable: Kontakthäufigkeit Kinder - getrennt lebender Elternteil

| Quelle | Quadratsumme vom Typ III | df | Mittel der Quadrate | F | Signifikanz |
|---|---|---|---|---|---|
| Korrigiertes Modell | 339,013[a] | 2 | 169,506 | 70,798 | ,000 |
| Konstanter Term | 305,360 | 1 | 305,360 | 127,540 | ,000 |
| Kombinierte Konfliktvariable (Streit, Wut, Spannungen, Enttäuschung) | 47,781 | 1 | 47,781 | 19,957 | ,000 |
| Obsorgeform | 266,870 | 1 | 266,870 | 111,464 | ,000 |
| Fehler | 2336,765 | 976 | 2,394 | | |
| Gesamt | 9634,000 | 979 | | | |
| Korrigierte Gesamtvariation | 2675,777 | 978 | | | |

a. R-Quadrat = ,127 (korrigiertes R-Quadrat = ,125)

Als Hinweise auf die (Konflikt-)Beziehung der Eltern zum Untersuchungszeitpunkt, also in der Nachscheidungszeit, werden folgende Angaben der Eltern herangezogen: Große Enttäuschung, Wut, Kränkung und Verletzung zum Untersuchungszeitpunkt, die Angst, dass der andere Elternteil versuchen werde, die Kinder aufzuhetzen, sowie der Wunsch, mit dem bzw der ExpartnerIn nichts mehr zu tun zu haben.

Wie aus Tabelle 190 zu lesen ist, besteht ein signifikanter Zusammenhang zwischen dem Ausmaß an Kontakten der Kinder zum getrennt lebenden Elternteil und dem Gefühl, nach wie vor vom bzw von der ExpartnerIn sehr enttäuscht zu sein, sowie dem Wunsch, mit ihm oder ihr nichts mehr zu tun zu haben, und zwischen dem Kontaktausmaß und der Obsorgeform. Diese behält somit wieder ihren signifikanten Einfluss auf das Kontaktausmaß, auch wenn ihr Einfluss durch jenen der derzeitigen (Konflikt-)Beziehung der Eltern bereinigt wird.

*Tabelle 190:* Kovarianzanalyse: Der Einfluss der Obsorgeform auf das Ausmaß an Kontakten der Kinder zum getrennt lebenden Elternteil unter Berücksichtigung der (Konflikt-)Beziehung der Eltern zum Untersuchungszeitpunkt (Ausmaß an Enttäuschung, Wut, Kränkung und Verletzung zum Untersuchungszeitpunkt, Angst, dass der andere Elternteil versuchen werde, die Kinder aufzuhetzen, sowie Heftigkeit des Wunsches, mit dem bzw der ExpartnerIn nichts mehr zu tun zu haben)

**Deskriptive Statistiken**

Abhängige Variable: Kontakthäufigkeit Kinder - getrennt lebender Elternteil

| Obsorgeform | Mittelwert | Standardabweichung | N |
|---|---|---|---|
| ObE | 2,20 | 1,30 | 539 |
| aO | 3,42 | 1,88 | 412 |
| Gesamt | 2,72 | 1,69 | 951 |

**Tests der Zwischensubjekteffekte**

Abhängige Variable: Kontakthäufigkeit Kinder - getrennt lebender Elternteil

| Quelle | Quadratsumme vom Typ III | df | Mittel der Quadrate | F | Signifikanz |
|---|---|---|---|---|---|
| Korrigiertes Modell | 503,643[a] | 6 | 83,941 | 35,820 | ,000 |
| Konstanter Term | 1028,932 | 1 | 1028,932 | 439,075 | ,000 |
| Enttäuschung - jetzt | 25,989 | 1 | 25,989 | 11,090 | ,001 |
| Wut - jetzt | 9,285 | 1 | 9,285 | 3,962 | ,047 |
| Kränkung/ Verletzung - jetzt | 1,456 | 1 | 1,456 | ,621 | ,431 |
| Wunsch, nichts mehr zu tun zu haben - jetzt | 19,795 | 1 | 19,795 | 8,447 | ,004 |
| Angst vor Aufhetzung - jetzt | 11,633 | 1 | 11,633 | 4,964 | ,026 |
| Obsorgeform | 212,792 | 1 | 212,792 | 90,804 | ,000 |
| Fehler | 2212,176 | 944 | 2,343 | | |
| Gesamt | 9775,000 | 951 | | | |
| Korrigierte Gesamtvariation | 2715,819 | 950 | | | |

a. R-Quadrat = ,185 (korrigiertes R-Quadrat = ,180)

Werden die einzelnen Operationalisierungen der (Konflikt-)Beziehung der Eltern zum Untersuchungszeitpunkt wieder zu einer übergeordneten Variable zusammengefasst, so hat diese einen signifikanten Einfluss auf das Kontaktausmaß. Der Einfluss der Obsorgeform bleibt aber auch in dieser Variante bestehen (Tab 191).

*Tabelle 191:* Kovarianzanalyse: Der Einfluss der Obsorgeform auf das Ausmaß an Kontakten der Kinder zum getrennt lebenden Elternteil unter Berücksichtigung der (Konflikt-)Beziehung der Eltern zum Untersuchungszeitpunkt (übergeordnete Konfliktvariable: Ausmaß an Enttäuschung, Wut, Kränkung und Verletzung zum Untersuchungszeitpunkt, Angst, dass der andere Elternteil versuchen werde, die Kinder aufzuhetzen, sowie Heftigkeit des Wunsches, mit dem bzw der ExpartnerIn nichts mehr zu tun zu haben)

**Deskriptive Statistiken**

Abhängige Variable: Kontakthäufigkeit Kinder - getrennt lebender Elternteil

| Obsorgeform | Mittelwert | Standardabweichung | N |
|---|---|---|---|
| ObE | 2,21 | 1,32 | 547 |
| aO | 3,40 | 1,87 | 420 |
| Gesamt | 2,73 | 1,69 | 967 |

**Tests der Zwischensubjekteffekte**

Abhängige Variable: Kontakthäufigkeit Kinder - getrennt lebender Elternteil

| Quelle | Quadratsumme vom Typ III | df | Mittel der Quadrate | F | Signifikanz |
|---|---|---|---|---|---|
| Korrigiertes Modell | 513,015[a] | 2 | 256,507 | 110,171 | ,000 |
| Konstanter Term | 289,217 | 1 | 289,217 | 124,219 | ,000 |
| Komb. Gefühle zum Untersuchungszeitp. | 180,116 | 1 | 180,116 | 77,361 | ,000 |
| Obsorgeform | 222,854 | 1 | 222,854 | 95,717 | ,000 |
| Fehler | 2244,456 | 964 | 2,328 | | |
| Gesamt | 9954,000 | 967 | | | |
| Korrigierte Gesamtvariation | 2757,471 | 966 | | | |

a. R-Quadrat = ,186 (korrigiertes R-Quadrat = ,184)

Schließlich sollen noch zwei weitere Hypothesen getestet werden, nämlich ob das Ausbildungsniveau der Eltern und das Alter der Kinder einen entscheidenden Einfluss auf das Ausmaß an Kontakten der Kinder zum getrennt lebenden Elternteil hat. Es zeigte sich ja, dass Eltern mit ObE durchschnittlich höher ausgebildet sind als Eltern der Gruppe aO und dass Eltern mit ObE signifikant weniger Kinder unter drei Jahren, dafür signifikant mehr Kinder zwischen elf und 13 Jahren haben als Eltern der Gruppe aO.[592]

Eine Erklärung für das höhere Ausbildungsniveau der Eltern mit ObE wäre, dass der Bildungsstand mit bestimmten pädagogischen Haltungen und Einstellungen (etwa was die Beteiligung beider Eltern an der Betreuung und Versorgung der Kinder betrifft) in Zusammenhang stehen könnte. Dies könnte sich wiederum positiv auf die Fortsetzung einer intensiven Beziehung zum getrennt lebenden Elternteil und somit auf die Kontakthäufigkeit auswirken.[593]

Die höhere Kontakthäufigkeit der Kinder in Familien mit ObE könnte wiederum mit dem durchschnittlich höheren Alter der Kinder zum Untersuchungszeitpunkt in Zusammenhang stehen. Denn je jünger die Kinder sind, umso wahrscheinlicher wird von den Eltern die aO der Mutter vereinbart.

Beide Hypothesen werden jedoch durch die vorliegenden Daten nicht bestätigt. Das Ausbildungsniveau der Eltern hat (auf dem 99-%-Signifikanzniveau) keinen signifikanten Einfluss auf das Ausmaß an Kontakten der Kinder zum getrennt lebenden Elternteil. Die Obsorgeform bleibt auch unter Berücksichtigung des Bildungsstandes unverändert hoch signifikant (Tab 192).

Die Hypothese, das höhere Kontaktausmaß der Kinder aus Familien mit ObE sei in Wirklichkeit nicht auf die Obsorgeform, sondern auf das durchschnittlich höhere Alter der Kinder (im Vergleich zum durchschnittlichen Alter der Kinder aus Familien mit aO) zurückzuführen, wurde aus auswertungstechnischen Gründen nur an den ersten (= jüngsten) Kindern getestet. Wie Tab 193 zeigt, hat aber das Alter des Kindes keinen signifikanten Einfluss auf die Kontakthäufigkeit, während die Obsorgeform – auch bereinigt durch den Einfluss des Alters – einen signifikanten Einfluss hat.

592 Siehe dazu Kapitel 8.1.2.

593 Eine andere Erklärung wäre der bessere Zugang zu Informationen über die ObE.

*Tabelle 192:* Kovarianzanalyse: Der Einfluss der Obsorgeform auf das Ausmaß an Kontakten der Kinder zum getrennt lebenden Elternteil unter Berücksichtigung des Ausbildungsniveaus der Eltern

**Deskriptive Statistiken**

Abhängige Variable: Kontakthäufigkeit Kinder - getrennt lebender Elternteil

| Obsorgeform | Mittelwert | Standardabweichung | N |
|---|---|---|---|
| ObE | 2,18 | 1,29 | 502 |
| aO | 3,32 | 1,87 | 384 |
| Gesamt | 2,67 | 1,66 | 886 |

**Tests der Zwischensubjekteffekte**

Abhängige Variable: Kontakthäufigkeit Kinder - getrennt lebender Elternteil

| Quelle | Quadratsumme vom Typ III | df | Mittel der Quadrate | F | Signifikanz |
|---|---|---|---|---|---|
| Korrigiertes Modell | 290,741[a] | 2 | 145,371 | 59,538 | ,000 |
| Konstanter Term | 793,588 | 1 | 793,588 | 325,019 | ,000 |
| Schulbildung der Eltern | 12,021 | 1 | 12,021 | 4,923 | ,027 |
| Obsorgeform | 254,148 | 1 | 254,148 | 104,088 | ,000 |
| Fehler | 2155,991 | 883 | 2,442 | | |
| Gesamt | 8781,000 | 886 | | | |
| Korrigierte Gesamtvariation | 2446,733 | 885 | | | |

a. R-Quadrat = ,119 (korrigiertes R-Quadrat = ,117)

*Tabelle 193:* Kovarianzanalyse: Der Einfluss der Obsorgeform auf das Ausmaß an Kontakten der Kinder zum getrennt lebenden Elternteil unter Berücksichtigung des Alters der Kinder

**Deskriptive Statistiken**

Abhängige Variable: Kontakthäufigkeit Kinder - getrennt lebender Elternteil

| Obsorgeform | Mittelwert | Standardabweichung | N |
|---|---|---|---|
| ObE | 2,19 | 1,32 | 213 |
| aO | 3,36 | 1,92 | 184 |
| Gesamt | 2,73 | 1,73 | 397 |

**Tests der Zwischensubjekteffekte**

Abhängige Variable: Kontakthäufigkeit Kinder - getrennt lebender Elternteil

| Quelle | Quadratsumme vom Typ III | df | Mittel der Quadrate | F | Signifikanz |
|---|---|---|---|---|---|
| Korrigiertes Modell | 134,269[a] | 2 | 67,134 | 25,253 | ,000 |
| Konstanter Term | 717,755 | 1 | 717,755 | 269,990 | ,000 |
| Alter des jüngsten Kindes | 5,101E-03 | 1 | 5,101E-03 | ,002 | ,965 |
| Obsorgeform | 133,881 | 1 | 133,881 | 50,360 | ,000 |
| Fehler | 1047,429 | 394 | 2,658 | | |
| Gesamt | 4147,000 | 397 | | | |
| Korrigierte Gesamtvariation | 1181,698 | 396 | | | |

a. R-Quadrat = ,114 (korrigiertes R-Quadrat = ,109)

Das heißt nun, dass das höhere Ausmaß an Besuchskontakten in Familien mit ObE auch tatsächlich als eine (positive) Auswirkung der ObE zu interpretieren ist. Dieses (für die Beurteilung der ObE aus pädagogisch-entwicklungspsychologischer Perspektive bedeutsame) Ergebnis der vorliegenden Studie fügt sich in eine Reihe anderer vergleichender Untersuchungen ein, die ergaben, dass das Ausmaß an Kontakt zwischen Kindern und beiden Eltern bei Arrangements mit gemeinsamer Sorge höher war als bei alleiniger elterlicher Sorge und dass Kontaktabbrüche die Ausnahme blieben.[594] AutorInnen dieser Studien sehen darin,

594 *Fthenakis* et al, Gemeinsame elterliche Sorge (1990); so auch *Balloff/Walter,* Zeitschrift für das gesamte Familienrecht (1990) 445-454; *Gründel,* Gemeinsames Sorgerecht (1995); *Jensen,* Binuclear families in *Leira,* Family Sociology (1993); *Johnston* et al, Contested Custody (1988),

also in der Sicherung der Beziehung zu beiden Eltern, den größten Vorteil des gemeinsamen Sorgerechts.[595]

## 8.4 Zusammenfassung

Die ersten zwei Forschungsfragen, die durch die vorangegangenen Ergebnisteile beantwortet werden sollten, lauteten:

1. Zeigen sich **Unterschiede hinsichtlich der mittel- und langfristigen Entwicklungsbedingungen** von Kindern, die nach der Scheidung ihrer Eltern unter der Bedingung der ObE oder der aO eines Elternteils aufwachsen, und, wenn ja, welche sind diese?
2. Wenn sich Unterschiede ausmachen lassen, sind diese zumindest ***auch*** **auf die Obsorgeform zurückzuführen**?

Der sorgfältigen Prüfung der zweiten Forschungsfrage war dieses Kapitel gewidmet. Was ist nun das Ergebnis?

Beide Forschungsfragen lassen sich – aufgrund der Ergebnisse – klar mit „Ja" beantworten: Ja, es lassen sich bedeutsame Unterschiede in den Entwicklungsbedingungen von Kindern ausmachen, die nach der Scheidung ihrer Eltern unter der Bedingung der ObE oder der aO eines Elternteils aufwachsen. Diese Unterschiede betreffen, zusammenfassend formuliert, die „Milderung des Konfliktklimas zwischen den Eltern" im Fall der ObE einerseits und die „Fortsetzung einer intensiven Beziehung der Kinder zum getrennt lebenden Elternteil" andererseits. Und zur zweiten Frage: Die gefundenen Unterschiede in den Entwicklungsbedingungen der Kinder sind (*auch*) auf die Obsorgeform zurückzuführen. Oder anders formuliert: Die stärkere Beruhigung des Konfliktklimas zwischen den Eltern und das signifikant höhere Kontaktausmaß der Kinder zum getrennt lebenden Elternteil in Familien mit ObE sind tatsächlich (auch) eine Folge der Beibehaltung der ObE nach der Scheidung.

Die Prüfung der zweiten Forschungsfrage, an deren Ende dieses Ergebnis stand, erfolgte in mehreren Schritten:

Die erste Frage, die sich stellte, war, *welche* anderen Faktoren (neben oder anstelle der Obsorgeform selbst) die gefundenen Unterschiede zwischen den Obsorgegruppen erklären könnten und in welcher Beziehung diese zur Obsorgeform stehen. Als sehr plausibel erwies sich dabei, dass das **Konfliktniveau der Eltern**

*Kline* et al, Children's Adjustment (1989), *Luepnitz,* Comparison (1986), zitiert nach *Fthenakis*, Kindliche Reaktionen (1995); *Proksch*, Reform des Kindschaftsrechts (2002).

595 Vgl dazu die Metaanalyse von *Bauserman,* Child Adjustment in Joint-custody versus Sole-custody Arrangements: A Meta-analytic Review, Journal of Family Psychology 16 (1) (2002) 91–102.

**vor der Scheidung** einen Einfluss auf die weiteren Bedingungen der Kinder in der Nachscheidungsfamilie hat. Dass sich nur diejenigen Eltern für die ObE entscheiden würden, die sie – aufgrund ihres ohnehin niedrigen Konfliktniveaus – eigentlich nicht brauchen (um weiterhin gemeinsame Elternschaft zu leben), und diejenigen, die keine gemeinsame Elternschaft nach der Scheidung wollen, auch mithilfe eines Rechtstitels nicht dazu gebracht werden können, stellte stets ein Hauptargument der KritikerInnen der Einführung des Modells der ObE dar.

So musste im ersten Schritt die Hypothese geprüft werden, ob sich Eltern mit ObE im Hinblick auf ihr Konfliktniveau vor der Scheidung so weit von Eltern mit aO unterscheiden, dass angenommen werden muss, dass sich das Modell der ObE weitgehend auf jene Eltern beschränkt, deren Beziehung sich trotz Scheidung durch ein geringes Konfliktniveau und daher größere Kommunikations- und Kooperationsbereitschaft auszeichnet. Wäre diese Frage mit Ja zu beantworten gewesen, wäre es tatsächlich nahegelegen, die erhobenen Unterschiede zwischen den Obsorgegruppen, was die Milderung des Konfliktklimas bzw die Fortsetzung der Beziehung der Kinder zum getrennt lebenden Elternteil betrifft, nicht als eine Folge der Obsorgeform, sondern als die Folge des von vornherein geringen Konfliktniveaus zwischen den Eltern zu betrachten.

Das Ergebnis dieses ersten Auswertungsschrittes war, dass sich zwar Unterschiede zwischen Eltern mit ObE und Eltern mit aO zeigen, was die Einvernehmlichkeit der Scheidung, das Scheidungserleben und das subjektiv empfundene Ausmaß an Konflikten zwischen den Eltern betrifft. Aber es zeigt sich auch klar, dass sich das Modell der ObE keinesfalls nur auf Eltern mit einem niedrigen Konfliktniveau vor der Scheidung beschränkt. Auch massive Konflikte stellen offensichtlich keinen Hinderungsgrund für die Beibehaltung der ObE dar.

Auch hinsichtlich anderer, nämlich **personengebundener bzw soziodemografischer Merkmale der Eltern bzw der Kinder**, die neben dem Konfliktniveau geprüft wurden, unterscheiden sich Familien mit ObE und aO nicht so weit voneinander, dass die ObE als „Sonderphänomen" ausgewählter Elterngruppen betrachtet werden muss.

Allerdings wird deutlich, dass Eltern mit ObE durchschnittlich höher ausgebildet sind als Eltern der Gruppe aO und signifikant weniger Kinder unter drei Jahren, dafür mehr Kinder zwischen elf und 13 Jahren haben – beides könnte Auswirkungen auf die Gestaltung der Nachscheidungsfamilien haben. Für die Bedeutung des Ausbildungsniveaus sind zwei Varianten denkbar: Zum einen könnte ein Zusammenhang zwischen dem Bildungsstand und dem Zugang zu Information über die ObE bestehen, und dies könnte die Wahl der ObE positiv beeinflussen.[596] Im anderen Fall könnte der Bildungsstand mit bestimmten päda-

596 Tatsächlich zeigte sich, dass etwa 20 % der Eltern mit aO eines Elternteils (bzw über 30 % der nicht obsorgeberechtigten Elternteile) zum Zeitpunkt der Obsorgeentscheidung keine Kenntnis

gogischen Haltungen und Einstellungen (etwa was die Beteiligung beider Eltern an der Betreuung und Versorgung der Kinder betrifft) in Zusammenhang stehen.

Das Alter der Kinder könnte wiederum Auswirkungen auf die Intensität haben, in der die Beziehung zum getrennt lebenden Elternteil aufrechterhalten werden kann. Beide „Spuren“ wurden weiterverfolgt, wie noch dargestellt wird.

Der zweite Auswertungsschritt folgte dem Gedanken, dass, wenn es tatsächlich so wäre, dass sich Eltern mit ObE von vornherein durch ein geringes Konfliktniveau auszeichnen, ein einigermaßen bedeutungsvoller Zusammenhang zwischen der Intensität an Konflikten vor der Scheidung und der Obsorgeform bestehen müsste. Es müsste dann auch möglich sein – denkt man noch einen Schritt weiter –, die Obsorgeentscheidung aufgrund des Konfliktausmaßes eines Elternpaares mit einiger Sicherheit zu prognostizieren. Doch es zeigt sich ein zwar signifikanter, aber nur sehr schwacher (linearer) Zusammenhang zwischen den Konflikten der Eltern vor der Scheidung und der Obsorgeform, und die Obsorgeentscheidung lässt sich aufgrund des Konfliktniveaus der Eltern nicht einigermaßen sicher vorhersagen.

Das Konfliktniveau vor der Scheidung kann somit die weitere Entwicklung der (Konflikt-) Beziehung der Eltern sowie die weitere Gestaltung der Beziehung der Kinder zu beiden Elternteilen in der Nachscheidungsfamilie *nicht* vollständig erklären. Es zeigen sich nach den ersten beiden Auswertungsdurchgängen keine Hinweise, die für eine Verwerfung der Hypothese sprechen, die Milderung des Konfliktklimas der Eltern bzw das höhere Ausmaß an Kontakten der Kinder zum getrennt lebenden Elternteil in Familien mit ObE sei tatsächlich auch eine Folge der ObE.

Der dritte Auswertungsschritt sollte nun konkret die Frage beantworten, ob die Obsorgeform einen eigenen Beitrag zur Milderung der elterlichen Konflikte nach der Scheidung sowie zur Aufrechterhaltung einer intensiven Beziehung der Kinder zum getrennt lebenden Elternteil leistet oder sich dieser Einfluss als ein vermeintlicher herausstellt, sobald man verschiedene andere Faktoren wie das Konfliktniveau der Eltern vor der Scheidung und in der Nachscheidungszeit, das Ausbildungsniveau der Eltern und das Alter der Kinder ins Kalkül zieht.

Um diese Frage zu beantworten, wurde zum einen der mögliche Einfluss des Konfliktniveaus vor der Scheidung auf die Entwicklung der (Konflikt-)Beziehung der Eltern sowie die Gestaltung der Eltern-Kind-Kontakte in der Nachscheidungsfamilie konstant gehalten, indem die Auswertungen für Familien

---

von der Möglichkeit der ObE hatten und Fehlinformationen über die ObE bei Eltern mit aO eines Elternteils in einem höheren Ausmaß vertreten sind. Es kann daher vermutet werden, dass der mangelhafte Informationsstand dieser Eltern auch einen Einfluss auf ihre Obsorgeentscheidung hatte. Siehe ausführlich dazu *Barth-Richtarz/Figdor*, Was bringt die gemeinsame Obsorge? (2008) 74–84.

mit jeweils vergleichbarem Konfliktniveau getrennt durchgeführt wurden. Die Ergebnisse dieser Auswertungen sind:

Es zeigt sich eine signifikant positivere Entwicklung des Beziehungsklimas der Eltern mit ObE im Vergleich zu jenen mit aO eines Elternteils in Familien mit mittlerem bis hohem Konfliktniveau vor der Scheidung, die die größte Gruppe bilden. Bei Familien, die sich durch ein niedriges bzw sehr hohes Konfliktniveau vor der Scheidung auszeichnen, die sich also sozusagen am „unteren" und „oberen" Rand der Konfliktverteilung befinden, zeigt sich kein signifikanter Unterschied mehr zwischen Eltern mit ObE und aO, was die Veränderung ihres Beziehungsklimas bis zum Untersuchungszeitpunkt betrifft.

Für das Ausmaß der Kontakte der Kinder zum getrennt lebenden Elternteil gilt Ähnliches: Das Konfliktniveau der Eltern zwischen Trennungszeitpunkt und Scheidung hat natürlich einen gewissen Einfluss auf das **Ausmaß an Kontakt der Kinder zum getrennt lebenden Elternteil** in der Nachscheidungszeit. So nähert sich die durchschnittliche Kontakthäufigkeit der Kinder aus Familien mit aO eines Elternteils bei Eltern mit niedrigen bis mittleren Konflikten zwischen Trennungsabsicht und Scheidung an diejenige der Kinder aus Familien mit ObE an. Aber das Konfliktniveau der Eltern kann die häufigeren Besuchskontakte in Familien mit ObE *nicht* vollständig erklären, denn bereits ab einem mittleren bis hohen Konfliktniveau – und dies entspricht in der überwiegenden Mehrheit der Realität der untersuchten Scheidungsfamilien – zeigen sich signifikante Unterschiede zwischen dem Kontaktausmaß der Kinder aus Familien mit ObE und Kindern aus Familien mit aO. Sogar bei Familien mit einem sehr hohen Konfliktniveau vor der Scheidung haben die Kinder in der Nachscheidungszeit signifikant mehr Kontakt zum getrennt lebenden Elternteil, wenn sich die Eltern weiterhin die Obsorge teilen.

Somit wird deutlich, dass die ObE tatsächlich einen eigenen Beitrag zur Milderung der elterlichen Konflikte nach der Scheidung sowie zur Aufrechterhaltung einer intensiven Beziehung der Kinder zum getrennt lebenden Elternteil leistet, und die „positive Wirkung" der ObE scheint sich va bei durchschnittlichen Scheidungseltern mit einem tendenziell mittleren bis hohen Konfliktniveau zu entfalten.

Schließlich wurden diese Ergebnisse nochmals, gleichsam wieder von einer anderen Seite, nämlich durch multivariate statistische Analysemethoden, überprüft. Als geeignetes Verfahren erwies sich die Kovarianzanalyse, da diese die Wirkung einer unabhängigen Variable auf eine abhängige Variable untersucht und diese Wirkung um den möglichen Einfluss weiterer erklärender Variablen (= Kovariaten) rechnerisch bereinigt.[597]

597 *Backhaus* et al, Multivariate Analysemethoden ($2003^9$) 140 f, ausführlicher: Anmerkungen zur statistischen Auswertung ab Seite 188.

Im vorliegenden Fall wurde untersucht, ob weiterhin ein signifikanter Einfluss der Obsorgeform auf das Konfliktniveau der Eltern nach der Scheidung bzw das Ausmaß der Kontakte der Kinder zum getrennt lebenden Elternteil nachweisbar ist, wenn der mögliche Einfluss anderer Faktoren (Kovariaten) mitberücksichtigt wird. Es handelt sich also um einen weiteren Versuch, empirische Hinweise auf die Frage zu erhalten, ob die Obsorgeform selbst eine unabhängige Variable darstellt und somit die Entwicklungsbedingungen der Kinder in der Nachscheidungsfamilie mit beeinflusst.

Für das Konfliktniveau der Eltern nach der Scheidung wurden ihre Angaben zum Ausmaß an Konflikten im Zusammenhang mit den Kontakten der Kinder zum getrennt lebenden Elternteil („Besuchskontakte") herangezogen, da dies jenen Bereich der Gestaltung der Nachscheidungsfamilie darstellt, der am häufigsten mit Konflikten zwischen den Eltern belastet ist, und weiters die Veränderung des Beziehungsklimas der Eltern bis zum Untersuchungszeitpunkt. Das Ergebnis der verschiedenen kovarianzanalytischen Berechnungen war immer dasselbe: Die **Obsorgeform** hat auch dann einen signifikanten **Einfluss auf das Ausmaß an Kontakten** der Kinder zum getrennt lebenden Elternteil, auf das Ausmaß an **Konflikten um die Besuchskontakte** und auf die **Verbesserung des Beziehungsklimas zwischen den Eltern** insgesamt in der Nachscheidungszeit, wenn der Einfluss des Konfliktniveaus der Eltern, und zwar egal, ob vor der Scheidung oder zum Untersuchungszeitpunkt, mitberücksichtigt wird.

Aufgrund der bisherigen Ergebnisse war es zwar schon sehr unwahrscheinlich, dass die Unterschiede in Bezug auf die Entwicklung der elterlichen (Konflikt-)Beziehung und das Kontaktausmaß der Kinder zum getrennt lebenden Elternteil zwischen Familien mit ObE und aO auf das durchschnittlich höhere Ausbildungsniveau der Eltern (und nicht auf die Beibehaltung der ObE) zurückzuführen sei. Das höhere Ausbildungsniveau war ja einer der wenigen relevanten Unterschiede in den personengebundenen Merkmalen von Eltern mit ObE und aO,[598] und daran schloss sich die Überlegung, dass der Bildungsstand mit bestimmten pädagogischen Haltungen und Einstellungen (etwa was die Beteiligung beider Eltern an der Betreuung und Versorgung der Kinder betrifft) in Zusammenhang stehen könnte. Dies könnte sich wiederum in einem höheren Kontaktausmaß bzw in weniger Konflikten im Zusammenhang mit den Besuchskontakten zeigen.

Es zeigt sich aber keine empirische Grundlage für diese Überlegung. Das Ausbildungsniveau der Eltern hat keinen signifikanten Einfluss auf das Ausmaß an Kontakten der Kinder zum getrennt lebenden Elternteil und auf die Konflikte um die Besuchskontakte, während jener der Obsorgeform auch unter Berücksichtigung des Bildungsstandes unverändert hochsignifikant bleibt.

598 Siehe dazu ausführlich *Barth-Richtarz/Figdor*, Was bringt die gemeinsame Obsorge? (2008) 90–97, sowie Kapitel 8.1.2 der vorliegenden Studie.

Zu guter Letzt sollte auch die Überprüfung der Hypothese nicht fehlen, das höhere Kontaktausmaß der Kinder aus Familien mit ObE sei in Wirklichkeit nicht auf die Obsorgeform, sondern auf das durchschnittlich höhere **Alter der Kinder** (im Vergleich zum durchschnittlichen Alter der Kinder aus Familien mit aO) zurückzuführen. Der zweite wesentliche Unterschied in den personengebundenen Merkmalen zwischen den befragten Eltern mit ObE und aO eines Elternteils war ja, wie bereits angesprochen, dass Eltern mit ObE signifikant weniger Kinder unter drei Jahren, dafür mehr Kinder zwischen elf und 13 Jahren hatten als Eltern der Gruppe aO. Aber auch das Alter der Kinder hat, wie die Überprüfung dieser Hypothese deutlich machte, keinen signifikanten Einfluss auf die Kontakthäufigkeit, während die Obsorgeform – auch bereinigt durch den möglichen Einfluss des Alters – einen signifikanten Einfluss auf das Ausmaß an Kontakten der Kinder zum getrennt lebenden Einfluss hat.

Aufgrund der entscheidenden Bedeutung, die der Frage zukommt, ob bzw in welcher Hinsicht und in welchem Ausmaß die gefundenen positiven „Auswirkungen" der ObE auf die Entwicklungsbedingungen der Kinder tatsächlich auch Auswirkungen der Fortführung der ObE trotz Scheidung sind, wurde auf die empirische Überprüfung dieser Frage großer Aufwand verwendet.

Sowohl das Ergebnis, dass es sich bei den Eltern mit ObE nicht um von vornherein relativ konfliktarme und daher gut kooperierende oder in anderer Hinsicht „besondere" Eltern handelt und sich dennoch entscheidende Unterschiede in den Entwicklungsbedingungen für die Kinder in der Nachscheidungsfamilie zeigen, als auch alle weiterführenden (multivariaten) Auswertungen sprechen eine klare Sprache: dass nämlich die Obsorgeentscheidung tatsächlich auch – neben anderen Faktoren – Folgen für die weitere Gestaltung der Nachscheidungsfamilie und damit für die Entwicklungsbedingungen der Kinder in diesen Familien zeitigt und die ObE diesbezüglich die günstigeren Bedingungen bereitstellt.

# 9 Konsequenzen für die pädagogische Beratung von Scheidungseltern

Welche Konsequenzen sind aus den empirischen Ergebnissen für die pädagogische Beratung von Scheidungseltern zu ziehen? Was kann und soll Eltern, die sich scheiden lassen, im Hinblick auf die Obsorgeentscheidung und die konkrete Ausgestaltung ihrer (gemeinsamen) Elternschaft nach der elterlichen Trennung bzw Scheidung empfohlen werden? Lassen sich diesbezüglich überhaupt allgemeine Ziele und Richtlinien formulieren, oder können diese nur für den jeweiligen individuellen Fall gefunden werden?

Von der Annahme ausgehend, dass pädagogische Beratung zum Ziel hat, die Entwicklungsinteressen des Kindes zu sichern bzw verschüttete Entwicklungschancen wiederzueröffnen[599], muss es in der pädagogischen Beratung von Scheidungseltern darum gehen, die Eltern zu Handlungen zu veranlassen, die dazu führen, die Entwicklungsinteressen des Kindes trotz und angesichts der elterlichen Trennung bzw Scheidung zu sichern oder wiederzueröffnen. Es geht also darum, die Eltern dabei zu unterstützen, dass diese ihren Kindern helfen, die elterliche Trennung „hinreichend gut zu bewältigen", sodass langfristige negative Auswirkungen möglichst minimiert werden.

Die wichtigsten Voraussetzungen für eine solcherart „hinreichend gut bewältigte Scheidung" wurden bereits zu Beginn genannt[600] und seien hier nochmals angeführt:

a) „Die für alle (einigermaßen) gesunden Scheidungskinder typischen emotionalen Reaktionen müssen ausgedrückt werden können: die Trauer über die verlorene ‚richtige' Familie; die Angst, Vater und/oder Mutter ganz zu verlieren; das Gefühl, an der Trennung Schuld zu sein; die Wut auf einen Elternteil, den anderen fortgeschickt oder verlassen zu haben; die Wut auf beide Eltern, nur an sich und nicht an das Kind zu denken; schließlich die Kränkung, dem weggehenden Elternteil nicht so viel wert zu sein, dass er trotz allem bleibt. Diese Gefühle ausdrücken zu können, heißt erstens, sich nicht fürchten zu müssen, dass Affekt(Gefühls-)Durchbrüche die Liebe der Eltern erst recht aufs Spiel setzen,

599 Siehe dazu zB *Figdor*, Aufklärung, verantwortete Schuld und die Wiederentdeckung der Freude am Kind ($2003^2$) 36.

600 Siehe Kapitel 2.4.

zweitens allmählich fähig zu werden, diese Gefühle auch symbolisieren und kommunizieren zu können.

b) Die Kinder müssen in den Monaten nach der Trennung real erfahren können, dass nicht alles Schöne vorbei ist und ihre Befürchtungen nicht eintreten. Sie müssen die Gründe für die Trennung verstehen können,[601] um sich nicht mehr schuldig oder verletzt zu fühlen, und sie müssen ihre Wut besänftigen können, indem sie erleben, dass die Eltern den Schmerz, den sie ihren Kindern antaten, bedauern.

c) Sie müssen erleben können, dass jene Auseinandersetzungen, die sie selbst immer wieder mit den Eltern haben, ihre Beziehung zu Mutter und Vater nicht gefährden, sondern Streit etwas Normales ist und allemal Versöhnung nach sich zieht.

d) Die Kinder müssen für die Entwicklung sowohl der mütterlich-weiblichen als auch der väterlich-männlichen Anteile ihrer Persönlichkeit weiterhin reale Personen beiderlei Geschlechts zur Verfügung haben, mit denen sie sich identifizieren können.

e) Sie müssen sich frei fühlen, beide Eltern lieben zu dürfen, ohne den Vater oder die Mutter zu kränken oder gar zu verlieren.

f) Sie müssen die Sicherheit gewinnen, sich nicht für das seelische Wohlergehen der Eltern verantwortlich zu fühlen, also Kinder sein zu dürfen, die sich darauf verlassen können, dass sich die Eltern trotz Trennung stets um sie kümmern.

g) Diese Sicherheit bringt die Freiheit mit sich, den Vater oder die Mutter vorübergehend auch hassen zu dürfen, ohne fürchten zu müssen, die Beziehung zu ihm bzw zu ihr zu zerstören. Weil es immer noch den ‚Anderen' gibt, verlieren die eigenen Hassgefühle an existentieller Bedrohlichkeit. (Ab der Pubertät ermöglicht dieser triangulierte Beziehungsraum auch die Möglichkeit, real vom einen zum anderen Elternteil [zumindest vorübergehend] zu wechseln – übrigens ein ‚strukturelles' Privileg von Scheidungskindern, die im Zuge des adoleszenten Ablöseprozesses beim Elternteil, bei dem sie bislang nicht lebten, eine Art Zwischenstation finden können.).

Sind diese Voraussetzungen einigermaßen erfüllt, darf erwartet werden, dass sich die in Langzeitstudien und klinischen Untersuchungen festgestellten negativen Auswirkungen der elterlichen Trennung[602] nicht nur nicht einstellen, sondern die betroffenen Kinder von der Trennung sogar profitieren[603] können."[604]

601 Zur großen Bedeutung einer angemessenen Information über die Trennung bzw Scheidung für Kinder siehe auch *Zartler/Werneck,* Die Auflösung der Paarbeziehung: Wege in die Scheidung, in *Zartler/Wilk/Kränzl-Nagl,* Eltern (2004).

602 Die negativen Langzeitfolgen elterlicher Trennung betreffen va das Selbstwertgefühl der Kinder, die Bildungs- und Berufskarriere, die Beziehung zum anderen Geschlecht, den Umgang mit Konflikten und Aggressionen, das Sexualleben und schließlich auch die spätere Beziehung zu den eigenen Kindern (vgl beispielsweise *Figdor,* Kinder [1991], Scheidungskinder [1997];

Welchen Beitrag kann die Art und Weise, in der Eltern ihre Elternschaft nach der Scheidung gestalten, insb auch durch die Wahl der Obsorgeform, zur Erfüllung dieser Voraussetzungen und damit zur Sicherstellung günstiger Entwicklungsbedingungen für die Kinder leisten? In welche Richtung müsste folglich die pädagogische Beratung von Scheidungseltern gehen?

Die Ergebnisse der vorliegenden Untersuchung erlauben eine Reihe von Schlussfolgerungen dazu. Ich möchte diese Schlussfolgerungen als Richtlinien formulieren, die eine grundsätzliche Orientierung für die pädagogische Beratung von Scheidungseltern geben sollen, und zwar im Hinblick auf die Gestaltung ihrer Elternschaft nach der Scheidung, und dabei insb im Hinblick auf die Obsorgeentscheidung. Nicht beschäftigen werde ich mich in diesem Kapitel mit allgemeinen Zielen und Grundsätzen der Beratung von Scheidungseltern, ebenso wenig mit Methoden und Techniken der Scheidungsberatung. Damit erfolgt in diesem Kapitel eine **Beantwortung der dritten Forschungsfrage** der vorliegenden Untersuchung.

Als erste Richtlinie für die pädagogische Beratung von Scheidungseltern im Hinblick auf die Obsorgeentscheidung und die konkrete Ausgestaltung der (gemeinsamen) Elternschaft nach der elterlichen Trennung bzw Scheidung lässt sich formulieren:

*1. Insgesamt lassen die Ergebnisse der Studie den Schluss zu, dass die ObE für zentrale Variablen einer günstigen seelischen Entwicklung der Heranwachsenden die besten Rahmenbedingungen schafft. Die wichtigsten Gründe dafür liegen in den Auswirkungen der ObE auf das Familienklima (Entspannung der elterlichen Beziehung) und auf die Sicherung und Ausgestaltung der Beziehung zwischen den Kindern und den getrennt lebenden Elternteilen. Die ObE dient somit (in vielen Fällen) in hohem Maße dem Kindeswohl und ist in dieser Hinsicht der aO eines Elternteils überlegen. Daher sollte die ObE aus pädagogisch-entwicklungspsychologischer Perspektive in Zukunft als Standardmodell gesehen werden.*

Die vorliegende Untersuchung hat ergeben, dass sich tatsächlich bedeutsame Unterschiede in den Entwicklungsbedingungen von Kindern ausmachen lassen, die nach der Scheidung ihrer Eltern unter der Bedingung der ObE oder der aO eines Elternteils aufwachsen, und mit der Beibehaltung der ObE (durchschnittlich betrachtet) die Weichen für die Kinder in der Nachscheidungsfamilie günstiger gestellt sind. Die Gründe hierfür liegen in der tendenziell

*Napp-Peters*, Familien nach der Scheidung [1995]; *Wallerstein/Blakeslee*, Gewinner und Verlierer [1989]; *Wallerstein/Lewis/Blakeslee*, Scheidungsfolgen [2000]).

603 Zu den positiven Scheidungsfolgen vgl zB *Figdor*, Scheidungskinder (1997).

604 *Barth-Richtarz/Figdor*, Was bringt die gemeinsame Obsorge? (2008) 19.

- **konfliktmindernden Funktion** der ObE (Eltern mit ObE haben zB weniger Konflikte über den hauptsächlichen Aufenthalt der Kinder, weniger Besuchsrechts- und Unterhaltskonflikte und geben signifikant häufiger als Eltern mit aO eines Elternteils an, dass sich ihr Beziehungsklima entspannt),[605] der
- **beziehungssichernden Funktion** der ObE (Kinder mit ObE sehen den getrennt lebenden Elternteil signifikant häufiger als Kinder mit aO eines Elternteils, und die Zahl an kompletten Kontaktabbrüchen zum getrennt lebenden Elternteil ist im Fall der aO eines Elternteils wenige Monate nach der Scheidung bereits zehnmal höher als im Fall der ObE),[606] der
- **Angst und Kränkung mindernden Funktion** der ObE (die ObE verhindert Gefühle der Kränkung und des Verlusts durch die Obsorgeentscheidung, kein Elternteil muss sich als „Verlierer" fühlen; sie lindert die Angst der getrennt lebenden Elternteile, das Kind nicht mehr zu sehen und keine Bedeutung mehr für das Kind zu haben),[607] der
- **Elternverantwortung stärkenden Funktion** der ObE (die getrennt lebenden Elternteile kümmern sich im Fall der ObE nicht nur quantitativ mehr um ihre Kinder, sondern auch qualitativ, dh sie übernehmen in einem höheren Ausmaß elterliche Aufgaben und Verantwortung),[608] der
- **entlastenden Funktion** der ObE (hauptbetreuende Eltern mit ObE erleben die Verständigung und Zusammenarbeit mit dem anderen Elternteil im Vergleich zu den allein obsorgeberechtigten Elternteilen signifikant besser, sie geben signifikant häufiger als die Alleinobsorgeberechtigten an, dass sie der andere Elternteil entlastet und unterstützt)[609] sowie in der
- **gleichmäßigeren Verteilung der Zufriedenheit** mit der Gestaltung der Lebenssituation nach der Scheidung zwischen Vätern und Müttern – wo die Zufriedenheit einigermaßen gleichmäßig verteilt ist, ist auch das Konfliktpotenzial geringer.[610]

Das Obsorgemodell hat – wie die Ergebnisse zeigen – für sehr viele, wenn auch nicht für alle Eltern eine wichtige symbolische Bedeutung, die die Art und Weise, wie sie ihre Elternschaft nach der Scheidung gestalten, mitbeeinflusst: Die ObE wird von Müttern und Vätern oft als ein Symbol für den selbstverständlichen und unersetzlichen Platz des getrennt lebenden Elternteils im Leben der Kinder empfunden. Die Fortführung der Elternschaft *beider* Eltern wird also

605 Siehe dazu Kapitel 7.2, 7.4, 8.2.
606 Siehe dazu Kapitel 7.6, 7.10, 8.3.
607 Siehe dazu Kapitel 7.2, 7.7.
608 Siehe dazu Kapitel 7.7.
609 Siehe dazu Kapitel 7.3.2, 7.8.
610 Siehe dazu Kapitel 7.3.2, 7.4.4, 7.5, 7.7.3

symbolisiert und gleichsam „verbrieft“ in der Vereinbarung über die ObE. Das stärkt innere Bestrebungen der Eltern, die darauf zielen, dem Kind sowohl Mutter als auch Vater in ihrer Elternfunktion zu erhalten, und erschwert das Ausagieren von – mitunter allzu verständlichen – Bedürfnissen, den anderen Elternteil angesichts der eigenen negativen Erfahrungen mit ihm bzw ihr aus dem eigenen Leben (und dem der Kinder) streichen zu können oder sich selbst umgekehrt jeglicher Verantwortung für die Kinder enthoben zu fühlen. Die Bedeutung der ObE im Zusammenspiel der Bedingungen einer hinreichend gut bewältigten Scheidung ist also beachtlich:

ad a) „Die höhere Frequenz, Kontinuität und pädagogische Qualität der Besuchskontakte reduziert auch die Angst, den getrennt lebenden Elternteil (ganz) zu verlieren. Die engagierte Präsenz beider Elternteile ist darüber hinaus geeignet, allmählich auch die Angst der Kinder, an der Scheidung bzw Trennung der Eltern schuld zu sein und diese Schuld mit Liebesverlust oder Vergeltung bezahlen zu müssen, zu reduzieren.

ad b) Der Wegfall dieser Ängste, die fortgesetzte intensive Beziehung zu Mutter und Vater sowie die durch die ObE offenkundig geförderte Beruhigung der Konflikte zwischen den Eltern erleichtern dem Kind auch zu erleben, dass mit der Trennung nicht alles Schöne im Leben vorbei ist.

ad c) Die durch die ObE sich vergrößernde Chance auf Kontinuität der Beziehung zu beiden Eltern bzw – umgekehrt formuliert – die geringere Gefahr eines kompletten Abbruchs der Beziehung des Kindes zum getrennt lebenden Elternteil erspart diesen Kindern die Befürchtung, an diesem Abbruch durch (ganz normale) Opposition, mangelnde Schulleistungen, Charaktereigenschaften, Geschlecht usw schuld zu sein, wodurch sich auch die Neigung, widerständige Gefühle und Phantasien zu verdrängen, verringert.

ad d) Alle Auswirkungen der ObE tragen dazu bei, den Kindern Liebesbeziehungen zu realen Personen beiderlei Geschlechts zu sichern.

ad e) Die durch die ObE geförderte Reduktion der Konflikte der Eltern um das Besuchsrecht erhöht die Chance, dass sich die Loyalitätskonflikte der Kinder in Grenzen halten und sie sich einigermaßen frei fühlen, auch weiterhin Mutter und Vater lieben zu dürfen, ohne einen der beiden zu kränken oder zu verletzen.

ad f) Eben dadurch haben die Kinder auch weniger Anlass, sich ihrerseits um ihre Eltern zu sorgen. Dazu kommt, dass die fortgesetzte Beziehungstriade einer zu engen, quasi partnerschaftlichen Beziehung zu einem Elternteil vorbeugt, in welcher sich das Kind zur Übernahme von Verantwortung aufgefordert fühlt. Die Kinder ‚Kinder sein zu lassen‘, fällt schließlich sowohl der Mutter als auch dem Vater wohl umso leichter, je mehr sie sich durch den anderen Elternteil pädagogisch entlastet fühlen, was unter der Bedingung der ObE deutlich häufiger der Fall ist.

ad g) Der Erhalt einer möglichst gleichgewichtigen Beziehungstriade ermöglicht dem Kind auch weiterhin, seine inneren Beziehungen zu „triangulieren“, also bei hoher Ambivalenz und im Falle von Konflikten mit dem einen Elternteil zum anderen ‚auszuweichen‘ und sich auf diese Weise einem geringeren Verdrängungsdruck ausgesetzt zu sehen, als dies in sehr engen diadischen Beziehungen der Fall ist.“[611]

Die ObE bietet aber nicht nur für die Kinder (durchschnittlich betrachtet) günstigere Entwicklungschancen in der Nachscheidungszeit, sondern auch für deren Eltern, denkt man zB an die höhere Wahrscheinlichkeit, dass sich die elterlichen Konflikte beruhigen und dass sich die getrennt lebenden Elternteile im Fall der Beibehaltung der ObE an der Betreuung, Versorgung und Erziehung der gemeinsamen Kinder beteiligen (können).[612]

Wenn davon die Rede ist, dass die ObE aus pädagogisch-entwicklungspsychologischer Perspektive in Zukunft als Standardmodell gesehen werden sollte, so impliziert dies, dass es sich um ein Obsorgemodell handelt, das für die große Mehrzahl der betroffenen Familien – und zwar auch für jene, die sich nicht von vornherein durch ein niedriges Konfliktniveau und eine hohe Kooperationsbereitschaft auszeichnen – günstige Rahmenbedingungen für die Gestaltung der Nachscheidungsfamilie bietet. Aber natürlich gibt es und wird es auch in Zukunft immer wieder Fälle geben, in denen die **aO eines Elternteils eine sinnvolle oder notwendige Alternative** darstellt. Einige Überlegungen zur Indikation der aO eines Elternteils werden am Ende dieses Kapitels (Punkt 6.) angestellt.

Schließlich darf auch nicht erwartet werden, dass günstige Entwicklungsbedingungen für die Kinder mit der Beibehaltung der ObE *allein* schon gesichert wären. Die durch die ObE begünstigten Variablen sind notwendige, aber nicht schon hinreichende Bedingungen für eine gute Bewältigung des Scheidungserlebnisses durch die Kinder. Kinder brauchen Eltern, die sie aktiv bei der Bewältigung des Scheidungserlebnisses und dem Zurechtkommen mit den neuen Lebensverhältnissen unterstützen. Dazu bedarf es bestimmter Haltungen und Kompetenzen aufseiten der Eltern, bei denen Eltern immer wieder auch an ihre eigenen emotionalen Grenzen stoßen.[613] Viele AutorInnen[614] weisen darauf hin, dass Eltern die

611 *Barth-Richtarz/Figdor*, Was bringt die gemeinsame Obsorge? (2008) 192 f. Zu den Vorteilen der gemeinsamen Sorge für Kinder und Eltern siehe zB auch *Fthenakis/Walbiner*, Die Regelung der Beziehungen zwischen Kindern und Eltern nach der Scheidung, in *Fthenakis* et al (Hrsg), Die Familie nach der Familie (2008) 91–93.

612 *Fthenakis/Walbiner* sprechen auch von einer größeren Chance für die Eltern, ihre Trennung vom Expartner bzw der Expartnerin konstruktiv zu verarbeiten, und zwar durch das Erfordernis der Auseinandersetzung mit diesem bzw dieser im Falle des gemeinsamen Sorgerechts (*Fthenakis/Walbiner*, Regelung der Beziehungen, in *Fthenakis* et al, Familie nach der Familie [2008] 93).

613 Zum Erleben von geschiedenen Müttern und Vätern siehe zB *Amendt*, Scheidungsväter (2006); *Figdor*, Scheidungskinder (1997); *Werneck*, Auswirkungen einer Scheidung auf Befindlichkeit

Kompetenzen, die sie für eine Elternschaft in geschiedenen Verhältnissen benötigen, erst entwickeln müssen. Eltern dabei zu unterstützen, ist wohl die **wichtigste Aufgabe der pädagogischen Beratung** von Scheidungseltern.

Die bisherige Beratungspraxis in Österreich konzentriert sich meines Wissens vorwiegend auf die Beratung von Eltern angesichts bereits bestehender Probleme. Zukünftig sollte verstärkt auch nach Möglichkeiten gesucht und Modelle entwickelt werden, Eltern, die sich trennen bzw scheiden lassen, *präventiv* zu begleiten und zu unterstützen. Publizierte Erfahrungen mit solchen Modellen der **Elternschulung** und Elternberatung liegen va aus dem US-amerikanischen Raum vor.[615] Viele dieser Programme sind relativ kurz (etwa zwei Stunden) und umfassen Videopräsentationen, Vorträge und Gruppendiskussionen. Es werden aber auch längere Kurse (bis zu elf Sitzungen) angeboten. Teilweise ist die Teilnahme an solchen Programmen bzw Beratungsangeboten sogar eine zwingende Voraussetzung für die Scheidung. Hauptanliegen der meisten psycho-edukativen Programme ist es, die Kinder vor Konflikten zu schützen, elterliche Kompetenzen zu stärken und Klagen vor Gericht zu reduzieren.[616] Insb bei den längerfristig angelegten Programmen konnten positive Auswirkungen auf die weitere Entwicklung der Kinder nachgewiesen werden: „Alle Programme konnten Verbesserungen bezüglich der Erziehungskompetenz der Eltern nachweisen, insbesondere dann, wenn die Beziehungsqualität zwischen Kind und Eltern zu Beginn als eher schlecht eingestuft wurde.“[617]

In eine ähnliche Richtung gehen bereits jetzt Ansätze auch in Österreich – etwa das Angebot der Familienberatungsstellen bei Gericht oder die zunehmende Usance, in strittigen Pflegschaftsverfahren Erziehungsberatung zu „verordnen“. Der große Unterschied zu den amerikanischen Programmen besteht jedoch darin, dass diese präventiv möglichst *alle* Scheidungseltern erreichen sollen, und zwar in dem Bewusstsein, dass die Gestaltung der (gemeinsamen) Elternschaft in geschiedenen Verhältnissen eine Herausforderung darstellt, für die bestimmte Informationen und Kompetenzen erforderlich sind, auf deren Erwerb Eltern (und in der Folge die Kinder) ein selbstverständliches Anrecht haben. Eine Ausweitung qualifizierter psychosozialer Angebote auch in Österreich, und zwar sowohl

---

und Persönlichkeitsentwicklung, in *Zartler/Wilk/Kränzl-Nagl*, Eltern (2004) 247–279; *Zartler/Haller*, Ehemalige Partner nach einer Scheidung: Partnerschaft als Elternschaft, in *Zartler/Wilk/Kränzl-Nagl*, Eltern (2004) 107–131.

614 ZB *Fthenakis* et al, Familie nach der Familie (2008).

615 Siehe dazu *Dietrich/Paul*, Interventionsansätze bei hocheskalierten Trennungskonflikten, in *Weber/Schilling* (Hrsg.), Eskalierte Elternkonflikte (2006) 73–90; *Niesel*, Während und nach einer Scheidung – Verpflichtende und freiwillige Programme in den USA (2008), in *Fthenakis* et al, Familie nach der Familie (2008) 328–335.

616 *Niesel*, Scheidung, in *Fthenakis* et al, Familie nach der Familie (2008) 328 f.

617 *Niesel*, Scheidung, in *Fthenakis* et al, Familie nach der Familie (2008) 330.

in Form präventiver Elternschulung als auch in Form von Beratung angesichts bereits bestehender Probleme, wäre eine wichtige Ergänzung zu den Reformen im Kindschaftsrecht.

*2. Angesichts der Bedeutung der ObE für die weiteren Entwicklungsbedingungen der Kinder einerseits und des teilweise enormen Informationsdefizits betroffener Eltern über das Modell der ObE andererseits, nämlich über die gesetzlichen Rahmenbedingungen und die faktischen Ausgestaltungsmöglichkeiten der gemeinsamen Obsorge nach der Scheidung, müssen Information und Aufklärung (über Bedeutung, rechtliche Grundlagen, faktische Ausgestaltungsmöglichkeiten der ObE) zentrale Bestandteile der pädagogischen Beratung von Scheidungseltern sein.*

Im Rahmen der Evaluationsstudie wurde das Wissen der Eltern über die ObE, ihre rechtlichen Grundlagen und Implikationen, aber auch die subjektiven Erwartungen und Befürchtungen der Eltern im Zusammenhang mit der ObE abgefragt. Es zeigte sich dabei ein teilweise enormes Informationsdefizit aufseiten der Eltern über die rechtlichen Grundlagen und Implikationen der ObE zum Zeitpunkt der Obsorgeentscheidung.[618] Außerdem wurden bestimmte Befürchtungen von Eltern im Zusammenhang mit der ObE ersichtlich, die durch die empirischen Erkenntnisse entkräftet werden könnten: etwa die Befürchtung, dass die ObE im Vergleich zur aO die Gefahr erhöht, dass die Konflikte zwischen den Eltern nach der Scheidung weitergehen oder der hauptbetreuende Elternteil zusätzlich belastet wird.[619]

Die Informationsvermittlung und Aufklärung im Rahmen der Beratung von Scheidungseltern sollten sich daher auf dreierlei beziehen:

a) Aufklärung über die Bedeutung der ObE für die weiteren Entwicklungsbedingungen der Kinder: Eltern, die sich gerade mit der Frage beschäftigen, wie sie die familiäre Situation nach der Scheidung gestalten wollen, sollten sich bei ihrer Obsorgeentscheidungen darüber bewusst sein, dass die ObE in vielen (wenn auch nicht allen Fällen) eine günstige Weichenstellung für die Nachscheidungsfamilie darstellt.
b) Information darüber was die ObE impliziert und was nicht (gesetzliche Rahmenbedingungen der ObE).
c) Information über faktische Ausgestaltungsmöglichkeiten der ObE.

Ad a) In welche Richtung die diesbezügliche Aufklärung der Eltern gehen sollte, wurde bereits unter Punkt 1 in diesem Kapitel dargelegt.

Ad b) Ein wesentliches Ergebnis der Evaluationsstudie war ein teilweise enormes Informationsdefizit aufseiten der Eltern über die ObE zum Zeitpunkt

618 Siehe dazu *Barth-Richtarz/Figdor*, Was bringt die gemeinsame Obsorge? (2008) 74–84.
619 Siehe dazu *Barth-Richtarz/Figdor*, Was bringt die gemeinsame Obsorge? (2008) 51 f.

ihrer Obsorgeentscheidung: Zum einen gab ein nicht unbeträchtlicher Teil der Eltern (insgesamt etwa 10 % aller befragten Eltern) an, keinerlei Kenntnis von der Möglichkeit der Beibehaltung der ObE nach der Scheidung gehabt zu haben. (In der Gruppe der Eltern mit aO eines Elternteils lag dieser Anteil bei etwa 20 %, bei den nicht obsorgeberechtigten Elternteilen sogar bei über 30 %.)[620] Zum anderen wurde ersichtlich, dass viele Eltern falsche Vorstellungen davon haben, was die ObE impliziert und was nicht. Diese falschen Vorstellungen hatten mitunter eine „abschreckende" Wirkung, sich auf die ObE einzulassen. Wesentliche Missverständnisse über die ObE zeigten sich va in Bezug auf das Abstimmungserfordernis der Eltern und den Aufenthalt der Kinder: „16,9 % der befragten Eltern nehmen an, dass *jede* Entscheidung, die das Kind im täglichen Leben betrifft, von Mutter und Vater gemeinsam getroffen werden muss. 19,1 % aller Eltern denken, dass im Falle der ObE die Kinder zu gleichen Teilen bei der Mutter und beim Vater leben ... Die weitere Analyse zeigt, dass diese Missverständnisse signifikant häufiger bei Eltern mit aO eines Elternteils bestehen. In dieser Elterngruppe denken fast 30 % der Befragten, dass sich das Kind im Falle der ObE zu gleichen Teilen bei beiden Elternteilen aufhält, und über 20% geben an, dass Eltern jede Entscheidung des Alltags gemeinsam treffen müssen."[621]

Die Aufklärung von Scheidungseltern über die rechtlichen Grundlagen der ObE bzw aO sollte daher folgende Aspekte umfassen:

- Ein völlig gleich verteilter **Aufenthalt des Kindes bei Mutter und Vater** im Fall der ObE ist nicht nur nicht erforderlich, sondern *widerspricht* sogar der derzeitigen Gesetzeslage, die eindeutig einen hauptsächlichen Aufenthaltsort des Kindes bei Mutter *oder* Vater vorsieht. Die Unterbreitung einer Vereinbarung über den hauptsächlichen Aufenthalt des Kindes stellt eine zwingende Voraussetzung für das Weiterbestehen der ObE nach der Scheidung dar.[622] In welchem Ausmaß und nach welcher Regelung sich das Kind beim getrennt lebenden Elternteil aufhält („Besuchsrecht"), kann – sofern dies nicht dem Kindeswohl abträglich ist – von den Eltern selbst entschieden werden. Dabei sind – wie der qualitative Teil der vorliegenden Untersuchung zeigt – viele Aufenthalts- bzw Betreuungsmodelle möglich und üblich, die von vierzehntäglichen Besuchswochenenden bis zum nahezu gleich verteilten Aufenthalt bei Mutter und Vater reichen.[623]
- Ebenso wenig wie einen gleichmäßig verteilten Aufenthalt impliziert die ObE, dass die geschiedenen Eltern *jede* Entscheidung des Alltags gemein-

620 *Barth-Richtarz/Figdor*, Was bringt die gemeinsame Obsorge? (2008) 74–76.
621 *Barth-Richtarz/Figdor*, Was bringt die gemeinsame Obsorge? (2008) 78 f.
622 Siehe dazu § 177 Abs 2 ABGB.
623 Siehe dazu Kapitel 7.9.

sam treffen müssen. Das **Abstimmungserfordernis** der Eltern ist in § 144 ABGB geregelt, der besagt: „Die Eltern haben das minderjährige Kind zu pflegen und zu erziehen, sein Vermögen zu verwalten und es in diesen sowie allen anderen Angelegenheiten zu vertreten. Pflege und Erziehung sowie die Vermögensverwaltung umfassen auch die gesetzliche Vertretung in diesen Bereichen. Bei Erfüllung dieser Pflichten und bei der Ausübung dieser Rechte sollen die Eltern einvernehmlich vorgehen."

Die Verpflichtung der Eltern, sich intern abzustimmen, gilt gleichermaßen für die ObE während aufrechter Ehe wie auch für die ObE nach der Scheidung. Da aber im Fall des Getrenntlebens der Eltern andere Voraussetzungen zur Erfüllung dieses Gebotes vorliegen als bei aufrechter Ehe, dürfe – so *Hopf* – von den Eltern nichts Unzumutbares an Einvernehmensbemühungen verlangt werden: „In Angelegenheiten des täglichen Lebens, die ein Elternteil für das Kind besorgt, wird es im Allgemeinen keiner expliziten Einvernehmensherstellung bedürfen. Wie bei aufrechter Gemeinschaft wird der die Obsorgeaufgaben wahrnehmende Elternteil insbesondere berücksichtigen, welche Position der andere Elternteil bisher in einer sich stellenden Obsorgefrage eingenommen hat. Kann er demzufolge mit gutem Grund annehmen, dass der andere mit einer bestimmten Maßnahme einverstanden ist, also selbst nicht anders handeln würde, so bedarf es im Allgemeinen keiner speziellen Einvernehmensbemühung."[624]

Je wichtiger die Angelegenheit ist, umso höher ist die Anforderung an den Elternteil, bei dem sich das Kind hauptsächlich aufhält, mit dem anderen Elternteil das Einvernehmen herzustellen: „So wird etwa bei der Schule, bei der Vornahme medizinischer Maßnahmen, etwa im Sinne des neuen § 146c Abs 2 ABGB, oder bei Entscheidungen über eine Freizeitgestaltung des Kindes, die mit einem gesundheitlichen Risiko verbunden ist, der Domizilelternteil in aller Regel den anderen einbinden müssen."[625]. *Hopf* zieht hier eine Parallele zu § 178 ABGB über die Informations- und Äußerungsrechte des nicht obsorgeberechtigten Elternteils im Fall der Alleinsorge. § 178 ABGB besagt, dass ein Elternteil, der nicht mit der Obsorge betraut ist, außer dem Recht auf persönlichen Verkehr auch das Recht hat, von demjenigen, der mit der Obsorge betraut ist, von wichtigen Angelegenheiten, insb beabsichtigten Maßnahmen nach § 154 Abs 2 und 3 ABGB, rechtzeitig verständigt zu werden und sich hierzu in angemessener Frist zu äußern. *Hopf* ist der Ansicht, dass damit, im Umfang der Informationspflicht des mit der Obsorge betrauten Elternteils nach § 178 ABGB – also bei allen wichtigen

624 *Hopf*, Die Rechtsstellung des Elternteils, bei dem sich das Kind nicht hauptsächlich aufhält, nach dem KindRÄG 2001, in *Ferrari/Hopf* (Hrsg), Reform des Kindschaftsrechts (2001) 75.
625 *Hopf*, Rechtsstellung, in *Ferrari/Hopf*, Reform des Kindschaftsrechts (2001) 75 f.

Angelegenheiten –, wohl auch ein verstärktes Einvernehmensbemühen beider mit der Obsorge betrauter Eltern im Fall der ObE einhergehen muss.

Abgesehen davon ist die Obsorge in Österreich nicht als eine gemeinsame, sondern als eine beiderseitige (ObE = Obsorge beider Eltern) geregelt. Das bedeutet, dass die Eltern jeweils ohnehin – außer in Bezug auf bestimmte weitreichende Vertretungshandlungen und Einwilligungen (§ 154 Abs 2 und Abs 3 ABGB) – berechtigt und verpflichtet sind, das Kind alleine zu vertreten. Ihre Entscheidungen, Einwilligungen und Vertretungshandlungen Dritten gegenüber sind auch dann rechtswirksam, wenn sich die Eltern nicht darüber abgesprochen haben. Dies bedeutet, dass die oft gehegte Befürchtung des Elternteils, bei dem sich das Kind im Rahmen der ObE hauptsächlich aufhält, in alltäglichen Angelegenheiten ständig die Zustimmung des anderen, ebenfalls obsorgeberechtigten Elternteils einholen zu müssen, zumindest von Rechts wegen unbegründet ist. Nicht mehr verheiratete Eltern, die sich die Obsorge teilen, müssen nicht einvernehmlicher handeln als Eltern in aufrechter Ehe, und hier gilt – nach außen hin – das Prinzip der Einzelvertretung.

- Etwa die Hälfte aller befragten Eltern ist aber auch über die **Informations- und Äußerungsrechte sowie über das Besuchsrecht des nicht obsorgeberechtigten Elternteils** im Fall der aO äußerst schlecht informiert.[626] Hervorzuheben ist in diesem Zusammenhang, dass die Uninformiertheit darüber, dass auch im Fall der aO eines Elternteils der andere Elternteil gewisse Rechte hat, über wichtige Angelegenheiten, die das Kind betreffen, informiert zu werden, seine Meinung dazu zu äußern, persönlichen Kontakt zum Kind zu pflegen („Besuchsrecht"), und somit nicht jegliche Verständigung der Eltern mit der Betrauung eines Elternteils mit der aO endet, Phantasien Vorschub leistet, die aO würde von der Notwendigkeit der Auseinandersetzung mit dem oder der Expartnerin endgültig befreien. Dass dies weder gesetzlich intendiert noch oftmals real der Fall ist, zeigt sich zB in den der Scheidung folgenden Besuchsrechtskonflikten zwischen den ExpartnerInnen, die im Fall der aO wesentlich wahrscheinlicher sind.[627]

In vielen Fällen kann also nicht davon ausgegangen werden, dass die betroffenen Eltern für ihre Entscheidungsfindung ausreichend über die rechtlichen Grundlagen beider Obsorgeformen informiert sind, selbst wenn sie bereits mit dem Familiengericht Kontakt hatten. Der oder die BeraterIn sollte sich somit auch ein Bild über den Informationsstand und allfällige falsche Vorstellungen der Eltern

626 *Barth-Richtarz/Figdor*, Was bringt die gemeinsame Obsorge? (2008) 81 f.
627 Siehe dazu Kapitel 7.4.

machen und gegebenenfalls selbst korrigierend aufklären bzw Eltern diesbezüglich an eine kompetente Stelle verweisen.

Ad c) Viele Eltern können sich verständlicherweise zunächst wenig unter einer gemeinsamen Elternschaft trotz Scheidung und Getrenntlebens vorstellen. Wer soll wann wofür zuständig sein? Wie viel an Kommunikation und Kooperation wird dabei mit meinem Expartner/meiner Expartnerin notwendig sein? Wie wird es mir damit gehen? Wie wird es den Kindern gehen, wenn sie einmal von meinem Expartner, meiner Expartnerin, dann wieder von mir betreut werden? Zu erfahren, wie andere Familien die ObE nach der Scheidung gestalten, welche Betreuungs- und Kooperationsmodelle sie gefunden haben und welche Wege, mit Konflikten und Spannungen umzugehen, kann das Nachdenken über die Gestaltung der Nachscheidungsfamiliensituation im eigenen Fall beflügeln und konkretisieren helfen: Was ist mir wichtig? Welche Modelle und Lösungswege könnten auch für unsere Situation passen? Die Ergebnisse der vorliegenden Studie, nämlich die Darstellung von vier **Betreuungs- und Kooperationsmodellen im Rahmen der ObE**[628], die aus der intensiven Beforschung von 17 Familien mit ObE gewonnen wurden, können ein plastisches Bild von den Gestaltungsmöglichkeiten der ObE vermitteln. Weitere systematische Forschungen über die Lebensrealität von Familien mit ObE wären wünschenswert; meines Wissens gibt es sie bisher nicht.

*3. In vielen Fällen wird es jedoch in der Beratung nicht bloß um die Vermittlung von Information gehen: Bei der Obsorgeentscheidung bzw den Wünschen und Vorstellungen bezüglich der Gestaltung der Elternschaft nach der Scheidung spielen auch wenig reflektierte emotionale (und nur teilweise bewusste) Motive eine Rolle. In der Beratung von Scheidungseltern muss es auch darum gehen, diese Motive ein Stück weit zu ergründen, um sich zumindest längerfristig negativ auswirkende (dh dem Kindeswohl bzw den eigenen Zielen der Eltern abträgliche) Entscheidungen zu verhindern.*

Eine Trennung bzw Scheidung stellt in den allermeisten Fällen eine schwere Krise nicht nur für die Kinder, sondern auch für die betroffenen Eltern dar, und zwar unabhängig davon, ob sie selbst oder vom anderen initiiert wurde. Die unmittelbaren seelischen Reaktionen der meisten Eltern unterscheiden sich – so *Figdor*[629] – kaum von jenen der Kinder: „Gefühle des Gekränktseins, Angst vor der Zukunft, Wut- und Hassgefühle gegen den ehemaligen Partner, mitunter auch – meist unbewusst – gegen die Kinder, stellen sich bei so gut wie jeder

628 Siehe dazu Kapitel 7.9.
629 *Figdor*, Kinder (1991) 55 f.

Scheidung ein. Und Trauer, sei es die Trauer um den noch immer geliebten Menschen oder den Menschen, welcher der Partner einmal war. Auch Schuldgefühle begleiten die meisten Scheidungen, und zwar nicht nur gegenüber den Kindern. Schuldgefühle gegenüber dem ehemaligen Partner empfinden Männer und Frauen, die sich einer neuen Beziehung wegen trennen, und jene, die sich – aus welchen Gründen auch immer – gegen den Willen des anderen scheiden lassen. ... [Das] Gefühl, versagt zu haben, findet sich ... auch bei Frauen und Männern, deren Ehen ganz ohne ... außergewöhnliche Vorsätze auseinandergegangen sind. Denn fast jede geschiedene Ehe, vor allem wenn Kinder da sind, ist eine *gescheiterte* Ehe, zeugt vom Scheitern des einmal gefassten Entschlusses, zusammenbleiben und gemeinsam eine glückliche Familie gründen zu wollen, ist also das Misslingen eines Lebenskonzeptes. Wie bei den Kindern ziehen auch bei den Erwachsenen Gefühle des Versagens und/oder des Verlassenwerdens eine Einbuße an Selbstwertgefühl und Selbstvertrauen nach sich. Zweifel entstehen über die Fähigkeit, eine erfüllte Beziehung leben zu können; geliebt zu werden; gesetzte Lebensziele erreichen zu können; jemals wieder einen Partner zu finden. Sie verbinden sich mit der Angst, intellektuell oder körperlich nicht attraktiv genug zu sein, vor Alter und Einsamkeit."

Für viele Eltern ist die Scheidung nicht nur ein einschneidendes Erlebnis, sondern sogar unmittelbar *traumatisch*, indem sie alte Trennungs- und Einsamkeitsängste aktiviert. Die aktivierten Trennungsängste beziehen sich dann auch auf die Kinder, deren Liebe auch noch (an den/die ExpartnerIn) verloren gehen könnte.[630]

*Dietrich* und *Paul* sprechen davon, dass der trennungsbedingte Verlust von Lebensperspektiven durch eine Scheidung *regelmäßig* die psychische Stabilität und den Selbstwert der Betroffenen beeinträchtigt und Ängste hervorrufen kann, selbst bei nicht besonders konflikthaften Trennungsprozessen.[631]

Aufgrund der schmerzlichen Erfahrungen mit dem oder der ExpartnerIn kommt oft ein Prozess in Gang, im Laufe dessen sich „die ursprünglich ambivalenten Bilder vom Partner (als Träger positiver und negativer Eigenschaften) ... so verändern, dass dem Partner nur mehr negative Eigenschaften zugeschrieben werden, man sich selbst hingegen als weitgehend gut und als Opfer erlebt".[632] Der andere wird nur noch als egoistisch, verantwortungslos und bösartig wahrgenommen. Solche „Spaltungsprozesse" sind mitunter auch eine unbewusste

630 *Figdor*, Zwischen Aufklärung und Deutung – zur Methode und Technik psychoanalytisch-pädagogischer Beratung von Scheidungseltern, in *Eggert-Schmid Noerr/Hirmke-Wessels/Krebs* (Hrsg), Das Ende der Beziehung? Frauen, Männer, Kinder in der Trennungskrise (1994) 144.

631 *Dietrich/Paul*, Hoch strittige Elternsysteme, in *Weber/Schilling*, Eskalierte Elternkonflikte (2006) 16.

632 *Figdor*, Aufklärung, in *Eggert-Schmid Noerr* et al, Ende der Beziehung (1994) 143.

Strategie, die es erst möglich macht, sich von dem bzw der einst geliebten PartnerIn loszumachen, und sie erlauben die Befriedigung aggressiver Regungen (Hass-, Rachebedürfnisse) ihm oder ihr gegenüber: „Dem Partner nur mehr negative Eigenschaften zu lassen, hilft nicht nur, sich trennen zu können oder das Verlassenwerden leichter zu ertragen. Davon leitet sich auch die Berechtigung ab, gegen den Partner bzw. gegen dessen Beziehung zum Kind zu kämpfen."[633]

Es kann – so *Figdor* – davon ausgegangen werden, dass Liebesverlustängste, Hass- und Rachegefühle sowie Spaltungsmechanismen bei allen Eltern eine Rolle spielen, wenn auch die Gewichtungen, die Intensität und der Grad an Bewusstheit dieser Regungen von Fall zu Fall sehr verschieden sind.[634] Die sozialen und ökonomischen Probleme in Scheidung lebender oder bereits geschiedener Eltern kommen dann zu den psychischen Problemen nicht nur hinzu, sondern potenzieren sie auch noch.

Gerade in dieser hochbelasteten Zeit müssen Eltern aber auch an ihre Kinder und an die Gestaltung der weiteren Situation für die Kinder denken und Entscheidungen treffen. Die Gefühle der Eltern, ihre Ängste, Enttäuschungen, Kränkungen, ihre Wut, ihre Schuld- und Versagensängste und die Erschütterung ihres Selbstbewusstseins beeinflussen natürlich auch ihre Wünsche, Erwartungen und Ängste bezüglich der Gestaltung ihrer Elternschaft in der Zukunft. Verstärkte Trennungs- und Verlustängste können dazu führen, dass Eltern danach trachten, sich die Liebe des Kindes durch verschiedene Bindungsstrategien zu sichern, die sich meist gegen den bzw die als bedrohlich erlebte(n) ExpartnerIn richten. Die – im Zuge von Spaltungsprozessen eingeengte – Wahrnehmung des anderen Elternteils kann zu einer diffusen Angst vor diesem führen (Was wird ihm bzw ihr sonst noch einfallen? Ich kenne ihn bzw sie ja gar nicht mehr, habe mich so in ihm bzw ihr getäuscht!) und zu dem Gefühl, das Kind vor diesem Menschen und seinem Einfluss schützen zu müssen. Die aus Kränkung und Enttäuschung stammende Wut auf den oder die frühere(n) PartnerIn drängt nach Abfuhr: „Und es kann der Fall sein, dass ein Mindestmaß an Vergeltung unerlässlich ist, um selbst wieder in den Spiegel schauen zu können. Allein, das Problem besteht darin, dass der geschiedene Partner unangreifbar, weil unabhängig geworden ist."[635] Eine Ausnahme der Unverwundbarkeit des bzw der ExpartnerIn stellt aber dessen bzw deren Liebe zu den Kindern dar. „Also können die (andauernden) aggressiven Konflikte zwischen den Ex-Partnern in den meisten Fällen nur über die Kinder ausgetragen werden."[636]

633 *Figdor*, Aufklärung, in *Eggert-Schmid Noerr* et al, Ende der Beziehung (1994) 145.
634 *Figdor*, Aufklärung, in *Eggert-Schmid Noerr* et al, Ende der Beziehung (1994) 146.
635 *Figdor*, Aufklärung, in *Eggert-Schmid Noerr et al*, Ende der Beziehung (1994) 145.
636 *Figdor*, Aufklärung, in *Eggert-Schmid Noerr et al*, Ende der Beziehung (1994) 145.

Die qualitative Untersuchung der vorliegenden Studie hat ergeben, dass die Obsorgeentscheidung mitunter weniger Ergebnis rationaler Überlegungen darüber ist, wie die Zukunft gestaltet werden soll, als wichtige (momentane) emotionale Bedürfnisse erfüllt, die für das seelische Gleichgewicht der Eltern bedeutsam sind. Ich möchte dies anhand zweier Fallbeispiele aus der qualitativen Untersuchung erläutern:

*Fallbeispiel 1*: Herr und Frau N waren 13 Jahre, seit der Geburt ihres ersten Sohnes Martin, miteinander verheiratet. Vor einem halben Jahr ließen sie sich scheiden, weil Herr N eine neue Beziehung eingegangen war. Bis zu diesem Zeitpunkt, als Frau N die Affäre ihres Mannes durch Zufall entdeckte, war für sie ihr Leben und ihre Ehe völlig in Ordnung: Es gab keinen Streit zwischen den Eltern, sie waren geradezu ein Vorzeigepaar. Herr N beschreibt die Jahre ihrer gemeinsamen Ehe etwas anders: Er und seine Frau hätten wie gute Freunde zusammengelebt, es habe kaum eine sexuelle Beziehung zwischen ihnen gegeben. Das sei ihm einfach zu wenig gewesen.

Frau N hat die Erkenntnis, dass ihr Mann eine langjährige Beziehung mit einer Kollegin und vielleicht davor auch schon mehrere andere Freundinnen hatte, wie ein Blitz getroffen. Sie sei aus allen Wolken gefallen und körperlich total zusammengebrochen, sodass sie mehrere Tage im Spital verbracht habe. Herr und Frau N versuchten ein Jahr lang, ihre Ehe zu retten. Herr N konnte sich weder dazu entscheiden, zu gehen, noch dazu entschließen, zu bleiben, bis er schließlich doch zu seiner Freundin zog. Auch für die beiden Kinder, Martin und Sandra, sei es ein furchtbarer Schock gewesen.

Die Trennung von seiner Frau sei ihm – so Herr N – viel schwerer gefallen, als er gedacht hätte. Auch hätten ihn die Kinder immer wieder gebeten, zu bleiben, was er ihnen auch immer wieder versprochen hätte, weil er den Kindern und sich selbst die Trennung nicht antun wollte. Vier Monate lang sei es die Hölle gewesen – immer wieder Abschiedsstimmung, immer wieder Hoffnung, er könnte doch bleiben. Letztendlich sei er doch gegangen. Im Nachhinein denkt sich Herr N, dass er diese Zeit der Unentschlossenheit den Kindern ersparen hätte sollen.

Frau N ist es sehr schlecht gegangen. Wenn sie nicht an die Kinder gedacht hätte, hätte sie sich etwas angetan. Nach wie vor sei ihr Exmann ein Teil ihres Lebens: Er habe einen gefährlichen Beruf, und sie befürchte, dass ihm etwas passiert sein könnte, wenn er einmal nicht anruft. Dann ärgere sie sich über sich selbst: „Das sollte doch nicht mehr mein Problem sein, sondern das seiner Freundin!“ Seit sie selbst einen neuen Partner habe, gehe es ihr besser. Aber sie wisse genau, dass sie die Liebe zu ihrem Exmann nicht einfach „abstreifen“ könne.

Frau N wollte von Anfang an die aO, weil sie – wie sie sagt – nicht mehr gewusst habe, wer der Mann eigentlich sei, mit dem sie verheiratet gewesen war, und was noch alles von ihm kommen würde. Außerdem wollte sie nicht wegen „jedem Papierkram“ zu ihm laufen. Schließlich dachte sie, dass er ohnehin froh sei, die Kinder und die Verantwortung für die Familie los zu sein. Während aufrechter Ehe hatte Frau N ihn zwar als einen präsenten Vater erlebt, und sie hatte auch nicht die Befürchtung, dass ihr Exmann sie im Fall der Beibehaltung der ObE in der Erziehung der Kinder „boykottieren" würde. Aber sie hatte Angst davor bzw wollte es vermeiden, mit ihm wegen Entscheidungen in Kontakt treten müssen. Der Vater hätte ihrem Vorschlag der aO auch sofort zugestimmt, und der Richter habe auch nichts gesagt, da sich die Eltern einig waren.

Herr N berichtet, dass er mit Frau N die Möglichkeit der ObE diskutieren habe wollen, Frau N sei aber klar ablehnend gewesen und habe Herrn N finanziell unter Druck setzen wollen, sollte er der aO nicht zustimmen. Er denke, dass ihr wichtigster Grund für ihren Wunsch nach aO der war, dass *er* jedenfalls die Kinder nicht bekommen sollte. Als es Frau N nach der Trennung so schlecht ging, habe er ihr angeboten, die Kinder zu sich zu nehmen. Das wollte seine Exfrau aber keinesfalls. Bis zur tatsächlichen Scheidung gab es keine Kontakte zwischen den Kindern und dem Vater. Schließlich habe er der aO zugestimmt, damit die Scheidung ohne größeren Streit durchgehe.

Im Nachhinein sei er jedoch mit seinem Status als „Nicht-Erziehungsberechtigter" unzufrieden: ZB habe ihn schockiert, dass er in einem Notfall der Kinder nicht mehr informiert werde. Als eines seiner Kinder krank gewesen sei, hätte er es von der Schule holen können, wurde jedoch weder von der Schule noch von der Mutter informiert. Er sei auch unzufrieden mit der Verständigung mit seiner Exfrau: Sie teile ihm ständig mit, dass ihn das nichts mehr angehe. Die ObE wäre ihm lieber, er denke, er bekäme dann mehr Informationen und hätte mehr Mitsprache. Er könne jetzt nicht einmal mitgehen, wenn die Kinder ins Spital müssten. Er würde auch gerne Arztbesuche mit den Kindern übernehmen oder zu Elternsprechtagen gehen. Jetzt bekomme er keinerlei Informationen von der Schule.

In den Fallkonferenzen, die für die Auswertung des Fallmaterials abgehalten wurden,[637] entstand der Eindruck, dass die Entscheidung zur aO für Frau N eine wichtige symbolische Bedeutung hatte:

Das Entdecken der Untreue des Mannes sowie der Trennungsprozess schienen für Frau N traumatisierend gewesen zu sein; ihre Welt brach völlig zusammen. Dies führte zu massiven Gefühlen der Kränkung und Verunsicherung. Die aO schien ihr das Gefühl zu geben, wenigstens die Beziehung zu den Kindern sichern zu können.

Zum anderen schien Frau N in der Zeit der Scheidungskrise in ihrem Erleben nur unzureichend zwischen sich und den Kindern zu unterscheiden. Das Erleben eines noch engeren Zusammenrückens, gleichsam „Verschmelzens", mit den Kindern ging einher mit dem Bild, dass sich ihr Exmann nicht von *ihr* trennte, sondern von ihr *und seinen Kindern*. So sprach sie öfters davon, dass er (der

637 Zur Methodik der Auswertung siehe: 6.3.

Vater) *uns* (also sie und die Kinder) verlassen hatte: „Wenn er geht, so entscheidet er sich auch gegen die Kinder."

Darüber hinaus wurde in den Interviews mit Frau N spürbar, wie bedrohlich die Vorstellung für sie war, mit ihrem Exmann zusammenzutreffen, und zwar auch deshalb, weil sie ihre eigenen Wiederversöhnungswünsche mit ihrem Exmann massiv abwehren musste und daher ein großes Abgrenzungsbedürfnis (auch äußerlich) von ihm entwickelte. Schließlich ist auch zu vermuten, dass die aO ein Stück weit durchaus legitime aggressive Bedürfnisse (ihm auch etwas wegzunehmen) befriedigte.

Die aO der Mutter entsprach nicht dem Wunsch von Herrn N, und der Verlust der Obsorge bedeutete eine narzisstische Kränkung für ihn, die – in konflikthafteren Zeiten mit seiner Exfrau, aber auch den Kindern – auch einmal in großen Ärger und in die Androhung, sich ganz zurückzuziehen, umschlagen konnte. Dass er dennoch rasch dem Obsorgewunsch seiner Exfrau nachgab, schien damit zusammenzuhängen, dass diese Entscheidung auch wichtige emotionale Bedürfnisse auf seiner Seite stillte, allen voran sein Schuldgefühl gegenüber seiner Exfrau entlastete. Seiner Exfrau die aO zu überlassen, bedeutete, die Strafe für sein (jahrelanges) Fehlverhalten und den Schmerz, den er seiner Exfrau zugefügt hatte, auf sich zu nehmen, und war gleichzeitig eine Art „Wiedergutmachungsgeschenk" an sie. Vermutlich hatte er auch – aufgrund ihres massiven psychischen Zusammenbruchs – Angst um sie und wollte alles unternehmen, um die Situation für Frau N zu beruhigen.

*Fallbeispiel 2:* Herr S schildert, dass rückblickend die Probleme zwischen ihm und seiner Exfrau nach der Geburt der ersten Tochter begonnen hätten. Die letzten zwei Ehejahre seien sehr bitter gewesen. Herr S dachte eigentlich nicht an Scheidung, engagierte aber einen Detektiv, der dann auch tatsächlich herausfand, dass seine Frau ihm untreu war. Als er sie mit diesem Vorwurf konfrontierte, schlug sie – für Herrn S völlig unerwartet – die Trennung vor. Herr S ging daraufhin in das Zimmer der gemeinsamen Kinder und teilte ihnen prompt den Trennungsentschluss der Eltern mit.

Herr S vermutet, dass seine Exfrau etwas suchte, das ihr in der Ehe mit ihm fehlte. Aber immer, wenn er sie auf Probleme angesprochen habe, habe sie gesagt, dass alles in Ordnung sei. Dann habe sie jedoch die Scheidung betrieben. Herr S denkt, dass die Scheidung vielleicht vermeidbar gewesen wäre.

Für Frau S war das Zusammenleben mit Herrn S nicht so, wie sie es sich vorgestellt hatte. Die Großeltern väterlicherseits mischten sich sehr viel in die Familie ein. Herr S hielt sich aus beruflichen Gründen viel im Ausland auf. Ohne die Kurzzeitbeziehung zu einem anderen Mann hätte sie – so Frau S – die Trennung von ihrem Mann aber nicht geschafft. Als sie von ihm mit dem Vorwurf der Affäre konfrontiert wurde und *er* ihr, ihrer Erinnerung nach, die Trennung vorschlug, stimmte sie zu. Herr S hätte dann binnen drei Wochen die Scheidung organisiert. Im Nachhinein habe Frau S erfahren, dass ihr Mann sie auch immer wieder betrogen hatte. Sie vermutet, dass Herr S sich wegen einer anderen Frau scheiden ließ.

Herr S gibt an, bis kurz vor dem Interview die Möglichkeit der Beibehaltung der ObE nicht gekannt zu haben. Hätte er davon gewusst, wäre dies sein Wunsch gewesen. Es hätte – so Herr S – viel für ihn bedeutet. Er hätte sich weniger aus dem Leben seiner Söhne ausgeschlossen gefühlt, und er vermutet, dass es für ihn leichter wäre, Informationen über die Kinder bei seiner Exfrau einzuholen. Er rufe seine Exfrau diesbezüglich nicht mehr an, sondern hole sich die Informationen von den Kindern selbst. Da die Kinder schon groß seien, seien auch nicht mehr so viele wichtige Entscheidungen für sie zu treffen. Zum Zeitpunkt der Scheidung sei es ihm sehr schlecht gegangen, und er habe diese so schnell wie möglich hinter sich bringen wollen.

Frau S erzählt, dass sie ihren Mann über die Möglichkeit der Beibehaltung der ObE informiert hatte, aber für sie immer klar gewesen sei, dass sie die aO möchte. Herr S sei damit einverstanden gewesen, im Nachhinein werfe er ihr jedoch vor, ihn „über den Tisch gezogen" zu haben. Die aO bedeute für Frau S, dass sie alle Verantwortung für die Erziehung und die rechtliche Vertretung habe. Das sei ihr wichtig gewesen, da sie das ohnehin immer getan habe, weil sich der Vater viel im Ausland aufhalte. Wenn sie die Verantwortung für die Kinder schon faktisch trage, wolle sie diese auch „auf dem Papier". Die ObE verbinde sie hingegen mit der Vorstellung des permanenten Kommunikationszwangs mit dem Exmann.

Herr und Frau S erzählen über die Obsorgeentscheidung (und nicht nur diese) Widersprüchliches. In den Fallkonferenzen wird spürbar, was die aO für Frau S bedeutet haben mag (aufgrund des Einzelvertretungsrechts stellt die Tatsache, dass sich Herr S viel im Ausland aufhält nämlich kein wirkliches Argument gegen die Fortführung der ObE dar): Zum einen scheint die Übertragung der aO eine für sie wichtige Anerkennung ihrer bisherigen Leistungen in der Erziehung der Kinder gewesen zu sein – sie hat sich schon immer vorrangig um die Kinder gekümmert. Zum anderen dürfte die aO aber auch ein Symbol für ihre mit der Trennung und Scheidung neu gewonnene Unabhängigkeit von ihrem Exmann und dessen Familie, mit ihren starren Vorstellungen von Familienbeziehungen und Rollenaufteilungen, gewesen sein. Frau S scheint mit der Scheidung erstarkt zu sein und hat sich zunehmend einen eigenen Raum erobert, den sie vielleicht gegen den Einfluss ihres Exmannes und dessen Familie schützen möchte. Es gehe ihr dabei – wie sie selbst sagt – weniger um die Verhinderung von Einmischungen in die Erziehung der Kinder (in Erziehungsfragen habe sie sich immer durchgesetzt) als um ihre persönliche Abgrenzung.

Der Eindruck, dass Herr S in Bezug auf die Obsorgeentscheidung selbst kaum initiativ war, lässt die Annahme zu, dass die Übertragung der aO auf seine Exfrau – trotz der bewusst empfundenen Nachteile – auch eine für ihn (im Moment) willkommene Möglichkeit darstellte, sich selbst als Opfer der Scheidung, als Verlassenen und Zurückgewiesenen (auch vor den Kindern) zu inszenieren.

Dass die Obsorgeentscheidung auch (momentanen) emotionalen Bedürfnissen der Eltern (va Abgrenzungs-, Sicherheits-, Strafbedürfnissen) entgegenkommt, ist grundsätzlich nichts Schlechtes, wenn dadurch nicht langfristige Ziele der Eltern gefährdet werden und, was noch schwerer wiegt, Entwicklungsinteressen der Kinder. Die Entwicklungsinteressen der Kinder sind dann gefährdet, wenn die Obsorgeentscheidung die Konflikte der Eltern noch verschärft, zu einem (resignierten oder aggressiven) Rückzug des getrennt lebenden Elternteils aus seiner Elternverantwortung führt (wie im Fall der Familie N teilweise zu befürchten ist), die getrennt lebenden Elternteile in einer passiven (regressiven) Haltung („Ich habe ja eh nichts zu sagen, kann nichts tun!") hält (wie im Fall der Familie S zu befürchten ist) und den Zugang der Kinder zu emotionalen und sonstigen Ressourcen beider Eltern beeinträchtigt.

Grundsätzlich sind Eltern verpflichtet, bei all ihren Handlungen in der Ausübung ihrer Obsorgerechte und -pflichten das Wohl ihrer Kinder zu fördern.[638] Auf der anderen Seite werden viele Eltern – *sollte* in der Beratung der Eindruck entstehen, dass bestimmte Vorstellungen und Wünsche eines oder beider Elternteile für die Gestaltung der Nachscheidungsfamilie (Obsorgeentscheidung, Gestaltung der Kontakte zum getrennt lebenden Elternteil) den Entwicklungsinteressen des Kindes abträglich sind[639] – im Zuge einer entsprechenden pädagogischen Aufklärung über die zu erwartenden Folgen ihrer Pläne für das Kind nicht einfach von diesen absehen und sich anders entscheiden. Diese Vorstellungen und Wünsche der Eltern erfüllen nämlich mitunter eine wichtige Abwehrfunktion, nämlich „Bedürfnisse, Wünsche zu erfüllen oder Ängste zu bekämpfen, ohne sich dieser Regungen bzw. ihres Ausmaßes und ihrer Bedeutung bewußt werden zu müssen, weil sie unerträgliche Angst, Scham, Schuldgefühle hervorrufen würden oder mit dem (gewünschten) Selbstbild nicht in Einklang zu bringen sind. Ist das der Fall, bleibt eine Beratung, die primär an der Einsicht in (pädagogische) Handlungsnotwendigkeiten ansetzt, sich also an das elterliche Überich wendet, zumeist unwirksam, weil mit dem Aufgeben der gegenwärtigen und als pädagogisch ungünstig qualifizierten Haltungen das seelische Gleichgewicht selbst gefährdet würde."[640]

638 § 137 Abs 1 ABGB.

639 Damit möchte ich nicht sagen, dass die aO in jedem Fall den Entwicklungsinteressen des Kindes abträglich ist. Zu den Indikationen für die aO siehe Richtlinie 6.

640 *Figdor*, Zwischen Aufklärung und Deutung, in *Eggert-Schmid Noerr* et al, Ende der Beziehung (1994) 150.

Was ist aber dann angesichts solcher als pädagogisch ungünstig zu qualifizierender Einstellungen, die aber eine wichtige stabilisierende Funktion für das seelische Gleichgewicht der Eltern haben, zu tun? Nimmt man den zugrunde liegenden Bedürfnissen (va Aggressionen, Sicherheitsbedürfnisse) und Ängsten der Eltern das Ventil (zB die Obsorgeentscheidung), ist dann nicht zu erwarten, dass diese Regungen in einer anderen Weise agiert werden müssen, die ebenfalls die weiteren Entwicklungsbedingungen der Kinder in der Nachscheidungszeit verschlechtert? Ich denke, es gibt noch einen anderen Weg, als resignierend festzustellen, dass die Eltern (oder ein Elternteil) bestimmte Rahmenbedingungen der Gestaltung der Nachscheidungsfamilie zur eigenen Stabilisierung einfach brauchen. Die Schritte, die dazu – meines Erachtens – in der Beratung notwendig wären, möchte ich im Folgenden kurz skizzieren:

- An erster Stelle muss es dem oder der BeraterIn darum gehen, die – den als pädagogisch ungünstig zu qualifizierenden Einstellungen – **zugrunde liegenden emotionalen Bedürfnisse der Eltern** wirklich zu **verstehen**. Die Identifizierung des Beraters bzw der Beraterin mit dem Kind führt leicht dazu, dass er oder sie zu wenig mit den Eltern mitfühlt und zu schnell an sie appelliert, doch an das Kind und seine Bedürfnisse zu denken. Die emotionalen Bedürfnisse der Eltern nach Abgrenzung (von der bzw dem ExpartnerIn), „einen Schlussstrich ziehen“, sich für das zugefügte Leid zu revanchieren, den eigenen Selbstwert wieder aufzubauen, sich die Liebe der Kinder zu sichern usw sind angesichts der Kränkungen und Enttäuschungen, die die Eltern selbst erleiden mussten, völlig normale seelische Regungen, denen wir als BeraterInnen „weit respektvoller zu begegnen hätten, als dies zumeist geschieht“.[641]
- Indem Eltern für ihre Vorstellungen und Wünsche nicht kritisieren werden, sondern mit ihnen nach möglichen zugrunde liegenden Motiven gesucht wird, können die (meist zunächst wenig reflektierten) emotionalen Bedürfnisse der Eltern der bzw dem BeraterIn und *vor allem den Eltern* selbst vielleicht ein Stück weit **bewusster** werden. Sie erhalten einen Raum, in dem sie durch die entlastenden Worte des Beraters bzw der Beraterin über die Normalität und Legitimität dieser Gefühle (in der Tat sind die Gefühle und Wünsche der Eltern allzu oft sehr gut nachvollziehbar!) ohne allzu große Angst und oder Scham bestehen dürfen und über sie nachgedacht werden kann. Sind diese Gefühle und Wünsche einmal bewusst, stehen den Betroffenen ganz andere Möglichkeiten zur Verfügung, damit umzugehen, und der Denk- und Handlungsspielraum erweitert sich. Manche Ängste (zB die

641 *Figdor*, Aufklärung, in *Eggert-Schmid Noerr* et al, Ende der Beziehung (1994) 145.

Liebe der Kinder an den oder die ExpartnerIn zu verlieren) werden durch pädagogische Aufklärung entlastbar, Kränkungen vielleicht durch das Reflektieren über mögliche Gründe bestimmter Handlungsweisen des bzw der ExpartnerIn erträglicher.

Viele Eltern sind dann in der Lage, „sich gedanklich, ‚vernünftig', unter Einbeziehung fachlicher Erwägungen, mit ihrer eingeschlagenen Haltung zu beschäftigen"[642]. Das Ergebnis dieser Überlegungen mag mitunter dieselbe Entscheidung sein wie zuvor. Aber es ist eben eine **reflektierte Entscheidung,** und das erhöht die Wahrscheinlichkeit, dass sie auch den längerfristigen Zielen der Eltern (bezüglich der eigenen Lebensgestaltung, Wünschen für die Zukunft der Kinder) und den Entwicklungsinteressen der Kinder besser entspricht. Erst dadurch erhalten die Eltern die Chance, sich wirklich frei zu überlegen, was sie eigentlich für ihre und die Zukunft ihrer Kinder wollen.

- Eine **Entkoppelung** dieser (zunächst meist wenig reflektierten) emotionalen Bedürfnisse der Eltern von den Entscheidungen über die künftige Gestaltung der Elternschaft ist auch dadurch möglich, dass alternative Wege gefunden werden, diese seelischen Regungen zu „kanalisieren": Geht es um die Anerkennung der bisherigen Leistung in der Erziehung der Kinder, könnte diese vielleicht auch durch entsprechende (zB in der Beratung erarbeitete) Aussagen (zB vor Gericht) und Gesten des Expartners erfolgen. Der Eindruck der Unberechenbarkeit des/der ExpartnerIn, der ein erhöhtes Kontroll- und Sicherheitsbedürfnis nach sich zieht, könnte eventuell durch aktiv initiierte vertrauensbildende Maßnahmen des/der ExpartnerIn allmählich abgebaut werden. Ich habe in der Beratung hochstrittiger Eltern auch schon die Erfahrung gemacht, dass eine Entschuldigung für das Leid, dass man dem anderen zufügte, Wut- und Rachebedürfnissen „den Wind aus den Segeln" genommen hat.
- Schließlich ist auch zu überlegen, ob bestimmte seelische Regungen, die zunächst einer dem Kindeswohl dienlichen Gestaltung der Elternschaft nach der Scheidung entgegenzustehen scheinen, nicht gerade als **Motiv für eine förderliche Regelung** genutzt werden können. Aggressive Bedürfnisse könnten etwa auch dadurch befriedigt werden, dass der/die ExpartnerIn nun erst recht nicht aus der Verantwortung für die Kinder entlassen wird, sondern „gefälligst" seinen/ihren Anteil an Mühen und Pflichten beim Großziehen der Kinder übernehmen soll. Einige Mütter berichteten im Rahmen

642 *Figdor*, Aufklärung, in *Eggert-Schmid Noerr* et al, Ende der Beziehung (1994) 151.

der Tiefeninterviews für die vorliegende Studie, dass sie sich durch die ObE erst im Recht fühlten, den Vater „in die Pflicht" zu nehmen.[643]

*4. Weder ein niedriges Konfliktniveau der Eltern noch ein von beiden Eltern von vornherein bestehender Wunsch nach der Beibehaltung der ObE sind unabdingbare Voraussetzungen für das Zustandekommen und Gelingen der ObE nach der Scheidung.*

In den Erläuterungen zur Regierungsvorlage für das KindRÄG 2001 ist zum einen zu lesen, dass es „keiner weiteren Begründung [bedarf], dass richtig verstandene gemeinsame Verantwortung der Eltern gegenüber ihren Kindern auch im Falle der Trennung der Eltern eine ideale Lösung wäre."[644] Zum anderen wird aber klar am Grundsatz festgehalten, „dass das Weiterbestehen der Obsorge beider Eltern von deren Willen und deren Fähigkeit zum einvernehmlichen Vorgehen abhängt".[645] Es ist zwar auf ein Einvernehmen der Eltern hinzuwirken, dabei sollen auch außergerichtliche Möglichkeiten ausgeschöpft werden (va Mediation), fällt jedoch „entweder der Wille eines Elternteils oder die Fähigkeit zur Kooperation weg, soll auch in Hinkunft nur ein Elternteil allein mit der Obsorge betraut sein".[646]

In diesen Passagen wird zum Ausdruck gebracht, dass eine gemeinsame Verantwortung der Eltern gegenüber ihren Kindern auch im Fall der Trennung der Eltern als dem Kindeswohl dienlich angesehen wird. Es wird davon ausgegangen, dass geschiedene Eltern nur dann erfolgreich und in einer dem Kindeswohl dienlichen Weise gemeinsame Verantwortung für ihre Kinder tragen können, wenn sie dies – von vornherein – wollen und ihre Fähigkeit zu einvernehmlichem Vorgehen (und damit anscheinend auch ihre zukünftige Kooperationsfähigkeit) unter Beweis stellen, indem sie zum Scheidungszeitpunkt in der Lage sind, sich auf die Obsorge und den hauptsächlichen Aufenthalt des Kindes zu einigen bzw kein allzu hohes Konfliktpotenzial haben. Das bedeutet: Wünscht sich ein Elternteil die Beibehaltung der ObE nicht und/oder zeichnen sich die Eltern durch eine konflikthafte Beziehung aus, wird angenommen, dass die Beibehaltung der ObE nicht funktionieren kann. Die empirischen Ergebnisse der vorliegenden Studie lassen jedoch Zweifel an der Hypothese aufkommen,

643 Auf Methoden und Techniken einer solcher Art geführten Beratung kann an dieser Stelle nicht näher eingegangen werden. Ich verweise diesbezüglich auf *Figdor*, Aufklärung, in *Eggert-Schmid Noerr* et al, Ende der Beziehung (1994) 133–167; *Figdor*, Scheidungskinder (1997); *Figdor*, Patient Scheidungsfamilie (erscheint voraussichtlich 2012); *Alberstötter*, Wenn Eltern Krieg gegen einander führen, in *Weber/Schilling*, Eskalierte Elternkonflikte (2006) 29–51.

644 RV 296 BlgNR 21. GP 35.

645 RV 296 BlgNR 21. GP 37.

646 RV 296 BlgNR 21. GP 37 .

dass dies in jedem Fall *unabdingbare* Voraussetzungen für das Zustandekommen und Gelingen der ObE nach der Scheidung sind:

- Der von beiden Eltern von vornherein bestehende **Wunsch nach der Beibehaltung der gemeinsamen Obsorge** ist nur bis zu einem gewissen Grad ein verlässlicher Indikator für das Gelingen der gemeinsamen Obsorge nach der Scheidung: Etwa 30 % der hauptbetreuenden und 5 % der getrennt lebenden Eltern mit ObE sagen, dass die Beibehaltung der ObE *nicht* ein eigener Wunsch war, sondern dass der Expartner bzw die Expartnerin dies wollte oder beide eine andere Regelung anstrebten, der Vorschlag zur Beibehaltung der ObE aber von der Richterin bzw dem Richter, einer Rechtsanwältin oder einem Rechtsanwalt oder einer Beraterin, einem Berater kam. Dennoch beurteilen fast zwei Drittel dieser hauptbetreuenden und über 90 % dieser getrennt lebenden Eltern mit ObE die Obsorgeentscheidung im Nachhinein als richtig (Tab A17 im Anhang). (Auch in diesen Fällen kam es unter der Bedingung der ObE übrigens eher zu einer Beruhigung der elterlichen Konflikte als im Fall der ebenfalls nicht von vornherein gewünschten Alleinobsorge eines Elternteils. [Tab A18 im Anhang]) Dass die Beibehaltung der ObE nicht ein eigener Wunsch war, wird nicht in jedem Fall bedeuten, dass die ObE dezidiert *gegen den Willen eines Elternteils* erzwungen oder „verordnet" wurde. Dennoch kann aufgrund dieser Ergebnisse angenommen werden, dass einige Eltern, die die Beibehaltung der ObE nicht von vornherein anstreben, dennoch positive Erfahrungen mit der ObE machen werden, die sie letztendlich von diesem Modell überzeugen.[647]

647 *Proksch* kommt zu dem Ergebnis, dass in etwa 33 % der Familien mit gemeinsamer elterlicher Sorge (geS) ursprünglich ein Antrag auf alleinige elterliche Sorge eines Elternteils gestellt wurde. In etwa 20 % dieser Familien kam die geS durch einen Vergleich vor Gericht zustande, 14 % der Familien erhielten die geS gegen den Willen des antragstellenden Elternteils durch eine entsprechende Entscheidung des Gerichts (*Proksch*, Reform des Kindschaftsrechts [2002] 113). Leider wurden für diese Gruppen eigenen Auswertungen nur in Bezug auf den Kontakt der Kinder zum getrennt lebenden Elternteil publiziert: Es zeigte sich in Familien mit (durch das Gericht) „verordneter" gemeinsamer elterlicher Sorge ein höheres Kontaktausmaß der Kinder zum getrennt lebenden Elternteil als in Familien mit Alleinobsorge. Ihr Kontaktausmaß näherte sich demjenigen aller Familien mit geS an. Möglicherweise, so folgert *Proksch*, habe auch die „verordnete" gemeinsame elterliche Sorge eine strukturell positive Wirkung zur Förderung des Kindeswohls (*Proksch*, Rechtstatsächliche Untersuchung [2002] 138). Siehe dazu Kapitel 2.1.2.2. Für eine kleine Gruppe von Familien in der qualitativen Untersuchung von *Gründel*, in der die Eltern chronisch stritten, wurde das gemeinsame Sorgerecht meist vom Jugendamt oder von Beratungsstellen initiiert, um Konflikte zu kalmieren, die das Kindeswohl noch mehr gefährden würden. Die Frage, ob für solche Familien das gemeinsame Sorgerecht angemessen sei, müsse, so *Gründel*, offen bleiben. Vom Wechselmodell rät *Gründel* in diesen Familien ab (*Gründel*, Gemeinsames Sorgerecht [1995] 85, ausführlich in Kapitel 2.1.2.2. Eine Studie, die sich mit der Frage nach den Auswirkungen einer bis zu einem gewissen Grad „un-

- Generell nimmt das Konfliktniveau von geschiedenen Eltern mit der Zeit ab. Es ist also tendenziell mit einer Beruhigung von Konflikten, die zum Zeitpunkt der Scheidung und damit der Obsorgeentscheidung bestehen, zu rechnen. Aber noch wichtiger ist, dass va – wie bereits dargelegt wurde – bei der Beibehaltung der ObE eine Beruhigung des Konfliktklimas zu erwarten ist.[648] Die ObE hat also eine tendenziell konfliktmindernde Wirkung, und zwar gerade nicht bei Eltern, die ohnehin wenige Konflikte miteinander hatten und haben. Es zeigt sich hingegen eine signifikant positivere **Entwicklung des Beziehungsklimas der Eltern** mit ObE im Vergleich zu jenen mit aO eines Elternteils in Familien mit mittlerem bis hohem Konfliktniveau vor der Scheidung. In diese Gruppe fällt die große Mehrheit der Scheidungseltern. Die meisten Scheidungseltern, auch jene, die sich für die ObE entscheiden, sind nämlich nicht konfliktarm, sondern haben ein mittleres bis hohes Konfliktniveau.

  Bei Familien, die sich durch ein niedriges bzw sehr hohes Konfliktniveau vor der Scheidung auszeichnen, die sich also sozusagen am „unteren" bzw „oberen" Rand der Konfliktverteilung befinden, zeigt sich kein signifikanter Unterschied zwischen Eltern mit ObE und aO, was die Veränderung ihres Beziehungsklimas bis zum Untersuchungszeitpunkt betrifft. Das bedeutet, dass bei Familien mit ohnehin sehr niedrigem Konfliktniveau die Obsorgeform nicht so entscheidend ist für die weitere Beziehung der Eltern

freiwilligen" gemeinsamen elterlichen Sorge beschäftigt, ist jene von *Johnston* et al (siehe ausführlich Kapitel 2.1.1). Untersucht wurden prozessführende Familien, die aus eigener Kraft nicht in der Lage waren, ihre Konflikte beizulegen und die deshalb auf Beratung bzw Mediation weiterverwiesen wurden. *Johnston* et al kommen zu dem Ergebnis, dass für jene Familien, die – trotz professioneller Hilfe – nicht in der Lage sind, ihren Streit zu beenden – die Empfehlung für oder gar eine gerichtliche Verordnung der gemeinsamen Versorgung der Kinder bzw häufige Kontakte zu beiden Eltern nach der Scheidung kontraindiziert sei. Es ließen sich zwar keine Hinweise dafür finden, dass Kinder aus diesen Hochkonfliktfamilien in der einen oder anderen Sorgerechtsform eine bessere Anpassung zeigen. Die tatsächliche gemeinsame Sorge gehe aber mit einer höheren Kontakthäufigkeit einher, und diese erhöhe wiederum durchschnittlich betrachtet die Wahrscheinlichkeit von emotionalen und Verhaltensauffälligkeiten der Kinder. *Johnston* et al vertreten die These, dass die höhere Kontakthäufigkeit der Kinder zum getrennt lebenden Elternteil die elterlichen Konflikte am Leben erhält und diese wiederum – wenn die Kinder in den Konflikten gefangen sind und von den Eltern instrumentalisiert werden – die Kinder schädigen. Diese Aussagen würden jedoch nicht jene viel größere Gruppe von Eltern betreffen, die ihren Sorgerechts- bzw Besuchsrechtsstreit mithilfe von Mediation schließlich beilegen können (*Johnston/Kline/Tschann*, Amer. J. Orthopsychiat. [1989] 576–592). Vorsicht bei der Übertragung der Ergebnisse ist in jedoch in zweierlei Hinsicht geboten: Zum einen handelt es sich um eine Studie über die Auswirkungen der *tatsächlichen* gemeinsamen Sorge (joint physical custody) in Hochkonfliktfamilien, nicht um Auswirkungen des gemeinsamen Sorg*erechts* (joint legal custody). (Zu diesem Unterschied siehe den Exkurs auf S 27-30). Zum anderen erscheint die Operationalisierung der „Anpassung der Kinder" teilweise hinterfragenswert.

648 Siehe dazu Kapitel 7.2, 8.2.

zueinander in der Nachscheidungszeit. (In 60 % dieser Familien kam es bis zum Untersuchungszeitpunkt zu einer weiteren Entspannung der Beziehung, sowohl im Fall der ObE als auch im Fall der aO. Auch das Ausmaß an Kontakten der Kinder zum getrennt lebenden Elternteil näherte sich in relativ konfliktarmen Familien mit aO eines Elternteils an dasjenige von Familien mit ObE an.[649])

Bei Familien mit den höchsten Konflikten zeigt sich auch nicht, dass die ObE besser geeignet ist, die elterlichen Konflikte zu entschärfen, aber auch nicht schlechter. Die Hypothese, dass die Fortsetzung der ObE die Konflikte ohnehin hochstrittiger Eltern noch verschärft, trifft also den vorliegenden Ergebnissen zufolge nicht zu.[650] (Die ObE hat hingegen einen Einfluss auf die Häufigkeit der Kontakte der Kinder zum getrennt lebenden Elternteil: Wird in diesen Hochkonfliktfamilien die ObE vereinbart, so haben die Kinder signifikant mehr Kontakte zum anderen Elternteil, als wenn die Obsorge einem Elternteil alleine übertragen wird.[651])

Den größten Beitrag zur Beruhigung des Konfliktklimas der Eltern leistet die ObE also für die große Mehrheit der Scheidungsfamilien in der Mitte der Konfliktverteilung (dh bei Eltern mit mittleren bis hohen Konflikten) – daher auch die Empfehlung, die ObE als ein Standardmodell und gerade nicht nur als ein Modell für Eltern mit einem niedrigen Konfliktniveau zu betrachten.[652]

- Die qualitative Untersuchung von 17 Familien mit ObE hat sehr eindrucksvoll gezeigt, dass die Art und Weise, in der die gemeinsame Elternschaft nach der Scheidung von den Eltern gestaltet wird, höchst unterschiedlich ist. Eine völlig unbelastete und konfliktfreie Beziehung der Eltern zueinander ist dabei keineswegs die Regel, sondern die Ausnahme. Die meisten befragten Elternpaare mit ObE erlebten – zumindest immer wieder – Spannungen miteinander. Bedeutsam ist jedoch, dass erstens die meisten bestrebt sind, Konflikte mit dem oder ExpartnerIn nicht eskalieren zu lassen, was ihnen auf unterschiedliche Arten gelingt (zB indem sich der Austausch der Eltern nur auf Angelegenheiten der Kinder beschränkt, möglichst sachlich erfolgt, Gefühle möglichst zurückgehalten, persönliche Treffen eher vermieden werden usw). Zweitens hindern sie diese Spannungen und Konflikte nicht daran, trotzdem Modi der Kooperation zu finden, die für beide Seiten einigermaßen passen.[653] Die „angespannte“ Atmosphäre zwischen den Expart-

649 Siehe dazu Kapitel 8.2, 8.3.
650 Siehe dazu Kapitel 8.2.
651 Siehe dazu Kapitel 8.3.
652 Siehe dazu Kapitel 8.2.
653 Zu ähnlichen Ergebnissen kommt *Gründel* (Gemeinsames Sorgerecht [1995]), ausführlich in Kapitel 2.1.2.2.

nerInnen schien zumeist weniger aus aktuellen Konflikten im Zusammenhang mit der gemeinsamen Verantwortung für die Kinder zu resultieren als noch aus den Trennungskonflikten der Eltern. (Die Scheidung der Eltern lag zum Untersuchungszeitpunkt noch kein Jahr zurück.)

Auch die Art und das Ausmaß der Kommunikation und Kooperation wurden von den befragten Eltern sehr unterschiedlich gehandhabt. In vielen Familien kristallisierte sich ein funktionierendes Entscheidungsmuster heraus: Alltagsentscheidungen, also Entscheidungen, die unmittelbar zu treffen und wenig weitreichend waren, traf derjenige Elternteil, bei dem sich das Kind gerade aufhielt, und zwar ohne mit dem anderen Rücksprache zu halten. Weiter reichende oder grundlegende Entscheidungen, wie etwa die Schul- oder Kindergartenauswahl, wurden von den Eltern gemeinsam getroffen. Zwischen diesen Polen gab es Aufgabenteilungen zwischen den Eltern, entweder inhaltlicher Natur, dh, dass ein Elternteil jeweils hauptsächlich für bestimmte Aufgaben zuständig ist, oder es gab eine organisatorische Aufteilung, die darin bestand, dass ein Elternteil (in jedem untersuchten Fall war es die Mutter, bei der die Kinder ihren hauptsächlichen Aufenthalt hatten) gleichsam die Übersicht über zu erledigende Dinge hatte und den anderen Elternteil (den Vater) zur Durchführung heranzog. Überraschend war auch das Ergebnis, wonach die Betreuung und die Erziehung der Kinder durch beide Eltern in vielen Fällen in hohem Ausmaß durch implizite Regeln geleitet sind, die noch aus den Erfahrungen des Zusammenlebens stammen dürften, von beiden Eltern akzeptiert werden und so keiner neuerlichen Abstimmung und bewussten Absprache der Eltern bedürfen.[654]

Eine Schlussfolgerung, die aus der intensiven Untersuchung der Familien mit ObE gezogen werden kann, ist, dass das Ausmaß, in dem Kommunikation und Kooperation zwischen den Eltern im Fall der ObE nach der Scheidung tatsächlich notwendig sind, von vielen Faktoren abhängt (zB dem Alter der Kinder, der Abgrenzung und Akzeptanz von Kompetenzbereichen, der Toleranz gegenüber Unterschieden im mütterlichen und väterlichen Erziehungshandeln) und in der Regel überschätzt wird.

Wichtig ist also, zu sehen, dass es nicht nur auf der einen Seite die konfliktarmen und daher zur gemeinsamen Elternschaft geeigneten Eltern und auf der anderen Seite die Eltern mit Konflikten gibt, die daher nicht kooperieren können, sondern dass auch Eltern, die sich nicht von vornherein durch ein niedriges Konfliktniveau auszeichnen, keine homogene Gruppe sind. *Ahrons* unterscheidet zB fünf Typen der nachehelichen Elternschaft: „perfekte Kumpel (perfect pals), kooperative Kollegen (cooperative collea-

654 Siehe dazu auch die Ergebnisse der qualitativen Untersuchung von *Gründel* (Gemeinsames Sorgerecht [1995]) in Kapitel 2.1.2.2.

gues), Geschäftspartner, die schlecht aufeinander zu sprechen sind (angry associates), zornige Feinde (fiery foes) und aufgelöste Duos (dissolved duos)“[655]. Ihr zufolge können selbst Eltern, deren Beziehung als „angry associates“ oder „fiery foes“ charakterisiert wird, eine kooperative oder geschäftsmäßig-sachliche Beziehung zum Wohl ihrer Kinder erreichen. Es muss nicht immer (gleich) echte Zusammenarbeit (und schon gar nicht Freundschaft) sein; auch eine „parallele Elternschaft“, in der die Eltern nur wenig Kontakt zueinander haben, kann funktionieren.

*Maccoby* und *Mnookin*[656] sprechen in diesem Zusammenhang von einem losgelösten ko-elterlichen Interaktionsmuster, das etwa drei Jahre nach Einreichung des Scheidungsantrags ein häufig anzutreffendes Beziehungsmuster von geschiedenen Eltern sei. Gemeint ist damit ein paralleler (Eltern-)Rollenvollzug bei geringer Kommunikation: „Nach unseren Beobachtungen ist es auch solchen Eltern, die nicht imstande sind, ein kooperatives Verhältnis zueinander zu entwickeln, immerhin möglich, Konflikte zu vermeiden. Das kann unter anderem in der Weise geschehen, dass die ehemaligen Partner eine ‚losgelöste‘ Haltung zueinander einnehmen, und dieses ko-elterliche Muster ist, wie wir gesehen haben, sogar ganz verbreitet ... Das ist zwar nicht die ‚erstbeste‘ Alternative, aber für die Kinder doch sehr viel besser als ein offener Konflikt. Ein zeitweilig losgelöstes Verhältnis der ehemaligen Partner zueinander läßt im übrigen die Möglichkeit offen, daß sie irgendwann in der Zukunft auch wieder zu einem kooperativen Verhältnis finden.“[657] Weiters betonen sie, dass die ko-elterliche Interaktion zwischen den Expartnern etwas sei, das entwickelt werden müsse und sich nicht einfach aus den Gegebenheiten, wie sie vor der Trennung bestanden, auf die Zeit nach der Trennung übertragen lasse.

Ob die Konflikthaftigkeit der Eltern tatsächlich einer Fortsetzung der ObE entgegensteht, ist also vermutlich in vielen Fällen weder für RichterInnen noch für sonstige mit den Familien professionell befasste Personen von vornherein abzuschätzen. Um das möglicherweise doch vorhandene Potenzial zur gemeinsamen Elternschaft im Sinne der Entwicklungsinteressen der Kinder auszuschöpfen, erscheint es sinnvoll, in solchen Fällen einen Beratungsprozess vor die (endgültige) Obsorgeentscheidung zu schalten. (In Deutschland besteht bereits die Möglichkeit, dass das Gericht den Fortgang in der Scheidungssache aussetzen und die Eltern zur Nutzung von Beratung

655 *Ahrons*, The good divorce: Keeping your family together when your marriage comes apart, zitiert nach *Niesel*, Während und nach einer Scheidung, in *Fthenakis* et al, Familie nach der Familie (2008) 332.

656 *Maccoby/Mnookin*, FamRZ (1995) 1–16.

657 *Maccoby/Mnookin*, FamRZ (1995) 14.

motivieren kann.[658]) Zu denken ist dabei va an jene Eltern, deren Konflikte (für den bzw die RichterIn) spürbar sind, und die die kindbezogenen Entscheidungen im Scheidungsprozess nicht von vornherein einvernehmlich lösen können, bei denen aber die ObE nicht schon aus anderen Gründen auszuschließen ist.

Selbstverständlich ist die Beratung in strittigen Sorgerechtsfällen ergebnisoffen. Dh, der oder die BeraterIn darf zwar anstreben, ein Höchstmaß an gemeinsamer elterlicher Verantwortung zu sichern, es muss sich jedoch im Einzelfall erst erweisen, welche rechtlichen und sozialen Rahmenbedingungen dafür am besten geeignet sind.[659]

*Alberstötter*[660] hat aus seiner Arbeit mit Eltern mit Umgangskonflikten ein dreistufiges Modell zur diagnostischen Einschätzung von Elternkonflikten entwickelt, das – meiner Ansicht nach – auch für die Beratung von Eltern mit Sorgerechtskonflikten interessante Aspekte enthält. Das Modell soll „professionelle Akteure dabei unterstützen, sich ein Bild über das Konfliktpotential, d.h. die Intensität des Konflikts und die personale Ausweitung zu einem komplexen Problemsystem zu machen".[661]

Auf der **Eskalationsstufe 1** verhärten sich zwischen den Eltern zeitweise die Positionen, kurze Konfliktepisoden und eine vorübergehende Polarisierung im Denken („Schwarz-Weiß-Denken") treten auf. In akuten Spannungszeiten kommt es zu verbalen Angriffen, Schuldzuweisungen und auch zum Agieren, dh, der Konflikt wird über konkrete Taten (zB Nichteinhaltung der Besuchszeiten) ausgetragen. Eltern, die sich auf dieser Eskalationsstufe befinden, steht jedoch „ein Ensemble von Mustern im Erleben, Denken, Reden, Handeln zur Verfügung ..., das als Schutzfaktor deeskalierend auf die (Umgangs-) Streitigkeiten wirkt:

- Das ‚Wissen' beider Eltern darum, wie wichtig es ist, dass Kinder zu beiden Eltern eine gute Beziehung entwickeln (beidseitige Elternbeziehung des Kindes).
- Das ‚Wohl des Kindes', das bei allen Differenzen häufig ein für beide Eltern unstrittiger großer gemeinsamer Nenner ist, der unterstützend sein kann, die Durchsetzung von konfliktträchtigen Eigeninteressen zurückzustellen.

658 § 52 (deutsches) FGG, zitiert nach *Niesel*, Scheidung, in *Fthenakis* et al, Familie nach der Familie (2008) 338.

659 Vgl dazu etwa *Figdor*, Scheidungskinder (1997) 235. Zu den Indikationen für die aO eines Elternteils siehe Richtlinie 6 in diesem Kapitel.

660 *Alberstötter*, Wenn Eltern Krieg führen, in *Weber/Schilling*, Eskalierte Elternkonflikte (2006) 29–51.

661 *Alberstötter*, Eltern, in *Weber/Schilling*, Eskalierte Elternkonflikte (2006) 32.

- Die Trennung von ‚Paar- und Elternebene' ist im Denken auf dieser Stufe häufig noch fest verankert."[662]

Diese kognitiven Konzepte können während einer Konfliktepisode zwar in den Hintergrund geraten, finden aber bei den Eltern nach einer „Abkühlung" und in der Distanzierung zum Konfliktgeschehen Widerhall, und die Eltern können – uU mithilfe eines Außenstehenden – wieder zu einem konstruktiven Denken und Handeln zurückgeführt werden. Häufig gehe es in der Beratung – so *Alberstötter* – um die Bewältigung einer Krise bzw um eine „Starthilfe".

Auf der **Eskalationsstufe 2** nimmt der Konflikt deutlich an Schärfe zu, und häufig wird das Bild einer schlagartigen Persönlichkeitsveränderung des ehemaligen Partners, der ehemaligen Partnerin nach einem bestimmten Ereignis gezeichnet: „‚Ab da war er nur noch böse.' Oft werden auch Mythen gebildet von der eigentlich immer schon bestehenden Immoralität und Bösartigkeit des Gegners im Kontrast zum eigenen guten und vom anderen ausgebeuteten Ich. Das Verhalten des Gegners wird dabei immer aus dem sozialen Zusammenhang herausgetrennt (Dekontextualisierung) und zu einer unveränderlichen individuellen Eigenschaft verfestigt und verewigt."[663] Andere Personen werden aktiv in den Konflikt hineingezogen: „Es wird Öffentlichkeit hergestellt .... Alle sollen sehen, wie er/sie wirklich ist. Er /sie soll vor aller Welt das Gesicht verlieren. Das Ausbreiten ‚schmutziger Wäsche' ist ein strategischer Zug zur Einschüchterung der gegnerischen Partei und zur Durchsetzung der eigenen Ziele."[664] Kinder, andere Verwandte, Freunde und professionelle HelferInnen werden emotional unter Druck gesetzt, die moralische Verurteilung des Expartners bzw der Expartnerin zu teilen sowie einseitig Partei zu nehmen: ‚Wer nicht für mich ist, ist gegen mich!'".[665] „Vor allem Herkunftsfamilien und Freundeskreis mit einem hohen Ethos der Zusammengehörigkeit und Solidarität agieren häufig in einem Maß, das eine konstruktive Selbstorganisation des Streitpaares zusätzlich erschwert."[666]

Trotz der zunehmenden Aufheizung und Ausweitung des Konfliktfeldes ist oft noch Kooperation zwischen den Eltern möglich. Ziel der Beratung sei – so *Alberstötter* – das Zustandekommen von „Verträgen" zwischen den Eltern über bestimmte strittige Aspekte der Gestaltung der Elternschaft nach der Scheidung. Ein methodisches Werkzeug zur Absicherung von vertragsmäßi-

662 *Alberstötter*, Eltern, in *Weber/Schilling*, Eskalierte Elternkonflikte (2006) 32.
663 *Alberstötter*, Eltern, in *Weber/Schilling*, Eskalierte Elternkonflikte (2006) 33.
664 *Alberstötter*, Eltern, in *Weber/Schilling*, Eskalierte Elternkonflikte (2006) 33 f.
665 *Alberstötter*, Eltern, in *Weber/Schilling*, Eskalierte Elternkonflikte (2006) 34.
666 *Alberstötter*, Eltern, in *Weber/Schilling*, Eskalierte Elternkonflikte (2006) 34.

gem Handeln sei die Arbeit mit dem „Schatten", dh die Konfrontation der Protagonisten mit eigenen Verhaltensweisen, die den Vertrag gefährden könnten.[667]

Die **Eskalationsstufe 3** ist dadurch gekennzeichnet, dass die betroffenen Eltern extreme Gefühle der Verzweiflung und des Hasses entwickeln. Direkte Begegnungen zwischen den ExpartnerInnen werden häufig vermieden. „Wer mit Eltern auf dieser Eskalationsstufe zu tun hat, stößt immer wieder auf die Weigerung, gemeinsam mit dem anderen in einem Raum zu sein. Auf der sprachlichen Ebene findet diese radikale Distanzierung manchmal darin ihren Ausdruck, dass über den/die ehemalige/n Partner/in und Vater bzw. Mutter des gemeinsamen Kindes als ‚Herr X' bzw. ‚Frau Y' gesprochen wird. Jeder Hinweis auf Intimität und Nähe zum anderen in der Vergangenheit soll offenbar ausgelöscht werden."[668]

Neben dem Bedürfnis sich durch Kontaktvermeidung, Distanz und Leugnung zu schützen, besteht ein starkes Bedürfnis nach Rache und aktiver Destruktion. „Dem Gegner werden unmenschliche Züge zugeschrieben, die letztlich auch seine psychische, physische und materielle Vernichtung moralisch rechtfertigen. Verleumdungen und Verdächtigungen wie die des sexuellen Missbrauchs, der geplanten Kindesentführung, der ausgeübten Gewalt und pathologisierende Etiketten, die den Geisteszustand des anderen in Frage stellen, zielen auf die Existenz des Gegners."[669] Dritte werden zur Vasallentreue verpflichtet. Kinder werden instrumentalisiert und manipuliert, mit dem Ziel, die Liebe des Kindes zum anderen Elternteil zu zerstören und diesen aus dem Leben des Kindes zu eliminieren.[670] Die Interessen, Bedürfnisse und Nöte der Kinder werden von den einander bekriegenden Eltern nicht mehr ausreichend wahrgenommen.

Wenn es in der Beratung nicht mehr gelingt, eine bessere Selbststeuerung der einander bekriegenden Eltern zu erreichen und Vereinbarungen zu treffen, wird – im Modell von *Alberstötter* – der bzw die BeraterIn zum Schlichter bzw zur Schlichterin. Dh, er oder sie legt den Parteien einen Schlichtungsentwurf vor. Dieser Entwurf soll noch vorhandene Übereinstimmungsreste (und Annäherungen) zwischen den Eltern sichern sowie Gewinne und Verluste so verteilen, dass dies von beiden Parteien als fair angesehen werden kann. Nehmen die Eltern den Schlichtungsversuch nicht

667 *Alberstötter*, Eltern, in *Weber/Schilling*, Eskalierte Elternkonflikte (2006) 40–43.
668 *Alberstötter*, Eltern, in *Weber/Schilling*, Eskalierte Elternkonflikte (2006) 35.
669 *Alberstötter*, Eltern, in *Weber/Schilling*, Eskalierte Elternkonflikte (2006) 35.
670 *Kodjoe/Koeppel*, The Parental Alienation Syndrome, zitiert nach *Alberstötter*, Eltern, in *Weber/Schilling*, Eskalierte Elternkonflikte (2006) 35.

an, wird er dem oder der FamilienrichterIn für eine Verwertung im Beschluss zur Verfügung gestellt.[671]

Dieser letzte Schritt, in dem Beratungsinhalte nach außen getragen werden und der oder die BeraterIn seine bzw ihre Rolle verändert, muss sicherlich theoretisch und methodisch sorgfältig durchdacht sein. Insgesamt aber zeigt *Alberstötter*, dass eine Konflikthaftigkeit der Eltern noch nicht das Ende von Bemühungen um einvernehmliche Lösungen im Interesse der Kinder bedeuten muss.

Dass sich Eltern – va jene mit hohen Konflikten – aber oft nicht freiwillig in eine Beratung begeben, ist ebenso klar. Über die Chancen und Grenzen verordneter Beratung wird in den letzten Jahren viel diskutiert. So fordert etwa *Salgo*, dass Eltern – wie in einigen US-amerikanischen Bundesstaaten – im Fall einer Trennung bzw Scheidung nachweisen müssen, dass sie das Angebot einer spezialisierten Beratungsstelle in Anspruch genommen haben.[672] *Figdor* spricht sich für die Möglichkeit aus, dass RichterInnen in strittigen Fällen auf Eltern einen gewissen Druck ausüben, möglichst in einem frühen Stadium des Verfahrens Beratungsvereinbarungen zu treffen, und attestiert diesen durchaus Erfolgschancen. Eine solche Motivation gelinge sicher nicht immer, aber sehr oft, weil ein großer Teil der Eltern, die von sich aus nicht bereit wären, professionelle Hilfe in Anspruch zu nehmen, keineswegs strikt gegen solche Hilfsangebote sei, sondern dazu eine ambivalente Einstellung habe: „Nur überwiegen bei ihnen (im Gegensatz zu den freiwilligen Patienten) die *gegen* die Beratung gerichteten Motive. Diese Motive können sein: Mißtrauen, ob mir dort kompetent geholfen wird oder ob der Berater zu mir hält; Scham- und Schuldgefühle, weil ich/wir es nicht alleine schaffen; der Einfluß von Freunden, die abraten; die Angst, einen Rat zu erhalten, den ich nicht wahrhaben will u.a.m. Das heißt aber nicht unbedingt, daß solche Menschen nicht auch unglücklich und hilflos seien; daß sie nicht sehr wohl die Sehnsucht haben, jemanden zu finden, der sie versteht; daß sie sich nicht unsicher sind, ob ihre Entscheidungen für die Kinder wirklich gut waren usw. Wenn nun solche Eltern zur Beratung geschickt werden, kann es durchaus sein, daß sie sich nicht wehren oder ihre Zeit nur absitzen, sondern daß sie – vielleicht nicht in der ersten oder zweiten Sitzung, aber vielleicht in der dritten – die Gelegenheit, die sich bietet, über ihre Sorgen zu reden, sehr wohl ergreifen."[673]

671 *Alberstötter*, Eltern, in *Weber/Schilling*, Eskalierte Elternkonflikte (2006) 43 f.

672 *Salgo* in einer Anhörung vom 24. 2. 1997, zitiert nach *Niesel*, Während und nach einer Scheidung, in *Fthenakis* et al, Familie nach der Familie (2008) 337 f.

673 *Figdor*, Scheidungskinder (1997) 231.

In dem von *Niesel* vorgestellten Modell „Familienberatung bei Trennung und Scheidung (FaTS)" am Amtsgericht in Regensburg, das seit 1991 besteht, erlebten einige Eltern den Beratungsvorschlag der RichterInnen (zur Erarbeitung von konkreten und praktikablen Regelungen und Vereinbarungen zum Sorge- und Umgangsrecht) als Zwang. Dennoch bewerteten diese Eltern die Beratung nur geringfügig negativer als die Eltern, die die Beratung aus eigenem Interesse aufgesucht hatten. Die meisten erlebten die Beratung dennoch als erfolgreich oder zumindest teilweise erfolgreich.[674]

Aber auch für die Zeit nach der Scheidung können Beratungsvereinbarungen hilfreich sein. *Fthenakis* und *Walbiner* sprechen sich dafür aus, dass bereits das Betreuungsmodell eine Übereinkunft beinhaltet, wonach sich die Eltern verpflichten, bei zukünftigen Unstimmigkeiten zunächst beratende Hilfe in Anspruch zu nehmen, bevor sie erneut gerichtliche Schritte einleiten.[675]

*5. Bei der konkreten Ausgestaltung der ObE nach der Scheidung ist sehr vieles möglich und praktikabel. Es gibt keine bestimmten äußeren Arrangements, die an sich schon erfolgversprechend sind oder sicher nicht funktionieren werden. Die konkrete Praxis sollte den individuellen Bedürfnissen der jeweiligen Familie angepasst sein.*

Über die konkrete Ausgestaltung der ObE nach der Scheidung wird im österreichischen Recht wenig gesagt. Diese soll vielmehr von den Eltern selbst verantwortlich entwickelt werden. So soll die Ausübung des Rechtes auf persönlichen Verkehr („Besuchsrecht") vom Kind und den Eltern einvernehmlich geregelt werden. Das Gericht soll nur dann regelnd eingreifen, wenn ein solches Einvernehmen nicht erzielt werden kann.[676] Ansonsten verlangt das Gesetz von den Eltern nur, bei der Erfüllung ihrer Obsorgepflichten und Ausübung ihrer Obsorgerechte einvernehmlich vorzugehen[677] und zur Wahrung des Kindeswohls alles zu unterlassen, was das Verhältnis des Minderjährigen zum anderen Elternteil (oder anderen Personen, denen das Kind betreffende Rechte und Pflichten zukommen) beeinträchtigt oder die Wahrnehmung von dessen Aufgaben erschwert.[678] Wie die Forderung nach einem einvernehmlichen Vorgehen der Eltern trotz Scheidung und Getrenntlebens zu verstehen ist, wurde bereits unter Punkt 2 in diesem Kapitel erörtert.

674 *Niesel*, Scheidung, in *Fthenakis* et al, Familie nach der Familie (2008) 335 f.

675 *Fthenakis/Walbiner*, Die Regelung der Beziehungen zwischen Kindern und Eltern nach der Scheidung, in *Fthenakis* et al, Familie nach der Familie (2008) 94.

676 § 148 Abs 1 ABGB.

677 § 144 ABGB.

678 § 145b ABGB.

Die große Chance des Konzepts liegt jedoch gerade in der großen Spannweite der Ausgestaltungsmöglichkeiten. Die Vielgestaltigkeit reicht – wie die qualitative Untersuchung gezeigt hat – von einer nahezu gleichmäßigen Betreuung und Versorgung des Kindes durch beide Elternteile bis zu klassischen „Besuchswochenende"-Arrangements, Art und Ausmaß von Kommunikation und Kooperation von intensivem Austausch bis zu einem auf das Allernötigste reduzierten Austausch mit dem oder der ExpartnerIn, der auch nicht einmal persönlich erfolgen muss. Geschiedene Eltern nehmen ihre Erziehungsverantwortung im Rahmen der ObE höchst unterschiedlich wahr, entwickeln dabei verschiedenste Settings, Aufgabenteilungen, Kooperationsmodi und (Verhaltens-)Regeln. Es konnte nicht festgestellt werden, dass bestimmte äußere Arrangements an sich schon erfolgversprechend sind oder sicher nicht funktionieren werden. Ein und dasselbe Arrangement kann in einer Familie gut funktionieren, zur Zufriedenheit aller führen, in einer anderen Familie hingegen gar nicht.[679]

Für die pädagogische Beratung folgt daraus, dass sich diese nicht an irgendwelchen Vorstellungen zu orientieren hat, welche Arrangements für Eltern und Kinder nach der Scheidung günstig oder weniger günstig sind, sondern dass individuell und flexibel gedacht werden muss. Zwei Fragen sollten bei der Entwicklung geeigneter oder Überprüfung bestehender Ausgestaltungsformen der ObE, die durch Beratung unterstützt werden kann, leitend sein:

a. Mit welchem Betreuungsmodell geht es dem Kind gut?
b. Welches Betreuungsmodell, welcher Kooperationsmodus ist für die Eltern gut lebbar?

Ad a) Mit welchem Betreuungsmodell es dem Kind gut geht, hängt von vielen Faktoren (Alter, Geschlecht, Persönlichkeit, bisherige Lebensweise usw) ab und kann selbst für verschiedene Kinder derselben Familie unterschiedlich sein. (Einzelne Familien unserer Untersuchungsgruppe hatten daher auch für Geschwisterkinder unterschiedliche Betreuungsmodelle.) Die diesbezüglichen Bedürfnisse des Kindes verändern sich auch im Laufe der Zeit.

Es wäre daher ein wichtiges Ziel (und zwar für alle Kinder, unabhängig vom Obsorgestatus), Möglichkeiten zu schaffen, das Wohlergehen und die Zufriedenheit des Kindes in regelmäßigen Abständen zu evaluieren. Ob dazu dem Kind gleich bei der Scheidung eine neutrale Begleit- und Ansprechperson (aus dem privaten Umfeld des Kindes oder eine professionelle Ansprechperson) zur Seite gestellt wird, die für das Kind auch nach Abschluss des Verfahrens bei Bedarf zur Verfügung steht, oder der ganzen Familie ein oder eine BeraterIn, ob

679 Siehe dazu Kapitel 7.9.

institutionell (zB über das Familiengericht, AJF) diesbezügliche Ressourcen geschaffen werden könnten, müsste diskutiert werden.

Ad b) Neben dem Wohlergehen der Kinder ist – meiner Ansicht nach – für das Gelingen der gemeinsamen Elternschaft nach der Scheidung das Wohlergehen der Eltern ganz entscheidend. Eltern dürfen und sollen auch einen persönlichen Gewinn von der konkreten Ausgestaltung der ObE haben. Wie die qualitative Untersuchung gezeigt hat, orientieren sich die Betreuungsmodelle für die Kinder oft ganz pragmatisch an den beruflichen Erfordernissen der Eltern, indem die getrennt lebenden Väter (zumindest einen Teil der Betreuungsaufgaben) übernehmen, wenn die Mütter, bei denen die Kinder durchwegs hauptsächlich leben, arbeiten.

Einige AutorInnen sprechen sich dafür aus, dass Eltern die Art und Weise, in der sie die gemeinsame Elternverantwortung nach der Scheidung gestalten wollen, explizit planen und schriftlich niederlegen.[680] In Deutschland wurde hingegen im Kindschaftsrechtsreformgesetz (KindRG) 1998 bewusst darauf verzichtet, von Eltern verpflichtend die Vorlage eines Sorgeplans zu verlangen. „Die Eltern sollten nicht zu einer unzweckmäßigen starren Festlegung gezwungen werden. Der Zwang zur schriftlichen Fixierung könne neuen Anlass für Streit geben."[681]

Der Verband alleinerziehender Mütter und Väter (VAMV) hat dazu einen Entwurf einer vertraglichen Regelung der Eltern über die Ausübung einer gemeinsamen Sorge nach Trennung und Scheidung erarbeitet.[682] Diese **Sorgevereinbarung** ist – wie dem Beiblatt zu entnehmen ist – eine freiwillige Vereinbarung von Eltern nach Trennung und Scheidung, die die gemeinsame Sorge für ihr Kind ausüben wollen. Sie kann von den Eltern selbständig oder im Rahmen einer Beratung erarbeitet werden und erhält mit der Unterschrift beider Eltern den Charakter eines Vertrages und damit Verbindlichkeit. Auch die Kinder sollen, dem Alter entsprechend, in den Aushandlungsprozess einbezogen werden.

Die Sorgevereinbarung beinhaltet Absprachen zum Lebensmittelpunkt des Kindes bzw im Falle eines Wechselmodells den Rhythmus, nach dem sich der Wechsel vollziehen soll, zum Umgang mit dem getrennt lebenden Elternteil (Besuchsrecht) und zur detaillierten Regelung der Ferienzeiten sowie besonderer Termine (Geburtstage, eigene Termine des Kindes, besondere Termine der Familie usw), aber auch zum Umgang mit anderen für das Kind wichtigen Personen wie Großeltern, Tanten, Paten usw. Schriftlich vereinbart werden weiters Aufgabenverteilungen zwischen Mutter und Vater für die Angelegenheiten des täglichen Le-

680 ZB *Fthenakis/Walbiner*, Regelung der Beziehungen, in *Fthenakis* et al, Familie nach der Familie (2008) 112; *Maccoby/Mnookin*, FamRZ (1995) 14 f.

681 *Proksch*, Reform des Kindschaftsrechts (2002) 109.

682 *VAMV-Bundesverband*, Sorgevereinbarung. Vertrag über die Ausübung der gemeinsamen Sorge nach Trennung und Scheidung, KindPrax (2004) 6.

bens, grundsätzliche Entscheidungen und Erziehungsziele, Höhe und Zahlungsmodus des Kindesunterhalts, der Umgang mit anfallenden Zusatzkosten, die im Kindesunterhalt nicht berücksichtigt sind, und eine Vorgehensweise für den Streitfall (Gespräche, Beratung, Mediation). Schließlich wird ein Datum vereinbart, an dem die getroffenen Vereinbarungen gemeinsam überprüft werden sollen.

Bemerkenswert ist an diesem Entwurf, dass er auch Proklamationen enthält, die von den Eltern unterschrieben werden und denen ein gewisser ritueller Charakter anhaftet. Diese lauten etwa: „Für unser Kind ... geb. am ... vereinbaren wir, auch nach unserer Trennung weiterhin gemeinsam zu sorgen.“[683] „Bei spontanen Einladungen oder Wünschen des Kindes verpflichten wir uns, uns mit Blick auf das Wohl des Kindes zu beraten und zu einigen.“[684] „Wenn wir uns im Einzelfall nicht einigen können oder es in bestimmten Sorgevereinbarungspunkten zu Konflikten kommt, werden wir ... eine gemeinsame Lösung im Interesse unseres Kindes anstreben.“[685]

Rituale wirken sozialisierend und ordnungsstiftend, sie sind dazu da, Menschen an gemeinsam Bedeutsames zu erinnern. Im vorliegenden Fall wird – einem Mantra gleich – immer wieder die Verantwortung für das Kind, die Wahrung seiner Interessen (die den eigenen Bedürfnissen als geschiedene Mutter, geschiedener Vater immer wieder entgegengesetzt sein können) in das Zentrum gerückt.

*6. Trotz der grundsätzlich zu erwartenden positiven Folgen der Beibehaltung der ObE für die große Mehrheit der von Scheidung betroffenen Familien ist davon auszugehen, dass in bestimmten Fällen wichtige Gründe aus Sicht des Kindeswohls gegen die Beibehaltung der ObE vorliegen bzw die aO eines Elternteils bessere Entwicklungsbedingungen für die Kinder bereitet. Diese Entscheidung sollte jedoch auf der Basis einer fundierten Prüfung der Voraussetzungen und unter Ausschöpfung aller Unterstützungsmöglichkeiten der Eltern erfolgen.*

In einzelnen (wenn auch sehr seltenen) Fällen zeigte sich im Rahmen der qualitativen Untersuchung, dass die aO zumindest in mancher Hinsicht bessere Entwicklungsbedingungen für die Kinder bereitete, als es von der Fortsetzung der ObE zu erwarten gewesen wäre. So vermittelte die aO der durch die Trennung und entdeckte Untreue des Exmannes völlig verunsicherten und geschwächten Mutter in einem Fall das Gefühl, wieder ein Stück Sicherheit, Kontrolle und einen narzisstischen Ausgleich zu erlangen, was es ihr erleichterte, ihre Ängste und Aggressionen im Zaum zu halten und wieder eine Beziehung der Kinder zum Vater zuzulassen. Freilich wissen wir nicht, ob in diesem konkreten Fall

683 *VAMV-Bundesverband*, KindPrax (2004) 224.
684 *VAMV-Bundesverband*, KindPrax (2004) 225.
685 *VAMV-Bundesverband*, KindPrax (2004) 227.

eine Beratung der Eltern nicht ebenfalls zu der gewünschten Entlastung und zu einer anderen Form der Einigung der Eltern beitragen hätte können. Wir wissen auch nicht, ob diese Entlastung des elterlichen Konfliktpotenzials als eine wichtige Voraussetzung für eine gute Bewältigung der elterlichen Trennung durch die Kinder zulasten einer anderen zentralen Entwicklungsbedingung für die Kinder „erkauft" wurde und welches Defizit/welche Ressource längerfristig gewichtiger ist.[686] Schließlich hat der Vater in diesem Fallbeispiel auf seinen Wunsch nach Beibehaltung der ObE letztlich *selbst* verzichtete. Dieser Umstand stellt natürlich andere emotionale Voraussetzungen für die weitere Beziehungsdynamik zwischen den Eltern dar, als wenn die Obsorge mittels Gerichtsbeschluss einem Elternteil allein übertragen und dem anderen entzogen wird.

Aber immerhin sind solche Konstellationen denkbar, in denen die Übertragung der aO auf einen Elternteil den Kindern bessere Entwicklungsbedingungen bereitet, als es von der Beibehaltung der ObE zu erwarten wäre, und in denen daher vom Modell der ObE abzugehen wäre. Welche wichtigen Gründe können nun gegen die Beibehaltung der ObE bzw für die Übertragung der aO auf einen Elternteil nach der Scheidung aus Sicht des Kindeswohls sprechen? In Diskussionen über diese Frage werden häufig Antworten gegeben, die einer der folgenden Katgeorien zugeordnet werden können:

a. ein Elternteil ist nicht fähig, die Obsorgepflichten zum Wohl des Kindes auszufüllen bzw gefährdet das Kind,
b. es besteht die Gefahr, dass ein Elternteil das Kind entführt,
c. ein Elternteil hat sich an der Erziehung und Betreuung des Kindes bisher nur wenig beteiligt,
d. die Eltern sind aufgrund von hohen Konflikten nicht fähig, miteinander zum Wohl des Kindes zu kooperieren.

Im Folgenden soll auf die einzelnen Argumente kurz eingegangen werden:

Ad a) **Fehlende Erziehungsfähigkeit bzw Kindeswohlgefährdung**: Umstände, in denen ein Abgehen von der ObE aufgrund der fehlenden Erziehungsfähigkeit eines Elternteils bzw der Gefährdung des Kindes in Betracht kommt, sind nicht spezifisch für die Frage der Obsorge im Fall der elterlichen Trennung bzw Scheidung, sondern stellen Gründe dar, die Obsorge eines Elternteil grundsätzlich zu beschränken oder zu entziehen. Allerdings können in einer aufrechten Partnerschaft manche Gefährdungsmomente für das Kind, etwa eine psychische Erkrankung eines Elternteils, durch den anderen Elternteil abgefedert werden,

686 Dieser Umstand verweist auf die Wichtigkeit einer Nachfolgeuntersuchung, in der die längerfristigen Auswirkungen der Obsorgeentscheidung auf die Entwicklungsbedingungen untersucht werden könnten.

wenn dieser dem Kind ausreichend Stabilität und Sicherheit vermitteln kann[687]. Dadurch kann ein Abgehen von der ObE erst mit der Trennung der Eltern virulent werden.

Zu denken ist neben bestimmte Formen (und Schweregraden) von psychischen Erkrankungen eines Elternteils va an Suchterkrankungen (eine psychische Erkrankung bzw Suchterkrankung muss nicht in jedem Fall zum Verlust der Erziehungsfähigkeit führen), intellektuelle Beeinträchtigungen bzw Lernbehinderungen, an Kindeswohlgefährdungen durch Vernachlässigung, Misshandlung des Kindes oder des anderen Elternteils[688] und (sexuellem) Missbrauch.[689] Ich möchte an dieser Stelle nicht weiter in die Tiefe gehen, da alle diese Begriffe sehr allgemeine Kategorien darstellen, die einer so differenzierten Betrachtung bedürfen, dass sie hier nicht erfolgen kann.[690] Stattdessen möchte ich nur auf ein paar Aspekte hinweisen, die in der Auseinandersetzung mit dem Thema meiner Erfahrung nach weniger Beachtung finden:

*Erstens* wird oft nicht ausreichend differenziert, ob tatsächlich angezweifelt wird, dass ein Elternteil in der Lage ist, *Obsorgerechte und -pflichten* gegenüber

---

687 *Wienerroither*, Kindeswohl und Kindeswohlgefährdung, in *Amt der Oö. Landesregierung* (Hrsg), Soziale Diagnose. Methoden zur Standortbestimmung von Kindern und Jugendlichen 6.

688 Mit dem Thema des gemeinsamen Sorgerechts angesichts von familiärer Gewalt haben sich zB auseinandergesetzt: *Figdor*, Welche Gründe sprechen gegen die Obsorge beider Eltern? Kriterien für Entscheidungen über Obsorge und persönliche Kontakte des Kindes, iFamZ (2011) 131–138; *Fthenakis/Walbiner*, Die Regelung der Beziehungen zwischen Kindern und Eltern nach der Scheidung, in *Fthenakis/Griebel/Niesel/Oberndorfer/Walbiner* (Hrsg), Die Familie nach der Familie. Wissen und Hilfen bei Elterntrennung und neuen Beziehungen (2008) 116f.

689 Im Kommentar zum ABGB führt *Thunhart* als weitere Umstände an, in denen die Beschränkung bzw Entziehung der Obsorge in Betracht kommt: ein das Wohl des Kindes gefährdendes familiäres Umfeld, der fortgesetzte kriminelle Lebenswandel des Obsorgeberechtigten, Entscheidungen der Eltern, die das Wohl des Kindes gefährden, die beharrliche Verweigerung der Kontakte des Kindes zum getrennt lebenden Elternteil durch den Hauptbetreuenden, wenn das Kind unter dem Abbruch der Beziehung zum anderen Elternteil leidet und eine Übertragung der Obsorge dem Wohl des Kindes besser entsprechen würde, Versäumnisse bei der Verwaltung des Kindesvermögens, die Übersiedelung mit dem Kind ins Ausland, wenn dadurch die Interessen des Kindes massiv beeinträchtigt sind, ein fehlendes Einvernehmen der Eltern in wichtigen Angelegenheiten, wenn dies zu einer Gefährdung des Kindeswohls führt ebenso ständige Streitigkeiten der Eltern im Rahmen der Erziehung, die das Wohlergehen des Kindes gefährden (*Thunhart* in *Fenyves/Kerschner/Vonkilch*, Klang³ [2008] § § 176, 176b Rz 25 – 44). *Thunhart* betont, dass in allen diesen Fällen eine strenge Prüfung zu erfolgen hat, ob und inweit ein Eingriff in die elterliche Obsorge zum Schutz des Kindes zu erfolgen hat. Selbst wenn das Gericht zur Auffassung gelange, dass das Kindeswohl gefährdet sei, müsse noch in einem zweiten Schritt geprüft werden, ob diese Gefährdung die mit einer Entziehung oder Einschränkung der Obsorge verbundenen Nachteile rechtfertigt. (*Thunhart* in *Fenyves/Kerschner/Vonkilch*, Klang³ [2008] § § 176, 176b Rz 6.

690 Siehe dazu zB *Figdor*, iFamZ (2011) 131–138; *Zitelmann*, Kindeswohl und Kindeswille im Spannungsfeld von Pädagogik und Recht (2001); Einen Überblick über Fälle, die von der Judikatur als Kindeswohlgefährdung qualifiziert wurden, bietet *Wienerroither*, Kindeswohl, in *Amt der Oö. Landesregierung* (Hrsg), Soziale Diagnose 6f.

seinem Kind in einer förderlichen Weise wahrzunehmen, also zB Entscheidungen über die Schulwahl, medizinische Behandlungen etc zu treffen, oder ob es als notwendig erachtet wird, die *Beziehung des Kindes zu einem Elternteil* zu kontrollieren oder zu beschränken. Nicht immer muss – wie *Figdor*[691] darlegt – die Notwendigkeit, den Kontakt zwischen einem Elternteil und dem Kind Bedingungen bzw Beschränkungen zu unterwerfen, mit der Notwendigkeit zusammenfallen, die Obsorge dieses Elternteil zu beschränken oder gar zu entziehen. *Figdor* bringt uA folgendes Beispiel:

> „Auch bei (einem) schwer depressiven oder narzisstisch gestörten Eltern (Elternteil) müsste man differenziert beurteilen. Es gibt Depressive, die sich über bestimmte Zeitspannen hinweg zusammennehmen können, dauerhaft aber die nötige Empathiefähigkeit nicht aufbringen. Sie können die Obsorge wie ein unbegleitetes Besuchsrecht (...) ausüben, ohne dem Kind zu schaden, der Hauptaufenthalt kann jedoch nicht bei ihnen sein. Andere wiederum können sich auch kurzzeitig nicht zusammennehmen, sodass Besuchsbegleitung (....) indiziert wäre. Schließlich gibt es auch Formen, bei denen jegliche pädagogische Verantwortung durch die eigene Bedürftigkeit oder pathologisch-narzisstische Ziele zugedeckt wird: Solche Elternteile erziehen und entscheiden für ihr Kind primär nach Maßgabe ihrer eigenen Bedürfnisse. In solchen Fällen wäre die Obsorge uU kindeswohlgefährdend."[692]

Ob und inweit im Einzelfall eine Beschränkung bzw Kontrolle des Kontakts bzw eine Beschränkung oder Entziehung der Obsorge und damit ein Abgehen von der ObE notwendig ist, wird vom Gericht, idR unter Einbeziehung eines Sachverständigen, zu prüfen sein.

Bei Vernachlässigung schlägt *Figdor zweitens* vor, die Obsorge eines Elternteils dann zu entziehen, wenn der vernachlässigende Elternteil vorgeschlagene oder verordnete Unterstützungsmaßnahmen nicht wahrnimmt oder boykottiert und „wenn die Vernachlässigung nicht in einer Überforderung, sondern in einer Haltung ihren Ursprung hat, die einen geringen Stellenwert verrät, den das Kind im Leben dieses Elternteils einnimmt."[693] Zur zweiten Form der Vernachlässigung zählt *Figdor* interessanter Weise auch jene Fälle, in denen Väter bzw Mütter, bei denen das Kind nach der Scheidung nicht lebt „das Recht des Kindes auf Beziehung zu beiden Elternteilen nicht wahrnehmen, indem sie eine gewisse Regelmäßigkeit der Kontakte zum Kind ablehnen, vereinbarte Besuche wiederholt nicht einhalten oder gar (für längere Zeit) verschwinden, ohne darauf Rücksicht zu nehmen, was das für das Kind bedeutet [bzw] die mit der Obsorge einhergehende Pflicht nicht wahrnehmen, das Kind bei Problemen und Sorgen zu

691 *Figdor*, iFamZ (2011) 131–138.
692 *Figdor*, iFamZ (2011) 132.
693 *Figdor*, iFamZ (2011) 133.

unterstützen und dem hauptbetreuenden Elternteil bei seiner Pflege und Erziehungsaufgabe hilfreich zur Seite zu stehen.“[694]

*Figdor* betont, dass diese Art der Vernachlässigung durch „Besuchsväter (-mütter)“ meist die Folge der alleinigen Obsorge ist – dass ein derartiger Rückzug des getrennt lebenden Elternteils im Falle der aO wahrscheinlicher ist, hat auch die vorliegende Untersuchung ergeben. Tritt ein solches Verhalten jedoch bei getrennt lebenden Eltern auf, die nach der Scheidung weiterhin gemeinsam mit dem hauptbetreuenden Elternteil obsorgeberechtigt sind, und nützt eine entsprechende Aufklärung über die schädlichen Folgen für das Kind nichts, so wäre ein Entzug der Obsorge nach *Figdor* angemessen.[695] In diesem Sinne könnten auch die Ausführungen von *Thunhart* über das lieb- und interesselose Verhalten eines Erziehungsberechtigten auf den getrennt lebenden Elternteil im Fall der elterlichen Trennung bzw Scheidung angewandt werden: „Eine Entziehung der Obsorge kommt auch in Betracht, wenn der Erziehungsberechtigte dem Kind nicht die erforderliche Zuwendung entgegenbringt. So kann nach der Rsp auch die Interesselosigkeit des obsorgeberechtigten Elternteiles gegenüber dem Kind eine Entziehung der Obsorge rechtfertigen.“[696]

Wichtig ist auch dabei eine genaue Prüfung durch das Gericht, weil gerade der Vorwurf der Lieb- und Interesselosigkeit des getrennt lebenden Elternteils dem Kind gegenüber oft einer durch die eigenen Empfindungen veränderten Wahrnehmung des hauptbetreuenden Elternteils entspringt und nicht dem Erleben der Kinder entspricht (wie oft auch umgekehrt Vorwürfe des getrennt lebenden gegenüber dem hauptbetreuenden Elternteil).

Ad b) **Entführungsgefahr**: Der Wunsch nach Aufhebung der ObE und Übertragung der aO kann in einer – berechtigten oder nicht berechtigten –Befürchtung gründen, dass der andere Elternteil nach der Trennung bzw Scheidung das gemeinsame Kind ins Ausland bringt. Mit der aO wäre nämlich das Recht verbunden, allein über die Reisedokumente des Kindes zu verfügen bzw auch den Reisepass des Kindes vom nichtobsorgeberechtigten Elternteil, sofern er sich bei diesem befindet, einzufordern, wodurch eine „Entführung“ des Kindes wesentlich schwerer zu bewerkstelligen wäre.[697] Auch im Falle der ObE wäre ein derartiges eigenmächtiges Vorgehen eines Elternteils widerrechtlich, wenn auch nicht eine Kindesentziehung im strafrechtlichen Sinne (§ 195 StGB) vorliegt, und würde ein Rückstellungsverfahren nach dem Haager Kindesentführungsübereinkommen (HKÜ) nach sich ziehen (sofern es sich um einen Vertragsstaat des HKÜ han-

694 *Figdor*, iFamZ (2011) 133.
695 *Figdor*, iFamZ (2011) 133.
696 *Thunhart* in *Fenyves/Kerschner/Vonkilch*, Klang³ (2008) § § 176, 176b Rz 24.
697 *Barth* in *Fenyves/Kerschner/Vonkilch*, Klang³ (2008) § 146b Rz 5.

delt).[698] Aber natürlich ist es einem (mit-)sorgeberechtigten Elternteil leichter möglich, das Kind ins Ausland zu bringen und bis es idR wieder zurückgebracht werden muss vergeht eine – angesichts der Dramatik der Situation – nicht unbeträchtliche Zeit. Insofern scheint eine „Absicherung" des hauptbetreuenden Elternteils gegen eine solche antizipierte Gefahr durch Beantragung der aO zunächst einmal höchst legitim. Schwierig daran ist jedoch, dass die Einschätzung, wie realistisch diese Gefahr tatsächlich ist, auch mitunter jenen wahrnehmungsverzerrenden Spaltungprozessen unterliegen kann, die dazu führen, den ehemaligen Partner, die ehemalige Partnerin als existentiell bedrohlich zu erleben[699]. Insgesamt stellt aber dieser Fall eine jener Situationen dar, in der ein Abgehen von der ObE indiziert sein kann. Möglicherweise sind aber auch gelindere Mittel (wie etwa die Abnahme des Reisepasses) denkbar.

698 Für derartige grenzüberschreitende Kindesentführungen ist das Haager Kindesentführungsübereinkommen (HKÜ) bzw zwischen zwei Mitgliedstaaten der EU die Brüssel IIa-Verordnung maßgeblich. „Soweit die beiden betroffenen Staaten Mitglieder des Haager Kindesentführungsübereinkommens (HKÜ) sind, findet ein spezielles Rückführungsverfahren Anwendung. Das HKÜ basiert auf der Überlegung, dass die sofortige Rückführung grundsätzlich im Interesse des Kindes ist, da sie den vor dem Verbringen bestehenden Zustand wieder herstelle und eine Entscheidung über die Obsorge im Herkunftsstaat, dh im bisherigen Aufenthaltsstaat des Kindes ermögliche. Eine Entscheidung über die Rückführung soll nach Art 11 Abs 2 HKÜ grundsätzlich innerhalb von sechs Wochen nach Eingang des Antrags bei Gericht ergehen. Das Verfahren nach dem HKÜ ist kein Obsorgeverfahren, vielmehr soll mit der Rückführung des Kindes erst die Voraussetzung für die Durchführung eines Obsorgeverfahrens und damit die Basis für die künftige Ausübung der Obsorge geschaffen werden ... Die Anordnung der Rückführung darf nur bei Vorliegen bestimmter Ausnahmetatbestände verweigert werden, etwa wenn die Rückführung `mit der schwerwiegenden Gefahr eines körperlichen oder seelischen Schadens für das Kind verbunden´ wäre (Art 13 Abs 1 lit b HKÜ) oder das Kind sich der Rückführung widersetzt und `ein Alter und eine Reife erreicht hat, angesichts deren es angebracht erscheint, seine Meinung zu berücksichtigen´ (Art 13 Abs 2 HKÜ)." (*Barth* in *Fenyves/Kerschner/Vonkilch*, Klang³ (2008) § 146b Rz 15, 17); weiters dazu *Fucik/Miklau*, Der Kinderbeistand in Rückstellungsverfahren nach Kindesentführung, in *Barth/Deixler-Hübner*, Handbuch des Kinderbeistandsrecht. Aufgaben, Arbeitsweisen und Rechtsstellung des Kinderbeistands aus interdisziplinärer Sicht (2011) 295-306, *Miklau*, Gemeinsame Obsorge, Kindesentführung und VO Brüssel IIa, in iFAMZ (2010) 133-140), Aus dem Haager Kindesentführungsübereinkommen ergibt sich aber auch eine entgegengesetzte Problematik: Die Bestimmung, dass eine Mutter, ein Vater auch wenn diese bzw dieser das Kind hauptsächlich betreut, mit diesem nicht ohne Zustimmung des mitsorgeberechtigten Elternteils in ein anderes Land ziehen darf, ist an und für sich eine völlig richtige, da der Umzug in ein anderes Land erhebliche Folgen für die Beziehung des Kindes zum zurückbleibenden Elternteil hat und das Interesse des Kindes nach Erhalt der Beziehung zu seinen Bezugspersonen vor den Interessen eines Elternteils (zB aus beruflichen Gründen in ein anderes Land zu gehen) Priorität haben soll. Allerdings können sich – wie *Miklau* aufzeigt – gerade daraus dramatische Sachverhaltskonstellationen ergeben, etwa wenn von Gewalt durch den Expartner bedrohte Elternteile mit den Kindern (widerrechtlich) in ihr Heimatland flüchten und die Kinder rückgeführt werden müssen (*Miklau*, iFAMZ [2010] 133-140).

699 Siehe dazu Punkt 3 in diesem Kapitel.

Ad c) **Ein Elternteil hat sich an der Erziehung und Betreuung des Kindes bisher nur wenig beteiligt**:

Dass sich der andere Elternteil (zumeist der Vater) bis zur Trennung nur wenig an der Betreuung und Erziehung der Kinder beteiligt hat, wird häufig (so auch von Befragten dieser Studie) als Argument für die Beantragung der aO genannt. Sieht man von der Tatsache ab, dass die diesbezüglichen Einschätzungen von Müttern und Vätern selbst in aufrechter Partnschaft idR (weit) auseinanderklaffen und geht man weiters von der Annahme aus, dass die geringe Beteiligung des einen Elternteils tatsächlich der Realität (beider) entspricht, so müssten zunächst die mit diesem Argument gegen die Beibehaltung der ObE verbundenen Vorstellungen hinterfragt werden: Besteht die Sorge, dass der andere Elternteil aufgrund der fehlenden Erfahrung in der Lage ist, das Kind angemessen zu versorgen und zu erziehen oder gibt es Bedenken, dass das Kind eine ausreichend feste Bindung zu diesem Eltern hat, sodass dieser dem Kind auch in Abwesenheit des Hauptbetreuenden Sicherheit und Geborgenheit vermitteln kann? Oder soll damit eine quasi moralische Beurteilung dieses Elternteils zum Ausdruck gebracht werden, die ihn als Elternteil „disqualifiziert"? Oder hat dieser Eltenteil aufgrund seines mangelnden Engagements in den Augen des anderen gleichsam „sein Recht auf das Kind" verwirkt? Oder wird angenommen, dass sich dieser Elternteil folglich auch in der Zukunft nicht wirklich um das Kind kümmern wird, wodurch ihm auch die Obsorge nicht zusteht?

So bedauerlich es idR ist, wenn sich ein Elternteil bisher nur wenig an der Erziehung des Kindes beteiligt hat, stellt keine dieser Vorstellungen aus Sicht des Kindes einen Grund dar, von der ObE abzugehen.[700] Im ersten Fall (Sorge wegen der mangelnden Erfahrung bzw möglicherweise geringen Bindung) wäre nicht die Obsorge einzuschränken, aber möglicherweise (zunächst) das Kontaktausmaß, und zwar solange bis jene Kompetenzen „nachgelernt" wurden, die es dem Elternteil ermöglichen das Kind auch über eine längere Zeit alleine zu versorgen. (Wie die qualitative Untersuchung gezeigt hat, sind es die Väter idR weniger gewohnt, die Kinder exklusiv, also ohne Beisein der Mutter, zu betreuen und müssen diesbezüglich nach der elterlichen Trennung mitunter selbst erst Sicherheit gewinnen.) Im letzten Fall reicht die Annahme, dieser Elternteil würde sich in Zukunft ebenso verhalten, nicht aus, um von der ObE abzugehen. (Ein Ergebnis der vorliegenden Untersuchung war, dass die Regelmäßigkeit und Exklusivität der Besuchskontakte zu einer bis dahin nicht erreichten Intensität der Beziehung zwischen dem Kind und dem getrennt lebenden Elternteil führen kann.) Wohl aber wäre ein Abgehen von der ObE in Betracht zu ziehen, wenn sich die Befürchtung bewahrheitet hat,

700 Natürlich gibt es auch Elternteile, die sich im Zuge der Trennung bzw Scheidung gerne von den elterlichen Verpflichtungen befreien möchten. Der gesetzliche Rahmen sollte dieser „quasi-adoleszente Regression" von Eltern aber möglichst wenig Raum geben.

sich also der getrennt lebende Elternteil tatsächlich (weiterhin) als unverlässlich und für das Kind nicht verfügbar erweist.[701]

Ad d) **Hohe Konflikte der Eltern**: Dass ein hohes Konfliktniveau der Eltern zum Zeitpunkt der Obsorgeentscheidung nicht grundsätzlich die ObE ausschließt, es ein Trugschluss ist, anzunehmen, die elterlichen Konflikte würden sich durch die Übertragung der Obsorge auf einen Elternteil jedenfalls beruhigen (va die Kontakte des Kindes zum getrennt lebenden Elternteil bieten im Fall der aO ein Feld für fortgesetzte Konflikte, die die Kinder ebenso belasten), und dass eine Beruhigung der elterlichen Konflikte bei Eltern mit mittleren bis hohen Konflikten sogar eher im Fall der ObE zu erwarten ist, wurde unter Punkt 4 in diesem Kapitel hinreichend dargelegt. Dennoch gibt es mE Konfliktfälle, in denen ein Abgehen von der ObE indiziert wäre, nämlich

- bei anhaltendem Missbrauch der Obsorgerechte durch den getrennt lebenden Elternteil und bei
- andauernder und massiver Abwertung des anderen Elternteils bzw bei mutwilligem Zerstören und Hintertreiben der Beziehung des Kindes zu diesem.

Zum ersten Punkt ist ein Abgehen von der ObE mE gerechtfertigt, wenn der getrennt lebende Elternteil seine Obsorgerechte in einer den hauptbetreuenden Elternteil schikanierenden Weise wahrnimmt und damit den (Erziehungs-) Alltag des hauptbetreuenden Elternteils massiv beeinträchtigt. Zu denken ist dabei an getrennt lebende Elternteile, die permanent anrufen, übermäßig Informationen über das Kind einfordern, das Handeln des Hauptbetreuenden permanent vorwurfsvoll (ungerechtfertigt) kritisieren sowie gegenüber Dritten (zB Schule) schlecht machen, in Entscheidungsfragen justament eine andere Position einnehmen und eine sachorientierte Kooperation verweigern.

Bestehen hingegen sachlich gerechtfertigte unterschiedliche Positionen zu bestimmten Angelegenheiten, die für das Kind von erheblicher Bedeutung sind, und ist diese Uneinigkeit der Eltern nicht im Zuge einer Mediation oder Beratung zu beseitigen, kann ein Elternteil beantragen, dass diese Angelegenheit vom Gericht entschieden wird (§ 176 Abs 2 ABGB).[702] Als letztes Mittel kann die Obsorge eines Elternteils in dieser Angelegenheit (zB medizinische Heilbehandlungen) beschränkt werden, sodass nicht gleich die Obsorge gänzlich auf einen Elternteil zu übertragen wäre.

Zum zweiten Punkt ist zu sagen, dass beständige Abwertungen und Beschuldigungen des anderen Elternteils zu einer – wie *Figdor*[703] darlegt – schwe-

701 Siehe dazu die Ausführungen *Figdors* zur Kategorie „Vernachlässigung" auf Seite 453 f.
702 *Thunhart* in *Fenyves/Kerschner/Vonkilch*, Klang³ (2008) § § 176, 176b Rz 40-44.
703 *Figdor*, iFamZ (2011) 136.

ren Beeinträchtigung der seelischen Entwicklung des Kindes führen können. Die (gegenseitigen) Abwertungen und Beschuldigungen würden – so *Figdor* – den bisher vom Kind aufgebauten Vorstellungen von Mutter und Vater widersprechen, dem Kind bliebe somit nichts anderes übrig, als der eigenen Wahrnehmung zu misstrauen und/oder anzunehmen, dass ein oder beide Elternteile lügen. „Dieser Verlust der gewohnten, überwiegend guten Elternbilder hebt die Welt der Kinder aus den Angeln. Wenn die Eltern ihr abwertendes, beschuldigendes Verhalten nicht rasch beenden, sodass sie sich im Erleben des Kindes `zurückverwandeln´ können, ist mit einer schweren Beeinträchtigung der seelischen Entwicklung zu rechnen. Meist nimmt sie ihren Ausgang in der Parteiergreifung des Kindes für einen der beiden, wodurch es sich wenigstens einen der beiden als `guten´ Elternteil erhalten kann. Der andere freilich, für seine gesunde Entwicklung ebenso bedeutsame Elternteil geht dann allzu oft durch emotionale Distanzierung oder gar Kontaktverweigerung verloren."

*Figdor* betont, dass eine gewisse, mitunter auch subtile, Kritik und Abwertung des andern Elternteils, die etwa in Bemerkungen wie „Dein Vater ist manchmal wirklich unmöglich!"zum Ausdruck kommt, nach der Trennung der Normalfall und ein gewisses Maß an Loyalitätskonflikten der Kinder unvermeidlich ist. Entscheidend sei aber – so *Figdor* – ob diese Abwertung und Kritik im Erleben des Kindes den betroffenen Elternteil als Ganzes, als Mutter bzw Vater in seinem Wert, seiner Würde und positiven Bedeutung für das Kind, infrage stellt.

Ist dies der Fall, so wäre nach *Figdor* daran zu denken, sowohl die Obsorge zu entziehen als auch die Beziehung des Kindes mit dem abwertenden Elternteil (durch Beratung, Erziehungshilfe etc) zu kontrollieren bzw durch ein begleitetes Besuchsrecht zu beschränken.

Die Abwertung des anderen Elternteils ist zwar nicht immer, aber oft verbunden mit dem mutwilligen Zerstören und Hintertreiben der Beziehung des Kindes zu diesem; mutwillig deshalb, weil für den Versuch der Unterbindung des Kontaktes keine triftigen, das Kindeswohl betreffende Gründe vorliegen. Wer in seiner beruflichen Praxis mit solchen Eltern zu tun hat weiß, dass diese nicht grundsätzlich egoistisch, unempathisch gegenüber den Bedürfnissen ihrer Kinder oder gar „bösartig" sind. Ein derartiges Verhalten wurzelt zumeist in den Tiefen des eigenen Beziehungs- oder Trennungstraumas, sie stecken fest in einer für sich selbst und die anderen destruktiven Konfliktverarbeitung. Auch wenn wir diese Eltern bei näherem Betrachten ihrer Erfahrungen und ihrer eigenen Not bis zu einem gewissen Grad verstehen können, ist ihr Verhalten – aufgrund der extrem schädlichen Folgen für die Kinder – nicht zu akzeptieren. (Mitunter gelingt es in einer das Erleben der Eltern nicht ausklammernden (Erziehungs-) Beratung die Starrheit der Ansichten und Positionen dieser Eltern aufzubrechen, den Eltern die Folgen ihres Handelns für die Kinder vor Augen zu führen bzw ihnen zu helfen, ihre Affekte nicht mehr in einer solchen, für die Kinder schädlichen, Art und Weise agieren zu müssen.)

Die abwertenden Bemerkungen, das Erzählen von (oftmals intimen und für Kinderohren nicht bestimmten) Fehlern und Verfehlungen des anderen, das fast „paranoide“ (fehl-)interpretieren jeder Aussage und Handlung des anderen, das Schüren von Ängsten vor und Phantasien über den anderen Elternteil (etwa dass das Kind nie wichtig für ihn/sie war) usw spielen sich im konkreten Zusammensein mit dem Kind ab, wodurch es folgerichtig wäre, gleichzeit mit oder nach einem gescheiterten Versuch, das elterliche Verhalten durch Aufklärung und Beratung zu verändern, das Kind vor dieser Manipulation durch eine Kontrolle bzw Beschränkung des Kontaktes (zB in Form von Besuchsbegleitung) zu schützen. Die Abwertung des anderen Elternteils bzw die Hintertreibung der Beziehung des Kindes zu diesem kann jedoch Ausmaße annehmen, die ohne Zweifel als Gefährdung des seelischen Wohls des Kindes angesehen werden müssen. Nach § 146a ABGB ist den Eltern nicht nur die Zufügung körperlichen, sondern auch seelischen Leides strikt verboten.[704] Wodurch auch uU ein Grund vorliegen könnte, die Obsorge zu entziehen bzw bei der Obsorgeentscheidung im Falle der Trennung bzw Scheidung von der ObE abzugehen.

Eine Bechränkung des Kontaktes oder die Entziehung der Obsorge wird vom Gericht angesichts eines solchen (kindeswohlgefährdenden) Verhaltens naturgemäß eher umgesetzt werden, wenn der abwertende Elternteil derjenige ist, bei dem das Kind nicht hauptsächlich lebt. Diese Maßnahmen würden nämlich idR einen noch gravierenderen Eingriff in die bestehenden Lebensverhältnisse des Kindes darstellen, wenn sie den hauptbetreuenden Elternteil betreffen, und hierbei gilt das Prinzip der Folgenabwägung.[705] Nach *Thunhart* ist in Ausnahmefällen ein Entzug der Obsorge angesichts der beharrlichen Verweigerung der Ausübung des Besuchsrechts anzuordnen, wenn das Kind unter dem Abbruch der Beziehung zum anderen Elternteil leidet und eine Übertragung der Obsorge dem Wohl des Kindes besser entsprechen würde. Ebenso könnte eine Entziehung der Obsorge geboten sein, „wenn ein Elternteil das Kind drängt, den Kontakt zum anderen Elternteil abzubrechen, und beim Minderjährigen die Befürchtung erweckt, dass es ihn verlieren könne, wenn es sich gegen ihn aus-

704 *Thunhart* in *Fenyves/Kerschner/Vonkilch*, Klang³ (2008) § § 176, 176b Rz 19.

705 Das Gericht hat bei seiner Entscheidung auch die damit für das Kind verbundenen Folgewirkungen zu bedenken. „Ein Eingriff in elterliche Obsorgerechte ist demnach nicht zulässig, wenn das Kind dadurch unter Berücksichtigung aller Umstände schlechter gestellt wird, als dies bei Aufrechterhaltung der bisherigen Obsorge der Fall wäre. Selbst wenn ein Gericht zur Auffassung gelangt, dass das Kindeswohl gefährdet ist, so muss deshalb doch noch in einem zweiten Schritt geprüft werden, ob diese Gefährdung die mit einer Entziehung oder Einschränkung der Obsorge verbundenen Nachteile rechtfertigt (*Thunhart* in *Fenyves/Kerschner/Vonkilch*, Klang³ [2008] § § 176, 176b Rz 6).

spricht, zumal eine derartige Verhaltensweise das Kind in Gewissenskonflikte stürzt und unnötig Schuldgefühle erzeugt."[706]

Die Entziehung der Obsorge dürfe aber keinesfalls als Druckmittel zur Durchsetzung des Besuchsrechts eingesetzt werden (hier sei es vielmehr die Aufgabe des Gerichts, die Gewährung des Besuchsrechts zwangsweise durchzusetzen), sondern sei nur bei einer Gefährdung des Kindeswohls durch die Verweigerung der Ausübung des Besuchsrechts zulässig, was von den jeweiligen Umständen abhängen würde, so *Thunhart*.[707]

Was aber, wenn eine Entziehung bzw Beschränkung der Obsorge und/oder des Kontakts aufgrund des (kindeswohlgefährdenden) abwertenden bzw die Beziehung des Kindes zum anderen Elternteil hintertreibenden Verhaltens zwar gerechtfertigt unter Abwägung der Folgewirkungen für das Kind aber dennoch nicht geboten ist?

*Figdor* schlägt vor, dass das Gericht bei fehlender Bereitschaft, die Bedeutung des anderen Elternteils für das Kind anzuerkennen und von sich aus zu einer guten Beziehung beizutragen obwohl keine triftigen Gründe für den Ausschluss von Obsorge oder Kontakt zum anderen Elternteil vorliegen, bei beständiger Abwertung im oben dargestellten Sinn sowie fortgesetztem Streit zwischen den Eltern, einem oder beiden Elternteilen mit dem (vorübergehenden) Entzug der Obsorge droht. *Figdor* erwartet sich von dieser Vorgehensweise eine „dem Kindeswohl zuträgliche Disziplinierung der Eltern"[708]. Sollte auch die Verwarnung keine Beendigung des kindeswohlgefährdenden Verhaltens der Eltern bewirken, wäre die Obsorge (vorübergehend) zu entziehen (bzw wenn es beide Eltern betrifft, dem Jugendamt zu übertragen) ohne den hauptsächlichen Aufenthalt der Kinder idR tatsächlich zu verändern bzw diese abzunehmen. Sie sollten in der Regel trotz Obsorgeentzugs dort bleiben, wo sie zurzeit leben.

Die Verwarnung könnte in bestimmten Fällen tatsächlich bereits zu einem Einlenken oder einer Disziplinierung der Eltern führen, was den Kindern sicherlich sehr zu gute käme, die Konstruktion erscheint mir jedoch rechtlich (zumindest nach derzeitiger Rechtslage) problematisch.[709]

Für den schwierigen, wenn auch häufigen Fall, dass (auch) der hauptbetreuende Elternteil das Wohl des Kindes durch ein derartiges Verhalten gefährdet, eine Entziehung bzw Beschränkung der Obsorge und/oder des Kontakts unter Abwägung der Folgewirkungen für das Kind aber dennoch nicht geboten scheint, hat sich meiner Erfahrung nach in der Praxis eine Maßnahmenkombination von Eltern-/

---

706 *Thunhart* in *Fenyves/Kerschner/Vonkilch*, Klang³ (2008) § § 176, 176b Rz 35.

707 *Thunhart* in *Fenyves/Kerschner/Vonkilch*, Klang³ (2008) § § 176, 176b Rz 34.

708 *Figdor*, iFamZ (2011) 135.

709 So muss etwa nach § 177 (2) der Elternteil, bei dem sich das Kind hauptsächlich aufhält, immer mit der gesamten Obsorge betraut sein.

Erziehungsberatung und Kinderbeistand bewährt. Die Eltern-/Erziehungsberatung hätte zum Ziel, eine Veränderung des Handelns der Eltern herbeizuführen, der Kinderbeistand, das Kind in die Lage zu versetzen, ein Stück weit „immun" gegen die Manipulationsversuche der Eltern zu werden, die eigenen Wünsche bezüglich der Gestaltung der Beziehung zu beiden Eltern (wieder) zu erspüren und den Wünschen und Bedürfnissen des Kindes eine Stimme zu verleihen.[710]

Es versteht sich von selbst, dass in Fällen, in denen wichtige Gründe gegen die Beibehaltung der ObE sprechen könnten, eine reflektierte und fundierte Abwägung der auf dem Spiel stehenden Entwicklungsinteressen der Kinder vorzunehmen ist.

710 Zum Konzept des Kinderbeistands siehe zB *Barth/Deixler-Hübner*, Handbuch des Kinderbeistandsrechts (2010).

# 10 Zusammenfassung

Die zentralen Forschungsfragen, die durch die vorliegende Dissertationsstudie beantwortet werden sollten, lauten:

1. Zeigen sich **Unterschiede hinsichtlich der mittel- und langfristigen Entwicklungsbedingungen** von Kindern, die nach der Scheidung ihrer Eltern unter der Bedingung der Obsorge beider Eltern (ObE) oder der Alleinobsorge eines Elternteils (aO) aufwachsen, und, wenn ja, welche sind diese?
2. Wenn sich Unterschiede ausmachen lassen, sind diese zumindest ***auch*** **auf die Obsorgeform zurückzuführen** (Obsorgeform als unabhängige Variable)? Wenn ja: Inwiefern ist die ObE nach der Scheidung eher als die aO geeignet, den Kindern mittel- und langfristig **günstige Entwicklungsbedingungen** im Sinne der **bestmöglichen Wahrung des Kindeswohls** zu ermöglichen?
3. Welche Konsequenzen ergeben sich daraus für die **pädagogische Beratung** von Scheidungseltern?

Die ersten beiden Forschungsfragen lassen sich – aufgrund der Ergebnisse – klar mit „Ja“ beantworten: Ja, es lassen sich bedeutsame Unterschiede in den Entwicklungsbedingungen von Kindern ausmachen, die nach der Scheidung ihrer Eltern unter der Bedingung der ObE oder der aO eines Elternteils aufwachsen. Diese Unterschiede betreffen, zusammenfassend formuliert, die „Milderung des Konfliktklimas zwischen den Eltern“ im Fall der ObE einerseits und die „Fortsetzung einer intensiven Beziehung der Kinder zum getrennt lebenden Elternteil“ andererseits. Und ja, die gefundenen Unterschiede in den Entwicklungsbedingungen der Kinder sind (auch) auf die Obsorgeform zurückzuführen. Oder anders formuliert: Die stärkere Beruhigung des Konfliktklimas zwischen den Eltern und das signifikant höhere Kontaktausmaß der Kinder zum getrennt lebenden Elternteil in Familien mit ObE sind tatsächlich (auch) eine Folge der Beibehaltung der ObE nach der Scheidung.

Ad 1.) Dass die ObE tendenziell eher dazu beiträgt, die Weichen für gute Entwicklungsbedingungen der Kinder zu stellen, zeigt sich anhand folgender (wichtigster) Ergebnisse:

- Eltern mit ObE haben signifikant weniger Konflikte als Eltern mit aO eines Elternteils über den hauptsächlichen Aufenthalt der Kinder, über die Ausübung der Besuchskontakte, den Kindes- bzw Ehegattenunterhalt, Konflikte, die schon Ursache der Trennung waren, sowie generell weniger das Gefühl der Beeinträchtigung des Familienklimas durch den anderen Elternteil. Außerdem geben Eltern mit ObE signifikant häufiger als Eltern mit aO eines Elternteils an, dass sich ihr Beziehungsklima seit der Trennung bis zum Untersuchungszeitpunkt (neun bis elf Monate nach der Scheidung) entspannt hat.
- Eltern mit ObE erleben die Verständigung und Zusammenarbeit mit dem anderen Elternteil im Vergleich zu den allein obsorgeberechtigten Elternteilen signifikant besser.
- Kinder aus Familien mit ObE sehen den getrennt lebenden Elternteil signifikant häufiger als Kinder mit aO eines Elternteils: Über 60 % der befragten Eltern mit ObE geben an, dass ihre Kinder häufigen Kontakt zum anderen Elternteil haben, dh täglich bis mehrmals pro Woche oder zumindest einmal unter der Woche und zwei Wochenenden im Monat. Im Vergleich dazu geben nur etwa 35 % der Befragten mit aO eines Elternteils derart häufige Kontakte an. Dass ihre Kinder wenig (höchstens einmal im Monat) oder gar keinen Kontakt zum anderen Elternteil haben, antworten 14,1 % der Befragten mit ObE und ein Drittel (33 %) der Eltern mit aO eines Elternteils.
- Bereits wenige Monate nach der Scheidung geben 10 % der Eltern mit aO eines Elternteils gegenüber 1 % der Eltern mit ObE an, dass der Kontakt des Kindes zum anderen Elternteil komplett abgebrochen ist. Damit ist die Kontaktabbruchsrate im Fall der aO eines Elternteils wenige Monate nach der Scheidung etwa zehnmal höher als im Fall der ObE.
- Von den hauptbetreuenden Müttern mit ObE wird signifikant häufiger als von den allein obsorgeberechtigten Müttern angegeben, dass sich der Vater genauso um bestimmte Aufgaben der Kinderbetreuung kümmert.
- Schließlich bestätigen die getrennt lebenden Elternteile mit ObE häufiger als die nicht obsorgeberechtigten Eltern positive Aussagen über die Beziehung zu den Kindern, etwa im Großen und Ganzen über die Wünsche, Interessen, Sorgen, Belastungen und Freuden der Kinder Bescheid zu wissen; die Beziehung zu den Kindern insgesamt als befriedigend zu erleben; oder das Gefühl zu haben, die Entwicklung der Kinder mitgestalten zu können. Aussagen wie „Ich habe Angst, meinen Kindern nicht genug bieten zu können", „Ich habe Angst, dass sich meine Kinder eines Tages von mir abwenden", „Unsere Beziehung ist schlechter als vor der Trennung/Scheidung", und „Unsere Beziehung ist durch Auseinandersetzungen belastet" werden hingegen von den nicht obsorgeberechtigten Eltern (zT) häufiger genannt.

Ad 2.) Für das zweite Ergebnis, dass nämlich die erhobenen Unterschiede in den Entwicklungsbedingungen der Kinder **tatsächlich (auch) als Auswirkungen des Rechtstitels ObE** gewertet werden können (und nicht etwa auf ein von vornherein niedrigeres Konfliktniveau der Eltern mit ObE zurückzuführen sind), konnte eine Reihe an empirischen Belegen erbracht werden:

- Es zeigen sich zwar Unterschiede zwischen Eltern mit ObE und Eltern mit aO, was die Einvernehmlichkeit der Scheidung, das Scheidungserleben und das subjektiv empfundene Ausmaß an Konflikten zwischen den Eltern betrifft. Aber es zeigt sich auch klar, dass sich das Modell der ObE keinesfalls nur auf Eltern mit einem niedrigen Konfliktniveau vor der Scheidung beschränkt. Auch massive Konflikte stellen offensichtlich keinen Hinderungsgrund für die Beibehaltung der ObE dar. (Familien mit ObE und aO unterscheiden sich auch nicht wesentlich hinsichtlich anderer, nämlich personengebundener bzw soziodemografischer Merkmale der Eltern bzw der Kinder.)
- Es zeigt sich auch ein zwar signifikanter, aber nur sehr schwacher (linearer) Zusammenhang zwischen den Konflikten der Eltern vor der Scheidung und der Obsorgeform, und die Obsorgeentscheidung lässt sich aufgrund des Konfliktniveaus der Eltern nicht vorhersagen.

Das Konfliktniveau vor der Scheidung konnte somit die weitere Entwicklung der (Konflikt-)Beziehung der Eltern sowie die weitere Gestaltung der Beziehung der Kinder zu beiden Elternteilen in der Nachscheidungsfamilie *nicht* vollständig erklären.

Um zu überprüfen, ob die Unterschiede zwischen Familien mit ObE und aO gleichsam „verschwinden", wenn andere Faktoren mit ins Kalkül gezogen werden, wurde zunächst der mögliche Einfluss des Konfliktniveaus vor der Scheidung auf die Entwicklung der (Konflikt-)Beziehung der Eltern sowie die Gestaltung der Eltern-Kind-Kontakte in der Nachscheidungsfamilie konstant gehalten, indem die Auswertungen für Familien mit jeweils vergleichbarem Konfliktniveau getrennt durchgeführt wurden. Es zeigte sich dabei Folgendes:

- Bei Familien mit mittlerem bis hohem Konfliktniveau vor der Scheidung, die die größte Gruppe bilden, entwickelt sich das Beziehungsklima der Eltern in Familien mit ObE im Vergleich zu jenen mit aO eines Elternteils signifikant positiver. Bei Familien, die sich durch ein niedriges bzw sehr hohes Konfliktniveau vor der Scheidung auszeichnen, die sich also sozusagen am „unteren" bzw „oberen" Rand der Konfliktverteilung befinden, zeigt sich hingegen kein signifikanter Unterschied mehr zwischen Eltern mit ObE und aO, was die Veränderung ihres Beziehungsklimas bis zum Untersuchungszeitpunkt betrifft.

- Für das Ausmaß der Kontakte der Kinder zum getrennt lebenden Elternteil zeigt sich Ähnliches: Das Konfliktniveau der Eltern zwischen Trennungszeitpunkt und Scheidung hat natürlich einen gewissen Einfluss auf das Ausmaß an Kontakt der Kinder zum getrennt lebenden Elternteil in der Nachscheidungszeit. So nähert sich die durchschnittliche Kontakthäufigkeit der Kinder aus Familien mit aO eines Elternteils bei Eltern mit niedrigen bis mittleren Konflikten zwischen Trennungsabsicht und Scheidung an diejenige der Kinder aus Familien mit ObE an. Aber das Konfliktniveau der Eltern kann die häufigeren Besuchskontakte in Familien mit ObE nicht vollständig erklären, denn bereits ab einem mittleren bis hohen Konfliktniveau – und dies entspricht in der überwiegenden Mehrheit der Realität der untersuchten Scheidungsfamilien – zeigen sich signifikante Unterschiede zwischen dem Kontaktausmaß der Kinder aus Familien mit ObE und Kindern aus Familien mit aO. Sogar bei Familien mit einem sehr hohen Konfliktniveau vor der Scheidung haben die Kinder in der Nachscheidungszeit signifikant mehr Kontakt zum getrennt lebenden Elternteil, wenn sich die Eltern die Obsorge teilen.

Schließlich wurde die Frage, ob die Obsorgeform auch dann einen Einfluss auf das Konfliktniveau der Eltern nach der Scheidung bzw das Ausmaß der Kontakte der Kinder zum getrennt lebenden Elternteil hat, wenn der mögliche Einfluss anderer Faktoren mitberücksichtigt wird, mittels multivariater statistischer Analysemethoden (Kovarianzanalysen) überprüft. Das Ergebnis der verschiedenen kovarianzanalytischen Berechnungen war immer dasselbe:

- Die Obsorgeform hat auch dann einen signifikanten Einfluss auf das Ausmaß an Kontakten der Kinder zum getrennt lebenden Elternteil, auf das Ausmaß an Konflikten der Eltern und auf die Verbesserung des Beziehungsklimas zwischen den Eltern insgesamt in der Nachscheidungszeit, wenn der Einfluss des Konfliktniveaus der Eltern, und zwar egal, ob vor der Scheidung oder zum Untersuchungszeitpunkt, mitberücksichtigt wird.

Somit wird deutlich, dass die ObE tatsächlich einen eigenen Beitrag zur Milderung der elterlichen Konflikte nach der Scheidung sowie zur Aufrechterhaltung einer intensiven Beziehung der Kinder zum getrennt lebenden Elternteil leistet, und die „positive Wirkung" der ObE scheint sich va bei durchschnittlichen Scheidungseltern mit einem tendenziell mittlerem bis hohem Konfliktniveau zu entfalten.[711]

711 Die deeskalierende Wirkung der ObE ließ sich va auf folgende Gründe zurückführen: Die ObE verhinderte in vielen Fällen Gefühle der Kränkung und des Verlusts durch die Obsorgeentscheidung in dem Sinn, dass sich die Frage „Wer bekommt und wer verliert das Kind?" gar nicht stellt. So fiel ein weiterer Zündstoff für den Paarkonflikt weg, und kein Elternteil musste

Ad 3.) Sowohl das Ergebnis, dass es sich bei den Eltern mit ObE nicht um von vornherein relativ konfliktarme und daher gut kooperierende oder in anderer Hinsicht „besondere“ Eltern handelt, sich dennoch entscheidende Unterschiede in den Entwicklungsbedingungen für die Kinder in der Nachscheidungsfamilie zeigen, als auch alle weiterführenden (multivariaten) Auswertungen sprechen eine klare Sprache: dass nämlich die Obsorgeentscheidung tatsächlich auch – neben anderen Faktoren – Folgen für die weitere Gestaltung der Nachscheidungsfamilie und damit für die Entwicklungsbedingungen der Kinder in diesen Familien zeitigt und die ObE diesbezüglich (durchschnittlich betrachtet) die günstigeren Bedingungen bereitstellt. Für die **pädagogische Beratung** von Scheidungseltern lassen sich daher folgende Richtlinien formulieren:

- Insgesamt lassen die Ergebnisse der Studie den Schluss zu, dass die ObE für zentrale Variablen einer günstigen seelischen Entwicklung der Heranwachsenden die besten Rahmenbedingungen schafft. Die wichtigsten Gründe dafür liegen in den Auswirkungen der ObE auf das Familienklima (Entspannung der elterlichen Beziehung) und auf die Sicherung und Ausgestaltung der Beziehung zwischen den Kindern und den getrennt lebenden Elternteilen. Die ObE dient somit (in vielen Fällen) in hohem Maße dem Kindeswohl und ist in dieser Hinsicht der aO eines Elternteils überlegen. Daher sollte die ObE aus pädagogisch-entwicklungspsychologischer Perspektive in Zukunft als Standardmodell gesehen werden.
- Angesichts der Bedeutung der ObE für die weiteren Entwicklungsbedingungen der Kinder einerseits und des teilweise enormen Informationsdefizits von betroffenen Eltern über das Modell der ObE, nämlich über die gesetzlichen Rahmenbedingungen und die faktischen Ausgestaltungsmöglichkeiten der gemeinsamen Obsorge nach der Scheidung, andererseits müssen Information und Aufklärung (über Bedeutung, rechtliche Grundlagen, faktische Ausgestaltungsmöglichkeiten) zentrale Bestandteile der pädagogischen Beratung von Scheidungseltern sein.
- In vielen Fällen wird es jedoch in der Beratung nicht bloß um die Vermittlung von Information gehen: Bei der Obsorgeentscheidung bzw den Wün-

sich als „Verlierer“ dieses Konflikts bzw des Obsorgeverfahrens fühlen. Die ObE linderte darüber hinaus die Angst vieler Väter, das Kind nicht mehr zu sehen, keine Bedeutung mehr für das Kind zu haben, was zu einer Beruhigung der Väter führte. Die ObE führte weiters meist zu einer gleichmäßigeren Verteilung der Zufriedenheit mit der Gestaltung der Lebenssituation nach der Scheidung zwischen Vätern und Müttern – wo die Zufriedenheit einigermaßen gleichmäßig verteilt ist, ist auch das Konfliktpotenzial geringer. Schließlich wurde die ObE von Müttern und Vätern oft als ein Symbol für den „selbstverständlichen und unersetzlichen Platz des Vaters im Leben der Kinder“ empfunden, wodurch Väter nach der Scheidung weniger darum kämpfen mussten, diesen Platz zu verteidigen.

schen und Vorstellungen bezüglich der Gestaltung der Elternschaft nach der Scheidung spielen auch wenig reflektierte emotionale (und nur teilweise bewusste) Motive eine Rolle. In der Beratung von Scheidungseltern muss es auch darum gehen, diese Motive ein Stück weit zu ergründen, um sich zumindest längerfristig negativ auswirkende (dem Kindeswohl bzw den eigenen Zielen abträgliche) Entscheidungen zu verhindern.

- Weder ein niedriges Konfliktniveau der Eltern noch ein von beiden Eltern von vornherein bestehender Wunsch nach der Beibehaltung der ObE sind unabdingbare Voraussetzungen für das Zustandekommen und Gelingen der ObE nach der Scheidung.
- Bei der konkreten Ausgestaltung der ObE nach der Scheidung ist sehr vieles möglich und praktikabel. Es gibt keine bestimmten äußeren Arrangements, dic an sich schon erfolgversprechend sind oder sicher nicht funktionieren werden. Die konkrete Praxis sollte den individuellen Bedürfnissen der jeweiligen Familie angepasst sein.
- Trotz der grundsätzlich zu erwartenden positiven Folgen der Beibehaltung der ObE für die große Mehrheit der von Scheidung betroffenen Familien ist davon auszugehen, dass in bestimmten Fällen die aO eines Elternteils bessere Entwicklungsbedingungen für die Kinder bereitet. Diese Entscheidung sollte jedoch auf der Basis einer fundierten Prüfung der Voraussetzungen und unter Ausschöpfung aller Unterstützungsmöglichkeiten der Eltern erfolgen.

# Anhang

## A Tabellenanhang

*Tabelle A1:* Reliabilitätsanalyse nach Cronbachs Alpha: Konflikte vor der Trennung/Scheidung

RELIABILITY ANALYSIS – SCALE (ALPHA)
Item-total Statistics

| | Scale Mean if Item Deleted | Scale Variance if Item Deleted | Corrected Item-Total Correlation | Alpha if Item Deleted |
|---|---|---|---|---|
| V18A | 11,4526 | 10,8639 | ,6412 | ,8177 |
| V18B | 10,6646 | 11,4048 | ,7382 | ,7751 |
| V18C | 11,1243 | 10,5405 | ,7327 | ,7733 |
| V18D | 10,6154 | 12,2584 | ,6055 | ,8283 |

Reliability Coefficients

N of Cases = 1118,0 N of Items = 4

Alpha = ,8416

*Tabelle A2:* Empfindungen, wenn die Kinder beim anderen Elternteil sind *(Höhere Werte bei den mittleren Rängen bedeuten eine weniger starke Zustimmung zu dieser Aussage.)*

**U-Test nach Mann-Whitney**

| | Obsorge - form | N | Mittlerer Rang | Sign. (zweis.) |
|---|---|---|---|---|
| Ich bin froh, dass meine Kinder Kontakt zu beiden Elternteilen haben | ObE | 603 | 485,72 | ,000 |
| | aO | 436 | 567,41 | |
| | Gesamt | 1039 | | |
| Ich bin froh, weil ich dann Zeit für eigene Angelegenheiten habe | ObE | 590 | 478,54 | ,000 |
| | aO | 426 | 549,99 | |
| | Gesamt | 1016 | | |
| Es ist mir egal | ObE | 576 | 504,10 | ,243 |
| | aO | 418 | 488,41 | |
| | Gesamt | 994 | | |
| Ich bin hin und her gerissen, ob ich es gut finde, dass die Kinder bei meinem Exmann/meiner Exfrau sind | ObE | 576 | 521,62 | ,000 |
| | aO | 416 | 461,71 | |
| | Gesamt | 992 | | |
| Trotz der Probleme, die ich mit meinem Exmann/meiner Exfrau habe, glaube ich, dass er/sie für meine Kinder wichtig ist | ObE | 585 | 491,05 | ,014 |
| | aO | 429 | 529,94 | |
| | Gesamt | 1014 | | |
| Ich vermisse die Kinder in dieser Zeit | ObE | 589 | 528,89 | ,004 |
| | aO | 425 | 477,86 | |
| | Gesamt | 1014 | | |
| Ich bin mir sicher, dass die Kinder gut bei meinem Exmann/meiner Exfrau aufgehoben sind | ObE | 596 | 452,08 | ,000 |
| | aO | 418 | 586,53 | |
| | Gesamt | 1014 | | |
| Ich befürchte, dass die Beziehung zum anderen Elternteil den Kindern schadet | ObE | 588 | 531,07 | ,000 |
| | aO | 423 | 471,16 | |
| | Gesamt | 1011 | | |
| Ich befürchte, dass die Beziehung zum neuen Partner/ zur neuen Partnerin des anderen Elternteils den Kindern schadet | ObE | 314 | 263,52 | ,347 |
| | aO | 203 | 252,00 | |
| | Gesamt | 517 | | |
| Ich befürchte, dass sich die Beziehung der Kinder zum anderen Elternteil negativ für mich auswirkt | ObE | 588 | 537,07 | ,000 |
| | aO | 420 | 458,91 | |
| | Gesamt | 1008 | | |
| Ich habe Angst, an Einfluss auf die Kinder zu verlieren | ObE | 590 | 527,67 | ,003 |
| | aO | 425 | 480,69 | |
| | Gesamt | 1015 | | |

*Tabelle A3* Was empfinden Sie als Mutter, wenn Ihre Kinder beim Vater sind, bzw Sie als Vater, wenn Ihre Kinder bei der Mutter sind?

| | **Hauptbetreuende** | | **Getrennt Lebende** | |
|---|---|---|---|---|
| **„trifft eher + sehr zu …“** | **ObE** (n = 331) | **aO** (n = 280) | **ObE** (n = 213) | **aO** (n = 152) |
| Ich bin froh, dass meine Kinder Kontakt zu beiden Elternteilen haben | 96,0% | 85,0% | 98,1% | 91,5% |
| Trotz der Probleme, die ich mit meinem Exmann/meiner Exfrau habe, glaube ich, dass er/sie für meine Kinder wichtig ist | 87,1% | 84,3% | 89,0% | 85,5% |
| Ich bin mir sicher, dass die Kinder gut bei meinem Exmann/meiner Exfrau aufgehoben sind | 85,9% | 66,3% | 86,3% | 72,3% |
| Ich vermisse die Kinder in dieser Zeit | 51,8% | 53,5% | 69,7% | 79,7% |
| Ich bin froh, weil ich dann Zeit für eigenen Angelegenheiten habe | 64,4% | 50,5% | 48,3% | 39,3% |
| Ich befürchte, dass die Beziehung zum neuen Partner/zur neuen Partnerin des anderen Elternteiles den Kindern schadet | 20,3% | 25,7% | 23,4% | 31,5% |
| Ich habe Angst, an Einfluss auf die Kinder zu verlieren | 6,0% | 7,4% | 26,9% | 43,1% |
| Ich bin hin- und hergerissen, ob ich es gut finde, dass die Kinder bei meinem Exmann/meiner Exfrau sind | 13,4% | 19,4% | 10,3% | 18,6% |
| Ich befürchte, dass sich die Beziehung der Kinder zum anderen Elternteil negativ für mich auswirkt | 7,2% | 15,3% | 11,9% | 28,7% |
| Ich befürchte, dass die Beziehung zum anderen Elternteil den Kindern schadet | 6,5% | 19,0% | 6,7% | 13,8% |
| Es ist mir eigentlich egal | 9,6% | 13,2% | 15,9% | 15,4% |

*Tabelle A4:* Was hilft Kindern nach der Trennung/Scheidung ihrer Eltern? (Förderung der Beziehung zum anderen Elternteil/Bedeutung, die dem anderen Elternteil im Leben des Kindes eingeräumt wird)

**U-Test nach Mann-Whitney**

| | Obsorge-form | N | Mittlerer Rang | Sign. (zweis.) |
|---|---|---|---|---|
| Kontaktmöglichkeit zum anderen Elternteil schaffen - möglichst gering halten | ObE<br>aO<br>Gesamt | 601<br>451<br>1052 | 492,12<br>572,32 | ,000 |
| Nicht über den anderen Elternteil sprechen - schon über den anderen sprechen | ObE<br>aO<br>Gesamt | 587<br>436<br>1023 | 523,35<br>496,72 | ,123 |
| Kinder brauchen in 1. Linie die Mutter - gleichermaßen Mutter und Vater | ObE<br>aO<br>Gesamt | 584<br>445<br>1029 | 550,89<br>467,90 | ,000 |
| Stiefmutter/Stiefvater kann den leiblichen Elternteil ersetzen - nicht ersetzen | ObE<br>aO<br>Gesamt | 577<br>444<br>1021 | 534,44<br>480,54 | ,002 |

*Tabelle A5:* Was hilft Kindern nach der Trennung/Scheidung ihrer Eltern? (Förderung der Beziehung zum anderen Elternteil/Bedeutung, die dem anderen Elternteil im Leben des Kindes eingeräumt wird)

**U-Test nach Mann-Whitney: Hauptbetreuende Elternteile**

| | Obsorge-form | N | Mittlerer Rang | Sign. (zweis.) |
|---|---|---|---|---|
| Kontaktmöglichkeit zum anderen Elternteil schaffen - möglichst gering halten | ObE<br>aO<br>Gesamt | 326<br>291<br>617 | 275,48<br>346,56 | ,000 |
| Nicht über den anderen Elternteil sprechen - schon über den anderen sprechen | ObE<br>aO<br>Gesamt | 320<br>285<br>605 | 316,40<br>287,95 | ,030 |
| Kinder brauchen in 1. Linie die Mutter - gleichermaßen Mutter und Vater | ObE<br>aO<br>Gesamt | 313<br>289<br>602 | 331,23<br>269,30 | ,000 |
| Stiefmutter/Stiefvater kann den leiblichen Elternteil ersetzen - nicht ersetzen | ObE<br>aO<br>Gesamt | 312<br>291<br>603 | 318,73<br>284,07 | ,010 |

*Tabelle A6:* Was hilft Kindern nach der Trennung/Scheidung ihrer Eltern? (Förderung der Beziehung zum anderen Elternteil/Bedeutung, die dem anderen Elternteil im Leben des Kindes eingeräumt wird)

**U-Test nach Mann-Whitney: Getrennt lebende Elternteile**

| | Obsorge-form | N | Mittlerer Rang | Sign. (zweis.) |
|---|---|---|---|---|
| Kontaktmöglichkeit zum anderen Elternteil schaffen - möglichst gering halten | ObE | 215 | 185,39 | ,857 |
| | aO | 156 | 186,84 | |
| | Gesamt | 371 | | |
| Nicht über den anderen Elternteil sprechen - schon über den anderen sprechen | ObE | 206 | 176,64 | ,934 |
| | aO | 147 | 177,50 | |
| | Gesamt | 353 | | |
| Kinder brauchen in 1. Linie die Mutter - gleichermaßen Mutter und Vater | ObE | 209 | 182,15 | ,765 |
| | aO | 152 | 179,42 | |
| | Gesamt | 361 | | |
| Stiefmutter/Stiefvater kann den leiblichen Elternteil ersetzen - nicht ersetzen | ObE | 204 | 179,72 | ,500 |
| | aO | 149 | 173,28 | |
| | Gesamt | 353 | | |

*Tabelle A7:* Zufriedenheit der Eltern der Gruppe ObE mit dem gegenwärtigen Ausmaß der Kontakte der Kinder zum getrennt lebenden Elternteil:

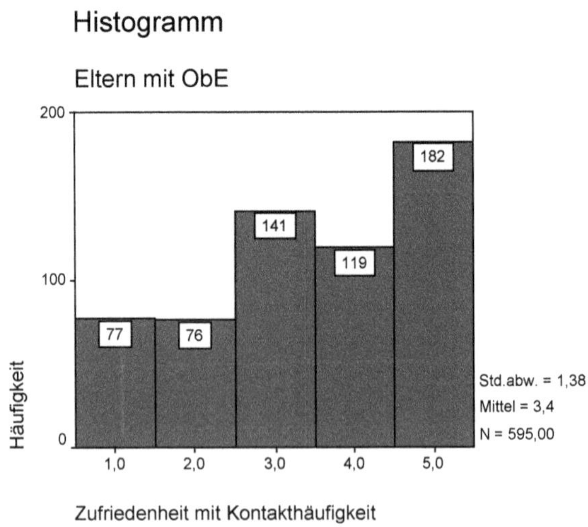

*Tabelle A8:* Zufriedenheit der Eltern der Gruppe aO eines Elternteils mit dem gegenwärtigen Ausmaß der Kontakte der Kinder zum getrennt lebenden Elternteil:

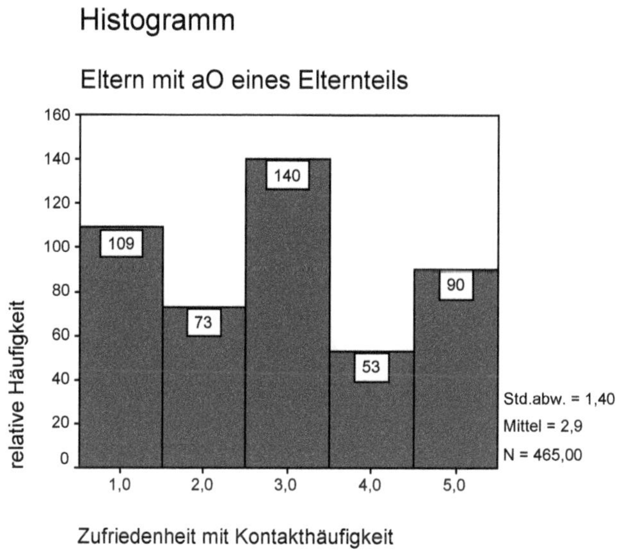

*Tabelle A9:* Über welche die Kinder betreffenden Angelegenheiten verständigen Sie sich mit dem anderen Elternteil? *(Querprozente)*

| (n = 1014) Anm | **Wir verständigen uns nicht darüber** | | **Wir reden zwar darüber, aber dann entscheidet meistens:** | | | | **Wir reden darüber und entscheiden gemeinsam** | | **Chi²** |
|---|---|---|---|---|---|---|---|---|---|
| | | | **Hauptbetreuender** | | **Getrennt Lebender** | | | | |
| | **ObE** | **aO** | **ObE** | **aO** | **ObE** | **aO** | **ObE** | **aO** | **p** |
| Auswahl des Kindergartens, Schule, Berufsausbildung | 13,7% | 38,1% | 28,0% | 42,9% | 0,9% | 0,5% | 57,5% | 18,5% | 0,000 |
| Wichtige gesundheitl. Entscheidungen | 12,8% | 33,3% | 33,1% | 43,2% | 1,2% | 0,9% | 52,9% | 22,6% | 0,000 |
| Behandlung leichterer Erkrankungen | 31,8% | 53,8% | 52,2% | 38,3% | 0,9% | 1,4% | 15,1% | 6,6% | 0,000 |
| Alltäglicher Aufenthalt | 44,8% | 62,5% | 33,5% | 29,8% | 0,9% | 0,5% | 20,8% | 7,2% | 0,000 |
| Grunds. Entscheidungen über Erziehung | 26,7% | 53,2% | 31,6% | 33,5% | 0,7% | 0,5% | 41,0% | 12,8% | 0,000 |
| Schulische Angelegenh. | 19,6% | 43,4% | 35,8% | 41,0% | 1,7% | 0,5% | 42,9% | 15,2% | 0,000 |
| Urlaubs-, Ferienaufenthalte | 18,4% | 45,3% | 29,2% | 34,5% | 1,4% | 0,7% | 51,0% | 19,5% | 0,000 |
| Ausübung von Hobbys, Sportarten | 30,6% | 54,6% | 35,6% | 33,9% | 2,0% | 0,5% | 31,8% | 11,1% | 0,000 |
| Teure, gefährliche Sportarten | 25,5% | 49,3% | 17,9% | 26,1% | 2,2% | 1,7% | 54,4% | 22,9% | 0,000 |
| Religionsunterricht, Erstkommunion ... | 30,9% | 53,1% | 25,0% | 29,1% | 0,6% | 1,2% | 43,6% | 16,6% | 0,000 |
| Anlage, Verwendung von Kindesvermögen | 34,6% | 60,1% | 23,2% | 26,0% | 4,6% | 1,2% | 37,7% | 12,7% | 0,000 |
| Taschengeld | 40,7% | 64,2% | 31,0% | 24,5% | 2,9% | 2,6% | 25,5% | 8,7% | 0,000 |
| Geschenke | 34,3% | 47,6% | 19,1% | 22,8% | 2,3% | 1,9% | 44,2% | 27,7% | 0,000 |
| Familienfeiern | 33,4% | 55,3% | 23,2% | 25,1% | 1,3% | 0,9% | 42,1% | 18,6% | 0,000 |
| Sorgen über die Kinder | 22,2% | 45,8% | 21,4% | 28,9% | 0,5% | 0,7% | 55,9% | 24,6% | 0,000 |

*Tabelle A10:* Wie verständigen Sie sich mit dem anderen Elternteil über Angelegenheiten, die die Kinder betreffen?

| | **Hauptbetreuende** | | **Getrennt Lebende** | |
|---|---|---|---|---|
| | **ObE** (n = 621) | **aO** (n = 484) | **ObE** (n = 621) | **aO** (n = 484) |
| In einem Gespräch am Telefon | 80,7% | 65,9% | 85,5% | 61,5% |
| In einem persönlichen Gespräch zwischen Mutter und Vater bei der Übergabe der Kinder | 40,9% | 29,6% | 39,8% | 37,3% |
| In einem dafür vereinbarten persönlichen Gespräch zwischen Mutter und Vater | 31,8% | 19,3% | 34,4% | 17,8% |
| Per E-Mail bzw SMS | 21,1% | 14,1% | 24,9% | 16,6% |
| In einem Gespräch mit Eltern und Kindern | 19,3% | 12,5% | 24,4% | 14,8% |
| Gar nicht | 6,8% | 22,5% | 6,8% | 27,8% |
| Wir bitten die Kinder, Nachrichten zu überbringen | 12,8% | 9,6% | 15,4% | 11,2% |
| Im Gespräch mit Berater/Beraterin bzw Rechtsanwalt(-anwältin) | 0,3% | 3,5% | 0,9% | 3,0% |

*Tabelle A11:* Wurde der Kindesunterhalt schon geregelt?

| | **ObE** (n = 608) | **aO** (n = 473) | **Gesamt** (n = 1081) |
|---|---|---|---|
| Ja | 99,5% | 97,5% | 98,6% |
| Nein | 0,5% | 2,5% | 1,4% |

*Tabelle A12:* Wodurch wurde der Kindesunterhalt geregelt?

| | **ObE** (n = 573) | **aO** (n = 433) | **Gesamt** (n = 1006) |
|---|---|---|---|
| Im Rahmen der einvernehmlichen Scheidung | 87,8% | 71,6% | 80,8% |
| Durch eine außergerichtliche Vereinbarung mit dem anderen Elternteil | 4,0% | 3,5% | 3,8% |
| Durch gerichtlichen Vergleich | 3,5% | 8,3% | 5,6% |
| Durch Gerichtsbeschluss | 4,7% | 16,6% | 9,8% |

*Tabelle A13:* Ausbildungsniveau und Höhe des Haushaltseinkommens von Eltern mit ObE und aO *(Höhere Werte bei den mittleren Rängen bedeuten eine höhere Ausbildung bzw ein höheres Haushaltseinkommen.)*

**U-Test nach Mann-Whitney**

| | Obsorge-form | Mittlerer Rang | Signifikanz (zweiseitig) | |
|---|---|---|---|---|
| Ausbildungsniveau | ObE | 507,64 | ,000 | s |
| | aO | 427,32 | | |
| Haushaltseinkommen | ObE | 521,41 | ,064 | ns |
| | aO | 488,90 | | |

*Tabelle A14:* Berufliche Stellung der Eltern *(Querprozente)*

| | ObE (n = 621) | aO (n = 484) | Chi² p (zweis.) |
|---|---|---|---|
| Ungelernte(r)/angelernte(r) ArbeiterIn | 44,1% | 55,9% | 0,01 |
| Gelernte(r) ArbeiterIn/FacharbeiterIn | 52,1% | 47,9% | 0,252 |
| LandwirtIn | 64,3% | 35,7% | 0,539 |
| WerkvertragsnehmerIn, freie MitarbeiterIn | 52,9% | 47,1% | 0,785 |
| Gewerbetreibende(r)/Selbständig | 53,6% | 46,4% | 0,614 |
| Angestellte(r)/Beamter/in in nicht-leitender Position | 59,1% | 40,9% | 0,095 |
| Angestellte(r)/Beamter/in in Leitungsposition | 61,3% | 38,7% | 0,147 |

*Tabelle A15:* Alter der befragten Eltern

**Test bei unabhängigen Stichproben**

| | Levene-Test der Varianzgleichheit | | T-Test für die Mittelwertgleichheit | | | | |
|---|---|---|---|---|---|---|---|
| | F | Signifikanz | T | df | Sig. (2-seitig) | N | Mittelwert |
| Alter des/der Befragten | 3,277 | ,071 | 2,225 | 1089 | ,026 | ObE: 613<br>ObE: 478 | ObE: 39,33<br>aO: 38,36 |

*Tabelle A16:* Alter der Kinder

| | **unter 3a** (n = 73) | **3–6a** (n = 318) | **7–10a** (n = 392) | **11–13a** (n = 299) | **14–18a** (n = 351) | **Über 18a** (n = 129) |
|---|---|---|---|---|---|---|
| **ObE** (n = 621) | 32,9% | 52,5% | 54,6% | 65,2% | 61,3% | 55,8% |
| **aO** (n = 484) | 67,1% | 47,5% | 45,4% | 34,8% | 38,7% | 44,2% |
| **Gesamt** (n = 1105) | 100,0% | 100,0% | 100,0% | 100,0% | 100,0% | 100,0% |
| Chi²-Test: p (eins.) | 0,000 | 0,059 | 0,213 | 0,000 | 0,011 | 0,463 |

*Tabelle A17:* Denken Sie, dass die letztendlich getroffene Entscheidung für die Obsorge richtig war?

| **Eltern mit ObE, die angeben, dass die Beibehaltung der ObE nicht die eigene Idee bzw der eigene Wunsch war** | **Hauptbetreuende** (n = 85) | **Getrennt Lebende** (n = 11) |
|---|---|---|
| sehr richtig | 5,9% | 45,5% |
| im Großen und Ganzen richtig | 56,5% | 45,5% |
| **Summe (richtig)** | **62,4%** | **91,0%** |
| | | |
| eher falsch | 23,5% | 9,0% |
| ganz falsch | 14,1% | 0,0% |
| **Summe (falsch)** | **37,6%** | **9,0%** |

*Tabelle A18:* Veränderung des Beziehungsklimas zum Exmann/zur Exfrau bei Eltern, die angeben, dass die Obsorgeform nicht ihre eigene Idee bzw ein von vornherein eigener Wunsch war (Trennungszeitpunkt – jetzt) *(Je höher der mittlere Rang, umso stärker verläuft die Veränderung in Richtung Verschlechterung.)*

**U-Test nach Mann-Whitney**

| | Obsorge-form | Mittlerer Rang | Signifikanz (einseitig) | |
|---|---|---|---|---|
| Veränderung des Klimas zwischen Expartner/innen seit Trennung | ObE | 115,35 | ,002 | s |
| | aO | 144,16 | | |

## B Gesetzliche Grundlagen der ObE (KindRÄG 2001)

*Ziele der Neuregelung durch das Kindschaftsrechts-Änderungsgesetz (KindRÄG) 2001*

Erklärtes Ziel der Neuregelung durch das KindRÄG 2001 war die stärkere gesetzliche Betonung elterlicher Verantwortung. Dieser Grundsatz kommt ua darin zum Ausdruck, dass mit dem KindRÄG 2001 eine Rechtsgrundlage für die gemeinsame rechtliche Verantwortung geschiedener bzw getrennt lebender Eltern geschaffen wurde: In den Fällen, in denen die ehemaligen PartnerInnen in Angelegenheiten ihrer Kinder einvernehmlich vorgehen wollen und können, soll es Vater und Mutter erlaubt sein, weiterhin gemeinsam auch rechtlich die Verantwortung für das Kind zu tragen. In den erläuternden Bemerkungen ist die Rede vom Wachstum der „Überzeugung von der Wichtigkeit des väterlichen Anteils an der Wahrnehmung von Aufgaben der Pflege und Erziehung gemeinsamer Kinder“[712] als einem wesentlichen Anstoß für die Reform: „Waren die eingangs erwähnten bisherigen Reformschritte im Kindschaftsrecht noch stark vom Bestreben nach einer endgültigen Überwindung der mit der ‚väterlichen Gewalt‘ verbundenen rechtspolitischen Vorstellungen gekennzeichnet, so verdichtet sich in jüngerer Zeit – auch basierend auf Überzeugungen psychiatrischer und psychologischer Fachkreise – die Erkenntnis zunehmend, dass das Seelenleben der Kinder nicht allein unter den Konflikten zwischen ihren Eltern, sondern auch unter dem häufig damit verbundenen Abbruch des Kontakts zu einem Elternteil

712 RV 296 BlgNR 21. GP 26.

leidet. Neben einer – weiterhin erforderlichen – klaren Orientierung für die Kinder im Trennungskonflikt bedarf es rechtlicher Rahmenbedingungen, die derartigen Kontaktabbrüchen – soweit durch Gesetz möglich – vorbeugen helfen."[713]

Wohl wird (etwa im Gegensatz zur deutschen Rechtslage) an dem Grundsatz festgehalten, dass das Weiterbestehen der ObE vom Willen und der Fähigkeit der Eltern zu einvernehmlichem Vorgehen abhängt, es wird in den erläuternden Bemerkungen aber nicht verhehlt, dass der Gesetzgeber in der „richtig verstandene[n], gemeinsame[n] Verantwortung der Eltern gegenüber ihren Kindern auch im Falle der Trennung der Eltern eine ideale Lösung"[714] sieht.

### *Obsorgeregelung bei Scheidung*

#### Grundlagen

Vor dem KindRÄG 2001 konnte bei einer (streitigen wie einvernehmlichen) Scheidung nur einem Elternteil allein die Obsorge nach einer Scheidung zustehen, es sei denn – was jedoch in der Praxis sicherlich kaum der Fall war –, beide Eltern lebten weiterhin mit dem Kind in dauernder häuslicher Gemeinschaft.

Nach § 177 Abs 1 ABGB idF KindRÄG 2001 bleibt im Fall der Scheidung[715] die ObE ex lege aufrecht, allerdings nur schwebend. Um sie auch weiterhin aufrechtzuerhalten, müssen die Eltern binnen angemessener Frist nach der Scheidung bei Gericht eine Vereinbarung darüber vorlegen, bei welchem Elternteil sich das Kind künftig hauptsächlich aufhalten soll (§ 177 Abs 2 ABGB):

> „§ 177 (1) Wird die Ehe der Eltern eines minderjährigen ehelichen Kindes geschieden, aufgehoben oder für nichtig erklärt, so bleibt die Obsorge beider Eltern aufrecht. Sie können jedoch dem Gericht – auch in Abänderung einer bestehenden Regelung – eine Vereinbarung über die Betreuung mit der Obsorge vorlegen, wobei die Betrauung eines Elternteils allein oder beider Eltern vereinbart werden kann. Im Fall der Obsorge beider Eltern kann diejenige eines Elternteils auf bestimmte Angelegenheiten beschränkt sein.
> (2) In jedem Fall einer Obsorge beider Eltern haben sie dem Gericht eine Vereinbarung darüber vorzulegen, bei welchem Elternteil sich das Kind hauptsächlich aufhalten soll. Dieser Elternteil muss immer mit der gesamten Obsorge betraut sein."

---

713 RV 296 BlgNR 21. GP 26.

714 RV 296 BlgNR 21. GP 35.

715 §§ 177 und 177a ABGB gelten auch im Fall der Aufhebung und Nichtigerklärung der Ehe der Eltern eines minderjährigen ehelichen Kindes. Die weiteren Ausführungen über die Obsorgesituation bei Scheidung gelten auch für diese Fälle der Auflösung einer Ehe, sie werden jedoch im Folgenden nicht mehr eigens erwähnt.

Die Unterbreitung einer Vereinbarung über den hauptsächlichen Aufenthalt des Kindes stellt eine zwingende Voraussetzung für das Weiterbestehen der ObE nach der Scheidung dar. Einigen sich die Eltern nach einer Scheidung nicht auf einen hauptsächlichen Aufenthalt des Kindes, so hat das Gericht zunächst auf eine gütliche Einigung hinzuwirken; dabei ist auch auf die Möglichkeit der Mediation Bedacht zu nehmen: „Abgesehen davon, dass sich aus dieser Bestimmung eine Verpflichtung der Eltern ergibt, auf ein Einvernehmen hinzuarbeiten, wird auch eine Verpflichtung des Gerichts normiert, die Eltern dabei zu unterstützen."[716] Kommt trotz dieser Bemühungen keine Einigung über der hauptsächlichen Aufenthalt zustande, entfällt die Möglichkeit des Weiterbestehens der ObE, und das Gericht hat von Amts wegen zu entscheiden, welcher Elternteil künftig alleine mit der Obsorge zu betrauen ist.

Der Gesetzgeber geht hier offensichtlich – so *Ferrari* – „von der Vermutung aus, dass dann, wenn sich die Eltern nicht einmal über den hauptsächlichen Aufenthalt des Kindes einigen können, eine gemeinsame Obsorge sinnlos ist. Die gemeinsame Obsorge ist daher nur möglich, wenn die Eltern wenigstens in diesem Punkt im Einvernehmen sind".[717]

Die ObE bleibt auch dann nicht aufrecht, wenn dies ein oder beide Elternteile nicht wünschen und sie dem Gericht eine Vereinbarung darüber vorlegen, welcher Elternteil in Zukunft mit der aO betraut werden soll, oder – in dem Fall, in dem die Eltern um die Obsorge für das Kind streiten – das Gericht von Amts wegen einen Elternteil mit der aO betraut.

Das Weiterbestehen der ObE nach einer Scheidung ist also gebunden an den diesbezüglichen Wunsch beider Elternteile, an den Beweis einer zumindest minimalen Konsensfähigkeit der Eltern (einvernehmliche Vereinbarung über den hauptsächlichen Aufenthalt) und an die Zustimmung des Gerichts: Nach § 177 Abs 3 ABGB hat das Gericht zu prüfen, ob die von den Eltern vorgelegte Vereinbarung dem Wohl des Kindes entspricht, und sie gegebenenfalls zu genehmigen. Die ObE nach einer Scheidung beruht also letzten Endes immer auf einer Vereinbarung der Eltern. Sie kann nie gerichtlich angeordnet werden.

Mögliche Obsorgekonstellationen nach §§ 177 und 177a ABGB

Wenn beide Eltern vor der Eheauflösung nach § 144 ABGB mit der Obsorge betraut waren, sind nach der Scheidung folgende Obsorgekonstellationen möglich:

---

716 RV 296 BlgNR 21. GP 67.

717 *Ferrari*, Die Obsorge bei Trennung und Scheidung der Eltern nach dem KindRÄG 2001, in *Ferrari/Hopf*, Reform des Kindschaftsrechts (2001) 55.

- Nach dem Wunsch beider Eltern und unter der Voraussetzung einer vom Gericht genehmigten Vereinbarung über den hauptsächlichen Aufenthalt des Kindes bleibt die **ObE** nach § 177 Abs 1 ABGB zur Gänze **aufrecht**.
- Ein Elternteil wird **alleine** mit der **Obsorge** betraut:
  - entweder durch Vereinbarung der Eltern
  - oder von Amts wegen, wenn nicht binnen angemessener Frist eine Vereinbarung über den hauptsächlichen Aufenthalt des Kindes oder über die Betrauung mit der Obsorge getroffen wurde oder die betreffende Vereinbarung nicht dem Wohl des Kindes entspricht.
- Eine dritte Möglichkeit besteht darin, dass die ObE zwar weiterbesteht, aber die **Obsorge eines Elternteils** auf bestimmte Angelegenheiten **beschränkt** wird (§ 177 Abs 1 ABGB). Da diese Konstellation auch eine Form der ObE darstellt, ergibt sich auch in diesem Fall die Notwendigkeit der Vereinbarung über den hauptsächlichen Aufenthalt des Kindes. Nach § 177 Abs 2 ABGB muss der Elternteil, bei dem sich das Kind hauptsächlich aufhält, immer mit der gesamten Obsorge betraut sein. Die Möglichkeit der Beschränkung der Obsorge bezieht sich demnach nur auf den Elternteil, bei dem sich das Kind nicht hauptsächlich aufhält.

  § 177 ABGB idF KindRÄG 2001 – und damit die Möglichkeit der ObE – gilt auch für geschiedene Ehen mit bereits erfolgter Obsorgezuteilung nach alter Regelung, die ja keine Rechtsgrundlage für ein Weiterbestehen der ObE nach einer Scheidung vorsah. Es können also auch all jene, die zum Zeitpunkt des Inkrafttretens des KindRÄG 2001 bereits geschieden waren, die Abänderung der aO in eine ObE beantragen.

Voraussetzungen für die ObE nach Scheidung

1. Vereinbarung der Eltern über den hauptsächlichen Aufenthalt des Kindes

Das KindRÄG 2001 fordert – wie bereits gesagt – zwingend eine Vereinbarung der Eltern über den hauptsächlichen Aufenthalt des Kindes und ordnet weiters an, dass der Elternteil, bei dem das Kind hauptsächlich lebt, immer mit der gesamten Obsorge betraut sein muss. Darin kommt die Absicht des Gesetzgebers zum Ausdruck, dem Kind ein „Heim erster Ordnung" zu sichern und ihm damit in den ohnedies schwierigen Zeiten der Trennung seiner Eltern Geborgenheit, Sicherheit und Kontinuität so weit als möglich zu gewährleisten: „Es ist dem Wohl eines Kindes nicht zuträglich, wenn sich das soziale Umfeld sowie auch die Hauptbezugspersonen ständig ändern, etwa wenn sich das Kind jede Woche abwechselnd einmal bei diesem, einmal bei jenem Elternteil aufhalten soll. Kontinuität (vor allem in erzieherischer Hinsicht) ist und bleibt wichtig und kann –

auch wenn die Wohnsitze der Eltern nach ihrer Trennung örtlich nicht allzu weit voneinander entfernt sind – nur durch das „Heim erster Ordnung“ gewährleistet werden.“[718] Der Gesetzgeber bevorzugt also das sogenannte „Eingliederungsmodell“ gegenüber dem „Wechselmodell“, bei dem das Kind abwechselnd lebt.

Fest steht damit, dass eine exakt gleichmäßige Aufteilung des Aufenthalts des Kindes bei beiden Eltern nicht möglich sein soll. Fraglich ist jedoch, in welchem Verhältnis die zeitliche Aufteilung des Aufenthalts bei der Mutter und beim Vater zu stehen hat, dass ein „Heim erster Ordnung“ gewährleistet ist. Reicht es etwa aus, wenn das Kind vier Tage beim einen und drei Tage beim anderen Elternteil verbringt, muss der Unterschied noch deutlicher sein, oder ist eine Verschiebung des hauptsächlichen Aufenthalts in längeren Zeitabständen möglich?

Das Problem der Auslegung des Begriffs „hauptsächlicher Aufenthalt“ zeigt sich vor allem bei der gerichtlichen Genehmigung der Vereinbarung, da das Gericht eine gesetzwidrige Vereinbarung der Eltern natürlich nicht genehmigen darf. *Ferrari* ist jedoch der Ansicht, dass „an die Voraussetzung ‚hauptsächlicher Aufenthalt‘ nicht allzu strenge Anforderungen gestellt werden [sollten], wenn im Einzelfall sichergestellt sei, dass das Wohl des Kindes durch die tatsächlichen Umstände gewährleistet ist.“[719] Sie gibt weiters zu bedenken, dass es praktisch kaum zu verhindern sei, dass Eltern, die eine gleichteilige Aufteilung des Aufenthalts auch in kürzeren Zeitabständen anstreben, dem Gericht gegenüber eine Vereinbarung vorlegen, die von der tatsächlichen Praxis abweicht.

Das Kind selbst hat beim Abschluss der Vereinbarung keine Mitspracherechte. Es ist aber im Zuge des Genehmigungsverfahrens vom Gericht zu hören. Die Meinung mündiger Minderjähriger, die ja selbständig verfahrensfähig sind, wird nach Ansicht von *Ferrari* bei Gericht wahrscheinlich beachtet werden: „spricht sich dieses [Kind] ausdrücklich gegen die von den Eltern geplante Regelung des hauptsächlichen Aufenthalts aus, so ist deren Genehmigung durch das Pflegschaftsgericht wohl eher unwahrscheinlich. Der Wille des mündigen Kindes ist ja durch das KindRÄG stark aufgewertet worden.“[720]

2. Genehmigung des Gerichts

Für die endgültige Wirksamkeit der elterlichen Vereinbarung über den hauptsächlichen Aufenthalt des Kindes ist die Genehmigung derselben durch das Gericht erforderlich. Das Gericht hat zu prüfen, ob die elterliche Vereinbarung dem Wohl des Kindes entspricht. Verweigert das Pflegschaftsgericht seine Zustimmung, müssen die Eltern eine neue Vereinbarung vorlegen. Kommt eine solche nicht zustande, hat das Gericht von Amts wegen einen Elternteil allein mit der Obsorge

718 RV 296 BlgNR 21. GP 66.

719 *Ferrari*, Die Obsorge bei Trennung und Scheidung, in *Ferrari/Hopf*, Reform des Kindschaftsrechts (2001) 58.

720 *Ferrari*, Obsorge, in *Ferrari/Hopf*, Reform des Kindschaftsrechts (2001) 59.

zu betrauen. Auch hier wird wieder auf die Aufgabe des Gerichtes hingewiesen, auf eine gütliche Einigung der Eltern hinzuwirken (§ 177a Abs 1 ABGB).

### Anforderungen an das elterliche Handeln im Fall der ObE nach der Scheidung

Was bedeutet die Beibehaltung der ObE trotz Scheidung und Getrenntlebens im Alltag der betroffenen Mütter und Väter? Eine erste wichtige Orientierungshilfe bietet dabei die genaue Betrachtung des Begriffs der „Obsorge beider Eltern".

Der Elternteil, bei dem sich das Kind hauptsächlich aufhält, muss immer mit der gesamten Obsorge betraut werden (§ 177 Abs 2 ABGB). Wenn die Eltern nichts weiter vereinbaren, bleibt auch der andere Elternteil zur Gänze obsorgeberechtigt. In diesem Fall knüpft das Gesetz an das Obsorgeregime während aufrechter Ehe an, wie es im Abschnitt über die Rechtsverhältnisse zwischen Eltern und ehelichen Kindern in den §§ 144 bis 154a ABGB gestaltet ist. Voraussetzung für ein Verständnis der obsorgerechtlichen Stellung der Eltern nach der Scheidung ist daher die Kenntnis der Obsorgeregelung bei aufrechter Ehe, die ich im Folgenden darstellen möchte:

Die elterliche Obsorge umfasst gleichsam zwei Seiten einer Medaille, nämlich im Innenverhältnis die Pflege und Erziehung des Kindes und im Außenverhältnis, also Dritten gegenüber, die Vertretung des Kindes durch seine Eltern. Im Gegensatz zur deutschen Rechtslage gilt in Österreich für das Rechtsverhältnis zwischen Eltern und ehelichen Kindern nach außen hin das **Prinzip der Einzelvertretung**: Dh, grundsätzlich ist jeder Elternteil für sich allein berechtigt, das Kind nach außen hin, also im Verhältnis gegenüber Dritten, zu vertreten (§ 154 Abs 1 ABGB). Seine Vertretungshandlung ist selbst dann rechtswirksam, wenn der andere Elternteil mit ihr nicht einverstanden ist. Die ObE ist im österreichischen Recht also weniger eine gemeinsame als eine beiderseitige (daher ist der Begriff „Obsorge beider Eltern" angemessener als der umgangssprachlich oft verwendete Begriff der „gemeinsamen Obsorge"):

> „§ 154 (1) Jeder Elternteil ist für sich allein berechtigt und verpflichtet, das Kind zu vertreten; seine Vertretungshandlung ist selbst dann rechtswirksam, wenn der andere Elternteil mit ihr nicht einverstanden ist."

Davon ausgenommen sind jene Vertretungshandlungen und Einwilligungen, die nach § 154 Abs 2 und Abs 3 ABGB zu ihrer Rechtswirksamkeit der Zustimmung des anderen Elternteils bedürfen: die Änderung des Vornamens oder des Familiennamens, der Eintritt in eine Kirche oder Religionsgemeinschaft und der Austritt aus einer solchen, die Übergabe in fremde Pflege, der Erwerb einer Staatsangehörigkeit oder der Verzicht auf eine solche, die vorzeitige Lösung eines Lehr-, Ausbildungs- oder Dienstvertrags, die Anerkennung der Vaterschaft zu einem unehechen Kind sowie Vermögensangelegenheiten, die nicht zum ordentlichen Wirtschaftsbetrieb gehören. Diese Vertretungshandlungen und Einwilligungen sind erst dann rechtswirksam, wenn beide obsorgeberechtigten Elternteile zustimmen.

Eine von den Regeln für die aufrechte Ehe abweichende Sonderregelung für den Fall der „gemeinsamen" Obsorge nach Auflösung der Ehe ist daher im österreichischen Recht nicht notwendig. Die Eltern sind jeweils ohnehin – außer in Bezug auf bestimmte weitreichende Vertretungshandlungen und Einwilligungen (§154 Abs 2 und Abs 3 ABGB) – berechtigt und verpflichtet, das Kind alleine zu vertreten. Ihre Entscheidungen, Einwilligungen und Vertretungen Dritten gegenüber sind auch dann rechtswirksam, wenn sich die Eltern nicht diesbezüglich abgesprochen haben. Das bedeutet, dass oft gehegte Befürchtungen des Elternteils, bei dem sich das Kind im Rahmen der ObE hauptsächlich aufhält, in alltäglichen Angelegenheiten ständig die Zustimmung des anderen, ebenfalls obsorgeberechtigten Elternteils einholen zu müssen, zumindest von Rechts wegen unbegründet sind. Nicht mehr verheiratete Eltern, die sich die Obsorge teilen, müssen nicht einvernehmlicher handeln als Eltern in aufrechter Ehe, und hier gilt – nach außen hin – das Prinzip der Einzelvertretung.[721]

721 Im Gegensatz dazu ist in Deutschland die Vertretungsmacht der sorgeberechtigten Eltern in aufrechter Ehe eine gemeinschaftliche, sodass mit Außenwirkung (etwa bei der Einwilligung in eine Heilbehandlung) nur beide Eltern zusammen handeln können (§ 1629 Abs 1 BGB). Diese Regelung hat natürlich außerordentliche Brisanz nach der Trennung der Eltern: Alle Entscheidungen (das Kind betreffend) mit Außenwirkung (also Vertretungshandlungen) müssten eigentlich auch weiterhin gemeinschaftlich, dh in gegenseitiger Absprache und einvernehmlich getroffen werden. Dies ist natürlich praktisch nicht durchführbar. Der deutsche Gesetzgeber hat das Problem gesehen und löst es gleichsam durch eine Aufspaltung des Sorgerechts, sodass sich die gemeinsame Zuständigkeit der getrennt lebenden Eltern nur noch auf Angelegenheiten bezieht, deren Regelung von erheblicher Bedeutung ist (§ 1687 Abs 1 Satz 1 BGB). Ein Verständnis davon, was als „Angelegenheiten von erheblicher Bedeutung" zu betrachten sei, wird in den Erläuterungen (Bundesratsdrucksache 180/1996, 117) vorgezeichnet: grundsätzliche Fragen der Ausbildung, Maßnahmen der religiösen Kindererziehung, schwerwiegende medizinische Eingriffe und erheblichere Aufenthaltsänderungen (etwa von einem Bundesland in ein anderes). Demgegenüber hat der Elternteil, bei dem sich das Kind rechtmäßig gewöhnlich aufhält (auch das deutsche Recht geht also vom so genannten „Eingliederungsmodell" aus), die Befugnis zur alleinigen Entscheidung in Angelegenheiten des täglichen Lebens (§ 1687 Abs 1 Satz 2 BGB). Entscheidungen in Angelegenheiten des täglichen Lebens sind in der Regel solche, die häufig vorkommen und keine schwer abzuändernden Auswirkungen auf die Entwicklung des Kindes haben (§ 1687 Abs 1 Satz 3 BGB). Bei getrennt lebenden Eltern müsse eben auch dem Bedürfnis, eine Vielzahl von Entscheidungen rasch und ohne Kontaktaufnahme mit dem anderen Elternteil treffen zu können, Rechnung getragen werden (Bundesratsdrucksache 180/1996, 117). Demgegenüber könnte sich im österreichischen Recht – in Fällen angespannter Verhältnisse zwischen den ehemaligen PartnerInnen – die Möglichkeit des konkurrierenden Handelns der Eltern stellen. Der Gesetzgeber scheint jedoch – so *Schwab* – darauf zu vertrauen, dass bei gegenläufigem Handeln der Eltern ohnehin alsbald der Antrag auf Beendigung der ObE von dem einen oder anderen Elternteil gestellt werden wird (*Schwab*, Sorgerecht und

Das bedeutet jedoch nicht, dass an die Eltern keinerlei Forderung gestellt würde, in der Erfüllung ihrer Obsorgepflichten einvernehmlich vorzugehen: Vgl dazu § 144 ABGB:

> „§ 144 ABGB Die Eltern haben das minderjährige Kind zu pflegen und zu erziehen, sein Vermögen zu verwalten und es in diesen sowie allen anderen Angelegenheiten zu vertreten. Pflege und Erziehung sowie die Vermögensverwaltung umfassen auch die gesetzliche Vertretung in diesen Bereichen. Bei Erfüllung dieser Pflichten und bei der Ausübung dieser Rechte sollen die Eltern einvernehmlich vorgehen."

Das „Sollen" bedeutet nach *Hopf*,[722] dass sich die Eltern **um ein Einvernehmen** zu **bemühen** haben, praktisch also, dass die Eltern in den Angelegenheiten des § 144 ABGB miteinander in Kontakt treten müssen, bevor gehandelt wird. Priorität hat jedoch das Wohl des Kindes: Fordert dieses eine umgehende Entscheidung und ein schnelles Handeln und ist der andere Elternteil nicht entsprechend rasch erreichbar, wird nach *Hopf* eine vorhergehende Kontaktaufnahme mit ihm nicht verlangt werden können: „Das ‚Sollen' im § 144 ABGB bedeutet aber auch, dass von den Eltern nichts Unzumutbares an Bemühungen verlangt werden darf."[723]

Dies gilt grundsätzlich – da bei der ObE nach einer Scheidung an die Regelung während aufrechter Ehe angeknüpft wird – genauso für Eltern, deren Obsorge nach der Scheidung aufrecht bleibt. Aber hier liegen natürlich, aufgrund des naturgemäß loseren Kontakts zwischen Eltern, die nicht mehr in einer Lebensgemeinschaft leben, andere Voraussetzungen zur Erfüllung dieses Gebotes vor, und diese sind – so *Hopf*[724] – bei den Anforderungen an die Einvernehmensbemühungen ins Kalkül zu ziehen; Er folgert: „In Angelegenheiten des täglichen Lebens, die ein Elternteil für das Kind besorgt, wird es im Allgemeinen keiner expliziten Einvernehmensherstellung bedürfen. Wie bei aufrechter Gemeinschaft wird der die Obsorgeaufgaben wahrnehmende Elternteil insbesondere berücksichtigen, welche Position der andere Elternteil bisher in einer sich stellenden Obsorgefrage eingenommen hat. Kann er demzufolge mit gutem Grund annehmen, dass der andere mit einer bestimmten Maßnahme einverstanden ist, also selbst nicht anders handeln würde, so bedarf es im Allgemeinen keiner speziellen Einvernehmensbemühung."[725]. Andernorts führt *Hopf* dazu aus: „Die räumliche Trennung der Eltern sowie die faktische Nähe eines Elternteils zum Kind führen freilich zu unterschiedlichen Verantwortlichkeiten, die sich in der Wahrnehmung der alltäglichen Pflege-

---

Umgang bei Trennung und Scheidung der Eltern – die österreichische und die deutsche Reform im Vergleich, in *Ferrari/Hopf*, Reform des Kindschaftsrechts [2001] 95).

722 *Hopf*, Rechtsstellung, in *Ferrari/Hopf*, Reform des Kindschaftsrechts (2001) 74 f.

723 *Hopf*, Rechtsstellung, in *Ferrari/Hopf*, Reform (2001) 75.

724 *Hopf*, Rechtsstellung, in *Ferrari/Hopf*, Reform (2001) 75.

725 *Hopf*, Rechtsstellung, in *Ferrari/Hopf*, Reform (2001) 75.

und Erziehungsaufgaben auswirken; das Erfordernis prompter Entscheidung wird oft dazu führen, dass das Einvernehmen mit dem nicht im gemeinsamen Haushalt lebenden Elternteil nicht hergestellt werden kann.“[726]

Je wichtiger die Angelegenheit ist, umso höher sind die Anforderungen an den Elternteil, bei dem sich das Kind hauptsächlich aufhält, mit dem anderen Elternteil das Einvernehmen herzustellen: „So wird etwa bei der Schule, bei der Vornahme medizinischer Maßnahmen, etwa im Sinne des neuen § 146c Abs. 2 ABGB, oder bei Entscheidungen über eine Freizeitgestaltung des Kindes, die mit einem gesundheitlichen Risiko verbunden ist, der Domizilelternteil in aller Regel den anderen einbinden müssen.“[727] *Hopf* zieht hier eine Parallele zu § 178 ABGB über die Informations- und Äußerungsrechte des nicht obsorgeberechtigten Elternteils im Fall der Alleinsorge. § 178 ABGB besagt, dass ein Elternteil, der nicht mit der Obsorge betraut ist, außer dem Recht auf persönlichen Verkehr, auch das Recht hat, von demjenigen, der mit der Obsorge betraut ist, von wichtigen Angelegenheiten, insbesondere von beabsichtigten Maßnahmen nach § 154 Abs 2 und 3 ABGB, rechtzeitig verständigt zu werden und sich hierzu in angemessener Frist zu äußern. *Hopf* ist der Ansicht, dass damit wohl auch ein im Umfang der Informationspflicht des mit der Obsorge betrauten Elternteils nach dieser Bestimmung – also bei allen wichtigen Angelegenheiten – verstärktes Einvernehmensbemühen beider mit der Obsorge betrauter Eltern im Fall der ObE einhergehen muss.[728]

Verstößt der Elternteil, bei dem sich das Kind hauptsächlich aufhält bei der Besorgung der Obsorgeaufgaben gegen diese Pflicht, sich um das Einvernehmen mit dem anderen Elternteil zu bemühen, oder setzt er sich über dessen Meinung hinweg, so kann sich dieser nach § 176 ABGB, wenn es sich um eine wichtige Angelegenheit handelt oder das Wohl des Kindes gefährdet ist, an das Gericht wenden.

### Die elterliche Unterhaltspflicht bei der ObE nach Scheidung

Die Vereinbarung über den hauptsächlichen Aufenthalt hat auch Auswirkungen auf die Unterhaltsverpflichtung der Eltern bzw auf die Frage, wer Geldunterhalt für das Kind zu leisten hat. In den erläuternden Bemerkungen zum KindRÄG 2001 heißt es dazu: „Der den Haushalt des hauptsächlichen Aufenthalts führende Elternteil wird weiterhin als derjenige anzusehen sein, der seine Unterhaltspflicht

726 *Hopf/Weitzenböck*, ÖJZ (2001) 490.
727 *Hopf*, Rechtsstellung, in *Ferrari/Hopf*, Reform (2001) 76.
728 *Hopf*, Rechtsstellung, in *Ferrari/Hopf*, Reform (2001) 76).

durch Betreuung des Kindes im Sinne des § 140 Abs 2 ABGB erfüllt."[729] Dieser Elternteil muss zum Unterhalt des Kindes nur beitragen, soweit der andere Elternteil zur vollen Deckung der Bedürfnisse des Kindes nicht imstande ist oder mehr leisten müsste, als es seinen eigenen Lebensverhältnissen angemessen wäre (§ 140 Abs 2 ABGB). Derjenige Elternteil, bei dem sich das Kind nicht hauptsächlich aufhält, hat demgegenüber den Unterhalt in Geld zu leisten.

Sollte sich das Kind – vom Einvernehmen der Eltern getragen – häufiger als nach den bisher üblichen „Besuchsregelungen" beim anderen Elternteil aufhalten und immer wieder (regelmäßig oder über einen längeren Zeitraum) im Haushalt dieses Elternteils betreut werden, so wird der grundsätzlich geldunterhaltspflichtige Elternteil nach *Hopf* bei Bemessung seiner Unterhaltspflicht in einem gewissen Maß die Berücksichtigung des mit der Betreuung verbundenen Aufwands verlangen können. Bei der Beantwortung der Frage, welcher Aufwand in diesem Sinn bei der Unterhaltsbemessung relevant ist und in welcher Weise er zu berücksichtigen ist, könne – so *Hopf* (2001, 78) – auf die Grundsätze zurückgegriffen werden, die die Rechtsprechung im Zusammenhang mit der Veranschlagung von Auslagen im Rahmen der Ausübung eines umfangreicheren Besuchsrechts entwickelt hat. Dabei sei insb zu beachten, dass durch die vorübergehende Betreuung des Kindes durch den Elternteil, in dessen Haushalt sich das Kind nicht hauptsächlich aufhält, beim anderen nur einzelne Teilbereiche des Unterhalts, nämlich zeitlich begrenzte wie etwa Verköstigung und Reinigung der Wäsche, nicht aber andere Aufwendungen wie etwa die Bereithaltung von Wohnraum oder die Anschaffung langlebiger Güter (PC, Kleidung) entfallen. Es sei bei der Reduktion der Geldunterhaltspflicht nicht von den Aufwendungen des Unterhaltspflichtigen, sondern von den ersparten Aufwendungen des anderen Elternteiles auszugehen.[730]

### Beschränkung der gemeinsamen Obsorge

Wird außer der notwendigen Bestimmung des hauptsächlichen Aufenthalts des Kindes nichts weiter vereinbart, bleibt die Obsorge beider Elternteile auch nach der Scheidung zur Gänze aufrecht. Es ist aber nach § 177 Abs 1 ABGB auch möglich, die Obsorge des Elternteils, bei dem sich das Kind vereinbarungsgemäß nicht hauptsächlich aufhält, auf bestimmte Angelegenheiten zu beschränken. So kann etwa vereinbart werden, dass die Obsorge dieses Elternteils lediglich in Angelegenheiten der Schul- und Berufsausbildung oder in Angelegenheiten der medizinischen Behandlung oder in der Verwaltung bestimmter Vermögenswerte

729 RV 296 BlgNR 21. GP 66.

730 *Hopf*, Rechtsstellung, in *Ferrari/Hopf*, Reform (2001) 77f.

aufrecht bleibt: „Die Unterstützung des hauptsächlich betreuenden Elternteils durch den anderen, der etwa Lehrer, Arzt oder Anlageberater ist, soll nicht daran scheitern, dass sich die Eltern in anderen Bereichen der Obsorge nicht (mehr) einig sind.“[731]

*Ferrari* (2001, 63) plädiert dafür, „mit Eltern, die eine gemeinsame Obsorge anstreben, zu erörtern, zu welchen Problemen es konkret kommen könnte (Entscheidungen über Auslandsaufenthalte, Ausbildung, medizinische Behandlung etc) und sie auf die Möglichkeit der Beschränkung hinzuweisen“. Auf Verlangen hat das Gericht nach § 185e AußStrG einer mit der Obsorge betrauten Person eine Urkunde auszustellen, in der der Umfang der Betrauung mit der Obsorge umschrieben ist.[732]

Spätere Änderung der bereits erfolgten Obsorge

Auch nachträglich kann eine Änderung einer einmal getroffenen Obsorgeregelung erfolgen, und zwar ein nachträgliches Abgehen von der ObE genauso wie ein nachträgliches Vereinbaren der ObE. Im ersten Fall sind folgende Änderungen möglich:

- Die Eltern können nach § 177 Abs 1 ABGB dem Gericht eine Vereinbarung vorlegen, wonach von nun an ein Elternteil allein mit der Obsorge betraut sein soll. Es besteht auch die Möglichkeit, die Obsorge eines Elternteils durch eine entsprechende Vereinbarung zu beschränken.
- Jeder Elternteil kann bei Gericht die Aufhebung der ObE nach § 177a Abs 2 ABGB beantragen. Dies ist ohne Angabe von Gründen möglich. Das Gericht hat sich in diesem Fall zunächst um eine gütliche Einigung zu bemühen. Gelingt es nicht, eine solche herbeizuführen, muss das Gericht einen Elternteil nach Maßgabe des Kindeswohls alleine mit der Obsorge betrauen. Das Gesetz sieht somit eine Möglichkeit vor, die ObE im Fall des Misslingens ihrer Ausübung wieder zu beenden. Dies ist jederzeit und ohne Angabe von Gründen möglich.
- Im Gegensatz zur deutschen Regelung hat das mündige minderjährige Kind im österreichischen Recht kein Widerspruchsrecht gegen die Aufhebung der ObE. Selbst wenn es für das Wohl des Kindes die beste Lösung wäre, die ObE beizubehalten, hat das Gericht nicht die Möglichkeit, sie gegen den Willen eines oder beider Elternteile aufrechtzuerhalten. Das Gericht kann jedoch – im Rahmen seiner Pflicht, auf eine gütliche Einigung hinzuwirken

731 RV 296 BlgNR 21. GP 66.

732 *Ferrari*, Obsorge, in *Ferrari/Hopf*, Reform des Kindschaftsrechts (2001) 63.

– die Eltern gegebenenfalls auf den Wunsch und auf die Interessen des Kindes aufmerksam machen.

Im zweiten Fall, also wenn zum Zeitpunkt der gewünschten Änderung ein Elternteil alleine mit der Obsorge betraut ist, sind folgende Änderungen möglich:

- In Abänderung der bestehenden Regelung können die Eltern vereinbaren, dass von nun an beide Elternteile mit der Obsorge betraut sein sollen, wobei die Obsorge eines Elternteils auch beschränkt werden kann. Notwendige Voraussetzung ist auch hier wieder die Vereinbarung über den hauptsächlichen Aufenthalt des Kindes. Das bedeutet, dass auch Obsorgeregelungen, die noch unter dem früheren § 177 ABGB zustande kamen, nach dem einem Elternteil alleine die Obsorge zugeteilt werden musste, durch eine Vereinbarung der Eltern in eine ObE umgewandelt werden können.
- Der nicht obsorgeberechtigte Elternteil kann bei Gericht die Übertragung der aO auf ihn beantragen.

### Obsorgeregelung bei Trennung und Getrenntleben unehelicher Eltern

Schon vor dem KindRÄG war es unehelichen Eltern, die in dauernder häuslicher Gemeinschaft mit dem Kind lebten, möglich, die ObE zu beantragen. Diese Möglichkeit besteht weiterhin auch im neu gefassten § 167 ABGB: Leben die Eltern des Kindes in häuslicher Gemeinschaft, so können sie vereinbaren, dass in Hinkunft beide Elternteile mit der Obsorge betraut sind.

Trennen sich diese Eltern nicht bloß vorübergehend, so sind wieder die §§ 177 und 177a ABGB entsprechend anzuwenden. Das bedeutet, dass alles, was zur Obsorgesituation bei der Scheidung ausgeführt wurde, auch für die Trennung unehelicher Eltern gilt (sofern beide mit der Obsorge betraut waren). Nicht verwiesen wird auf § 177b ABGB (nicht bloß vorübergehende Trennung von Ehegatten).

Das KindRÄG ermöglicht aber auch unehelichen Eltern, die *nicht* in häuslicher Gemeinschaft leben, gemeinsam mit der Obsorge betraut zu werden. Die Eltern können vereinbaren, dass in Hinkunft auch der Vater ganz oder in bestimmten Angelegenheiten mit der Obsorge betraut ist, wenn sie dem Gericht eine Vereinbarung darüber vorlegen, bei welchem Elternteil sich das Kind hauptsächlich aufhalten soll (§ 167 Abs 2 ABGB).

*Besuchsrecht*

Nach § 148 ABGB hat der **Elternteil, der mit dem Kind nicht im gemeinsamen Haushalt lebt, unabhängig davon, ob ihm auch die Obsorge zukommt**, das Recht, mit dem Kind persönlich zu verkehren. Demnach hat auch der Elternteil, der zur Gänze oder zum Teil mit der Obsorge betraut ist, bei dem sich das Kind aber nicht hauptsächlich aufhält, das sogenannte Besuchsrecht.

Ein Hauptanliegen der Neuerungen des KindRÄG 2001 war, das Besuchsrecht ausdrücklich als **Recht des Kindes** zu verankern und das Instrumentarium zu seiner Effektuierung zu erweitern: „Damit soll nicht zuletzt psychologischen und soziologischen Erkenntnissen Rechnung getragen werden, wonach die Aufrechterhaltung ausreichender persönlicher Kontakte zwischen dem Kind und dem Elternteil, bei dem es nicht lebt, für die weitere Entwicklung des Kindes von besonderer Bedeutung ist."[733]

Dem Prinzip der Familienautonomie entsprechend werden Eltern und Kind verpflichtet, sich um eine einvernehmliche Regelung des Besuchsrechts zu bemühen. Zu beachten ist dabei, dass ab dem vollendeten 14. Lebensjahr auch dem Kind Parteistellung zukommt, dh, dass es im Verfahren über das Recht auf persönlichen Verkehr mitentscheiden kann (Antrags- und Rechtsmittellegitimation).[734]

Ebenso wie bei der Obsorgeregelung kann das Gericht auch in Verfahren über das Besuchsrecht den Beteiligten die Mediation zur Herbeiführung einer einvernehmlichen Lösung anbieten: „Dabei soll sich das Gericht durch Befragung der Parteien – weitergehende Erhebungen sind nicht geboten – ein Bild machen, ob und mit welcher Hilfe die Parteien zu einer gütlichen Einigung gelangen können. Gegebenenfalls soll es sodann die Parteien auf entsprechende Hilfeangebote, also insbesondere die Mediation, hinweisen und schließlich den Parteien, insbesondere durch Innehaltung des Verfahrens, Gelegenheit zu deren Inanspruchnahme geben."[735]

Können sich Eltern und Kind nicht auf eine konsensuale Lösung einigen, so hat das Gericht die Ausübung des Besuchsrechts zu regeln. Nach *Hopf* hat das Gericht dabei „im Rahmen der Wahrnehmung des Wohles des Kindes auch auf dessen Bedürfnisse und Wünsche Bedacht zu nehmen". Damit werde – so *Hopf* – „zum einen der nun im § 146 Abs 3 allgemein umschriebene Grundsatz, wonach die Eltern in Angelegenheiten der Pflege und Erziehung auf den Willen des Kindes Bedacht zu nehmen haben, für die Regelung des Besuchsrechts konkretisiert, zum anderen – und dies ist mit der Bezugnahme auf die Bedürfnisse des Kindes beabsichtigt – soll damit die Praxis – Erkenntnissen der Kinder- und Jugendpsy-

733 RV 296 BlgNR 21. GP 34.
734 *Hopf*, Rechtsstellung, in *Ferrari/Hopf*, Reform (2001) 79.
735 *Hopf*, Rechtsstellung, in *Ferrari/Hopf*, Reform (2001) 79.

chologie folgend – auf die Festlegung kürzerer Besuchsintervalle oder längerer Besuchszeiten hingelenkt werden."[736] Tendenziell sollen demnach die Besuchsintervalle kürzer bzw die Besuchszeiten länger geregelt werden, dafür wurde auch im Zuge der parlamentarischen Beratungen zum KindRÄG 2001 plädiert.

Zum Problemkreis der **Durchsetzung des Besuchsrechts** enthält das KindRÄG 2001 eine Reihe neuer Regelungen. In einem weiteren Sinn gehört hierzu die Verpflichtung der Eltern, sich um eine einvernehmliche Lösung zu bemühen, sowie die Aufgabe des Gerichts, auf eine gütliche Einigung hinzuwirken und den Beteiligten allenfalls Mediation anzubieten.

Grundsätzlich verlangt die Rechtsprechung im Zusammenhang mit der Ausübung des Rechts auf persönlichen Verkehr zunehmend von beiden Elternteilen, für einen störungsfreien Ablauf der Kontakte zu sorgen.[737] Unter dem Stichwort „Wohlverhaltensklausel" wird betont, dass die Eltern – selbst in kritischen Zeiten ihrer Beziehung zueinander – alles zu unterlassen haben, was das Verhältnis des Kindes zum anderen Elternteil beeinträchtigt oder die Wahrnehmung von dessen Aufgaben erschwert. Geregelt wird dieser Grundsatz in § 145b ABGB, der besagt, dass bei der Ausübung der Rechte und Erfüllung der Pflichten (in Zusammenhang mit der Obsorge) „zur Wahrung des Kindeswohls alles zu unterlassen [ist], was das Verhältnis des Minderjährigen zu anderen Personen, denen ... das Kind betreffende Rechte und Pflichten zukommen, beeinträchtigt oder die Wahrnehmung von deren Aufgaben erschwert".

Das Gesetz schützt also nicht nur den Elternteil, bei dem sich das Kind im Fall der ObE nicht hauptsächlich aufhält bzw der bei aO nicht mit der Obsorge betraut ist, bei seiner Ausübung des Rechtes auf persönlichen Verkehr. Auch die Erziehungsbemühungen des Elternteils, bei dem sich das Kind hauptsächlich aufhält bzw der alleine mit der Obsorge betraut ist, sollen geschützt werden, wenn sie durch den anderen gefährdet werden, indem „er seine vermeintlichen Rechte gegenüber seinen tatsächlichen Pflichten überbetont".[738]

Da das Besuchsrecht jedem Elternteil zusteht, der nicht mit dem Kind in einem gemeinsamen Haushalt lebt, also auch jenem, der zwar mit der Obsorge für das Kind betraut ist, bei dem sich das Kind aber nicht hauptsächlich aufhält, sei – so *Hopf* – die in § 178 ABGB verankerte Regelung für den Fall eines mangelnden Kontakts zwischen Kind und nicht mit der Obsorge betrautem Elternteil analog anzuwenden, wenn es zu Störungen im Kontakt zwischen dem Kind und dem mit der Obsorge betrauten Elternteil, bei dem sich das Kind nicht hauptsächlich aufhält, kommt: „Lehnt dieser Elternteil den Kontakt mit dem Kind grundlos ab, so schränkt dies wohl auch die Pflicht des anderen zur laufenden Information im

736 *Hopf*, Rechtsstellung, in *Ferrari/Hopf*, Reform (2001) 79.
737 RV 296 BlgNR 21. GP 33.
738 RV 296 BlgNR 21. GP 34.

Rahmen der Bemühungen um ein Einvernehmen in den Obsorgeangelegenheiten nach § 144 ABGB ein. Kommt es umgekehrt trotz Bereitschaft des mit der (gemeinsamen) Obsorge betrauten Elternteils zu keinem Kontakt mit dem Kind, so hat dieser Elternteil im Rahmen der Einvernehmensbemühungen Anspruch auf verstärkte Information über die Obsorgeangelegenheiten seines Kindes."[739]

*Weitere Rechte des nicht obsorgeberechtigten Elternteils*

Die Ausweitung der Rechte des nicht mit der Obsorge betrauten Elternteils war ein erklärtes Ziel des KindRÄG 2001:

> „Das KindRÄG 2001 hat die bisherige Überschrift ‚Mindestrechte der Eltern' geändert in ‚Informations- und Äußerungsrechte'. Darin kommt (wiederum) das Anliegen der Reform zum Ausdruck, die weiter bestehende Verantwortung beider Eltern für die Kinder trotz ihrer Trennung … zu betonen. … Damit wurden die Rechte nach § 178 ABGB [also die Informations- und Äußerungsrechte des nicht mit der Obsorge betrauten Elternteils] gegenüber der Rechtslage vor dem KindRÄG 2001 inhaltlich ‚behutsam erweitert'."[740]

Nach § 178 Abs 1 ABGB hat der nicht mit der Obsorge betraute Elternteil „außer dem Recht auf persönlichen Verkehr, das Recht, von demjenigen, der mit der Obsorge betraut ist, von wichtigen Angelegenheiten, insbesondere von beabsichtigten Maßnahmen nach § 154 Abs 2 und 3 ABGB, rechtzeitig verständigt zu werden und sich hierzu in angemessener Frist zu äußern".

Die Informationspflicht des allein obsorgeberechtigten Elternteils über den Schulerfolg der Kinder bestehe nach *Schwimann* so weit, „dass die Information ausreicht, damit sich dieser Elternteil einen Überblick über den Fortgang der schulischen oder sonstigen Ausbildung machen kann … Es wird daher – bei stattfindenden Kontakten … – wohl ausreichen, jedes Jahreszeugnis zu übermitteln und über markante Leistungsveränderungen auch während des Schuljahres zu informieren."[741] Damit hat der nicht obsorgeberechtigte Elternteil also das Recht, vom anderen Elternteil über den Schulerfolg der Kinder informiert zu werden.

Das Äußerungsrecht zu wichtigen das Kind betreffenden Maßnahmen ist aber weder ein Zustimmungs- noch ein Mitbestimmungsrecht.[742]

---

739 *Hopf*, Rechtsstellung, in *Ferrari/Hopf*, Reform (2001) 82.

740 RV 296 BlgNR 21. GP 68; siehe etwa auch *Weitzenböck* in *Schwimann* (Hrsg), Kommentar zum Allgemeinen bürgerlichen Gesetzbuch ($2005^3$) § 178 Rz 1.

741 *Weitzenböck* in *Schwimann*, ABGB ($2005^3$) § 178 Rz 16.

742 *Weitzenböck* in *Schwimann*, ABGB ($2005^3$) § 178 Rz 7.

*Ausblick – Neuerliche Reform des Kindschaftsrechts*

Seit einiger Zeit wird –aufgrund der internationalen Entwicklungen im Familienrecht aber auch aufgrund der Ergebnisse der Beforschung der ObE in Österreich – eine neuerliche Reform des Kindschaftsrechts diskutiert, insb soll die ObE ausgeweitet werden, und zwar sowohl nach Trennung bzw Scheidung als auch bei Eltern unehelicher Kinder. Die konkrete Ausgestaltung ist noch in Diskussion, ein erster Entwurf zeigt jedoch die Richtung an[743]:

1. Bisher kann die ObE nach Trennung bzw Scheidung nur dann weiter bestehen, wenn dies von beiden Eltern gewollt ist und sie dem Gericht eine entsprechende Vereinbarung vorlegen. Es kann – nach geltendem Recht – jederzeit ohne Angabe von Gründen ein Antrag auf Alleinobsorge gestellt und so die ObE beendet werden. Das Gericht hat zwingend einen Elternteil allein mit der Obsorge zu betrauen, wenn ein Elternteil die Aufhebung der ObE beantragt oder sich die Eltern nicht über den hauptsächlichen Aufenthalt des Kindes einigen können.[744]

In Zukunft hat das Gericht in diesen Fällen – unter der Voraussetzung, dass der Entwurf so umgesetzt wird – auszusprechen, dass die ObE aufrecht bleibt und festzulegen, welcher Elternteil das Kind in Hinkunft in seinem Haushalt hauptsächlich betreuen soll, „sofern aus Sicht des Wohles des Kindes nicht wichtige Gründe dagegen sprechen“[745]. Ansonsten hat das Gericht einen Elternteil allein mit der Obsorge zu betrauen. Die ObE kann somit auch gegen den Willen eines Elternteils aufrecht erhalten bleiben, wenn keine wichtigen Gründe aus Sicht des Wohles des Kindes dagegen sprechen. Diese Reform würde also eine Annäherung an das deutsche Modell „Gemeinsame elterliche Sorge als Regelfall“ bedeuten. Das österreichische Recht würde aber in jedem Fall eine Prüfung durch das Gericht vorsehen. Ungeachtet dessen könnten die Eltern weiterhin vereinbaren, dass nach der Scheidung ein Elternteil allein mit der Obsorge betraut wird oder die Obsorge eines Elternteils auf bestimmte Angelegenheiten beschränkt wird.[746]

2. Auch Väter unehelicher Kinder könnten bei Gericht beantragen, neben der Mutter – aber ohne ihre Einwilligung – mit der Obsorge betraut zu werden. Kann nach geltendem Recht der uneheliche Vater nur mit Zustimmung der Mutter auch mit der Obsorge betraut werden, sieht der Entwurf nun erstmals ein An-

---

743 Der aktuelle Ministerialentwurf zum KindRÄG 2012 ist elektronisch auf der Homepage des BMJ abrufbar.

744 Siehe dazu die Ausführungen zu § 177, § 177a ABGB auf Seite 504 bis 508.

745 Entwurf zum KindRÄG 2012, 3.

746 Siehe dazu auch die Ausführungen zum § 177 Abs 1 auf Seite 505 f, 512 f.

tragsrecht des Vaters vor. Das Gericht hat „nach Maßgabe des Wohles des Kindes“[747] zu prüfen, ob die Mutter oder der Vater allein oder beide Elternteile mit der Obsorge betraut werden sollen.

3. Eltern unehelicher Kinder, die sich einig sind, soll es grundsätzlich leichter gemacht werden, gemeinsam für ihr Kind obsorgeberechtigt zu sein. In Hinkunft soll es dafür genügen, so der Entwurf Realität wird, beim Standesamt eine übereinstimmende Erklärung abzugeben.

4. Neu eingeführt würde mit der Umsetzung der Reform weiters die Möglichkeit, dass das Kind nach Trennung bzw Scheidung sowohl bei der Mutter als auch beim Vater lebt. Wenn sich beide Eltern bereit erklären, in wesentlichem Umfang Betreuungsleistungen zu erbringen und dem Gericht einen konkreten und umfassenden Betreuungsplan vorlegen, können die Eltern dieses so genannte „Wechselmodell“ vereinbaren.[748]

5. Schließlich betont der Entwurf an mehreren Stellen deutlich die weiterhin bestehende Elternfunktion des getrennt lebenden Elternteils, die sich nicht im Leisten von Geldunterhalt erschöpft, auch wenn dieser nach Trennung bzw Scheidung nicht mit der Obsorge betraut ist. So ist von der Aufgabe die Rede, das Kind zu pflegen und zu erziehen, soweit es die Umstände erfordern, den Kontakt und die Beziehung zum Kind zu pflegen oder den mit der Obsorge betrauten Elternteil in Angelegenheiten des täglichen Lebens zu vertreten.

6. Der großen Bedeutung, die dem persönlichen Kontakt des Kindes zu beiden Eltern beigemessen wird, wird bereits in den allgemeinen Grundsätzen Ausdruck verliehen, in denen es heißt, dass Eltern und Kinder zueinander Kontakt zu halten haben und das Bedürfnis des Kindes nach engen und guten Kontakten zu beiden Elternteilen ein zu berücksichtigendes Kriterium bei der Beurteilung des Kindeswohls darstellt. Zum bisherigen § 148 Abs 1 ABGB wird im Entwurf uA ergänzend angemerkt, dass die Regelung über die Kontakte des Kindes zum getrennt lebenden Elternteil die „Herstellung und Intensivierung des besonderen Naheverhältnisses zwischen Eltern und Kind sicherzustellen [hat]“[749].

---

747 Entwurf zum KindRÄG 2012, 2.

748 Nach geltendem Recht müssen die Eltern einen hauptsächlichen Aufenthalt des Kindes bei Mutter oder Vater vereinbaren.

749 Entwurf zum KindRÄG 2012, 2.

# Literaturverzeichnis

*Abarbanel*, Shared Parenting after Separation and Divorce: A Study of Joint Custody, American Journal of Orthopsychiatry 49 (2) (1979) 320 – 329.

*Abelin*, The role of the father in the seperation-individuation process, in *McDevitt/Settlage* (Hrsg), Separation-Individuation: Essays in Honour of Margaret S. Mahler (1971) Int Univ Press: New York.

*Abelin*, Triangulation, the role of the father and the origins of core gender identity during the rapprochement subphase, in Lax Bach/Burland (Hrsg), Rapprochement (1980) Jason Aronson: New York.

*Adenaes/Haavind*, When Parents are Living Apart. Challenges and Solutions for Children with Two Homes, in *Leira* (Hrsg), Family Sociology – Developing the Field (1993) 179–205.

*Ahrons*, The Good Divorce (1994) Harper Collins: New York.

*Alberstötter*, Wenn Eltern Krieg gegeneinander führen. Zu einer neuen Praxis der Beratungsarbeit mit hochstrittigen Eltern, in *Weber/Schilling* (Hrsg), Eskalierte Elternkonflikte. Beratungsarbeit im Interesse des Kindes bei hoch strittigen Trennungen (2006) Juventa-Verlag: Weinheim und München 29–51.

*Amato/Keith*, Parental Divorce and Adult Well-Being, Journal of Marriage and the Family 55 (1) (1991a) 23–38.

*Amato/Keith*, Parental Divorce and the Well-Being of Children. A Meta-Analysis, Psychological Bulletin 110 (1) (1991b) 26–46.

*Amato*, ‚More than Money?' Men's Contributions to Their Children's Lives', in *Booth/Couter* (Hrsg), Men in Families. When Do They Get Involved? What Difference Does is Make? (1998) Erlbaum: New Jersey.

*Amato/Gilbreth*, Nonresident Fathers and Children's Well-Being. A Meta-Analysis, Journal of Marriage and the Family 61 (3) (1999) 557–573.

*Amato*, The Consequences of Divorce for Adults and Children, Journal of Marriage and the Family 62 (4) (2000) 1269–1287.

*Amendt*, Vätererfahrungen nach der Trennung vom Ehe- oder Lebenspartner Forschungsprojekt (2005).

*Amendt*, Scheidungsväter. Wie Männer die Trennung von ihren Kindern erleben (2006) Campus Verlag: Frankfurt/New York.

*Arditti*, Noncustodial Parents. Emergent Issues of Diversity and Process, Marriage and Family Review 20 (1-2) (1995) 283–304.

*Arditti*, Factors Related to Custody, Visitation and Child Support for Divorced Fathers. An Explanatory Analysis, Journal of Divorce and Remarriage 17 (3-4) (1992) 186–195.

*Arditti*, Differences between Fathers with Joint Custody and Noncustodial Fathers, American Journal of Orthopsychiatry 6 (2) (1992) 186–195.

*Arditti/Allen*, Understanding distressed fathers' perceptions of legal and relational inequities postdivorce, Family and Councilation Courts Review 31 (4) (1993) 461–476.

*Arditti/Keith*, Visiting, paying, and the father-child relationship postdivorce, Journal of Marriage and the Family 55 (3) (1993) 699–712.

*Arendell*, After Divorce. Investigation into Father Absence, Gender and Society 6 (4) (1992) 562–586.

*Arendell*, Fathers and Divorce (1995) Sage Publications: London.
*Backhaus/Erichson/Plinke/Weiber*, Multivariate Analysemethoden. Eine anwendungsorientierte Einführung (2003[10]) Springer: Berlin.
*Balint*, Der Arzt, der Patient und die Krankheit (1957) Klett: Stuttgart.
*Balloff*, Alleinerziehung und gemeinsame elterliche Sorge durch Trennung und Scheidung – Eine theoretische und empirische Vergleichsstudie (Teil A) (1989) Dissertation der Freien Universität Berlin.
*Balloff/Walter*, Gemeinsame elterliche Sorge als Regelfall? Zeitschrift für das gesamte Familienrecht 37 (1990) 445–454.
*Barth* in *Fenyves/Kerschner/Vonkilch*, ABGB §§ 137 bis 267 (2008) Verlag Österreich: Wien, 237-319.
*Barth/Deixler-Hübner*, Handbuch des Kinderbeistandsrechts. Aufgaben, Arbeitsweise und Rechtsstellung des Kinderbeistands aus interdisziplinärer Sicht (2010) Linde: Wien.
*Barth-Richtarz*, 5 Jahre Obsorge beider Eltern – eine Bilanz: Wichtige Ergebnisse der Evaluationsstudie zum KindRÄG 2001, FamZ (2006) 43–47.
*Barth-Richtarz/Figdor*, Was bringt die gemeinsame Obsorge? Studie zu den Auswirkungen des KindRÄG 2001 (2008) Manz Verlag: Wien.
*Bauserman*, Child Adjustment in Joint-custody versus Sole-custody Arrangements: A Meta-analytic Review, Journal of Family Psychology 16 (1) (2002) 91–102.
*Biller*, Paternal deprivation: family, school, sexuality and society (1974) MA: D.C. Heath: Lexington.
*Biller*, The Father and Personality Development: Paternal Deprivation and Sex-Role Development, in *Lamb* (Hrsg), The role of the father in child development (1976) John Wiley & Sons: New York.
*Biller*, Fathers and Families: Parent Factors in Child development (1993) Auburn House: Westport, CT.
*Bien/Hartl/Teubner* (Hrsg), Stieffamilien in Deutschland. Eltern und Kinder zwischen Normalität und Konflikt (2002) Leske und Budrich: Opladen.
*Blanchard/Biller*, Father Availability and Academic Performance Among Third-Grade Boys, 4 Developmental Psychology 301 (1971).
*Bodenmann/Bradbury/Maderasz*, Scheidungsursachen und –verlauf aus der Sicht der Geschiedenen, Zeitschrift für Familienforschung 14 (1) (2002) 5–20.
*Bortz/Döhring*, Forschungsmethoden und Evaluation (2003) Springer: Berlin.
*Braver/Griffin/Cookston*, Prevention Programs for Divorced Nonresidential Fathers, Family Court Review 43 (1) (2005) 81–96.
*Braver/O'Connell*, Divorced Dads. Shattering the Myths (1998) Putnam: New York.
*Brosius*, SPSS 12 (2004) mitp-Verl.: Bonn.
*Buchholz*, Die Rotation in der Triade, Forum der Psychoanalyse 6 (1990) 116–134.
*Buchholz*, Die Regression in der Triade. Zur Bedeutung des Vaters bei der Magersucht, Forum der Psychoanalyse 7 (1991) 47–61.
*Buchholz*, Die unbewußte Familie: Lehrbuch der psychoanalytischen Familientherapie (1995) Pfeiffer: München.
*Buchholz-Graf/Soglik*, Familien in Trennung und Scheidung nach der Kindschaftsrechtsreform, Zentralblatt für Jugendrecht 91 (3) (2004) 81–88.
*Bürgin*, Triangulierung. Der Übergang zur Elternschaft (1998) Schattauer: Stuttgart.
*Camara/Resnick*, Interparental Conflict and Cooperation: Factors Moderating Children's Post Divorce Adjustment, in *Hetherington/Arasteh* (Hrsg) Impact of Divorce, Single Parenting and Stepparenting on Children (1988) Erlbaum: Hillsdale.
*Camara/Resnick*, Styles of conflict resolution and cooperation between divorced parents: Effects on child behavior and adjustment, American Journal of Orthopsychiatry 59 (4) (1989) 560–575.
*Clark/Whitney/Beck*, Discrepancies between custodial awards and custodial practices: De jure and de facto custody, Journal of Divorce 11 (1988) 219–229.
*Clauß/Finze/Partzsch*, Statistik für Soziologen, Pädagogen, Psychologen und Mediziner (2004[5]) Deutsch: Frankfurt am Main.

*D'Andrea*, Joint custody as related to paternal involvement and paternal self-esteem, Conciliation Courts Review 21 (2) (1983) 81–87.
*Daly*, Reshaping Fatherhood. Finding the Models, in *Marsiglio* (Hrsg), Fatherhood. Contemporary Theory, Research and Social Policy (1995) 21–41.
*Dammasch*, Die innere Erlebniswelt von Kindern alleinerziehender Mütter (2000) Brandes und Apsel: Frankfurt am Main.
*Diestelhorst*, Ehescheidung im Hamburger Stadtteil Mümmelmannsberg. Sorgerechtsregelungen gemäß Paragraph 1671 BGB im Jahre 1988. Bericht des Amtes für Soziale Dienste, Abteilung Mümmelmannsberg, Bezirksamt Hamburg-Mitte der Freien und Hansestadt Hamburg vom 2. 8. 1989.
*Dietrich/Paul*, Interventionsansätze bei hocheskalierten Trennungskonflikten, in *Weber/Schilling* (Hrsg), Eskalierte Elternkonflikte. Beratungsarbeit im Interesse des Kindes bei hoch strittigen Trennungen (2006) 73–90.
*Dornes*, Der kompetente Säugling (1993) Fischer Taschenbuch Verlag: Frankfurt am Main.
*Dudley*, Noncustodial Fathers Speak About Their Parental Role, Family and Councilation Courts Review 34 (3) (1996) 410–426.
*Emery*, Renegotiating Family Relationship. Divorce, Child Custody, and mEd.iation (1994) Powell's Book: New York.
*Emery*, Interparental conflict and the children of discord and divorce, Psychological Bulletin 92 (2) (1982) 310–330.
*Ereky*, Präödipale Triangulierung. Zur psychoanalytischen Diskussion um die Frage des Entstehens der frühen familiären Dreiecksbeziehungen, in *Datler/Eggert-Schmid Noerr/Winterhager-Schmid* (Hrsg), Das selbständige Kind, Jahrbuch für Psychoanalytische Pädagogik 12 (2002) Psychosozial-Verlag: Gießen, 151–177.
*Fagan/Barnett*, The Relationship Between Maternal Gatekeeping, Paternal Competence, Mothers' Attitudes About the Father Role and Father Involvement, Journal of Family Issues 24 (8) (2003) 1020–1043.
*Ferrari*, Die Obsorge bei Trennung und Scheidung der Eltern nach dem KindRÄG 2001, in *Ferrari/Hopf* (Hrsg), Reform des Kindschaftsrechts (2001) Manz: Wien 53–67.
*Figdor*, „Sorgepflicht", „Besuchsrecht" ... aber was hilft dem Kind? Der österreichische Amtsvormund [ÖA] (1980) 3–7.
*Figdor*, Kinder aus geschiedenen Ehen: Zwischen Trauma und Hoffnung (1991) Grünewald: Mainz.
*Figdor*, Zwischen Aufklärung und Deutung – zur Methode und Technik psychoanalytisch-pädagogischer Beratung von Scheidungseltern, in *Eggert-Schmid Noerr/Hirmke-Wessels/Krebs* (Hrsg), Das Ende der Beziehung? Frauen, Männer, Kinder in der Trennungskrise (1994) Matthias-Grünewald-Verlag, Mainz, 133–167.
*Figdor*, Scheidungskinder – Wege der Hilfe (1997) Psychosozialverlag: Gießen.
*Figdor*, Wahrnehmungsveränderung bei Kindern. Psychische Faktoren in sozialen Konflikten bei Familientrennungen, in *Bundesarbeitsgemeinschaft der Kinderschutz-Zentren* (Hrsg), Elternentfremdung und Kontaktabbruch nach Trennung und Scheidung – Wirkungsweisen, Rechtsproblematik, Hilfskonzepte. Tagungsdokumentation (2003).
*Figdor*, Aufklärung, verantwortete Schuld und die Wiederentdeckung der Freude am Kind. Grundprinzipien des Wiener Konzeptes psychoanalytisch-pädagogischer Erziehungsberatung, in *Datler/Figdor/Gstach* (Hrsg), Die Wiederentdeckung der Freude am Kind. Psychoanalytisch-pädagogische Erziehungsberatung heute (2003²) Psychosozial-Verlag: Gießen, 32–60.
*Figdor*, Trennung und Scheidung: Katastrophe oder Chance für die Kinder? in *Figdor*, Praxis der psychoanalytischen Pädagogik Bd. 1 (2006) Psychosozial-Verlag: Gießen, 71–94.
*Figdor*, Praxis der psychoanalytischen Pädagogik Bd. 1 (2006) Psychosozial-Verlag: Gießen.
*Figdor*, Praxis der Psychoanalytischen Pädagogik Bd. 2 (2007) Psychosozial-Verlag: Gießen.
*Figdor* (Hrsg.), 10 Jahre Arbeitsgemeinschaft psychoanalytische Pädagogik (2008a) Eigenverlag.

*Figdor*, Welche Gründe sprechen gegen die Obsorge beider Eltern? Kriterien für Entscheidungen über Obsorge und persönliche Kontakte des Kindes, in iFamZ (2011) 131–138.

*Figdor*, Patient Scheidungsfamilie (erscheint voraussichtlich 2011) Psychosozial-Verlag: Gießen.

*Figdor/Barth-Richtarz*, Evaluationsstudie über die Auswirkungen der Neuregelungen des KindRÄG 2001, insbesondere der Obsorge beider Eltern. Unveröffentlichter Projektbericht (2006): Wien.

*Finger*, Gemeinsame elterliche Sorge nach der Ehescheidung – eine Umfrage bei hessischen Familiengerichten, Deutsche Richterzeitung 63 (1985) 91–97.

*Finger*, Gemeinsame elterliche Sorge nach der Ehescheidung – eine Nachfrage bei den hessischen Familiengerichten, Deutsche Richterzeitung 66 (1988) 12–17.

*Fischer*, Statistische Auswertung psychologischer Experimente II. Skriptum zur gleichnamigen Vorlesung im Sommersemester (1996³).

*Folberg*, Joint custody and shared Parenting (1984) The Bureau of National Affairs, Inc. Association of Familiy and Conciliation Courts: Washington, DC.

*Freud*, Anwendung psychoanalytischen Wissens auf die Kindererziehung, in *Freud*, Schriften der Anna Freud Bd. 7 (1956) Kindler: München.

*Freud*, Kinder im Krankenhaus, in *Freud*, Schriften der Anna Freud Bd. 7 (1965) Kindler: München.

*Fthenakis*, Väter – Band 1. Zur Psychologie der Vater-Kind-Beziehung (1985a) Urban-Schwarzenberg: München-Wien-Baltimore.

*Fthenakis,* Väter – Band 2. Zur Vater-Kind-Beziehung in verschiedenen Familien-Strukturen (1985b) Urban-Schwarzenberg: München-Wien-Baltimore.

*Fthenakis*, Kindliche Reaktionen auf Trennung und Scheidung, Familiendynamik 20 (1995) 127–154.

*Fthenakis/Griebel/Niesel/Oberndorfer/Walbiner* (Hrsg), Die Familie nach der Familie. Wissen und Hilfen bei Elterntrennung und neuen Beziehungen (2008) Verlag C.H. Beck: München.

*Fthenakis/Kunze/Griebel/Oberndorfer*, Gemeinsame elterliche Sorge nach Trennung und Scheidung, in *Bundesministerium für Umwelt, Jugend und Familie* (Hrsg), Symposium: Gemeinsame elterliche Sorge nach Scheidung oder Trennung (1990) Wien.

*Fthenakis/Minsel*, Die Rolle des Vaters in der Familie (2002) Kohlhammer: Stuttgart.

*Fthenakis/Niesel/Kunze*, Ehescheidung – Konsequenzen für Eltern und Kinder (1982) Urban und Schwarzenberg: München.

*Fthenakis/Textor* (Hrsg), Mutterschaft, Vaterschaft (2002) Beltz: Weinheim und Basel.

*Fthenakis/Walbiner*, Die Regelung der Beziehungen zwischen Kindern und Eltern nach der Scheidung, in *Fthenakis* et al (Hrsg), Die Familie nach der Familie. Wissen und Hilfen bei Elterntrennung und neuen Beziehungen (2008) Verlag C.H. Beck: München 84–231.

*Fucik/Miklau*, Der Kinderbeistand in Rückstellungsverfahren nach Kindesentführung, in *Barth/Deixler-Hübner* (Hrsg), Handbuch des Kinderbeistandsrecht. Aufgaben, Arbeitsweisen und Rechtsstellung des Kinderbeistands aus interdisziplinärer Sicht (2011) Linde Verlag: Wien, 295-306.

*Furstenberg*, Die Entstehung des Verhaltensmusters „sukzessive Ehen“, in Lüscher/Schultheis/Wehrspaun (Hrsg.), Die postmoderne Familie: Familiale Strategien und Familienpolitik in einer Übergangszeit (1990) Universitätsverlag: Konstanz.

*Furstenberg*, Good dads – bad dads. Two faces of fatherhood, in Cherlin (Ed.), The changing American family and public policy (1998) University Press of America: Washington.

*Furstenberg/Cherlin*, Divided families. What happens to children when parents part (1991) Harvard University Press: Cambridge.

*Furstenberg/Cherlin*, Geteilte Familien (1993) Klett-Cotta: Stuttgart.

*Furstenberg/Harris*, When and Why Fathers Matter: Impacts of Father Involvement on Children of Adolescent Mothers, in *Lerman/Ooms* (Hrsg), Young Unwed Fathers (1993) Temple University Press: Philadelphia, 117–138.

*Gäbhard-Neumann-Mangoldt*, Innerfamiliäre Beziehungen und kindliche Befindlichkeit. Eine Pilotstudie über Familien, die sich über die elterliche Sorge bzw das Umgangsrecht gerichtlich auseinandersetzten (1995) Ludwig-Maximilans-Universität München, Dissertation.

*Goldstein/Freud/Solnit*, Jenseits des Kindeswohls (1974) Suhrkamp: Frankfurt.

*Graf/Frank*, Parentifizierung: Die Last, als Kind die eigenen Eltern zu bemuttern, in *Walper/Pekrun* (Hrsg), Familie und Entwicklung. Aktuelle Perspektiven der Familienpsychologie (2001) 314–344.

*Greif*, Fathers, Children and Joint Custody, American Journal of Orthopsychiatry 49 (3) (1979) 311–319.

*Greif*, Out of Touch: When Parents and Children Lose Contact After Divorce (1997) Oxford University Press: New York.

*Grieser*, Der phantasierte Vater. Zur Entstehung und Funktion des Vaterbildes beim Sohn (1998) Edition diskord: Tübingen.

*Gründel*, Gemeinsames Sorgerecht: Erfahrungen geschiedener Eltern (1995) Lambertus: Freiburg im Breisgau.

*Gründler*, Die Neuregelung einer Teilnahme an der Obsorge nach Trennung und Scheidung der Eltern durch den Entwurf des KindRÄG 1999, ÖJZ (2000) 332–343.

*Haller*, Kinder und getrennte Eltern. Voraussetzungen und Strategien zur Bewältigung der Ehescheidung im Lichte neuer sozialwissenschaftlicher Studien (1996) Österreichisches Institut für Familienforschung (ÖIF): Wien.

*Hartl*, Die Beziehung des Stiefkindes zu seinem außerhalb lebenden Elternteil, in Bien/Hartl/Teubner (Hrsg), Stieffamilien in Deutschland. Eltern und Kinder zwischen Normalität und Konflikt (2002) Leske und Budrich: Opladen.

*Hawkins/Dollahite* (Hrsg), Generative Fathering. Beyond Deficit Perspectives (1997) Sage Publications: Thousand Oaks.

*Hetherington*, Divorce: A Child´s Perspective, American Psychologist 34 (1979) 851–858.

*Hetherington/Clingempeel*, Coping with Marital Transitions, Monographs of the Society for Research, in Child Development 57 (1992) University of Chicago Press: Chicago.

*Hetherington/Cox/Cox*, 'Divorced Fathers', Family Coordinator 25 (1976) 240–428.

*Hetherington/Cox/Cox*, The Aftermath of Divorce, in *Stevens/Matthews* (Hrsg), Mother-Child, Father-Child Relations (1978) Washington, DC: National Association for the Education of Young Children, 149–176.

*Hetherington/Cox/Cox*, Effects of divorce on parents and children, in *Lamb* (Hrsg), Nontraditional families. Parenting and child development (1982) Erlbaum: New York 233–288.

*Hetherington/Cox/Cox*, Long-term effects of divorce and remarriage on the adjustment of children, Journal of the American Academy of Child Psychiatry 24 (1985) 518–530.

*Hetherington/Stanley-Hagen*, The Effects of Divorce on Fathers and their Children, in Lamb, Role of the Father (1997).

*Hess/Camara*, Post-Divorce Family Relationships as Mediating Factors in the Consequences of Divorce for Children, Journal of Social Issues 35 (1979) 79–96.

*Hopf*, Die Rechtsstellung des Elternteils, bei dem sich das Kind nicht hauptsächlich aufhält, nach dem KindRÄG 2001, in *Ferrari/Hopf* (Hrsg), Reform des Kindschaftsrechts (2001) Manz-Verlag: Wien 69–85.

*Ihinger-Tallmann/Pasley/Buehler*, Developing a Middle-Range Theory of Father Involvement Post-divorce, in *Marsiglio* (Hrsg), Fatherhood. Contemporary Theory, Research and Social Policy (1995) 57–77.

*Irving/Benjamin/Trocme*, Shared parenting: An empirical analysis utilizing a large Canadian data base, Family Process 23 (1984) 561–569.

*Jacobson*, The Impact of Martial Separation/Divorce on Children: I. Parent-Child Separation and Child Adjustment, Journal of Divorce 1 (1978) 341–360.

*Jensen*, Binuclear families or absent fathers? New family patterns and parental contact after divorce, in *Leira* (Hrsg), Family Sociology – Developing the field (1993) Institute for Social Research: Oslo, 205–223.

*Johnston/Campbell/Mayes*, Latency children in postseparation and divorce disputes, Journal of the American Academy of Child Psychiatry 24 (5) (1985) 563–574.

*Johnston* et al, Contested custody and visitation: Is joint custody and frequent access a solution? Paper presented at the annual meeting of the American Orthopsychiatry Association (1988) San Francisco.

*Johnston/Kline/Tschann*, Ongoing postdivorce conflict: Effects on children of joint custody and frequent access, American Journal of Orthopsychiatry 59 (4) (1989) 576–592.

*Jopt*, Im Namen des Kindes. Plädoyer für die Abschaffung des alleinigen Sorgerechts (1992) Rasch und Röhring: Hamburg.

*Kalicki/Peitz/Fthenakis*, Subjektive Elternschaftskonzepte und faktische Rollenausübung. Theoretische Überlegungen und empirische Befunde, in *Fthenakis/Textor* (Hrsg), Mutterschaft, Vaterschaft (2002) 170–184.

*Kaltenborn*, Das gemeinsame elterliche Sorgerecht nach der Scheidung im Spiegel ausländischer Erfahrungen, FamRZ 10 (1983) 964–971.

*Karazman-Morawetz/Pelikan*, Erwartungen zur Implementierung der gemeinsamen Obsorge in Österreich. Forschungsbericht. Institut für Rechts- und Kriminalsoziologie. Im Auftrag der Magistratsabteilung 57 – Frauenförderung und Koordinierung von Frauenfragen (2001) Wien.

*Kelly*, Long-term adjustment in children of divorce: Converging findings and implications for practice, Journal of Family Psychology 2 (1988) 119–140.

*Kindler*, Väter und Kinder. Langzeitstudien über väterliche Fürsorge und die sozioemotionale Entwicklung von Kindern (2002) Juventa: Weinheim und München.

*King/Heard*, Nonresident Father Visitation, Parental Conflict, and Mother's Satisfaction: What's Best for Child Well-Being? Journal of Marriage and the Family 61 (2) (1990) 385–396.

*Kline* et al, A rose by another name: Children's adjustment in joint and sole physical custody families. Paper presented at the annual meeting of the American Orthopsychiatry Association (1988) San Francisco.

*Kline/Tschann/Johnston/Wallerstein*, Children's adjustment in joint and sole physical custody families, Developmental Psychology 25 (1989) 420–438.

*Kodjoe*, Scheidung aus der Sicht der Kinder. Vortrag von Ursula Kodjoe am 18. 12. 1997 in der Hofstatt in Gipf-Oberfrick (1997).

*Kränzl-Nagl/Pelikan*, Berufsgruppenerhebung, in *Figdor/Barth-Richtarz*, Evaluationsstudie über die Auswirkungen der Neuregelungen des KindRÄG 2001, insbesondere der Obsorge beider Eltern. Unveröffentlichter Projektbericht (2006): Wien, Beilage.

*Kränzl-Nagl/Pelikan*, Wie das KindRÄG 2001 genutzt und wie es gehandhabt wird – Die Obsorge beider Eltern und die Stärkung der Rechte der Kinder aus der Sicht der Berufsgruppen, FamZ (2006) 51–52.

*Kreissl/Pelikan/Pilgram*, Schutz vor Übervorteilung im Scheidungsverfahren (2004) IRKS-Forschungsbericht: Wien.

*Kruk*, Psychological and Structural Factors Contributing to the Disengagement of Noncustodial Fathers after Divorce, Family and Conciliation Courts Review 30 (1) (1992) 81–101.

*Kruk*, Discontinuity between pre- and post-divorced father-child relationships. New evidence regarding paternal disengagement, Journal of Divorce and Remarriage 16 (3-4) (1991) 195–228.

*Kurdek/Siesky*, Children's perceptions of their parent's divorce, Journal of Divorce 3 (4) (1980) 339–378.

*Kurdek/Blisk/Siesky*, Correlates of children's long-term adjustment to their parents' divorce, Developmental Psychology 17 (5) (1981) 565–579.

*Kurdek/Berg*, Correlates of children's longterm adjustment to their parents divorce, in *Kurdek*, New directions for child development 9 (1983) 47–60.

*Kurdek*, A 1-year follow-up study of children's divorce adjustment, custodial mothers' divorce adjustment, and postdivorce parenting, Journal of Applied Developmental Psychology 9 (1988) 315–328.

*Kytir/Schrittwieser*, Haushaltsführung, Kinderbetreuung, Pflege. Ergebnisse des Mikrozensus Sonderprogramms 2002 (2003) Bundesministerium für Soziale Sicherheit, Generationen und Konsumentenschutz: Wien.

*Lamb* (Hrsg), The role of the father in child development (1997) John Wiley & Sons: New York.

*Lamnek*, Qualitative Sozialforschung. Bd 1 Methodologie (1995³) Beltz, PsychologieVerlagsUnion: Weinheim.

*Lax/Bach/Burland* (Hrsg), Rapprochement (1980) Jason Aronson: New York.

*Leite/McKenry*, Aspects of Father Status and Post-divorce Father Involvement with Children, Journal of Family Issues 23 (5) (2002) 601–623.

*Lichtenberg*, Psychoanalyse und Säuglingsforschung (1991) Springer: Berlin.

*Limbach*, Die gemeinsame Sorge geschiedener Eltern in der Rechtspraxis: Eine Rechtstatsachenstudie (1989) Bundesanzeiger: Köln.

*Lowenstein/Koopman*, A Comparison of Self-Esteem Between Boys Living with Single-Parent Mothers and Single-Parent Fathers, Journal of Divorce (2) (1978) 195–208.

*Luepnitz*, Child custody: A study of families after divorce (1982) Lexington: Massachusetts.

*Luepnitz*, A comparison of maternal, paternal, and joint custody: Understanding the varieties of post-divorce family life, Journal of Divorce 9 (3) (1986) 1–12.

*Lüscher/Schultheis/Wehrspaun* (Hrsg), Die postmoderne Familie: Familiale Strategien und Familienpolitik in einer Übergangszeit (1990) Universitätsverlag: Konstanz.

*Maccoby/Mnookin*, Die Schwierigkeiten der Sorgerechtsregelung, FamRZ (1995) (1) 1–16.

*Madden-Derdich/Leonard*, Parental Role Identity and Fathers Involvement in Coparental Interaction after Divorce. Fathers Perspectives, Family Relations 49 (3) (2000) 311–318.

*Magnus/Dietrich*, Gemeinsame elterliche Sorge nach Scheidung – eine Erhebung beim Familiengericht Hamburg-Mitte, Zeitschrift für das gesamte Familienrecht 33 (1986) 416–420.

*Marsiglio* (Hrsg), Fatherhood. Contemporary Theory, Research and Social Policy (1995a) Sage Publications: Thousand Oaks.

*Marsiglio*, Fatherhood Scholarship. An Overview and Agenda for the Future, in *Marsiglio* (Hrsg), Fatherhood. Contemporary Theory, Research and Social Policy (1995b) 1–21.

*Matzner*, Vaterschaft aus der Sicht von Vätern (2004) VS Verlag für Sozialwissenschaften: Wiesbaden.

*Mayring/Jenull-Schiefer*, Triangulation und „Mixed Methodologies" in entwicklungspsychologischer Forschung, in *Mey* (Hrsg), Handbuch Qualitative Entwicklungspsychologie (2005) Kölner Studien Verlag. Köln, 515–528.

*Merkt*, Das Kindschaftsrecht in den Vereinigten Staaten von Amerika, in *Dopffel* (Hrsg), Kindschaftsrecht im Wandel. Zwölf Länderberichte mit einer vergleichenden Summe (1994) J.C.B. Mohr (Paul Siebeck): Tübingen, 465–510.

*Miklau*, Gemeinsame Obsorge, Kindesentführung und VO Brüssel IIa, in iFAMZ (2010) 133-140.

*Minton/Pasley*, Fathers Parenting Role Identity and Father Involvement. A Comparison of Nondivorced and Divorced, Nonresidential Fathers, Journal of Family Issues 17 (1) (1996) 26–45.

*Napp-Peters*, Ein-Elternteil-Familien (1985) Juventa: Weinheim und München.

*Napp-Peters*, Familien nach der Scheidung (1995) Kunstmann: München.

*Nave-Herz/Daum-Jaballah/Hauser/Matthias/Scheller*, Scheidungsursachen im Wandel (1990) Kleine: Bielefeld.

*Nave-Herz/Schmitz*, Die Beziehung des Kindes zum nichtsorgeberechtigten Vater, in: Busch/Nave-Herz (Hrsg.), Ehe und Familie in Krisensituationen (1996) Oldenburg.

*Nelson*, Parental Hostility, Conflict and Communication in Joint and Sole Custody Families, Journal of divorce 13 (2) (1989) 145–157.

*Niedermeier*, Die Kindschaftsrechtsreform – Chance für das Zusammenwirken zum Wohl des Kindes: die Rolle des Jugendamtes bei der Umsetzung der Kindschaftsrechtsreform (2001) Centaurus Verlag: Herbolzheim.

*Niesel*, Während und nach einer Scheidung – Verpflichtende und freiwillige Programme in den USA (2008), in *Fthenakis* et al (Hrsg), Die Familie nach der Familie. Wissen und Hilfen bei Elterntrennung und neuen Beziehungen (2008) Verlag C.H. Beck: München 328–335.

*Ottosen*, Legal and Social Ties between Children and Cohabiting Fathers, Childhood 8 (1) (2001) 75–94.

*Pasley/Minton*, Generative Fathering after Divorce and Remarriage: Beyond the „Disappearing Dad", in *Hawkins/Dollahite* (Hrsg), Generative Fathering. Beyond Deficit Perspectives (1997) Sage Publications: Thousand Oaks.

*Petri*, Das Drama der Vaterentbehrung (1999) Verlag Herder: Freiburg.

*Pfurtscheller* in *Fenyves/Kerschner/Vonkilch* (Hrsg), Klang, Kommentar zum Allgemeinen bürgerlichen Gesetzbuchs ($2008^3$) Verlag Österreich: Wien.

*Proksch*, Rechtstatsächliche Untersuchung zur Reform des Kindschaftsrechts, in *Bundesministerium der Justiz* (Hrsg), Rechtstatsachenforschung (2002) Bundesanzeiger: Köln.

*Richards/Goldenberg*, Fathers with joint physical custody of young children: A preliminary look, The American Journal of Family Therapy 14 (1986) 154–162.

*Roman/Haddad*, The Disposable Parent: The Case for Joint Custody (1978) Rinehart und Winston: New York.

*Rotmann*, Über die Bedeutung des Vaters in der „Wiederannäherungsphase", Psyche 32 (1978) 1105–1147.

*Rutter*, Sex differences in children's responses to family stress, in *Anthony/Koupernik* (Hrsg), The Child in His Family (1979) Krieger: New York, 165–196.

*Schmidt-Denter/Beelmann*, Familiäre Beziehungen nach Trennung und Scheidung. Veränderungsprozesse bei Müttern, Vätern und Kindern. Forschungsbericht: Psychologisches Institut Universität Köln (1995).

*Schneewind/Vierzigmann/Backmund*, Scheidung, in Montada/Oerter, Entwicklungspsychologie (1998) Psychologie Verlags Union: Weinheim.

*Schneewind*, Familienpsychologie (1999) Kohlhammer: Stuttgart.

*Schon*, Sehnsucht nach dem Vater. Die Dynamik der Vater-Sohn-Beziehung (2000) Klett: Stuttgart.

*Schwimann* (Hrsg) Kommentar zum Allgemeinen bürgerlichen Gesetzbuch (2005) Lexis Nexis: Wien.

*Seltzer*, Legal and physical custody arrangements in recent divorces, Social Science Quarterly 71 (2) (1990) 250–266.

*Seltzer*, Legal Custody Arrangements and Children's Economic Welfare, American Journal of Sociology 96 (4) (1991a) 895–929.

*Seltzer*, Relationships between Fathers and Children Who Live Apart: The Father's Role after Separation, Journal of Marriage and Family 53 (1) (1991b) 79–101.

*Seltzer/Bianchi*, Children's contact with absent parents, Journal of Marriage and Family 50 (3) (1988) 663–677.

*Shiller*, Joint Versus Maternal Custody for Families with Latency Age Boys, American Journal of Orthopsychiatry 56 (3) (1986) 486–489.

*Shinn*, Father Absence and Children´s Cognitive Development, Psychological Bulletin 85 (1978) 295–324.

*Skevik*, "Absent fathers" or "reorganized families"? Variations in father-child contact after parental break-up in Norway, The Sociological Review 54 (1) (2006) 114–132.

*Sluka*, Das gemeinsame Sorgerecht – ein Modell für die Zukunft? Eine Untersuchung zu den Auswirkungen des gemeinsamen Sorgerechtes auf die Kinder nach einer Scheidung der Eltern (1996) Verlag Dietmar Klotz: Eschborn bei Frankfurt am Main.

*Soloman/George*, The Development of Attachement in Separated and Divorced Families: Effects of Overnight Visitation, Parent and Couple Variables, Attachement and Human Development 1 (1) (1999) 2–33.

*Spiel*, Therapie in der Kinder- und Jugendpsychiatrie (1967) Thieme: Stuttgart.

*Stein-Hilbers*, Wem „gehört" das Kind? Neue Familienstrukturen und veränderte Eltern-Kind-Beziehungen (1994) Campus: Frankfurt/New York.

*Steinhardt/Datler/Gstach* (Hrsg), Die Bedeutung des Vaters in der frühen Kindheit (2002) Psychosozial-Verlag: Gießen.

*Steinman*, The Experience of Children in a Joint-Custody Arrangement: A Report of a Study, American Journal of Orthopsychiatry (1981) 403–414.

*Stone/McKenry*, Nonresidential father involvement. A test of a mid-range theory, Journal of Genetic Psychology 159 (3) (1998) 313–336.

*Tauche*, Fünf Jahre gemeinsame elterliche Sorge – die Position des Jugendamtes, in Fthenakis, 5 Jahre gemeinsame elterliche Sorge nach der Scheidung. Bericht über das Symposium in München am 3. 11. 1987 im Staatsinstitut für Frühpädagogik und Familienforschung (1989) München.

*Tazi-Preve/Kapella/Kaindl/Klepp/Krenn/Seyyed-Hashemi/Titton*, Väter im Abseits. Zum Kontaktabbruch der Vater-Kind-Beziehung nach Scheidung und Trennung (2007).

*Thunhart* in *Fenyves/Kerschner/Vonkilch*, ABGB §§ 137 bis 267 (2008) Verlag Österreich: Wien, 597-628.

*Umberson/Williams*, Divorced Fathers. Parental Role Strain and Psychological Distress, Journal of Family Issues 14 (3) (1993) 378–400.

*Wallerstein/Blakeslee*, Gewinner und Verlierer. Frauen, Männer, Kinder nach der Scheidung (1989) Droemer Knaur: München.

*Wallerstein/Kelly*, Surviving the breakup. How parents and children cope with divorce (1980) Basic Books: New York.

*Wallerstein/Lewis/Blakeslee*, Scheidungsfolgen – die Kinder tragen die Last. Eine Langzeitstudie über 25 Jahre (2002) Votum: Münster.

*Walter*, Alleinerziehung und gemeinsame elterliche Sorge durch Trennung und Scheidung – Eine theoretische und empirische Vergleichsstudie (Teil B) (1989) Dissertation der Freien Universität Berlin.

*Walter*, Das „Verschwinden" und „Wiederauftauchen" des Vaters. Gesellschaftliche Bedingungen und soziale Konstruktionen, in *Walter* (Hrsg), Männer als Väter. Sozialwissenschaftliche Theorie und Empirie (2002) Psychosozial-Verlag: Gießen.

*Weitzenböck* in *Schwimann* (Hrsg), ABGB ($2005^3$) Verlag Lexis Nexis: Wien.

*Werneck*, Übergang zur Vaterschaft. Auf der Suche nach den „Neuen Vätern" (1998) Wien: Springer.

*Werneck*, Vater-Kind-Beziehungen in Nachscheidungsfamilien, in *Zartler/Wilk/Kränzl-Nagl* (Hrsg), Wenn Eltern sich trennen. Wie Kinder, Frauen und Männer Scheidung erleben (2004) Campus Verlag: Frankfurt/New York.

*Werneck*, Auswirkungen einer Scheidung auf Befindlichkeit und Persönlichkeitsentwicklung, in *Zartler/Wilk/Kränzl-Nagl* (Hrsg), Wenn Eltern sich trennen. Wie Kinder, Frauen und Männer Scheidung erleben (2004) Campus Verlag: Frankfurt/New York, 247–279.

*White/Brinkerhoff/Booth*, The Effects of Marital Disruption on Childs Attachment to Parents, Journal of Family Issues 6 (1985) 5–22.

*Wienerroither*, Kindeswohl und Kindeswohlgefährdung, in *Amt der Oö. Landesregierung* (Hrsg), Soziale Diagnose. Methoden zur Standortbestimmung von Kindern und Jugendlichen (Eigenverlag) 5-7.

*Wolchik/Braver/Sandler*, Maternal Versus Joint Custody: Children's Postseperation Experiences and Adjustment, Journal of Clinical Psychology 14 (1) (1985) 5–10.

*Zartler/Haller*, Ehemalige Partner nach einer Scheidung: Partnerschaft als Elternschaft, in Zartler/Wilk/Kränzl-Nagl (Hrsg), Wenn Eltern sich trennen. Wie Kinder, Frauen und Männer Scheidung erleben (2004) Campus Verlag: Frankfurt/New York, 107-131.

*Zartler/Werneck*, Die Auflösung der Paarbeziehung: Wege in die Scheidung, in *Zartler/Wilk/Kränzl-Nagl* (Hrsg), Wenn Eltern sich trennen. Wie Kinder, Frauen und Männer Scheidung erleben (2004) Campus Verlag: Frankfurt/New York, 57–105.

*Zartler/Wilk/Kränzl-Nagl* (Hrsg), Wenn Eltern sich trennen. Wie Kinder, Frauen und Männer Scheidung erleben (2004) Campus Verlag: Frankfurt/New York.

*Zitelmann*, Kindeswohl und Kindeswille im Spannungsfeld von Pädagogik und Recht (2001) Votum Verlag: Münster.

GPSR Compliance
The European Union's (EU) General Product Safety Regulation (GPSR) is a set of rules that requires consumer products to be safe and our obligations to ensure this.

If you have any concerns about our products, you can contact us on

ProductSafety@springernature.com

In case Publisher is established outside the EU, the EU authorized representative is:

Springer Nature Customer Service Center GmbH
Europaplatz 3
69115 Heidelberg, Germany

www.ingramcontent.com/pod-product-compliance
Ingram Content Group UK Ltd.
Pitfield, Milton Keynes, MK11 3LW, UK
UKHW021238031028
15588UKWH00001B/146
*9783531193359*